Bankbuchführung

Buchführung, Jahresabschluß und Kostenrechnung der Kreditinstitute

von

Wolfgang Grill und **Hans Perczynski**

bearbeitet von

Dipl.-Hdl. Hannelore Grill
Glücksburg

Dipl.-Hdl. Hans Perczynski
Oberstudiendirektor
Hamburg

14., überarbeitete Auflage

Stand: 1. Juni 1996

1 9 9 6

Verlag Dr. Max Gehlen · Bad Homburg vor der Höhe

Gehlenbuch 03173

UMWELTFREUNDLICH

. . . weil aus Papier mit bis zu 50 % Altpapieranteil,
Rest aus chlorfrei gebleichten (TCF) Primärfasern.

ISBN 3-441-**03173**-3

Herstellung: Druckerei Taunusbote · Bad Homburg vor der Höhe

Vorwort

„**Bankbuchführung** – Buchführung, Jahresabschluß und Kostenrechnung der Kreditinstitute" ist **Lehrbuch** und **Aufgabensammlung.**

- Im Rahmen der Erstausbildung werden **Buchführung, Jahresabschluß** und **Kostenrechnung** auf der Grundlage der Rahmenlehrpläne der Bundesländer und des Ausbildungsrahmenplans der Ausbildungsordnung Bankkaufmann/ Bankkauffrau unter besonderer Berücksichtigung der Anforderungen in der Abschlußprüfung dargestellt. Das Buch soll sowohl der Ausbildung in den Fachklassen der kaufmännischen Berufsschule als auch der betrieblichen Ausbildung und Weiterbildung in den Kreditinstituten dienen.

- Mit **programmierten und konventionellen Aufgaben** entspricht der Übungsteil des Buches der Praxis der Gestaltung von Zwischen- und Abschlußprüfungen und betrieblichen Tests in der Aus- und Weiterbildung.

Der Abschnitt „Jahresabschluß der Kreditinstitute" entspricht den Vorschriften des 3. Buches des HGB, insbesondere den durch das Bankbilanzrichtlinie-Gesetz in das HGB eingefügten ergänzenden Vorschriften für Kreditinstitute im 4. Abschnitt des 3. Buches, sowie auf der Verordnung über die Rechnungslegung der Kreditinstitute. Im Abschnitt „Kosten- und Erlösrechnung" werden die modernen Verfahren der Bankkalkulation (Marktzinsmethode, Margenkalkulation, Standard-Einzelkostenrechnung) dargestellt.

Mit der 14. Auflage wurden Aktualisierungen vorgenommen und Verbesserungsvorschläge berücksichtigt. Das **Manuskript für die 14. Auflage** wurde **am 1. Juni 1996** abgeschlossen.

Die Verfasser danken Frau Oberstudienrätin Dr. Ingrid Drees, Hannover, Frau Oberstudienrätin Marianne Ernst, Göttingen, Herrn Studiendirektor Wolfgang Schulz, Bremen, und Herrn Berthold Schultz, Ausbildungsleiter der Sparkasse Schleswig-Flensburg, für vielfältige Hilfen und Hinweise.

Glücksburg und Hamburg *Die Verfasser*

Inhaltsverzeichnis

1 Überblick über Gliederung, Aufgaben und Rechtsgrundlagen des Rechnungswesens ... 9
1.1 Die Teile des Rechnungswesens und ihre Aufgaben ... 9
1.2 Rechtsgrundlagen für die Buchführung ... 11
1.2.1 Buchführungsvorschriften im Handelsgesetzbuch und in der Abgabenordnung ... 11
1.2.2 Grundsätze ordnungsmäßiger Buchführung ... 14

2 Inventur und Inventar ... 15

3 Bilanz ... 22

4 Grundzüge der Bankbuchführung ... 27
4.1 Wertveränderungen in der Bilanz ... 27
4.2 Bestandskonten ... 31
4.2.1 Auflösung der Bilanz in Konten ... 32
4.2.2 Buchungen auf Konten ... 32
4.2.3 Der Buchungssatz ... 35
4.2.4 Belege ... 36
4.2.5 Grundbuch und Hauptbuch ... 36
4.2.6 Abschluß der Konten ... 37
4.3 Erfolgskonten ... 43
4.4 Gemischte Konten ... 49
4.5 Der Buchungsablauf mit Einschaltung von EBK und SBK ... 55
Exkurs: Der Buchungsablauf mit Einschaltung der Betriebsübersicht ... 57
4.6 Das Privatkonto ... 61

5 Umsatzsteuer ... 65
5.1 Wesen der Umsatzsteuer ... 65
5.2 Umsatzsteuer bei Geschäften von Kreditinstituten ... 65
5.2.1 Steuerfreie und steuerpflichtige Umsätze ... 65
5.2.2 Umsatzsteuer ... 67
5.2.3 Vorsteuer ... 67
5.2.4 Abschluß der Konten Vorsteuer und Umsatzsteuer ... 70

6 Kundenkontokorrent und Bankenkontokorrent ... 75
6.1 Kundenkontokorrent ... 75
6.2 Bankenkontokorrent ... 82

7 Aufwendungen und Erträge ... 87
7.1 Entstehen und Erfassen von Aufwendungen ... 87
7.1.1 Aufwandskonten (Konten für Aufwendungen aus der normalen Geschäftstätigkeit) ... 87
7.1.2 Ausgewählte Aufwandsbuchungen ... 89
7.1.2.1 Personalaufwand ... 89
7.1.2.2 Kostensteuern ... 90
7.1.2.3 Abschreibungen auf Anlagen (Einführung) ... 91
7.1.2.4 Sonstige betriebliche Aufwendungen ... 92
7.2 Entstehen und Erfassen von Erträgen ... 92

8 Buchung und Bilanzausweis der Bankgeschäfte ... 99
8.1 Inlandszahlungsverkehr ... 99
8.1.1 Barverkehr ... 99
8.1.2 Überweisungsverkehr ... 101

8.1.2.1 Überweisungsausgänge ... 101
8.1.2.2 Überweisungseingänge ... 102
8.1.2.3 EZÜ-Überweisungen ... 103
8.1.3 Scheckverkehr ... 104
8.1.3.1 Einreichung und Inkasso von Verrechnungsschecks (Einreichung durch Kunden) ... 104
8.1.3.2 Vorlage von Verrechnungsschecks zur Einlösung beim bezogenen Kreditinstitut (Vorlage durch andere Kreditinstitute) ... 106
8.1.3.3 Barauszahlung von eurocheques ... 106
8.1.3.4 Rückschecks ... 106
8.1.3.5 LBZ-Schecks für Kunden ... 107
8.1.3.6 DM-Reiseschecks ... 107
8.1.4 Lastschriftverkehr ... 109
8.1.5 Wechselverkehr ... 110
8.1.5.1 Einreichung von Wechseln zum Einzug (Einreichung durch Kunden) ... 110
8.1.5.2 Vorlage von Wechseln zur Einlösung (Vorlage durch andere Kreditinstitute) 113
8.1.5.3 Rückwechsel ... 113
8.1.6 LZB-Abrechnungsverkehr ... 117

8.2 Mittelbeschaffung ... 123
8.2.1 Spareinlagen ... 123
8.2.2 Sparbriefe und Sparobligationen ... 125
8.2.3 Sicht- und Termineinlagen der Nichtbankenkundschaft ... 128
8.2.4 Einlagen der Bankenkundschaft und aufgenommene Gelder ... 129
8.2.5 Bilanzierung von Einlagen und aufgenommenen Geldern ... 130

8.3 Kreditgeschäfte, Refinanzierungen und Anlagen auf dem Geldmarkt ... 137
8.3.1 Kontokorrentkredite ... 137
8.3.2 Diskontkredite und Rediskontkredite ... 139
8.3.2.1 Diskontkredite: Ankauf von Wechseln ... 139
8.3.2.2 Rediskontkredite: Verkauf von Wechseln ... 142
8.3.3 Darlehen ... 145
8.3.3.1 Ratenkredite ... 145
8.3.3.2 Realkredite ... 148
8.3.4 Avalkredite ... 151
8.3.5 Akzeptkredite ... 153
8.3.6 Abschreibungen und Wertberichtigungen auf Forderungen aus Kreditgewährungen ... 156
8.3.6.1 Bewertung von Forderungen ... 157
8.3.6.2 Abschreibungen uneinbringlicher Forderungen ... 158
8.3.6.3 Einzelwertberichtigungen auf Forderungen ... 159
8.3.6.4 Pauschalwertberichtigungen auf Forderungen ... 162
8.3.7 Aufnahme von Lombardkrediten bei der Bundesbank ... 169
8.3.8 Anlagen auf dem Geldmarkt ... 170

8.4 Effektengeschäfte ... 178
8.4.1 Effektenhandelsgeschäfte für Kunden ... 178
8.4.1.1 Kundenkommissionsgeschäfte ... 178
8.4.1.2 Zwischenkommissionsgeschäfte ... 182
8.4.1.3 Botengeschäfte bei Sparkassen und Kreditgenossenschaften ... 183
8.4.1.4 Festpreisgeschäfte ... 183
8.4.2 Eigengeschäfte mit Wertpapieren des Handelsbestands ... 187
8.4.3 Abschluß des Kontos Eigene Wertpapiere (Handelsbestand) ... 188
8.4.4 Zins- und Dividendenscheine ... 201
8.4.4.1 Zinsscheine ... 201
8.4.4.2 Dividendenscheine ... 203

8.5 Auslandsgeschäfte ... 209
8.5.1 Devisengeschäfte ... 209
8.5.2 Sortengeschäfte ... 219
8.5.3 Dokumentäre Zahlungen ... 223
8.5.3.1 Dokumenteninkassi ... 223
8.5.3.2 Dokumentenakkreditive ... 224

9 **Jahresabschluß** 230
9.1 **Aufgaben und Bestandteile des Jahresabschlusses** 230
9.2 **Rechtsgrundlagen des Jahresabschlusses** 231
9.2.1 Überblick
9.2.2 Vorschriften des HGB für den Jahresabschluß 232
9.3 **Aufstellung, Prüfung, Feststellung, Vorlage und Offenlegung des Jahresabschlusses** 234
9.3.1 Aufstellung des Jahresabschlusses und Vorlage beim Bundesaufsichtsamt und bei der Bundesbank 234
9.3.2 Prüfung und Feststellung sowie Vorlage des festgestellten Jahresabschlusses 234
9.3.3 Offenlegung des Jahresabschlusses, des Lageberichts und weiterer Unterlagen 240
9.4 **Ansatz- und Bewertungsvorschriften** 241
9.4.1 Grundsätze ordnungsmäßiger Bilanzierung 241
9.4.2 Handelsrechtliche Bewertungsvorschriften 242
9.4.2.1 Überblick über die allgemeinen Bewertungsgrundsätze 242
9.4.2.2 Bewertung der Vermögensgegenstände und der Schulden 243
9.4.2.3 Besondere Bewertungsvorschriften für Kreditinstitute 247
9.4.3 Steuerbilanz und steuerrechtliche Bewertungsvorschriften 248
9.5 **Durchführung des Jahresabschlusses** 252
9.5.1 Zusammenhang von Inventur, Buchführung und Jahresabschluß 252
9.5.2 Vorbereitung des Jahresabschlusses durch die Inventur 252
9.5.3 Überblick über die vorbereitenden Abschlußbuchungen 255
9.5.4 Kapitalisierung von Zinsen und Provisionen 255
9.5.5 Abschreibungen auf Gegenstände des Anlagevermögens 256
9.5.5.1 Bedeutung der Abschreibungen 257
9.5.5.2 Abschreibungen nach Handelsrecht und Steuerrecht 258
9.5.5.3 Berechnung planmäßiger Abschreibungen 260
9.5.5.4 Abschreibungen auf Grundstücke und Gebäude 264
9.5.5.5 Abschreibungen auf Betriebs- und Geschäftsausstattung 267
9.5.5.6 Abschreibungen auf Finanzanlagen 269
9.5.5.7 Wertaufholungen 269
9.5.6 Wertpapiere im Jahresabschluß der Kreditinstitute 273
9.5.6.1 Ausweis von Wertpapieren in der Bilanz und im Anhang 273
9.5.6.2 Aufteilung der Wertpapiere nach der Zweckbestimmung 275
9.5.6.3 Bewertung und Buchung von eigenen Wertpapieren beim Jahresabschluß 276
9.5.7 Vorsorge für allgemeine Bankrisiken 277
9.5.7.1 Stille Vorsorgereserven 277
9.5.7.2 Offene Vorsorgereserven 282
9.5.8 Die Risikovorsorge der Kreditinstitute im Überblick 283
9.5.9 Zeitliche Abgrenzung von Erfolgen 285
9.5.9.1 Transitorische Posten in der Bilanz 286
9.5.9.2 Antizipative Posten in der Bilanz 289
9.5.10 Rückstellungen 297
9.6 **Die Formblätter für den Jahresabschluß der Kreditinstitute** 302
9.6.1 Das einheitliche Bilanzformblatt 302
9.6.1.1 Inhalt des Bilanzformblatts 303
9.6.1.2 Ausweisvorschriften für die einzelnen Posten der Aktivseite der Bilanz 305
9.6.1.3 Ausweisvorschriften für die einzelnen Posten der Passivseite der Bilanz 309
9.6.2 Einheitliche Formblätter für die Gewinn- und Verlustrechnung 313
9.6.2.1 Inhalt des Formblatts für die GuV-Rechnung in Staffelform 313
9.6.2.2 Ausweisvorschriften für bestimmte Posten der GuV-Rechnung 315
9.7 **Der Anhang zum Jahresabschluß und der Lagebericht** 317
9.7.1 Angabe- und Erläuterungspflichten im Anhang 317
9.7.1.1 Angabepflichten zu den Bilanzierungs- und Bewertungsmethoden 317
9.7.1.2 Erläuterungspflichten zur Bilanz 317
9.7.1.3 Erläuterungspflichten zur GuV-Rechnung 319
9.7.1.4 Sonstige Angaben im Anhang 319
9.7.2 Der Lagebericht 320

9.8 Jahresabschluß und Gewinnverwendung bei Kreditinstituten 321
9.8.1 Rücklagen- und Ausschüttungspolitik bei Kreditinstituten 321
9.8.1.1 Eigenkapitalposten in der Bilanz von Kreditinstituten 321
9.8.1.2 Ziele der Rücklagen- und Gewinnausschüttungspolitik 322
9.8.2 Jahresabschluß und Gewinnverwendung bei Kreditinstituten in der Rechtsform von Kapitalgesellschaften 323
9.8.3 Jahresabschluß und Gewinnverwendung bei Genossenschaftsbanken ... 325
9.8.4 Jahresabschluß und Gewinnverwendung bei Sparkassen 327
9.8.5 Jahresabschluß und Gewinnverwendung bei Privatbankiers 329

10 Organisation der Bankbuchführung 334

10.1 Anforderungen an die Bankbuchführung 334
10.2 Kontenrahmen und Kontenplan 334
10.3 Organisation des Buchungsablaufs 336
10.4 Tagesbilanz 337

11 Kosten- und Erlösrechnung 351

11.1 Die Kosten- und Erlösrechnung als Instrument der internen Rechnungslegung 351
11.2 Aufgaben der Kosten- und Erlösrechnung 352
11.3 Grundbegriffe der Kosten- und Erlösrechnung 354
11.3.1 Kosten, Leistungen, Erlöse 354
11.3.2 Die Einordnung von Kosten und Erlösen in die Übersicht der Erfolgsbegriffe 355
11.3.3 Der Zusammenhang von Aufwendungen und Kosten 356
11.3.4 Kalkulatorische Kosten 357
11.3.5 Leistungsbereiche im Bankbetrieb 358
11.3.6 Die Aufgliederung der Betriebskosten 359
11.4 Die Bankkalkulation 362
11.4.1 Zinsmarge (Zinsspanne) und Zinsspannenrechnung 363
11.4.2 Die Ermittlung der Gesamtzinsspanne aus der Zinsertragsbilanz 364
11.4.3 Verfahren zur Ermittlung von Zinsspannen 365
11.4.3.1 Die Pool-Methode 366
11.4.3.2 Die Schichtenbilanz-Methode 366
11.4.3.3 Einwendungen gegen die traditionellen Verfahren der Teilzinsspannenrechnung 368
11.3.4.4 Die Marktzinsmethode 368
11.4.4 Die Verfahren der Bankkalkulation im Überblick 375
11.5 Die Margenkalkulation 376
11.5.1 Die Kalkulation im Wertbereich 377
11.5.1.1 Die Kalkulation der Zinsmarge 377
11.5.1.2 Die Kalkulation der Risikokostenmarge 377
11.5.2 Die Kalkulation im Betriebsbereich 378
11.5.2.1 Einwendungen gegen die traditionelle Stückleistungskalkulation 378
11.5.2.2 Die Standard-Einzelkostenrechnung 378
11.5.3 Die Ermittlung der Nettomarge 382
11.5.4 Das Kalkulationsschema in der Margenkalkulation 382
11.6 Produkt- und Kundenkalkulation als Deckungsbeitragsrechnungen ... 383
11.6.1 Überblick über Kalkulationsgegenstände und Kalkulationszwecke 383
11.6.2 Wesen und Zweck der Deckungsbeitragsrechnung 384
11.6.3 Die Ermittlung von Deckungsbeiträgen in Kreditinstituten 384
11.6.4 Produktkalkulation 385
11.6.5 Kundenkalkulation 387
11.7 Die Gesamtbetriebskalkulation 391
11.7.1 Die kalkulatorische Betriebsergebnisrechnung 391
11.7.2 Die GuV-orientierte Ergebnisrechnung 391

Abkürzungsverzeichnis 399

Sachwortverzeichnis 404

Anhang: Kontenrahmen

1 Überblick über Gliederung, Aufgaben und Rechtsgrundlagen des Rechnungswesens

1.1 Die Teile des Rechnungswesens und ihre Aufgaben

Teile des Rechnungswesens

Das betriebliche Rechnungswesen soll Vergangenheit, Gegenwart und Zukunft des Betriebes zahlenmäßig darstellen. Es besteht aus vier Teilen, die zusammenhängen und einander ergänzen.

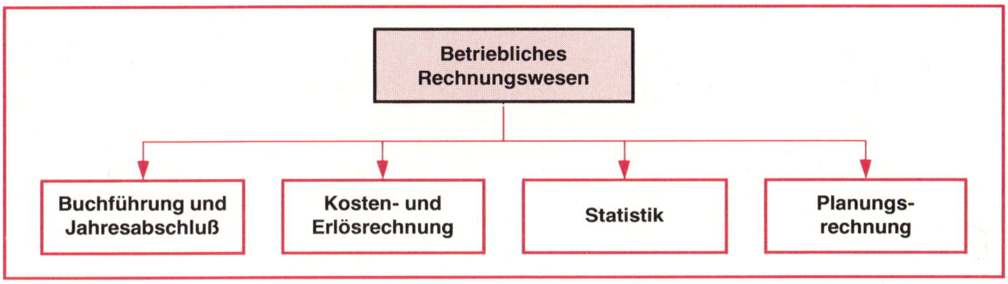

Die Buchführung wird in Abgrenzung zur Kosten- und Erlösrechnung auch als Finanzbuchführung bezeichnet.

Buchführung

Die **Buchführung** ist eine **Zeitraumrechnung.** Ihre Aufgabe besteht darin, alle **Geschäftsfälle** (Geschäftsvorgänge, Umsätze) eines Zeitraumes (Geschäftsjahr) in ihrer zeitlichen Folge und in einer sachlichen Ordnung zu erfassen (chronologische und systematische Erfassung der Geschäftsfälle).

Die **Buchführung** soll

- **Bestände** (Vermögen und Kapital) und
- **Erfolge** (Aufwendungen und Erträge)

erfassen (Dokumentation der Geschäftsvorgänge).

Jahresabschluß

Der **Jahresabschluß** ist eine **Zeitpunktrechnung** (Stichtagsrechnung). Er ist durch das **Handelsgesetzbuch (HGB)** vorgeschrieben (handelsrechtlicher Abschluß). Seine Aufgabe besteht darin, zum Ende des Geschäftsjahres eine Übersicht über

- die Vermögens- und Kapitalbestände (Bilanz) und
- die Aufwendungen und Erträge (Gewinn- und Verlustrechnung)

zu geben (Rechenschaftslegung).

Jahresabschluß der Kreditinstitute

Der **Jahresabschluß der Kreditinstitute** umfaßt

- die **Bilanz,**
- die **Gewinn- und Verlustrechnung** und
- den **Anhang.**

Der **Anhang** dient zur Erläuterung der Bilanz und der Gewinn- und Verlustrechnung. Kreditinstitute müssen darüber hinaus einen

- **Lagebericht**

aufstellen. Der Anhang ist Teil des Jahresabschlusses, der Lagebericht nicht.

Buchführung und Jahresabschluß liefern den Kreditinstituten selbst und Außenstehenden Informationen **(externes Rechnungswesen).**

Außenstehende sind Kunden und Gesellschafter der Kreditinstitute, der Staat und die Öffentlichkeit. Kunden benötigen Informationen über Geschäftsfälle, die sie selbst betreffen. Gesellschafter wollen Informationen über die Entwicklung der Unternehmungen, an denen sie beteiligt sind. Der Staat will informiert sein, um Grundlagen für die Festsetzung von Abgaben (Steuern) zu haben. Die Steuerbilanz (siehe Seite 24) zählt daher ebenfalls zum externen Rechnungswesen. Der Staat will auch Informationen haben, um die Einhaltung bestimmter von ihm getroffener Regelungen überwachen zu können. Die Bankenaufsicht (Bundesaufsichtsamt für das Kreditwesen, Deutsche Bundesbank) und die Öffentlichkeit sind nicht zuletzt aus gesamtwirtschaftlichem Interesse an Informationen über Kreditinstitute interessiert.

Kosten- und Erlösrechnung

Die **Kosten- und Erlösrechnung** umfaßt die Verfahren, die dazu dienen, Informationen und Analysen über **Kosten** und **Erlöse** zu geben.

Die **Kosten- und Erlösrechnung** hat als Aufgaben:

- die Bereitstellung von Informationen über Kosten und Erlöse von Bankleistungen,
- die Schaffung von Grundlagen für Kalkulationen und Erfolgskontrollen.

Die Kosten- und Erlösrechnung dient der Geschäftspolitik der Kreditinstitute **(internes Rechnungswesen).** Sie hat für Bankbetriebe Lenkungs- und Steuerungsfunktion und ist somit ein Instrument des **Controlling.**

Statistik

Die **Statistik** ist eine **Vergleichsrechnung.** Sie umfaßt die Verfahren zur Sammlung, Erfassung und Auswertung von Zahlen und Daten (Verarbeitung zu Kennzahlen, Tabellen und grafischen Darstellungen).

Planungsrechnung

Die **Planungsrechnung** dient der Vorbereitung unternehmerischer (geschäftspolitischer) Entscheidungen. Zu unterscheiden ist die auf längere Sicht angelegte **strategische Planung** (Planung der Gesamtentwicklung des Unternehmens, Festlegen von global formulierten Strategien) und die **operative Planung** (Festlegen detaillierter, meist kurzfristig ausgerichteter Zielvorgaben in Form von Planzahlen **[Budgetierung]**).

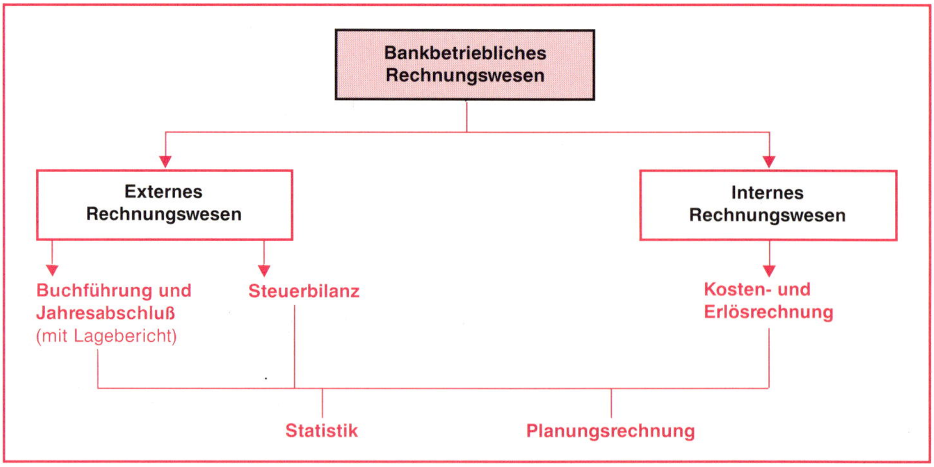

1.2 Rechtsgrundlagen für die Buchführung

Arten der Rechtsgrundlagen

Rechtsgrundlagen für die Buchführung (und für den Jahresabschluß) der Kreditinstitute finden sich in **Gesetzen** (vor allem im **Handelsgesetzbuch**, aber auch in der Abgabenordnung, im Aktiengesetz, GmbH-Gesetz, Genossenschaftsgesetz und im Kreditwesengesetz) sowie in der **Rechnungslegungsverordnung** (Verordnung über die Rechnungslegung der Kreditinstitute). Die Kreditinstitute haben außerdem die **Bekanntmachungen** des **Bundesaufsichtsamtes für das Kreditwesen (BAK)** zu beachten.

Für Kreditinstitute wie für alle Kaufleute sind die **Grundsätze ordnungsmäßiger Buchführung (GoB)** bindend.

1.2.1 Buchführungsvorschriften im Handelsgesetzbuch und in der Abgabenordnung

HGB und AO

Grundlegende Buchführungsvorschriften finden sich im **Handelsgesetzbuch (HGB)** und in der **Abgabenordnung (AO).**

Die handelsrechtlichen Vorschriften gelten für **Vollkaufleute** und für handwerkliche und sonstige gewerbliche Unternehmen, die nach Art und Umfang einen in kaufmännischer Weise eingerichteten Geschäftsbetrieb erfordern, auch wenn sie noch nicht in das Handelsregister eingetragen sind (§§ 2, 262 HGB).

Im steuerrechtlichen Sinn hat die Buchführung, die den Anforderungen der Abgabenordnung entspricht, grundsätzlich Beweiskraft (§ 158 AO).

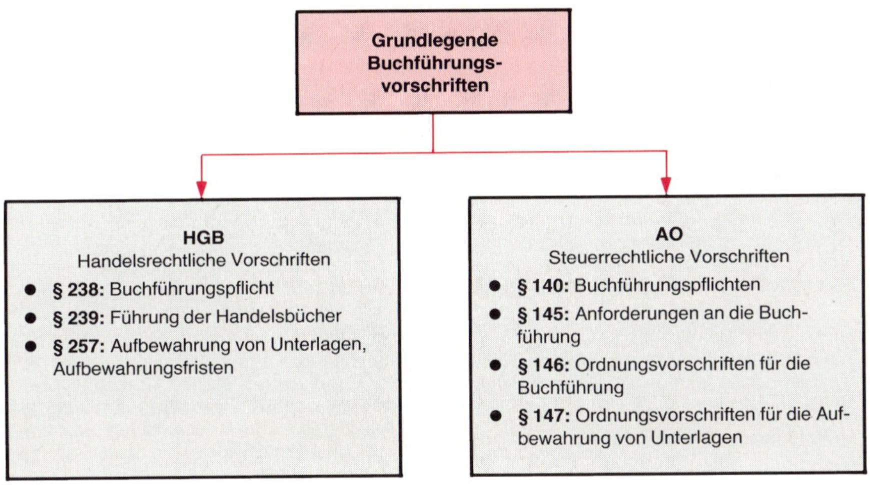

Ein Vergleich des Wortlauts der handelsrechtlichen Vorschriften mit dem Wortlaut der steuerrechtlichen Vorschriften zeigt inhaltliche und weitgehend sogar wörtliche Übereinstimmung. Die Zuordnung der Paragraphen soll das verdeutlichen.

Im **Handelsgesetzbuch** sind im ersten Abschnitt des Dritten Buches die allgemeinen Rechnungslegungsgrundsätze, die für alle Kaufleute gelten, zusammengefaßt worden.

Aus dem Dritten Buch des HGB „Handelsbücher“ stammen die folgenden, im Wortlaut wiedergegebenen Vorschriften.

Buchführungspflicht, Zweck und Beschaffenheit der Buchführung

§ 238 HGB: Buchführungspflicht

(1) Jeder Kaufmann ist verpflichtet, Bücher zu führen und in diesen seine Handelsgeschäfte und die Lage seines Vermögens nach den Grundsätzen ordnungsmäßiger Buchführung ersichtlich zu machen. Die Buchführung muß so beschaffen sein, daß sie einem sachverständigen Dritten innerhalb angemessener Zeit einen Überblick über die Geschäftsvorfälle und über die Lage des Unternehmens vermitteln kann. Die Geschäftsvorfälle müssen sich in ihrer Entstehung und Abwicklung verfolgen lassen.

(2) Der Kaufmann ist verpflichtet, eine mit der Urschrift übereinstimmende Wiedergabe der abgesandten Handelsbriefe (Kopie, Abdruck, Abschrift oder sonstige Wiedergabe des Wortlauts auf einem Schrift-, Bild- oder anderen Datenträger) zurückzubehalten.

Bei Kapitalgesellschaften und Genossenschaften haben die gesetzlichen Vertreter (Vorstand, Geschäftsführer) für die ordnungsmäßige Führung der Handelsbücher zu sorgen (§§ 91 AktG, 41 Abs. 1 GmbHG, 33 Abs. 1 GenG).

Form- und Ordnungserfordernisse der Buchführung

Korrektur von Buchungen

Büchersatz, Möglichkeiten zeitgemäßer und rationeller Buchführung

§ 239 HGB: Führung der Handelsbücher

(1) Bei der Führung der Handelsbücher und bei den sonst erforderlichen Aufzeichnungen hat sich der Kaufmann einer lebenden Sprache zu bedienen. Werden Abkürzungen, Ziffern, Buchstaben oder Symbole verwendet, muß im Einzelfall deren Bedeutung eindeutig festliegen.

(2) Die Eintragungen in Büchern und die sonst erforderlichen Aufzeichnungen müssen vollständig, richtig, zeitgerecht und geordnet vorgenommen werden.

(3) Eine Eintragung oder eine Aufzeichnung darf nicht in einer Weise verändert werden, daß der ursprüngliche Inhalt nicht mehr feststellbar ist. Auch solche Veränderungen dürfen nicht vorgenommen werden, deren Beschaffenheit es ungewiß läßt, ob sie ursprünglich oder erst später gemacht worden sind.

(4) Die Handelsbücher und die sonst erforderlichen Aufzeichnungen können auch in der geordneten Ablage von Belegen bestehen oder auf Datenträgern geführt werden, soweit diese Formen der Buchführung einschließlich des dabei angewandten Verfahrens den Grundsätzen ordnungsmäßiger Buchführung entsprechen. Bei der Führung der Handelsbücher und der sonst erforderlichen Aufzeichnungen auf Datenträgern muß insbesondere sichergestellt sein, daß die Daten während der Dauer der Aufbewahrungsfrist verfügbar sind und jederzeit innerhalb angemessener Frist lesbar gemacht werden können. Absätze 1 bis 3 gelten sinngemäß.

Aufbewahrungspflichtige Unterlagen

Art der Aufbewahrung von Unterlagen

§ 257 HGB: Aufbewahrung von Unterlagen. Aufbewahrungsfristen

(1) Jeder Kaufmann ist verpflichtet, die folgenden Unterlagen geordnet aufzubewahren:

1. Handelsbücher, Inventare, Eröffnungsbilanzen, Jahresabschlüsse, Lageberichte, Konzernabschlüsse, Konzernlageberichte sowie die zu ihrem Verständnis erforderlichen Arbeitsanweisungen und sonstigen Organisationsunterlagen,
2. die empfangenen Handelsbriefe,
3. Wiedergaben der abgesandten Handelsbriefe,
4. Belege für Buchungen in den von ihm nach § 238 Abs. 1 zu führenden Büchern (Buchungsbelege).

(2) Handelsbriefe sind nur Schriftstücke, die ein Handelsgeschäft betreffen.

Aufbewahrungsfristen

(3) Mit Ausnahme der Eröffnungsbilanzen, Jahresabschlüsse und der Konzernabschlüsse können die in Absatz 1 aufgeführten Unterlagen auch als Wiedergabe auf einem Bildträger oder auf anderen Datenträgern aufbewahrt werden, wenn dies den Grundsätzen ordnungsmäßiger Buchführung entspricht und sichergestellt ist, daß die Wiedergabe oder die Daten

1. mit den empfangenen Handelsbriefen und den Buchungsbelegen bildlich und mit den anderen Unterlagen inhaltlich übereinstimmen, wenn sie lesbar gemacht werden,
2. während der Dauer der Aufbewahrungsfrist verfügbar sind und jederzeit innerhalb angemessener Frist lesbar gemacht werden können.

Sind Unterlagen auf Grund des § 239 Abs. 4 Satz 1 auf Datenträgern hergestellt worden, können statt des Datenträgers die Daten auch ausgedruckt aufbewahrt werden; die ausgedruckten Unterlagen können auch nach Satz 1 aufbewahrt werden.

(4) Die in Absatz 1 Nr. 1 aufgeführten Unterlagen sind zehn Jahre und die sonstigen in Absatz 1 aufgeführten Unterlagen sechs Jahre aufzubewahren.

(5) Die Aufbewahrungsfrist beginnt mit dem Schluß des Kalenderjahrs, in dem die letzte Eintragung in das Handelsbuch gemacht, das Inventar aufgestellt, die Eröffnungsbilanz oder der Jahresabschluß festgestellt, der Konzernabschluß aufgestellt, der Handelsbrief empfangen oder abgesandt worden oder der Buchungsbeleg entstanden ist.

Handelsrechtliche Vorschriften im Überblick

Handelsrechtliche Vorschriften für die Buchführung	
Buchführungspflicht, Zweck der Buchführung	**Buchführungspflichtige:** Vollkaufleute und noch nicht im Handelsregister eingetragene Sollkaufleute **Zweck der Buchführung:** Ersichtlichmachen der Handelsgeschäfte und der Lage des Vermögens nach den Grundsätzen ordnungsmäßiger Buchführung (siehe 1.2.2)
Beschaffenheit der Buchführung	**Grundsatz:** Die Buchführung muß einem sachverständigen Dritten innerhalb angemessener Zeit einen Überblick über die Geschäftsvorfälle und die Lage des Unternehmens vermitteln können. Erfordernis: Die Geschäftsvorfälle müssen sich in ihrer Entstehung und Abwicklung verfolgen lassen.
Form- und Ordnungserfordernisse der Buchführung	**Verwendung der Sprache:** lebende Sprache **Verwendung von Abkürzungen, Ziffern, Buchstaben oder Symbolen:** nur bei Festlegung ihrer Bedeutung (z. B. im Kontenplan – siehe 10.2) **Erfordernisse bei Eintragungen:** 1. Vollständigkeit 2. Richtigkeit 3. Zeitgerechtheit 4. Geordnetsein – in zeitlicher Hinsicht (Grundbuchungen – siehe 4.2.5) – in sachlicher Hinsicht (Buchungen auf Konten – siehe 4.2.5) Statt laufender Verbuchung der Geschäftsvorfälle ist verarbeitungsfähige Speicherung der Geschäftsvorfälle (Speicherbuchführung) zulässig.
Korrektur von Buchungen	**Korrekturverbot:** Verbot von Änderungen in der Weise, daß – ursprünglicher Inhalt der Eintragung nicht mehr feststellbar, – Entscheidung, ob ursprüngliche oder spätere Veränderung, nicht mehr möglich ist.
Büchersatz	**Führung der Handelsbücher zulässig:** – in Form geordneter Ablage von Belegen und dadurch Ersatz von Grundbüchern (Offene-Posten-Buchhaltung), – auf Datenträgern, wie z. B. Lochkarte, Lochstreifen, Klarschriftbeleg, Magnetschriftbeleg, Magnetband, Diskette (Speicherbuchführung) **Voraussetzungen:** – Entsprechen der Grundsätze ordnungsmäßiger Buchführung – Verfügbarkeit der Daten während der Dauer der Aufbewahrungsfristen – jederzeitige Lesbarkeitmachung der Daten

Aufbewahrung von Unterlagen	**Aufbewahrungspflicht:** – Handelsbücher, Inventare, Eröffnungsbilanzen, Jahresabschlüsse, Lageberichte usw. – empfangene Handelsbriefe – Wiedergabe der abgesandten Handelsbriefe – Buchungsbelege **Arten der Aufbewahrung:** – im Original oder in Durchschrift: Eröffnungsbilanzen und Jahresabschlüsse – als Wiedergabe (Bildträger [Fotomikrokopien, Mikrofilme] oder Datenträger [Lochstreifen, Magnetbänder, Magnetplatten]): alle anderen aufbewahrungspflichtigen Unterlagen
Aufbewahrungsfristen	**Aufbewahrungsfrist für Handelsbücher, Inventare, Eröffnungsbilanzen, Jahresabschlüsse, Lageberichte:** 10 Jahre **Sonstige Aufbewahrungsfrist:** 6 Jahre

1.2.2 Grundsätze ordnungsmäßiger Buchführung

Wesen der GoB

Die **Grundsätze ordnungsmäßiger Buchführung (GoB)** sind **handelsrechtliche Grundsätze.** Sie finden sich aber nicht nur im HGB, sondern werden auch im Steuerrecht (Einkommensteuergesetz) angesprochen.

Für die Grundsätze ordnungsmäßiger Buchführung gibt es keine Begriffsbestimmung.

Die Grundsätze ordnungsmäßiger Buchführung sind wie ausdrückliche Gesetzesregeln anzuwenden, wenn und soweit besondere gesetzliche Vorschriften fehlen. Anwendungsbereiche sind

- Rechtsfindung bei Gesetzeslücken,
- Gesetzesauslegung in Zweifelsfragen,
- Rechtsanpassung an veränderte wirtschaftliche Verhältnisse.

Bedeutung und Umfang der GoB

Die Grundsätze ordnungsmäßiger Buchführung umfassen den gesamten Bereich der Rechnungslegung.

Dazu zählen

- die **Grundsätze ordnungsmäßiger Buchführung (im engeren Sinne),**
- die **Grundsätze ordnungsmäßiger Inventur,**
- die **Grundsätze ordnungsmäßiger Bilanzierung** (siehe 9.4.1).

Die **Grundsätze ordnungsmäßiger Buchführung** (im engeren Sinne) betreffen die Dokumentation der Geschäftsfälle in der Buchführung (§§ 238 und 239 HGB) sowie die ordnungsmäßige Aufbewahrung von Büchern und Belegen (§ 257 HGB). Moderne Buchführungsverfahren sind zulässig, wenn sie den Grundsätzen ordnungsmäßiger Buchführung entsprechen.

Auch moderne Vereinfachungsverfahren bei der Inventur (siehe 9.5.2), wie z. B. Stichprobenverfahren, Buchinventur, müssen den Grundsätzen entsprechen.

2 Inventur und Inventar

Inventur

Inventur ist die Tätigkeit der mengen- und wertmäßigen Erfassung der Vermögensgegenstände und der Schulden (Fremdkapital). Sie ist **körperliche Bestandsaufnahme** durch Zählen, z. B. bei Kassenbestand, Schecks, Wechseln, Betriebs- und Geschäftsausstattung, oder **nichtkörperliche Bestandsaufnahme** mittels Kontoauszügen und Saldenlisten, z. B. bei Postgiroguthaben, Forderungen an Kreditinstitute und Kunden, Verbindlichkeiten gegenüber Kreditinstituten und gegenüber Kunden. Für die **Bewertung der Bestände** gelten handelsrechtliche Vorschriften (siehe 9.4.2).

Inventar

Das Inventar ist das ausführliche, mengen- und wertmäßige Verzeichnis aller Vermögensgegenstände und der Schulden eines Unternehmens.

Zusammenhang von Inventur und Inventar

Inventur — Ergebnis → **Inventar**

= Aufnahme und Bewertung der Bestände | = Verzeichnis der Bestände

§ 240 HGB

§ 240 Abs. 1 und 2 HGB: Inventar

(1) Jeder Kaufmann hat zu Beginn seines Handelsgewerbes seine Grundstücke, seine Forderungen und Schulden, den Betrag seines baren Geldes sowie seine sonstigen Vermögensgegenstände genau zu verzeichnen und dabei den Wert der einzelnen Vermögensgegenstände und Schulden anzugeben.

(2) Er hat demnächst für den Schluß eines jeden Geschäftsjahrs ein solches Inventar aufzustellen. Die Dauer des Geschäftsjahrs darf zwölf Monate nicht überschreiten. Die Aufstellung des Inventars ist innerhalb der einem ordnungsmäßigen Geschäftsgang entsprechenden Zeit zu bewirken.

Übersicht: Handelsrechtliche Vorschriften zu Inventur und Inventar

Handelsrechtliche Vorschriften

Inventur

- Die Inventur ist **grundsätzlich** eine **Stichtagsinventur** (Inventurvereinfachungsverfahren: siehe 9.5.2).
- Die Inventur ist **grundsätzlich körperliche Bestandsaufnahme,** in bestimmten Fällen aber auch **nichtkörperliche Bestandsaufnahme (Buchinventur).**

Inventar

- Ein Inventar ist **erstmals zu Beginn des Handelsgewerbe** aufzustellen.
- Ein Inventar muß jeweils **zum Ende eines Geschäftsjahres** aufgestellt werden.
- Im Inventar sind die Vermögensgegenstände und Schulden **genau** zu verzeichnen. Der **Wert der einzelnen Vermögensgegenstände und Schulden** ist anzugeben.

Gliederung des Inventars

Das Inventar ist in drei Teile gegliedert:

A. Vermögen

B. Schulden (Fremdkapital)

C. Reinvermögen (Eigenkapital)

Beispiel
Inventar einer Bank

Bankhaus
Hans Moldenbaum & Co.

INVENTAR zum 31. Dezember 19..

Erfassung der Vermögenswerte im Inventar

		DM	DM
A.	Vermögen		
1.	Kassenbestand (laut Aufstellung)		
	a) Haupt- und Nebenkassen	244 886,20	
	b) Postwertzeichen	429,60	
	c) Sorten	11 258,50	256 574,30
2.	Guthaben bei der Deutschen Bundesbank (laut Kontoauszug der Landeszentralbank)		6 833 302,84
3.	Diskontwechsel (laut Aufstellung)		8 788 071,00
4.	Forderungen an Kreditinstitute		
	a) Bankhaus Gebrüder Weidmann KG, Frankfurt	14 574 687,28	
	b) Bankhaus Altmann & Söhne, Kiel	16 450 126,00	31 024 813,28
5.	Forderungen an Kunden (laut Saldenliste)		68 047 365,80
6.	Wertpapiere (laut Aufstellung)		
	a) Schuldverschreibungen	3 701 775,00	
	b) Aktien	1 721 210,00	5 422 985,00
7.	Grundstücke und Gebäude (laut Aufstellung)		1 795 800,00
8.	Betriebs- und Geschäftsausstattung (laut Aufstellungen)		
	a) Büroeinrichtung	368 750,00	
	b) Büromaschinen	281 400,00	
	c) Fuhrpark	78 320,00	
	d) Sonstiges	121 400,00	849 870,00
	SUMME DES VERMÖGENS		123 018 782,22

Erfassen der Schulden im Inventar

		DM	DM
B.	Schulden		
1.	Verbindlichkeiten gegenüber Kreditinstituten		
	a) See- und Schiffahrtsbank AG, Bremen	7 430 974,50	
	b) Bankhaus H. W. Beermann, Hamburg	10 000 000,00	
	c) Süddeutsche Hypothekenbank AG, Stuttgart	15 000 000,00	32 430 974,50
2.	Verbindlichkeiten gegenüber Kunden (laut Saldenlisten)		
	a) Spareinlagen	26 388 802,50	
	b) Sichteinlagen	24 219 399,60	
	c) Befristete Einlagen	33 979 605,62	84 587 807,72
	SUMME DER SCHULDEN		117 018 782,22

Errechnen des Reinvermögens im Inventar

		DM
C.	Errechnung des Reinvermögens	
	Summe des Vermögens (Teil A)	123 018 782,22
./.	Summe der Schulden (Teil B)	117 018 782,22
	REINVERMÖGEN	6 000 000,00

Hamburg, den 2. Januar 19..

Das Inventar muß nicht unterschrieben werden. Die Datierung genügt.

Erläuterungen von Begriffen, die im Inventar verwendet werden	
Sorten	Als Sorten bezeichnet man auf ausländische Währungen lautende Banknoten und Münzen. Sie müssen mit ihrem Nennwert aufgenommen und in Deutsche Mark umgerechnet werden.
Guthaben bei der Deutschen Bundesbank	Als Guthaben bei der Deutschen Bundesbank werden die bei der zuständigen Landeszentralbank (LZB) auf dem Girokonto unterhaltenen Einlagen aufgeführt.
Barreserve	Kassenbestand und Guthaben bei der Deutschen Bundesbank werden in der Bilanz (siehe Seite 23) als Unterposten zum Hauptposten Barreserve ausgewiesen.
Diskontwechsel	Diskontwechsel sind die von der Bank angekauften Wechsel.
Forderungen an Kreditinstitute	Forderungen an Kreditinstitute sind Guthaben bei anderen Kreditinstituten und Kredite, die von anderen Kreditinstituten in Anspruch genommen worden sind.
Forderungen an Kunden	Forderungen an Kunden sind Kredite, die an Privatpersonen, Unternehmen und öffentliche Verwaltungen (Nichtbankenkundschaft) gewährt worden sind.
Saldenliste	Als Saldenliste bezeichnet man eine Aufstellung von Salden aus Konten. Der Saldo eines Kontos ist die Differenz aller Buchungen.
Wertpapiere	Wertpapiere sind in besonderen Urkunden verbriefte Forderungen (Schuldverschreibungen) oder Teilhaberrechte (Aktien).
Schulden, Verbindlichkeiten	Schulden und Verbindlichkeiten sind inhaltsgleiche Begriffe.
Spareinlagen	Als Spareinlagen sind Einlagen auszuweisen, die der Anlage und Ansammlung von Vermögen dienen. Sie stammen hauptsächlich von natürlichen Personen und sind durch Ausfertigung einer Urkunde, insbesondere eines Sparbuchs, als Spareinlagen gekennzeichnet. Sie sind nicht für den Zahlungsverkehr bestimmt (siehe auch Seite 123).
Sichteinlagen	Sichteinlagen sind täglich fällige Verbindlichkeiten. Sie dienen dem Zahlungsverkehr. Kunden, die Sichteinlagen unterhalten, werden als Kreditoren bezeichnet.
Befristete Einlagen	Befristete Einlagen werden auch als Termineinlagen bezeichnet. Sie sind nach Ablauf einer vereinbarten Laufzeit oder Kündigungsfrist fällig. Sie dienen der zinsbringenden Anlage von Geld.
Reinvermögen	Reinvermögen ist das Nettovermögen. Es wird in der Bilanz als Eigenkapital bezeichnet.

Aufgaben

Aufgabe 2.1 Stellen Sie für das Bankhaus Otto W. Schickler, Köln, formgerecht das Inventar auf!

	DM
Grundstücke und Gebäude	830 000,00
Betriebs- und Geschäftsausstattung	215 000,00
Verbindlichkeiten gegenüber Kunden:	
Sichteinlagen	14 220 000,00
Spareinlagen	9 950 000,00
Befristete Einlagen	6 000 000,00
Forderungen an Kunden	20 595 000,00
Forderungen an Kreditinstitute:	
Kölner Privatbank AG, Köln	824 000,00
Handelsbank AG, Düsseldorf	5 000 000,00
Verbindlichkeiten gegenüber Kreditinstituten:	
Rheinische Bank AG, Bonn	2 000 000,00
Bankhaus Peter M. Stahl, Dortmund	800 000,00
Diskontwechsel	4 850 000,00
Wertpapiere:	
2 000 000 DM Nordrhein-Westfalen Anleihe	2 200 000,00
1 000 000 DM Kölner Stadtanleihe	1 050 000,00
6 000 Stück Aktien der Bergbau AG	960 000,00
Guthaben bei der Deutschen Bundesbank	3 300 000,00
Hauptkasse	233 000,00
Sortenkasse:	
625 US-$	1 000,00
3 300 F	990,00

Aufgabe 2.2 Stellen Sie das formgerechte Inventar für das Bankhaus Schrader Gebrüder, Nürnberg, auf!

	DM
Inländisches Bargeld (lt. Aufstellung)	190 000,00
Spareinlagen von Kunden (lt. Saldenliste)	3 752 000,00
Sichteinlagen von Kunden (lt. Saldenliste)	12 073 000,00
Einlagen von Kreditinstituten:	
Bankhaus Bender & Co., Nürnberg	1 418 000,00
Mittelstandsbank AG, Würzburg	178 000,00
Guthaben bei Kreditinstituten:	
Main-Neckar-Bank AG, Frankfurt	2 216 000,00
Südbank AG, München	2 000 000,00
Guthaben bei der Landeszentralbank in Nürnberg	2 834 000,00
An Kunden gewährte Kredite (lt. Saldenliste)	12 110 000,00
An Kreditinstitute gewährte Kredite:	
Bankhaus Hans Falkenhagen KG, Nürnberg	1 220 000,00
Creditbank AG, Fürth	441 000,00
Diskontwechsel (lt. Aufstellung)	3 749 000,00
Wertpapiere (lt. besonderen Aufstellungen):	
Schuldverschreibungen des Bundes und der Länder	585 000,00
Schuldverschreibungen von Industrieunternehmungen	230 000,00
Pfandbriefe und Kommunalschuldverschreibungen	481 000,00
Einlagen von Kunden, die nach Ablauf einer vereinbarten Festlegung fällig sind (lt. Saldenliste)	4 220 000,00
Betriebs- und Geschäftsausstattung	215 000,00
Grundstücke und Gebäude	510 000,00
Sorten	37 000,00

Erstellen Sie formgerecht das Inventar des Bankhauses Richard Stapenbeck, Frankfurt am Main! **Aufgabe 2.3**

	DM
Inländisches Bargeld:	
Hauptkasse (lt. Aufstellung)	45 743,58
Nebenkassen (lt. Aufstellung)	4 617,12
Guthaben:	
bei der Landeszentralbank Frankfurt am Main	654 185,88
bei der Frankfurter Handelsbank AG	183 526,00
Diskontwechsel (lt. Aufstellung)	925 391,70
Gewährte Kredite:	
an Bankhaus Bothmann KG, Nürnberg	206 923,00
an Kunden (lt. Saldenliste)	7 156 517,96
Sorten (lt. Aufstellung)	3 847,36
Wertpapiere:	
100 Stück Edelmetall AG-Aktien (Kurs 111,00)	11 100,00
50 Stück Schubag-AG-Aktien (Kurs 184,00)	9 200,00
100 000 DM Pfandbriefe der Hessischen Hypothekenbank AG (Kurs 96 %)	96 000,00
Betriebs- und Geschäftsausstattung	89 540,00
Grundstücke und Gebäude	120 000,00
Aufgenommene Kredite:	
beim Bankhaus Graf Schwarzmann & Co., Frankfurt am Main	2 400 000,00
Einlagen:	
Industriebank AG, Frankfurt am Main	178 927,85
Sichteinlagen von Kunden (lt. Saldenliste)	5 183 672,39
Spareinlagen (lt. Saldenliste)	921 526,00
Befristete Einlagen (lt. Saldenliste)	327 500,00

Überprüfen Sie die Richtigkeit des Inventars auf Seite 21, das aus folgenden Inventurwerten aufgestellt wurde! **Aufgabe 2.4**

	DM
Inländisches Bargeld:	
Hauptkasse	40 845,80
Nebenkassen	8 105,82
Guthaben:	
bei der Landeszentralbank von Berlin und Brandenburg	860 197,55
bei der Berliner Handelsbank AG	118 874,00
Diskontwechsel	1 026 373,50
Gewährte Kredite:	
an Bankhaus Wilsen & Köhn, Potsdam	181 772,00
an Kunden	6 083 325,08
Ausländisches Bargeld	12 417,10
Wertpapiere:	
Hanno-Werke AG-Aktien	12 400,00
Berliner Handelsbank AG-Aktien	4 600,00
Pfandbriefe der Münchner Hypothekenbank AG	90 000,00
Betriebs- und Geschäftsausstattung	123 670,00
Grundstücke und Gebäude	80 000,00
Aufgenommene Kredite:	
beim Bankhaus Wellmann & Co., Frankfurt am Main	2 000 000,00
Einlagen:	
von der Nord-Ost-Bank AG, Frankfurt an der Oder	183 625,08
Sichteinlagen von Kunden	4 615 758,00
Spareinlagen	856 340,27
Befristete Einlagen	538 200,00

a) *In welchen Zeilen des Inventars sind Fehler enthalten?*
b) *Arbeiten Sie nach folgender Prüfliste!*

Alle Posten im Inventar erfaßt?
Reihenfolge der Vermögenswerte richtig?
Reihenfolge der Schulden richtig?
Einzelposten richtig zu Vermögen und Schulden zugeordnet?
Kassenbestand richtig ermittelt?
Summe des Vermögens rechnerisch richtig?
Summe der Schulden rechnerisch richtig?
Tatsächliche Höhe des Eigenkapitals ermittelt?

Programmierte Aufgaben

Aufgabe 2.5 **Entscheiden Sie, welche Werte**
① zum Vermögen
② zum Fremdkapital
gehören!

a) Guthaben des Kreditinstituts bei anderen Kreditinstituten
b) täglich fällige Einlagen von Kreditinstituten
c) Aktien und Schuldverschreibungen im Eigentum des Kreditinstituts
d) nach Ablauf einer vereinbarten Festlegungsfrist fällige Guthaben von Kunden
e) Kredite, die das Kreditinstitut der Nichtbankenkundschaft gewährt hat
f) Sichteinlagen von Kunden
g) Kredite, die anderen Kreditinstituten gewährt worden sind
h) Banknoten und Münzen, die auf ausländische Währung lauten und im Ausland gesetzliche Zahlungsmittel sind
i) Kredite, die von Kunden in Anspruch genommen worden sind
j) Kredite, die das Kreditinstitut bei anderen Kreditinstituten aufgenommen hat

Aufgabe 2.6 **Was ist eine Inventur?**

a) die Bewertung des Vermögens und der Schulden
b) die Tätigkeit der mengen- und wertmäßigen Erfassung von Vermögen und Fremdkapital
c) das Errechnen des Eigenkapitals
d) das mengen- und wertmäßige Verzeichnis der Vermögens- und Kapitalwerte.

Aufgabe 2.7 **In welcher Reihenfolge erscheinen die Vermögenswerte im Inventar?**

Ordnen Sie die Ziffern ① bis ⑧ zu!

a) Kassenbestand
b) Wertpapiere
c) Betriebs- und Geschäftsausstattung
d) Forderungen an Kunden
e) Forderungen an Kreditinstitute
f) Grundstücke und Gebäude
g) Diskontwechsel
h) Guthaben bei der Deutschen Bundesbank

Aufgabe 2.8 **Welche Werte gehören zum Kassenbestand eines Kreditinstituts?**

a) Diskontwechsel, die auf Deutsche Mark lauten
b) Münzen und Banknoten, die auf fremde Währungen lauten
c) Inländisches Bargeld
d) von der Deutschen Post AG ausgegebene gültige Briefmarken
e) Guthaben bei der Deutschen Bundesbank

Bankhaus
Feldt & Schröder
Unter den Linden 28
Berlin

INVENTAR ZUM 31. DEZEMBER 19..

Nr.		Posten	DM	DM
	A.	Vermögen	DM	DM
1		1. Kassenbestand		
2		a) Hauptkasse	48 951,62	
3		b) Nebenkassen	8 105,82	
4		c) Sortenkassen	12 417,10	60 368,72
5		2. Guthaben bei der Deutschen Bundesbank		860 197,55
6		3. Diskontwechsel		1 026 373,50
7		4. Forderungen an Kreditinstitute		
8		a) Berliner Handelsbank AG	118 874,00	
9		b) Bankhaus Wellmann & Co, Frankfurt am Main	2 000 000,00	2 118 874,00
10		5. Forderungen an Kunden		6 083 325,08
11		6. Wertpapiere		
12		a) Anleihen und Schuldverschreibungen	90 000,00	
13		b) Aktien	17 000,00	107 000,00
14		7. Grundstücke und Gebäude		80 000,00
15		8. Betriebs- und Geschäftsausstattung		124 670,00
16		SUMME DES VERMÖGENS		10 460 808,85
	B.	Schulden		
17		1. Verbindlichkeiten gegenüber Kreditinstituten		
18		a) Bankhaus Wilsen & Köhn, Potsdam	181 772,00	
19		b) Nord-Ost-Bank AG, Frankfurt an der Oder	183 625,08	365 397,08
20		2. Verbindlichkeiten gegenüber Kunden		
21		a) Sichteinlagen	4 615 758,00	
22		b) Befristete Einlagen	538 200,00	
23		c) Spareinlagen	856 340,27	6 010 298,27
24		SUMME DER SCHULDEN		6 375 695,35
	C.	Ermittlung des Reinvermögens		
25		Summe des Vermögens (Teil A)		10 460 808,85
26	./.	Summe der Schulden (Teil B)		6 375 695,35
27		REINVERMÖGEN		4 085 113,50

28 Berlin, den 3. Januar 19..

3 Bilanz

Wesen der Bilanz

Die Bilanz ist eine kurzgefaßte, wertmäßige Gegenüberstellung von Vermögen und Kapital.

§ 242 HGB

§ 242 Abs. 1 HGB: Eröffnungsbilanz. Bilanz

Der Kaufmann hat zu Beginn seines Handelsgewerbes und für den Schluß eines jeden Geschäftsjahrs einen das Verhältnis seines Vermögens und seiner Schulden darstellenden Abschluß (Eröffnungsbilanz, Bilanz) aufzustellen. Auf die Eröffnungsbilanz sind die für den Jahresabschluß geltenden Vorschriften entsprechend anzuwenden, soweit sie sich auf die Bilanz beziehen.

Eröffnungsbilanz, Bilanz

Die erste Bilanz, die ein Unternehmen zu Beginn des Handelsgewerbes aufzustellen hat, ist die **Eröffnungsbilanz.** Die **Bilanz,** die ein Unternehmen für den Schluß eines jeden Geschäftsjahres aufzustellen hat, ist ein **Teil des Jahresabschlusses.**

Zusammenhang von Inventar und Bilanz

Voraussetzung für eine ordnungsmäßige Bilanzierung sind Inventur und Inventar. Die Bilanz fußt auf den Ergebnissen der Inventur, die im Inventar festgehalten und mit Wertangaben versehen sind. Die Bilanz wird aus dem Inventar abgeleitet.

Gegenüberstellung: Inventar und Bilanz

Inventar →	Bilanz
• genaues Verzeichnis, das mengen- und wertmäßig alle Vermögensgegenstände einzeln ausweist	• kurzgefaßte, übersichtliche Gegenüberstellung von Vermögen und Kapital ohne Einzelangaben über Art und Mengen
• Aufstellung in Staffelform:	• Aufstellung in Kontoform (§ 266 Abs. 1 Satz 1 HGB):

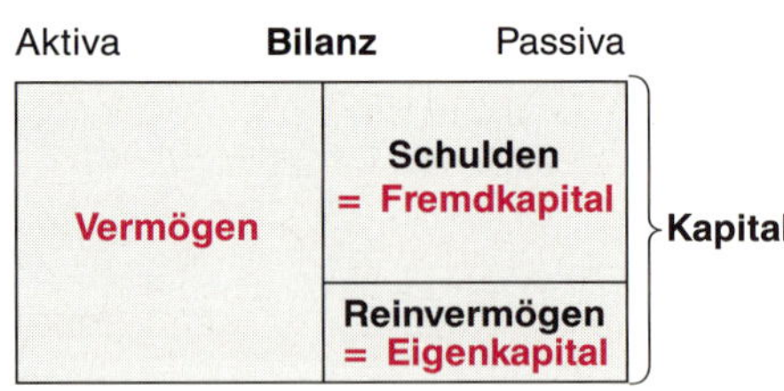

Die linke Seite der Bilanz zeigt das **Vermögen** oder die **Aktiva** des Unternehmens. Die rechte Seite der Bilanz zeigt das **Kapital** oder die **Passiva** des Unternehmens. Für jede Bilanz gilt die Gleichung:

Bilanzgleichung

Summe der Aktiva = Summe der Passiva

Beispiel
Bankbilanz

Bankhaus Hans Moldenbaum & Co.

Aktiva	DM	DM	Bilanz zum 31. Dezember 19.. Passiva	DM	DM
1. Barreserve			1. Verbindlichkeiten gegenüber Kreditinstituten		32 430 974,50
a) Kassenbestand	256 574,30		2. Verbindlichkeiten gegenüber Kunden		
b) Guthaben bei der Deutschen Bundesbank	6 833 302,84	7 089 877,14	a) Spareinlagen	26 388 802,50	
2. Diskontwechsel		8 788 071,00	b) Sichteinlagen	24 219 399,60	
3. Forderungen an Kreditinstitute		31 024 813,28	c) Befristete Einlagen	33 979 605,62	84 587 807,72
4. Forderungen an Kunden		68 047 365,80	3. Eigenkapital		6 000 000,00
5. Wertpapiere		5 422 985,00			
6. Sachanlagen					
a) Grundstücke und Gebäude	1 795 800,00				
b) Betriebs- und Geschäftsausstattung	849 870,00	2 645 670,00			
		123 018 782,22			123 018 782,22

Hamburg, den 2. Januar 19.. Unterschriften

Posten mit Ziffern sind **Hauptposten**, Posten mit Buchstaben sind **Unterposten.**

Reihenfolge der Aktiva in der Bankbilanz

Die Aktiva werden in der Bankbilanz **nach abnehmender Liquidität** (Flüssigkeit) geordnet. Kassenbestand, Guthaben bei der Deutschen Bundesbank und Postgiroguthaben sind absolut liquide Mittel. Sie werden als **Barreserve** zusammengefaßt. Grundstücke und Gebäude sowie Betriebs- und Geschäftsausstattung als **Sachanlagen** sind schwer liquidierbare Werte. In der Gliederung der Aktivseite soll die Bedeutung der Liquidität sichtbar werden.

Reihenfolge der Passiva in der Bankbilanz

Die Passiva werden in der Bankbilanz in der Reihenfolge einer für das **Kreditinstitut zunehmenden Verfügungsdauer** geordnet. Bei den „Verbindlichkeiten gegenüber Kreditinstituten" stehen die täglich fälligen Schulden (Sichteinlagen) an erster Stelle. Bei den „Verbindlichkeiten gegenüber Kunden" stehen die Spareinlagen an erster Stelle, danach folgen die Sichteinlagen und die Termineinlagen (befristete Einlagen). Das Eigenkapital wird am Schluß der Bilanz aufgeführt, weil es unbefristet zur Verfügung steht.

Aussagen der Bilanz

Bilanzaussagen

Aktivseite

- Die Aktivseite zeigt die Verwendung der beschafften Mittel.
- Mittelverwendung ist Kapitaleinsatz.
- Kapitaleinsatz wird Investierung genannt.

Passivseite

- Die Passivseite zeigt die Herkunft der beschafften Mittel.
- Mittelbeschaffung ist Kapitalbeschaffung.
- Kapitalbeschaffung wird Finanzierung genannt.

Bedeutung der Bilanz

Die Bilanz gibt schnell, übersichtlich und gründlich Informationen über das Vermögen und das Kapital des Unternehmens nach Art, Aufteilung und Umfang. Sie dient als Grundlage für geschäftspolitische Entscheidungen.

Kapitalgeber und – bei veröffentlichten Bilanzen – die **Öffentlichkeit** können sich aus der Bilanz über Finanzierung und Investierung des Unternehmens informieren. Sie können Bilanzvergleiche mit Bilanzen des Unternehmens aus vorausgegangenen Rechnungsperioden (Zeit- oder Periodenvergleich) oder mit Bilanzen anderer Unternehmungen der gleichen Branche (Betriebs- oder Branchenvergleich) vornehmen. Bilanzvergleiche können als Grundlage für Anlageentscheidungen dienen.

Dem **Staat** dienen Bilanzen der Unternehmungen als Besteuerungs- und Kontrollunterlagen.

Bilanzen der Kreditinstitute müssen dem Bundesaufsichtsamt für das Kreditwesen und der Deutschen Bundesbank eingereicht werden (§ 26 KWG).

Die Aufstellung der Bilanz ist durch § 242 HGB vorgeschrieben. Die Bilanz muß nach § 245 HGB unterzeichnet werden.

Vorschriften für Bankbilanzen

Für die Bilanzen von Kreditinstituten sind HGB-Vorschriften und Vorschriften der Rechnungslegungsverordnung zu beachten.

Handelsbilanz und Steuerbilanz

Die Bilanz, die als Teil des Jahresabschlusses nach handelsrechtlichen Vorschriften (§§ 242 ff., 264 ff. HGB) aufgestellt wird, heißt **Handelsbilanz.**

Eine den Grundsätzen ordnungsmäßiger Buchführung entsprechende Handelsbilanz bildet auch die Grundlage für die steuerliche Gewinnermittlung (§ 5 Abs. 1 EStG). Der Steuerbemessung wird dabei eine aufgrund steuerrechtlicher Vorschriften korrigierte Handelsbilanz zugrunde gelegt. Diese abgeleitete Bilanz wird üblicherweise als **Steuerbilanz** bezeichnet.

Aufgaben

Aufgabe 3.1

Stellen Sie für die Volksbank Neustadt eG formgerecht die Bilanz zum 31. Dezember 19. . auf:

	DM
Forderungen an Kreditinstitute	4 862 000,00
Wertpapiere	2 375 000,00
Betriebs- und Geschäftsausstattung	277 300,00
Spareinlagen	7 076 000,00
Kassenbestand	133 000,00
Sichteinlagen von Kunden	5 132 000,00
Forderungen an Kunden	13 189 000,00
Verbindlichkeiten gegenüber Kreditinstituten	5 483 000,00
Guthaben bei der Deutschen Bundesbank	2 519 700,00
Diskontwechsel	2 923 000,00
Geschäftsguthaben der Genossenschaftsmitglieder (Eigenkapital)	1 310 000,00
Befristete Einlagen	7 278 000,00

Aufgabe 3.2

Stellen Sie aus dem Inventar des Bankhauses Otto W. Schickler, Köln, formgerecht die Bilanz auf!

Inventurwerte siehe Aufgabe 2.1

Aufgabe 3.3

Stellen Sie aus dem Inventar des Bankhauses Schrader Gebrüder, Nürnberg, formgerecht die Bilanz zum 31. Dezember 19. . auf:

Inventurwerte siehe Aufgabe 2.2

Aufgabe 3.4

Stellen Sie aus dem Inventar des Bankhauses Richard Stapenbeck, Frankfurt am Main, formgerecht die Bilanz auf!

Inventurwerte siehe Aufgabe 2.3

Aufgabe 3.5

Wiederholungsfragen zu den Kapiteln 1 bis 3 (Überblick über Gliederung, Aufgaben und Rechtsgrundlagen des Rechnungswesens; Inventur und Inventar; Bilanz):

1. Aus welchen Teilen besteht das betriebliche Rechnungswesen?
2. Welche Aufgaben hat das betriebliche Rechnungswesen?
3. Worin besteht die Aufgabe der Buchführung?
4. Wem sollen die Buchführung und der Jahresabschluß von Kreditinstituten Informationen geben?
5. Welche Aufgaben hat die Kosten- und Erlösrechnung in Kreditinstituten?
6. Wo finden sich grundlegende Buchführungsvorschriften?
7. Auf wen beziehen sich die Vorschriften des HGB, die „dem Kaufmann" eine Bilanzierungspflicht auferlegen?
8. Was fordert das HGB im Rahmen der Buchführungspflicht von jedem Unternehmen?
9. Welche Form- und Ordnungserfordernisse muß ein Unternehmen laut HGB beachten?
10. Welches Korrekturverbot enthält das HGB für Buchungen?
11. Welche Möglichkeiten zeitgemäßer und rationeller Buchführung gestattet das HGB?
12. Was hat ein Unternehmen bei der Aufbewahrung von Unterlagen zu beachten?
13. Welche Aufbewahrungsfristen sind im HGB festgelegt?
14. Welche Bedeutung haben die Grundsätze ordnungsmäßiger Buchführung?
15. Was ist eine Inventur?
16. Wie unterscheiden sich Inventar und Bilanz in Inhalt und Form?
17. Wie ist das Inventar gegliedert?
18. Was ist eine körperliche Bestandsaufnahme? Was ist eine Buchinventur?
19. Welcher Zusammenhang besteht zwischen Inventur, Inventar und Bilanz?
20. Für welche Anlässe schreibt das HGB die Aufstellung der Bilanz vor?
21. Welche Gliederungsprinzipien gelten
    a) für die Aktivseite einer Bankbilanz,
    b) für die Passivseite einer Bankbilanz?
22. Worüber informiert
    a) die Aktivseite einer Bilanz,
    b) die Passivseite einer Bilanz?
23. Was ist eine Handelsbilanz? Was ist eine Steuerbilanz?

Programmierte Aufgaben

Aufgabe 3.6

Was zeigt die Aktivseite der Bankbilanz?

a) das Vermögen der Bank
b) die Verpflichtungen der Bank gegenüber ihren Gläubigern
c) die Verwendung der beschafften Mittel durch die Bank
d) die Investierung der Bank
e) die Finanzierung der Bank

Aufgabe 3.7

Was zeigt die Passivseite der Bankbilanz?

a) die Mittelverwendung des Kreditinstituts
b) die Liquidität des Kreditinstituts
c) die Barreserve des Kreditinstituts
d) die Finanzierung des Kreditinstituts
e) die Investierung des Kreditinstituts
f) die Verpflichtungen des Kreditinstituts gegenüber seinen Gläubigern
g) die Art der beschafften Mittel des Kreditinstituts

Aufgabe 3.8

Welche Werte gehören zur Barreserve eines Kreditinstituts?

a) Forderungen an Kreditinstitute
b) Kassenbestand
c) Sichteinlagen
d) Diskontwechsel
e) Guthaben bei der Deutschen Bundesbank
f) Eigenkapital
g) Forderungen an Kunden

Aufgabe 3.9

Ordnen Sie die Aktivseite der Bankbilanz!

Verwenden Sie die Ziffern ① bis ⑨!

a) Wertpapiere
b) Guthaben bei der Deutschen Bundesbank
c) Grundstücke und Gebäude
d) Kassenbestand
e) Forderungen an Kreditinstitute
f) Wechsel
g) Forderungen an Kunden
h) Betriebs- und Geschäftsausstattung

Aufgabe 3.10

Ordnen Sie die Passivseite der Bilanz eines Kreditinstituts!

Verwenden Sie die Ziffern ① bis ⑥!

a) Befristete Einlagen
b) Verbindlichkeiten gegenüber Kunden
c) Eigenkapital
d) Spareinlagen
e) Verbindlichkeiten gegenüber Kreditinstituten
f) Sichteinlagen

Aufgabe 3.11

Entscheiden Sie, ob die folgenden Auskünfte
① auf der Aktivseite der Bankbilanz
② auf der Passivseite der Bankbilanz
zu finden sind!

a) Auskunft über die Art der Finanzierung
b) Auskunft über die Höhe der liquiden Mittel
c) Auskunft über die Höhe des Eigenkapitals
d) Auskunft über die Höhe des Fremdkapitals
e) Auskunft über die Höhe der Vermögenswerte

4 Grundzüge der Bankbuchführung

4.1 Wertveränderungen in der Bilanz

Wirkungen von Geschäftsfällen

Geschäftsfälle (Geschäftsvorgänge) verändern die Vermögens- und Kapitalbestände. Geschäftsfälle werden auch als Umsätze bezeichnet. Zu ihnen zählen Einzahlungen, Auszahlungen, Überweisungseingänge usw.

Jeder Geschäftsfall verändert stets zwei Posten der Bilanz.

Aktiva	Eröffnungsbilanz		Passiva		
Barreserve			Verbindlichkeiten gegenüber Kunden		
Kassenbestand	10 000,00		a) Spareinlagen	140 000,00	
LZB-Guthaben	100 000,00	110 000,00	b) Sichteinlagen	250 000,00	390 000,00
Forderungen an Kunden		270 000,00	Eigenkapital		75 000,00
Wertpapiere		45 000,00			
Sachanlagen					
Betriebs- und Geschäftsausstattung		40 000,00			
		465 000,00			465 000,00

Forderungen an Kunden ergeben sich aus Krediten. Die **Kreditnehmer** heißen **Debitoren** (Schuldner). **Verbindlichkeiten gegenüber Kunden** ergeben sich aus Einlagen. Die Einleger von **Sichteinlagen** heißen **Kreditoren** (Gläubiger).

LZB-Guthaben ist ein anderer Ausdruck für **Guthaben bei der Deutschen Bundesbank.** Das von der LZB für das Kreditinstitut geführte Konto heißt LZB-Girokonto (Kurzbezeichnung: **LZB-Giro**).

Tausch von Aktivposten

1. Geschäftsfall:

Für einen Debitor geht über LZB-Giro eine Überweisung ein 1 000,00 DM

Welche Veränderungen ergeben sich für die Bilanz?

1. Das LZB-Guthaben der Bank nimmt zu, da der Überweisungseingang zum vorhandenen Guthaben hinzugezählt wird.
2. Die Forderungen der Bank an den Kunden nehmen ab, da der Überweisungseingang von der Schuld des Debitors abgezogen wird.

Welche Zahlenwerte muß die Bilanz nach dem Geschäftsfall ausweisen?
(Bilanzdarstellung in vereinfachter Form)

LZB-Guthaben + 1 000,00
Forderungen an Kunden (= Debitoren) ·/· 1 000,00

Aktiva	Bilanz nach dem 1. Geschäftsfall		Passiva
Kasse	10 000,00	Spareinlagen	140 000,00
LZB-Guthaben	101 000,00	Sichteinlagen	250 000,00
Ford. a. Kunden	269 000,00	Eigenkapital	75 000,00
Wertpapiere	45 000,00		
Betr.- u. GA	40 000,00		
	465 000,00		465 000,00

Welche Wirkung ist festzustellen?

1. Zwei Posten wurden verändert: LZB-Guthaben und Forderungen an Kunden.
2. Es handelt sich um einen Austausch zwischen zwei Aktivposten.
3. Die Bilanzsumme wurde nicht verändert.
4. Die Bilanzgleichung Aktiva = Passiva bleibt gewahrt.

Tausch von Passivposten

2. Geschäftsfall:

Ein Kreditor läßt seine Sichteinlage in eine Spareinlage umwandeln 3 000,00 DM

Welche Veränderungen ergeben sich für die Bilanz?

1. Die Sichteinlagen nehmen ab.
2. Die Spareinlagen nehmen zu.

Welche Zahlenwerte muß die Bilanz nach dem Geschäftsfall ausweisen?
(Bilanzdarstellung in vereinfachter Form)

Bilanz nach dem 2. Geschäftsfall

Aktiva		Passiva		
Kasse	10 000,00	Spareinlagen	143 000,00	Spareinlagen +3 000,00
LZB-Guthaben	101 000,00	Sichteinlagen	247 000,00	Sichteinlagen ·/. 3 000,00
Ford. a. Kunden	269 000,00	Eigenkapital	75 000,00	
Wertpapiere	45 000,00			
Betr.- u. GA	40 000,00			
	465 000,00		465 000,00	

Welche Wirkung ist festzustellen?

1. Zwei Posten wurden verändert: Sichteinlagen und Spareinlagen.
2. Es handelt sich um einen Austausch zwischen zwei Passivposten.
3. Die Bilanzsumme wurde nicht verändert.
4. Die Bilanzgleichung Aktiva = Passiva bleibt gewahrt.

Aktiv- und Passivmehrung

3. Geschäftsfall:

Ein Sparkunde zahlt bar auf sein Sparkonto ein 500,00 DM

Welche Veränderungen ergeben sich für die Bilanz?

1. Der Kassenbestand nimmt zu.
2. Der Bestand an Spareinlagen nimmt zu.

Welche Zahlenwerte muß die Bilanz nach dem Geschäftsfall ausweisen?
(Bilanzdarstellung in vereinfachter Form)

Bilanz nach dem 3. Geschäftsfall

	Aktiva		Passiva		
Kasse + 500,00	Kasse	10 500,00	Spareinlagen	143 500,00	Spareinlagen + 500,00
	LZB-Guthaben	101 000,00	Sichteinlagen	247 000,00	
	Ford. a. Kunden	269 000,00	Eigenkapital	75 000,00	
	Wertpapiere	45 000,00			
	Betr.- u. GA	40 000,00			
		465 500,00		465 500,00	

Welche Wirkung ist festzustellen?

1. Zwei Posten wurden verändert: Kassenbestand und Spareinlagen.
2. Ein Aktivposten und ein Passivposten wurden vermehrt.
3. Die Bilanzsumme wurde größer.
4. Die Bilanzgleichung Aktiva = Passiva bleibt gewahrt.

Aktiv- und Passivminderung

4. Geschäftsfall:
Ein Sparkunde hebt bar von seinem Sparkonto ab **800,00 DM**

Welche Veränderungen ergeben sich für die Bilanz?

1. Der Kassenbestand nimmt ab.
2. Der Bestand an Spareinlagen nimmt ab.

Welche Zahlenwerte muß die Bilanz nach dem Geschäftsfall ausweisen?
(Bilanzdarstellung in vereinfachter Form)

Bilanz nach dem 4. Geschäftsfall

		Aktiva		Passiva			
Kasse	**⁒ 800,00**	Kasse	9 700,00	Spareinlagen	142 700,00	**Spareinlagen**	**⁒ 800,00**
		LZB-Guthaben	101 000,00	Sichteinlagen	247 000,00		
		Ford. a. Kunden	269 000,00	Eigenkapital	75 000,00		
		Wertpapiere	45 000,00				
		Betr.- u. GA	40 000,00				
			464 700,00		464 700,00		

Welche Wirkung ist festzustellen?

1. Zwei Posten wurden verändert: Kassenbestand und Spareinlagen.
2. Ein Aktivposten und ein Passivposten wurden vermindert.
3. Die Bilanzsumme wurde kleiner.
4. Die Bilanzgleichung Aktiva = Passiva bleibt gewahrt.

Bilanzveränderung und Bilanzsumme

Art der Bilanzveränderung	Veränderung der Aktiva	Veränderung der Passiva	Ergebnis für die Bilanzsumme
1. Tausch von Aktivposten	+ ⁒		Bilanzsumme wird nicht verändert.
2. Tausch von Passivposten		+ ⁒	Bilanzsumme wird nicht verändert.
3. Aktiv- und Passivmehrung	+	+	Bilanzsumme wird größer.
4. Aktiv- und Passivminderung	⁒	⁒	Bilanzsumme wird kleiner.

Aufgaben

Aufgabe 4.1

Stellen Sie die Wertveränderungen in der folgenden (vereinfachten) Bilanz dar!

Bilanz zum 31. Dezember 19. .

Aktiva	DM	Passiva	DM
Kassenbestand	151 000,00	Verbindlichkeiten gegenüber Kunden	
LZB-Guthaben	2 921 000,00	a) Spareinlagen	6 649 000,00
Forderungen an Kunden	18 798 000,00	b) Sichteinlagen	14 346 000,00
Betriebs- und Geschäftsausstattung	230 000,00	Eigenkapital	1 105 000,00
	22 100 000,00		22 100 000,00

Geschäftsfälle: DM

1. Auf dem LZB-Girokonto der Bank geht zugunsten eines Sparkunden eine Überweisung ein	8 000,00
2. Kreditoren heben Sichteinlagen bar ab	18 000,00
3. Im Auftrag von Debitoren führt die Bank Überweisungsaufträge über ihr LZB-Girokonto aus	11 000,00
4. Die Bank hebt von ihrem LZB-Guthaben bar ab und erhöht auf diese Weise ihren Kassenbestand	20 000,00
5. Sparkunden zahlen an der Kasse der Bank bar ein	12 000,00
6. Auf dem LZB-Girokonto der Bank gehen zugunsten eines Debitors ein	20 000,00
7. Ein Kreditor läßt eine Sichteinlage auf sein Sparkonto umbuchen	5 000,00
8. Sparkunden heben an der Kasse der Bank von ihrem Guthaben bar ab	9 000,00

a) *Stellen Sie bei jedem Geschäftsfall fest, welche Bilanzpositionen verändert werden, wie sich die Bilanzpositionen verändern und welche Zahlen sie nach Ausführung des Geschäftsfalles ausweisen!*

b) *Prüfen Sie, ob sich die Bilanzsumme jeweils verändert hat!*

Aufgabe 4.2 Stellen Sie dar, wie die folgenden Geschäftsfälle Bilanzpositionen verändern!

1. Ein Sparer zahlt bar ein	500,00
2. Eingang auf dem LZB-Girokonto zugunsten eines Debitors	800,00
3. Ein Kreditor gibt einen Überweisungsauftrag, den das Kreditinstitut über die Bundesbank ausführt	1 600,00
4. Nicht benötigter Kassenbestand wird auf das LZB-Girokonto eingezahlt	20 000,00
5. Das Kreditinstitut verkauft an einen Kreditor Wertpapiere	1 800,00
6. Ein Sparer hebt bar ab	5 000,00
7. Die LZB schreibt der Bank zugunsten eines Kreditors gut	800,00
8. Das Kreditinstitut kauft von einem Sparer Wertpapiere (Gutschrift auf Sparkonto)	600,00
9. Ein Kreditor hebt bar ab	1 000,00

Programmierte Aufgaben

Aufgabe 4.3 **Welche Regeln gelten für Wertveränderungen in der Bilanz durch Geschäftsfälle?**

a) Die Bilanzsumme bleibt immer gleich.
b) Jeder Geschäftsfall verändert nur einen Bilanzposten.
c) Die Bilanzgleichung Aktiva = Passiva bleibt stets erhalten.
d) Jeder Geschäftsfall verändert die Bilanzsumme.
e) Jeder Geschäftsfall verändert mindestens 2 Bilanzposten.

Aufgabe 4.4 **Entscheiden Sie, welche Wirkungen die folgenden Geschäftsfälle für die Bilanz auslösen!**

① Tausch von Aktivposten
② Tausch von Passivposten
③ Aktiv- und Passivmehrung
④ Aktiv- und Passivminderung
⑤ Veränderung der Bilanzsumme
⑥ Keine Veränderung der Bilanzsumme

Ordnen Sie den Geschäftsfällen zu!

a) Ein Sparer zahlt bar ein.
b) Ein Kreditor hebt bar ab.
c) Auf LZB-Giro geht eine Überweisung für einen Debitor ein.
d) Die Bank kauft einen Personalcomputer und zahlt von ihrem LZB-Girokonto.
e) Ein Kreditor läßt einen Betrag auf sein Sparkonto übertragen.
f) Ein Sparer hebt bar ab.
g) Auf dem LZB-Girokonto geht eine Überweisung für einen Kreditor ein.
h) Ein Debitor erteilt einen Überweisungsauftrag, der über LZB-Giro ausgeführt wird.
i) Die Bank verkauft Wertpapiere an einen Sparer.
j) Die Bank verkauft Wertpapiere an einen Debitor.

Welche Bilanzposten (Hauptposten und Unterposten) werden betroffen? ***Aufgabe 4.5***

① Kassenbestand
② LZB-Guthaben
③ Wertpapiere
④ Forderungen an Kunden (Debitoren)
⑤ Betriebs- und Geschäftsausstattung
⑥ Sichteinlagen (Kreditoren)
⑦ Spareinlagen

Ordnen Sie den Geschäftsfällen zu!

a) Barabhebung eines Sparers.
b) Überweisungsauftrag eines Kreditors wird über LZB-Giro ausgeführt.
c) Die Bank verkauft Wertpapiere an der Börse. Der Gegenwert geht auf LZB-Giro ein.
d) Die Bank verkauft eine gebrauchte Büromaschine. Der Gegenwert geht auf LZB-Giro ein.
e) Überweisungsauftrag auf LZB-Giro zugunsten eines Kreditors.
f) Bareinzahlung eines Debitors.
g) Die Bank hebt vom LZB-Girokonto Bargeld ab.
h) Ein Kreditor überweist an einen Debitor.
i) Die Bank verkauft Wertpapiere am Schalter gegen Barzahlung.

4.2 Bestandskonten

Es ist nicht möglich, nach jedem Geschäftsfall eine neue Bilanz aufzustellen. Für jeden Bilanzposten wird daher während des Geschäftsjahres eine **zweiseitige Einzelrechnung** geführt. Sie heißt **Konto.** Die linke Seite des Kontos wird mit **Soll,** die rechte Seite mit **Haben** bezeichnet. *Konto*

Konten werden aus der Bilanz abgeleitet. Sie erfassen die Veränderung der Bilanzbestände während des Geschäftsjahres. Da sie Vermögens- und Kapitalbestände ausweisen, werden sie **Bestandskonten** genannt. Sie sind Aktivkonten oder Passivkonten. *Arten der Bestandskonten*

Aktivkonten erfassen die Aktiva, d. h. die Vermögensbestände, Passivkonten erfassen die Passiva, d. h. die Fremdkapital- und Eigenkapitalbestände.

4.2.1 Auflösung der Bilanz in Konten

Regeln für die Auflösung der Bilanz in Konten

Der Betrag jedes Bilanzpostens wird auf den Bestandskonten als Anfangsbestand eingesetzt. Bei Aktivkonten wird der Anfangsbestand auf der Sollseite eingetragen, bei Passivkonten wird der Anfangsbestand auf der Habenseite eingetragen.

Beispiel

Eröffnungsbilanz

Aktiva		Passiva		
Kassenbestand	10 000,00	Verbindlichkeiten gegenüber Kunden		
LZB-Guthaben	100 000,00	a) Spareinlagen	140 000,00	
Forderungen an Kunden (Debitoren)	270 000,00	b) Sichteinlagen (Kreditoren)	250 000,00	390 000,00
Wertpapiere	45 000,00	Eigenkapital		75 000,00
Betriebs- und Geschäftsausstattung	40 000,00			
	465 000,00			465 000,00

Aktivkonten | **Passivkonten**

Übernahme der Anfangsbestände in die Konten

Soll	Kasse	Haben
Anfangsbestand	10 000,00	

Soll	LZB-Giro	Haben
Anfangsbestand	100 000,00	

Soll	Debitoren	Haben
Anfangsbestand	270 000,00	

Soll	Wertpapiere	Haben
Anfangsbestand	45 000,00	

Soll	Betriebs- und Geschäftsausstattung	Haben
Anfangsbestand	40 000,00	

Soll	Spareinlagen	Haben
	Anfangsbestand	140 000,00

Soll	Kreditoren	Haben
	Anfangsbestand	250 000,00

Soll	Eigenkapital	Haben
	Anfangsbestand	75 000,00

4.2.2 Buchungen auf Konten

Nach Auflösung der Bilanz in Konten und Eintragung der Anfangsbestände können die Geschäftsfälle gebucht werden. Dabei wird deutlich, daß die Bilanz eine zweiseitige Rechnung über die Vermögens- und Kapitalbestände eines Unternehmens an einem Stichtag ist, während Konten zweiseitige Rechnungen zur Erfassung von Geschäftsfällen über Vermögens- und Kapitalveränderungen während des Geschäftsjahres sind.

Jeder Geschäftsfall löst eine Buchung im Soll und im Haben aus.

Dabei gilt:

Buchungsregeln

Zugänge müssen auf der Kontoseite gebucht werden, auf der der Anfangsbestand steht; Abgänge müssen auf der entgegengesetzten Kontoseite gebucht werden.

Buchungsregeln für Aktivkonten

Da bei **Aktivkonten** der **Anfangsbestand im Soll** steht, werden

- **Zugänge auf Aktivkonten im Soll**
- **Abgänge auf Aktivkonten im Haben**

gebucht.

Soll	**Aktivkonto** — **Haben**
Anfangsbestand	Abgänge (./.)
Zugänge (+)	

Buchungsregeln für Passivkonten

Da bei **Passivkonten** der **Anfangsbestand im Haben** steht, werden

- **Zugänge auf Passivkonten im Haben**
- **Abgänge auf Passivkonten im Soll**

gebucht.

Soll	**Passivkonto** — **Haben**
Abgänge (./.)	Anfangsbestand
	Zugänge (+)

Bei jeder Buchung wird auf den Konten das jeweilige Gegenkonto angegeben.

Beispiel *für Buchungen auf Aktivkonten*

1. Geschäftsfall:
Überweisungseingang über LZB-Giro zugunsten eines Debitors 1 000,00 DM

Welche Konten werden betroffen?

Soll	LZB-Giro — Haben

Soll	Debitoren — Haben

Zu welcher Kontoart zählen die betroffenen Konten?

LZB-Giro = Aktivkonto

Debitoren = Aktivkonto

Soll		LZB-Giro — Haben
Anfangsbestand	100 000,00	

Soll		Debitoren — Haben
Anfangsbestand	270 000,00	

Wie wird der Kontostand verändert?

Zunahme auf Konto LZB-Giro

Abnahme auf Konto Debitoren

Wie werden die Bestandsveränderungen auf den Konten erfaßt?

LZB-Giro = **Aktivkonto**
= Anfangsbestand im Soll
= Zunahme im Soll
= Abnahme im Haben

Debitoren = **Aktivkonto**
= Anfangsbestand im Soll
= Zunahme im Soll
= Abnahme im Haben

Wie muß die Buchung lauten?

LZB-Giro → Soll 1 000,00 DM

Debitoren → Haben 1 000,00 DM

Soll		LZB-Giro — Haben
Anfangsbestand	100 000,00	
1. Debitoren	1 000,00	

Das Konto LZB-Giro wird „belastet".

Soll		Debitoren	Haben
Anfangsbestand	270 000,00	1. LZB-Giro	1 000,00

Das Konto Debitoren wird „erkannt".

Beispiel
für Buchungen auf Passivkonten

2. Geschäftsfall:
Umwandlung einer Sichteinlage in eine Spareinlage **3 000,00 DM**

Welche Konten werden betroffen?
Kreditoren
Spareinlagen

Zu welcher Kontoart zählen die betroffenen Konten?
Kreditoren = Passivkonto
Spareinlagen = Passivkonto

Wie wird der Kontostand verändert?
Abnahme auf Konto Kreditoren
Zunahme auf Konto Spareinlagen

Wie werden die Bestandsveränderungen auf den Konten erfaßt?
Kreditoren = **Passivkonto**
= Anfangsbestand im Haben
= Zunahme im Haben
= Abnahme im Soll

Spareinlagen = **Passivkonto**
= Anfangsbestand im Haben
= Zunahme im Haben
= Abnahme im Soll

Wie muß die Buchung lauten?
Kreditoren → Soll 3 000,00 DM

Soll	Kreditoren		Haben
2. Spareinlagen	3 000,00	Anfangsbestand	250 000,00

Das Konto Kreditoren wird „belastet“.

Spareinlagen → Haben 3 000,00 DM

Soll	Spareinlagen		Haben
		Anfangsbestand	140 000,00
		2. Kreditoren	3 000,00

Das Konto Spareinlagen wird „erkannt“.

Beispiel
für Buchungen auf Aktiv- und Passivkonten

3. Geschäftsfall:
Bareinzahlung zugunsten eines Sparkontos **500,00 DM**

Welche Konten werden betroffen?
Kasse
Spareinlagen

Zu welcher Kontoart zählen die betroffenen Konten?
Kasse = Aktivkonto
Spareinlagen = Passivkonto

Wie wird der Kontostand verändert?
Zunahme auf Konto Kasse
Zunahme auf Konto Spareinlagen

Wie werden die Bestandsveränderungen auf den Konten erfaßt?
Kasse = **Aktivkonto**
= Anfangsbestand im Soll
= Zunahme im Soll
= Abnahme im Haben

Spareinlagen = **Passivkonto**
= Anfangsbestand im Haben
= Zunahme im Haben
= Abnahme im Soll

Wie muß die Buchung lauten?
Kasse → Soll 500,00 DM

Soll	Kasse		Haben
Anfangsbestand	10 000,00		
3. Spareinlagen	500,00		

Das Konto Kasse wird „belastet“.

Spareinlagen → Haben 500,00 DM

Soll	Spareinlagen		Haben
		Anfangsbestand	140 000,00
		2. Kreditoren	3 000,00
		3. Kasse	500,00

Das Konto Spareinlagen wird „erkannt“.

Beispiel für Buchungen auf Aktiv- und Passivkonten

4. Geschäftsfall:
Barabhebung von einem Sparkonto **800,00 DM**

Welche Konten werden betroffen?
Spareinlagen
Kasse

Zu welcher Kontoart zählen die betroffenen Konten?
Spareinlagen = Passivkonto
Kasse = Aktivkonto

Wie wird der Kontostand verändert?
Abnahme auf Konto Spareinlagen
Abnahme auf Konto Kasse

Wie werden die Bestandsveränderungen auf den Konten erfaßt?

Spareinlagen = **Passivkonto**
= Anfangsbestand im Haben
= Zunahme im Haben
= Abnahme im Soll

Kasse = **Aktivkonto**
= Anfangsbestand im Soll
= Zunahme im Soll
= Abnahme im Haben

Wie muß die Buchung lauten?

Spareinlagen → Soll 800,00 DM

Soll		Spareinlagen	Haben
4. Kasse	800,00	Anfangsbestand	140 000,00
		2. Kreditoren	3 000,00
		3. Kasse	500,00

Das Konto Spareinlagen wird „belastet".

Kasse → Haben 800,00 DM

Soll		Kasse	Haben
Anfangsbestand	10 000,00	4. Spareinlagen	800,00
3. Spareinlagen	500,00		

Das Konto Kasse wird „erkannt".

4.2.3 Der Buchungssatz

Jeder Geschäftsfall (Umsatz) verändert Bestände auf Konten. Die Anweisung zur Buchung kann man durch einen **Buchungssatz** ausdrücken.

Beispiel für Buchungssatz

Geschäftsfall	Buchung	Buchungssatz
Überweisungseingang über LZB-Giro zugunsten eines Debitors 1 000,00 DM	LZB-Giro Soll 1 000,00 Debitoren Haben 1 000,00	**LZB-Giro** **an Debitoren** 1 000,00

Im Buchungssatz wird zunächst das Konto genannt, auf dem im Soll gebucht wird (= zu belastendes Konto), danach wird das Konto angegeben, auf dem im Haben gebucht wird (= zu erkennendes Konto). Beide Konten werden durch das Wort **„an"** verbunden. Dieses Wort kann als Anweisung verstanden werden, im Haben zu buchen.

Ein Buchungssatz kann auch mehrere Soll- oder Habenbuchungen enthalten. Solche Buchungssätze nennt man **zusammengesetzte Buchungssätze.**

Beispiel
für zusammengesetzte Buchungssätze

Geschäftsfall	Buchung	Buchungssatz
Überweisungseingänge über LZB-Giro zugunsten eines Kreditors 2 000,00 DM und zugunsten eines Sparkontos 1 000,00 DM	LZB-Giro Soll 3 000,00 Kreditoren Haben 2 000,00 Spareinlagen Haben 1 000,00	LZB-Giro 3 000,00 an Kreditoren 2 000,00 an Spareinlagen 1 000,00
Barabhebungen zu Lasten eines Debitors 2 000,00 DM und zu Lasten eines Sparkontos 4 000,00 DM	Debitoren Soll 2 000,00 Spareinlagen Soll 4 000,00 Kasse Haben 6 000,00	Debitoren 2 000,00 Spareinlagen 4 000,00 an Kasse 6 000,00

4.2.4 Belege

Bedeutung der Belege

Die **Informationen (Daten)** für die Buchung von Geschäftsfällen stammen aus **Belegen.** Belege sind wichtige Organisationsmittel des Bankbetriebes.

Ohne Beleg darf keine Buchung ausgeführt werden.

Der Belegzwang gilt auch für die EDV-Buchführung.

Bei Kreditinstituten werden Geschäftsfälle in der Regel nach getrennten Soll- und Habenbelegen gebucht. Die Belege enthalten bereits Buchungsanweisungen: Sollbelege durch die Bezeichnung „Soll", „Debet", „Lastschrift" oder „Belastung", Habenbelege durch den Aufdruck „Haben", „Gutschrift" o. ä. Soll- und Habenbelege unterscheiden sich außerdem oft durch Farben, z. B. können Sollbelege schwarz, Habenbelege rot bedruckt sein.

Belege müssen geordnet 6 Jahre aufbewahrt werden (§ 257 HGB, § 147 AO). Sie geben der Buchführung Beweiskraft (Art der Aufbewahrung: siehe 1.1.2).

4.2.5 Grundbuch und Hauptbuch

Alle Geschäftsfälle werden durch Buchungssätze im Grundbuch erfaßt (Grundbuchungen). Sie werden auf die Konten im Hauptbuch übertragen.

- **Im Grundbuch werden die Geschäftsfälle in zeitlicher Reihenfolge festgehalten.**
- **Im Hauptbuch werden die Geschäftsfälle systematisch geordnet auf Hauptbuchkonten gebucht.**

Grundbücher und Hauptbuch werden heute nicht mehr als gebundene Bücher geführt. Entweder bestehen sie aus losen Blättern, die fortlaufend numeriert sind, oder ihre Informationen werden auf Datenträgern (Magnetbänder, Disketten, Magnetplatten usw.) gespeichert.

Beispiel

Geschäftsfälle	DM
1. Überweisungseingang auf LZB-Giro zugunsten eines Debitors	1 000,00
2. Umwandlung einer Sichteinlage in eine Spareinlage	3 000,00
3. Bareinzahlung zugunsten eines Sparkontos	500,00
4. Barabhebung von einem Sparkonto	800,00
5. Überweisungsauftrag eines Debitors wird über LZB-Giro ausgeführt	1 200,00
6. Barabhebung der Bank vom LZB-Girokonto	10 000,00
7. Wertpapierverkauf an einen Debitor	4 000,00
8. Kreditor hebt Bargeld ab	500,00
9. Überweisungseingang auf LZB-Giro zugunsten eines Kreditors	300,00

Grundbuch

1. Erfassen der Geschäftsfälle im Grundbuch

1. LZB-Giro
   an Debitoren 1 000,00 DM
2. Kreditoren
   an Spareinlagen 3 000,00 DM
3. Kasse
   an Spareinlagen 500,00 DM
4. Spareinlagen
   an Kasse 800,00 DM
5. Debitoren
   an LZB-Giro 1 200,00 DM
6. Kasse
   an LZB-Giro 10 000,00 DM
7. Debitoren
   an Wertpapiere 4 000,00 DM
8. Kreditoren
   an Kasse 500,00 DM
9. LZB-Giro
   an Kreditoren 300,00 DM

Hauptbuch

2. Übertragen der Geschäftsfälle ins Hauptbuch

Kasse

Soll		Haben	
Anfangsbestand	10 000,00	4. Spareinlagen	800,00
3. Spareinlagen	500,00	8. Kreditoren	500,00
6. LZB-Giro	10 000,00		

LZB-Giro

Soll		Haben	
Anfangsbestand	100 000,00	5. Debitoren	1 200,00
1. Debitoren	1 000,00	6. Kasse	10 000,00
9. Kreditoren	300,00		

Debitoren

Soll		Haben	
Anfangsbestand	270 000,00	1. LZB-Giro	1 000,00
5. LZB-Giro	1 200,00		
7. Wertpapiere	4 000,00		

Wertpapiere

Soll		Haben	
Anfangsbestand	45 000,00	7. Debitoren	4 000,00

Betriebs- u. Geschäftsausstattung

Soll		Haben	
Anfangsbestand	40 000,00		

Spareinlagen

Soll		Haben	
4. Kasse	800,00	Anfangsbestand	140 000,00
		2. Kreditoren	3 000,00
		3. Kasse	500,00

Kreditoren

Soll		Haben	
2. Spareinlagen	3 000,00	Anfangsbestand	250 000,00
8. Kasse	500,00	9. LZB-Giro	300,00

Eigenkapital

Soll		Haben	
		Anfangsbestand	75 000,00

4.2.6 Abschluß der Konten

Ermitteln der Schlußbestände durch Inventur

Nach § 242 Abs. 1 HGB muß am Schluß des Geschäftsjahres eine Bilanz aufgestellt werden. Dazu werden durch die Inventur die **Schlußbestände (Inventurwerte)** ermittelt. Die Schlußbestände werden in die Konten übernommen und in der **Schlußbilanz** ausgewiesen.

Inventurwerte und Buchwerte

Soweit keine anderslautenden Hinweise gegeben werden, stimmen die **Inventurwerte** mit den **Buchwerten** überein. In diesen Fällen können die **Schlußbestände rechnerisch ermittelt** werden:

Beispiel 1: Konto Kasse

1. Schritt: Addition der Sollseite (Summe der Sollbuchungen)

2. Schritt: Addition der Habenseite (Summe der Habenbuchungen)

3. Schritt: Summe der Sollbuchungen minus Summe der Habenbuchungen = Schlußbestand

Beispiel 2: Konto Spareinlagen

1. Schritt: Addition der Habenseite (Summe der Habenbuchungen)

2. Schritt: Addition der Sollseite (Summe der Sollbuchungen)

3. Schritt: Summe der Habenbuchungen minus Summe der Sollbuchungen = Schlußbestand

Saldo, Saldieren

Der **Saldo** ist der Unterschiedsbetrag zwischen der Soll- und der Habenseite des Kontos. Stimmt der Inventurwert mit dem Buchwert überein, ist der Saldo der Schlußbestand des Kontos. Als **Saldieren** bezeichnet man die rechnerische Ermittlung des Unterschiedsbetrages.

Übernahme der Schlußbestände in die Schlußbilanz

Soll	Kasse		Haben
Anfangsbestand	10 000,00	4. Spareinlagen	800,00
3. Spareinlagen	500,00	8. Kreditoren	500,00
6. LZB-Giro	10 000,00	Schlußbestand	19 200,00
	20 500,00		20 500,00

Soll	Spareinlagen		Haben
4. Kasse	800,00	Anfangsbestand	140 000,00
Schlußbestand	142 700,00	2. Kreditoren	3 000,00
		3. Kasse	500,00
	143 500,00		143 500,00

Soll	LZB-Giro		Haben
Anfangsbestand	100 000,00	5. Debitoren	1 200,00
1. Debitoren	1 000,00	6. Kasse	10 000,00
9. Kreditoren	300,00	Schlußbestand	90 100,00
	101 300,00		101 300,00

Soll	Kreditoren		Haben
2. Spareinlagen	3 000,00	Anfangsbestand	250 000,00
8. Kasse	500,00	9. LZB-Giro	300,00
Schlußbestand	246 800,00		
	250 300,00		250 300,00

Soll	Debitoren		Haben
Anfangsbestand	270 000,00	1. LZB-Giro	1 000,00
5. LZB-Giro	1 200,00	Schlußbestand	274 200,00
7. Wertpapiere	4 000,00		
	275 200,00		275 200,00

Soll	Eigenkapital[1]		Haben
Schlußbestand	75 000,00	Anfangsbestand	75 000,00
	75 000,00		75 000,00

Soll	Wertpapiere		Haben
Anfangsbestand	45 000,00	7. Debitoren	4 000,00
		Schlußbestand	41 000,00
	45 000,00		45 000,00

Soll	Betriebs- u. Geschäftsausstattung[1]		Haben
Anfangsbestand	40 000,00	Schlußbestand	40 000,00
	40 000,00		40 000,00

Ausweis der Schlußbestände in der Schlußbilanz

Aktiva	**Schlußbilanz**			Passiva
Kassenbestand	19 200,00	Verbindlichkeiten gegenüber Kunden		
LZB-Guthaben	90 100,00	a) Spareinlagen	142 700,00	
Forderungen an Kunden	274 200,00	b) Sichteinlagen	246 800,00	389 500,00
Wertpapiere	41 000,00	Eigenkapital		75 000,00
Betriebs- und Geschäftsausstattung	40 000,00			
	464 500,00			464 500,00

[1] Weist ein Konto im Soll und im Haben jeweils nur eine Eintragung aus, kann direkt unter die Eintragung der Doppelstrich gesetzt werden. Beispiel:

Soll	Eigenkapital		Haben
Schlußbestand	75 000,00	Anfangsbestand	75 000,00

Aufgaben

Aufgabe 4.6

Stellen Sie die Bilanz (Eröffnungsbilanz) auf, übernehmen Sie die Anfangsbestände auf Konten, buchen Sie die Geschäftsfälle im Grundbuch und Hauptbuch, schließen Sie die Konten ab und stellen Sie die Schlußbilanz auf!

Das Bankhaus Zehn & Mattes, Dresden, hat folgende **Vermögens- und Kapitalwerte:**

	DM
Betriebs- und Geschäftsausstattung	48 000,00
Sichteinlagen (Kreditoren)	1 858 000,00
Kassenbestand	86 000,00
LZB-Guthaben	594 000,00
Wertpapiere	239 000,00
Spareinlagen	1 239 000,00
Forderungen an Kunden (Debitoren)	2 293 000,00

Konten:

Kasse, LZB-Giro, Debitoren, Wertpapiere, Betriebs- und Geschäftsausstattung, Spareinlagen, Kreditoren, Eigenkapital.

Geschäftsfälle:	DM
1. Sparkunden zahlen an der Kasse des Bankhauses ein	12 000,00
2. Auf dem LZB-Girokonto der Bank gehen zugunsten eines Debitors ein	20 000,00
3. Ein Kreditor läßt eine Sichteinlage auf sein Sparkonto umbuchen	5 000,00
4. Sparkunden heben an der Kasse des Bankhauses von ihrem Guthaben ab	9 000,00

Aufgabe 4.7

Bilden Sie Buchungssätze!

1. Ein Sparer hebt von seinem Sparkonto ab	800,00
2. Ein Kreditor zahlt auf sein Kontokorrentkonto ein (Sichteinlage)	1 000,00
3. Ein Debitor hebt an der Kasse des Kreditinstituts ab	4 000,00
4. Ein Sparer zahlt an der Kasse auf sein Sparkonto ein	2 500,00
5. Auf dem LZB-Girokonto des Kreditinstituts geht eine Gutschrift für einen Kreditor ein	1 200,00
6. Ein Debitor läßt auf sein Sparkonto umbuchen	200,00

Aufgabe 4.8

Bilden Sie zusammengesetzte Buchungssätze!

	DM
1. Auf dem LZB-Girokonto gehen Überweisungen ein	12 345,00
zugunsten Sparkunden	2 300,00
zugunsten Debitoren	6 630,00
zugunsten Kreditoren	3 415,00
2. Bareinzahlungen	
von Kreditoren	1 258,00
von Sparkunden	4 900,00
von Debitoren	3 515,00
3. Über das LZB-Girokonto werden Zahlungen ausgeführt	2 400,00
im Auftrag von Debitoren	772,00
im Auftrag von Kreditoren	328,00
zur Bezahlung eines vom Kreditinstitut gekauften Tischrechners	1 300,00
4. Barauszahlungen	8 456,00
an Kreditoren	3 786,00
an Debitoren	1 200,00
an Sparkunden	3 470,00
5. Überweisungsaufträge von Debitoren	3 675,00
zugunsten Kreditoren	2 675,00
zugunsten Sparkonten	1 000,00

6.	Über das LZB-Girokonto werden Überweisungen ausgeführt	11 839,00
	im Auftrag von Kreditoren	7 572,00
	im Auftrag von Debitoren	4 267,00
7.	Das Kreditinstitut verkauft Wertpapiere aus dem eigenen Bestand	8 240,00
	an Sparkunden	4 780,00
	an Kreditoren	3 200,00
	an Debitoren	260,00
8.	Überweisungsaufträge von Kreditoren	4 556,00
	zugunsten Debitoren	1 556,00
	zugunsten Sparkonten	3 000,00
9.	Das Kreditinstitut kauft von Kunden Wertpapiere für den eigenen Bestand	5 600,00
	von Sparkunden	1 200,00
	von Kreditoren	750,00
	von Debitoren	3 650,00

Aufgabe 4.9 Geben Sie an, welche Geschäftsfälle den folgenden Buchungen zugrunde liegen!

	DM
1. Kasse	
an Spareinlagen	8 000,00
2. LZB-Giro	7 600,00
an Debitoren	5 000,00
an Kreditoren	2 600,00
3. Kreditoren	
an Wertpapiere	6 200,00
4. Debitoren	2 800,00
Kreditoren	3 450,00
an LZB-Giro	6 250,00
5. Betriebs- und Geschäftsausstattung	
an Debitoren	3 600,00
6. LZB-Giro	
an Kreditoren	1 335,00
7. Kreditoren	800,00
Spareinlagen	1 500,00
an Kasse	2 300,00
8. Debitoren	
an LZB-Giro	8 650,00
9. LZB-Giro	7 967,00
an Spareinlagen	5 000,00
an Debitoren	2 967,00
10. Wertpapiere	
an Spareinlagen	2 280,00

Aufgabe 4.10 Buchen Sie im Grundbuch!

		DM
1.	Auf dem LZB-Girokonto des Kreditinstituts geht eine Gutschrift für einen Debitor ein	5 400,00
2.	Ein Sparer kauft vom Kreditinstitut Wertpapiere. Der Gegenwert für die Wertpapiere wird seinem Sparkonto belastet.	2 000,00
3.	Ein Debitor erteilt einen Überweisungsauftrag, den das Kreditinstitut über LZB-Giro weitergibt	750,00
4.	Ein Kreditor läßt auf sein Sparkonto umbuchen	1 000,00
5.	Das Kreditinstitut kauft einen Schreibtisch und bezahlt bar	900,00
6.	Ein Kreditor hebt an der Kasse des Kreditinstituts ab	500,00

Aufgabe 4.11 Stellen Sie die Bilanz (Eröffnungsbilanz) auf, übernehmen Sie die Anfangsbestände auf Konten, buchen Sie die Geschäftsfälle im Grundbuch und im Hauptbuch, schließen Sie die Konten ab und stellen Sie die Schlußbilanz auf!

Die Volksbank Althausen eG hat folgende Vermögens- und Kapitalwerte:	DM
Spareinlagen	521 000,00
Kassenbestand	26 000,00
Forderungen an Kunden (Debitoren)	683 000,00

Sichteinlagen (Kreditoren)	438 000,00
Eigenkapital	51 000,00
Wertpapiere	96 000,00
LZB-Guthaben	183 000,00
Betriebs- und Geschäftsausstattung	22 000,00

Konten:

Kasse, LZB-Giro, Debitoren, Wertpapiere, Betriebs- und Geschäftsausstattung, Spareinlagen, Kreditoren, Eigenkapital.

Geschäftsfälle:

1.	Ein Sparkunde zahlt ein	2 500,00
2.	Ein Debitor erteilt einen Überweisungsauftrag, der über die Landeszentralbank ausgeführt wird	5 000,00
3.	Die Bank kauft ein Kopiergerät und überweist den Rechnungsbetrag über LZB-Giro	1 200,00
4.	Ein Kreditor hebt ab	2 100,00
5.	Auf dem LZB-Girokonto gehen zugunsten eines Debitors ein	3 000,00
6.	Die Bank verkauft an der Börse Wertpapiere. Der Erlös geht auf LZB-Giro ein	6 200,00
7.	Ein Kreditor überweist auf sein Sparkonto	800,00
8.	Ein Sparer verkauft an die Bank Wertpapiere; der Gegenwert wird seinem Sparkonto gutgeschrieben	4 200,00
9.	Über LZB-Giro geht eine Überweisung zugunsten eines Kreditors ein	8 700,00
10.	Barabhebung eines Sparers	1 200,00

Aufgabe 4.12

Stellen Sie die Bilanz (Eröffnungsbilanz) auf, übernehmen Sie die Anfangsbestände auf Konten, buchen Sie die Geschäftsfälle im Grundbuch und Hauptbuch, schließen Sie die Konten ab und stellen Sie die Schlußbilanz auf!

Vermögens- und Kapitalwerte am 2. Januar 19. . :	DM
Sichteinlagen von Kunden (Kreditoren)	730 000,00
Wertpapiere	55 000,00
Kassenbestand	28 000,00
Spareinlagen	596 500,00
Forderungen an Kunden (Debitoren)	991 500,00
LZB-Guthaben	185 000,00
Betriebs- und Geschäftsausstattung	33 000,00
Grundstücke und Gebäude	130 000,00
Eigenkapital	96 000,00

Konten:

Kasse, LZB-Giro, Debitoren, Wertpapiere, Grundstücke und Gebäude, Betriebs- und Geschäftsausstattung, Spareinlagen, Kreditoren, Eigenkapital.

Geschäftsfälle:		DM
1.	Sparer heben bar ab	3 000,00
2.	Die Bank hebt Bargeld vom LZB-Konto ab	35 000,00
3.	Überweisungsaufträge werden über das LZB-Konto der Bank ausgeführt:	
	Aufträge von Debitoren	10 000,00
	Aufträge von Kreditoren	15 000,00
4.	Sparer zahlen bar ein	1 500,00
5.	Sparer kaufen von der Bank Wertpapiere	8 000,00
6.	Die Bank kauft von einem Kreditor eine Aushangtafel für Allgemeine Geschäftsbedingungen. Der Betrag wird dem Kontokorrentkonto des Kreditors gutgeschrieben.	300,00

		DM
7.	Überweisungseingänge auf dem LZB-Konto der Bank	
	zugunsten von Debitoren	23 300,00
	zugunsten von Kreditoren	25 000,00
	zugunsten von Sparern	11 000,00
8.	Barauszahlung an Debitoren	2 800,00
9.	Kreditoren lassen Guthaben auf Sparkonten übertragen	3 500,00
10.	Ein Kreditor hebt bar ab	6 000,00

Programmierte Aufgaben

Aufgabe 4.13

Welche Aussagen gelten für Aktivkonten?

a) Anfangsbestände stehen im Haben.
b) Zugänge stehen im Soll.
c) Anfangsbestände stammen aus der Bilanz.
d) Zugänge stehen stets auf der Seite, auf der auch der Anfangsbestand steht.
e) Anfangsbestände und Abgänge stehen auf der gleichen Seite.
f) Schlußbestände werden in die Inventur übernommen.

Aufgabe 4.14

Welche Aussagen gelten für Passivkonten?

a) Auf Passivkonten werden Vermögensänderungen erfaßt.
b) Anfangsbestände und Zugänge stehen auf der gleichen Seite.
c) Abgänge stehen auf der Seite des Anfangsbestandes.
d) Zugänge stehen im Haben.
e) Zugänge stehen im Soll.

Aufgabe 4.15

Wo werden Geschäftsfälle gebucht?

a) im Inventar
b) in der Bilanz
c) im Hauptbuch
d) im Grundbuch
e) im einfachen Buchungssatz
f) im zusammengesetzten Buchungssatz

Aufgabe 4.16

Wodurch unterscheiden sich Grundbuch und Hauptbuch?

a) Im Grundbuch werden die Geschäftsfälle nur in zeitlicher Reihenfolge gebucht, aber nicht nach Bestandskonten systematisiert.
b) Das Grundbuch enthält alle Konten, das Hauptbuch enthält die Bilanz.
c) Im Grundbuch werden Umsätze, im Hauptbuch werden Bestände gebucht.
d) Im Hauptbuch werden die Umsätze systematisch nach Konten geordnet gebucht, im Grundbuch dagegen nicht.

Aufgabe 4.17

Entscheiden Sie, welche Soll- und Habenbuchungen ausgelöst werden!

Lösungsmuster (nur Konten ankreuzen, keine Beträge angeben):

	LZB-Giro		Kasse		Debitoren		Betr.- u. Gesch. A		Wert-papiere		Kreditoren		Spar-einlagen	
	S	H	S	H	S	H	S	H	S	H	S	H	S	H
1.														

1. Ein Kreditor erteilt Überweisungsaufträge über 7 320,00 DM. Die Begünstigten haben bei anderen Kreditinstituten Konto. Die Überweisungen werden über LZB ausgeführt.
2. Auf dem LZB-Konto gehen 3 569,00 DM für Kreditoren ein.
3. Barabhebung von einem Sparkonto 760,00 DM.
4. Ein Kreditor läßt 1 250,00 DM auf sein Sparkonto übertragen.

5. Ein Debitor erteilt einen Überweisungsauftrag über 22,50 DM, der über das LZB-Girokonto ausgeführt wird.
6. Die Bank kauft Büromöbel im Wert von 10 250,00 DM. Der Verkäufer ist Kreditor.
7. Überweisungseingänge auf LZB-Konto 2 375,00 DM. Die Begünstigen sind Debitoren.
8. Bareinzahlung eines Debitors 4 000,00 DM.
9. Die Bank verkauft an einen Kreditor Wertpapiere im Gesamtbetrag von 6 391,00 DM.

Aufgabe 4.18

Welche Aussagen über die Aufbewahrung von Belegen für Buchungen sind ① richtig, ② falsch? Ordnen Sie zu!

a) Belege müssen 7 Jahre aufbewahrt werden.
b) Belege müssen 6 Jahre aufbewahrt werden.
c) Belege müssen 10 Jahre aufbewahrt werden.
d) Belege müssen im Original aufbewahrt werden.
e) Belege können im Original aufbewahrt werden.
f) Belege können auf Bildträgern oder auf anderen Datenträgern aufbewahrt werden.
g) Belege müssen auf Bildträgern oder auf anderen Datenträgern aufbewahrt werden.
h) Die Aufbewahrungsfrist für Belege beginnt mit dem Tag der Buchung.
i) Die Aufbewahrungsfrist für Belege beginnt mit dem Ende des Geschäftsjahres, in dem der Beleg entstanden ist.
j) Die Aufbewahrungsfrist für Belege beginnt mit dem Ende des Kalenderjahres, in dem der Beleg entstanden ist.

4.3 Erfolgskonten

Erfolge verändern das Eigenkapital eines Unternehmens. Aufwendungen vermindern das Eigenkapital, Erträge vermehren das Eigenkapital.

Einteilung der Erfolge

Erfolge
- Aufwendungen
- Erträge

Aufwendungen und Erträge werden auf Erfolgskonten gebucht. Erfolgskonten sind Hauptbuchkonten.

Einteilung der Erfolgskonten

Erfolgskonten

Aufwandskonten

- **Zinsaufwendungen**
  (Zinsen, die Kreditoren und Sparer für Einlagen erhalten)
- **Löhne und Gehälter**
  (Gehaltszahlungen an Angestellte)
- **Sachanlagenaufwand**
  (Aufwendungen für Geschäftsräume und Mietausgaben)
- **Büroaufwand**
  (Aufwendungen für Büromaterial, Vordrucke, Telefon- und Telefaxgebühren usw.)

Ertragskonten

- **Zinserträge**
  (Zinsen, die Debitoren für Kredite bezahlen müssen)
- **Provisionserträge**
  (Provisionen, die Kunden für Dienstleistungen des Kreditinstituts, z. B. Kontoführung, Wertpapierverwahrung bezahlen müssen)
- **Mieterträge**
  (Mieteinnahmen)
- **Zinserträge aus Wertpapieren**
  (Zinsen aus Wertpapieren, die der Bank gehören)
- **Dividendenerträge**
  (Dividenden aus Wertpapieren, die der Bank gehören)

Buchungsregeln für Erfolgskonten

Erfolgskonten sind Vorkonten bzw. Unterkonten des Passivkontos Eigenkapital. Sie sind aus dem Konto Eigenkapital ausgegliedert. Erfolgskonten haben keinen Anfangsbestand. Auf Erfolgskonten wird in gleicher Weise wie auf dem Eigenkapitalkonto gebucht. Aufwendungen sind Eigenkapitalminderungen, Erträge Eigenkapitalmehrungen:

- **Aufwendungen werden im Soll der Aufwandskonten gebucht.**
- **Erträge werden im Haben der Ertragskonten gebucht.**

Gewinn- und Verlustkonto

Beim **Abschluß** müssen die Salden der Erfolgskonten auf das Eigenkapitalkonto übertragen werden. Damit das Eigenkapitalkonto übersichtlich bleibt, wird zwischen Erfolgskonten und Eigenkapitalkonto ein Sammelkonto geschaltet: das **Gewinn- und Verlustkonto (GuV).** Die Salden der Erfolgskonten werden durch Buchungen auf das Gewinn- und Verlustkonto übertragen. Der Saldo auf dem Gewinn- und Verlustkonto ist der Erfolg des Unternehmens. Er wird auf das Konto **Eigenkapital** gebucht.

Abschluß der Erfolgskonten

Abschluß der Erfolgskonten

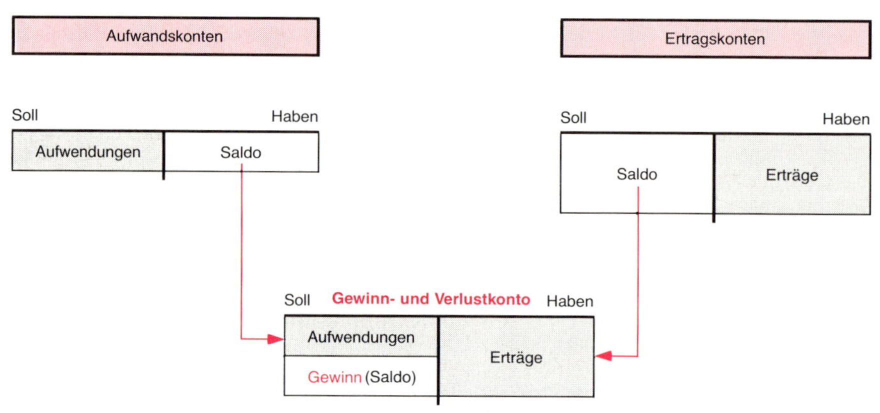

Der **Saldo des Gewinn- und Verlustkontos** ist ein

- **Gewinn,** wenn die Erträge größer sind als die Aufwendungen,
- **Verlust,** wenn die Aufwendungen größer sind als die Erträge.

Beispiel

Buchungen auf Erfolgskonten

Geschäftsfälle	DM
1. Eingang einer Mietzahlung auf LZB-Giro	600,00
2. Überweisung für eine Heizölrechnung durch LZB-Giro	1 500,00
3. Sparern werden Zinsen gutgeschrieben	320,00
4. Kreditnehmern (Debitoren) werden Zinsen belastet	14 400,00
5. Gehaltszahlungen an Angestellte; die Gehälter werden Gehaltskonten (Kreditoren) gutgeschrieben	11 500,00
6. Kreditnehmern werden Provisionen belastet	5 800,00

Grundbuch

Hauptbuch

Grundbuch

Buchung der Geschäftsfälle

1. LZB-Giro an Mieterträge	600,00 DM
2. Sachanlagenaufwand an LZB-Giro	1 500,00 DM
3. Zinsaufwendungen an Spareinlagen	320,00 DM
4. Debitoren an Zinserträge	14 400,00 DM
5. Löhne und Gehälter an Kreditoren	11 500,00 DM
6. Debitoren an Provisionserträge	5 800,00 DM

Abschluß der Erfolgskonten

Gewinn- und Verlustkonto an Zinsaufwendungen	320,00 DM
Gewinn- und Verlustkonto an Personalaufwand	11 500,00 DM
Gewinn- und Verlustkonto an Sachanlagen-aufwand	1 500,00 DM
Zinserträge an Gewinn- und Verlustkonto	14 400,00 DM
Provisionserträge an Gewinn- und Verlustkonto	5 800,00 DM
Mieterträge an Gewinn- und Verlustkonto	600,00 DM
Gewinn- und Verlustkonto an Eigenkapital	7 480,00 DM

Hauptbuch[1]

Zinsaufwendungen

Soll		Haben	
3. Spareinlagen	320,00	GuV	320,00
	320,00		320,00

Zinserträge

Soll		Haben	
GuV	14 400,00	4. Debitoren	14 400,00
	14 400,00		14 400,00

Löhne und Gehälter

Soll		Haben	
5. Kreditoren	11 500,00	GuV	11 500,00
	11 500,00		11 500,00

Provisionserträge

Soll		Haben	
GuV	5 800,00	6. Debitoren	5 800,00
	5 800,00		5 800,00

Sachanlagenaufwand

Soll		Haben	
2. LZB-Giro	1 500,00	GuV	2 500,00
	1 500,00		1 500,00

Mieterträge

Soll		Haben	
GuV	600,00	1. LZB-Giro	600,00
	600,00		600,00

Gewinn- und Verlustkonto

Soll		Haben	
Zinsaufwendungen	320,00	Zinserträge	14 400,00
Löhne und Gehälter	11 500,00	Provisionserträge	5 800,00
Sachanlagenaufwand	1 500,00	Mieterträge	600,00
Eigenkapital	7 480,00		
	20 800,00		20 800,00

Eigenkapital

Soll		Haben	
Schlußbestand	82 480,00	Anfangsbestand	75 000,00
		GuV	7 480,00
	82 480,00		82 480,00

Ermittlung des neuen Eigenkapitals:

Altes Eigenkapital	75 000,00 DM
+ Gewinn	7 480,00 DM
Neues Eigenkapital	82 480,00 DM

[1] siehe Fußnote auf Seite 38

Aufgaben

Aufgabe 4.19 Buchen Sie im Grundbuch!

	DM
1. Das Kreditinstitut schreibt Sparern Zinsen gut	8 233,00
2. Das Kreditinstitut überweist zu Lasten LZB-Giro Miete für gemietete Büroräume	2 650,00
3. Das Kreditinstitut erhält über LZB-Giro eine Gutschrift für Zinsen aus Wertpapieren, die ihm gehören	4 200,00
4. Das Kreditinstitut belastet Debitoren mit Kreditzinsen	9 750,00
5. Das Kreditinstitut zahlt Gehälter auf Gehaltskonten (Kreditoren)	8 769,00
6. Das Kreditinstitut belastet Kreditoren mit Kontoführungsgebühren	3 188,00
7. Das Kreditinstitut bezieht Formulare von einem Verlag. Der Kaufpreis wird dem Konto des Verlages (Debitor) beim Kreditinstitut gutgeschrieben	896,00
8. Das Kreditinstitut belastet Kreditoren mit Depotgebühren für die Verwahrung und Verwaltung von Wertpapieren	1 620,00
9. Das Kreditinstitut hat Ladenräume im Erdgeschoß der Zentrale vermietet. Der Mieter hat Konto beim Kreditinstitut (Debitor) und wird mit der Monatsmiete belastet	1 600,00
10. Das Kreditinstitut bezahlt eine Rechnung über Fachbücher durch Überweisung vom LZB-Girokonto	2 865,00

Aufgabe 4.20 Buchen Sie im Grund- und Hauptbuch auf Erfolgskonten, und schließen Sie diese Konten ab!

Geschäftsfälle:	DM
1. Überweisung der Feuerversicherungsprämie für das Bankgebäude über LZB-Giro	3 850,00
2. Überweisung einer Rechnung über Fachzeitschriften des Bankhauses vom LZB-Girokonto	4 637,00
3. Zinsgutschriften für Sparkonten	5 713,00
4. Überweisung der Miete für angemietete Geschäftsräume der Bank. Der Vermieter ist Kreditor der Bank	3 900,00
5. Belastung von Debitoren	
wegen Kreditzinsen	9 460,00
wegen Kontoführungsgebühren	2 930,00
6. Belastungen wegen Depotgebühren für Wertpapiere, die von der Bank im Auftrag der Kunden verwahrt und verwaltet werden,	
auf Kontokorrentkonten (Kreditoren)	5 022,00
auf Sparkonten	2 638,00

Der Anfangsbestand des Eigenkapitals beträgt 228 950,00 DM. Ermitteln Sie das neue Eigenkapital!

Aufgabe 4.21 Führen Sie einen Geschäftsgang von Bilanz zu Bilanz durch!

Anfangsbestände der Vermögens- und Kapitalwerte:	DM
Kassenbestand	18 700,00
Sichteinlagen (Kreditoren)	568 300,00
Betriebs- und Geschäftsausstattung	25 700,00
Wertpapiere	78 200,00
Eigenkapital	48 500,00
LZB-Guthaben	103 600,00
Spareinlagen	332 700,00
Forderungen an Kunden (Debitoren)	723 300,00

Konten:

Kasse, LZB-Giro, Debitoren, Wertpapiere, Betriebs- und Geschäftsausstattung, Kreditoren, Spareinlagen, Eigenkapital.

Zinsaufwendungen, Sachanlagenaufwand, Büroaufwand, Zinserträge, Provisionserträge, Gewinn- und Verlustkonto.

Geschäftsfälle:	DM
1. Die Bank führt Überweisungsaufträge über LZB-Giro aus	13 500,00
von Debitoren	8 200,00
von Kreditoren	5 300,00
2. Die Bank schreibt Sparern Zinsen gut	10 800,00
3. Die Bank kauft Büromaterial. Der Rechnungsbetrag wird dem Konto des Verkäufers (Kreditor) gutgeschrieben	1 300,00
4. Die Bank belastet Kunden für die Verwahrung und Verwaltung von Wertpapieren mit Depotgebühren:	9 600,00
Debitoren	4 600,00
Kreditoren	3 200,00
Sparkunden	1 800,00
5. Die Bank erhält eine Zinsgutschrift über ihr LZB-Girokonto	6 100,00
6. Überweisungseingänge auf LZB-Giro	13 200,00
zugunsten Debitoren	6 900,00
zugunsten Kreditoren	5 300,00
zugunsten Sparkunden	1 000,00
7. Die Bank zahlt Miete für ihre Geschäftsräume. Der Betrag wird über LZB-Giro überwiesen	2 200,00
8. Die Bank belastet Debitoren mit Sollzinsen	1 200,00

a) Stellen Sie die Eröffnungsbilanz auf, richten Sie die Konten im Hauptbuch ein und übernehmen Sie die Bestände!

b) Buchen Sie die Geschäftsfälle im Grund- und Hauptbuch!

c) Schließen Sie zunächst die Erfolgskonten und danach die Bestandskonten ab!

d) Stellen Sie die Schlußbilanz auf!

Aufgabe 4.22

Führen Sie einen Geschäftsgang von Bilanz zu Bilanz durch!

Anfangsbestände der Vermögens- und Kapitalwerte:	DM
Kassenbestand	37 000,00
LZB-Guthaben	212 000,00
Wertpapiere	59 000,00
Forderungen an Kunden (Debitoren)	963 000,00
Betriebs- und Geschäftsausstattung	70 000,00
Sichteinlagen von Kunden (Kreditoren)	853 000,00
Spareinlagen	416 000,00
Eigenkapital	72 000,00

Konten:

Kasse, LZB-Giro, Debitoren, Wertpapiere, Betriebs- und Geschäftsausstattung, Kreditoren, Spareinlagen, Eigenkapital.

Zinsaufwendungen, Löhne und Gehälter, Sachanlagenaufwand, Büroaufwand, Zinserträge, Provisionserträge, Gewinn- und Verlustkonto.

Geschäftsfälle:	
1. Gehälter der Bankangestellten werden auf Konten (Kreditoren) gutgeschrieben	12 000,00
2. Rechnung für Büromaterial wird zu Lasten LZB-Giro überwiesen	1 000,00
3. Barabhebung eines Sparers	500,00

		DM
4.	Überweisungsauftrag wird über LZB-Giro ausgeführt: Miete der Bank für gemietete Geschäftsräume	2 100,00
5.	Eingänge auf LZB-Giro	
	zugunsten von Sparern	5 000,00
	zugunsten von Debitoren	12 600,00
6.	Zinsgutschriften der Bank	
	für Sparer	4 300,00
	für Kreditoren	5 600,00
7.	Belastungen der Bank für Debitoren:	
	Kreditzinsen (Sollzinsen)	27 100,00
	Kontoführungsgebühren	6 700,00
8.	Barabhebung vom LZB-Konto	50 000,00
9.	Wertpapierverkauf an Sparer	5 000,00
10.	Debitoren erteilen Überweisungsaufträge	
	zugunsten von Kreditoren	1 800,00
	zugunsten von Kunden bei anderen Kreditinstituten (Ausführung über LZB-Giro)	3 000,00

a) *Stellen Sie die Eröffnungsbilanz auf, richten Sie die Konten im Hauptbuch ein und übernehmen Sie die Bestände!*

b) *Buchen Sie die Geschäftsfälle im Grund- und Hauptbuch!*

c) *Schließen Sie zunächst die Erfolgskonten und danach die Bestandskonten ab!*

d) *Stellen Sie die Schlußbilanz auf!*

Programmierte Aufgaben

Aufgabe 4.23

Wie verändern Erfolge das Eigenkapital?

a) Aufwendungen erhöhen das Eigenkapital.
b) Aufwendungen vermindern das Eigenkapital.
c) Erträge vermindern das Eigenkapital.
d) Erträge erhöhen das Eigenkapital.

Aufgabe 4.24

Welche Buchungsregeln gelten für Erfolgskonten?

a) Aufwendungen werden im Soll der Aufwandskonten gebucht.
b) Erträge werden im Soll der Ertragskonten gebucht.
c) Erträge werden im Haben der Ertragskonten gebucht.
d) Aufwendungen werden im Haben der Aufwandskonten gebucht.

Aufgabe 4.25

Entscheiden Sie, welche Buchungssätze richtig sind!

Kontoabrechnung der Bank:

Zinsen für Debitoren
Zinsen für Kreditoren
Kontoführungsgebühren für Debitoren
Kontoführungsgebühren für Kreditoren

a) Zinsaufwendungen
   an Debitoren

b) Zinsaufwendungen
   an Kreditoren

c) Kreditoren
   an Zinserträge

d) Kreditoren
   an Zinsaufwendungen

e) Debitoren
   an Zinserträge

f) Debitoren
an Zinsaufwendungen

g) Provisionsaufwendungen
an Debitoren

h) Provisionsaufwendungen
an Kreditoren

i) Debitoren
an Provisionserträge

j) Kreditoren
an Provisionserträge

Aufgabe 4.26

Entscheiden Sie, welche Soll- und Habenbuchungen ausgelöst werden!

Lösungsmuster (nur Kontenankreuzen, keine Beträge angeben):

	Kasse		LZB-Giro		Wert-papiere		Debi-toren		BGA		Spar-einl.		Kredi-toren		Zins-erträge		Zins-aufw.		Pers.-kosten		Miet-erträge		Prov.-erträge		Büro-bedarf		Grdst.+ Raumk.		Wertp.-erträge	
	S	H	S	H	S	H	S	H	S	H	S	H	S	H	S	H	S	H	S	H	S	H	S	H	S	H	S	H	S	H	S	H
1.																																

1. Ein Kunde löst sein Sparkonto auf. Das Guthaben von 1 600,00 DM wird bar ausgezahlt.
2. Die Bank kauft an der Börse Wertpapiere. Der Betrag von 15 500,00 DM wird durch LZB-Überweisung bezahlt.
3. Sparer zahlen 2 000,00 DM bar ein.
4. Das Kreditinstitut belastet Debitoren mit Zinsen: 6 000,00 DM.
5. Sparern werden Zinsen gutgeschrieben: 8 200,00 DM.
6. Das Kreditinstitut zahlt Gehälter und schreibt sie Gehaltskonten (Kreditoren) gut: 12 000,00 DM.
7. Ein Kreditor erteilt einen Überweisungsauftrag in Höhe von 670,00 DM zugunsten eines Debitors beim gleichen Kreditinstitut.
8. Barabhebungen durch Debitoren 4 000,00 DM.
9. Die Bank kauft Schreibtische. Der Kaufpreis von 18 600,00 DM wird über das Konto des Verkäufers (Debitor) verrechnet.
10. Das Kreditinstitut erhält über LZB eine Gutschrift in Höhe von 2 000,00 DM für Miete aus vermieteten Büroräumen.
11. Debitoren werden mit Kontoführungsgebühren belastet: 4 850,00 DM.
12. Das Kreditinstitut bezahlt eine Rechnung über geliefertes Büromaterial durch LZB-Überweisung: 2 730,00 DM.
13. Auf dem LZB-Girokonto gehen für einen Sparer 120,00 DM ein.
14. Die Bank hebt bar vom LZB-Konto ab: 50 000,00 DM.
15. Ein Debitor erteilt einen Überweisungsauftrag in Höhe von 7 350,00 DM zugunsten eines Kreditors.
16. Die Bank erhält Zinsen aus Wertpapieren (Eingang auf LZB-Giro): 10 000,00 DM

4.4 Gemischte Konten

Käufe und Verkäufe von Wertpapieren, Devisen, Sorten und Edelmetallen (Münzen und Barren) **verursachen nicht nur Bestandsveränderungen, sondern auch Erfolge.** Kreditinstitute verkaufen zu Preisen, die höher sind als die Preise, zu denen sie gekauft haben.

Wesen der gemischten Konten

Die Hauptbuchkonten Eigene Wertpapiere[1], Devisen, Sorten und Edelmetalle sind daher zugleich Bestands- und Erfolgskonten. Sie werden als **gemischte Konten** bezeichnet. **Gemischte Konten** weisen

- **Bestände und Bestandsveränderungen** sowie
- **Erfolge**

aus.

[1] Anstelle der Kontobezeichnung „Wertpapiere" wird jetzt die eindeutigere Bezeichnung „Eigene Wertpapiere" verwendet.

Beispiele

Buchungen auf dem Konto Eigene Wertpapiere	
Beispiel 1: Kursgewinne	**Beispiel 2: Kursverluste**
Geschäftsfälle 1. Die Bank kauft 100 Stück Metall-AG-Aktien zu 150,00 DM je Stück 2. Die Bank verkauft 60 Stück Metall-AG-Aktien zu 170,00 DM je Stück	**Geschäftsfälle** 1. Die Bank kauft 100 Stück Metall-AG-Aktien zu 150,00 DM je Stück 2. Die Bank verkauft 60 Stück Metall-AG-Aktien zu 120,00 DM je Stück
Grundbuch	**Grundbuch**
1. Eigene Wertpapiere an LZB-Giro 15 000,00 DM 2. LZB-Giro an Eigene Wertpapiere 10 200,00 DM	1. Eigene Wertpapiere an LZB-Giro 15 000,00 DM 2. LZB-Giro an Eigene Wertpapiere 7 200,00 DM
Hauptbuch	**Hauptbuch**

Beispiel 1:

Soll	Eigene Wertpapiere		Haben
1. LZB-Giro	15 000,00	2. LZB-Giro	10 200,00

Beispiel 2:

Soll	Eigene Wertpapiere		Haben
1. LZB-Giro	15 000,00	2. LZB-Giro	7 200,00

Jahresabschluß

Beim **Jahresabschluß** müssen Bestände und Erfolge getrennt werden.

Ermittlung des Schlußbestandes in Stück durch Inventur

Bestandsaufnahme am 31.12.19..		Rechnerische Kontrolle	
Stück	Wertpapiergattung	Käufe	100 Stück
40	Metall-AG-Aktien	Verkäufe	⁄ 60 Stück
		Schlußbestand	**40 Stück**

Niederstwertprinzip

Der Schlußbestand muß nach dem **Niederstwertprinzip** bewertet werden. Der Ankaufskurs am Kauftag wird dem Ankaufskurs am Bilanzstichtag gegenübergestellt. Als Wertansatz für die Bilanz ist der niedrigere der beiden Werte zu übernehmen.

Ermittlung des Bilanzwertes

Wertpapier (Stück, Art)	**Ankaufskurs**	**Kurs am 31.12.**	**Wertansatz**	**Bilanzwert**
40 Metall-AG-Aktien	150,00 DM/Stück	185,00 DM/Stück	150,00 DM/Stück	**6 000,00 DM**

Der Bilanzwert ist auf dem gemischten Konto als Schlußbestand einzusetzen. Nach Eintragung des Schlußbestandes bleibt auf dem Konto eine Differenz zwischen Soll und Haben. Sie zeigt den Kursgewinn oder den Kursverlust.

Abschluß des Kontos Eigene Wertpapiere

Beispiel 1: Kursgewinne

Soll	**Eigene Wertpapiere**		Haben
1. LZB-Giro	15 000,00	2. LZB-Giro	10 200,00
Kursgewinne Wertpapiere	1 200,00	Schlußbestand	6 000,00
	16 200,00		16 200,00

Soll	**Kursgewinne Wertpapiere**		Haben
		Eigene Wertp.	1 200,00

Beispiel 2: Kursverluste

Soll	**Eigene Wertpapiere**		Haben
1. LZB-Giro	15 000,00	2. LZB-Giro	7 200,00
		Schlußbestand	6 000,00
		Kursverluste	1 800,00
	15 000,00		15 000,00

Soll	**Kursverluste Wertpapiere**		Haben
Eigene Wertp.	1 800,00		

Das Verfahren entspicht dem Grundsatz der Vorsicht, denn

- **Kursverluste** werden als Aufwendungen erfaßt,
- **Kursgewinne** werden nur dann als Erträge erfaßt, wenn sie durch Verkäufe realisiert sind. Nicht realisierte Kursgewinne werden nicht gebucht.

Der Erfolg des Wertpapiergeschäfts kann auch durch Vergleich des Bilanzwertes und des Buchwertes errechnet werden:

Bilanzwert	6 000,00 DM	Bilanzwert	6 000,00 DM
Buchwert (15 000,00 ⁒ 10 200,00)	⁒ 4 800,00 DM	Buchwert (15 000,00 ⁒ 7 200,00 DM)	⁒ 7 800,00 DM
Kursgewinn	1 200,00 DM	**Kursverlust**	1 800,00 DM

Erfolgs-buchungen

Kursgewinn und Kursverluste

Saldo des Kontos „Eigene Wertpapiere" = Erfolg

Kursgewinne
Eigene Wertpapiere
an Kursgewinne Wertpapiere

Kursverluste
Kursverluste Wertpapiere
an Eigene Wertpapiere

Die Buchung von nicht realisierten Kursverlusten wird unter 8.4.3 dargestellt.

Aufgaben

Aufgabe 4.27

Buchen Sie auf den Konten Eigene Wertpapiere, Kursverluste Wertpapiere bzw. Kursgewinne Wertpapiere!

	DM
1. Die Bank kauft 50 Stück Chemie AG-Aktien zu (Verrechnung des Gegenwerts über LZB-Giro)	200,00/Stück
2. Die Bank verkauft 30 Stück Chemie AG-Aktien zu an Kreditoren.	210,00/Stück
Inventurbestand: 20 Stück	200,00/Stück

a) *Buchen Sie die Geschäftsfälle im Grund- und Hauptbuch!*

b) *Ermitteln Sie den Bilanzwert der Wertpapiere, tragen Sie diesen Wert ein und buchen Sie die Differenz auf dem Konto Eigene Wertpapiere!*

c) *Schließen Sie die Konten Eigene Wertpapiere, Kursverluste und Kursgewinne im Hauptbuch ab!*

Aufgabe 4.28

Buchen Sie Geschäfte in Eigenen Wertpapieren im Grundbuch!

	DM
1. Die Bank kauft 50 Stück X-AG-Aktien zu (Verrechnung des Gegenwerts über LZB-Giro)	420,00/Stück
2. Die Bank verkauft 50 Stück X-AG-Aktien an Sparer	420,00/Stück

Aufgabe 4.29

Buchen Sie auf den Konten Eigene Wertpapiere, Kursverluste Wertpapiere bzw. Kursgewinne Wertpapiere!

	DM
Wertpapierkäufe	200 000,00
Wertpapierverkäufe	130 000,00
Bilanzwert des Wertpapierbestandes lt. Inventur	55 000,00

Aufgabe 4.30 Buchen Sie auf den Konten Eigene Wertpapiere, Kursverluste Wertpapiere bzw. Kursgewinne Wertpapiere der Unionbank Hannover!

	DM
Wertpapierkäufe	100 000,00
Wertpapierverkäufe	80 000,00
Bilanzwert des Wertpapierbestandes lt. Inventur	30 000,00

Aufgabe 4.31 Führen Sie einen Geschäftsgang von Bilanz zu Bilanz durch!

Anfangsbestände der Vermögens- und Kapitalwerte:	DM
Sichteinlagen von Kunden (Kreditoren)	730 000,00
Eigene Wertpapiere	55 000,00
Kassenbestand	28 000,00
Spareinlagen	596 500,00
Forderungen an Kunden (Debitoren)	991 500,00
LZB-Guthaben	185 000,00
Betriebs- und Geschäftsausstattung	33 000,00
Grundstücke und Gebäude	130 000,00
Eigenkapital	96 000,00

Konten:

Kasse, LZB-Giro, Debitoren, Eigene Wertpapiere, Grundstücke und Gebäude, Betriebs- und Geschäftsausstattung, Spareinlagen, Kreditoren, Eigenkapital.

Kursverluste Wertpapiere, Zinsaufwendungen, Löhne und Gehälter, Sachanlagenaufwand, Büroaufwand, Zinserträge, Provisionserträge, Zinserträge aus Wertpapieren, Kursgewinne Wertpapiere, Gewinn- und Verlustkonto.

Geschäftsfälle:	DM
1. Sparer heben ab	3 000,00
2. Die Bank hebt vom LZB-Girokonto ab	35 000,00
3. Überweisungsaufträge werden zu Lasten des LZB-Girokontos des Bankhauses ausgeführt:	
Aufträge von Debitoren	10 000,00
Aufträge von Kreditoren	15 000,00
4. Das Bankhaus bezahlt die Fernmelderechnung durch LZB-Überweisung	2 950,00
5. Das Bankhaus überweist für gemietete Räume, in denen eine Zweigstelle untergebracht ist, auf das Konto des Vermieters (Kreditor)	1 800,00
6. Sparer zahlen ein	1 500,00
7. Sparer kaufen von der Bank Wertpapiere	18 000,00
8. Zinsgutschriften für Kreditoren	1 780,00
9. Kreditoren werden mit Kontoführungsgebühren belastet	12 390,00
10. Debitoren erhalten Kontoabrechnung:	
Zinsen	25 800,00
Kontoführungsgebühren	6 300,00
11. Überweisungseingänge auf dem LZB-Girokonto des Bankhauses	
zugunsten von Debitoren	23 300,00
zugunsten von Kreditoren	25 000,00
zugunsten von Sparern	11 000,00
12. Barauszahlungen an Debitoren	2 800,00
13. Kreditoren kaufen vom Bankhaus Wertpapiere	10 000,00
14. Ein Kreditor läßt eine Sichteinlage auf sein Sparkonto übertragen	3 500,00
15. Ein Kreditor hebt ab	6 000,00
16. Das Bankhaus erhält über LZB eine Gutschrift für Zinsen aus Wertpapieren, die dem Kreditinstitut gehören	5 000,00

		DM
17.	Das Bankhaus belastet Sparer mit Depotgebühren für die Verwahrung von Wertpapieren	620,00
18.	Die Bank zahlt Gehälter (Überweisungen auf Kreditoren-Konten)	17 500,00

a) *Stellen Sie die Eröffnungsbilanz auf, richten Sie die Konten im Hauptbuch ein und übernehmen Sie die Bestände!*

b) *Buchen Sie die Geschäftsfälle im Grund- und Hauptbuch!*

c) *Schließen Sie zunächst die Erfolgskonten (ohne Kursgewinne bzw. Kursverluste) ab!*

d) *Ermitteln Sie den Kursgewinn bzw. Kursverlust bei den Eigenen Wertpapieren (Bilanzwert lt. Inventur 30 000,00 DM), buchen Sie diesen Erfolg und schließen Sie das Konto Kursgewinne (bzw. Kursverluste) ab!*

e) *Schließen Sie das Gewinn- und Verlustkonto ab!*

f) *Schließen Sie das Konto Eigene Wertpapiere sowie die anderen Aktivkonten und die Passivkonten ab!*

g) *Kontrollieren Sie, ob sämtliche Buchungen sowohl im Grundbuch als auch im Hauptbuch durchgeführt worden sind!*

h) *Stellen Sie die Schlußbilanz auf!*

Führen Sie einen Geschäftsgang von Bilanz zu Bilanz durch!

Aufgabe 4.32

Anfangsbestände der Vermögens- und Kapitalwerte:	DM
Kassenbestand	37 000,00
LZB-Guthaben	212 000,00
Forderungen an Kunden (Debitoren)	963 000,00
Eigene Wertpapiere	59 000,00
Betriebs- und Geschäftsausstattung	70 000,00
Spareinlagen	416 000,00
Sichteinlagen von Kunden (Kreditoren)	853 000,00
Eigenkapital	72 000,00

Konten:

Kasse, LZB-Giro, Debitoren, Eigene Wertpapiere, Betriebs- und Geschäftsausstattung, Spareinlagen, Kreditoren, Eigenkapital.

Kursverluste Wertpapiere, Zinsaufwendungen, Löhne und Gehälter, Sachanlagenaufwand, Büroaufwand, Zinserträge, Provisionserträge, Kursgewinne Wertpapiere, Gewinn- und Verlustkonto.

Geschäftsfälle:		DM
1.	Gehälter der Bankangestellten werden auf Konten (Kreditoren) gutgeschrieben	12 000,00
2.	Rechnung für Büromaterial wird zu Lasten LZB-Giro überwiesen	1 000,00
3.	Barabhebung eines Sparers	500,00
4.	Überweisungsausgang über LZB-Giro Miete der Bank für gemietete Geschäftsräume	 2 100,00
5.	Eingänge auf LZB-Giro zugunsten von Sparern zugunsten von Debitoren	 5 000,00 12 600,00
6.	Zinsgutschriften der Bank für Sparer für Kreditoren	 4 300,00 5 600,00
7.	Belastungen der Bank für Debitoren: Kreditzinsen (Sollzinsen) Kontoführungsgebühren	 27 100,00 6 700,00

		DM
8.	Wertpapierverkauf an Sparer	5 000,00
9.	Debitoren erteilen Überweisungsaufträge	
	zugunsten von Kreditoren	1 800,00
	zugunsten von Kunden bei anderen Kreditinstituten (Ausführung über LZB-Giro)	3 000,00
10.	Wertpapierverkauf (Verrechnung des Gegenwerts über LZB-Giro)	30 000,00

a) Stellen Sie die Eröffnungsbilanz auf, richten Sie die Konten im Hauptbuch ein und übernehmen Sie die Bestände!

b) Buchen Sie die Geschäftsfälle im Grund- und Hauptbuch!

c) Schließen Sie zunächst die Erfolgskonten (ohne Kursgewinne bzw. Kursverluste) ab!

d) Ermitteln Sie den Kursgewinn bzw. Kursverlust aus dem Geschäft mit Eigenen Wertpapieren (Bilanzwert lt. Inventur 29 000,00 DM), buchen Sie diesen Erfolg und schließen Sie das Konto Kursgewinne Wertpapiere (bzw. Kursverluste Wertpapiere) ab!

e) Schließen Sie das Gewinn- und Verlustkonto ab!

f) Schließen Sie das Konto Eigene Wertpapiere sowie die anderen Aktivkonten und die Passivkonten ab!

g) Kontrollieren Sie, ob sämtliche Buchungen sowohl im Grundbuch als auch im Hauptbuch durchgeführt worden sind!

h) Stellen Sie die Schlußbilanz auf!

Programmierte Aufgaben

Aufgabe 4.33

Wie hoch ist

① der Bilanzwert der Wertpapiere

② der Kursgewinn des Kreditinstituts?

Ordnen Sie zu!

		DM
Anfangsbestand	100 Stück zu	150,00/Stück
Käufe	50 Stück zu	150,00/Stück
Verkäufe	100 Stück zu	175,00/Stück
Schlußbestand lt. Inventur		50 Stück
Kurs am 31.12.		200,00

a) 10 000,00 DM
b) 8 750,00 DM
c) 7 500,00 DM
d) 5 000,00 DM
e) 3 750,00 DM
f) 2 500,00 DM

Aufgabe 4.34

In welcher Reihenfolge werden Arbeiten zum Abschluß eines gemischten Kontos durchgeführt?

Ordnen Sie die Ziffern ① bis ⑥ zu!

a) Einsetzen des Schlußbestandes
b) Ermittlung des Schlußbestandes durch die Inventur
c) Ermittlung des Erfolges (Kursgewinn oder Kursverlust)
d) Bewertung des Schlußbestandes zum Niederstwertprinzip
e) Buchung des Schlußbestandes
f) Buchung des Erfolges

4.5 Der Buchungsablauf mit Einschaltung von EBK und SBK

Eröffnungsbilanz

Die Vermögens- und Kapitalbestände am Anfang des Geschäftsjahres werden der Eröffnungsbilanz entnommen. Die Werte der Eröffnungsbilanz stimmen grundsätzlich mit den Werten der Schlußbilanz des vorangegangenen Geschäftsjahres überein. In der Praxis wird daher auf jährliche Eröffnungsbilanzen verzichtet. Die Schlußbilanz des abgelaufenen Geschäftsjahres ist gleichzeitig die Eröffnungsbilanz des folgenden Jahres.

Eröffnung der Hauptbuchkonten

Am Anfang des Geschäftsjahres werden die Vermögens- und Kapitalbestände als Anfangsbestände auf die Hauptbuchkonten vorgetragen. Nach den **Regeln der doppelten Buchführung** muß jede Buchung eine Gegenbuchung haben. Es genügt daher nicht, die Bilanzpositionen der Eröffnungsbilanz zu übernehmen:

Die Konten müssen mit Buchungen eröffnet werden **(Eröffnungsbuchungen).** Als Gegenkonto wird das **Eröffnungsbilanzkonto (EBK)**[1] eingeschaltet.

Das Eröffnungsbilanzkonto ist ein Spiegelbild der Bilanz. Die Salden der Aktivkonten stehen im Haben, die Salden der Passivkonten im Soll.

Buchung der Geschäftsfälle

Nach Eröffnung der Konten werden die Geschäftsfälle im Grundbuch als Buchungssätze und im Hauptbuch auf Konten gebucht. Diese Buchungen heißen **Umsatzbuchungen.**

Abschluß der Hauptbuchkonten

Am Schluß des Geschäftsjahres werden die Hauptbuchkonten abgeschlossen:

- **Bestandskonten** werden **über das Schlußbilanzkonto (SBK)**[1] abgeschlossen.
- **Erfolgskonten** werden **über das Gewinn- und Verlustkonto (GuV)** abgeschlossen.
- **Gemischte Konten** werden über das **Schlußbilanzkonto (SBK) und über das Gewinn- und Verlustkonto (GuV)** abgeschlossen.
- Das **Gewinn- und Verlustkonto** wird **über das Konto Eigenkapital** abgeschlossen.

Buchungen, mit denen Bestandskonten über das Schlußbilanzkonto und Erfolgskonten über das Gewinn- und Verlustkonto abgeschlossen werden, heißen **Abschlußbuchungen.**

Buchungen am Jahresende, mit denen Salden auf andere Konten als SBK und GuV übertragen werden, heißen **vorbereitende Abschlußbuchungen** (bei Sparkassen: Vorabschlußbuchungen).

Schlußbilanz

Aus der Inventur wird die Schlußbilanz zum 31. Dezember aufgestellt. Die Inventurwerte der Schlußbilanz sind die tatsächlich im Unternehmen vorhandenen Vermögens- und Kapitalwerte (Istwerte). Sie müssen mit den auf den Konten ermittelten Beständen (Sollwerte = Buchwerte) übereinstimmen, so daß Schlußbilanz und Schlußbilanzkonto die gleichen Werte ausweisen.

Bei Abweichungen zwischen den Istwerten und den Sollwerten (z.B. durch Buchungsfehler) müssen die Kontenbestände berichtigt werden.

---

[1] Die Kontenrahmen der Kreditinstitute sehen nur ein **Bilanzkonto** vor.

Übersicht: Buchungsablauf

Buchungsablauf

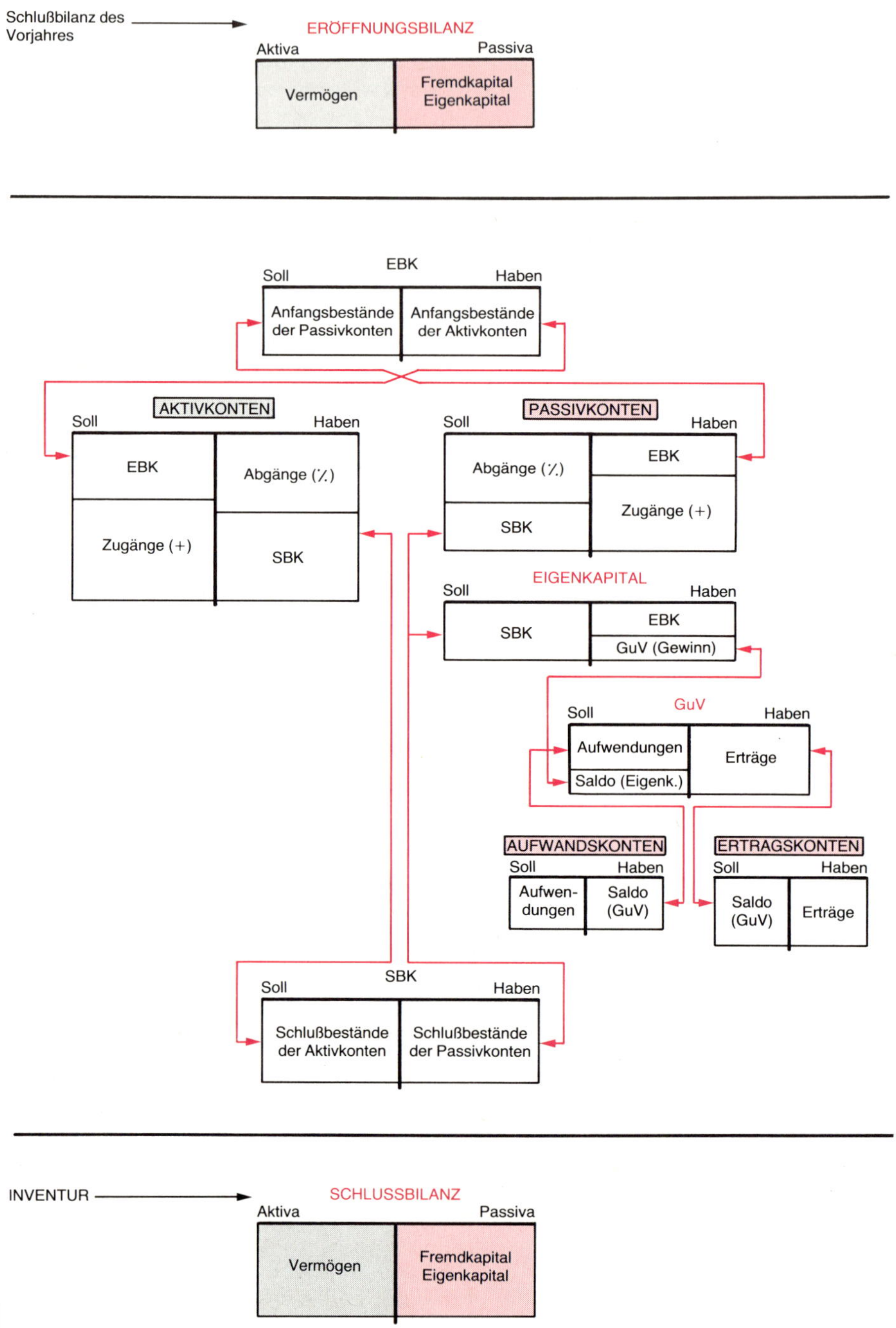

Exkurs: Der Buchungsablauf mit Einschaltung der Betriebsübersicht

Zweck der Betriebsübersicht

In den Buchungsablauf kann eine **Betriebsübersicht** eingeschaltet werden.

Die Betriebsübersicht ermöglicht einen **Probeabschluß.** Sie wird aufgestellt, **bevor** mit dem Abschluß auf den Konten begonnen wird, jedoch **nachdem** alle Eröffnungs- und Umsatzbuchungen gebucht sind.

Die Betriebsübersicht wird auch Hauptabschlußübersicht, Abschlußübersicht oder Abschlußtabelle genannt.

Inhalt der Betriebsübersicht

Die Betriebsübersicht hat im allgemeinen sechs Spaltenpaare:

- **Summen (Summenbilanz)** – Die **Summen aus Eröffnungs- und Umsatzbuchungen** (Soll- und Habensummen) werden auf den Hauptbuchkonten ermittelt, nach Soll und Haben getrennt in die Summenspalte übertragen und addiert. Die Summen beider Spalten müssen übereinstimmen. Bei Abweichungen der Summen müssen Fehler im Grundbuch und im Hauptbuch gesucht werden.

- **Vorläufige Salden (Saldenbilanz I)** – Aus den Soll- und Habensummen der einzelnen Konten werden die **Salden** gebildet. Die Summen beider Spalten müssen übereinstimmen, sonst wurden beim Saldieren Fehler gemacht.

- **Umbuchungen (Vorbereitende Abschlußbuchungen)** – Umbuchungen sind **vorbereitende Abschlußbuchungen.** Sie werden in dieser Spalte durchgeführt und im Grundbuch und im Hauptbuch nachvollzogen, wenn die Betriebsübersicht ihre Richtigkeit bewiesen hat.

- **Endgültige Salden (Saldenbilanz II)** – Die endgültigen Salden werden aus den vorläufigen Salden unter Berücksichtigung der vorbereitenden Abschlußbuchungen errechnet. Diese Spalte kontrolliert die richtige **Saldierung der durch Umbuchungen betroffenen Konten.**

- **Bestände (Inventurbilanz)** – **Die aus der Inventur gewonnenen Werte der Vermögens- und Kapitalbestände müssen mit den endgültigen Salden der Hauptbuchkonten übereinstimmen.** Bei Differenzen zwischen Istwerten und Sollwerten müssen weitere vorbereitende Abschlußbuchungen in der Umbuchungsspalte vorgenommen werden. **Das Eigenkapital ist noch nicht durch Erfolgsvorgänge verändert.** Daher ist eine Gewinn- bzw. Verlustermittlung durch Gegenüberstellung der Aktiva und Passiva möglich.

- **Erfolge (Gewinn- und Verlustrechnung)** – Die Erfolgsspalte nimmt die **endgültigen Salden der Erfolgskonten** auf. Sie ist eine vorweggenommene Gewinn- und Verlustrechnung durch Gegenüberstellung der Aufwendungen und Erträge.

Zweifache Gewinn- bzw. Verlustermittlung

Durch Vergleich der Bestände und durch Vergleich der Erfolge wird der Gewinn (oder der Verlust) ermittelt. Beide Rechnungen müssen zu demselben Ergebnis führen:

- **Gewinn,** wenn **Aktiva > Passiva** und **Aufwendungen < Erträge**
- **Verlust,** wenn **Aktiva < Passiva** und **Aufwendungen > Erträge.**

Betriebsübersicht

Konten	Summen (Summenbilanz)		Vorläufige Salden (Saldenbilanz I)		Umbuchungen (Vorbereitende Abschlußbuchungen)		Endgültige Salden (Saldenbilanz II)		Bestände (Inventurbilanz)		Erfolge (Gewinn- und Verlustrechnung)	
	Soll	Haben	Soll	Haben	Soll	Haben	Soll	Haben	Aktiva	Passiva	Aufwendungen	Erträge
Kasse	25 000,00	13 500,00	11 500,00				11 500,00		11 500,00			
LZB-Giro	125 600,00	7 000,00	118 600,00				118 600,00		118 600,00			
Eigene Wertpapiere	99 000,00	1 200,00	97 800,00		2 000,00		99 800,00		99 800,00			
Debitoren	445 100,00	7 800,00	437 300,00				437 300,00		437 300,00			
Grundstücke und Gebäude	100 000,00		100 000,00				100 000,00		100 000,00			
Betriebs- und Geschäftsausstattung	35 000,00		35 000,00				35 000,00		35 000,00			
Kreditoren	500,00	476 400,00		475 900,00				475 900,00		475 900,00		
Spareinlagen	1 200,00	122 100,00		120 900,00				120 900,00		120 900,00		
Eigenkapital		195 000,00		195 000,00				195 000,00		195 000		
Zinsaufwendungen	2 100,00		2 100,00				2 100,00				2 100,00	
Löhne und Gehälter	6 400,00		6 400,00				6 400,00				6 400,00	
Zinserträge		12 400,00		12 400,00				12 400,00				12 400,00
Provisionserträge		3 700,00		3 700,00				3 700,00				3 700,00
Mieterträge		800,00		800,00				800,00				800,00
Kursgewinne Wertpapiere						2 000,00		2 000,00				2 000,00
	839 900,00	839 900,00	808 700,00	808 700,00	2 000,00	2 000,00	810 700,00	810 700,00	802 200,00	791 800,00	8 500,00	18 900,00
										10 400,00	10 400,00	
									802 200,00	802 200,00	18 900,00	18 900,00

Umbuchungen ergeben sich dadurch, daß der Saldo der Umsätze auf dem Konto Eigene Wertpapiere 97 800,00 DM beträgt, der durch Inventur nach dem Niederstwertprinzip ermittelte Bilanzwert 99 800,00 DM.

Soll	Eigene Wertpapiere		Haben
Umsätze	99 000,00	Umsätze	1 200,00
		SBK	99 800,00

In Höhe von **2 000,00 DM** ist ein **Kursgewinn** entstanden.
In die Spalte Endgültige Salden werden die Eigenen Wertpapiere mit 99 800,00 DM übernommen, d. h. der durch Inventur ermittelte Bilanzwert und der Saldo des Kontos (Buchwert) stimmen jetzt überein.

In der Spalte Bestände erscheint das Eigenkapital noch mit dem Anfangsbestand. Sonst wäre eine Gewinnermittlung aus der Gegenüberstellung Aktiva und Passiva nicht möglich.

Wie der Vergleich der Bestände und der Erfolge zeigt, hat die Bank einen **Gewinn in Höhe von 10 400,00 DM** erzielt.

Aufgaben

Aufgabe 4.35

Führen Sie einen Geschäftsgang von Bilanz zu Bilanz durch! (Eine Betriebsübersicht kann eingeschaltet werden.)

Anfangsbestände der Vermögens- und Kapitalwerte:	DM
Sichteinlagen von Kunden (Kreditoren)	846 000,00
Eigene Wertpapiere	83 000,00
Kassenbestand	37 500,00
Spareinlagen	512 500,00
Forderungen an Kunden (Debitoren)	981 000,00
LZB-Guthaben	191 000,00
Betriebs- und Geschäftsausstattung	27 000,00
Grundstücke und Gebäude	120 000,00
Eigenkapital	81 000,00

Konten:

Kasse, LZB-Giro, Debitoren, Eigene Wertpapiere, Grundstücke und Gebäude, Betriebs- und Geschäftsausstattung, Spareinlagen, Kreditoren, Eigenkapital, Eröffnungsbilanzkonto, Schlußbilanzkonto.

Kursverluste Wertpapiere, Zinsaufwendungen, Löhne und Gehälter, Sachanlagenaufwand, Büroaufwand, Zinserträge, Provisionserträge, Zinserträge aus Wertpapieren, Kursgewinne Wertpapiere, Gewinn- und Verlustkonto.

Geschäftsfälle:	DM
1. Sparer heben ab	2 500,00
2. Die Bank hebt Bargeld vom LZB-Girokonto ab	40 000,00
3. Überweisungsaufträge werden zu Lasten des LZB-Girokontos des Bankhauses ausgeführt:	
Aufträge von Debitoren	15 000,00
Aufträge von Kreditoren	10 000,00
4. Die Bank bezahlt die Fernmelderechnung durch LZB-Überweisung	1 600,00
5. Die Bank überweist für gemietete Räume, in denen eine Zweigstelle untergebracht ist, auf das Konto des Vermieters (Kreditor)	1 200,00
6. Sparer zahlen ein	2 000,00
7. Sparer kaufen von der Bank Wertpapiere	19 500,00
8. Die Bank kauft von einem Kreditor einen Personalcomputer	4 500,00
9. Zinsgutschriften für Kreditoren	3 760,00
10. Kreditoren werden mit Kontoführungsgebühren belastet	4 390,00
11. Debitoren erhalten Kontoabrechnung:	
Zinsen	45 800,00
Kontoführungsgebühren	6 300,00
12. Überweisungseingänge auf dem LZB-Girokonto der Bank	
zugunsten von Debitoren	15 000,00
zugunsten von Kreditoren	22 400,00
zugunsten von Sparern	12 000,00
13. Barauszahlungen an Debitoren	3 700,00
14. Kreditoren kaufen von der Bank Wertpapiere	15 000,00
15. Ein Kreditor läßt auf sein Sparkonto übertragen	7 000,00
16. Ein Kreditor hebt ab	5 000,00
17. Die Bank erhält über LZB eine Gutschrift für Zinsen aus eigenen Wertpapieren	6 000,00

	DM
18. Die Bank belastet Sparer mit Depotgebühren für die Verwahrung von Wertpapieren	750,00
19. Die Bank zahlt Gehälter (Überweisungen auf Kreditoren-Konten)	18 500,00

a) Stellen Sie die Eröffnungsbilanz auf, richten Sie die Konten im Hauptbuch ein und eröffnen Sie die Konten über das Eröffnungsbilanzkonto (Grundbuch und Hauptbuch)!

b) Buchen Sie die Geschäftsfälle im Grund- und Hauptbuch!

c) Übernehmen Sie die Umsätze (ohne EBK und SBK) in die Betriebsübersicht! Stimmen Sie die Summen ab! Errechnen Sie die vorläufigen Salden, und stimmen Sie die Salden ab!

d) Buchen Sie in der Spalte Umbuchungen den Erfolg des Wertpapiergeschäftes! Bilanzwert lt. Inventur: 50 000,00 DM. Buchen Sie den Erfolg im Grundbuch und Hauptbuch!

e) Ziehen Sie die endgültigen Salden! Übernehmen Sie die Bestände aus der Spalte Endgültige Salden! Übernehmen Sie die Salden der Erfolgskonten in die Spalte Erfolge! Ermitteln Sie den Gewinn durch Saldieren der Aktiva und Passiva sowie der Aufwendungen und Erträge! Errechnen Sie das neue Eigenkapital!

f) Schließen Sie im Grundbuch und Hauptbuch die Erfolgskonten ab!

g) Schließen Sie im Grund- und Hauptbuch die Bestandskonten über das Schlußbilanzkonto ab! Stellen Sie die Schlußbilanz auf!

Aufgabe 4.36 Buchen Sie auf Hauptbuchkonten, und schließen Sie die Konten ab! (Eine Betriebsübersicht kann eingeschaltet werden.)

Die Raiffeisenbank Niederberg eG hat bis zum 30. Dezember 19. . auf den Hauptbuchkonten folgende **Umsätze** gebucht:

	Soll DM	Haben DM
Kasse	172 900,00	122 400,00
LZB-Giro	1 294 500,00	971 200,00
Eigene Wertpapiere	417 000,00	135 300,00
Debitoren	8 227 300,00	5 995 000,00
Betriebs- und Geschäftsausstattung	165 000,00	
Grundstücke und Gebäude	268 000,00	
Kreditoren	6 828 100,00	9 203 500,00
Spareinlagen	875 400,00	1 112 500,00
Eigenkapital		681 300,00
Zinsaufwendungen	153 600,00	
Löhne und Gehälter	126 100,00	
Sachanlagenaufwand	47 400,00	
Zinserträge		262 800,00
Provisionserträge		91 300,00
Mieterträge		

Geschäftsfälle am 31. Dezember 19. .:

	DM
1. Eingänge auf LZB-Giro	
für Debitoren	5 000,00
für Kreditoren	8 500,00
für Sparer	1 000,00
2. Überweisungsaufträge von Kreditoren	
zugunsten von Debitoren	3 500,00
zugunsten von Sparern	1 000,00
3. Wertpapierverkäufe	
an Kreditoren	5 000,00
an Sparer	12 000,00
4. Überweisung vom LZB-Girokonto der Bank Bezahlung der Heizölrechnung für das Bankgebäude	3 500,00

	Soll DM	Haben DM
5. Bareinzahlungen		
von Kreditoren		5 000,00
von Sparern		1 000,00
von Mietern der Bank		1 200,00

a) *Tragen Sie die Umsätze im Hauptbuch vor!*

b) *Buchen Sie die Geschäftsfälle vom 31. Dezember im Grundbuch und Hauptbuch!*
(Bei Führung einer Betriebsübersicht sind die Umsatzzahlen vom 31. Dezember in die Betriebsübersicht zu übernehmen, die Summen abzustimmen sowie die vorläufigen Salden zu errechnen und abzustimmen!)

c) *Nehmen Sie folgende Nachtragsbuchungen als vorbereitende Abschlußbuchungen im Grund- und Hauptbuch vor (in der Betriebsübersicht: Umbuchungen)*

	DM
Zinsgutschriften für das 4. Quartal	
für Sparer	*18 000,00*
für Kreditoren	*5 000,00*
Zinsbelastungen für das 4. Quartal	
für Debitoren	*39 500,00*
Provisionsbelastungen für das 4. Quartal	
für Debitoren	*6 500,00*

d) *Buchen Sie den Erfolg des Wertpapiergeschäfts*

Inventurbestand:
Bilanzwert Eigene Wertpapiere *330 000,00*

(Bei Führung einer Betriebsübersicht sind die endgültigen Salden zu errechnen, die Zahlen als Bestände oder als Erfolge einzutragen und der Gewinn zu ermitteln.)

(Buchwerte und Inventurwerte stimmen bis auf Wertpapiere überein.)

4.6 Das Privatkonto

Aufgabe des Privatkontos

Das **Privatkonto** hat den Zweck, **Privatentnahmen und Privateinlagen des Unternehmers zu erfassen.**

Entnahmen und Einlagen des Unternehmers verändern das Eigenkapital, ohne daß es sich um Erfolge der Bank handelt. Privatentnahmen während des Geschäftsjahres sind ein Vorgriff des Unternehmers auf den zu erwartenden Gewinn der Unternehmung. Privatkonten gibt es nur bei Einzelunternehmungen und Personengesellschaften.

Beispiel

Buchungen auf dem Privatkonto

Der Inhaber des Bankhauses J. A. Wegmann, München, beauftragt seine Bank, 2 000,00 DM als private Spende an „Herz-in-Not Deutschland e. V." zu überweisen.

Buchung der Überweisung
Privatkonto
an LZB-Giro 2 000,00 DM

Soll	Privatkonto		Haben
LZB-Giro	2 000,00	Eigenkapital	2 000,00
	2 000,00		2 000,00

Abschluß des Privatkontos
Eigenkapital
an Privatkonto 2 000,00 DM

Soll	Eigenkapital		Haben
Privatkonto	2 000,00	Anfangsbestand	75 000,00

Die Privatentnahme des Bankiers mindert das Eigenkapital. Das Privatkonto ist – ebenso wie das Gewinn- und Verlustkonto – ein Unterkonto (Vorkonto) des Eigenkapitalkontos.

Abschluß über das Eigenkapitalkonto

Abschluß der Unterkonten des Eigenkapitalkontos

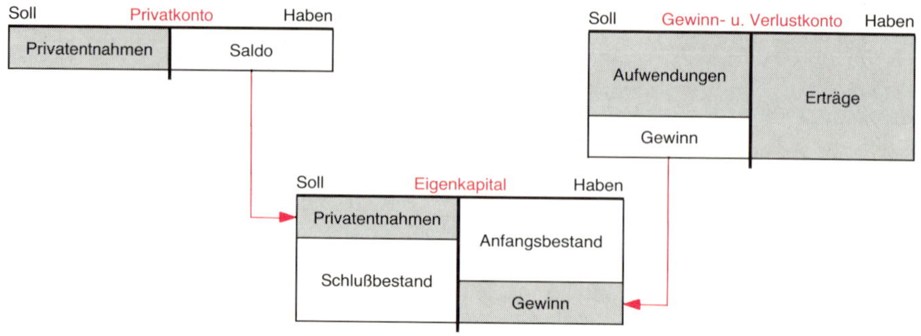

Anstelle von Privatkonten kann eine Bank auch Kontokorrentkonten (siehe 6.1) für den (die) Inhaber führen.

Aufgaben

Aufgabe 4.37 Buchen Sie Erfolgs- und Privatvorgänge beim Bankhaus Karl-Friedrich Wartmann, Düsseldorf!

Anfangsbestand Eigenkapital 1 728 950,00 DM

Konten:

LZB-Giro, Debitoren, Spareinlagen, Kreditoren, Eigenkapital
Zinsaufwendungen, Sachanlagenaufwand, Büroaufwand, Zinserträge, Provisionserträge
Privatkonto
Gewinn- und Verlustkonto

Geschäftsfälle:	DM
1. Überweisung der Feuerversicherungsprämie für das Bankgebäude über LZB-Giro	3 850,00
2. Überweisung der Fernmelderechnung des Bankhauses vom LZB-Girokonto	4 637,00
3. Überweisung der privaten Fernmelderechnung des Bankiers vom LZB-Girokonto	248,00
4. Zinsgutschriften für Sparkonten	5 713,00
5. Überweisung der Miete für angemietete Geschäftsräume der Bank. Der Vermieter ist Kreditor der Bank	3 900,00
6. Überweisung der Rechnung einer Baufirma für Umbauarbeiten im Ferienhaus des Bankiers. Die Baufirma ist Debitor der Bank	14 800,00
7. Belastung von Debitoren	
wegen Kreditzinsen	9 460,00
wegen Kontoführungsgebühren	2 930,00
8. Belastungen wegen Depotgebühren für Wertpapiere, die von der Bank im Auftrag der Kunden verwahrt und verwaltet werden,	
auf Kontokorrentkonten (Kreditoren)	5 022,00
auf Sparkonten	2 638,00

a) Buchen Sie die Geschäftsfälle im Grund- und Hauptbuch!

b) Schließen Sie die Erfolgskonten mit Buchungen im Grund- und Hauptbuch ab!

c) Schließen Sie das Gewinn- und Verlustkonto und das Privatkonto mit Buchungen im Grund- und Hauptbuch ab!

d) Schließen Sie das Konto Eigenkapital mit Buchungen im Grund- und Hauptbuch ab!

Führen Sie einen Geschäftsgang durch! (Eine Betriebsübersicht kann eingeschaltet werden.) **Aufgabe 4.38**

Anfangsbestände der Vermögens- und Kapitalwerte:	DM
Kassenbestand	74 000,00
LZB-Guthaben	424 000,00
Eigene Wertpapiere	118 000,00
Forderungen an Kunden (Debitoren)	1 926 000,00
Betriebs- und Geschäftsausstattung	140 000,00
Sichteinlagen von Kunden (Kreditoren)	1 706 000,00
Spareinlagen	832 000,00
Eigenkapital	144 000,00

Konten:

Kasse, LZB-Giro, Debitoren, Eigene Wertpapiere, Betriebs- und Geschäftsausstattung, Spareinlagen, Kreditoren, Eigenkapital.

Zinsaufwendungen, Löhne und Gehälter, Sachanlagenaufwand, Büroaufwand, Zinserträge, Provisionserträge, Wertpapiererträge, Kursgewinne Wertpapiere, Gewinn- und Verlustkonto.

Privatkonto

Geschäftsfälle:	DM
1. Gehälter der Bankangestellten werden auf Konten (Kreditoren) gutgeschrieben	16 000,00
2. Rechnung für Büromaterial wird zu Lasten LZB-Giro überwiesen	4 000,00
3. Barabhebung eines Sparers	1 500,00
4. Überweisungsausgang über LZB-Giro	
Miete der Bank für gemietete Geschäftsräume	2 400,00
5. Eingänge auf LZB-Giro	
zugunsten von Sparern	15 000,00
zugunsten von Debitoren	14 600,00
6. Zinsgutschriften der Bank	
für Sparer	7 300,00
für Kreditoren	6 600,00
7. Belastungen der Bank für Debitoren	
Kreditzinsen (Sollzinsen)	47 100,00
Kontoführungsgebühren	8 800,00
8. Wertpapierverkauf an Sparer	15 000,00
9. Debitoren erteilen Überweisungsaufträge	
zugunsten von Kreditoren	11 800,00
zugunsten von Kunden bei anderen Kreditinstituten (Ausführung über LZB-Giro)	43 000,00
10. Wertpapierverkauf (Verrechnung über LZB-Giro)	65 000,00
11. Privatentnahme	5 000,00
12. Zinsgutschrift für Wertpapiere geht über LZB-Giro ein	4 800,00

a) *Stellen Sie die Eröffnungsbilanz auf, richten Sie die Konten im Hauptbuch ein und eröffnen Sie die Konten über das Eröffnungsbilanzkonto!*

b) *Buchen Sie die Geschäftsfälle im Grund- und Hauptbuch!*

c) *Buchen Sie die vorbereitenden Abschlußbuchungen im Grundbuch und im Hauptbuch:*
   1. *Bilanzwert der Eigenen Wertpapiere 50 000,00 DM*
   2. *Abschluß des Privatkontos*

d) *Schließen Sie die Erfolgskonten ab (Grund- und Hauptbuch)!*

e) *Schließen Sie die Bestandskonten über das Schlußbilanzkonto ab (Grund- und Hauptbuch)! Stellen Sie die Schlußbilanz auf!*

Aufgabe 4.39 Wiederholungsfragen zu Kapitel Grundzüge der Bankbuchführung:

1. Wodurch unterscheiden sich Bilanz und Konto?
2. Welcher Zusammenhang besteht zwischen Bestandskonten und der Bilanz?
3. Warum löst jeder Geschäftsfall stets sowohl im Soll als auch im Haben Buchungen aus?
4. Wo stehen Anfangsbestände, Zugänge, Abgänge und Schlußbestände
   a) auf Aktivkonten,
   b) auf Passivkonten?
5. Welche Buchungsregeln gelten für Aktivkonten?
6. Welche Buchungsregeln gelten für Passivkonten?
7. Was ist ein Buchungssatz?
8. Warum muß für jede Buchung ein Beleg vorhanden sein?
9. Wodurch unterscheiden sich Grundbuch und Hauptbuch?
10. Was versteht man unter Saldieren?
11. Ist die Behauptung richtig, daß die Bilanz außerhalb der Buchführung steht? (Begründung!)
12. Warum werden Aufwendungen und Erträge auf besonderen Erfolgskonten gebucht?
13. Warum haben Erfolgskonten keinen Anfangsbestand?
14. Warum wird das Gewinn- und Verlustkonto beim Abschluß der Erfolgskonten eingeschaltet?
15. Wodurch sind gemischte Konten gekennzeichnet?
16. Welche Konten in der Bankbuchführung sind gemischte Konten?
17. Welche Besonderheiten sind beim Abschluß der gemischten Konten zu beachten?
18. Welche Bedeutung haben das Eröffnungsbilanzkonto und das Schlußbilanzkonto?
19. Welchen Zweck hat das Privatkonto?
20. Warum werden das Gewinn- und Verlustkonto und das Privatkonto auf das Konto Eigenkapital abgeschlossen?

Programmierte Aufgaben

Aufgabe 4.40 **Welche Konten sind Unterkonten (Vorkonten) des Eigenkapitalkontos?**

a) das Eröffnungsbilanzkonto
b) das Schlußbilanzkonto
c) das Privatkonto
d) die Erfolgskonten
e) das Konto Eigene Wertpapiere
f) die Ertragskonten

Aufgabe 4.41 **Wozu zählen die unten aufgeführten Buchungen?**

① zu den Eröffnungsbuchungen
② zu den Abschlußbuchungen
③ zu den vorbereitenden Abschlußbuchungen
④ zu den Umsatzbuchungen

Ordnen Sie zu!

a) Buchung der Gehaltszahlungen an Bankangestellte
b) Abschluß des Gewinn- und Verlustkontos
c) Abschluß des Kontos Zinserträge
d) Buchung der Privatentnahmen
e) Buchung des Kursverlustes bei Wertpapieren
f) Abschluß des Eigenkapitalkontos
g) Abschluß des Privatkontos
h) Abschluß des Kontos Löhne und Gehälter

5 Umsatzsteuer

5.1 Wesen der Umsatzsteuer

Wesen

Die Umsatzsteuer ist eine Verkehrsteuer. Steuergegenstand ist der wirtschaftliche Verkehrsvorgang (Umsatz). Besteuerungsgrundlage ist der **Nettoumsatz.**

Vorsteuer

Umsatzsteuer wird auf allen Wirtschaftsstufen erhoben. Umsatzsteuer, die beim Einkauf zu bezahlen ist, kann als **Vorsteuer** von der Umsatzsteuer, die beim Verkauf zu berechnen ist, dem Finanzamt gegenüber abgesetzt werden.

Mehrwertsteuer

Auf jeder Wirtschaftsstufe wird die Wertschöpfung der Unternehmung (die entstandenen Kosten und der Gewinn) besteuert. Die Wertschöpfung ist der sog. Mehrwert. Daher wird die Umsatzsteuer auch als **Mehrwertsteuer** bezeichnet.

Beispiel

Mehrwertsteuer bei Handelsbetrieben

Die Besteuerung der Wertschöpfung

Ein **Großhändler** verkauft an einen Einzelhändler Waren im Wert von 1 000,00 DM.

Nettoverkaufspreis	1 000,00 DM
+ 15 % Mehrwertsteuer (MWSt)	150,00 DM
= Bruttoverkaufspreis	1 150,00 DM

Der **Einzelhändler** verkauft die Waren an Kunden weiter

Nettoeinkaufspreis	1 000,00 DM
+ Kosten und Gewinn (= Wertschöpfung)	300,00 DM
= Nettoverkaufspreis	1 300,00 DM
+ 15 % MWSt	195,00 DM
= Bruttoverkaufspreis	1 495,00 DM

Der **Einzelhändler** zahlt an das **Finanzamt:**

Mehrwertsteuer auf den Nettoverkaufspreis	195,00 DM
⁒ Vorsteuer im Bruttoeinkaufspreis	150,00 DM
= Steuerschuld (Zahllast)	**45,00 DM**

Zahllast

Steuerlast

Die Umsatzsteuer wird in voller Höhe vom Verbraucher getragen **(Steuerlast).**

5.2 Umsatzsteuer bei Geschäften von Kreditinstituten

5.2.1 Steuerfreie und steuerpflichtige Umsätze

Die meisten Umsätze der Kreditinstitute mit Kunden sind von der Umsatzsteuer befreit.

Steuerfreie Umsätze bei Kreditinstituten

Nach § 4 Nr. 8 UStG sind **steuerfreie Umsätze:**

a) die Gewährung, die Vermittlung und die Verwaltung von Krediten sowie die Verwaltung von Kreditsicherheiten;

b) die Umsätze und die Vermittlung der Umsätze von gesetzlichen Zahlungsmitteln. Das gilt nicht, wenn die Zahlungsmittel wegen ihres Metallgehaltes oder ihres Sammlerwertes umgesetzt werden;
c) die Umsätze von Geldforderungen und die Vermittlung dieser Umsätze, ausgenommen die Einziehung von Forderungen;
d) die Umsätze im Einlagengeschäft, im Kontokorrentverkehr, im Zahlungs- und Überweisungsverkehr und das Inkasso von Handelspapieren;
e) die Umsätze im Geschäft mit Wertpapieren und die Vermittlung dieser Umsätze, ausgenommen die Verwahrung und die Verwaltung von Wertpapieren;
f) die Umsätze und die Vermittlung der Umsätze von Anteilen an Gesellschaften und anderen Vereinigungen;
g) die Übernahme von Verbindlichkeiten, von Bürgschaften und anderen Sicherheiten sowie die Vermittlung dieser Umsätze;
h) die Verwaltung von Sondervermögen nach dem Gesetz über Kapitalanlagegesellschaften;
i) die Umsätze der im Inland gültigen amtlichen Wertzeichen zum aufgedruckten Wert;
j) die Beteiligung als stiller Gesellschafter an dem Unternehmen oder an dem Gesellschafteranteil eines anderen;
k) die Umsätze im Geschäft mit Goldbarren, mit Goldmünzen, die als gesetzliche Zahlungsmittel gelten, mit unverarbeitetem Gold und die Vermittlung dieser Umsätze.

Steuerpflichtige Umsätze bei Kreditinstituten

Steuerpflichtige Umsätze bei Kreditinstituten sind:
a) die Umsätze in Edelmetallen, Münzen (soweit der Münzpreis über dem Nennwert liegt) und Medaillen, ausgenommen die Umsätze in Goldbarren, in Goldmünzen, die gesetzliche Zahlungsmittel sind, und in unverarbeitetem Gold,
b) Vermittlungsgeschäfte, soweit sie nicht nach § 4 Nr. 8 UStG steuerfrei sind,
c) Verkauf von Sicherungsgut im eigenen Namen des Kreditinstituts,
d) Verkauf von gebrauchten Anlagegegenständen, soweit sie nicht ausschließlich für steuerfreie Tätigkeiten gebraucht wurden,
e) Vermögensverwaltungen,
f) Vermietung von Schließfächern,
g) Verwahrung und Verwaltung von Wertpapieren.

Steuersatz

Der **allgemeine Steuersatz** beträgt **15 %**, der **ermäßigte Steuersatz 7 %**.

Umsatzsteuer auf Münzen

Die **Umsatzsteuer auf Münzen** ist besonders geregelt.

Umsatzsteuer auf Münzen		
Münzart/Münzmetall	**Münzpreis (ohne Umsatzsteuer)**	**USt-Satz (%)**
• **Kursgültige Münzen (Münzen, die gesetzliches Zahlungsmittel sind)**		
Silbermünzen	bis zum $2\frac{1}{2}$fachen des Metallwertes	15
	höher als das $2\frac{1}{2}$fache des Metallwertes oder als das 4fache des Nennwertes	7
	Nennwert oder niedriger	0
Münzen aus unedlen Metallen	über dem Nennwert	7
• **Kursungültige Münzen (Münzen, die kein gesetzliches Zahlungsmittel sind)**		
Goldmünzen	bis zum $2\frac{1}{2}$fachen des Metallwertes	15
	höher als das $2\frac{1}{2}$fache des Metallwertes	7
Silbermünzen		
– vor 1915 geprägt	jeder Preis	7
– ab 1915 geprägt	bis zum $2\frac{1}{2}$fachen des Metallwertes	15
	höher als das $2\frac{1}{2}$fache des Metallwertes	7
Münzen aus unedlen Metallen	jeder Preis	7

Für Ankäufe von Edelmetallen durch Kreditinstitute gilt:
- Bei Ankäufen von anderen Kreditinstituten oder von Unternehmern ist Vorsteuer in Rechnung zu stellen.
- Ankäufe von Privatkunden unterliegen nicht der Vorsteuer.

5.2.2 Umsatzsteuer

▸ Umsatzsteuer bei steuerpflichtigen Bankleistungen

Umsatzsteuerpflichtige Bankleistungen

Beim Absatz steuerpflichtiger Bankleistungen ist Umsatzsteuer zu berechnen. Umsatzsteuerpflichtige Bankleistungen sind u.a. die Vermietung von Schließfächern, die Verwahrung und Verwaltung von Wertpapieren, der Verkauf von Platin- und Silberbarren sowie von Silbermünzen.

Die Umsatzsteuer ist monatlich an die Finanzverwaltung abzuführen. Die aus der Umsatzsteuer gegenüber dem Finanzamt entstehende **Verbindlichkeit** wird auf dem **Hauptbuchkonto Umsatzsteuer** erfaßt.

Belastung eines Kreditors mit 460,00 DM Miete für ein vermietetes Schließfach:

Nettomiete	400,00 DM
+ 15 % Umsatzsteuer	60,00 DM
Belastung	460,00 DM

Kreditoren	460,00 DM
an Provisionserträge	400,00 DM
an Umsatzsteuer	60,00 DM

▸ Umsatzsteuer beim Verkauf von gebrauchten Anlagegegenständen

Steuerfreier Vorgang

Verkauft das Kreditinstitut einen gebrauchten Anlagegegenstand, den es ausschließlich für steuerfreie Tätigkeiten benutzt hat, ist dieser Verkauf umsatzsteuerfrei.

Beispiel: Das Kreditinstitut verkauft an einen Debitor eine Schreibmaschine, die **ausschließlich** im Bereich des Zahlungsverkehrs eingesetzt war. Dieser Vorgang ist nach § 4 Nr. 28 a UStG steuerfrei.

Verkauf einer Schreibmaschine zu 1 200,00 DM (= Buchwert) (umsatzsteuerfreier Vorgang)

Debitoren	
an Betriebs- und Geschäftsausstattung	1 200,00 DM

Steuerpflichtiger Vorgang

In der Praxis der Banken und Sparkassen werden aber zahlreiche Anlagegegenstände unmittelbar oder mittelbar auch für umsatzsteuerpflichtige Tätigkeiten verwendet. Verkauft das Kreditinstitut diese Gegenstände, muß es dem Käufer Umsatzsteuer in Rechnung stellen und an das Finanzamt abführen.

Beispiel: Ein Pkw des Kreditinstituts (Anschaffungswert 30 000,00 DM) wird zu Beginn des 4. Nutzungsjahres für 7 500,00 DM an einen Kreditor verkauft.

Verkauf eines Pkw

Nettoverkaufspreis	7 500,00 DM
+ 15 % Umsatzsteuer	1 125,00 DM
Bruttoverkaufspreis	8 625,00 DM

Kreditoren	8 625,00 DM
an Betriebs- und Geschäftsausstattung	7 500,00 DM
an Umsatzsteuer	1 125,00 DM

5.2.3 Vorsteuer

Abzugsfähigkeit der Vorsteuer bei Kreditinstituten

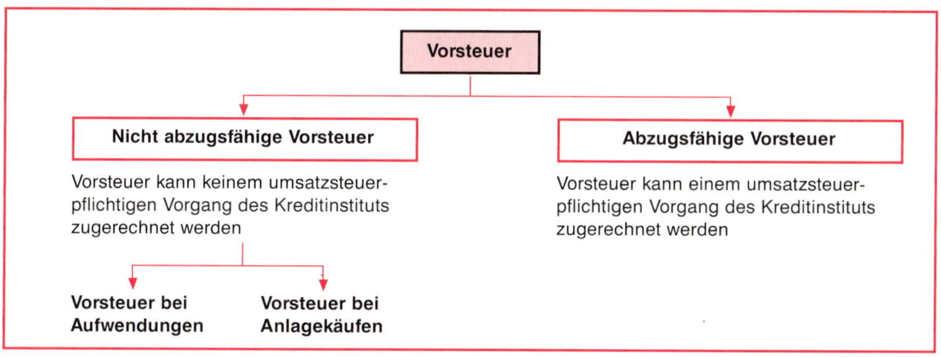

▸ *Nicht abzugsfähige Vorsteuer*

Vorsteuer als Aufwandsbestandteil

Umsatzsteuer (Vorsteuer), die einem Kreditinstitut **im Zusammenhang mit Aufwendungen** entsteht, ist im allgemeinen eine **nicht abzugsfähige Vorsteuer.** Es handelt sich um Umsatzsteuer beim Kauf nicht aktivierungsfähiger Sachgüter, z. B. Büromaterial, Vordrucke, und bei Inanspruchnahme von umsatzsteuerpflichtigen Dienstleistungen, z. B. Instandsetzungsarbeiten, Beratungen. Sie wird vom Kreditinstitut als Aufwandsbestandteil gebucht.

Kauf von Büromaterial von einem Kreditor:

Nettopreis	5 000,00 DM		
+ 15 % Umsatzsteuer	750,00 DM	Büroaufwand	
Rechnungspreis	5 750,00 DM	an Kreditoren	5 750,00 DM

Aktivierung von Vorsteuer

Umsatzsteuer (Vorsteuer), die einem Kreditinstitut **beim Kauf von Anlagegegenständen** in Rechnung gestellt wird, ist ebenfalls in den meisten Fällen eine nicht abzugsfähige Vorsteuer. Sie wird vom Kreditinstitut als Bestandteil des Kaufpreises gebucht, d. h. aktiviert.

Kauf eines Personalcomputers von einem Debitor:

Nettopreis	8 000,00 DM	Betriebs- und	
+ 15 % Umsatzsteuer	1 200,00 DM	Geschäftsausstattung	
Rechnungspreis	9 200,00 DM	an Debitoren	9 200,00 DM

Auf dem Anlagenkonto aktivierte Vorsteuer wird auf die Nutzungsdauer des Anlagegegenstandes verteilt mit dem Kaufpreis abgeschrieben (siehe 9.5.5.5).

▸ *Abzugsfähige Vorsteuer*

Möglichkeit des Vorsteuerabzugs

Ein **Vorsteuerabzug ist möglich,** wenn die dem Kreditinstitut in Rechnung gestellte Umsatzsteuer (Vorsteuer) einem steuerpflichtigen Umsatz zugerechnet werden kann, z. B. beim Kauf von Formularen für Schließfachmietverträge oder beim Erwerb eines Pkw für die Immobilienabteilung. Ein **anteiliger Vorsteuerabzug ist möglich,** wenn der erworbene Gegenstand der Erzielung steuerpflichtiger und steuerfreier Umsätze dient.

Abzugsfähige Vorsteuer stellt eine **Forderung gegenüber dem Finanzamt** dar. Sie wird auf dem **Hauptbuchkonto Vorsteuer** erfaßt und kann von der zu zahlenden Umsatzsteuer abgesetzt werden.

Kauf von Vordrucken für Schließfachmietverträge von einem Debitor:

Nettopreis	2 000,00 DM	Büroaufwand	2 000,00 DM
+ 15 % Umsatzsteuer	300,00 DM	Vorsteuer	300,00 DM
Rechnungspreis	2 300,00 DM	an Debitoren	2 300,00 DM

Beispiel
Buchung von Vorsteuer und Umsatzsteuer

Buchung von Vorsteuer und Umsatzsteuer am Beispiel eines Geschäfts mit Platinbarren

Die Handels- und Privatbank AG kauft 10 Platinbarren im Gewicht von je 100 g zum Preise von 1 860,00 DM + 15 % Umsatzsteuer je Stück und verkauft sie zum Preis von 2 543,80 DM einschließlich 15 % Umsatzsteuer je Barren an einen Kunden weiter.

Abrechnung des Platinankaufs

Ankauf
10 Barren à 100 g Platin
zu 1 860,00 DM je Barren

Gesamtwert	18 600,00 DM
+ 15 % Umsatzsteuer	2 790,00 DM
	21 390,00 DM

Abrechnung des Platinverkaufs

Verkauf
10 Barren à 100 g Platin
zu 2 212,00 DM je Barren

Gesamtwert	22 120,00 DM
+ 15 % Umsatzsteuer	3 318,00 DM
	25 438,00 DM

Vorsteuer und Umsatzsteuer aus der Sicht der Handels- und Privatbank:

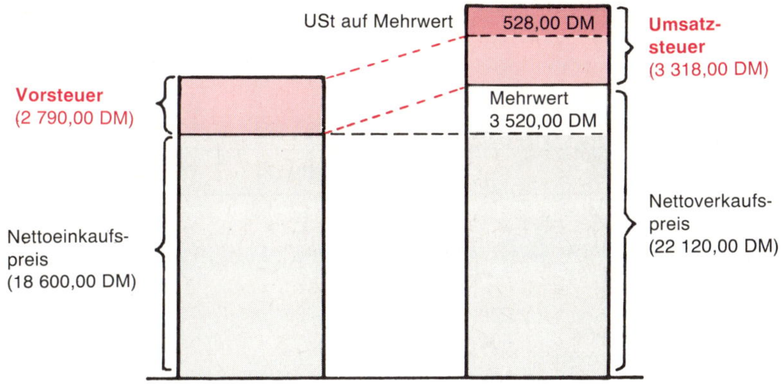

Umsatzsteuer, die **beim Einkauf** zu bezahlen ist, wird als **Forderung an das Finanzamt** auf dem

Konto „Vorsteuer"

gebucht.

Umsatzsteuer, die **beim Verkauf** zu berechnen ist, wird als **Verbindlichkeit gegenüber dem Finanzamt** auf dem

Konto „Umsatzsteuer"

gebucht.

Buchung des Platinankaufs

Edelmetalle	18 600,00 DM
Vorsteuer	2 790,00 DM
an LZB-Giro	21 390,00 DM

Buchung des Platinverkaufs

Kreditoren	25 438,00 DM
an Edelmetalle	22 120,00 DM
an Umsatzsteuer	3 318,00 DM

Buchung der Preisdifferenz zwischen An- und Verkauf

Edelmetalle
an Kursgewinne
(Edelmetalle) 3 520,00 DM

5.2.4 Abschluß der Konten Vorsteuer und Umsatzsteuer

Monatlicher Abschluß

Beim Einkauf gezahlte Umsatzsteuer wird vom Verkäufer an das Finanzamt abgeführt. Der Käufer kann sie daher von seiner Umsatzsteuerschuld absetzen, sofern sie einem umsatzsteuerpflichtigen Vorgang auf der Absatzseite zugerechnet werden kann. Das Konto **Vorsteuer** wird daher monatlich auf das Konto **Umsatzsteuer** abgeschlossen. Der dadurch entstehende Saldo auf dem Konto Umsatzsteuer ist die vom Kreditinstitut an das Finanzamt abzuführende Umsatzsteuer. Sie wird als **Zahllast** bezeichnet.

Grundsätzlich haben Unternehmen **bis zum 10. Tag nach Ablauf jedes Kalendermonats (Voranmeldungszeitraum)** eine **Umsatzsteuer-Voranmeldung** auf einem amtlich vorgeschriebenen Vordruck abzugeben, in der sie die Steuer für den Voranmeldungszeitraum selbst zu berechnen haben. Die errechnete Steuer (Zahllast) ist als **Vorauszahlung** zu leisten. Bei geringen Umsätzen beträgt der Voranmeldungszeitraum drei Monate.

Beispiel
Kontenabschluß

Monatlicher Abschluß der Konten Vorsteuer und Umsatzsteuer

Die Konten Vorsteuer und Umsatzsteuer weisen am Monatsende folgende Umsätze aus:

Soll	**Vorsteuer**		Haben
Debitoren	7 200,00		
Kreditoren	6 400,00		

Soll	**Umsatzsteuer**		Haben
		Kreditoren	28 650,00
		Debitoren	16 500,00
		Kasse	20 050,00

Geschäftsfälle	**Grundbuch**
Verrechnung der Vorsteuer mit der Umsatzsteuer (Abschluß des Kontos Vorsteuer)	Umsatzsteuer an Vorsteuer 13 600,00 DM
Ermittlung der Zahllast: Umsatzsteuer 62 200,00 DM ⁒ Vorsteuer 13 600,00 DM = Zahllast 51 600,00 DM	
Überweisung der Zahllast an das Finanzamt	Umsatzsteuer an LZB-Giro 51 600,00 DM

Hauptbuch

Soll	**Vorsteuer**		Haben
Debitoren	7 200,00	Umsatzsteuer	13 600,00
Kreditoren	6 400,00		
	13 600,00		13 600,00

Soll	**Umsatzsteuer**		Haben
Vorsteuer	13 600,00	Kreditoren	28 650,00
LZB-Giro	51 600,00	Debitoren	16 500,00
		Kasse	20 050,00
	65 200,00		65 200,00

Bilanzierung von Umsatzsteuerschulden

Eine am Ende des Geschäftsjahres bestehende Umsatzsteuerschuld (z. B. aus den Umsätzen des Monats Dezember) wird im Bilanzposten **Sonstige Verbindlichkeiten** ausgewiesen.

Das Konto Umsatzsteuer wird zum 31. Dezember über SBK abgeschlossen.

Für jedes Jahr ist eine **Umsatzsteuererklärung** abzugeben. Mit der dabei errechneten Umsatzsteuer sind die monatlichen bzw. vierteljährlichen Vorauszahlungen zu verrechnen.

Aufgaben

Aufgabe 5.1

Buchen Sie im Grundbuch (Buchungssätze!)

1. Die Bank belastet einen Debitor mit der Jahresmiete für das von ihm bei der Bank gemietete Schließfach: 300,00 DM zuzüglich 15 % Umsatzsteuer.
2. Die Bank verkauft einen nicht mehr benötigten PC, der zur Berechnung bei Baufinanzierungsprogrammen eingesetzt wurde zum Buchwert von 800,00 DM. Der Gegenwert wird über LZB-Giro angeschafft.
3. Ein Kunde erwirbt an der Kasse zwei 1 kg Silberbarren zum Preis von 2 185,00 DM je Stück (einschließlich 15 % Umsatzsteuer).
4. Die Bank verkauft eine Schließfachanlage, die wegen Anschaffung einer neuen Anlage nicht mehr benötigt wird, zum Buchwert von 6 000,00 DM zuzüglich 15 % Umsatzsteuer an einen Kreditor und belastet sein Konto.
5. Die Bank erteilt einem Kunden Abrechnung über Depotgebühren in Höhe von 280,00 DM + 42,00 DM Umsatzsteuer und belastet mit diesem Betrag das Sparkonto des Kunden.

Aufgabe 5.2

Buchen Sie im Grundbuch (Buchungssätze) der Finanzbank AG! Die Finanzbank AG macht vom Vorsteuerabzug Gebrauch, soweit es möglich ist!

1. Die Finanzbank AG beschafft neue Drehstühle für die Zahlungsverkehrsabteilung. Rechnungspreis 22 000,00 DM zuzüglich 3 300,00 DM Umsatzsteuer. Der Gegenwert wird über das LZB-Girokonto überwiesen.
2. Die Finanzbank AG beschafft Büromaterial für die Depotabteilung 600,00 DM + 15 % Umsatzsteuer. Der Gegenwert wird dem Lieferanten auf seinem bei der Finanzbank AG geführten Girokonto gutgeschrieben (Kreditor).
3. Die Finanzbank AG erwirbt ein Stehpult für den Kundenraum im Tresor 1 200,00 DM + 180,00 DM Umsatzsteuer = 1 380,00 DM. Der Gegenwert wird dem Girokonto des Lieferanten bei der Bank gutgeschrieben (Debitor).
4. Die Finanzbank AG erhält eine Rechnung für eine Formularbestellung 1 500,00 DM + 15 % Umsatzsteuer. Die Formulare sind für die Auslandsabteilung bestimmt. Die Bank bezahlt die Rechnung zu Lasten ihres bei der LZB geführten Girokontos.
5. Die Finanzbank AG erwirbt von einem Schmuckhändler an der Kasse eine kursungültige Goldmünze zum Preis von 800,00 DM + 56,00 DM Umsatzsteuer. Der reine Metallwert beträgt 200,00 DM. Der Schmuckhändler ist Debitor.

Aufgabe 5.3

Schließen Sie zum Monatsende das Konto Vorsteuer ab! Buchen Sie die Überweisung der Zahllast (LZB-Giro)!

Soll	Vorsteuer		Haben
Umsätze	20 702,00		

Soll	Umsatzsteuer		Haben
		Umsätze	22 132,00

Aufgabe 5.4

Schließen Sie zum Ende des Geschäftsjahres die Konten Vorsteuer und Umsatzsteuer ab!

Soll	Vorsteuer		Haben
Umsätze	7 346,00		

Soll	Umsatzsteuer		Haben
		Umsätze	32 791,00

Aufgabe 5.5 Buchen Sie auf den Hauptbuchkonten Edelmetalle, Vorsteuer und Umsatzsteuer!

Anfangsbestand:
20 Silberbarren zu je 100 g, Anschaffungspreis 182,00 DM

Geschäftsfälle:
1. Verkauf von zwei Silberbarren zu je 100 g an einen Kunden (Kreditor). Preis je Barren 270,00 DM (+ 15% Umsatzsteuer).
2. Verkauf eines Silberbarrens zu 100 g am Schalter gegen Barzahlung 319,70 DM (15% Umsatzsteuer = 41,70 DM bereits eingeschlossen).
3. Kauf eines 1-kg-Silberbarrens von der Merkur-Bank AG, Frankfurt am Main, zu 1 826,00 DM + 15% Umsatzsteuer. Der Gegenwert wird durch LZB-Giro überwiesen.
4. Verkauf des 1-kg-Silberbarrens an einen Kunden (Kreditor). Das Konto des Kunden wird mit 3 128,00 DM (einschließlich 15% Umsatzsteuer = 408,00 DM) belastet.

Schlußbestand lt. Inventur:
17 Silberbarren zu je 100 g, Ankaufspreis am Bilanzstichtag je 183,00 DM

a) *Eröffnen Sie das Konto Edelmetalle!*
b) *Buchen Sie die Geschäftsfälle im Grund- und Hauptbuch!*
c) *Bewerten Sie den Bestand am Bilanzstichtag nach dem Niederstwertprinzip, und schließen Sie das Konto Edelmetalle ab (Grund- und Hauptbuch)! Schalten Sie das Konto Kursgewinne Edelmetalle (bzw. Kursverluste Edelmetalle) ein!*
d) *Schließen Sie die Konten Vorsteuer und Umsatzsteuer ab (Grund- und Hauptbuch)!*

Aufgabe 5.6/5.7 Führen Sie einen Abschluß durch!

Eine Betriebsübersicht kann eingeschaltet werden.

Umsätze nach den Buchungen vom 31. Dezember:

Konten	Aufgabe 5.6		Aufgabe 5.7	
	Soll DM	Haben DM	Soll DM	Haben DM
Kasse	206 000,00	170 000,00	252 000,00	182 000,00
LZB-Giro	678 000,00	408 000,00	1 008 000,00	478 000,00
Eigene Wertpapiere	200 000,00	27 000,00	430 000,00	115 000,00
Edelmetalle	43 000,00	10 000,00	56 000,00	12 000,00
Debitoren	1 190 000,00	654 000,00	1 244 000,00	782 000,00
Grundstücke und Gebäude	300 000,00		370 000,00	130 000,00
Betriebs- und Geschäftsausstattung	120 000,00		164 000,00	24 000,00
Vorsteuer	12 000,00		19 000,00	
Kreditoren	880 000,00	1 562 000,00	994 000,00	1 638 000,00
Spareinlagen	190 000,00	360 000,00	256 000,00	422 000,00
Eigenkapital		572 000,00		912 000,00
Umsatzsteuer		18 000,00		28 000,00
Privat	96 000,00		120 000,00	
Zinsaufwendungen	78 000,00		112 000,00	
Kursverluste				
Zinserträge		104 000,00		168 000,00
Provisionserträge		36 000,00		74 000,00
Mieterträge		72 000,00		60 000,00
Kursgewinne				
	3 993 000,00	3 993 000,00	5 025 000,00	5 025 000,00

a) Nehmen Sie im Grundbuch die vorbereitenden Abschlußbuchungen vor:

	Aufgabe 5.6	Aufgabe 5.7
1. Abschluß des Privatkontos		
2. Kursgewinn (bzw. Kursverlust) bei Wertpapieren Bilanzwert lt. Inventur	*193 000,00 DM*	*312 000,00 DM*
3. Kursgewinn (bzw. Kursverlust) bei Edelmetallen Schlußbestand lt. Inventur	*30 Stück Goldmünzen zu 1 300,00 DM je Stück*	*45 Stück Goldmünzen zu 1 020,00 DM je Stück*
4. Verrechnung der Vorsteuer (Zahllast wird im neuen Jahr abgeführt.)		
5. Noch auszuführende Zinsbuchungen:		
Zinsbelastung für Debitoren	*18 000,00 DM*	*28 000,00 DM*
Zinsgutschrift für Kreditoren	*6 000,00 DM*	*12 000,00 DM*
Zinsgutschrift für Sparer	*14 000,00 DM*	*18 000,00 DM*

b) Ermitteln Sie den Gewinn!

c) Errechnen Sie das neue Eigenkapital!

Programmierte Aufgaben

Aufgabe 5.8

Wie wird in den folgenden Fällen die dem Kreditinstitut in Rechnung gestellte Umsatzsteuer erfaßt?

① als Aufwand

② als zu aktivierende Vorsteuer

③ als abzugsfähige Vorsteuer

Ordnen Sie zu!

a) Umsatzsteuer in der Rechnung der Druckerei für die Herstellung von Depotauszugvordrucken

b) Umsatzsteuer in der Rechnung eines Notars

c) Umsatzsteuer auf den Kauf von Silbermünzen

d) Umsatzsteuer auf den Kauf eines Fotokopierers für eine Zweigstelle

Aufgabe 5.9

Welche der folgenden Vorgänge sind umsatzsteuerfreie Umsätze?

a) Vermögensverwaltung
b) Wertpapierverwaltung im offenen Depot
c) Verkauf von Sicherungsgut im Namen des Kunden
d) Wertpapierverkäufe
e) Vermietung von Schließfächern
f) Kreditgewährung

Aufgabe 5.10

Wie muß die Überweisung der abzuführenden Zahllast gebucht werden?

a)	Umsatzsteuer	an	Vorsteuer
b)	Vorsteuer	an	Umsatzsteuer
c)	Vorsteuer	an	LZB-Giro
d)	Umsatzsteuer	an	LZB-Giro
e)	LZB-Giro	an	Vorsteuer
f)	LZB-Giro	an	Umsatzsteuer

Aufgabe 5.11 **Zu welchen Geschäftsfällen gehören die folgenden Buchungen?**

① Zinsaufwendungen
an Spareinlagen

② LZB-Giro
an Mieterträge

③ Kreditoren
an Debitoren

④ LZB-Giro
an Kasse

⑤ Gewinn- und Verlustkonto
an Eigenkapital

⑥ Eigene Wertpapiere
an LZB-Giro

⑦ Zinserträge
an Debitoren

⑧ Umsatzsteuer
an Vorsteuer

⑨ Spareinlagen
an Kasse

⑩ Gewinn- und Verlustkonto
an Löhne und Gehälter

⑪ Betriebs- und Geschäftsausstattung
an Kreditoren

Ordnen Sie zu! Geschäftsfällen, auf die keine der genannten Buchungen zutrifft, wird die Ziffer ⓪ zugeordnet.

a) Zinsbelastung für Debitoren
b) Kauf von Wertpapieren
c) Verkauf eines gebrauchten Terminals
d) Barabhebung durch Sparer
e) Zinsgutschrift für Sparer
f) Überweisung der Umsatzsteuer-Zahllast
g) Übertragung des Jahresgewinns
h) Kauf eines Personalcomputers
i) Eingang einer Mietzahlung
j) Überweisung von Debitoren an Kreditoren
k) Überweisung von Kreditoren an Debitoren
l) Abschluß des Kontos Löhne und Gehälter
m) Verrechnung der Vorsteuer
n) Gutschrift irrtümlich zuviel belasteter Zinsen
o) Abhebung vom LZB-Girokonto
p) Einzahlung auf das LZB-Girokonto

6 Kundenkontokorrent und Bankenkontokorrent

6.1 Kundenkontokorrent

Hauptbuchkonten Debitoren und Kreditoren

Forderungen an Kunden wurden bisher über das Hauptbuchkonto Debitoren (Aktivkonto) gebucht, Verbindlichkeiten gegenüber Kunden aus Sichteinlagen über das Hauptbuchkonto Kreditoren (Passivkonto).

Soll	Debitoren Haben
Anfangsbestand	Abnahme (./.)
Zunahme (+)	Schlußbestand

Soll	Kreditoren Haben
Abnahme (./.)	Anfangsbestand
Schlußbestand	Zunahme (+)

Hauptbuchkonto Kunden-KK

Dieses Verfahren ist in der Praxis nicht durchführbar. Die Bank hätte vor jeder Buchung zu prüfen, ob ein Debitoren- oder ein Kreditorenumsatz zu buchen ist und ob aus Debitoren bei Gutschriften Kreditoren würden bzw. aus Kreditoren bei Belastungen Debitoren. Debitoren- und Kreditorenumsätze werden daher auf **einem Hauptbuchkonto,** dem Konto **Kundenkontokorrent (Kunden-KK),** gebucht. Es faßt die Konten Debitoren und Kreditoren zusammen und ist zugleich Aktiv- und Passivkonto. Kontokorrentkredite und Sichteinlagen werden so auf einem gemeinsamen Konto gebucht.

Soll	Kundenkontokorrent Haben
Anfangsbestand Debitoren	Anfangsbestand Kreditoren
Zunahme Debitoren	Zunahme Kreditoren
Abnahme Kreditoren	Abnahme Debitoren
Schlußbestand Kreditoren	Schlußbestand Debitoren

Beispiel

Buchungen auf dem Hauptbuchkonto Kunden-KK

Geschäftsfälle	**Erläuterungen**	**Grundbuch**
Anfangsbestände Debitoren 85 000,00 DM Kreditoren 125 000,00 DM	Übernahme der Bestände aus der Eröffnungsbilanz	Kunden-KK an EBK 85 000,00 DM EBK an Kunden-KK 125 000,00 DM
1. Ein Debitor hebt bar ab 2 000,00 DM	Zunahme des Debitorenbestandes	Kunden-KK an Kasse 2 000,00 DM

2. Eingang auf dem LZB-Girokonto zugunsten eines Kreditors 12 000,00 DM	Zunahme des Kreditorenbestandes	LZB-Giro an Kunden 12 000,00 DM
3. Ein Debitor zahlt bar ein 1 000,00 DM	Abnahme des Debitorenbestandes	Kasse an Kunden-KK 1 000,00 DM
4. Überweisungsauftrag eines Kreditors (Kontostand 1 500,00 DM) wird über LZB-Giro ausgeführt 3 500,00 DM	Abnahme des Kreditorenbestandes um 1 500,00 DM und Zunahme des Debitorenbestandes um 2 000,00 DM	
5. Kunden zahlen bar ein 10 000,00 DM	Zunahme des Kreditorenbestandes **oder** Abnahme des Debitorenbestandes	Kasse an Kunden-KK 10 000,00 DM
6. Überweisungsaufträge von Kunden werden über LZB-Giro ausgeführt 20 000,00 DM	Zunahme des Debitorenbestandes **oder** Abnahme des Kreditorenbestandes	Kunden-KK an LZB-Giro 20 000,00 DM
7. Debitoren werden mit Zinsen belastet 6 000,00 DM	Zunahme des Debitorenbestandes	Kunden-KK an Zinserträge 6 000,00 DM
8. Kreditoren erhalten Zinsgutschriften 1 000,00 DM	Zunahme des Kreditorenbestandes	Zinsaufwendungen an Kunden-KK 1 000,00 DM
Schlußbestände Debitoren 114 000,00 DM Kreditoren 146 500,00 DM	Ermittlung der Schlußbestände nach Inventur	SBK an Kunden-KK 114 000,00 DM Kunden-KK an SBK 146 500,00 DM

Hauptbuch

Soll		Kunden-KK	Haben
EBK	85 000,00	EBK	125 000,00
1. Kasse	2 000,00	2. LZB-Giro	12 000,00
4. LZB-Giro	3 500,00	3. Kasse	1 000,00
6. LZB-Giro	20 000,00	5. Kasse	10 000,00
7. Zinserträge	6 000,00	8. Zinsaufwendungen	1 000,00
SBK	146 500,00	SBK	114 000,00
	263 000,00		263 000,00

Personenkonten

Um die Forderungen und Verbindlichkeiten der Bank gegen den einzelnen Kunden zu erfassen, werden **Personenkonten (Kundenkonten)** geführt. Rechtlich ist jedes Kundenkonto ein selbständiges Kontokorrent.

Auf den Personenkonten werden die Einzelumsätze gebucht. Auf dem Hauptbuchkonto Kundenkontokorrent werden die Summen der Soll- und Habenumsätze aller Personenkonten erfaßt.

- Das **Konto Kundenkontokorrent** wird im **Hauptbuch** geführt.
- Die **Personenkonten** sind **Skontren des Kontos** Kundenkontokorrent.

Beispiel

KK-Buchungen im Grundbuch, im Hauptbuch und auf Skontren

Anfangsbestände

Anfangsbestände laut Eröffnungsbilanz:	Debitoren	75 000,00 DM
	Kreditoren	100 000,00 DM

Debitoren und Kreditoren setzen sich gemäß Saldenlisten folgendermaßen zusammen:

Debitoren		**Kreditoren**	
Bolten & Söhne	15 000,00 DM	Rechtsanwalt Dr. A. Asche	4 000,00 DM
Werner Feldmann	60 000,00 DM	Horst Diederichs	96 000,00 DM
	75 000,00 DM		100 000,00 DM

Geschäftsfälle

Geschäftsfälle

1. Am 2. Januar werden Überweisungsaufträge der Kunden über LZB-Giro ausgeführt:

zu Lasten	Bolten & Söhne	2 500,00 DM
	Dr. A. Asche	10 000,00 DM
		12 500,00 DM

2. Am 2. Januar erhält die Bank Überweisungseingänge über LZB-Giro:

zugunsten	Bolten & Söhne	21 000,00 DM
	Horst Diederichs	36 000,00 DM
		36 000,00M

Grundbuch

Erfassen der Tagesumsätze im Grundbuch

Eröffnungsbuchungen		**Umsatzbuchungen**	
Kunden-KK		1. Kunden-KK	
an EBK	75 000,00 DM	an LZB-Giro	12 500,00 DM
EBK		2. LZB-Giro	
an Kunden-KK	100 000,00 DM	an Kunden-KK	36 000,00 DM

Hauptbuch

Übertragen der Tagesumsätze

Soll — Kunden-KK — Haben

Soll		Haben	
EBK	75 000,00	EBK	100 000,00
1. LZB-Giro	12 500,00	2. LZB-Giro	36 000,00

Skontren

Erfassen der Einzelumsätze auf Skontren

Bolten + Söhne

Soll		Haben	
Saldovortrag	15 000,00	Überweisungseingang	21 000,00
Überweisungsausgang	2 500,00		

Rechtsanwalt Dr. A. Asche

Soll		Haben	
Überweisungsausgang	10 000,00	Saldovortrag	4 000,00

Werner Feldmann

Soll		Haben	
Saldovertrag	60 000,00		

Horst Diederichs

Soll		Haben	
		Saldovortrag	96 000,00
		Überweisungseingang	15 000,00

Ermittlung des Debitoren- und des Kreditorenbestandes

Das Hauptbuchkonto Kundenkontokorrent weist alle Kontokorrentumsätze ohne Trennung nach Debitoren und Kreditoren aus. Um die Gesamtentwicklung des Kredit- und des Einlagengeschäftes überblicken zu können, muß die täglich die Höhe des Debitoren- und des Kreditorenbestandes bekannt sein.

Mit den täglichen Buchungen auf den Personenkonten werden die Umsätze getrennt nach Debitoren und Kreditoren gespeichert. Die Datenverarbeitung erfaßt auch den anteiligen Debitoren- und Kreditorenumsatz, wenn auf einem Kundenkonto der Saldo wechselt. Die Datenverarbeitungsanlage verrechnet die Tagesumsätze mit den Vortagssalden, ermittelt die neuen Salden und druckt sie aus.

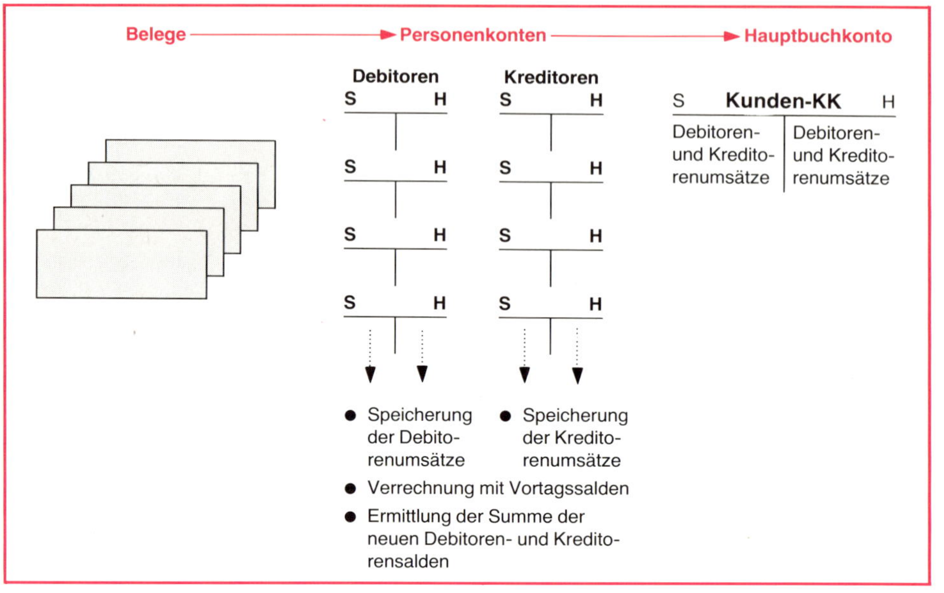

Abschluß des Hauptbuchkontos Kunden-KK

Das Konto Kundenkontokorrent kann nach Saldierung der Skontren und Abstimmung abgeschlossen werden.

Saldenliste	**Debitoren** DM	**Kreditoren** DM
Bolten & Söhne		3 500,00
Werner Feldmann	60 000,00	
Rechtsanwalt Dr. A. Asche	6 000,00	
Horst Diederichs		111 000,00
	66 000,00	114 500,00

Abstimmung des Kontos Kunden-KK	**Soll** DM	**Haben** DM
Kontensummen (Anfangsbestände + Umsätze)	87 500,00	136 000,00
Salden: Debitoren		66 000,00
Kreditoren	114 500,00	
	202 000,00	202 000,00

		DM
Abschlußbuchung (Debitoren):	SBK an Kunden-KK	66 000,00
Abschlußbuchung (Kreditoren):	Kunden-KK an SBK	114 500,00

Wenn Umsätze mit Nichtkunden zu buchen sind, die einmalig oder gelegentlich Geschäfte über die Bank abwickeln, wird ein **„Konto pro Diverse (CpD)“** eingeschaltet. Es handelt sich dabei um ein **im Kundenkontokorrent geführtes „Konto für verschiedene Kunden“.**

Aufgaben

Führen Sie das Hauptbuchkonto Kunden-KK! **Aufgabe 6.1**

Anfangsbestände:	DM
Debitoren	1 825 000,00
Kreditoren	1 980 000,00

Geschäftsfälle:

1.	Bareinzahlung eines Debitors	8 000,00
2.	Eingänge auf LZB-Giro zugunsten von Kontokorrentkunden	51 000,00
3.	Barabhebung eines Kreditors	2 400,00
4	Überweisungsaufträge von Kontokorrentkunden werden über LZB-Giro ausgeführt.	58 000,00
5.	Abbuchung der Miete für Büroräume im Hause der Bank vom Kontokorrentkonto eines Kunden	2 300,00
6.	Belastung eines Kontokorrentkunden für einen Wertpapierkauf (Verkauf aus dem eigenen Bestand)	7 500,00
7.	Belastung von Debitoren mit Sollzinsen	11 000,00
8.	Gutschrift von Habenzinsen für Kreditoren	3 800,00
9.	Belastung von Kontoführungsgebühren	12 000,00

Schlußbestände:	
Debitoren	1 859 700,00
Kreditoren	1 984 300,00

a) Führen Sie im Hauptbuch nur das Konto Kundenkontokorrent! Eröffnen Sie das Konto mit Buchungen im Grund- und Hauptbuch!

b) Buchen Sie die Geschäftsfälle im Grund- und Hauptbuch!

c) Schließen Sie das Konto mit Buchungen im Grund- und Hauptbuch ab!

Buchen Sie auf dem Hauptbuchkonto Kunden-KK und auf den Personenkonten (Skontren)! **Aufgabe 6.2**

Bestände vom 29. Dezember 19. .	DM
Debitoren	158 270,00
Kreditoren	162 290,00

Der **Debitorenbestand** setzt sich wie folgt zusammen:

Anton Braunkogel & Co.	13 850,00
Paula Eckermann	4 610,00
Ernst Wrängler	8 790,00
Futtermittel-Vertriebsgesellschaft mbH	43 960,00
Porex KG	31 640,00
Sülfmeister AG	55 420,00

Der **Kreditorenbestand** setzt sich wie folgt zusammen:

Bade, Plötz & Co.	8 500,00
Eisenwerke Lachte AG	58 720,00
Anke Immenschur	19 450,00
Manfred Möller	8 630,00
Gerhard Santel	29 710,00
Ulrich Wolters	37 280,00

Geschäftsfälle am 30. Dezember 19. .:

	DM
1. Bareinzahlungen	
zugunsten Paula Eckermann	8 470,00
zugunsten Ernst Wrängler	3 500,00
zugunsten Manfred Möller	12 320,00
2. Barabhebungen	
von Anton Braunkogel & Co.	6 000,00
von Anke Immenschur	12 500,00
von Ulrich Wolters	3 150,00
3. Überweisungsausgänge über LZB-Giro im Auftrag	
von Futtermittel-Vertriebsgesellschaft mbH	7 300,00
von Sülfmeister AG	4 360,00
von Bade, Plötz & Co.	8 210,00
von Manfred Möller	3 200,00
4. Überweisungseingänge auf LZB-Giro	
zugunsten Futtermittel-Vertriebsgesellschaft mbH	16 250,00
zugunsten Anke Immenschur	11 920,00
zugunsten Ulrich Wolters	8 290,00
5. Überweisungsausgänge über LZB-Giro im Auftrag	
von Ernst Wrängler	9 300,00
von Bade, Plötz & Co.	6 280,00
von Manfred Möller	810,00
6. Überweisungseingänge auf LZB-Giro	
zugunsten Anton Braunkogel & Co.	1 220,00
zugunsten Futtermittel-Vertriebsgesellschaft mbH	4 790,00
zugunsten Ulrich Wolters	8 210,00

a) *Führen Sie im Hauptbuch das Konto Kunden-KK, und tragen Sie die Debitoren- und Kreditorenbestände des Vortages vor!*

b) *Richten Sie die Personenkonten (Skontren) ein, und übernehmen Sie den Debitoren- bzw. Kreditorenbestand vom 29. Dezember 19. . als Saldovortrag!*

c) *Buchen Sie die Geschäftsfälle im Grundbuch, im Hauptbuch und auf den Personenkonten!*

d) *Ermitteln Sie die Salden der Skontren am 30. Dezember 19. .!*

e) *Ermitteln Sie den Debitoren- und den Kreditorenbestand!*

Aufgabe 6.3 Buchen Sie auf dem Hauptbuchkonto Kunden-KK sowie auf den Personenkonten, und führen Sie eine Saldenermittlung durch!

Debitoren- und Kreditorenbestand am 29.12.19. .:	DM
Debitoren	102 460,00
Kreditoren	111 960,00

Der **Debitorenbestand** setzt sich folgendermaßen zusammen:	DM
Alwin Baumeister	19 450,00
Corinna Delonge	26 600,00
Dieter Karstens KG	48 760,00
Gerhard Steinhoff	7 650,00

Der **Kreditorenbestand** setzt sich folgendermaßen zusammen:	
A. F. H. Boltenbrück	26 500,00
Glücksbrau-AG	17 850,00
Elisabeth Pohl	39 360,00
Friedrich Stehr OHG	28 250,00

Geschäftsfälle am 30. Dezember 19. .:	DM
1. Eingänge auf dem LZB-Girokonto zugunsten:	
Dieter Karstens KG	8 300,00
Gerhard Steinhoff	4 250,00
Glücksbrau-AG	6 850,00

2.	Überweisungsausgänge über LZB-Giro im Auftrag von:	DM
	Alwin Baumeister	1 920,00
	A. F. H. Boltenbrück	2 000,00
3.	Bareinzahlungen von:	
	Gerhard Steinhoff	1 200,00
	Friedrich Stehr OHG	3 800,00
4.	Barabhebung von Corinna Delonge	7 250,00

Geschäftsfälle am 31. Dezember 19..:

1.	Bareinzahlung von Alwin Baumeister	4 630,00
2.	Überweisung vom LZB-Girokonto im Auftrag von:	
	Elisabeth Pohl	6 570,00
	Friedrich Stehr OHG	3 200,00
3.	Eingänge auf LZB-Giro zugunsten:	
	Corinna Delonge	5 380,00
	Gerhard Steinhoff	6 430,00
4.	Bareinlösung eines Schecks, ausgestellt von der Glücksbrau-AG	5 600,00

a) Richten Sie im Hauptbuch das Konto Kunden-KK ein! Tragen Sie die Debitoren- und Kreditorenbestände vom 29.12.19.. vor!

b) Richten Sie die Personenkonten (Skontren) ein! Übernehmen Sie die Bestände vom 29.12.19.. als Saldovortrag!

c) Buchen Sie die Geschäftsfälle am 30. und am 31. Dezember im Grundbuch, auf dem Konto Kunden-KK und auf den Personenkonten (Skontren)!

d) Stellen Sie am 31. Dezember 19.. eine Saldenliste auf!

e) Stimmen Sie den Debitoren- und Kreditorenbestand per 31. Dezember ab und schließen Sie das Konto Kunden-KK am 31.12.19.. im Grund- und Hauptbuch ab!

Programmierte Aufgaben

Aufgabe 6.4

Auf dem Hauptbuchkonto Kunden-KK sind folgende Umsätze gebucht worden:

Soll — Kunden-KK — Haben

	Mio. DM		Mio. DM
EBK	200	EBK	250
Umsätze	170	Umsätze	200

Der Debitorenbestand beträgt lt. Saldenliste 220 Mio. DM.

Wie hoch ist der Kreditorenbestand?

a) 140 Mio. DM
b) 80 Mio. DM
c) 300 Mio. DM
d) 200 Mio. DM

Aufgabe 6.5

Auf welcher Seite des Kontos Kunden-KK werden die nachstehenden Vorgänge gebucht?

① auf der Sollseite

② auf der Habenseite

Ordnen Sie zu!

a) Überweisungseingänge für Kreditoren
b) Überweisungsaufträge von Debitoren
c) Überweisungsaufträge von Kreditoren
d) Überweisungseingänge für Kontokorrentkunden
e) Scheckeinlösungen für Kontokorrentkunden
f) Lastschrifteinzug im Auftrage von Debitoren
g) Schlußbestand Kreditoren

6.2 Bankenkontokorrent

Kontokorrentumsätze mit der Bankenkundschaft werden auf dem Hauptbuchkonto Bankenkontokorrent und auf Skontren erfaßt.

Hauptbuchkonto Bankenkontokorrent

Das **Hauptbuchkonto Bankenkontokorrent (Banken-KK)** ist ein Konto, auf dem alle Umsätze, die die Bankenkundschaft betreffen, sachlich zusammengefaßt werden. Es ist zugleich Aktiv- und Passivkonto. Es hat zwei Anfangsbestände und zwei Schlußbestände.

Bankenkontokorrent

Soll	Haben
Anfangsbestand Forderungen an Kreditinstitute	Anfangsbestand Verbindlichkeiten gegenüber Kreditinstituten
Zunahme Forderungen an Kreditinstitute	Zunahme Verbindlichkeiten gegenüber Kreditinstituten
Abnahme Verbindlichkeiten gegenüber Kreditinstituten	Abnahme Forderungen an Kreditinstitute
Schlußbestand Verbindlichkeiten gegenüber Kreditinstituten	Schlußbestand Forderungen an Kreditinstitute

Loro- und Nostrokonten

Für die einzelnen Banken, mit denen Geschäftsverbindungen bestehen (Korrespondenzbanken), werden Skontren (Einzelkonten) geführt. Sie sind **Lorokonten** oder **Nostrokonten.**

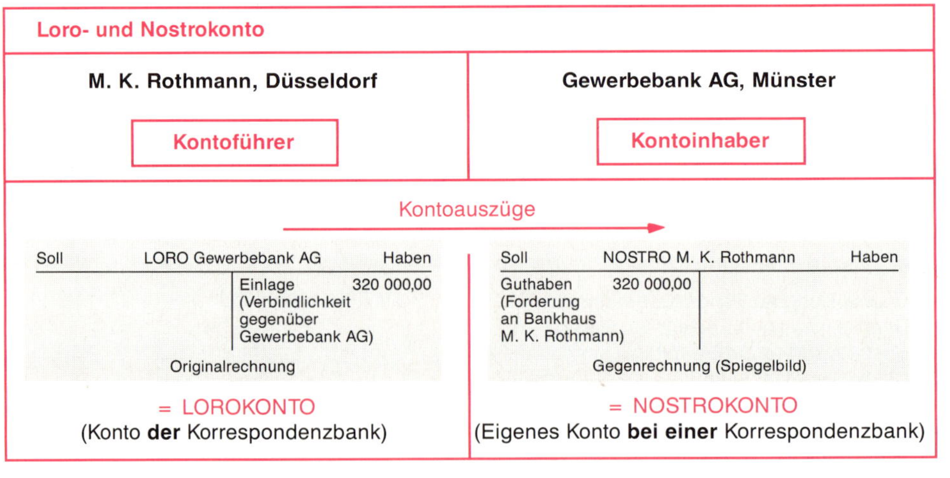

Beispiel

Buchungen auf dem Hauptbuchkonto Banken-KK und auf Loro- und Nostrokonten beim Bankhaus M. R. Rothmann

Anfangsbestände

Anfangsbestände laut Eröffnungsbilanz:

Forderungen an Kreditinstitute	200 000,00 DM
Verbindlichkeiten gegenüber Kreditinstituten	385 000,00 DM

Die Forderungen und Verbindlichkeiten setzen sich folgendermaßen zusammen:

Forderungen		**Verbindlichkeiten**	
Nostro Bankhaus Hermann & Söhne, Frankfurt am Main	200 000,00 DM	Loro Gewerbebank AG, Münster	320 000,00 DM
		Nostro Rhein-Bank AG, Köln	65 000,00 DM
	200 000,00 DM		385 000,00 DM

Geschäftsfälle

1. Wertpapierverkauf an die Gewerbebank AG, Münster	50 000,00 DM
2. Tagesgeldaufnahme bei der Rhein-Bank AG, Köln. Das Tagesgeld wird auf dem LZB-Konto des Bankhauses M. K. Rothmann in Düsseldorf bereitgestellt	500 000,00 DM
3. Überweisungseingang vom Bankhaus Hermann & Söhne, Frankfurt, zugunsten eines Kontokorrentkunden	20 000,00 DM
4. Die Gewerbebank AG, Münster, gibt Auftrag, 250 000,00 DM auf ihr Konto bei der Landeszentralbank Münster zu übertragen	250 000,00 DM
5. Überweisungsauftrag eines Kunden zugunsten eines Kunden der Rhein-Bank AG, Köln	40 000,00 DM

Grundbuch

Eröffnungsbuchungen

Banken-KK an EBK	200 000,00 DM
EBK an Banken-KK	385 000,00 DM

Umsatzbuchungen

1. Banken-KK an Eigene Wertpapiere	50 000,00 DM
2. LZB-Giro an Banken-KK	500 000,00 DM
3. Banken-KK an Kunden-KK	20 000,00 DM
4. Banken-KK an LZB-Giro	250 000,00 DM
5. Kunden-KK an Banken-KK	40 000,00 DM

Skontren

Soll — LORO Gewerbebank AG — Haben

Soll		Haben	
1. Wertpapierkauf	50 000,00	Saldovortrag	320 000,00
4. LZB-Giro	250 000,00		

Soll — NOSTRO Hermann & Söhne — Haben

Soll		Haben	
Saldovortrag	200 000,00		
3. Überweisung	20 000,00		

Soll — NOSTRO Rhein-Bank AG — Haben

Soll		Haben	
		Saldovortrag	65 000,00
		2. LZB-Giro	500 000,00
		5. Überweisung	40 000,00

Hauptbuch

Soll — Banken-KK — Haben

Soll		Haben	
EBK	200 000,00	EBK	385 000,00
1. Eigene Wertpapiere	50 000,00	2. LZB-Giro	500 000,00
3. Kunden-KK	20 000,00	5. Kunden-KK	40 000,00
4. LZB-Giro	250 000,00		

Abschluß des Hauptbuchkontos Bankenkontokorrent

Das Konto Bankenkontokorrent kann nach Saldierung der Skontren und Abstimmung abgeschlossen werden.

Salden der Loro- und Nostrokonten	**Forderungen** DM	**Verbindlichkeiten** DM
Nostro Bankhaus Hermann & Söhne	220 000,00	
Loro Gewerbebank AG		20 000,00
Nostro Rhein-Bank AG		605 000,00
	220 000,00	625 000,00

Abstimmung des Kontos Kunden-KK	**Soll** DM	**Haben** DM
Kontensummen (Anfangsbestände + Umsätze)	520 000,00	925 000,00
Salden: Forderungen		220 000,00
Verbindlichkeiten	625 000,00	
	1 145 000,00	1 145 000,00

Abschlußbuchung Bankenkontokorrent (Forderungen an Kreditinstitute):	SBK an Banken-KK	220 000,00 DM
Abschlußbuchung Bankenkontokorrent (Verbindlichkeiten gegenüber Kreditinstituten):	Banken-KK an SBK	625 000,00 DM

Aufgaben

Aufgabe 6.6

Buchen Sie auf dem Hauptbuchkonto Banken-KK und auf Loro- und Nostrokonten der Rheinbank AG, Düsseldorf!

Anfangsbestände:	DM
Forderungen an Kreditinstitute	5 350 000,00
Verbindlichkeiten gegenüber Kreditinstituten	6 160 000,00

Forderungen:		DM
Nostro	Merkur-Bank AG, Frankfurt am Main	2 850 000,00
Loro	Handels- und Privatbank AG, München	2 500 000,00

Verbindlichkeiten:		
Loro	Stuttgarter Investitions- und Handelsbank AG, Stuttgart	4 160 000,00
Nostro	Hansabank AG, Hamburg	2 000 000,00

Geschäftsfälle:

1. Die Rheinbank AG führt den Überweisungsauftrag eines Kontokorrentkunden zugunsten eines Kunden der Handels- und Privatbank AG aus	80 000,00
2. Die Rheinbank AG nimmt bei der Hansabank AG, Hamburg, Tagesgeld auf. Der Betrag wird auf dem LZB-Girokonto bereitgestellt	2 000 000,00
3. Auf dem Konto der Rheinbank AG bei der Merkurbank AG gehen zugunsten eines Sparkunden der Rheinbank AG ein	90 000,00
4. Die Handels- und Privatbank AG, München, zahlt Tagesgeld, das sie von der Rheinbank AG aufgenommen hatte, über LZB-Giro zurück	1 000 000,00

a) Richten Sie im Hauptbuch das Konto Banken-KK ein! Buchen Sie die Anfangsbestände im Grundbuch und auf dem Hauptbuchkonto Banken-KK!

b) Richten Sie die Skontren ein! Übernehmen Sie die Anfangsbestände als Saldovortrag!

c) Buchen Sie die Geschäftsfälle im Grundbuch, Hauptbuch und auf den Skontren!

d) Ermitteln Sie die Schlußbestände auf den Skontren! Stellen Sie eine Saldenliste auf!

e) Schließen Sie das Konto Banken-KK im Grundbuch und im Hauptbuch ab!

Schließen Sie das Hauptbuchkonto Banken-KK ab! **Aufgabe 6.7**

Das Hauptbuchkonto Banken-KK der Nordbank AG, Hannover, weist zum 31. Dezember 19. . folgende **Umsätze** auf:

Soll	13 600 000,00 DM
Haben	14 800 000,00 DM

Durch Inventur hat die Nordbank AG folgende **Bestände** auf den Nostro- und Lorokonten ermittelt:

Nostrokonten:	DM	**Lorokonten:**	DM
Guthaben bei der Südbank AG, München	300 000,00	Einlage der Hansabank AG, Hamburg	1 000 000,00
Guthaben beim Bankhaus B. Neuhaus & Co., Goslar	200 000,00	Kredit, gewährt an die Heidebank AG, Celle	500 000,00
Kredit, aufgenommen bei der Handelsbank AG, Essen	1 200 000,00		

Schließen Sie die Konten Kunden-KK und Banken-KK ab, und bilanzieren Sie die Bestände! **Aufgabe 6.8**

Die Konten Kunden-KK und Banken-KK der Diskontbank AG, Frankfurt am Main, weisen am 31. Dezember 19. . folgende **Umsätze** aus:

	Soll	Haben
Kunden-KK	50 000 000,00 DM	53 500 000,00 DM
Banken-KK	36 700 000,00 DM	35 300 000,00 DM

Der **Inventur** sind folgende **Angaben** zu entnehmen:	DM
1. Debitorenbestand (= kurzfristige Forderungen an Kunden)	5 500 000,00
2. Kreditorenbestand (Sichteinlagen = täglich fällige Verbindlichkeiten)	9 000 000,00
3. Forderungen gegenüber Kreditinstituten auf Nostrokonten:	
a) täglich fälliges Guthaben bei der Gewerbebank AG, Münster	2 400 000,00
b) täglich fälliges Guthaben bei der Industrie- und Kreditbank AG, Hamburg	3 000 000,00
4. Verbindlichkeiten gegenüber Kreditinstituten auf Nostrokonten: aufgenommener Kredit bei der Merkur-Bank AG, Frankfurt (täglich zur Rückzahlung fällig)	3 000 000,00
5. Forderungen gegenüber Kreditinstituten auf Lorokonten: an das Bankhaus W. Falkenhausen & Co., München, gewährter Kredit (täglich zur Rückzahlung fällig)	1 900 000,00
6. Verbindlichkeiten gegenüber Kreditinstituten auf Lorokonten:	
a) Sichteinlage des Bankhauses J. K. Heistmann, Frankfurt am Main	2 000 000,00
b) Sichteinlage des Bankhauses M. K. Rothmann, Düsseldorf	900 000,00

a) Richten Sie die Konten Kunden-KK und Banken-KK ein! Übernehmen Sie die Umsätze!

b) Schließen Sie die Konten ab! Buchen Sie im Grundbuch und im Hauptbuch!

c) In welchen Posten der Jahresbilanz werden die Bestände ausgewiesen? (Angabe mit Beträgen unter Zuhilfenahme des Bilanzformblattes im Abschnitt 9.6.1.1)

Programmierte Aufgaben

Aufgabe 6.9

Welche Buchungen gehören zu den unten aufgeführten Geschäftsfällen?

① LZB-Giro an Banken-KK
② Banken-KK an LZB-Giro
③ Banken-KK an Kunden-KK
④ Kunden-KK an Banken-KK

Ordnen Sie zu!

a) Überweisungseingang für Kunden über eine Korrespondenzbank
b) Rückzahlung von Tagesgeld an eine Korrespondenzbank
c) Ausführung eines Kundenüberweisungsauftrages über eine Korrespondenzbank
d) Aufnahme von Tagesgeld bei einer Korrespondenzbank
e) Zurverfügungstellung von Tagesgeld an eine Korrespondenzbank
f) Rückzahlung von Tagesgeld von einer Korrespondenzbank

Aufgabe 6.10

Welche Buchungen zum Abschluß des Kontos Banken-KK sind richtig?

Soll	Banken-KK		Haben
EBK	861 000,00	EBK	169 720,00
Umsätze	71 733 500,00	Umsätze	72 956 480,00

Guthaben bei Korrespondenzbanken am 31.12.: 307 600,00 DM

a) SBK an Banken-KK	839 300,00 DM
b) SBK an Banken-KK	73 433 800,00 DM
c) SBK an Banken-KK	307 600,00 DM
d) SBK an Banken-KK	531 700,00 DM
e) Banken-KK an SBK	307 600,00 DM
f) Banken-KK an SBK	73 433 800,00 DM
g) Banken-KK an SBK	839 300,00 DM
h) Banken-KK an SBK	531 700,00 DM

7 Aufwendungen und Erträge

7.1 Entstehen und Erfassen von Aufwendungen

Aufwendungen sind erforderlich, um Erträge zu erzielen.

Das Entstehen von Aufwendungen

Um Kredite zur Verfügung stellen zu können und dafür Zinserträge zu bekommen, muß eine Bank Einlagen beschaffen. Einlagen verursachen Zinsaufwendungen.

Kunden, die Kredite in Anspruch nehmen, sowie Kunden, die Einlagen unterhalten, müssen betreut werden. Die Bank muß für die Kunden Konten führen. Die Bank stellt im Rahmen der Kontoverbindung Dienstleistungen zur Verfügung, z. B. durch Ausführung und Buchung von Überweisungsaufträgen, durch Beratung der Kunden.

Um Leistungen erbringen zu können, muß die Bank Personal und Betriebsmittel einsetzen. Das verursacht **Aufwendungen:** Personalaufwand (Löhne und Gehälter, Sozialabgaben), Verwaltungsaufwand, Abschreibungsaufwand.

In der Buchführung werden zwei Gruppen von Aufwendungen unterschieden:

Unterscheidung der Aufwendungen

- **Aufwendungen aus der normalen Geschäftstätigkeit** und
- **außerordentliche Aufwendungen.**

In einem Bankbetrieb entstehen nahezu alle Aufwendungen aufgrund der normalen Geschäftstätigkeit. Nur in ganz seltenen Fällen entsteht ein außerordentlicher Aufwand. Ein Beispiel für eine Buchung auf dem Konto „Außerordentliche Aufwendungen" ist ein außergewöhnlicher Schadensfall aus einer Unterschlagung in beträchtlicher Höhe.

7.1.1 Aufwandskonten (Konten für Aufwendungen aus der normalen Geschäftstätigkeit)

Aufwendungen aus der normalen Geschäftstätigkeit werden auf den folgenden **Aufwandskonten** gebucht.

Aufwandskonten und Aufwandsarten mit Beispielen

Aufwandskonten	Aufwandsarten
Zinsaufwendungen	Zinsen für Verbindlichkeiten gegenüber Kunden und Kreditinstituten, Zinsen für Spareinlagen, zinsähnliche Aufwendungen
Diskontaufwendungen	Rediskont für Handelswechsel und Schatzwechsel
Provisionsaufwendungen	Provisionen für den Zahlungsverkehr, das Auslandsgeschäft, für Effektenkommissions-, Emissions- und Depotgeschäfte
Courtageaufwendungen	Maklergebühr für den Kauf und Verkauf eigener Wertpapiere und eigener Devisenbestände
Kursverluste Wertpapiere	Realisierte Kursverluste aus Geschäften mit eigenen Wertpapieren

Kursverluste Sorten/Devisen	Realisierte Kursverluste aus Geschäften mit Sorten und Devisen
Kursverluste Edelmetalle	Realisierte Kursverluste aus Geschäften mit Edelmetallen
Löhne und Gehälter	Gehalts- und Lohnzahlungen einschließlich Sonderzahlungen, zusätzliche Sozialleistungen
Sozialabgaben	Arbeitgeberanteil zur Rentenversicherung, Krankenversicherung, Arbeitslosenversicherung, Beitrag zur Unfallversicherung
Aufwendungen für Altersversorgung	Pensionszahlungen und Beiträge zu selbständigen Pensionskassen, Zuweisungen zu Pensionsrückstellungen
Sachanlagenaufwand	Grundstücksaufwendungen, Feuer- und Haftpflichtversicherung, Hausverwaltungsaufwand, Mietaufwendungen, Reinigungs-, Energie- und Heizungskosten, Instandhaltungsaufwand für Gebäude und Inventar, Maschinenmieten, Wartungskosten, Kraftstoff, Reparatur- und Wartungskosten für Kraftfahrzeuge, Garagenmieten, Kraftfahrzeugversicherung
Büroaufwand	Büromaterial, Vordrucke, Zeitungen, Fachbücher, Gebühren für Nutzung von Kommunikationseinrichtungen (Fernsprechgebühren, Telefaxgebühren usw.), Porti
Werbungs- und Reiseaufwand	Werbeaufwand, Vereinsbeiträge, Reisespesen
Pflichtbeiträge und Gebühren	Pflichtbeiträge (Industrie- und Handelskammer, Verbände), Auskunftsgebühren, Kassenvereinsbeiträge
Prüfungs- und Abschlußaufwand	Aufwendungen für Pflichtprüfung und Veröffentlichung des Jahresabschlusses, Aufwendungen für Depotprüfungen, Aufwendungen für Haupt- bzw. Gesellschafterversammlungen
Kostensteuern	Grundsteuer, Vermögensteuer, Gewerbekapitalsteuer, Kraftfahrzeugsteuer
Abschreibungen auf Sachanlagen	Abschreibungen zur Erfassung der Wertminderungen der Gebäude, zur Erfassung der Wertminderungen der Betriebs- und Geschäftsausstattung, zur Erfassung der Wertminderungen der Kraftfahrzeuge
Abschreibungen auf Forderungen	Abschreibungen für eingetretene oder drohende Verluste aufgrund von Zahlungseinstellung oder Zahlungsunfähigkeit von Debitoren
Abschreibungen auf Wertpapiere	Abschreibungen für noch nicht realisierte Kursverluste bei eigenen Wertpapieren
Sonstige betriebliche Aufwendungen	Aufwendungen, die keinem der vorstehend aufgeführten Aufwandskonten zugeordnet werden können; Beispiele: Spenden, Verluste aus dem Verkauf von Anlagen, Kassenfehlbeträge, Aufwendungen für die Unterhaltung einer Kantine

7.1.2 Ausgewählte Aufwandsbuchungen

7.1.2.1 Personalaufwand

Beispiel
Gehaltsabrechnung

Gehaltsabrechnung Günter Bolten				**Steuerklasse III/2**
Grundgehalt				3 792,00 DM
Zulagen			+	500,00 DM
Vermögenswirksame Leistung			+	78,00 DM
Bruttogehalt				4 370,00 DM
Abzüge:				
Lohnsteuer	511,91 DM			
Kirchensteuer	40,95 DM		·/·	552,86 DM
Rentenversicherung	382,38 DM	Sozialversicherung (Arbeitnehmeranteil)		
Krankenversicherung	273,13 DM		·/·	797,54 DM
Arbeitslosenversicherung	142,03 DM			
Vermögenswirksame Leistung (an die Bausparkasse abzuführen)			·/·	78,00 DM
Nettogehalt				2 941,60 DM
Sozialversicherung (Arbeitgeberanteil einschließlich Unfallversicherung)				862,54 DM

Bruttogehälter, Abzüge, Nettogehälter

Bruttogehälter werden auf dem Konto **Löhne und Gehälter** erfaßt. **Nettogehälter** werden auf Gehaltsgirokonten übertragen. Die gesamten **Abzüge** werden von der Bank einbehalten und zunächst auf dem Konto **Sonstige Verbindlichkeiten** gebucht. Steuern und Sozialversicherungsbeiträge werden zu bestimmten Terminen an das Finanzamt bzw. an die Krankenkasse abgeführt. Die Krankenkasse übernimmt die Verteilung der Beiträge zur Rentenversicherung (an die Bundesversicherungsanstalt für Angestellte) und zur Arbeitslosenversicherung (an die Bundesanstalt für Arbeit). Die Beiträge zur Vermögensbildung (vermögenswirksame Leistungen) werden gesammelt und an die Vertragsinstitute überwiesen.

Sozialversicherung-beiträge

Sozialversicherungsbeiträge sind Beiträge zur Rentenversicherung, zur Krankenversicherung, zur Arbeitslosenversicherung und zur Unfallversicherung. Sie werden (mit Ausnahme der Unfallversicherung) je zur Hälfte vom Arbeitnehmer (Arbeitnehmeranteil zur Sozialversicherung) getragen. Der **Arbeitgeberanteil** wird auf dem Konto **Sozialabgaben** erfaßt und ebenfalls über das Konto Sonstige Verbindlichkeiten an die Krankenkasse und an die Berufsgenossenschaft (Unfallversicherung) abgeführt.

Kreditinstitute gewähren in bestimmten Fällen über die gesetzlichen Sozialversicherungsbeiträge hinaus **zusätzliche Sozialleistungen,** z. B. Beiträge für eine zusätzliche Kranken- und Altersversorgung. Solche freiwilligen Sozialleistungen werden als **Löhne und Gehälter** erfaßt. Das Konto Sozialabgaben nimmt nur die gesetzlichen Sozialleistungen auf.

Beispiel
für die Buchung von Löhnen und Gehältern

Buchung von Löhne und Gehälter

Geschäftsfälle	Grundbuch	
1. Gehaltszahlung an Günter Bolten (gemäß Abrechnung) Gutschrift auf Gehaltsgirokonto (= Kunden-KK)	Löhne und Gehälter an Kunden-KK an Sonstige Verbindlichkeiten	4 370,00 DM 2 941,60 DM 1 428,40 DM
	Sozialabgaben an Sonstige Verbindlichkeiten	862,54 DM
2. Überweisung der vermögenswirksamen Leistung an die Bausparkasse über LZB-Giro	Sonstige Verbindlichkeiten an LZB-Giro	78,00 DM
3. Überweisung der Sozialversicherungsbeiträge über LZB-Giro	Sonstige Verbindlichkeiten an LZB-Giro	1 660,08 DM
4. Abführung der einbehaltenen Lohn- und Kirchensteuer an die Finanzkasse über LZB-Giro	Sonstige Verbindlichkeiten an LZB-Giro	552,86 DM

Hauptbuch

Soll — Löhne und Gehälter — Haben

Soll		Haben	
1. Kunden-KK/ Sonstige Verbindlichkeiten	4 370,00		

Soll — Sozialabgaben — Haben

Soll		Haben	
1. Sonstige Verbindlichkeiten	862,54		

Soll — Sonstige Verbindlichkeiten — Haben

Soll		Haben	
2. LZB-Giro	78,00	1. Löhne und Gehälter	1 428,40
3. LZB-Giro	1 660,08	1. Sozialabgaben	862,54
4. LZB-Giro	552,86		
	2 290,94		2 290,94

7.1.2.2 Kostensteuern

Als Kostensteuern sind **Gewerbesteuer, Vermögensteuer, Grundsteuer und Kraftfahrzeugsteuer** zu buchen.

Beispiele
für die Buchung von Kostensteuern

Buchung der Kostensteuern

Steuerart und Erläuterungen	Buchungen im Grundbuch
1. Gewerbesteuer (Gewerbekapitalsteuer) Steuergegenstand ist das Gewerbekapital. Bemessungsgrundlage ist der Einheitswert des gewerblichen Betriebes gemäß Bewertungsgesetz.	Kostensteuern an LZB-Giro
2. Vermögensteuer Steuergegenstand ist das Gesamtvermögen des Unternehmens. Das Gesamtvermögen ergibt sich als Summe aller Vermögenswerte abzüglich der Schulden. Bei Unternehmen in der Rechtsform einer Personengesellschaft sowie bei Einzelfirmen ist nicht die Bank vermögensteuerpflichtig, sondern die Teilhaber bzw. der Inhaber.	Kostensteuern an LZB-Giro Banken in der Rechtsform einer Personengesellschaft sowie Einzelfirmen: Privatkonto an LZB-Giro
3. Grundsteuer Steuergegenstand sind das Grundvermögen und die Betriebsgrundstücke.	Kostensteuern an LZB-Giro
4. Kraftfahrzeugsteuer	Kostensteuern an LZB-Giro

7.1.2.3 Abschreibungen auf Anlagen (Einführung)[1]

Notwendigkeit von Abschreibungen

Gebäude und Betriebs- und Geschäftsausstattung werden mehrere Geschäftsjahre genutzt, bevor sie neu beschafft werden. Während laufende Ausgaben, z. B. Mietaufwendungen, und Ausgaben für Gegenstände zum sofortigen Verbrauch, z. B. Beschaffungs- und Druckkosten für Formulare, sofort in voller Höhe auf Aufwandskonten erfaßt werden, müssen Anlagegegenstände auf Bestandskonten erfaßt und bilanziert **(aktiviert)** werden. Nur ihre jährlichen Wertminderungen werden als Aufwand erfaßt. Solche als Aufwand zu buchenden Wertminderungen heißen **Abschreibungen.**

Abschreibung: vorbereitende Abschlußbuchung

Abschreibungsbuchungen sind **vorbereitende Abschlußbuchungen.** Erst nach Buchung der Abschreibungen können die Salden der Konten Gebäude und Betriebs- und Geschäftsausstattung auf das Schlußbilanzkonto übertragen werden.

Beispiel *für die Berechnung und Buchung von Abschreibungen*

Abschreibungen

Gebäude:

Anschaffungswert	780 000,00 DM
davon Grund und Boden	200 000,00 DM

Betriebs- und Geschäftsausstattung:

Anschaffungswert (einschließlich Umsatzsteuer)	396 000,00 DM
10 % Abschreibung	

Beim Kauf von Anlagegegenständen wird dem Kreditinstitut Umsatzsteuer (siehe 5.2) in Rechnung gestellt. Sie ist im Kaufpreis enthalten und wird bei Kreditinstituten in der Regel aktiviert. Diese nicht abzugsfähige Vorsteuer wird im Laufe der Nutzungsdauer mit abgeschrieben.

Errechnung der Abschreibungsbeträge

4 % Abschreibung auf Anschaffungswert Gebäude (580 000,00 DM)	23 200,00 DM
10 % Abschreibung auf Anschaffungswert Betriebs- und Geschäftsausstattung	39 600,00 DM

Grundbuch

Vorbereitende Abschlußbuchungen:

Abschreibungen auf Sachanlagen
an Grundstücke und Gebäude 23 200,00 DM

Abschreibungen auf Sachanlagen
an Betriebs- und Geschäftsausstattung 39 600,00 DM

Hauptbuch

Soll	Grundstücke und Gebäude		Haben
EBK	710 400,00*)	Abschreibung auf Sachanlagen	69 600,00

Soll	Abschreibungen auf Sachanlagen		Haben
Grundstücke und Gebäude	23 200,00		
Betriebs- und Geschäftsausstattung	39 600,00		

Soll	Betriebs- und Geschäftsausstattung		Haben
EBK	297 000,00	Abschreibung auf Sachanlagen	39 600,00

*) Anschaffungswert (Gebäude)	580 000,00 DM
·/. 3 x Abschreibung	69 600,00 DM
= Restbuchwert (Gebäude)	510 400,00 DM
+ Grund und Boden	200 000,00 DM
	710 400,00 DM

Das Grundstück (Grund und Boden) unterliegt keiner Wertminderung durch Alterung, Abnutzung oder technischen Fortschritt. Es wird daher nicht planmäßig abgeschrieben.

[1] Ausführliche Darstellung unter 9.5.5

7.1.2.4 Sonstige betriebliche Aufwendungen

Sonstige betriebliche Aufwendungen im Sinne der Buchführung

Als **Sonstige betriebliche Aufwendungen** werden alle Aufwendungen angesehen, die keinem speziellen Aufwandskonto sachlich zugeordnet werden können.

Beispiele: Spenden, Verluste beim Verkauf von Anlagegegenständen, Kassenfehlbeträge, Aufwendungen für die Unterhaltung einer Kantine, Aufwendungen für Betriebsausflüge, Betriebsfeste und Betriebsversammlungen, Zuschüsse an Belegschaftseinrichtungen sowie Säumniszuschläge, Ordnungsstrafen und Bußgelder.

Periodenfremde (aperiodische) Aufwendungen sind grundsätzlich auf den Aufwandskonten zu erfassen, denen sie sachlich zuzuordnen sind.

Beispiele: Steuernachzahlungen für das abgelaufene Geschäftsjahr sind auf dem Konto Kostensteuern zu erfassen; Gehaltsnachzahlungen, die das abgelaufene Geschäftsjahr betreffen, sind auf dem Konto Personalaufwand zu erfassen.

7.2 Entstehen und Erfassen von Erträgen

Das Entstehen von Erträgen

Erträge entstehen durch Verwertung (Absatz) von Bankleistungen.

In der Buchführung werden – entsprechend den Aufwendungen – zwei Gruppen von Erträgen unterschieden:

Unterscheidung der Erträge

- **Erträge aus der normalen Geschäftstätigkeit** und
- **außerordentliche Erträge.**

In einem Bankbetrieb entstehen nahezu alle Erträge aufgrund der normalen Geschäftstätigkeit.

Nur in ganz seltenen Fällen entsteht ein außerordentlicher Ertrag. Beispiel: Eine bedeutende Beteiligung einer Bank an einem anderen Unternehmen wird verkauft. Dabei entsteht ein hoher Gewinn. Ein solcher Ertrag, dessen Ausnahmecharakter deutlich erkennbar sein muß, wäre auf dem Konto „Außerordentliche Erträge" zu buchen.

Erträge aus der normalen Geschäftstätigkeit werden auf den folgenden **Ertragskonten** gebucht:

Ertragskonten und Ertragsarten

Ertragskonten	Ertragsarten
Zinserträge	Zinsen aus Krediten an Kunden und an Kreditinstitute, Kreditprovisionen und Überziehungsprovisionen, die zeitbezogen berechnet werden und daher Zinscharakter haben, Disagio (als laufzeitabhängige Zinsvorauszahlung), Bearbeitungsgebühren im Kreditgeschäft sowie andere Gebühren und Provisionen mit Zinscharakter, die zeitabhängig oder nach der Höhe der Forderung berechnet werden
Diskonterträge	Diskont aus Wechseln
Zinserträge aus Wertpapieren	Zinserträge aus festverzinslichen Wertpapieren sowie aus variabel verzinslichen Papieren, deren Zinssatz an einen Referenzzinssatz (z. B. FIBOR) gebunden ist
Dividendenerträge	Erträge aus Aktien und Investmentzertifikaten
Beteiligungserträge	Erträge aus Beteiligungen (unabhängig davon, ob sie in Wertpapieren verbrieft sind oder nicht)

Provisionserträge	Kontoführungsgebühren, Buchungsgebühren (Postengebühren), Scheckkartengebühren, Einzugsprovisionen, Domizilprovisionen, Gebühren für Daueraufträge, Provisionen und Gebühren aus dem Auslandsgeschäft, Provisionen aus dem Reisezahlungsverkehr, Provisionen aus dem An- und Verkauf von Edelmetallen, Provisionen aus Effektenkommissions-, Emissions- und Depotgeschäften, Schließfachgebühren, Avalprovisionen (lt. ausdrücklicher Anordnung der Rechnungslegungsverordnung trotz ihres Zinscharakters)
Kursgewinne Wertpapiere	Realisierte Kursgewinne aus Geschäften mit eigenen Wertpapieren
Kursgewinne Devisen	Realisierte Kursgewinne aus Geschäften und Devisen (einschließlich Sorten)
Kursgewinne Edelmetalle	Realisierte Kursgewinne aus Geschäften mit Edelmetallen
Spesen- und Gebührenersatz	Portoersatz, weiterbelastete Scheckformulargebühren, weiterbelastete Telefongebühren, Materialersatz usw.
Mieterträge	Mieteinnahmen aus Gebäuden, die der Bank gehören
Sonstige betriebliche Erträge	Erträge, die keinem anderen Ertragskonto zugeordnet werden können. Beispiele: Gewinne beim Verkauf von Anlagegegenständen, vereinnahmte Kassenüberschüsse, die bereits verjährt sind, Steuererstattungen aus Vorjahren, unabhängig von der Steuerart

Als **Sonstige betriebliche Erträge** werden alle Erträge angesehen, die keinem speziellen Ertragskonto sachlich zugeordnet werden können.

Aufgaben

Aufgabe 7.1

Buchen Sie im Grundbuch (Buchungssätze)!

		DM
1.	Die Bank belastet Kontokorrentkunden mit Kreditzinsen	34 681,00
2.	Die Bank schreibt Zinsen für Sichteinlagen gut	8 412,00
3.	Die Bank belastet Kontokorrentkunden mit Gebühren für ec-Karten	3 300,00
4.	Die Bank belastet Sparkonten mit Depotgebühren	11 250,00
	Umsatzsteuer	1 687,50
5.	Die Fernsprechrechnung der Bank wird vom LZB-Girokonto abgebucht	13 600,00
6.	Die Bank überweist die Miete für eine Zweigstelle. Der Vermieter unterhält ein Kontokorrentkonto bei der Bank	7 200,00
7.	Die Bank erhält über LZB-Giro die Miete für vermietete Ladenräume	8 000,00
8.	Auf dem LZB-Girokonto geht eine Gutschrift für Zinsen aus festverzinslichen Wertpapieren ein. Die Wertpapiere gehören der Bank.	80 000,00
9.	Die Bank schreibt Zinsen für Spareinlagen gut	22 460,00
10.	Überweisung des Jahresbeitrages zur Industrie- und Handelskammer über LZB-Giro	60 000,00

Aufgabe 7.2

Buchen Sie im Grundbuch der Volksbank Hannover eG (Buchungssätze)!

		DM
1.	Die Volksbank überweist über LZB-Giro:	
	Kfz-Versicherung für bankeigene Fahrzeuge	2 680,00
	Miete für Geschäftsräume einer Zweigstelle	3 200,00
	Feuerversicherungsprämie für das bankeigene Hauptgebäude	12 400,00

	DM
2. Die Volksbank belastet auf Kunden-Kontokorrentkonten:	
Kreditzinsen	24 600,00
Kontoführungsgebühren	11 240,00
Porti	960,00
3. Die Volksbank erhält Gutschriften auf LZB-Giro:	
Zinsen für Bundesanleihen, die der Bank gehören	20 000,00
Mieten für vermietete Büroräume im bankeigenen Hauptgebäude	8 000,00
4. Zinsgutschrift der DG BANK	7 200,00
5. Die Volksbank schreibt Zinsen gut:	
Sparzinsen	14 800,00
Zinsen für Sichteinlagen	9 270,00
6. Rechnung für Telefongebühren wird über das LZB-Girokonto bezahlt	2 127,00
7. Überweisungseingänge auf LZB-Giro:	
Miete für vermietete bankeigene Wohnung	800,00
Eingänge zugunsten Kontokorrentkonten	17 440,00
8. Die Volksbank belastet Kunden mit Depotgebühren	
Sparkunden	2 600,00
Umsatzsteuer	390,00
Kontokorrentkunden	7 000,00
Umsatzsteuer	1 050,00
9. Kontokorrentkunden werden mit Scheckkartengebühren belastet	630,00
10. Ein Kontokorrentkunde hebt bar ab	800,00

Aufgabe 7.3 Buchen Sie im Grundbuch (Buchungssätze)!

	DM
1. Die Bank schreibt Gehälter für eigene Angestellte auf Gehaltsgirokonten gut:	
Bruttogehälter	18 600,00
Lohnsteuer	2 680,00
Sozialversicherung (Arbeitnehmeranteil)	3 120,00
Nettogehälter	12 800,00
Sozialversicherung (Arbeitgeberanteil)	3 120,00
2. Die Bank zahlt Löhne für Hilfskräfte durch Überweisung vom LZB-Girokonto	
Bruttolohn	12 200,00
Lohnsteuer	1 200,00
Kirchensteuer	96,00
Sozialversicherung (Arbeitnehmeranteil)	1 080,00
Nettolohn	9 824,00
Sozialversicherung (Arbeitgeberanteil)	1 080,00
3. Einbehaltene Lohn- und Kirchensteuer wird über LZB-Giro an das Finanzamt überwiesen	
Lohnsteuer	39 000,00
Kirchensteuer	3 510,00
4. Gehaltszahlungen der Bank auf Gehaltsgirokonten	
Grundgehälter	30 820,00
Vermögenswirksame Leistungen der Bank für die Angestellten	1 736,00
Lohnsteuer	5 792,00
Kirchensteuer	538,00
Sozialversicherung (Arbeitnehmeranteil)	6 190,00
Nettogehälter	18 300,00
Sozialversicherung (Arbeitgeberanteil)	6 190,00

5. Die vermögenswirksamen Leistungen werden den VL-Sparkonten (Hauptbuchkonto VL-Spareinlagen) der Angestellten gutgeschrieben (siehe Geschäftsfall Nr. 4)
6. Sozialversicherungsbeiträge werden über LZB-Giro abgeführt (siehe Geschäftsfall Nr. 4)

7.	Einbehaltene Lohn- und Kirchensteuer wird über LZB-Giro abgeführt (siehe Geschäftsfall Nr. 4)	DM
8.	Gehaltszahlungen der Bank, Gutschrift auf Gehaltsgirokonten:	
	Grundgehälter	43 122,00
	Zulagen	5 200,00
	Vermögenswirksame Leistungen	2 184,00
	Lohnsteuer	8 210,00
	Kirchensteuer	635,00
	Sozialversicherung (Arbeitnehmeranteil)	9 960,00
	Nettogehälter	29 517,00
	Sozialversicherung (Arbeitgeberanteil)	9 960,00

Buchen Sie im Grundbuch der Unionbank AG, Hannover (Buchungssätze)!

Aufgabe 7.4

1.	Zinsgutschrift von einer Korrespondenzbank	200,00
2.	Eine Rechnung der Druckerei für Formulare wird bezahlt	3 000,00
	+ 15 % Umsatzsteuer	450,00
	Die Druckerei ist Debitor der Bank	
3.	Vermögensteuerzahlung über LZB-Giro	46 000,00
4.	Grundsteuer wird über LZB-Giro gezahlt	3 500,00
5.	Reparaturrechnung für Büromaschinen, Reparaturkosten	620,00
	+ 15 % Umsatzsteuer	93,00
	Der Betrag wird durch Überweisung vom LZB-Girokonto bezahlt	713,00
6.	Kfz-Steuer für die bankeigenen Fahrzeuge wird über LZB-Giro überwiesen	4 860,00
7.	Kauf von Büromaterial, Rechnungsbetrag	845,25
	darin sind 15 % Umsatzsteuer enthalten	110,25
	Der Rechnungsbetrag wird dem Konto des Verkäufers bei der Unionbank gutgeschrieben	
8.	Verkauf eines gebrauchten Pkw an einen KK-Kunden	7 000,00
	+ 15 % Umsatzsteuer	1 050,00
	Buchwert: 5 000,00 DM	8 050,00

Buchen Sie im Grundbuch (Buchungssätze)!

Aufgabe 7.5

1. Bei der Aufnahme des Kassenbestandes ergibt sich eine nicht aufklärbare Kassen(minus)differenz von 20,00 DM.
2. Die Bank erhält den Gewerbesteuerbescheid für das vorletzte Geschäftsjahr. Die Steuerschuld wird mit 2 465 000,00 DM festgesetzt. Steuervorauszahlungen in Höhe von 2 322 000,00 DM werden angerechnet. Der Restbetrag wird über LZB-Giro überwiesen.
3. Steuern der Bank werden über LZB-Giro überwiesen:

Grundsteuer	4 800,00 DM
Gewerbesteuer	866 500,00 DM
einbehaltene Lohnsteuer	12 600,00 DM
Kraftfahrzeugsteuer	5 200,00 DM

4. Gehaltszahlungen: Grundgehalt 48 000,00 DM, vermögenswirksame Leistungen des Arbeitgebers 2 000,00 DM, Lohnsteuer 8 200,00 DM, Kirchensteuer 660,00 DM, Sozialversicherung (Arbeitnehmeranteil) 9 300,00 DM, Sozialversicherung (Arbeitgeberanteil) 9 300,00 DM. Die Zahlungen werden zugunsten von Gehaltsgirokonten, die bei der Bank geführt werden, geleistet.
5. Einem Mitarbeiter werden 2 400,00 DM Gehalt für das vorangegangene Geschäftsjahr nachgezahlt. Abzüge: Lohnsteuer 500,00 DM, Sozialversicherungsanteil des Arbeitnehmers 600,00 DM. Die Zahlung erfolgt zugunsten Gehaltsgirokonto. Der Arbeitgeberanteil zur Sozialversicherung beträgt 600,00 DM.
6. Im Vorjahr zuviel gezahlte Grundsteuer wird vom Finanzamt über LZB-Giro zurückerstattet 4 000,00 DM.
7. Aus Anlaß des 100jährigen Jubiläums der Bank wird eine Altenstiftung gegründet und mit 2 000 000,00 DM dotiert. Das Konto der Stiftung wird bei der Bank geführt.

Aufgabe 7.6 Führen Sie einen Abschluß für Aufwands- und Ertragskonten durch!

Salden (zum 31. Dezember ermittelt):	Soll DM	Haben DM
Privatkonto	45 000,00	
Zinsaufwendungen	120 000,00	
Diskontaufwendungen	100 000,00	
Löhne und Gehälter	110 000,00	
Sozialabgaben	30 000,00	
Sachanlagenaufwand	25 000,00	
Büroaufwand	55 000,00	
Werbungs- und Reiseaufwand	18 000,00	
Kostensteuer	60 000,00	
Abschreibungen auf Gebäude	00,00	
Abschreibungen auf Betriebs- und Geschäftsausstattung	00,00	
Sonstige betriebliche Aufwendungen	43 000,00	
Zinserträge		495 000,00
Diskonterträge		225 000,00
Provisionserträge		95 000,00
Mieterträge		35 000,00
Sonstige betriebliche Erträge		38 500,00

Abschlußangaben:

Abschreibung auf Gebäude	2,5 %
Anschaffungswert	150 000,00 DM
davon Bodenwert	50 000,00 DM
Abschreibung auf Betriebs- und Geschäftsausstattung	20 %
Anschaffungswert	60 000,00 DM

a) *Nehmen Sie die vorbereitenden Abschlußbuchungen im Grundbuch vor!*

b) *Stellen Sie das Hauptbuchkonto Gewinn und Verlust auf! Ermitteln Sie den Gewinn bzw. den Verlust, und schließen Sie das Konto ab!*

Aufgabe 7.7 Führen Sie einen Geschäftsgang von Bilanz zu Bilanz durch!

Eine Betriebsübersicht kann eingeschaltet werden.

Anfangsbestände der Vermögens- und Kapitalwerte:	DM
Sichteinlagen von Kunden (Kreditoren)	8 800 000,00
Eigene Wertpapiere	2 320 000,00
Kassenbestand	110 000,00
Spareinlagen	3 195 000,00
Forderungen an Kunden (Debitoren)	7 910 000,00
Edelmetalle	35 000,00
LZB-Guthaben	415 000,00
Forderungen an Kreditinstitute	5 000 000,00
Betriebs- und Geschäftsausstattung	255 000,00
Grundstücke und Gebäude	500 000,00
Eigenkapital	2 550 000,00
Verbindlichkeiten gegenüber Kreditinstituten	2 000 000,00

Konten:

Kasse, LZB-Giro, Banken-KK, Kunden-KK, Eigene Wertpapiere, Edelmetalle, Grundstücke und Gebäude, Betriebs- und Geschäftsausstattung, Vorsteuer, Umsatzsteuer, Spareinlagen, Sonstige Verbindlichkeiten, Eigenkapital, EBK, SBK

Zinsaufwendungen, Löhne und Gehälter, Sozialabgaben, Sachanlagenaufwand, Kursverluste, Kostensteuern, Abschreibungen auf Sachanlagen, Sonstige betriebliche Aufwendungen

Zinserträge, Zinserträge aus Wertpapieren, Provisionserträge, Kursgewinne, Gewinn- und Verlustkonto

Geschäftsfälle:

1.	Verkauf von Wertpapieren aus dem Bestand der Bank an Sparkunden	60 000,00
2.	Aufnahme von Tagesgeld über LZB-Giro	1 000 000,00
3.	Überweisungseingang über LZB-Giro für Kontokorrentkunden	20 000,00
4.	Gutschrift auf Kunden-KK für Gehaltszahlung (ohne Berücksichtigung vermögenswirksamer Leistungen)	
	Bruttogehälter	25 000,00
	Lohnsteuer	5 000,00
	Sozialversicherung (Arbeitnehmeranteil)	4 500,00
	Sozialversicherung (Arbeitgeberanteil)	4 500,00
5.	Barverkauf von Silbermünzen	10 000,00
	+ 15 % Umsatzsteuer	1 500,00
6.	Überweisungseingänge über LZB-Giro für Sparer	40 000,00
	für Kontokorrentkunden	1 760 000,00
7.	Rückzahlung von Tagesgeld über LZB-Giro	1 000 000,00
	(nach vorheriger Buchung von Zinsen)	100,00
8.	Überweisung über LZB-Giro:	
	a) Heizölrechnung	5 000,00
	+ 15 % Umsatzsteuer	750,00
	b) Kraftfahrzeugsteuernachzahlung für das vergangene Geschäftsjahr	300,00
	c) Gewerbesteuervorauszahlung	10 000,00
	d) abzuführende Lohnsteuer und Sozialversicherung	14 000,00
9.	Wertpapierverkauf an Kontokorrentkunden	100 000,00
10.	Kauf von Platinbarren von einer Korrespondenzbank	25 000,00
	+ 15 % Umsatzsteuer	3 750,00
11.	Überweisungseingang auf LZB-Giro: Zinsen für eigene Wertpapiere	15 000,00
12.	Verkauf von Platinbarren an Sparkunden	20 000,00
	+ 15 % Umsatzsteuer	3 000,00

a) Stellen Sie die Eröffnungsbilanz auf, richten Sie die Konten im Hauptbuch ein und eröffnen Sie die Konten!

b) Buchen Sie die Geschäftsfälle im Grund- und Hauptbuch!

c) Buchen Sie im Grund- und Hauptbuch:

		DM
1.	*Nachtragsbuchungen:*	
	Zinsbelastungen für Debitoren	*200 000,00*
	Provisionsbelastungen für Debitoren	*30 000,00*
	Zinsgutschriften für Kreditoren	*10 000,00*
	für Spareinlagen	*80 000,00*
2.	*Abschreibungen auf Gebäude*	*8 000,00*
3.	*Abschreibungen auf Betriebs- und Geschäftsausstattung*	*30 000,00*
4.	*Umbuchung der Vorsteuer (Die Zahllast wird im folgenden Geschäftsjahr abgeführt.)*	

d) Buchen Sie im Grund- und Hauptbuch die Erfolge des Wertpapier- und des Edelmetallgeschäfts!

Inventurbestände:	
Eigene Wertpapiere	*2 180 000,00*
Edelmetalle	*40 000,00*

e) Inventurbestände:

Debitoren	*6 494 500,00*
Kreditoren	*8 860 000,00*
Forderungen an Kreditinstitute	*5 000 000,00*
Verbindlichkeiten gegenüber Kreditinstituten	*2 028 750,00*

f) Schließen Sie die Konten ab (Grund- und Hauptbuch) und stellen Sie die Schlußbilanz auf! (Die Zahllast aus der Umsatzsteuer ist als Sonstige Verbindlichkeit zu bilanzieren.)

Programmierte Aufgaben

Aufgabe 7.8 **Welche der genannten Konten sind Erfolgskonten?**

a) Kursgewinne Edelmetalle
b) Vorsteuer
c) Edelmetalle
d) LZB-Giro
e) Umsatzsteuer
f) Eigene Wertpapiere
g) Kunden-KK
h) Privatkonto
i) Kursverluste Wertpapiere
j) Sozialabgaben
k) Banken-KK
l) Eigenkapital

Aufgabe 7.9 **Welche der genannten Buchungen sind vorbereitende Abschlußbuchungen?**

a) Gewinn- und Verlustkonto
an Aufwandskonten

b) Eigenkapital
an Privatkonto

c) Abschreibungen auf Sachanlagen
an Betriebs- und Geschäftsausstattung

d) Umsatzsteuer
an LZB-Giro

e) SBK
an LZB-Giro

f) Umsatzsteuer
an Vorsteuer

g) SBK
an Edelmetalle

h) Edelmetalle
an Kursgewinne Edelmetalle

Aufgabe 7.10 **Die Nordostbank AG zahlt Gehälter an Angestellte durch Gutschrift auf Girokonten:**

Grundgehälter	64 683,00 DM
Zulagen	7 800,00 DM
Lohn- und Kirchensteuer	13 267,50 DM
Sozialversicherung (Arbeitnehmeranteil)	14 940,00 DM

Welche der folgenden Buchungen ist – einschließlich des Arbeitgeberanteils zur Sozialversicherung – vollständig richtig?

①	Gehälter	44 275,50 DM	
	Sozialabgaben	14 940,00 DM	
	an Kunden-KK		29 335,50 DM
	an Sonstige Verbindlichkeiten		29 880,00 DM
②	Gehälter	64 683,00 DM	
	an Kunden-KK		51 415,50 DM
	an Sonstige Verbindlichkeiten		13 267,50 DM
	Sozialabgaben		
	an sonstige Verbindlichkeiten		14 940,00 DM
③	Gehälter	72 483,00 DM	
	an Kunden-KK		51 415,50 DM
	an Sonstige Verbindlichkeiten		13 267,50 DM
	Sozialabgaben		
	an Sonstige Verbindlichkeiten		14 940,00 DM
④	Gehälter	72 483,00 DM	
	an Sonstige Verbindlichkeiten		28 207,50 DM
	an Kunden-KK		44 275,50 DM
	Sozialabgaben		
	an Sonstige Verbindlichkeiten		14 940,00 DM
⑤	Gehälter	72 483,00 DM	
	an Kunden-KK		42 603,00 DM
	an Sonstige Verbindlichkeiten		29 880,00 DM

8 Buchung und Bilanzausweis der Bankgeschäfte

8.1 Inlandszahlungsverkehr

8.1.1 Barverkehr

Hauptbuchkonto Kasse

Ein- und Auszahlungen werden auf dem **Hauptbuchkonto Kasse** erfaßt.

Beispiel

Buchung von Barumsätzen		
Geschäftsfälle	**Grundbuch**	
Übernahme des Kassenbestandes aus der Eröffnungsbilanz 126 720,00 DM	Kasse an EBK	126 720,00 DM
1. Abhebung vom LZB-Girokonto 100 000,00 DM	Kasse an LZB-Giro	100 000,00 DM
2. Kontokorrentkunden heben bar ab 118 232,00 DM	Kunden-KK an Kasse	118 232,00 DM
3. Sparer heben ab 53 800,00 DM	Spareinlagen an Kasse	53 800,00 DM
4. Sparer zahlen ein 11 250,00 DM	Kasse an Spareinlagen	11 250,00 DM

Hauptbuch

Soll	Kasse		Haben
EBK	126 720,00	2. Kunden-KK	118 232,00
1. LZB-Giro	100 000,00	3. Spareinlagen	53 800,00
4. Spareinlagen	11 250,00		

Kassendifferenzen und ihre Buchung

Durch Inventur wird festgestellt, ob der vorhandene Bargeldbestand **(Ist-Bestand)** mit dem Saldo des Hauptbuchkontos Kasse **(Soll-Bestand)** übereinstimmt. Stimmen Ist-Bestand und Soll-Bestand nicht überein, liegt eine **Kassendifferenz** vor.

Kassendifferenzen

Kassenfehlbeträge	Kassenüberschüsse
Ist-Bestand < Soll-Bestand	Ist-Bestand > Soll-Bestand

Buchung während des Geschäftsjahres:

Kassenfehlbeträge an Kasse	Kasse an Kassenüberschüsse

Ungeklärte **Kassenfehlbeträge** werden beim Jahresabschluß als **Sonstige betriebliche Aufwendungen** erfaßt. Ungeklärte **Kassenüberschüsse** sind **Sonstige Verbindlichkeiten,** da noch Ansprüche unbekannter Gläubiger geltend gemacht werden können. Verjährte Kassenüberschüsse werden beim Jahresabschluß als **Sonstige betriebliche Erträge** erfaßt.

Beispiel
für Abschluß des Hauptbuchkontos Kasse mit Kassenfehlbetrag

Geschäftsfälle	Grundbuch
Durch die Inventur wird ein Kassenbestand von 65 908,00 DM ermittelt. Der Saldo auf dem Konto Kasse beträgt 65 938,00 DM. Der Kassenfehlbetrag von 30,00 DM ist zu erfassen.	Kassenfehlbeträge an Kasse 30,00 DM

Hauptbuch

Soll	Kasse		Haben
EBK	126 720,00	2. Kunden-KK	118 232,00
1. LZB-Giro	100 000,00	3. Spareinlagen	53 800,00
4. Spareinlagen	11 250,00	SBK	65 908,00
		Kassenfehlbeträge	30,00
	237 970,00		237 970,00

Bargeldgleiche Werte (Postwertzeichen, Gerichtsgebührenmarken) werden auf Unterkonten des Kontos Kasse erfaßt (siehe Kontenrahmen im Anhang). Die Unterkonten sind aktive Bestandskonten. Sie werden über das Konto Kasse eröffnet und abgeschlossen (oder über EBK eröffnet und über SBK abgeschlossen).

Bilanzierung

Der **Kassenbestand** wird in der Bilanz[1] auf der Aktivseite als **Unterposten a)** zum **Hauptposten Nr. 1 „Barreserve"** ausgewiesen.

Aktivseite	DM	DM
1. Barreserve		
a) Kassenbestand	____	____
b) Guthaben bei Zentralnotenbanken	____	
darunter:		
bei der Deutschen Bundesbank ____ DM		
c) Guthaben bei Postgiroämtern	____	____
⋮	⋮	

Als Kassenbestand sind zu bilanzieren:

- inländische gesetzliche Zahlungsmittel,
- bargeldgleiche Werte,
- ausländische gesetzliche Zahlungsmittel (Sorten).

Aufgaben

Aufgabe 8.1

Buchen Sie im Grundbuch (Buchungssätze)!

	DM
1. Barabhebungen	
von Sparkunden	19 200,00
von Girokunden an Geldautomaten	33 500,00
2. Bareinzahlungen	
von Sparkunden	14 820,00
von Kontokorrentkunden	24 000,00
3. Bareinzahlung des Kreditinstituts auf das eigene LZB-Girokonto	80 000,00

[1] Für alle Bilanzierungsfragen ist das im **Abschnitt 9.6.1.1** (Seite 303/304) abgedruckte **Bilanzformblatt** zur Hand zu nehmen.

Aufgabe 8.2

Schließen Sie das Konto mit Buchungen im Grund- und Hauptbuch ab!

Soll	Kasse		Haben
EBK	100 000,00	Umsätze	471 829,10
Umsätze	450 867,00		

Kassenbestand lt. Inventur: 79 035,90 DM

Aufgabe 8.3

Schließen Sie das Konto Kasse mit Buchungen im Grundbuch ab!

Die Bank führt drei Kassen. Die Aufnahme der **Bestände** (Inventurwerte) ergibt:

Kasse 1	146 929,50 DM
Kasse 2	248 742,10 DM
Kasse 3	96 345,16 DM

Der Saldo des Kontos Kasse wird mit 491 916,76 DM (Buchwert) festgestellt.

Aufgabe 8.4

Schließen Sie das Konto Kasse mit Buchungen im Grundbuch ab!

Eine Bank hat bei der Aufnahme ihrer Kassen folgende **Bestände** ermittelt:

Hauptkasse	61 916,25 DM
Kasse der Zweigstelle 1	26 352,50 DM
Kasse der Zweigstelle 2	28 119,18 DM
Kasse der Zweigstelle 3	18 629,20 DM

Bei der Zweigstelle 3 wurde ein Fehlbestand von 10,00 DM festgestellt.

8.1.2 Überweisungsverkehr

8.1.2.1 Überweisungsausgänge

Buchungsmäßige Erfassung von Überweisungsaufträgen

Buchungen bei Überweisungsausgängen

Art und Ausführung der Überweisung	Hauptbuchkonto (Soll)	Hauptbuchkonto (Haben)
Übertrag Umbuchung des Überweisungsbetrages innerhalb der Bank	• Kunden-KK	• Kunden-KK • Spareinlagen • Termineinlagen
Platzüberweisung über LZB-Abrechnung	• Kunden-KK	• LZB-Abrechnung
über direkte Kontoverbindung (Loro-Nostro)	• Kunden-KK	• Banken-KK
Fernüberweisung über die Landeszentralbank	• Kunden-KK	• LZB-Giro
über direkte Kontoverbindung (Loro-Nostro)	• Kunden-KK	• Banken-KK
über Zentralen und Filialen (bei Groß- über Regionalbanken)	• Kunden-KK	• Zentrale-Verrechnung (bei der Filiale) • Filiale-Verrechnung (bei der Zentrale)
über Girozentralen (bei Sparkassen)	• Kunden-KK	• Girozentrale
über Zentralbanken (bei Kreditgenossenschaften)	• Kunden-KK	• Zentralbank

Überweisungsaufträge führen zu Kontoüberträgen, Platz- oder Fernüberweisungen. Bei der Ausführung einer Überweisung wird das **Kundenkontokorrent belastet.**

Konto „LZB-Abrechnung"

Das **Konto „LZB-Abrechnung"** ist ein Konto, das Forderungen und Verbindlichkeiten gegenüber den anderen an der Abrechnung teilnehmenden Kreditinstituten erfaßt. Die Ausführung von Platzüberweisungen über die LZB-Abrechnung begründet für das ausführende Institut Verbindlichkeiten gegenüber den anderen Kreditinstituten.

Das Konto LZB-Abrechnung erfaßt im Soll Forderungen und im Haben Verbindlichkeiten (siehe 8.1.6).

Verrechnungskonten bei Filialbanken

Im Verrechnungsverkehr zwischen Filialbanken werden bei den Filialen das **Konto „Zentrale-Verrechnung"** und bei der Zentrale das **Konto „Filiale-Verrechnung"** geführt. Die Konten erfassen im Soll Forderungen und im Haben Verbindlichkeiten.

Verrechnungskonten bei Sparkassen und Kreditgenossenschaften

Entsprechendes gilt für die **Verrechnungskonten bei Sparkassen und Kreditgenossenschaften.** Sie erfassen im Soll Forderungen und im Haben Verbindlichkeiten.

8.1.2.2 Überweisungseingänge

Überweisungseingänge gehen der Bank auf den gleichen Überweisungs- bzw. Verrechnungswegen zu, über die Überweisungsaufträge ausgeführt werden. Überweisungseingänge werden den **Empfängerkonten gutgeschrieben.**

Empfängerkonten sind in der Regel Kundenkonten, also Skontren der Hauptbuchkonten Kunden-KK, Banken-KK, Spareinlagen und Termineinlagen, oder bankinterne Konten, z. B. Mieterträge.

Buchungsmäßige Erfassung von Überweisungseingängen

<table>
<tr><th colspan="3">Buchungen bei Überweisungseingängen</th></tr>
<tr><th>Eingang der Überweisung</th><th>Hauptbuchkonto (Soll)</th><th>Hauptbuchkonto (Haben)</th></tr>
<tr><td>Übertrag durch Umbuchung des Überweisungsbetrages innerhalb der Bank</td><td>• Kunden-KK</td><td rowspan="8">• Kunden-KK
• Banken-KK
• Spareinlagen
• Termineinlagen</td></tr>
<tr><td>LZB-Abrechnung (Platzeingänge)</td><td>• LZB-Abrechnung</td></tr>
<tr><td>Landeszentralbank (Eingänge aus Fernüberweisungen)</td><td>• LZB-Giro</td></tr>
<tr><td>Korrespondenzbank (Loro-Nostro)</td><td>• Banken-KK</td></tr>
<tr><td>Zentralen und Filialen (bei Großbanken und Regionalbanken)</td><td>• Zentrale-Verrechnung (bei der Filiale)</td></tr>
<tr><td></td><td>• Filiale-Verrechnung (bei der Zentrale)</td></tr>
<tr><td>Girozentralen (bei Sparkassen)</td><td>• Girozentrale</td></tr>
<tr><td>Zentralbanken (bei Kreditgenossenschaften)</td><td>• Zentralbank</td></tr>
</table>

8.1.2.3 EZÜ-Überweisungen

Zwischenbetriebliche Überweisungen über Beträge von 1 000 DM und darüber (ab Juni 1997 alle Überweisungen) müssen nach dem Abkommen zum Überweisungsverkehr im **EZÜ-Verfahren** ausgeführt werden. Das erstbeauftragte Kreditinstitut hat beleghaft erteilte Überweisungsaufträge in Datensätze umzuwandeln und beleglos auf elektronischen Medien bzw. über Stand- oder Wählleitungen weiterzuleiten.

EZÜ-Überweisungen werden wie konventionell ausgeführte Überweisungen verrechnet und gebucht.

EZÜ bedeutet **E**lektronischer **Z**ahlungsverkehr für Individual**ü**berweisungen.

Aufgaben

Aufgabe 8.5

Buchen Sie im Grundbuch (Buchungssätze)!

		DM
1.	Überweisungsaufträge zugunsten von Kontokorrentkunden beim gleichen Institut werden durch Kontoübertrag ausgeführt	8 754,00
2.	Ein Inhaber eines Girokontos läßt auf sein beim gleichen Institut geführtes Sparkonto überweisen	500,00
3.	Überweisungsaufträge zugunsten von Empfängern bei Kreditinstituten am Platz werden über LZB-Abrechnung ausgeführt	57 300,00
4.	Überweisungsaufträge zugunsten von Kunden befreundeter Banken werden über Loro- oder Nostroverbindung ausgeführt	5 380,00
5.	Daueraufträge von Girokunden werden ausgeführt	
	durch Weiterleitung über LZB-Giro	820,00
	durch Weitergabe über LZB-Abrechnung	21 220,00
	durch Kontoübertrag	5 320,00
6.	Fernüberweisungen von Kontokorrentkunden werden weitergegeben	
	über die Landeszentralbank	45 170,00
	über Korrespondenzbanken	8 520,00
7.	Über LZB-Abrechnung gehen Überweisungen von Kreditinstituten ein:	
	zugunsten von Kontokorrentkunden	48 291,00
	zugunsten von Sparkonten	6 200,00
8.	Auf dem LZB-Girokonto geht Miete für vermietete Büroräume ein	2 350,00
9.	Überweisungsauftrag eines Kontokorrentkunden wird über LZB-Giro ausgeführt	249,00
10.	Auf LZB-Giro werden Überweisungseingänge zugunsten von Kontokorrentkunden gutgeschrieben	38 415,00

Aufgabe 8.6

Buchen Sie im Grundbuch der Zentrale der Unionbank AG, Hannover:

		DM
1.	Überweisungsaufträge von Kontokorrentkunden der Zentrale Hannover	
	zugunsten von Kontokorrentkunden der Zentrale	12 840,00
	zugunsten von Kontokorrentkunden der Filiale Hildesheim	8 240,00
	zugunsten anderer Kreditinstitute am Platz Hannover	49 510,00
	zugunsten von Kunden bei auswärtigen Kreditinstituten, mit denen keine direkte Kontoverbindung besteht	36 970,00
2.	Überweisungsaufträge von Kunden der Filiale Hildesheim werden von der Zentrale Hannover ausgeführt	
	zugunsten von Kontokorrentkunden der Zentrale	7 340,00
	zugunsten von Empfängern bei anderen Kreditinstituten am Platz Hannover	18 660,00
3.	Überweisungseingänge auf dem LZB-Girokonto der Unionbank AG	
	zugunsten von Kontokorrentkunden der Zentrale	43 500,00
	zugunsten von Sparkunden der Zentrale	5 000,00
	zugunsten von Kontokorrentkunden der Filiale Celle	6 800,00

Aufgabe 8.7 Bilden Sie Buchungssätze!

	DM
1. Ein Girokunde der Stadtsparkasse Neumünster erteilt Überweisungsaufträge	
zugunsten eines Sparkunden der Stadtsparkasse Neumünster	180,00
zugunsten eines Girokunden der Sparkasse Kiel	100,00
zugunsten eines Girokunden der Stadtsparkasse Köln	14 200,00
zugunsten eines Kontokorrentkunden der Hansabank AG, Filiale Neumünster	560,00
2. Die Stadtsparkasse Köln bucht die Überweisung der Stadtsparkasse Neumünster	14 200,00
3. Die Volksbank eG Norderstedt führt Überweisungsaufträge von Kontokorrentkunden durch Weitergabe im Genossenschaftsring aus	8 000,00
4. Bei der Sparkasse Schleswig-Flensburg gehen Fernüberweisungen über LZB-Giro ein	
zugunsten von Sparkonten	9 020,00
zugunsten von Girokonten	17 900,00
5. Die Fördebank AG, Flensburg, überweist von ihrem LZB-Girokonto auf ihr Nostrokonto bei der Nordbank AG in Hamburg	200 000,00
Wie buchen die Fördebank und die Nordbank?	
6. Die Volksbank Hannover läßt einen Betrag, der für den Zahlungsverkehr nicht benötigt wird, von ihrem Nostrokonto bei der DG-Bank Deutsche Genossenschaftsbank auf ihr LZB-Konto überweisen	170 000,00
7. Ein Girokunde der Hamburger Sparkasse überweist an einen Girokunden der Sparkasse Schleswig-Flensburg	260,00
Wie buchen die Hamburger Sparkasse und die Sparkasse Schleswig-Flensburg?	
8. Die Stadtsparkasse Neumünster erhält von der Sparkasse Kiel eine Überweisung zurück, da der genannte Empfänger bei der Sparkasse Kiel kein Konto unterhält	100,00

8.1.3 Scheckverkehr

8.1.3.1 Einreichung und Inkasso von Verrechnungsschecks
(Einreichung durch Kunden)

Hauptbuchkonto Schecks

Verrechnungsschecks, die von Kunden zur Gutschrift hereingenommen worden sind, werden von der ersten Inkassostelle in den meisten Fällen auf dem **Hauptbuchkonto Schecks** erfaßt.

Buchung des Scheckeingangs:	Schecks an Kunden-KK
Buchung des Scheckausgangs:	LZB-Giro an Schecks

Da die zum Inkasso hereingenommenen Schecks schnellstmöglich in Datensätze umgewandelt und beleglos weitergeleitet bzw. sofort an die LZB weitergegeben werden (siehe Seite 105), können sie auch **ohne Einschaltung des Kontos Schecks** gebucht werden.

Buchung des Scheckeingangs und des Scheckausgangs in einem Buchungssatz:	LZB-Giro an Kunden-KK

Verrechnungsschecks von Kunden werden regelmäßig **Eingang vorbehalten** hereingenommen. Bei Firmenkunden erfolgt die Wertstellung unter Berücksichtigung von Inkassotagen.

In besonderen Fällen kann die Bank von einer sofortigen E.v.-Gutschrift absehen und den Gegenwert dem Kundenkonto erst dann gutschreiben, wenn Gewißheit besteht, daß der Scheck eingelöst worden ist (sog. Gutschrift nach Eingang). Bei Entgegennahme des Schecks muß daher ein Zwischenkonto eingeschaltet werden, das bei Gutschrift für den Kunden wieder belastet wird.

Buchung des Scheckeingangs:	Schecks an Scheckeinreicher
Buchung bei Gutschrift:	Scheckeinreicher an Kunden-KK

Als Zwischenkonto kann auch das im Kundenkontokorrent geführte „Konto pro Diverse" eingeschaltet werden.

Einzug der Scheckgegenwerte

Schecks auf das eigene Kreditinstitut werden dem Aussteller Wert Einlösungstag belastet. Der Scheck bleibt als Buchungsbeleg beim Kreditinstitut. **Platzschecks** werden über die LZB-Abrechnung eingezogen.

Belegloses Scheckinkasso

Das **Inkasso** von Schecks, die auf Kreditinstitute **an auswärtigen Plätzen** gezogen sind, erfolgt ausschließlich **beleglos.** Der Einzug erfolgt je nach Betragshöhe nach unterschiedlichen Verfahren: nach dem BSE-Abkommen oder dem GSE-Abkommen.

BSE bedeutet **B**elegloser **S**checkeinzug, **GSE G**roßbetrag-**S**checkeinzug.

BSE-Schecks sind auf Beträge unter 5 000 DM ausgestellte Schecks. Die erste Inkassostelle wandelt die ihr zum Inkasso eingereichten Inhaber- und Orderschecks in Datensätze um und zieht sie beleglos ein. Sie wird als überleitendes Kreditinstitut bezeichnet.

GSE-Schecks sind auf Beträge ab 5 000 DM ausgestellte Schecks (Großbetrag-Schecks). Die erste Inkassostelle reicht die Schecks im Original bei der zuständigen Landeszentralbank ein. Die Umwandlung der Scheckdaten in Datensätze erfolgt im Rechenzentrum der LZB. Überleitendes Kreditinstitut ist bei Großbetrag-Schecks ausschließlich die Deutsche Bundesbank.

Neben der beleglosen Weitergabe der Scheckdaten werden nach dem GSE-Abkommen auch die **Originalschecks** von den zuständigen Landeszentralbanken **ohne Verrechnung** an die bezogenen Banken und Sparkassen gesandt und somit **körperlich vorgelegt. Nicht eingelöste Schecks** müssen spätestens einen Tag nach Vorlage im Original mit dem unterschriebenen Vorlegungsvermerk zurückgegeben werden.

Da die Originalschecks erst einen Tag nach den Scheckdaten vorliegen, sind die bezogenen Institute verpflichtet, den rechtzeitigen und vollständigen Eingang der zu den GSE-Datensätzen gehörenden körperlichen Schecks zu überwachen. Treffen die Originalschecks nicht innerhalb von zwei Bankarbeitstagen nach Vorlage der Datensätze ein, sind diese **beleglos** zurückzurechnen.

Beispiel

Buchung von Schecks (Gutschrift E. v.)

Geschäftsfälle	Grundbuch	
1. Ein Kontokorrentkunde reicht Schecks im Gesamtbetrag von 22 070,00 DM zur Gutschrift E. v. ein	Schecks an Kunden-KK	22 070,00 DM
2. Ein Scheck auf das eigene Kreditinstitut wird dem Konto des Ausstellers belastet 500,00 DM	Kunden-KK an Schecks	500,00 DM
3. Das Kreditinstitut zieht Platzschecks über die LZB-Abrechnung ein 3 200,00 DM	LZB-Abrechnung an Schecks	3 200,00 DM
4. Das Kreditinstitut zieht zwei Schecks in Höhe von 820,00 DM und 17 550,00 DM über die LZB ein	LZB-Giro an Schecks	18 370,00 DM

Bilanzierung von Schecks

E. v. gutgeschriebene Schecks, die sich am Bilanzstichtag im Bestand der Bank befinden, sind als **Sonstige Vermögensgegenstände** (Aktivposten Nr. 15) zu bilanzieren.

8.1.3.2 Vorlage von Verrechnungsschecks zur Einlösung beim bezogenen Kreditinstitut
(Vorlage durch andere Kreditinstitute)

Bei Scheckvorlagen von anderen Kreditinstituten wird das Scheckkonto beim bezogenen Kreditinstitut nicht eingeschaltet.

Buchung bei Scheckeinlösung:	Kunden-KK an LZB-Giro (an LZB-Abrechnung, Banken-KK, Girozentrale usw.)

8.1.3.3 Barauszahlung von eurocheques

Bei **Barauszahlung von eurocheques**, die auf andere Institute gezogen sind, wird von einigen Kreditinstituten das Scheckkonto eingeschaltet.

Buchung bei Auszahlung eines eurocheques (abzüglich Auszahlungsgebühr):	Schecks an Kasse an Provisionserträge

Andere Kreditinstitute buchen direkt auf dem Konto der Verrechnungsstelle, über die der eurocheque zum Einzug gesandt wird.

Buchung bei Auszahlung (direkte Belastung der Verrechnungsstelle):	LZB-Giro an Kasse an Provisionserträge

8.1.3.4 Rückschecks

Rückschecks sind Schecks, die nicht eingelöst werden bzw. bei denen die Originalschecks nicht rechtzeitig eintreffen und die daher zurückgegeben werden.

LZB-Abrechnungs-Geschäftsbedingungen, Scheckabkommen

Nach den **LZB-Abrechnungs-Geschäftsbedingungen** und nach dem **Scheckabkommen** ist u. a. zu beachten:

- Schecks, die im Abrechnungsverkehr der Deutschen Bundesbank (LZB-Abrechnung) vorgelegt und nicht eingelöst werden, müssen bis zu dem in den Geschäftsbedingungen der Abrechnungsstelle festgesetzten Zeitpunkt zurückgegeben werden. Sie gelten sonst als eingelöst.
- Bei **Nichteinlösung von Schecks** sind Rückrechnungen vom bezogenen Kreditinstitut spätestens am Geschäftstag nach Eingang der Scheckdaten an die erste Inkassostelle zu leiten. Die erste Inkassostelle bestätigt im Auftrag des bezogenen Kreditinstituts die Nichteinlösung durch den Vermerk **„Vom bezogenen Kreditinstitut am ... nicht bezahlt."** Der Vermerk ist auf der Scheckkopie bzw. auf dem Originalscheck anzubringen und mit dem Namen der ersten Inkassostelle zu versehen. **Der Rückgabeweg ist freigestellt.** Die Verrechnung erfolgt i. d. R. auf dem umgekehrten Inkassoweg.
- Das bezogene Kreditinstitut kann für Rückschecks ein **Rückscheckentgelt von höchstens 10 DM** berechnen.

Beispiel
Rückscheckbuchungen

Buchung von Rückschecks	
Geschäftsfälle	**Grundbuch**
Das bezogene Kreditinstitut hat bei Eingang von Schecks über die LZB-Abrechnung die Gesamtsumme von 220 000,00 DM gebucht und bei der Nachdisposition festgestellt, daß ein Scheck über 20 000,00 DM mangels Deckung nicht eingelöst werden soll.	Kunden-KK an LZB-Abrechnung 220 000,00 DM

	Buchungen beim bezogenen Kreditinstitut
Das bezogene Kreditinstitut gibt den Scheck unter Berechnung von 10,00 DM Rückscheckentgelt über die LZB-Abrechnung an die erste Inkassostelle zurück.	LZB-Abrechnung 20 010,00 DM an Kunden-KK 20 000,00 DM an Provisionserträge 10,00 DM
	Buchungen bei der 1. Inkassostelle
	Rückschecks an LZB-Abrechnung 20 010,00 DM
Die erste Inkassostelle belastet den Scheck und das Rückscheckentgelt dem Einreicher.	Kunden-KK an Rückschecks 20 010,00 DM

Bilanzierung von Rückschecks

Rückschecks, die sich am Bilanzstichtag im Bestand der Bank befinden, müssen je nach Schuldner als **Forderungen an Kreditinstitute** oder als **Forderungen an Kunden** bilanziert werden.

8.1.3.5 LZB-Schecks für Kunden

Kreditinstitute besorgen ihren Kunden **LZB-Schecks,** indem sie Schecks auf ihr LZB-Girokonto ziehen und die Schecks den Kunden zur Verfügung stellen. Die Schecks können unbestätigt oder bestätigt sein.

Für unbestätigte LZB-Schecks muß ein internes Zwischenkonto eingeschaltet werden. Bestätigte Schecks werden dem ausstellenden Kreditinstitut zuzüglich einer Bestätigungsgebühr sofort belastet.

Beispiele

Buchung von LZB-Schecks

Geschäftsfälle	Grundbuch	
1. Die Bank besorgt einen unbestätigten LZB-Scheck über 10 000,00 DM und berechnet 10,00 DM Provision.	Kunden-KK an Im Umlauf befindliche LZB-Schecks an Provisionserträge	10 010,00 DM 10 000,00 DM 10,00 DM
2. Die LZB löst den Scheck ein.	Im Umlauf befindliche LZB-Schecks an LZB-Giro	 10 000,00 DM
3. Die Bank besorgt einen bestätigten LZB-Scheck über 10 000,00 DM Gebühr der LZB 3,00 DM Provision der Bank 10,00 DM	Kunden-KK an LZB-Giro an Provisionserträge	10 013,00 DM 10 003,00 DM 10,00 DM

Unbestätigter LZB-Scheck (zu 1.)

Bestätigter LZB-Scheck (zu 3.)

8.1.3.6 DM-Reiseschecks

Die Kreditinstitute verkaufen kommissionsweise DM-Reiseschecks, die auf andere Institute gezogen sind. Beispiele: DM-Reiseschecks der American Express Company (Amexco-Schecks), DM-euro-Travellers Cheques (etc-Schecks Thomas Cook).

Reiseschecks müssen bei Ausgabe bezahlt werden und können bei allen inländischen und ausländischen Kreditinstituten eingelöst werden.

Beispiel
Verkauf von DM-Reiseschecks

Buchung beim Verkauf von DM-Reiseschecks		
Geschäftsfälle	**Grundbuch**	
1. Die Bank verkauft DM-Reiseschecks über 3 000,00 DM und berechnet 30,00 DM Provision.	Kunden-KK	3 030,00 DM
	an Kommissionsweise verkaufte DM-Reiseschecks	3 000,00 DM
	an Provisionserträge	30,00 DM
2. Mittels Lastschrift zieht die bezogene Stelle den Gegenwert zuzüglich 10,00 DM Provision über LZB-Giro ein.	Kommissionsweise verkaufte DM-Reiseschecks	3 000,00 DM
	Provisionsaufwendungen	10,00 DM
	an LZB-Giro	3 010,00 DM

Nicht verwendete Reiseschecks können von den Kunden an die Bank zurückgegeben werden. Die Kunden erhalten Gutschrift. Die Bank verrechnet die nicht ausgenutzten Beträge mit der bezogenen Stelle.

Ein am Bilanzstichtag bestehender Saldo auf dem Konto „Kommissionsweise verkaufte DM-Reiseschecks" wird als täglich fällige Verbindlichkeit gegenüber Kreditinstituten bilanziert (im Passivposten Nr. 1 a).

Ankauf von DM-Reiseschecks

Beim **Ankauf von DM-Reiseschecks** (gegen Barauszahlung an die Vorleger) oder bei Hereinnahme von Reiseschecks zur E.v.-Gutschrift (z. B. von Hotels) wird das Konto Schecks eingeschaltet (in der Praxis zum Teil auch Einschaltung eines Kontos DM-Reiseschecks oder des Kontos pro Diverse).

Buchung beim Ankauf von Reiseschecks	Schecks an Kasse
Buchung bei Weitergabe der DM-Reiseschecks an die bezogenen Institute (über LZB-Giro):	LZB-Giro an Schecks

Aufgaben

Aufgabe 8.8 Buchen Sie Geschäftsfälle beim Scheckinkasso und bei der Scheckeinlösung!

Umsätze:

S	**Schecks**	H
Umsätze 1 800 000,00		Umsätze 1 740 000,00

Geschäftsfälle:

	DM
1. Bareinlösung eines auf die Bank gezogenen Schecks	2 000,00
2. Von Kontokorrentkunden werden Schecks hereingenommen und E. v. gutgeschrieben	86 000,00
3. Platzschecks werden über LZB-Abrechnung eingezogen	52 700,00
4. Verrechnungsschecks auf auswärtige Kreditinstitute werden zum Einzug an die LZB gegeben. Gesamtbetrag	49 200,00

a) Führen Sie im Hauptbuch das Konto Schecks. Übernehmen Sie die Umsätze!

b) Buchen Sie die Geschäftsfälle im Grund- und Hauptbuch!

c) Schließen Sie das Konto Schecks im Grund- und Hauptbuch ab!

Buchen Sie Geschäftsfälle im Grundbuch des Bankhauses Schröder, Martens & Co. KG, Bremen! **Aufgabe 8.9**

Geschäftsfälle:	DM
1. Ein Kontokorrentkunde reicht Schecks zur Gutschrift E. v. ein:	
Scheck auf die Merkur-Bank AG, Frankfurt am Main	6 000,00
Scheck auf die Kreissparkasse Marbach am Neckar	3 600,00
Scheck auf die Raiffeisenbank Sonthofen eG	10 000,00
2. Die Schecks werden an die LZB weitergegeben	19 600,00
3. Der auf die Kreissparkasse Marbach am Neckar gezogene Scheck kommt mit „Nicht-Bezahlt-Vermerk" zurück (Rückscheckentgelt der Sparkasse: 10,00 DM). Die LZB belastet das Girokonto des Bankhauses	3 610,00
4. Das Bankhaus gibt den nicht eingelösten Scheck an den Einreicher zurück und belastet sein Konto	

Buchen Sie im Grundbuch der Volksbank Potsdam (Buchungssätze)! **Aufgabe 8.10**

1. Ein Kontokorrentkunde erhält einen unbestätigten LZB-Scheck in Höhe von 30 000,00 DM. Die Volksbank berechnet 20,00 DM Provision.
2. An der Kasse werden Reiseschecks über 400,00 DM bar ausgezahlt.
3. Die Volksbank Potsdam verkauft an einen Sparkunden 10 Amexco-DM-Reiseschecks zu je 100,00 DM. Sie berechnet 1 % Provision.
4. Über die Zentralbank werden der Volksbank eingelöste DM-Reiseschecks in Höhe von 700,00 DM belastet.
5. An der Kasse wird ein eurocheque über 400,00 DM, gezogen auf die Volksbank Wismar, mit ec-Karte vorgelegt. Auszahlungsgebühr 4,00 DM.
6. Von einem Kontokorrentkunden werden Reiseschecks über 800,00 DM zur Gutschrift auf seinem Kontokorrentkonto eingereicht.
7. Die Reiseschecks werden über die LZB an das bezogene Institut zur Bezahlung gegeben. Der Gegenwert von 800,00 DM wird dem LZB-Girokonto der Volksbank gutgeschrieben.
8. Ein Kunde gibt DM-Reiseschecks in Höhe von 300,00 DM zurück und bittet um Gutschrift auf seinem Kontokorrentkonto.
9. Die LZB löst den Scheck über 30 000,00 DM ein (siehe Geschäftsfall 1).
10. Kunden reichen Verrechnungsschecks in Höhe von 6 500,00 DM zur E.v.-Gutschrift ein.

8.1.4 Lastschriftverkehr

Hauptbuchkonto Lastschriften

Lastschriften, die von Kunden zum Einzug (zur Gutschrift) hereingenommen worden sind, werden von der ersten Inkassostelle auf dem **Hauptbuchkonto Lastschriften** erfaßt. Lastschriften werden grundsätzlich E. v. gutgeschrieben.

Buchung der Lastschrifteingänge von Kunden:	Lastschriften an Kunden-KK

EZL-Lastschriften

Manche Kreditinstitute fassen die Konten Schecks und Lastschriften zusammen oder buchen Lastschriften über das Konto Schecks bzw. buchen Eingang und Ausgang der Lastschriften **ohne Einschaltung des Kontos Lastschriften.**

Der **Einzug** von Lastschriften bei anderen Kreditinstituten (Zahlstellen) erfolgt nach dem Lastschriftabkommen ausschließlich **beleglos.** Die Erfassung aller von Kunden beleghaft eingereichten Lastschriften auf EDV-Medien und die beleglose Weiterleitung wird als EZL-Verfahren bezeichnet.

EZL bedeutet **E**lektronischer **Z**ahlungsverkehr mit **L**astschriften.

Für den Einzug von Lastschriften stehen die Inkassowege des Scheckverkehrs zur Verfügung.

Einlösung von Lastschriften Lastschriftvorlagen von anderen Kreditinstituten werden bei der Zahlstelle wie Scheckeingänge von anderen Kreditinstituten sofort zu Lasten Kunden-KK gebucht. Das Konto Lastschriften wird nicht eingeschaltet.

Rücklastschriften Unbezahlte und widerrufene Lastschriften werden über das Konto Rücklastschriften gebucht. Das Buchungsverfahren entspricht dem Buchungsverfahren bei Rückschecks (siehe Seite 106).

Bilanzierung von Lastschriften Zum Einzug hereingenommene Lastschriften, die am Bilanzstichtag im Bestand der Bank sind, werden als **Sonstige Vermögensgegenstände** (Aktivposten Nr. 15) bilanziert.

Aufgabe

Aufgabe 8.11 Buchen Sie im Grundbuch der Stadtsparkasse Magdeburg (Buchungssätze)!

	DM
1. Die Stadtsparkasse erhält über ihre Girozentrale Lastschriften, die Kontokorrentkunden zu belasten sind	15 600,00
2. Über die LZB-Abrechnung erhält die Stadtsparkasse Lastschriften, die ebenfalls zu Lasten von Kontokorrentkunden einzulösen sind.	3 688,00
3. Ein Kontokorrentkunde der Stadtsparkasse widerspricht einer Lastschrift. Der Betrag, der bereits belastet war, wird unter Abzug von 3,00 DM Widerspruchsgebühr zurückgebucht.	2 150,00
4. Die Stadtsparkasse gibt die Rücklastschrift an die Girozentrale zurück:	
Lastschriftbetrag	2 150,00
Rücklastschriftentgelt	7,50
5. Kontokorrentkunden reichen der Stadtsparkasse Lastschriften ein, die Eingang vorbehalten gutgeschrieben werden.	18 648,00
6. Die Lastschriften werden eingezogen:	
zu Lasten von Kontokorrentkunden der Stadtsparkasse	6 943,00
über die LZB-Abrechnung	3 519,00
über die Girozentrale	8 186,00
7. Die Stadtsparkasse erhält über LZB-Giro eine nicht eingelöste Lastschrift zurück	3 000,00
Rücklastschriftentgelt der Zahlstelle	7,50
Die Sparkasse belastet das Konto des Einreichers unter Berechnung von eigener Provision	5,00

8.1.5 Wechselinkasso

8.1.5.1 Einreichung von Wechseln zum Einzug
(Einreichung durch Kunden)

Hauptbuchkonto Inkassowechsel Wechsel, die von Kunden zum Einzug eingereicht werden, sind auf dem **Hauptbuchkonto Inkassowechsel** zu erfassen. Inkassowechsel werden den Einreichern regelmäßig **nach Eingang** des Gegenwertes **(n.E.)** gutgeschrieben. Bei Hereinnahme der Wechsel ist daher das **Zwischenkonto Wechseleinreicher** einzuschalten.

Buchung bei Hereinnahme von Inkassowechseln:	Inkassowechsel an Wechseleinreicher

Eine E.v.-Gutschrift kommt für Inkassowechsel wegen der im Zeitpunkt der Einreichung oft noch erheblichen Restlaufzeiten grundsätzlich nicht in Frage.

Inkassowechsel, die bei auswärtigen Kreditinstituten zahlbar sind, werden regelmäßig etwa 10 bis 14 Tage vor Verfall von der ersten Inkassostelle zum Einzug gegeben. Dafür ist das **Zwischenkonto Wechselversand** einzuschalten.

Wechseleinzugswege Für Inkassowechsel stehen den Kreditinstituten grundsätzlich dieselben Einzugswege wie im Scheckverkehr zur Verfügung:

- Einzug über die LZB-Abrechnung,
- Einzug im eigenen Gironetz,
- Einzug über das LZB-Girokonto.

Der Einzug über die Landeszentralbank setzt voraus, daß der Wechsel an einem Bankplatz zahlbar ist.

Buchung von Inkassowechseln, die auf den Einzugsweg gegeben werden:	Wechselversand an Inkassowechsel

Nach Eingang des Gegenwertes werden die Zwischenkonten ausgeglichen.

Wechsel, die bei Kreditinstituten am Platz zahlbar sind, werden am Verfalltag bzw. Zahlungstag über die **LZB-Abrechnung** eingezogen.

Beispiel

Buchung von Inkassowechseln (Gutschrift n. E.)

Geschäftsfälle	Grundbuch	
1. Ein Kontokorrentkunde reicht Wechsel im Gesamtbetrag von 9 600,00 DM zum Einzug ein.	Inkassowechsel an Wechseleinreicher	 9 600,00 DM
2. Ein Inkassowechsel über 3 147,30 DM wird am Verfalltag über die LZB-Abrechnung eingezogen. Der Wechsel wird dem Einreicher gutgeschrieben.	LZB-Abrechnung an Inkassowechsel Wechseleinreicher an Kunden-KK	 3 147,30 DM 3 147,30 DM
3. Ein Inkassowechsel über 2 500,00 DM, zahlbar bei einer Korrespondenzbank (Nostroverbindung), wird der Zahlstelle 10 Tage vor Verfall zugeschickt.	Wechselversand an Inkassowechsel	 2 500,00 DM
4. Ein Wechsel über 896,50 DM wird am Verfalltag bar bezahlt.	Kasse an Inkassowechsel	 896,50 DM
5. Der Wechsel über 896,50 DM wird dem Einreicher gutgeschrieben, 5,00 DM Inkassoprovision.	Wechseleinreicher an Kunden-KK an Provisionserträge	896,50 DM 891,50 DM 5,00 DM
6. Der Wechsel über 2 500,00 DM wird dem Einreicher nach Einlösung unter Abzug von 10,00 DM Inkassoprovision gutgeschrieben.	Banken-KK an Wechselversand Wechseleinreicher an Kunden-KK an Provisionserträge	 2 500,00 DM 2 500,00 DM 2 490,00 DM 10,50 DM
7. Ein Inkassowechsel im Betrag von 600,00 DM wird der Domizilstelle direkt zugesandt.	Wechselversand an Inkassowechsel	 600,00 DM
8. Auf dem LZB-Girokonto gehen 600,00 DM für den direkt versandten Wechsel ein.	LZB-Giro an Wechselversand	600,00 DM 600,00 DM
9. Dem Einreicher wird der Wechselbetrag von 600,00 DM abzüglich 10,00 DM Inkassoprovision gutgeschrieben.	Wechseleinreicher an Kunden-KK an Provisionserträge	600,00 DM 590,00 DM 10,00 DM
10. Ein Inkassowechsel über 2 456,20 DM auf einen auswärtigen Bankplatz wird über LZB eingezogen.	Wechselversand an Inkassowechsel	 2 456,20 DM
11. Der Gegenwert für den Wechsel aus Geschäftsfall 10 geht auf LZB-Giro ein. Der Wechsel wird dem Einreicher unter Abzug von 15,00 DM gutgeschrieben.	LZB-Giro an Wechselversand Wechseleinreicher an Kunden-KK an Provisionserträge	 2 456,20 DM 2 456,20 DM 2 438,70 DM 15,00 DM

Keine Bilanzierung von n.E. gutzuschreibenden Inkassowechseln

Nach Eingang gutzuschreibende Inkassowechsel, die sich am Bilanzstichtag noch im Besitz der Bank befinden, dürfen nicht bilanziert werden. Die bei Hereinnahme der Wechsel erfolgte Buchung ist rückgängig zu machen.

Buchung der nach Eingang gutzuschreibenden Inkassowechsel, die noch im Besitz der Bank sind (vorbereitende Abschlußbuchung am 31.12.):	Wechseleinreicher an Inkassowechsel

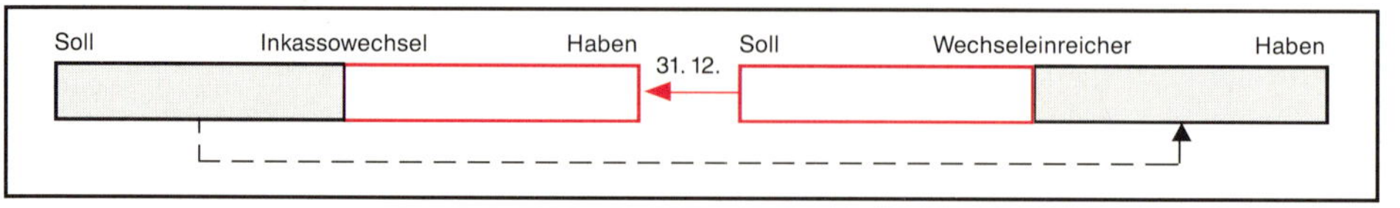

Nach Eingang gutzuschreibende Inkassowechsel, die zu Lasten des Kontos Wechselversand auf den Einzugsweg gegeben worden sind und deren Gegenwert noch nicht eingegangen ist, dürfen ebenfalls nicht bilanziert werden. Die bei Versand erfolgte Buchung ist rückgängig zu machen.

Buchung der nach Eingang gutzuschreibenden Inkassowechsel, die versandt worden sind (vorbereitende Abschlußbuchung am 31.12.):	Wechseleinreicher an Wechselversand

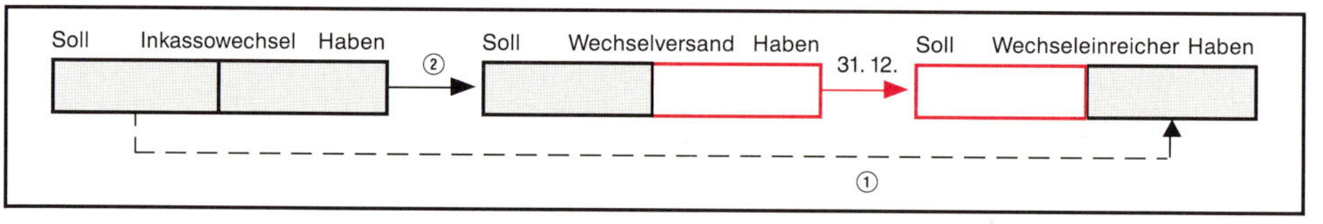

Beispiel

Abschluß der Zwischenkonten

Die Konten Inkassowechsel, Wechselversand und Wechseleinreicher einer Bank weisen am 31. Dezember 19. . folgende **Umsätze** auf:

Soll	Inkassowechsel		Haben
Umsätze	13 712 441,29	Umsätze	13 339 248,77

Soll	Wechselversand		Haben
Umsätze	861 229,18	Umsätze	858 225,18

Soll	Wechseleinreicher		Haben
Umsätze	11 413 215,28	Umsätze	11 789 411,80

Die **Inventur** ergibt:

373 192,52 DM nach Eingang des Gegenwertes gutzuschreibende Inkassowechsel, die noch im Besitz der Bank sind.

3 004,00 DM n.E. gutzuschreibende Inkassowechsel, die versandt worden sind, deren Gegenwert aber noch nicht eingegangen ist.

Geschäftsfälle	Grundbuch	DM
Vorbereitende Abschlußbuchungen		
Buchung der nach Eingang gutzuschreibenden Inkassowechsel, die noch im Besitz der Bank sind	Wechseleinreicher an Inkassowechsel	373 192,52
Buchung der nach Eingang gutzuschreibenden Inkassowechsel, die versandt worden sind	Wechseleinreicher an Wechselversand	3 004,00

Hauptbuch

Inkassowechsel

Soll		Haben	
Umsätze	13 712 441,29	Umsätze	13 339 248,77
		Wechseleinreicher	373 192,52
	13 712 441,29		13 712 441,29

Wechselversand

Soll		Haben	
Umsätze	861 229,18	Umsätze	858 225,18
		Wechseleinreicher	3 004,00
	861 229,18		861 229,18

Wechseleinreicher

Soll		Haben	
Umsätze	11 413 215,28	Umsätze	11 789 411,80
Inkassow.	373 192,52		
Wechselversand	3 004,00		
	11 789 411,80		11 789 411,80

8.1.5.2 *Vorlage von Wechseln zur Einlösung (Vorgabe durch andere Kreditinstitute)*

Hauptbuchkonto Domizilwechsel

Wechsel, auf denen die Bank als Zahlstelle angegeben ist und die ihr vor **Fälligkeit** zugehen, werden auf dem Konto **Domizilwechsel** erfaßt und am Zahlungstag den Kundenkonten belastet. Bis zur Einlösung wird das **Domizilwechseleingangskonto** zwischengeschaltet. Für die Einlösung berechnet die Bank Domizilprovision.

Buchung bei Eingang von Domizilwechseln von Korrespondenzbanken:	Domizilwechsel an Domizilwechsel-eingangskonto
Einlösung von Domizilwechseln am Zahlungstag (einschl. Domizilprovision):	Kunden-KK an Domizilwechsel an Provisionserträge
	Domizilwechsel-eingangskonto an Banken-KK

8.1.5.3 *Rückwechsel*

Wechsel-abkommen

Nach dem **Wechselabkommen** obliegt der **letzten Inkassostelle** die Pflicht zur Protestveranlassung und die Verpflichtung, nach Erhalt der Urkunde vom Protestbeamten den Wechsel unmittelbar **an die erste Inkassostelle zurückzusenden.**

Den **Wechselgegenwert** zuzüglich verauslagter Protestkosten zieht die letzte Inkassostelle mit einer **Rückrechnung für Direktrückgabe (Lastschrift)** ein. Dabei kann sie neben den **Protestkosten** geltend machen:

- eine **Provision** in Höhe von $\frac{1}{3}$ % der Wechselsumme und
- **Ersatz der Auslagen.**

Zinsen können nicht berechnet werden. Für Rückwechsel ab 10 000,00 DM kann ein Anspruch auf Zinsausgleich geltend gemacht werden, wenn der Wertstellungsverlust 30,00 DM oder mehr beträgt.

Eine Besonderheit ergibt sich bei Wechseln, die über die LZB-Abrechnung vorgelegt werden. Nach dem Wechselgesetz ist die Vorlage in einer Abrechnungsstelle der Vorlage beim Bezogenen gleichgestellt. Daraus folgt, daß die Bank, die den Wechsel in die Abrechnung eingeliefert hat, als letzte Inkassostelle anzusehen ist. Die Bank des Bezogenen (Zahlstelle) ist deshalb berechtigt, den Wechsel ohne Protest zurückzugeben.

Hauptbuchkonto Rückwechsel

Die **erste Inkassostelle** bucht die Beträge zurückerhaltener, nicht eingelöster Inkassowechsel und die Kosten, die ihr belastet werden, auf dem **Konto Rückwechsel.** Sie stellt dann für den Kunden, der den Wechsel eingereicht hat, eine Rückrechnung auf, wobei sie nach Art. 49 Wechselgesetz zusätzlich berechnen kann: $\frac{1}{3}$% Provision von der Wechselsumme, Ersatz der eigenen Auslagen und 2 % Zinsen über dem LZB-Diskontsatz, mindestens 6 %. Zinsen werden aber in der Regel nicht berechnet, da die Rückbelastung auf dem Konto des Einreichers grundsätzlich mit der Wertstellung des Verfalltages vorgenommen wird.

Beispiel

Buchung von Rückwechseln bei der ersten Inkassostelle

Buchung von Rückwechseln

Geschäftsfälle		Grundbuch	
1. Die Bank erhält von der letzten Inkassostelle einen mangels Zahlung protestierten Wechsel zurück.			
Wechselbetrag	3 600,00 DM	Rückwechsel	3 654,45 DM
Provision	12,00 DM	an Wechselversand	3 600,00 DM
Auslagen	6,45 DM	an LZB-Giro	54,45 DM
Protestkosten	36,00 DM		
Lastschrift (Einzug über LZB)	54,45 DM		
2. Der Wechsel wird dem Einreicher zurückgegeben.		Kunden-KK	69,45 DM
		Wechseleinreicher	3 600,00 DM
Rückrechnung der letzten Inkassostelle	3 654,45 DM	an Rückwechsel	3 654,45 DM
$\frac{1}{3}$% Provision	12,00 DM	an Provisionserträge	12,00 DM
Eigene Auslagen	3,00 DM	an Gebühren- und Spesenersatz	3,00 DM
3. Aus der Abrechnung erhält die Bank einen nicht eingelösten Wechsel über 7 500,00 DM zurück.		Rückwechsel	
		an LZB-Abrechnung	7 500,00 DM
4. Die Bank beauftragt den Gerichtsvollzieher mit der Protesterhebung. Die Gebühren in Höhe von 42,50 DM werden ihm an der Kasse ausbezahlt.		Rückwechsel	
		an Kasse	42,50 DM
5. Rückgabe des Wechsels an den Einreicher unter Verrechnung von 25,00 DM Provision und 5,00 DM Auslagen.		Kunden-KK	72,50 DM
		Wechseleinreicher	7 500,00 DM
		an Rückwechsel	7 542,50 DM
		an Provisionserträge	25,00 DM
		an Gebühren- und Spesensatz	5,00 DM
6. Die Bank erhält einen an die Domizilstelle versandten Wechsel protestiert zurück. Die Protestkosten und die Vorspesen werden über LZB-Giro verrechnet.			
Wechsel	1 830,00 DM	Rückwechsel	1 871,30 DM
Protestkosten	27,00 DM	an LZB-Giro	41,30 DM
fremde Spesen	14,30 DM	an Wechselversand	1 830,00 DM
Lastschrift	41,30 DM		
7. Der Wechsel wird dem Einreicher unter Belastung von 6,10 DM Provision und 15,00 DM Auslagen zurückgegeben.		Kunden-KK	62,40 DM
		Wechsel-Einreicher	1 830,00 DM
		an Rückwechsel	1 871,30 DM
		an Provisionserträge	6,10 DM
		an Gebühren- und Spesenersatz	15,00 DM

Aufgaben

Aufgabe 8.12

Buchen Sie auf den Konten Inkassowechsel, Wechseleinreicher und Rückwechsel!

Umsätze:	Soll	Haben
Inkassowechsel	999 000,00 DM	968 600,00 DM
Wechseleinreicher	826 400,00 DM	862 800,00 DM
Rückwechsel	41 000,00 DM	41 000,00 DM

Geschäftsfälle:	DM
1. Kontokorrentkunden reichen noch nicht fällige Inkassowechsel ein, die nach Eingang des Gegenwertes gutgeschrieben werden	82 600,00
2. Fällige Inkassowechsel werden über die Abrechnung eingezogen	54 900,00
3. Ein fälliger Inkassowechsel wird zu Lasten des Kontokorrentkontos des Bezogenen eingelöst. Die Bank berechnet Domizilprovision	5 000,00 5,00
4. Der Gegenwert des Wechsels (siehe Geschäftsfall Nr. 3) wird dem Einreicher unter Abzug von 10,00 DM Inkassoprovision gutgeschrieben mit	4 990,00
5. Ein Inkassowechsel wird direkt an die Domizilstelle gesandt.	28 000,00
6. Der Gegenwert des Wechsels (siehe Geschäftsfall Nr. 5) geht auf dem LZB-Konto ein. Er wird dem Einreicher unter Abzug von 2 ‰ Inkassoprovision = 56,00 DM gutgeschrieben.	
7. Die Bank erhält von der letzten Inkassostelle einen mangels Zahlung protestierten Wechsel über 6 000,00 DM zurück. Die Rückrechnung lautet auf 70,00 DM.	
8. Rückrechnung für den Einreicher (siehe Geschäftsfall Nr. 7): $\frac{1}{3}$% Provision, eigene Auslagen 10,00 DM	

Schlußbestand laut Inventur:

n.E. gutzuschreibende noch nicht fällige Inkassowechsel im Besitz der Bank	25 100,00

Am 31.12. befinden sich keine Wechsel auf dem Versandweg.

a) Richten Sie die Konten Inkassowechsel, Wechseleinreicher und Rückwechsel im Hauptbuch ein! Übernehmen Sie die Umsätze!

b) Buchen Sie die Geschäftsfälle Grund- und Hauptbuch!

c) Schließen Sie die Konten Inkassowechsel und Wechseleinreicher im Grund- und Hauptbuch ab!

Aufgabe 8.13

Buchen Sie auf den Konten Inkassowechsel, Wechselversand und Wechseleinreicher!

Umsätze auf den Konten:

S	**Inkassowechsel**		H
Umsätze	331 000,00	Umsätze	240 000,00

S	**Wechselversand**		H
Umsätze	74 000,00	Umsätze	45 000,00

S	**Wechseleinreicher**		H
Umsätze	231 000,00	Umsätze	351 000,00

Geschäftsfälle:	DM
1. Ein Kontokorrentkunde reicht mehrere Wechsel ein, die n.E. gutgeschrieben werden sollen	3 000,00
2. Die Bank zieht Inkassowechsel ein über LZB-Abrechnung über LZB-Giro	 20 000,00 30 000,00

		DM
3.	Ein Inkassowechsel wird an die Zahlstelle versandt	6 000,00
4.	Ein Kunde reicht Wechsel zur Gutschrift nach Eingang ein	10 000,00
5.	Auf LZB-Giro geht der Gegenwert für mehrere versandte Inkassowechsel ein	18 000,00
6.	Der Eingang (siehe Geschäftsfall Nr. 5) betrifft Wechsel, die den Einreichern jetzt unter Abzug von 2 ‰ Inkassoprovision = 36,00 DM gutgeschrieben werden	17 964,00
7.	Ein Kunde bittet 14 Tage vor Verfall um Rückgabe eines zum Inkasso hereingegebenen Wechsels	5 000,00

Abschlußangaben:	DM
Auf dem Versandweg befindliche Inkassowechsel	47 000,00

a) *Richten Sie die Konten Inkassowechsel, Wechselversand und Wechseleinreicher ein! Übernehmen Sie die Umsätze!*

b) *Buchen Sie die Geschäftsfälle im Grund- und Hauptbuch!*

c) *Schließen Sie die Konten Inkassowechsel, Wechselversand und Wechseleinreicher ab! Bilden Sie dazu im Grundbuch die Buchungssätze!*

Aufgabe 8.14 Wiederholungsaufgaben und Wiederholungsfragen

1. Zahlungen der Bank über LZB-Giro:

– Rechnung für Scheckvordrucke	19 200,00 DM
und Scheckkarten	12 000,00 DM
+ 15 % Umsatzsteuer	4 680,00 DM
– abzuführende Umsatzsteuer	24 000,00 DM
– abzuführende Lohn- und Kirchensteuer	37 817,00 DM
– Gewerbesteuernachzahlung für das abgelaufene Geschäftsjahr	11 432,00 DM
– Feuerversicherung	4 780,00 DM

Wie lautet die Buchung?

2. Fernüberweisungen sollen ausgeführt werden.

   a) *Wie lautet die Buchung*
      - *bei Ausführung über eine Korrespondenzbank*
      - *bei Ausführung über die Zentrale*
      - *bei Ausführung über eine Filiale?*

   b) *Über welche Konten buchen Sparkassen und Genossenschaftsbanken, wenn sie Fernüberweisungen im eigenen Gironetz ausführen?*

3. Die Bank gibt an einen Kontokorrentkunden eurocheque-Vordrucke aus (Gebühren 10,00 DM) und verkauft für 2 000,00 DM Reiseschecks.

   a) *Welche Buchung fällt bei Ausgabe der eurocheque-Vordrucke an?*

   b) *Welche Buchung ergibt sich bei Ausgabe der Reiseschecks?*

   c) *Wie lautet die Buchung bei Einlösung von eurocheques, die über LZB-Giro vorgelegt werden?*

   d) *Wie lautet die Buchung bei Rückgabe nicht verwendeter Reiseschecks?*

4. Die Bank kauft 100 Stück RICO-AG-Aktien zu 232,00 DM je Stück und verkauft davon 60 Stück an einen Kunden zu 235,00 DM je Stück. Am 31. Dezember beträgt der Kurs 235,00 DM.

   a) *Wie lauten die Buchungen bei Kauf und Verkauf?*

   b) *Wie lautet die Buchung zur Erfassung des realisierten Kursgewinns?*

   c) *Warum darf der nicht realisierte Kursgewinn nicht gebucht werden?*

   d) *Welche Konten können in der Buchführung der Kreditinstitute außer dem Konto Eigene Wertpapiere als gemischte Konten geführt werden?*

5. Am 31. Dezember sind vorbereitende Abschlußarbeiten durchzuführen:
- Kursverlust aus Edelmetallgeschäften
- Verrechnung der Vorsteuer mit der Umsatzsteuer
- noch auszuführende Zinsbuchungen:
  Zinsbelastungen für Debitoren
  Zinsgutschriften für Kreditoren
  Zinsgutschriften für Sparer

  Wie lauten die Buchungen?

6. Das Hauptbuchkonto Kunden-KK weist folgende Umsätze aus:

   Soll 18 213 700,00 DM — Haben 20 447 500,00 DM

   Debitorenbestand lt. EDV-Saldenliste: 4 265 300,00 DM
   Kreditorenbestand lt. EDV-Saldenliste: 6 499 100,00 DM

   a) *Wie lauten die Buchungen zum Abschluß des Kontos Kunden-KK?*
   b) *In welchen Bilanzposten werden die Bestände des Kontos Kunden-KK ausgewiesen (Bilanzformblatt: Seite 303/304)?*
   c) *Welche Aufgaben haben die einzelnen zum Hauptbuchkonto Kunden-KK geführten Personenkonten?*

7. Die Bank verkauft ein Telefax-Gerät für 750,00 DM plus 15 % Umsatzsteuer an einen Kontokorrentkunden. Das Gerät ist bereits abgeschrieben.

   Wie lautet die Buchung?

8.1.6 LZB-Abrechnungsverkehr

Forderungen und Verbindlichkeiten

Ausgänge von Schecks, Lastschriften und Wechseln sowie Eingänge von Überweisungen begründen Forderungen für die an der Abrechnung teilnehmenden Kreditinstitute.

Beispiel

Buchung des LZB-Abrechnungsverkehrs

Geschäftsfälle		**Grundbuch**	
1. Die Bank gibt in die Abrechnung:		LZB-Abrechnung	195 600,00 DM
Schecks	68 000,00 DM	an Schecks	68 000,00 DM
Lastschriften	52 500,00 DM	an Lastschriften	52 500,00 DM
Diskontwechsel	47 000,00 DM	an Diskontwechsel	47 000,00 DM
Inkassowechsel	28 100,00 DM	an Inkassowechsel	28 100,00 DM
2. Die Bank gibt in die Abrechnung:		Kunden-KK	
Überweisungen	63 200,00 DM	an LZB-Abrechnung	63 200,00 DM
3. Die Bank erhält aus der Abrechnung:		Kunden-KK	
Schecks	71 300,00 DM	an LZB-Abrechnung	188 500,00 DM
Lastschriften	56 200,00 DM		
Wechsel	61 000,00 DM		
4. Die Bank erhält aus der Abrechnung:		LZB-Abrechnung	
Überweisungen	78 000,00 DM	an Kunden-KK	78 000,00 DM
5. Ausgleich des Abrechnungssaldos über LZB-Girokonto		LZB-Giro	
		an LZB-Abrechnung	21 900,00 DM

Hauptbuch

Soll	LZB-Abrechnung		Haben
1. Schecks, Lastschriften, Diskont- u. Inkassowechsel	195 600,00	2. Kunden-KK	63 200,00
		3. Kunden-KK	188 500,00
4. Kunden-KK	78 000,00	5. LZB-Giro	21 900,00
	273 600,00		273 600,00

Eingänge von Schecks, Lastschriften und Wechseln sowie Ausgänge von Überweisungen begründen Verbindlichkeiten für die an der Abrechnung teilnehmenden Institute.

Das **Konto LZB-Abrechnung** wird täglich über das **LZB-Girokonto** ausgeglichen. Grundlage für diese Buchung ist die Ermittlung des Saldos aus Abrechnungsforderungen und Abrechnungsverbindlichkeiten.

Aufgaben

Aufgabe 8.15 Buchen Sie Vorgänge im LZB-Abrechnungsverkehr!

	DM
1. Die Bank gibt in die Abrechnung:	
Schecks	228 960,00
Inkassowechsel	198 310,00
Lastschriften	113 580,00
2. Die Bank erhält aus der Abrechnung:	
Schecks	199 650,00
Wechsel	263 140,00
Lastschriften	175 680,00
3. Die Bank gibt in die Abrechnung:	
Überweisungen	249 620,00
4. Die Bank erhält aus der Abrechnung:	
Überweisungen	315 840,00
5. Die Bank gibt in die Abrechnung:	
Rückschecks	1 890,00
Rückwechsel	800,00

a) *Buchen Sie die Umsätze im Grundbuch und auf dem Hauptbuchkonto LZB-Abrechnung!*

b) *Schließen Sie das Konto LZB-Abrechnung ab!*

Aufgabe 8.16 Führen Sie einen Geschäftsgang von Bilanz zu Bilanz durch!

Eröffnungsbilanz

Aktiva			Passiva		
Barreserve			**Verbindlichkeiten gegenüber Kreditinstituten**		2 500 000,00
a) Kassenbestand	135 000,00		**Verbindlichkeiten gegenüber Kunden**		
b) LZB-Guthaben	515 000,00	650 000,00	a) Spareinlagen	3 320 000,00	
			b) Sichteinlagen	12 750 000,00	16 070 000,00
Forderungen an Kreditinstitute		6 000 000,00	**Eigenkapital**		2 300 000,00
Forderungen an Kunden		10 935 000,00			
Wertpapiere		2 415 000,00			
Sachanlagen					
Grundstücke und Gebäude	550 000,00				
Betriebs- und Geschäftsausstattung	320 000,00	870 000,00			
		20 870 000,00			20 870 000,00

Konten:

Kasse, LZB-Giro, LZB-Abrechnung, Banken-KK, Kunden-KK, Schecks, Rückschecks, Lastschriften, Inkassowechsel, Wechseleinreicher, Domizilwechsel, Eigene Wertpapiere, Grundstücke und Gebäude, Betriebs- und Geschäftsausstattung, Spareinlagen, Sonstige Verbindlichkeiten, Konto pro Diverse (CpD), Eigenkapital, EBK, SBK

Zinsaufwendungen, Löhne und Gehälter, Sozialabgaben, Abschreibungen auf Sachanlagen, Sonstige betriebliche Aufwendungen, Zinserträge, Provisionserträge, Kursgewinne Wertpapiere, Gewinn- und Verlustkonto

Geschäftsfälle:	DM
1. Bareinzahlungen	
von Sparern	32 580,00
von Kontokorrentkunden	16 700,00
von Nichtkunden für Einlösung eines bei der Bank domizilierten Wechsels	800,00
(siehe Geschäftsfall Nr. 2) zuzüglich Provision	10,00
2. Vorlage eines bei der Bank domizilierten Wechsels durch eine Korrespondenzbank und Einlösung dieses Wechsels (siehe Geschäftsfall Nr. 1)	800,00
3. Gehaltszahlung brutto	50 000,00
Lohn- und Kirchensteuer	11 800,00
Sozialversicherung (Arbeitnehmeranteil)	7 500,00
Sozialversicherung (Arbeitgeberanteil)	7 500,00
Gutschrift auf Kontokorrentkonten	
4. Überweisungsaufträge von Kontokorrentkunden werden über LZB-Giro ausgeführt	38 400,00
5. Sparkunden kaufen Wertpapiere von der Bank	150 000,00
6. Vorlage über LZB-Giro zur Einlösung:	
Schecks	42 000,00
Lastschriften	55 000,00
7. Ein bereits gebuchter Scheck wird nicht eingelöst	7 500,00
Rückscheckentgelt	10,00
Rückgabe über LZB-Giro	
8. Einreichungen von Kunden zur E. v.-Gutschrift:	
Schecks	15 500,00
Lastschriften	27 800,00
9. Ein Kunde reicht zwei Inkassowechsel über 30 000,00 DM und 12 000,00 DM zur Gutschrift ein. Die Gutschrift erfolgt nach Eingang des Gegenwertes	42 000,00
10. Der Wechsel über	30 000,00
(siehe Geschäftsfall Nr. 9) wird mit Bezahlt-Melde-Karte an eine Korrespondenzbank gesandt (siehe Geschäftsfall Nr. 12)	
11. Der Wechsel über	12 000,00
(siehe Geschäftsfall Nr. 9) wird zu Lasten eines Kundenkontos eingelöst.	
Einlösungsprovision (Domizilprovision)	10,00
12. Von der Korrespondenzbank geht die Bezahlt-Meldung ein für den Wechsel über	30 000,00
(siehe Geschäftsfall Nr. 10)	
13. Gutschrift auf Kunden-KK für die eingereichten Inkassowechsel	
(siehe Geschäftsfall Nr. 9)	42 000,00
Inkassoprovision	25,00
14. Einlieferungen in die LZB-Abrechnung:	
Schecks	15 500,00
Lastschriften	27 800,00
Überweisungen von Kunden	40 000,00

15.	Auslieferungen von der LZB-Abrechnung:	DM
	Schecks	20 000,00
	Lastschriften	18 700,00
	Überweisungen z. G. von Kontokorrentkunden	34 500,00
16.	Verbuchung des Abrechnungssaldos	?
17.	Auszahlung eines eurocheques auf ein anderes Kreditinstitut	300,00
	Einlösungsgebühr	3,00
18.	Belastungen debitorischer Kundenkonten	
	mit Zinsen	220 000,00
	mit Provisionen (aus versch. Dienstleistungsgeschäften)	55 000,00
19.	Scheckeinzug über LZB-Giro	300,00
20.	Zinsgutschriften	
	für kreditorische Kundenkonten	12 000,00
	für Sparer	45 000,00
21.	Scheckeinreichung von Kunden zur E.v.-Gutschrift	10 000,00

a) Richten Sie die Konten im Hauptbuch ein und übernehmen Sie die Bestände aus der Eröffnungsbilanz (EBK)!

b) Buchen Sie die Geschäftsfälle im Grund- und Hauptbuch!

c) Nehmen Sie folgende vorbereitende Abschlußbuchungen im Grund- und Hauptbuch vor:

Abschreibungen auf Gebäude	*11 000,00 DM*
Abschreibungen auf Betriebs- und Geschäftsausstattung	*35 000,00 DM*
Erfolg des Wertpapiergeschäfts, Bilanzwert laut Inventur	*2 300 000,00 DM*
Kassenbestand laut Inventur	*184 783,00 DM*

d) Führen Sie die Abschlußbuchungen im Grund- und Hauptbuch durch!

Inventurbestände der Kontokorrentkonten:

Forderungen an Kreditinstitute	*6 000 000,00 DM*
Verbindlichkeiten gegenüber Kreditinstituten	*2 470 800,00 DM*
Debitoren	*11 476 135,00 DM*
Kreditoren	*12 986 700,00 DM*

e) Stellen Sie die Schlußbilanz auf (Bilanzformblatt benutzen)!

Aufgabe 8.17 Buchen Sie die folgenden Geschäftsfälle im Grundbuch der Nordbank AG, Rostock!

1.	Einlieferungen bei der Bank von Kontokorrentkunden:	DM
	Schecks (E. v.-Gutschrift)	40 000,00
	Lastschriften (E. v.-Gutschrift)	52 000,00
	Inkassowechsel (n.E.-Gutschrift)	17 000,00
2.	Versand von Inkassowechseln an die Domizilstellen	15 000,00
3.	Einzug der Bank über die LZB:	
	Schecks	28 000,00
	Lastschriften	40 000,00
	Inkassowechsel	12 000,00
4.	Überweisungen über LZB-Giro (Fernüberweisungen):	
	Überweisungseingänge der Bank:	
	– für Kontokorrentkunden	62 500,00
	– für Sparer	14 500,00
	– für Inkassowechselversand (n.E.-Gutschrift für Einreicher)	16 300,00
	– Inkassoprovision	20,00
	Überweisungsausgänge der Bank:	
	– Überweisungen im Auftrage von Kontokorrentkunden	38 100,00
5.	Vorlage bei der Bank zur Einlösung (durch LZB-Giro):	
	Schecks	61 850,00
	Lastschriften	42 000,00

		DM
6.	Einlösungsverweigerung der Bank für bereits gebuchten Scheck	10 000,00
	Rückscheckentgelt	10,00
	Rückgabe über LZB-Giro an die 1. Inkassostelle	
7.	Kontokorrent-Vorgänge bei der Bank:	
	Gutschriften für Inkassowechsel	32 000,00
	(Inkassoprovision)	40,00
	Belastungen für Domizilwechseleinlösungen	6 000,00
	(Domizilprovision)	10,00
8.	Verkäufe der Bank:	
	Goldbarren an Sparkunden	25 000,00
	Wertpapiere an eine Korrespondenzbank	228 000,00
9.	Rücklieferung über LZB-Giro an die Bank:	
	nicht eingelöster Scheck	6 000,00
	Rückscheckentgelt der bezogenen Bank	10,00
10.	LZB-Abrechnungsvorgänge:	
	Einlieferungen der Bank:	
	– Überweisungen im Auftrag von Kontokorrentkunden	61 800,00
	– Inkassowechsel	22 000,00
	– Schecks	19 372,00
	– Lastschriften	12 000,00
	Auslieferungen an die Bank:	
	– Überweisungen für Kontokorrentkunden	19 500,00
	– Domizilwechsel (fällig)	14 000,00
	– Schecks	22 000,00
	– Lastschriften	17 500,00
	Ausgleich des Kontos LZB-Abrechnung	

Programmierte Aufgaben

Aufgabe 8.18

Mit welcher Buchung wird das Konto LZB-Abrechnung abgeschlossen?

Die Bank reicht bei der LZB-Abrechnung ein:

Schecks	50 000,00 DM
Wechsel	25 000,00 DM
Lastschriften	110 000,00 DM
Überweisungen	90 000,00 DM

Die Bank erhält aus der LZB-Abrechnung:

Schecks	60 000,00 DM
Wechsel	20 000,00 DM
Lastschriften	135 000,00 DM
Überweisungen	100 000,00 DM

a) LZB-Abrechnung
an LZB-Giro 285 000,00 DM

b) LZB-Giro
an LZB-Abrechnung 285 000,00 DM

c) LZB-Giro
an LZB-Abrechnung 275 000,00 DM

d) LZB-Abrechnung
an LZB-Giro 305 000,00 DM

e) LZB-Giro
an LZB-Abrechnung 20 000,00 DM

f) LZB-Abrechnung
an LZB-Giro 20 000,00 DM

Aufgabe 8.19 **Mit welcher Buchung wird ein Kassenüberschuß richtig erfaßt?**

a) Kasse an Kunden-KK
b) Kasse an Gewinn- und Verlustkonto
c) Kasse an Privat
d) Kasse an Sonstige Verbindlichkeiten
e) Sonstige betriebliche Aufwendungen an Kasse
f) Gewinn- und Verlustkonto an Kasse

Aufgabe 8.20 **Über welche Konten können Fernüberweisungen gebucht werden**

① bei Kreditgenossenschaften
② bei Groß- und Regionalbanken
③ bei Sparkassen?

Ordnen Sie zu! Nicht zutreffenden Angaben ist die Ziffer ⑨ zuzuordnen!

a) LZB-Abrechnung
b) LZB-Giro
c) Girozentrale
d) Banken-KK
e) Zentralbank
f) Filiale/Zentrale-Verrechnung

Aufgabe 8.21 **Welche Aufgaben hat das Konto Wechseleinreicher?**

a) Das Konto soll die Forderungen der Bank erfassen, solange die Wechsel auf dem Versandwege sind.
b) Das Konto soll den Bestand an n.E.-Wechseln erfassen.
c) Das Konto soll die noch den Einreichern gutzuschreibenden Gegenwerte der n.E.-Wechsel erfassen.
d) Das Konto soll die beim eigenen Institut zahlbar gestellten Wechsel erfassen.

Aufgabe 8.22 **Welche der mit den Ziffern ① bis ⑥ gekennzeichneten Vorfälle gehört zu den aufgeführten Buchungen?**

① Die erste Inkassostelle erhält nicht eingelöste Schecks zurückbelastet
② Ausgabe von 10 eurocheque-Vordrucken an einen Kunden
③ Einlösung von eurocheques, die über LZB-Giro vorgelegt werden
④ Scheckeinreichungen von Kunden zur E. v.-Gutschrift
⑤ Barauszahlung eines eurocheques, der auf eine Filiale gezogen ist
⑥ Einlösung von Lastschriften, die über LZB-Abrechnung vorgelegt werden.

Ordnen Sie zu! Buchungen, auf die keiner der Vorfälle zutrifft, wird die Ziffer ⑨ zugeordnet.

a) Kunden-KK an LZB-Giro
b) LZB-Giro an Rückschecks
c) Rückschecks an LZB-Giro
d) LZB-Giro an Kunden-KK
e) Schecks an Kunden-KK
f) Inkassowechsel an Wechseleinreicher
g) Schecks an Kasse
h) Kasse an Schecks
i) Kunden-KK an LZB-Abrechnung
j) Lastschriften an LZB-Abrechnung
k) LZB-Abrechnung an Kunden-KK
l) keine Buchung

8.2 Mittelbeschaffung

8.2.1 Spareinlagen

Spareinlagen im Sinne der Rechnungsverordnung

Spareinlagen, soweit sie im Bilanzformblatt in dem Passivposten Nr. 2 „Spareinlagen" ausgewiesen werden sollen, müssen gemäß § 21 Abs. 4 Rechnungslegungsverordnung **unbefristete**, dem Kreditinstitut **auf unbestimmte Dauer zur Verfügung stehende Gelder** sein, die **vier Voraussetzungen** erfüllen:

1. Sie sind durch **Ausfertigung einer Urkunde**, insbesondere eines **Sparbuches**, gekennzeichnet.
2. Sie dienen der **Anlage und Ansammlung von Vermögen**; sie sind daher **nicht für den Zahlungsverkehr bestimmt**, so daß Verfügungen durch Überweisung, Scheck, Lastschrift oder Kreditkarte nicht zulässig sind.
3. Sie stammen von **natürlichen Personen** sowie von Personenvereinigungen und juristischen Personen, sofern es sich dabei nicht um Kapitalgesellschaften, Genossenschaften, wirtschaftliche Vereine und Personenhandelsgesellschaften handelt.

   Die ausgeschlossenen Personenvereinigungen und juristischen Personen können aber Spareinlagen im Sinne der Rechnungslegungsverordnung begründen, wenn sie gemeinnützigen, mildtätigen oder kirchlichen Zwecken dienen.
4. Sie weisen eine **Kündigungsfrist von mindestens drei Monaten** auf.

Spareinlagen, für die Kreditinstitute ihren Kunden das Recht einräumen, mit einer **Kündigungsfrist von drei Monaten** bis zu einem bestimmten Betrag **(pro Sparkonto und Kalendermonat höchstens 3 000 DM) ohne Kündigung** zu verfügen, gelten ebenfalls als Spareinlagen im Sinne der Rechnungslegungsverordnung. Diese Form von Spareinlagen wird von allen Kreditinstituten angenommen.

Als Spareinlagen in diesem Sinne gelten ebenfalls Geldbeträge, die aufgrund von Vermögensbildungsgesetzen geleistet werden; nicht dagegen Bauspareinlagen.

Hauptbuchkonten im Sparverkehr

Für die buchungsmäßige Erfassung von Spareinlagen sind **zwei Hauptbuchkonten** erforderlich:

- **Spareinlagen mit vereinbarter Kündigungsfrist von 3 Monaten**
- **Spareinlagen mit vereinbarter Kündigungsfrist von mehr als 3 Monaten**

Kurzbezeichnung Spareinlagen

Soweit es sich im folgenden um **Spareinlagen mit vereinbarter Kündigungsfrist von 3 Monaten** handelt, wird das Hauptbuchkonto mit der **Kurzbezeichnung Spareinlagen** verwendet.

Sparkonten

Für die einzelnen Sparer werden **Personenkonten (Sparkonten)** geführt. Die Personenkonten geben Auskunft über Umsätze und Kontostand des einzelnen Sparers. Sie sind Skontren zum Hauptbuchkonto.

Beispiel

▸ *Spareinlagen mit vereinbarter Kündigungsfrist von 3 Monaten*

Buchung von Spareinlagen mit vereinbarter Kündigungsfrist von 3 Monaten

Geschäftsfälle	**Grundbuch**	DM
Anfangsbestand: Spareinlagen 17 663 782,09 DM	EBK an Spareinlagen	17 663 782,09
1. Bareinzahlungen von Kunden 156 700,00 DM	Kasse an Spareinlagen	156 700,00
2. Barabhebungen von Kunden 61 000,00 DM	Spareinlagen an Kasse	61 000,00
3. Ein Sparkunde löst durch Barabhebung (nach rechtzeitiger Kündigung) ein Sparkonto auf. Guthaben 12 000,00 DM, noch gutzuschreibende Sparzinsen 268,00 DM	Zinsaufwendungen an Spareinlagen	268,00
	Spareinlagen an Kasse	12 268,00
4. Sparkunden kaufen von der Bank Wertpapiere (ohne Berücksichtigung von Kosten) 15 000,00 DM	Spareinlagen an Wertpapiere	15 000,00
5. Sparkunden werden von der Bank mit Hypothekenzinsen belastet 1 250,00 DM	Spareinlagen an Zinserträge	1 250,00
6. Sparkunden werden mit Depotgebühren belastet 8 200,00 DM + 15 % USt	Spareinlagen	9 430,00
	an Provisionserträge	8 200,00
	an Umsatzsteuer	1 230,00
7. Zinsgutschriften 840 948,00 DM	Zinsaufwendungen an Spareinlagen	840 948,00
Schlußbestand laut Inventur 18 562 750,09 DM	Spareinlagen an SBK	18 562 750,09

Hauptbuch

Soll — Spareinlagen — Haben

Soll		Haben	
2. Kasse	61 000,00	EBK	17 663 782,09
3. Kasse	12 268,00	1. Kasse	156 700,00
4. Wertpapiere	15 000,00	3. Zinsaufwendungen	268,00
5. Zinserträge	1 250,00	7. Zinsaufwendungen	840 948,00
6. Provisionserträge/USt	9 430,00		
SBK	18 562 750,09		
	18 661 698,09		18 661 698,09

▸ *VL-Spareinlagen*

VL-Spareinlagen (Spareinlagen aus vermögenswirksamen Leistungen) sind Spareinlagen mit bestimmten Festlegungsfristen (im 5. Vermögensbildungsgesetz geregelt). Kreditinstitute führen ein **Hauptbuchkonto VL-Spareinlagen.**

▸ *Bonussparverträge*

Bonussparverträge (bei Sparkassen auch Prämiensparverträge genannt) sind Sparverträge, bei denen sich das Kreditinstitut verpflichtet hat, nach Ablauf einer bestimmten Anlagedauer einen einmaligen Bonus (Zinsbonus) an den Sparer zu zahlen. Bonussparverträge können als Sparverträge über eine einmalige Anlage oder als Ratensparverträge abgeschlossen werden.

Einlagen aus Bonussparverträgen werden auf dem **Hauptbuchkonto Spareinlagen** erfaßt (in der Praxis aus Gründen der Übersichtlichkeit auch auf besonderen Hauptbuchkonten).

Buchung bei Einzahlung auf einen Bonussparvertrag:	Kasse an Spareinlagen

Anspruch auf die Bonuszahlung hat der Sparer nach Ablauf der Festlegungsfrist. Die **aufgelaufenen, aber noch nicht fälligen Bonusverpflichtungen** werden jeweils am Jahresende als **anteilige Zinsaufwendungen** erfaßt und auf dem Bestandskonto **Rückstellungen**[1] passiviert.

Buchungsmäßige Besonderheiten

Buchung anteiliger Zinsaufwendungen für Bonussparverträge:	Zinsaufwendungen an Rückstellungen

Bei Fälligkeit des Bonussparvertrages werden die gebildeten Rückstellungen aufgelöst.

Buchung bei Übertragung des Bonus auf das Sparkonto:	Rückstellungen an Spareinlagen

▶ Bilanzierung von Spareinlagen

Bilanzausweis

Spareinlagen werden in der Bilanz auf der Passivseite als **Unterposten a)** zum **Hauptposten Nr. 2 „Verbindlichkeiten gegenüber Kunden"** ausgewiesen:

		⋮ ....
2. Verbindlichkeiten gegenüber Kunden		
a) Spareinlagen		
aa) mit vereinbarter Kündigungsfrist von drei Monaten	....	
ab) mit vereinbarter Kündigungsfrist von mehr als drei Monaten	....	.... ⋮

Wesen von Sparbriefen und Sparobligationen

Sparbriefe/Sparkassenbriefe und Sparobligationen/Sparkassenobligationen sind für Banken bzw. Sparkassen Instrumente, mit denen sie sich mittel- und langfristige Fremdmittel beschaffen. Sparbriefe und Sparobligationen nehmen eine Mittelstellung zwischen Spareinlagen auf Konten (Buchverbindlichkeiten) und börsengängigen Schuldverschreibungen ein.

▶ Buchung von Sparbriefen/Sparkassenbriefen

Arten von Sparbriefen/Sparkassenbriefen

Folgende Arten von Sparbriefen und Sparkassenbriefen sind zu unterscheiden:

1. **Normalverzinsliche Sparbriefe**
   - Ausgabe zum Nennwert
   - Rückzahlung bei Fälligkeit zum Nennwert
   - Zinszahlung jährlich oder halbjährlich nachträglich

---

[1] Erklärung der Rückstellungen siehe 9.5.10

2. **Abgezinste Sparbriefe**
   - Ausgabe zum Nennwert abzüglich der Zinsen und Zinseszinsen für die gesamte Laufzeit
   - Rückzahlung bei Fälligkeit zum Nennwert
   - keine laufenden Zinszahlungen

3. **Aufgezinste Sparbriefe**
   - Ausgabe zum Nennwert
   - Rückzahlung zum Nennwert zuzüglich der Zinsen und Zinseszinsen für die gesamte Laufzeit
   - keine laufenden Zinszahlungen

Hauptbuchkonto Sparbriefe

Verbindlichkeiten aus verkauften Sparbriefen/Sparkassenbriefen werden auf dem **Hauptbuchkonto Sparbriefe** gebucht.

Beispiel
Normalverzinsliche Sparbriefe

Buchung von normalverzinslichen Sparbriefen

Die Bank verkauft an einen Kunden einen Sparbrief im Nennwert von 5 000,00 DM (Zinssatz 7 % p. a., Laufzeit sechs Jahre).

Geschäftsfälle	Grundbuch	
30. Juni 19. . : Verkauf eines Sparbriefes im Nennwert von 5 000,00 DM an einen Kontokorrentkunden	Kunden-KK an Sparbriefe	5 000,00 DM
31. Dezember 19. . : Zinszahlung, 7 % p. a. auf 5 000,00 DM halbjährlich nachträglich	Zinsaufwendungen an Kunden-KK	175,00 DM
Abschluß der Konten Zinsaufwendungen und Sparbriefe	Gewinn- und Verlustkonto an Zinsaufwendungen	175,00 DM
	Sparbriefe an SBK	5 000,00 DM
2. Januar 19. . : Eröffnung des Kontos Sparbriefe	EBK an Sparbriefe	5 000,00 DM
⋮	⋮	⋮
Rückzahlung bei Fälligkeit:	Sparbriefe an Kunden-KK	5 000,00 DM

Buchungsmäßige Besonderheiten bei abgezinsten Sparbriefen

Bei **abgezinsten Sparbriefen** muß der Zinsaufwand für die gesamte Laufzeit im Zeitpunkt des Verkaufs erfaßt werden. In die Gewinn- und Verlustrechnung des laufenden Geschäftsjahres darf jedoch nur der Zinsanteil einfließen, der diesem Jahr zuzurechnen ist. Die **Zinsanteile, die den folgenden Geschäftsjahren zuzurechnen sind, müssen** am Ende des laufenden Geschäftsjahres **aktiviert werden.**

Dafür wird ein besonderes Bestandskonto eingeschaltet: **Aktive Rechnungsabgrenzung.** Aus diesem Konto werden in jedem Jahr der Laufzeit die entsprechenden Zinsanteile ausgebucht und als Aufwand erfaßt. Die Zinsanteile der verschiedenen Laufzeitjahre der Sparbriefe werden dadurch voneinander abgegrenzt.[1]

Die zu aktivierenden (abzugrenzenden) Zinsanteile für die folgenden Laufzeitjahre müssen kapitalanteilig nach der Zinsstaffelmethode ermittelt werden.

---

[1] ausführliche Darstellung der Rechnungsabgrenzung siehe 9.5.9

Beispiel
Abgezinste Sparbriefe

Buchung von abgezinsten Sparbriefen	
Die Bank verkauft am 30. Juni 19. . 5 Sparbriefe im Nennwert von je 1 000,00 DM zum Preis von 762,90 DM je Stück.	
Geschäftsfälle	**Grundbuch**
30. Juni 19. . : Verkauf von 5 Sparbriefen im Nennwert von 1 000,00 DM je Stück zu 762,90 DM je Stück an einen Sparkunden	Spareinlagen 3 814,50 DM Zinsaufwendungen 1 185,50 DM an Sparbriefe 5 000,00 DM
31. Dezember 19. . : Der Zinsaufwand des laufenden Jahres beträgt 205,50 DM; zu aktivieren und abzugrenzen sind daher 980,00 DM.	GuV an Zinsaufwendungen 205,50 DM Aktive Rechnungsabgrenzung an Zinsaufwendungen 980,00 DM
Abschluß des Kontos Sparbriefe (Bilanzierung der Sparbriefe zum Nominalwert)	Sparbriefe an SBK 5 000,00 DM
Abschluß des Kontos Aktive Rechnungsabgrenzung	SBK an Aktive Rechnungsabgrenzung 980,00 DM
2. Januar 19. . : Eröffnung des Kontos Sparbriefe	EBK an Sparbriefe 5 000,00 DM
Eröffnung des Kontos Aktive Rechnungsabgrenzung	Aktive Rechnungsabgrenzung an EBK 980,00 DM
Zinsanteil für das 2. Laufzeitjahr: 214,50 DM	Zinsaufwendungen an Aktive Rechnungsabgrenzung 214,50 DM
Rückzahlung der Sparbriefe bei Fälligkeit: Gutschrift auf KK-Konto	Sparbriefe an Kunden-KK 5 000,00 DM

Buchungsmäßige Besonderheiten bei aufgezinsten Sparbriefen

Bei **aufgezinsten Sparbriefen** muß der Zinsanteil jedes Jahres der Laufzeit als Aufwand gebucht und gleichzeitig passiviert werden. Der Zinsanteil wird auf das Konto **Sparbriefe** gebucht.

Buchung zu passivierender anteiliger Zinsen für aufgezinste Sparbriefe:	Zinsaufwendungen an Sparbriefe

Die zu passivierenden Zinsen sind zeitanteilig zu berechnen.

▸ Buchung von Sparobligationen/Sparkassenobligationen

Arten

Auch bei Sparobligationen/Sparkassenobligationen ist zwischen normalverzinslichen Papieren, Abzinsungs- und Aufzinsungspapieren zu unterscheiden.

Hauptbuchkonto Sparobligationen

Verbindlichkeiten aus verkauften Sparobligationen/Sparkassenobligationen werden auf dem **Hauptbuchkonto Sparobligationen** gebucht. Die Buchungen bei Verkauf, Zinszahlung, Aktivierung anteiliger Zinsen aus abgezinsten Papieren und Passivierung anteiliger Zinsen aus aufgezinsten Papieren entsprechen den Buchungen bei Sparbriefen.

▶ Bilanzierung

Verkaufte Sparbriefe und Sparobligationen werden trotz ihrer Gemeinsamkeit (Rückzahlungsverpflichtung des Kreditinstituts in einer dem Kunden übergebenen besonderen Urkunde) in unterschiedlichen Posten der Passivseite ausgewiesen.

Sparbriefe sind regelmäßig **Namenspapiere.** Verbindlichkeiten aus Namensschuldverschreibungen in der Bilanz sind wie Buchverbindlichkeiten auszuweisen. Sie werden daher unter **bb)** im **Unterposten b) „andere Verbindlichkeiten"** des **Hauptpostens Nr. 2 „Verbindlichkeiten gegenüber Kunden"** ausgewiesen.

Sparobligationen sind regelmäßig **Orderpapiere** und **Teile einer Gesamtemission.** Solche Orderschuldverschreibungen und auch **Inhaberschuldverschreibungen** sind im **Unterposten a) „begebene Schuldverschreibungen"** des **Hauptpostens Nr. 3 „Verbriefte Verbindlichkeiten"** auszuweisen.

Bilanzausweis

⋮ Passivseite

2. Verbindlichkeiten gegenüber Kunden
a) Spareinlagen
aa) mit vereinbarter Kündigungsfrist von drei Monaten ....
ab) mit vereinbarter Kündigungsfrist von mehr als drei Monaten ....
b) andere Verbindlichkeiten
ba) täglich fällig ....
bb) mit vereinbarter Laufzeit oder Kündigungsfrist .... ← SPARBRIEFE

3. Verbriefte Verbindlichkeiten
a) begebene Schuldverschreibungen .... ← SPAROBLIGATIONEN
b) andere verbriefte Verbindlichkeiten ....
⋮

Bilanzansatz bei Sparbriefen und Sparobligationen:

- **normalverzinslich** – Bilanzierung zum Nennwert
- **abgezinst** – Bilanzierung zum Nennwert (Der aktivierte Abzinsungsbetrag ist unter Rechnungsabgrenzungsposten auf der Aktivseite der Bilanz auszuweisen!)
- **aufgezinst** – Bilanzierung zum aufgezinsten Wert (Nennwert plus aufgelaufene Zinsen)

8.2.3 Sicht- und Termineinlagen der Nichtbankenkundschaft

Übersicht

Kontenmäßige Erfassung von Sicht- und Termineinlagen der Nichtbankenkundschaft

Art der Einlage / Erfassung	Hauptbuchkonten	Personenkonten
Sichteinlagen von Kunden	Kunden-KK	Kontokorrentkonten
Termineinlagen von Kunden	Termineinlagen	Festgeldkonten Kündigungsgeldkonten

Sichteinlagen und **Termineinlagen** (Festgelder, Kündigungsgelder) müssen wegen ihrer unterschiedlichen Fälligkeit bzw. Verfügbarkeit auf verschiedenen Hauptbuchkonten erfaßt werden. Auch im Bereich der Skontren ist eine Verbuchung auf verschiedenen Personenkonten notwendig.

Verschiedene Hauptbuchkonten und Personenkonten

Beispiel

Buchung einer Festgeldanlage	
Die Bank überträgt am 28. Januar 19. . 100 000,00 DM vom Kontokorrentkonto auf das Festgeldkonto. Der Betrag wird über 90 Tage festgelegt. Der Zinssatz beträgt 4 % p. a.	
Geschäftsfälle	**Grundbuch**
28. Januar 19. . : Festgeldanlage 100 000,00 DM (Umbuchung vom Kontokorrentkonto)	Kunden-KK an Termineinlagen 100 000,00 DM
28. April 19. . : Zinsgutschrift zum Ablauf der Festlegungsfrist 1 000,00 DM und Umbuchung des Guthabens auf Kontokorrentkonto)	Zinsaufwendungen an Termineinlagen 1 000,00 DM Termineinlagen an Kunden-KK 101 000,00 DM

Über die **Bilanzierung von Sicht- und Termineinlagen** gibt die Übersicht auf Seite 130 Auskunft.

8.2.4 Einlagen der Bankenkundschaft und aufgenommene Gelder

Einlagen der Bankenkundschaft und aufgenommene Gelder sind **Verbindlichkeiten gegenüber Kreditinstituten,** die täglich fällig sein können oder eine vereinbarte Laufzeit bzw. Kündigungsfrist haben können.

Verschiedenartige Verbindlichkeiten gegenüber Kreditinstituten

Täglich fällige Verbindlichkeiten gegenüber Kreditinstituten sind:
- Sichteinlagen der Bankenkundschaft oder
- bei Kreditinstituten aufgenommenes Tagesgeld.

Sie werden auf dem **Hauptbuchkonto**
- **Bankenkontokorrent**

erfaßt.

Verbindlichkeiten gegenüber Kreditinstituten mit vereinbarter Laufzeit oder Kündigungsfrist sind:
- Termineinlagen der Bankenkundschaft oder
- bei Kreditinstituten aufgenommenes Termingeld.

Sie werden auf dem **Hauptbuchkonto**
- **Befristete Verbindlichkeiten – Banken**

erfaßt.

Zu den Hauptbuchkonten werden **Skontren** geführt.

Übersicht

Kontenmäßige Erfassung der Verbindlichkeiten gegenüber Kreditinstituten		
Art der Verbindlichkeiten / Erfassung	**Hauptbuchkonten**	**Skontren**
Täglich fällige Verbindlichkeiten – Sichteinlagen – aufgenommenes Tagesgeld	 Banken-KK Banken-KK	 Lorokonten Nostrokonten
Verbindlichkeiten mit vereinbarter Laufzeit oder Kündigungsfrist – Termineinlagen – aufgenommenes Termingeld	 Befristete Einlagen – Banken Befristete Einlagen – Banken	 Lorokonten Nostrokonten

8.2.5 Bilanzierung von Einlagen und aufgenommenen Geldern

Nicht verbriefte Verbindlichkeiten

Einlagen und aufgenommene Gelder sind **nicht verbriefte Verbindlichkeiten.** Kreditinstitute müssen diese Verbindlichkeiten in ihren Bilanzen

- **getrennt nach Gläubigern** und
- **getrennt nach Fälligkeit bzw. Verfügbarkeit**

ausweisen.

Bilanzausweis

Passivseite	DM	DM	DM	
1. Verbindlichkeiten gegenüber Kreditinstituten				
a) täglich fällig		....		SICHTEINLAGEN VON KREDITINSTITUTEN + AUFGENOMMENES TAGESGELD
b) mit vereinbarter Laufzeit oder Kündigungsfrist		....	....	TERMINEINLAGEN VON KREDITINSTITUTEN + AUFGENOMMENES TERMINGELD
2. Verbindlichkeiten gegenüber Kunden				
a) Spareinlagen				
aa) mit vereinbarter Kündigungsfrist von drei Monaten	....			
ab) mit vereinbarter Kündigungsfrist von mehr als drei Monaten	....	....		
b) andere Verbindlichkeiten				
ba) täglich fällig	....			SICHTEINLAGEN VON KUNDEN
bb) mit vereinbarter Laufzeit oder Kündigungsfrist	....	....	....	TERMINEINLAGEN VON KUNDEN
⋮			⋮	

Termineinlagen sind einschließlich der bis zum Bilanzstichtag aufgelaufenen, aber noch nicht fälligen Zinsen zu bilanzieren.

Die in den Posten Nr. 1 b) und Nr. 2 bb) ausgewiesenen Verbindlichkeiten sind **im Anhang** nach Fristen **zu gliedern**, und zwar **nach Verbindlichkeiten mit ursprünglich vereinbarter Laufzeit oder Kündigungsfrist von**

Fristengliederung im Anhang

a) weniger als drei Monaten,
b) mindestens drei Monaten, aber weniger als vier Jahren,
c) vier Jahren oder länger (mit zusätzlicher Angabe der Höhe vor Ablauf von vier Jahren fälligen Verbindlichkeiten).

Diese Aufgliederung ist bis einschließlich Jahresabschluß 1997 vorgeschrieben. Ab Jahresabschluß 1998 muß nach Restlaufzeiten gegliedert werden.

Aufgaben

Aufgabe 8.23

Buchen Sie im Grundbuch (Buchungssätze)!

Sofern bei Sparkonten keine näheren Angaben gemacht werden, handelt es sich stets um Sparkonten mit vereinbarter Kündigungsfrist von drei Monaten.

		DM
1.	Bareinzahlungen von Sparkunden	2 400,00
2.	Abrechnungseingänge	
	für Kontokorrentkunden	53 800,00
	für Sparkunden	32 700,00
3.	Wertpapierverkäufe (ohne Berücksichtigung von Kosten) an Kunden	
	Sparkunden	8 500,00
	Kontokorrentkunden	12 500,00
4.	Ein Kontokorrentkunde zahlt bar ein	350,00
5.	Belastungen für Depotgebühren	
	Kontokorrentkunden einschließlich Umsatzsteuer	15 870,00
	Sparkunden einschließlich Umsatzsteuer	11 270,00
	Umsatzsteuer	3 540,00
6.	Barabhebungen	
	Kontokorrentkunden	1 200,00
	Sparkunden	500,00
7.	Die Bank gibt Schecks zum Einzug in die Abrechnung	2 500,00
8.	Ein Kunde läßt von seinem Sparkonto mit vereinbarter Kündigungsfrist von drei Monaten auf sein Sparkonto mit zwölfmonatiger Kündigungsfrist übertragen	6 000,00
9.	Die Bank erhält über die Abrechnung Verrechnungsschecks, die von Kontokorrentkunden ausgestellt worden sind	10 500,00
10.	Zinsgutschriften	
	für Sparkonten mit vereinbarter Kündigungsfrist von drei Monaten	127 820,00
	für Sparkonten mit vereinbarter Kündigungsfrist von zwölf Monaten	81 000,00
11.	Barabhebung eines Sparkunden	5 000,00
12.	Auflösung eines Sparkontos nach erfolgter Kündigung und Ablauf der Kündigungsfrist	
	Guthaben	15 000,00
	noch gutzuschreibende Zinsen	500,00
13.	Ein Kunde schließt einen Bonussparvertrag ab und läßt von seinem KK-Konto 500,00 DM übertragen.	
14.	Ein fälliger Bonussparvertrag wird bar ausgezahlt.	
	Sparguthaben	3 600,00
	noch für das laufende Jahr gutzuschreibende Zinsen	216,00
	zu übertragender Bonus	504,00

15. Ein KK-Kunde reicht ein:

Lastschriften (E. v.-Gutschrift)	26 820,00
Schecks (E. v.-Gutschrift)	17 000,00
Inkassowechsel (n.E.-Gutschrift)	6 000,00
Überweisungsauftrag zugunsten seines Sparkontos	10 000,00

16. Durch LZB-Abrechnung werden der Bank vorgelegt:

Schecks	142 600,00
Wechsel	187 000,00
Lastschriften	227 845,00
Überweisungen	159 717,00

17. Ein Scheck über 20 000,00 DM wird nicht eingelöst und über LZB-Abrechnung zurückgegeben. 10,00 DM Rückscheckgebühr.
18. Verkauf von Amexco-DM-Reiseschecks in Höhe von 3 000,00 DM an einen Sparkunden. 1 % Provision.
19. Goldmünzenverkauf an einen Sparkunden — 1 800,00
20. Bareinzahlung für Bonussparvertrag — 250,00
21. Gutschrift des Inkassowechsels über 6 000,00 DM (siehe Geschäftsfall Nr. 15) nach Eingang des Gegenwertes. 1 ‰ Inkassoprovision.
22. Kauf eines Telefaxgerätes (Verkäufer ist Kunde) — 3 000,00
    + 15 % Umsatzsteuer — 450,00
23. Eine nicht eingelöste Lastschrift über 8 720,00 DM wird der Bank über LZB-Giro zurückbelastet.
    Rücklastschriftentgelt der Zahlstelle — 7,50

Aufgabe 8.24 Buchen Sie im Grundbuch (Buchungssätze)!

Sofern bei Sparkonten keine näheren Angaben gemacht werden, handelt es sich stets um Spareinlagen mit vereinbarter Kündigungsfrist von drei Monaten.

	DM
1. Ein Kunde läßt von seinem Sparkonto auf sein KK-Konto übertragen	2 000,00
2. Ein Kunde löst sein Sparkonto auf und bittet um Barauszahlung.	
Kontostand	700,00
Aufgelaufene Zinsen, die noch gutzuschreiben sind	28,00
3. Die Bank verkauft zwei normalverzinsliche Sparbriefe an einen Sparkunden und belastet den Gegenwert seinem Sparkonto	
Nennwert je Sparbrief	5 000,00
4. Die Bank schreibt Zinsen für Sparbriefe gut. Die Besitzer sind Kontokorrentkunden	2 000,00
5. Ein KK-Kunde legt 500 000,00 DM als Festgeld an.	
6. Eine Korrespondenzbank legt bei dem Kreditinstitut 10 000 000,00 DM als Festgeld an und überweist den Betrag über LZB-Giro.	
7. Die Bank schreibt Zinsen für Spareinlagen gut	
für Sparkonten mit vereinbarter Kündigungsfrist von drei Monaten	68 554,30
für Sparkonten mit vereinbarter Kündigungsfrist von 12 Monaten	37 901,00
8. Die Bank nimmt Sparbriefe ins Depot (siehe Geschäftsfall Nr. 3)	10 000,00
9. Ein Kunde löst sein Sparkonto nach erfolgter Kündigung und Ablauf der Kündigungsfrist auf und hebt sein Sparguthaben bar ab	
Kontostand	3 200,00
Noch gutzuschreibende Zinsen	192,00
10. Folgende Zahlungen zugunsten von Sparkonten erfolgen:	
bar	6 500,00
Daueraufträge zu Lasten von Kontokorrentkonten	14 000,00
Überweisungseingänge über LZB-Abrechnung	2 400,00
11. Die Bank nimmt fällige normalverzinsliche Sparbriefe zurück und erteilt Gutschrift auf Sparkonten	12 000,00

12. Ein Kunde kauft zu Lasten seines Kontokorrentkontos 20 000,00 DM abgezinste Sparbriefe zum Preis von 16 454,04 DM.
13. Das Kreditinstitut zahlt 5 000 000,00 DM Tagesgeld plus (noch gutzuschreibender) 833,33 DM Zinsen über LZB-Giro zurück.
14. Zinsgutschrift für Termineinlage eines Kunden 7 500,00 DM (siehe Geschäftsfall Nr. 5).
15. Verkauf von Sparobligationen an einen Sparkunden: Nennwert 10 000,00 DM (Aufzinsungspapier).
16. Abgelaufenes Festgeld in Höhe von 500 000,00 DM (siehe Geschäftsfall Nr. 5) plus Zinsen (siehe Geschäftsfall Nr. 14) werden dem Kunden auf dem Kontokorrentkonto zur Verfügung gestellt.

Buchen Sie im Grundbuch und im Hauptbuch sowie auf Personenkonten der Brandenburger Bank AG! ***Aufgabe 8.25***

Bestände lt. Bilanz vom 31.12.19. . :	DM
Kassenbestand	80 000,00
LZB-Guthaben	255 000,00
Schecks	37 000,00
Forderungen an Kunden	3 600 000,00
Übrige Aktiva (zusammengefaßt)	6 028 000,00
Verbindlichkeiten gegenüber Kunden	6 800 000,00
Übrige Passiva (zusammengefaßt)	3 300 000,00

Forderungen und Verbindlichkeiten
(lt. Skontren)

Kurzfristige Forderungen an Kunden (Debitoren):	
Altmann & Co.	65 000,00
W. Bertram	150 000,00
Cleemann-Werbung	25 000,00
Deutsche Metallwerke AG	635 000,00
Sonstige Debitoren	2 725 000,00
Sichteinlagen (Kreditoren):	
Hans Utermann	8 500,00
Otto W. Uvanski	6 000,00
Vogel & Wittig KG	27 500,00
H. Wollmann	12 000,00
Zerssen & Co.	360 000,00
Sonstige Kreditoren	3 536 000,00
Termineinlagen:	
SUWA-Feinmetallwerke AG	500 000,00
Vogel & Wittig KG	150 000,00
Zerssen & Co.	1 000 000,00
Spareinlagen mit vereinbarter Kündigungsfrist von drei Monaten:	
Anneliese Schwalbe	8 000,00
Hans Utermann	5 000,00
H. Wollmann	6 000,00
Sonstige Sparkunden	781 000,00
Spareinlagen mit vereinbarter Kündigungsfrist von 12 Monaten:	
Franz Schröder	22 000,00
Ingrid Schulte	16 500,00
Sonstige Sparkunden	141 500,00
Verkaufte normalverzinsliche Sparbriefe	120 000,00

Konten (Hauptbuch):
Kasse, LZB-Giro, Schecks, Kundenkontokorrent, Spareinlagen mit gesetzlicher Kündigungsfrist, Spareinlagen mit vereinbarter Kündigungsfrist, Sparbriefe, Termineinlagen.

Geschäftsfälle:	DM
1. LZB-Eingänge für	
Deutsche Metallwerke AG	23 500,00
Ingrid Schulte	10 000,00
Kontokorrentkonto Otto W. Uvanski	2 500,00
Anneliese Schwalbe	1 500,00
Festgeldkonto Vogel & Wittig KG	150 000,00
Altmann & Co.	5 000,00
2. Einlösung von Schecks, die im vereinfachten Scheckeinzugsverfahren durch die LZB vorgelegt werden. Aussteller:	
W. Bertram	10 000,00
H. Wollmann	7 000,00
Hans Utermann	2 500,00
Cleemann-Werbung	3 500,00
3. Kontoüberträge von Kontokorrentkonten auf Sparkonten mit vereinbarter Kündigungsfrist von drei Monaten	
Hans Utermann	1 000,00
H. Wollmann	1 500,00
4. Kontoübertrag von Kontokorrentkonto auf Festgeldkonto	
Zerssen & Co.	200 000,00
5. Scheckgutschriften E. v., Einreicher:	
Vogel & Wittig KG	2 500,00
H. Wollmann	7 000,00
Anneliese Schwalbe	1 500,00
6. Überweisungsaufträge von Kunden werden über LZB-Giro ausgeführt	
Altmann & Co.	5 500,00
Vogel & Wittig KG	3 500,00
Deutsche Metallwerke AG	15 000,00
7. Bareinzahlungen	
Franz Schröder	600,00
Ingrid Schulte	1 000,00
8. Verkauf von Sparbriefen (Belastung des Gegenwertes auf Spar- bzw. Kontokorrentkonten)	
an Ingrid Schulte	5 000,00
an Anneliese Schwalbe	2 000,00
an H. Wollmann (Kontokorrentkonto)	5 000,00

a) Stellen Sie eine Eröffnungsbilanz auf! Unterteilen Sie die Verbindlichkeiten nur nach Sichteinlagen, befristeten Einlagen und Spareinlagen!

b) Richten Sie die Hauptbuchkonten ein und eröffnen Sie diese Konten im Grund- und im Hauptbuch! Fassen Sie die Eröffnungsbuchungen zu zusammengesetzten Buchungen zusammen! Übrige Aktiva und übrige Passiva sind nur im Grundbuch zu berücksichtigen.

c) Richten Sie die benötigten Skontren ein und tragen Sie die Salden vor!

d) Buchen Sie die Geschäftsfälle (Umsätze)
a) im Grundbuch,
b) im Hauptbuch,
c) in den Skontren!

Entscheiden Sie, in welchen Bilanzposten die folgenden Werte ausgewiesen werden (Bilanzformblatt benutzen)! **Aufgabe 8.26**

a) Goldmünzen, die nicht mehr gesetzliches Zahlungsmittel sind
b) Rückschecks, die am Bilanzstichtag nicht mehr an das einreichende Kreditinstitut zurückgegeben werden konnten
c) Schecks, die E. v. gutgeschrieben sind und am Bilanzstichtag noch im Bestand der Bank sind
d) Abzuführende Umsatzsteuer (Zahllast)
e) Kontoüberziehungen der Privatkundschaft
f) Lastschriften im Bestand der Bank, die von Kontokorrentkunden zum Einzug eingereicht und ihnen E. v. gutgeschrieben wurden
g) n.E. gutzuschreibende Inkassowechsel im Bestand der Bank
h) Gültige ausländische Zahlungsmittel
i) Sichteinlagen von Kreditinstituten
j) Verkaufte abgezinste Sparbriefe (Namenspapiere)
k) Verkaufte normalverzinsliche Sparobligationen (Orderpapiere, die Teile einer Gesamtemisssion sind)

In welchen Bilanzposten der Passivseite werden ausgewiesen: **Aufgabe 8.27**

a) Sichteinlagen von Kunden
b) Sichteinlagen von Banken
c) Aufgenommenes Tagesgeld
d) Termineinlagen von Kunden, Laufzeit zwei Monate
e) Termineinlagen von Kunden, Laufzeit ein Monat
f) Termineinlagen von Banken, Laufzeit ein Monat
g) Termineinlagen von Banken, Laufzeit sechs Monate
h) Spareinlagen mit vereinbarter Kündigungsfrist von drei Monaten
i) Spareinlagen mit vereinbarter Kündigungsfrist von 12 Monaten
j) Spareinlagen mit vereinbarter Kündigungsfrist von 18 Monaten
k) Spareinlagen aus Bonussparverträgen
l) Aufgelaufene Zinsboni
m) Verkaufte aufgezinste Sparbriefe (Namenspapiere), Laufzeit vier Jahre
n) Verkaufte abgezinste Sparobligationen (Inhaberpapiere), Laufzeit acht Jahre

Bilanzformblatt auf Seite 303/304 benutzen!

Programmierte Aufgaben

Entscheiden Sie über die Bilanzierung von Forderungen und Verbindlichkeiten (Bilanzformblatt auf Seite 303/304 benutzen)! **Aufgabe 8.28**

Bestände lt. Inventur:	DM
Debitoren (Kontokorrent-Forderungen an Nichtbanken-Kunden)	18 000 000,00
Kreditoren (Kontokorrent-Verbindlichkeiten gegenüber Nichtbanken-Kunden)	24 000 000,00
Täglich fällige Guthaben auf Kontokorrent-Konten bei anderen Kreditinstituten (Nostrokonten)	10 000 000,00
Täglich fällige Verbindlichkeiten auf Kontokorrent-Konten bei anderen Kreditinstituten (Nostrokonten)	15 000 000,00
Forderungen an Kreditinstitute auf Kontokorrent-Konten (Lorokonten)	8 000 000,00
Verbindlichkeiten gegenüber Kreditinstituten auf Kontokorrent-Konten (Lorokonten)	3 000 000,00

1. Welcher Betrag ist unter Aktiva Nr. 3 a) „Forderungen an Kreditinstitute – täglich fällig“ zu bilanzieren?
   a) 36 000 000,00 DM
   b) 28 000 000,00 DM
   c) 18 000 000,00 DM
   d) 32 000 000,00 DM
   e) 26 000 000,00 DM

2. Welcher Betrag ist unter Passiva Nr. 2ba) „Verbindlichkeiten gegenüber Kunden – täglich fällig“ zu bilanzieren?
   a) 39 000 000,00 DM
   b) 42 000 000,00 DM
   c) 18 000 000,00 DM
   d) 27 000 000,00 DM
   e) 24 000 000,00 DM

Aufgabe 8.29 **Entscheiden Sie, welche Sollbuchungen ausgelöst werden!**

1. Kauf von Büromaterial von einem KK-Kunden:
   6 400,00 DM + 960,00 DM Umsatzsteuer
2. Gehaltszahlung: 26 000,00 DM (brutto), 5 750,00 DM Lohnsteuer, 517,50 DM Kirchensteuer, vermögenswirksame Leistungen der Bank 5 720,00 DM, Sozialversicherung Arbeitnehmeranteil 4 420,00 DM, Sozialversicherung Arbeitgeberanteil 5 000,00 DM.
3. Steuervorauszahlung der Bank: Gewerbesteuer, Vermögensteuer, Grundsteuer und Körperschaftsteuer
4. Überweisungseingänge auf dem LZB-Girokonto für Sparer und Kontokorrentkunden
5. Direktversand eines E. v.-Schecks über 50 000,00 DM
6. Einlösung eines eurocheques über 400,00 DM, Auszahlungsgebühr 3,00 DM
7. Von einer Korrespondenzbank gehen Wechsel ein, die in einigen Tagen bei der Bank fällig sind.
8. LZB-Abrechnungssaldo 246 000,00 DM zugunsten der Bank
9. Kassenbestand lt. Inventur 98 720,00 DM, Saldo des Kontos Kasse 98 620,00 DM
10. Aufnahme von Termingeld bei einer Korrespondenzbank

Ordnen Sie die Nummern der Geschäftsfälle den Konten zu, die im Soll angesprochen werden!

a) Umsatzsteuer
b) Vorsteuer
c) LZB-Giro
d) LZB-Abrechnung
e) Betriebs- und Geschäftsausstattung
f) Befristete Verbindlichkeiten – Banken
g) Spareinlagen
h) Kunden-KK
i) Banken-KK
j) Kasse
k) Sonstige betriebliche Aufwendungen
l) Sonstige Verbindlichkeiten
m) Schecks
n) Scheckeinreicher
o) Scheckversand
p) Inkassowechsel
q) Domizilwechsel
r) Büroaufwand
s) Löhne und Gehälter
t) Sozialabgaben
u) Kostensteuern
v) Ertragsteuern
w) Provisionsaufwendungen
x) Kursgewinne

8.3 Kreditgeschäfte, Refinanzierungen und Anlagen auf dem Geldmarkt

8.3.1 Kontokorrentkredite

Erfassung von Kontokorrentkrediten

Bei Einräumung eines Kontokorrentkredits als **Überziehungslinie** wird nicht gebucht. Buchungen werden erst ausgelöst, wenn der Kunde durch Abhebungen, Überweisungen oder Scheckziehungen den Kredit in Anspruch nimmt. Bei Einräumung eines Kontokorrentkredits auf einem **Kreditsonderkonto** wird die Bereitstellung ebenfalls nicht gebucht. Buchungen werden erst durch Abhebungen, Überweisungen oder Scheckziehungen ausgelöst.

Buchung des Kontokorrentkredits

Buchung bei Inanspruchnahme des Kredits, der auf dem Kreditsonderkonto eingeräumt wurde:

Kunden-Kreditsonderkonto
an LZB-Giro

Am Bilanzstichtag ist die Forderung oder Verbindlichkeit des Kreditinstituts gegenüber dem Kunden zu ermitteln und zu bilanzieren.

Abschluß der Kontokorrentkonten

Kontokorrentkonten werden im allgemeinen **monatlich** (für **Firmenkunden**) oder **vierteljährlich** (für **Privatkunden**) abgeschlossen. Dem Kreditnehmer wird eine Abschlußrechnung zugestellt. Bei der Verbuchung der Abschlußrechnung dürfen **Zinserträge** und **Zinsaufwendungen** nicht kompensiert werden. **Kreditprovision** wird i. d. R. nicht gesondert berechnet; sie wird vielmehr in den Sollzinssatz einbezogen und als Zinsertrag erfaßt.

Überziehungsprovision und Überziehungszinsen sind Bezeichnungen für Zinsen für Überziehungskredite. Von Überziehungsprovision wird herkömmlicherweise im Firmenkundengeschäft gesprochen. Die Bezeichnung Überziehungszinsen findet vornehmlich im Privatkundengeschäft Anwendung, zum Teil aber auch im Firmenkundengeschäft.

Kreditinstitute stellen **Firmenkunden** zusätzlich zu den Sollzinsen **Überziehungsprovision** in Rechnung, wenn Kunden ohne Vereinbarung ihr Konto überziehen oder ohne Vereinbarung einen zeitlich bereits abgelaufenen Kredit wieder in Anspruch nehmen oder über das vereinbarte Kreditlimit hinaus ihr Konto überziehen. Überziehungsprovision wird zeit- und kapitalabhängig berechnet **(Provision mit Zinscharakter)**. Sie ist daher als Zinsertrag zu erfassen.

Beispiel
Kontokorrentkonto für Firmenkunden

Abschlußrechnung für Sanitärgroßhandlung J. Beckmann & Söhne

10 % Zinsen auf # 4761	132,25	
0,5 % Zinsen auf # 240		0,33
5 % Überziehungsprovision auf # 100	1,39	
Kontoführungs- und Buchungspostengebühren	36,60	
Porto und Spesen	27,00	
	197,24	0,33
Saldo		196,91
	197,24	197,24

Buchung der Abschlußrechnung eines Kontokorrentkontos:

Kunden-KK	197,24 DM
an Zinserträge	140,64 DM
an Provisionserträge	36,60 DM
an Spesen- und Gebührenersatz	27,00 DM
Zinsaufwendungen	
an Kunden-KK	0,33 DM

Eine gesondert berechnete Kreditprovision wird als Zinsertrag gebucht (Provision mit Zinscharakter).

Überziehungskredite an Privatkunden

Kontokorrentkredite an Privatkunden sind nach dem **Verbraucherkreditgesetz** – ebenso wie Ratenkredite an Privatpersonen – **Verbraucherkredite** (Konsumentenkredite). Die Kreditinstitute unterscheiden nach dem Verbraucherkreditgesetz

- den **eingeräumten Überziehungskredit** (Einräumung eines Kreditlimits für einen Dispositionskredit) und
- den **geduldeten Überziehungskredit** (ohne Einräumung eines Kreditlimits geduldete Inanspruchnahme von Kredit sowie ohne beondere Vereinbarung geduldetes Überschreiten eines eingeräumten Dispositionskreditlimits).

Beispiel

Kontokorrentkonto für Privatkunden

Abschlußrechnung für Frau Carla Segel

12 % Zinsen (in Anspruch genommener Dispositionskredit)	213,50	
16,5 % Zinsen (geduldete Überziehung)	4,58	
0,5 % Habenzinsen		0,00
Kontoführungs- und Buchungspostengebühren	18,50	
Porto	11,00	
	247,58	0,00
Saldo		247,58
	247,58	247,58

Buchung der Abschlußrechnung	Kunden-KK	247,58 DM
	an Zinserträge	218,08 DM
	an Provisionserträge	18,50 DM
	an Spesen- und Gebührenersatz	11,00 DM

Bilanzierung von Forderungen aus Kontokorrentkrediten

Forderungen aus Kontokorrentkrediten werden in der Bilanz **im Aktivposten Nr. 4 „Forderungen an Kunden"** ausgewiesen. Sie werden **im Anhang** nach Fristen **gegliedert**, und zwar **nach Forderungen mit ursprünglich vereinbarter Laufzeit oder Kündigungsfrist von**

a) weniger als drei Monaten,
b) mindestens drei Monaten, aber weniger als vier Jahren,
c) vier Jahren oder länger.

Aufgaben

Aufgabe 8.30 Buchen Sie Kontokorrentkredite!

Die Spar- und Kreditbank AG, Zwickau, räumt Kontokorrentkredite ein:

	DM
1. Alten & Co. wird eine Überziehungslinie eingeräumt	50 000,00
Kontostand des Kunden vor der Kreditgewährung (Haben)	13 000,00
2. Paul Baumann wird ein Kredit auf einem Kreditsonderkonto eingeräumt	40 000,00
Kontostand des Kunden vor der Kreditgewährung (Haben)	5 000,00

Geschäftsfälle:	DM
1. Der Kunde Alten & Co. erteilt Überweisungsaufträge in Höhe von	15 000,00
Die Aufträge werden ausgeführt	
über LZB-Abrechnung	11 000,00
über LZB-Giro	3 000,00
über Korrespondenzbanken	1 000,00
2. Paul Baumann gibt einen Überweisungsauftrag, der über LZB-Giro ausgeführt wird (Kreditsonderkonto)	20 000,00
3. Für Paul Baumann werden Lastschriften eingelöst, die über LZB-Abrechnung vorgelegt werden (Kreditsonderkonto)	10 000,00

4.	Über LZB-Giro wird ein von Alten & Co. ausgestellter Scheck vorgelegt. Der Scheck wird eingelöst	7 000,00
5.	Über LZB-Abrechnung gehen Überweisungen ein	
	zugunsten Paul Baumann	16 200,00
	zugunsten Alten & Co.	2 500,00
6.	Der Kunde Alten & Co. hebt bar ab	800,00
7.	Zugunsten von Paul Baumann werden bar eingezahlt	400,00
8.	Ein von Alten & Co. akzeptierter und bei der Spar- und Kreditbank AG zahlbar gestellter Wechsel wird über LZB-Abrechnung zur Zahlung vorgelegt.	
	Wechselbetrag	44 500,00
	Domizilprovision	25,00
9.	Paul Baumann erhält von der Bank einen LZB-Scheck (Kreditsonderkonto)	20 000,00
10.	Paul Baumann läßt von seinem laufenden Konto auf das Kreditsonderkonto übertragen	15 000,00
11.	Abschlußrechnung der Bank für Alten & Co.	
	Sollzinsen	345,00
	Überziehungsprovision	51,00
	Kontoführungsgebühren	15,00
	Porto und Spesen	45,00
12.	Abschlußrechnung der Bank für Paul Baumann	
	Sollzinsen	226,00
	Kontoführungsgebühren	70,00
	Porto und Spesen	65,00

a) *Führen Sie im Hauptbuch nur die Konten Kunden-KK und Kreditsonderkonto!*

b) *Führen Sie die Skontren Kontokorrent Alten & Co., Kontokorrent Paul Baumann und Kreditsonderkonto Paul Baumann!*

c) *Buchen Sie die Geschäftsfälle im Grund- und Hauptbuch und auf den Skontren.*

d) *Ermitteln Sie, in welcher Höhe die Bank die Forderungen gegen die Kunden Alten & Co. und Paul Baumann bilanziert!*

8.3.2 Diskontkredite und Rediskontkredite

8.3.2.1 Diskontkredite: Ankauf von Wechseln

Bei Einräumung eines Diskontkredits erfolgt keine Buchung. Die Kreditgrenze wird im Einreicherobligo vermerkt. Erst mit der Diskontierung der Wechsel nimmt der Kunde den Diskontkredit in Anspruch.

▸ Buchungen bei Abwicklung von Diskontkrediten

Beispiel
Diskontierung, Rückbelastung vor Verfall, Wechseleinzug, Wechseleinlösung

Diskontwechsel

Geschäftsfälle	**Grundbuch**
1. Die Bank diskontiert Wechsel Wechselbetrag 10 186,15 DM ⁒ Diskont 74,94 DM ⁒ Nebenplatzgebühr 4,00 DM ⁒ Inkassoprovision 3,00 DM — 81,94 DM Gutschrift 10 104,21 DM	Diskontwechsel 10 186,15 DM an Kunden-KK 10 104,21 DM an Diskonterträge 74,94 DM an Provisionserträge 7,00 DM
2. Über den Bezogenen eines Wechsels hat die Bank schlechte Auskünfte erhalten. Sie belastet den Wechsel vor Verfall zurück unter Vergütung eines Teils des Diskonts, der Nebenplatzgebühren und der Inkassoprovision.	

Wechselbetrag 871,00 DM – Diskont 6,50 DM – Nebenplatz-gebühr 2,00 DM – Inkasso-provision 3,00 DM 11,50 DM Belastung 859,50 DM	Kunden-KK 859,50 DM Diskonterträge 6,50 DM Provisionserträge 5,00 DM an Diskontwechsel 871,00 DM
3. Die Bank zieht Diskontwechsel ein; über LZB: Wechsel über 1 324,85 DM über die LZB-Abrechnung: Wechsel über 6 000,00 DM	Wechselversand 1 324,85 DM LZB-Abrechnung 6 000,00 DM an Diskontwechsel 7 324,85 DM
4. Die Bank schickt einen Diskontwechsel über 1 270,00 DM der Zahlstelle direkt zu.	Wechselversand an Diskontwechsel 1 270,00 DM
5. Der Wechselgegenwert wird auf dem LZB-Girokonto gutgeschrieben.	LZB-Giro an Wechselversand 1 270,00 DM
6. Die Bank löst einen Diskontwechsel über 720,30 DM zu Lasten eines Kundenkontos ein. Sie berechnet 1,50 DM Domizilprovision.	Kunden-KK 721,80 DM an Diskontwechsel 720,30 DM an Provisionserträge 1,50 DM

Bei den Geschäftsfällen 4 und 5 wurde aus Vereinfachungsgründen auf die Buchung der Postgebühren (Porto, Vorzeigegebühr, Zahlscheingebühr) verzichtet.

▸ Buchungen beim Jahresabschluß

Diskontwechsel sind zum **Barwert (Gegenwartswert)** zu bilanzieren. Der Barwert ist der **Zeitwert** im Sinne von § 253 Abs. 2 und 3 HGB.

Beispiel
Ermittlung des Barwerts

Nennwert und Barwert bei Diskontwechseln

Die Bank hatte am 2. November 19. . einen Wechsel über 30 000,00 DM zu 6 % diskontiert. Der Wechsel ist am 31. Januar fällig. Der Diskontabzug betrug 450,00 DM.

30 000,00 DM ist der **Nennwert** des Wechsels. Es ist der Wert des Wechsels am Fälligkeitstag. Den Wert, den der Wechsel vor dem Verfalltag hat, nennt man **Barwert** oder **Zeitwert.** Er läßt sich durch Abzug des Diskonts **(Rückdiskont)** vom Nennwert errechnen.

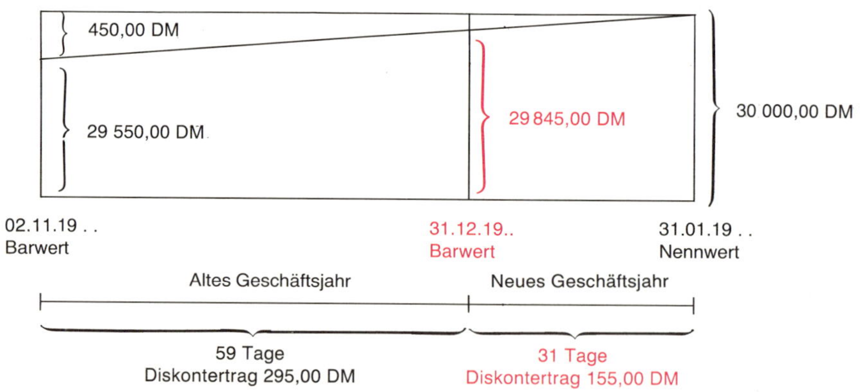

Der **Barwert (Zeitwert) am 31. Dezember** beträgt 29 845,00 DM. Dieser Wert **ist zu bilanzieren.** In die Gewinn- und Verlustrechnung des abzuschließenden Geschäftsjahres werden 295,00 DM übernommen. Die restlichen 155,00 DM betreffen das neue Geschäftsjahr (siehe dazu auch Seite 289).

Buchungen bei Bilanzierung eines Diskontwechsels

Vorbereitende Abschlußbuchung und Abschlußbuchung bei Diskontwechseln	
31.12.19. . : Der Wechselbestand wird um 155,00 DM Diskont, der das neue Jahr betrifft, vermindert. Gleichzeitig werden mit dieser Buchung die Diskonterträge des laufenden Jahres um 155,00 DM vermindert.	Diskonterträge an Diskontwechsel 155,00 DM SBK an Diskontwechsel 29 845,00 DM
02.01.19. . : Das Konto Diskontwechsel wird eröffnet. Die Korrekturbuchung wird rückgängig gemacht.	Diskontwechsel an EBK 29 845,00 DM Diskontwechsel an Diskonterträge 155,00 DM

Mehrere Diskontwechsel können auch mit einem durchschnittlichen Diskontsatz zurückgerechnet werden.

▸ Bilanzierung von Diskontwechseln

Bilanzausweis als Wechsel oder wie Buchforderungen

Nur bei den Zentralnotenbanken der Niederlassungsländer **refinanzierbare Wechsel (rediskontfähige Wechsel)** dürfen in dem **Aktivposten Nr. 2 b) „Wechsel"** ausgewiesen werden.

Als Zentralnotenbanken der Niederlassungsländer gelten Zentralbanken in solchen Ländern, in denen die Bank Auslandsfilialen unterhält.

Der Betrag der bei der Deutschen Bundesbank refinanzierbaren Wechsel (bundesbankfähige Wechsel) ist gesondert anzugeben (auszugliedern).

Nichtrefinanzierbare Wechsel müssen wie Buchforderung in dem **Aktivposten Nr. 4 „Forderungen an Kunden"** bilanziert werden.

Aktivseite	DM	DM	DM
⋮			⋮
2. Schuldtitel öffentlicher Stellen und Wechsel, die zur Refinanzierung bei Zentralnotenbanken zugelassen sind			
a) Schatzwechsel und unverzinsliche Schatzanweisungen sowie ähnliche Schuldtitel öffentlicher Stellen darunter: bei der Deutschen Bundesbank refinanzierbar . . . . DM		. . . .	
b) Wechsel darunter: bei der Deutschen Bundesbank refinanzierbar . . . . DM		. . . . ← REFINANZIERBARE WECHSEL	. . . .
⋮			⋮
4. Forderungen an Kunden			. . . . ← NICHT-REFINANZIERBARE WECHSEL
⋮			⋮

8.3.2.2 Rediskontkredite: Verkauf von Wechseln

Die Rediskontierung von Wechseln bei der Deutschen Bundesbank ist eine wichtige Refinanzierungsmöglichkeit für die Kreditinstitute. Die erst in der Zukunft fälligen Wechselforderungen können in sofort verfügbare LZB-Guthaben umgewandelt werden, sofern die Rediskont-Kontingente noch nicht ausgeschöpft sind.

Beispiel
Rediskontierung, Rückbelastung

Buchung von Rediskontwechseln

Geschäftsfälle		**Grundbuch**	
1. Die Bank läßt von der LZB Wechsel rediskontieren.			
Wechsel	84 000,00 DM	LZB-Giro	83 370,00 DM
3 % DIskont für 90 Tage	630,00 DM	Diskontaufwendungen	630,00 DM
Gutschrift	83 370,00 DM	an Diskontwechsel	84 000,00 DM
2. Die LZB gibt einen Wechsel vor Verfall zurück, da die Sicherheit des Wechsels nicht mehr gegeben ist, und vergütet den anteiligen Diskont.			
Wechsel	12 000,00 DM	Diskontwechsel	12 000,00 DM
3 % Diskont für 75 Tage	75,00 DM	an LZB-Giro	11 925,00 DM
Belastung	11 925,00 DM	an Diskontaufwendungen	75,00 DM

Sparkassen rediskontieren Wechsel auch bei ihren Girozentralen, Kreditgenossenschaften auch bei ihren Zentralbanken.

Aufgaben

Aufgabe 8.31 Buchen Sie Geschäftsfälle im Wechselverkehr!

Umsätze:

	DM Soll	DM Haben
Diskontwechsel	13 902 413,00	13 118 000,00
Inkassowechsel	9 117 600,00	8 233 100,00
Rückwechsel	284 330,00	284 330,00
Domizilwechsel	216 775,00	216 775,00

Geschäftsfälle:

	DM
1. Die Bank läßt bei der LZB Wechsel rediskontieren	250 000,00
Rediskont	2 500,00
2. Die Bank diskontiert Wechsel	7 150,00
Diskont	148,00
3. Die Bank nimmt von Kunden Wechsel zum Einzug herein. Gutschrift erfolgt nach Eingang der Gegenwerte	2 600,00
4. Die Bank gibt einen Diskontwechsel an den Einreicher zurück	750,00
anteilige Diskontvergütung	8,00
5. Die Bank versendet einen Inkassowechsel an die Zahlstelle und bittet um Anschaffung des Gegenwerts	2 100,00
6. Der Bank werden über die LZB-Abrechnung Wechsel zur Einlösung vorgelegt.	20 570,00
7. Die Bank legt fällige Wechsel über die LZB-Abrechnung vor.	
Diskontwechsel	600,00
Inkassowechsel	500,00

8. Die Bank erhält einen Wechsel (siehe Geschäftsfall Nr. 5) mit Protestvermerk zurück und überweist durch LZB-Giro an die Zahlstelle Protestkosten, Provision und Auslagen.	
Wechselbetrag	2 100,00
Protestkosten	12,00
Provision	7,00
Auslagen	2,20
9. Die Bank gibt den Wechsel (siehe Geschäftsfall Nr. 8) an den Einreicher zurück.	
Wechselbetrag	2 100,00
Fremde Spesen	21,20
Provision	7,00
Auslagen	2,00
Der Wechsel war zur Gutschrift nach Eingang hereingenommen worden.	
10. Die Bank erteilt Einreichern von Inkassowechseln (siehe Geschäftsfall Nr. 3) Gutschrift	500,00
11. Die Bank erhält von einer Korrespondenzbank Wechsel zur Einlösung vorgelegt, die bei ihr zahlbar, aber noch nicht fällig sind	1 080,00
12. Die Bank diskontiert Wechsel.	
Wechselbetrag	1 000,00
Diskont	15,00
Inkassoprovision	1,00
Nebenplatzgebühr	2,00
13. Die Bank löst Wechsel zu Lasten von Kontokorrent-Kunden ein.	
Domizilwechsel	1 080,00
Diskontwechsel	4 000,00
Inkassowechsel	600,00
Domizilprovision	14,00
14. Die Bank versendet einen Diskontwechsel direkt an die Zahlstelle	100,00

a) *Führen Sie im Hauptbuch die Konten Diskontwechsel, Inkassowechsel, Rückwechsel, Domizilwechsel, Wechseleinreicher und Wechselversand! Tragen Sie die Umsätze vor!*

b) *Buchen Sie die Geschäftsfälle im Grund- und Hauptbuch!*

Buchen Sie im Grundbuch der Sachsenbank in Leipzig (Buchungssätze)!

Aufgabe 8.32

	DM
1. Die Bank diskontiert Wechsel.	
Summe der Wechselbeträge	868 670,60
Diskont	10 967,47
Nebenplatzgebühren	10,00
2. Die Bank läßt bei der LZB	
Wechsel rediskontieren	808 945,60
Rediskont	7 222,03
3. Ein rediskontierter Wechsel wird von der LZB an die Bank zurückgegeben	135 200,00
4. Die Bank gibt den Wechsel (siehe Geschäftsfall Nr. 3) an den Einreicher zurück.	
Anteiliger Diskont	225,33
Rückgabegebühr	8,00
5. Ein von der Bank diskontierter, bei ihr domizilierter Wechsel wird mangels Zahlung protestiert.	
Wechselbetrag	50 000,00
Protestkosten (Barauszahlung)	86,00
Provision	166,67
Auslagen	3,90

Aufgabe 8.33 Wiederholungsaufgaben und Wiederholungsfragen

1. Die Bank verkauft am 02.01. zehn aufgezinste Sparbriefe im Nennwert von 1 000,00 DM je Stück (Namenspapiere) an einen KK-Kunden.

   a) *Wie lautet die Buchung beim Verkauf?*

   b) *Wie lauten die vorbereitenden Abschlußbuchungen und Abschlußbuchungen am 31. Dezember (aufgelaufener Zinsanteil 600,00 DM)?*

2. Umsätze auf dem Konto Eigene Wertpapiere:
   Soll 6 800 000,00 DM Haben 6 430 000,00 DM
   Bilanzwert des Wertpapierbestandes lt. Inventur 510 000,00 DM

   Wie lauten die Buchungen zum Abschluß des Kontos Eigene Wertpapiere?

3. Kauf eines Pkw (Verkäufer ist Kontokorrentkunde):

Listenpreis	48 000,00 DM
+ 15 % Umsatzsteuer	7 200,00 DM

   a) *Wie lautet die Buchung?*

   b) *Wodurch unterscheiden sich abzugsfähige und nicht abzugsfähige Vorsteuer?*

4. Welche Verbindlichkeiten gegenüber Kreditinstituten werden auf Lorokonten, welche auf Nostrokonten erfaßt?

5. Die Bank nimmt 10 000 000,00 DM Festgeld für drei Monate auf. Eingang und Rückzahlung über LZB-Giro. 150 000,00 DM Zinsen.

   Wie lauten die Buchungen?

6. Am Bilanzstichtag weisen die Konten eines Kunden folgende Kontostände aus:

KK (laufendes Konto)	Haben	4 120,00 DM
KK (Kreditsonderkonto)	Soll	100 000,00 DM
Sparkonto		8 434,00 DM
Festgeldkonto (Laufzeit: 6 Monate)		50 000,00 DM

   Wie erfolgt die Bilanzierung?

7. Die Bank kauft Barrengold von einer Korrespondenzbank: 120 000,00 DM
   Sie verkauft davon an einen KK-Kunden: 64 000,00 DM

   a) *Wie lautet die Buchung für den Kauf?*

   b) *Wie lautet die Buchung für den Verkauf?*

   c) *Mit welcher vorbereitenden Abschlußbuchung wird am Jahresende ein Kursgewinn gebucht?*

   d) *In welcher Bilanzposition wird Barrengold ausgewiesen?*

8. Die Bank schließt ein Kontokorrentkonto für einen Privatkunden zum 31. März 19. . ab. Sie berechnet

11 % Sollzinsen für den eingeräumten Überziehungskredit	156,50 DM
16 % Sollzinsen für den geduldeten Überziehungskredit	25,80 DM
0,5 % Habenzinsen	3,25 DM
Kontoführungsgebühren	41,00 DM
Porto	19,00 DM

9. Die Bank hat Wechsel von Kunden angekauft.
   Summe der Nennwerte: 3 000 000,00 DM
   Summe der Diskontabzüge: 60 000,00 DM
   Summe der Gutschriftsbeträge: 2 940 000,00 DM
   Summe der Barwerte am 31.12.: 2 960 000,00 DM

   a) *Wie lautet die Buchung bei Diskontierung?*

   b) *Wie lauten die Buchungen am 31.12. . .?*

   c) *Wie ist dieser Wechselbestand zu bilanzieren, wenn die Summe der Nennwerte der bundesbankfähigen Wechsel 2 900 000,00 DM (Summe der Barwerte dieser Wechsel 2 850 000,00 DM) und die Summe der Nennwerte der nicht bundesbankfähigen Wechsel 100 000,00 DM (Summe der Barwerte 90 000,00 DM) beträgt?*

8.3.3 Darlehen

Darlehen sind – im Gegensatz zu Kontokorrent- und Diskontkrediten – **nicht revolvierende Kredite.** Über zurückgezahlte Beträge kann der Kreditnehmer nicht erneut verfügen.

Wesen

Für **Kredite an Privatpersonen,** die **zu privaten Zwecken** verwendet werden sollen, müssen Kreditinstitute nach dem **Verbraucherkreditgesetz** bzw. nach der **Preisangabenverordnung** bei Darlehen mit Festzinsvereinbarung für die gesamte Laufzeit den **Effektivzinssatz** angeben. Für Darlehen mit Zinsbindungsfrist für einen bestimmten Zeitraum ist der **anfängliche effektive** Jahreszins anzugeben.

Preisangaben

Wird ein Darlehen an einen Privatkunden nicht voll ausgezahlt **(Auszahlung unter Erhebung eines Disagios)** ist nach der Preisangabenverordnung anzugeben, auf welchen Zeitraum das Disagio zu verrechnen ist:

Disagio

- Ein Disagio kann als **laufzeitunabhängige Bearbeitungsgebühr** erhoben werden. Es wird dann auf die volle Laufzeit verrechnet.
- Ein Disagio kann als Ausgleich für einen **Zinsvorteil** erhoben werden. Es wird dann auf den sogenannten Zinsvorteilszeitraum verrechnet (so im Beispiel des Grundschuldkredits – siehe 8.3.3.2).
- Beide Vereinbarungen können kombiniert werden (Disagio-Splitting).

8.3.3.1 Ratenkredite

Zinsen für Ratenkredite an Privatpersonen werden berechnet

- auf der Grundlage eines festen **Monatssatzes** vom ursprünglichen Kreditbetrag im voraus für die gesamte Laufzeit oder
- auf der Grundlage eines variablen oder eines festen **Jahressatzes** vom tatsächlich in Anspruch genommenen Kreditbetrag.

Zusätzlich hat der Kreditnehmer i. d. R. eine **einmalige Bearbeitungsgebühr** zu zahlen (meistens 2 % vom ursprünglichen Kreditbetrag).

Beispiel *für Abrechnung eines Ratenkredits*

Kreditbetrag		12 000,00 DM
+ 0,5 % Zinsen pro Monat vom Kreditbetrag	1 440,00 DM	
+ 2 % Bearbeitungsgebühr vom Kreditbetrag	240,00 DM	1 680,00 DM
Darlehensforderung		13 680,00 DM

Ratenkredite werden auf dem **Hauptbuchkonto Ratenkredite** gebucht. Die Kontobezeichnungen sind in der Praxis unterschiedlich. Für jeden Kreditnehmer wird ein **Darlehenskonto** geführt. Es ist ein Skontro zum Hauptbuchkonto.

Hauptbuchkonto Ratenkredite

Die Bearbeitungsgebühr ist ein Zinsertrag, da sie nach der Höhe des Darlehens berechnet wird.

Beispiel

Buchung eines Ratenkredits

Geschäftsfälle	**Grundbuch**	
01.02.19. . : Die Bank stellt das Darlehen zur Verfügung (Gutschrift auf Kontokorrentkonto)	Ratenkredite	13 680,00 DM
	an Kunden-KK	12 000,00 DM
	an Zinserträge	1 680,00 DM
01.03.19. . : Der Kunde wird mit der ersten Tilgungsrate auf seinem Kontokorrentkonto belastet.	Kunden-KK	
	an Ratenkredite	570,00 DM

Bilanzierung von Forderungen aus Darlehen an Kunden

Forderungen aus Darlehen werden zusammen mit den Kontokorrentforderungen an Kunden im **Aktivposten Nr. 4 „Forderungen an Kunden"** ausgewiesen und **im Anhang nach Fristen gegliedert** (siehe Seite 138).

Wird ein **Darlehen mit einer Laufzeit von mehreren Jahren** gewährt, muß die Bank die vereinnahmten Zinserträge auf die Jahre der Laufzeit verteilen. In die Gewinn- und Verlustrechnung des laufenden Geschäftsjahres darf nur der Anteil an Zinsen einfließen, der diesem Jahr zuzurechnen ist.

Die Anteile, die den folgenden Geschäftsjahren zuzurechnen sind, müssen am Ende des laufenden Geschäftsjahres passiviert werden. Dazu wird ein besonderes Bestandskonto eingeschaltet: **Passive Rechnungsabgrenzung.**

Berechnungs- und Buchungsbeispiel

Passivierung (Abgrenzung) von Zinsen und Gebühren bei Ratenkrediten

Gewährung und Auszahlung eines Ratenkredits am 1. April in Höhe von 6 000,00 DM für 15 Monate. Zinssatz: 0,45 % p. M., 2 % Bearbeitungsgebühr

Kreditbetrag		6 000,00 DM
+ 0,45 % Zinsen p. M. vom Kreditbetrag	405,00 DM	
+ 2 % Bearbeitungsgebühr	120,00 DM	525,00 DM
Darlehensforderung		6 525,00 DM

Für diesen Ratenkredit sind Zinsen und Gebühren für 9 Monate dem laufenden Geschäftsjahr und für 6 Monate dem folgenden Geschäftsjahr zuzurechnen. Bei einer Gesamtlaufzeit von 15 Monaten sind lt. Tabelle auf Seite 147 für 9 abgelaufene Monate 16,5963 % der Zinsen und der Gebühren zu passivieren (abzugrenzen).

16,5963 % von 525,00 DM = 87,13 DM

Buchungen am 31.12.:	Zinserträge an Passive Rechnungsabgrenzung	87,13 DM
	Passive Rechnungsabgrenzung an SBK	87,13 DM
Buchungen am 02.01.:	EBK an Passive Rechnungsabgrenzung	87,13 DM
	Passive Rechnungsabgrenzung an Zinserträge	87,13 DM

Mit diesen Buchungen sind die Erträge unter Berücksichtigung der erfolgten Tilgungen auf die beiden Laufzeitjahre aufgeteilt:

Zinserträge des 1. Jahres	437,87 DM
Zinserträge des 2. Jahres	87,13 DM
Gesamte Zinserträge	525,00 DM

Die Tabelle auf Seite 147 dient auch zur Berechnung von Zinserstattungen bei vorzeitigen Rückzahlungen von Laufzeitdarlehen.

Manche Kreditinstitute passivieren die Zinserträge bei Auszahlung des Darlehens.

Buchung der Darlehensauszahlung bei sofortiger Passivierung:

Ratenkredite
  an Kunden-KK
  an Zinserträge
  an Passive Rechnungsabgrenzung

Tabelle zur Rechnungsabgrenzung sowie zur Zinserstattung bei vorzeitigen Rückzahlungen (360-Tage-Methode)												
abgelaufene Monate des Bilanzierungsjahres	Zinssatz: 0,45 % pro Monat											
	Ursprünglich vereinbarte Laufzeit in Monaten											
	9	15	21	27	33	39	45	51	57	63	66	69
	Abgrenzung bzw. Zinserstattung in % vom ursprünglichen Zinsertrag											
1	79,3303	87,0451	90,6832	92,7324	94,0725	95,0008	95,6906	96,2169	96,6355	96,9734	97,1202	97,2537
2	61,0503	75,0121	81,8520	85,7666	88,3512	90,1523	91,4963	92,5250	93,3452	94,0084	94,2970	94,5595
3	45,1598	63,9012	73,5064	79,1027	82,8363	85,4545	87,4172	88,9243	90,1291	91,1051	91,5304	91,9175
4	31,6591	53,7121	65,6463	72,7407	77,5277	80,9073	83,4533	85,4148	86,9871	88,2634	88,8203	89,3277
5	20,5480	44,4450	58,2718	66,6806	72,4253	76,5108	79,6045	81,9966	83,9193	85,4834	86,1669	86,7900
6	11,8265	36,0999	51,3829	60,9223	67,5293	72,2651	75,8709	78,6695	80,9257	82,7651	83,5700	84,3045
7	5,4947	28,6768	44,9796	55,4659	62,8395	68,1700	72,2524	75,4336	78,0062	80,1084	81,0298	81,8712
8	1,5525	22,1756	39,0619	50,3114	58,3561	64,2255	68,7491	72,2889	75,1609	77,5134	78,5461	79,4900
9		16,5963	33,6298	45,4588	54,0789	60,4318	65,3610	69,2354	72,3897	74,9801	76,1191	77,1610
10		11,9390	28,6832	40,9080	50,0081	56,7887	62,0880	66,2732	69,6927	72,5084	73,7486	74,8841
11		8,2037	24,2223	36,6592	46,1435	53,2963	58,9301	63,4021	67,0699	70,0984	71,4347	72,6594
12		5,3903	20,2469	32,7122	42,4852	49,9546	55,8874	60,6222	64,5213	67,7500	69,1774	70,4868
13		2,6716	16,0549	28,4729	38,5270	46,3245	52,5750	57,5917	61,7406	65,1866	66,7131	68,1148
14		0,8748	12,3485	24,5354	34,7750	42,8451	49,3776	54,6523	59,0341	62,6848	64,3053	65,7949
15			9,1277	20,8999	31,2294	39,5164	46,2955	51,8042	56,4018	60,2448	61,9542	63,5271
16			6,3924	17,5663	27,8900	36,3383	43,3285	49,0472	53,8436	57,8663	59,6597	61,3115
17			4,1428	14,5345	24,7570	33,3109	40,4766	46,3815	51,3596	55,5495	57,4217	59,1481
18			2,3787	11,8046	21,8302	30,4342	37,7399	43,8070	48,9498	53,2944	55,2403	57,0369
19			1,1002	9,3765	19,1098	27,7082	35,1184	41,3236	46,6142	51,1010	53,1156	54,9778
20			0,3073	7,2504	16,5956	25,1329	32,6120	38,9315	44,3527	48,9692	51,0474	52,9708
21				5,4261	14,2877	22,7082	30,2208	36,6305	42,1653	46,8991	49,0358	51,0160
22				3,9037	12,1861	20,4343	27,9447	34,4208	40,0522	44,8906	47,0808	49,1134
23				2,6832	10,2908	18,3110	25,7838	32,3023	38,0132	42,9438	45,1824	47,2630
24				1,7645	8,6019	16,3384	23,7381	30,2750	36,0483	41,0587	43,3406	45,4647
25				0,8745	6,8209	14,2215	21,5269	28,0754	33,9119	39,0062	41,3344	43,5052
26				0,2863	5,2463	12,2553	19,4310	25,9669	31,8497	37,0153	39,3848	41,5970
27					3,8779	10,4398	17,4501	23,9497	29,8617	35,0862	37,4918	39,7426
28					2,7159	8,7750	15,5845	22,0237	27,9478	33,2186	35,6554	37,9396
29					1,7601	7,2608	13,8339	20,1890	26,1081	31,4128	33,8756	36,1887
30					1,0106	5,8974	12,1986	18,4454	24,3425	29,6686	32,1523	34,4900
31					0,4675	4,6846	10,6784	16,7930	22,6511	27,9861	30,4857	32,8435
32					0,1306	3,6225	9,2733	15,2318	21,0339	26,3652	28,8756	31,2491
33						2,7111	7,9834	13,7618	19,4908	24,8060	27,3222	29,7068
34						1,9503	6,8087	12,3830	18,0220	23,3084	25,8253	28,2168
35						1,3403	5,7491	11,0954	16,6272	21,8725	24,3851	26,7789
36						0,8809	4,8047	9,8990	15,3067	20,4983	23,0014	25,3931
37						0,4366	3,8102	8,6169	13,8813	19,0093	21,5003	23,8884
38						0,1430	2,9309	7,4261	12,5301	17,5820	20,0559	22,4358
39							2,1667	6,3264	11,2530	16,2164	18,6680	21,0353
40							1,5177	5,3179	10,0501	14,9124	17,3368	19,6871
41							0,9839	4,4006	8,9214	13,6700	16,0621	18,3910
42							0,5652	3,5745	7,8668	12,4894	14,8440	17,1470
43							0,2616	2,8397	6,8864	11,3703	13,6825	15,9552
44							0,0732	2,1960	5,9802	10,3130	12,5776	14,8156
45								1,6435	5,1481	9,3173	11,5293	13,7281
46								1,1823	4,3902	8,3833	10,5376	12,6928
47								0,8122	3,7065	7,5109	9,6025	11,7097
48								0,5333	3,0969	6,7002	8,7239	10,7787
49								0,2643	2,4562	5,8328	7,7799	9,7753
50								0,0866	1,8896	5,0270	6,8924	8,8240

8.3.3.2 Realkredite

Wesen

Realkredite sind Kredite, die durch Eintragung von Grundpfandrechten im Rahmen der Beleihungsgrenze gesichert sind. Die Kreditnehmer erbringen in den meisten Fällen jährlich gleichbleibende Leistungen. Diese Leistung setzt sich aus Tilgungsanteil und Zinsen zusammen. Sie wird als **Annuität** bezeichnet.

Hauptbuchkonto Realkredite

Die i. d. R. vierteljährlich zu zahlenden Teilleistungen werden über das **Hauptbuchkonto Realkredite** gebucht und im **Darlehenskonto** des Kreditnehmers erfaßt.

Beispiel
Realkredit

Buchung eines Realkredits

Ein Kunde erhält am 02.01.19.. ein Darlehen in Höhe von 110 000,00 DM.

Auszahlung: 95 %, Zinssatz: 6 % p. a. (für 5 Jahre fest vereinbart), Tilgung: 1 % p. a.

Der Kunde zahlt die Annuität in Vierteljahresleistungen. Die Zinsen werden für ein Jahr im voraus berechnet. Tilgungsbeiträge werden am Ende des Jahres vom Kapital abgeschrieben (nachschüssige Tilgungsverrechnung).

Buchungen im Jahr der Kreditgewährung

Geschäftsfälle	Erläuterungen	Grundbuch
02.01.19..: Gewährung des Kredites und Bereitstellung auf Kunden-Kontokorrent	Darlehen 110 000,00 DM Disagio 5 500,00 DM Auszahlung 104 500,00 DM Das Disagio von 5 500,00 DM wird auf 5 Jahre verteilt: $\frac{1}{5}$ ist Zinsertrag des laufenden Jahres: 1 100,00 DM Der Rest wird auf die folgenden Jahre verteilt, dafür Einschaltung eines passiven Bestandskontos: **Passive Rechnungsabgrenzung.** Zur Begründung siehe Seite 288	Realkredite 110 000,00 DM an Kunden-KK 104 500,00 DM an Zinserträge 1 100,00 DM an Passive Rechnungsabgrenzung 4 400,00 DM
31.03.19..: Vierteljahresleistung des Kunden	Errechnung der Vierteljahresleistung: 6 % Zinsen = 6 600,00 DM + 1 % Tilgung 1 100,0 DM = Annuität 7 700,00 DM **Vierteljahresleistung** 1 925,00 DM	Kunden-KK an Realkredite 1 925,00 DM

Die nachschüssige Tilgungsverrechnung (Zinsberechnung nach fiktiver Kapitalschuld) ist **grundsätzlich** zulässig, wenn die zinserhöhende Wirkung der Berechnungsform dem Kreditnehmer ausreichend deutlich dargelegt wird (Urteil des Bundesgerichtshofes vom 24. November 1988).

Bei der dargestellten nachschüssigen (= nachträglichen) Tilgungsverrechnung werden die Vierteljahresleistungen (Annuitätenraten) nachträglich in die Zinsberechnung einbezogen. Die Folge ist, daß die Zinsen nicht auf die tatsächlich bestehende, sondern auf eine vertraglich bestimmte und damit fiktive (und höhere) Kapitalschuld ermittelt werden. Dadurch steigt der Effektivzinssatz.

Buchungen beim Jahresabschluß auf dem Konto Realkredite		
Geschäftsfälle	**Erläuterungen**	**Grundbuch**
31.12.19..: Kapitalisierung der Zinsen	6 % Zinsen rückwirkend für das 1. Jahr auf 110 000,00 DM = 6 600,00 DM Anfangs-darlehen 110 000,00 DM + Zinsen 6 600,00 DM 116 600,00 DM	Realkredite an Zinserträge 6 600,00 DM
zu bilanzierende Darlehensforderung	·/. gezahlte Annuität 7 700,00 DM = Darlehens-forderung 108 900,00 DM	SBK an Real-kredite 108 900,00 DM

Die Buchungen auf dem Hauptbuchkonto beweisen die rechnerische Richtigkeit.

Hauptbuch

Soll	Realkredite		Haben
Kunden-KK	110 000,00	Kunden-KK	1 925,00
Zinserträge	6 600,00	Kunden-KK	1 925,00
		Kunden-KK	1 925,00
		Kunden-KK	1 925,00
		SBK	108 900,00
	116 600,00		116 600,00

Bilanzierung von Realkrediten

Forderungen aus Realkrediten sind zusammen mit den anderen Forderungen an Kunden in dem **Aktivposten Nr. 4 „Forderungen an Kunden"** auszuweisen und im Anhang zu gliedern (siehe Seite 138 und Seite 146). Beim Bilanzausweis erfolgt eine Ausgliederung der durch Grundpfandrechte gesicherten Forderungen:

Aktivseite	DM
⋮	⋮
4. Forderungen an Kunden darunter: durch Grundpfandrechte gesichert .... DM Kommunalkredite .... DM	....
⋮	⋮

Aufgaben

Aufgabe 8.34

Buchen Sie im Grundbuch die Gewährung eines Ratenkredits!

Beantragte Kreditsumme	10 000,00 DM
Zinsen	1 200,00 DM
Bearbeitungsgebühr	200,00 DM

Aufgabe 8.35 Buchen Sie die Abwicklung eines Hypothekar- und Grundschuldkredits bei einer Sparkasse!

Die Kreissparkasse Esslingen gewährt ein Darlehen gegen Eintragung einer Grundschuld:

Darlehenssumme	100 000,00 DM
Auszahlung	95 000,00 DM
Zinssatz	8 %
Tilgung	2 %
Bereitstellungstermin	2. Januar 19. .

Die Auszahlung des Darlehens erfolgt durch Gutschrift auf Kontokorrentkonto des Kreditnehmers. Die Rückzahlung erfolgt in Annuitäten.

a) Buchen Sie die Geschäftsfälle für folgende Termine im Grundbuch:

		DM
02.01.19. . :	*Auszahlung des Darlehens*	
	Zinsanteil des laufenden Jahres	*1 000,00 DM*
	Zinsanteil der folgenden 4 Jahre	*4 000,00 DM*
	Annuität	*10 000,00 DM*
31.03.19. . : 30.06.19. . : 30.09.19. . : 31.12.19. . : } *jeweilige*	*Vierteljahresleistung*	*2 500,00 DM*
31.12.19. . :	*Zinskapitalisierung*	*8 000,00 DM*
	zu bilanzierende Darlehensforderung	*98 000,00 DM*

b) Stellen Sie das Konto Realkredite auf!

Aufgabe 8.36 Nehmen Sie die erforderlichen vorbereitenden Abschlußbuchungen und Abschlußbuchungen im Grundbuch vor!

Saldo des Kontos Realkredite am 31.12.19. .	826 000,00
Noch zu buchende Vierteljahresleistungen der Kreditnehmer (zu Lasten von Kontokorrentkonten)	3 000,00
Noch zu kapitalisierende Zinsen für das laufende Geschäftsjahr	56 000,00

Aufgabe 8.37 Buchen Sie im Grundbuch (Buchungssätze)!

	DM
1. Ein Kunde, der einen Diskontkredit in Anspruch genommen hat, bittet um Rückrechnung eines Diskontwechsels vor Verfall.	
Wechselbetrag	3 000,00
anteiliger Diskont	30,00
2. Ein Kunde, der einen Ratenkredit (Verbraucherkredit) abzuzahlen hat, reicht zur Begleichung einer Tilgungsrate einen Verrechnungsscheck auf ein anderes Kreditinstitut ein.	
Scheckbetrag (Gutschrift E. v.)	425,00
3. Einem Kunden wird auf einem Kreditsonderkonto ein Kontokorrentkredit eingeräumt	40 000,00
4. Zinsen für Realkredite sind zu kapitalisieren	62 660,00
5. Die Vierteljahresleistung eines Kreditnehmers (Realkredit) wird mittels Lastschrift von seinem Kontokorrentkonto abgebucht	2 730,00
6. Diskonterträge, die das folgende Geschäftsjahr betreffen, werden am 31. Dezember ausgebucht	286 552,00
7. Die Bank gibt einen protestierten Diskontwechsel an den Einreicher zurück.	
Wechselbetrag	1 800,00
Fremde Spesen	27,00
Provision	6,00
Auslagen	5,00

8.	Einem Kontokorrentkunden wird gegen Eintragung einer Grundschuld ein Darlehen gewährt.	
	Darlehensbetrag	80 000,00
	Auszahlung	78 400,00
	Zinsanteil des laufenden Jahres	320,00
9.	Am Jahresende sind zu passivieren	
	Zinsen aus Ratenkrediten	36 821,00
	Gebühren aus Ratenkrediten	4 957,00
10.	Überweisungseingang (LZB-Giro) zugunsten des Kreditsonderkontos eines Kunden	40 000,00
11.	Diskontierung von Kundenwechseln	
	Wechselbeträge	68 000,00
	Diskont	1 530,00
	Nebenplatzgebühren	12,00
12.	Am 2. Januar sollen Diskonterträge, die aus dem abgelaufenen in das beginnende Geschäftsjahr zu übernehmen sind, als Ertrag gebucht werden	286 552,00
13.	Diskontwechsel werden bei der LZB rediskontiert	
	Wechselbeträge	50 000,00
	Diskont	500,00
14.	Abschlußrechnung für ein Kundenkonto	
	Sollzinsen für eingeräumten Überziehungskredit	105,00
	Überziehungszinsen für geduldeten Überziehungskredit	15,00
	Kontoführungsgebühr	20,00
	Porto	30,00
15.	Die Bank gewährt einem Kunden am 1. November einen Ratenkredit	
	Kredit	12 000,00
	Laufzeit	9 Monate
	Zinssatz	0,45 % p. M.
	Bearbeitungsgebühr	2 % vom ursprünglichen Kreditbetrag

(Buchung mit sofortiger Passivierung der Zinsen und Gebühren – Tabelle auf Seite 147 verwenden!)

8.3.4 Avalkredite

Hauptbuchkonten Avalverbindlichkeiten und Kunden-Avalforderungen

Durch die **Gewährung von Avalkrediten (Übernahme von Bürgschaften oder Garantien)** entstehen für das Kreditinstitut **Eventualverbindlichkeiten und Eventualforderungen.** Sie werden auf den **Konten Avalverbindlichkeiten** und **Kunden-Avalforderungen** erfaßt.

Übernahme einer Bürgschaft: Kunden-Avalforderungen
an Avalverbindlichkeiten

Da die Kreditinstitute bei Avalkrediten kein Geld, sondern ihre Kreditwürdigkeit zur Verfügung stellen, berechnen sie nur Avalprovision, aber keine Zinsen. Avalprovision wird im voraus belastet und auf dem Konto Provisionserträge gebucht. Diese Buchungsweise ist (trotz der zeit- und kapitalabhängigen Berechnung der Avalprovision) notwendig, da die Rechnungslegungsverordnung einen Ausweis der Avalprovision als Provisionsertrag vorschreibt.

Berechnung von Avalprovision: Kunden-KK
an Provisionserträge

Mit der Inanspruchnahme aus der Bürgschaft, d. h. mit der Zahlung an den Bürgschaftsnehmer, wird aus der Eventualforderung gegen den Kunden eine echte Forderung. In gleicher Höhe erlischt die Eventualverbindlichkeit gegenüber dem Bürgschaftsnehmer.

Inanspruchnahme der Bank aus der Bürgschaft:	Kunden-KK an LZB-Giro Avalverbindlichkeiten an Kunden-Avalforderungen

Die Avalkonten werden am 31. Dezember kompensiert, weil die noch bestehenden Eventualverbindlichkeiten nur unter der Bilanz ausgewiesen werden.

Kompensation der Avalkonten am 31.12.:	Avalverbindlichkeiten an Kunden-Avalforderungen

Die Avalkonten werden am 2. Januar wieder eröffnet.

Revolvierende Avalkredite

Avalkredite können auch **revolvierend** gegeben werden. Das Aval wird nach Ablauf einer bestimmten Zeit wieder aufgefüllt. Der bereits beanspruchte Avalbetrag wird wieder eingebucht, so daß dem Kunden der Avalkredit erneut in voller Höhe zur Verfügung steht.

Einräumung eines monatlich revolvierenden Avalkredits in Höhe von 100 000,00 DM:	Kunden-Avalforderungen an Avalverbindlichkeiten	100 000,00 DM
Inanspruchnahme im ersten Monat: 60 000,00 DM:	Kunden-KK an LZB-Giro	60 000,00 DM
	Avalverbindlichkeiten an Kunden-Avalforderungen	60 000,00 DM
Auffüllung des Avals nach Ablauf des ersten Monats:	Kunden-Avalforderungen an Avalverbindlichkeiten	60 000,00 DM

Bilanzierung von Avalkrediten

Avalverbindlichkeiten werden in der Bilanz auf der Passivseite **„unter dem Strich"** im **Unterposten b) „Verbindlichkeiten aus Bürgschaften und Gewährleistungsverträgen"** des **Hauptpostens 1 „Eventualverbindlichkeiten" ausgewiesen.** Ihnen stehen in gleicher Höhe Eventualforderungen gegenüber, die auf der Aktivseite aber nicht ausgewiesen werden.

Summe der Passiva		....
1. Eventualverbindlichkeiten		
a) Eventualverbindlichkeiten aus weitergegebenen abgerechneten Wechseln	....	
b) Verbindlichkeiten aus Bürgschaften und Gewährleistungsverträgen	....	
c) Haftung aus der Bestellung von Sicherheiten für fremde Verbindlichkeiten	....	....

Aufgaben

Aufgabe 8.38 Buchen Sie auf Avalkonten!

Umsätze auf den Avalkonten (bis einschließlich 28.12.19. .):

	Soll DM	Haben DM
Kunden-Avalforderungen	817 000,00	360 000,00
Avalverbindlichkeiten	360 000,00	817 000,00

Geschäftsfälle:

	DM
1. Am 29.12.19.. wird die Bank aus einer Bürgschaft in Anspruch genommen. Sie zahlt über LZB-Giro	25 000,00
2. Am 30.12.19.. erlöschen Avalkredite	100 000,00
3. Einem Avalkunden wird bereits belastete Avalprovision zurückvergütet	300,00

a) Richten Sie im Hauptbuch die Konten Kunden-Avalforderungen und Avalverbindlichkeiten ein und tragen Sie die Umsätze vor!

b) Buchen Sie die Geschäftsfälle (Umsätze) vom 29. und 30.12.19.. im Grund- und Hauptbuch!

c) Buchen Sie die Abschlußbuchungen im Grund- und Hauptbuch!

8.3.5 Akzeptkredite

Wesen des Akzeptkredits

Akzeptkredite sind eine Form der Kreditleihe. Durch die Akzeptierung von Wechseln stellen Kreditinstitute ihre **eigene Kreditwürdigkeit** zur Verfügung. Mit der Diskontierung ihrer Akzepte gewähren die Akzeptbanken zusätzlich Diskontkredite.

Die **Einräumung** von Akzeptkrediten wird **nicht gebucht.** Erst mit der Akzeptierung von Wechseln durch die Bank wird der Akzeptkredit in Anspruch genommen. Der Bank entstehen aus den Akzepten Verbindlichkeiten und aus dem Kreditvertrag Forderungen.

Hauptbuchkonten Kunden-Trattenforderungen und Eigene Akzepte

Die **Forderungen der Akzeptbank** aus dem Kreditvertrag (Innenverhältnis) werden auf dem **Hauptbuchkonto Kunden-Trattenforderungen** festgehalten. Die **Akzeptverbindlichkeiten** der Bank werden auf dem **Hauptbuchkonto Eigene Akzepte** gebucht.

Sparkassen erfassen die Verpflichtungen aus der Wechselannahme auf dem **Hauptbuchkonto Akzeptkredite.**

Im Außenverhältnis ist die Bank zur Einlösung ihrer Akzepte verpflichtet. Im Innenverhältnis ist der Kunde verpflichtet, rechtzeitig für die Anschaffung der Deckung zu sorgen.

Beispiel

Buchung eines Akzeptkredites mit Diskontierung der Akzepte

Ein Möbelhersteller importiert eine Partie Bangkok-Teak im Wert von 400 000,00 DM. Laut Vertrag ist bei Schiffsankunft Zahlung zu leisten. Um Verarbeitungszeit und Zielgewährung an die eigenen Kunden zu finanzieren, nimmt der Möbelhersteller bei seiner Bank einen Akzeptkredit auf. Der Akzeptkredit ist für den Kreditnehmer kostengünstiger als ein Kontokorrentkredit, da die Bank sich leicht durch Rediskontierung der eigenen Akzepte refinanzieren kann.

Kreditbetrag:	400 000,00 DM
Laufzeit:	1. April 19.. bis 30. Juni 19..
Anschaffung der Deckung:	spätestens 1 Werktag vor Verfall
Akzeptprovision:	0,25 % je Monat
Diskont:	6 % p. a.

Geschäftsfälle	Erläuterungen	Grundbuch
01.04.19. . : Akzeptleistung der Bank für 4 Wechsel über je 100 000,00 DM	Die Bank geht wechselrechtliche Verpflichtungen ein. Der Kunde ist im Innenverhältnis Schuldner.	Kunden-Trattenforderungen an Eigene Akzepte 400 000,0 DM
Belastung der Akzeptprovision	0,25 % je Monat von 400 000,00 DM für 3 Monate	Kunden-KK an Zinserträge 3 000,00 DM
Diskontierung der Akzepte durch die akzeptgebende Bank	Die Bank gewährt zusätzlich einen Diskontkredit. Diskont 6 000,00 DM	Diskontwechsel 400 000,00 DM an Kunden-KK 394 000,00 DM an Diskonterträge 6 000,00 DM
28.06.19. . : Der Kreditnehmer schafft über LZB Deckung an.	Der Kreditnehmer erfüllt seine Pflicht aus dem Kreditvertrag.	LZB-Giro an Kunden-KK 400 000,00 DM
30.06.19. . : Die Akzepte werden eingelöst.	Die Bank ist zur Einlösung ihrer Akzepte verpflichtet. Sie nimmt Rückgriff auf den Kunden.	Eigene Akzepte an Diskontwechsel 400 000,00 DM Kunden-KK an Kunden-Trattenforderungen 400 000,00 DM

Hauptbuch

Soll	Kunden-Trattenforderungen		Haben
Eigene Akzepte	400 000,00	Kunden-KK	400 000,00
	400 000,00		400 000,00

Soll	Eigene Akzepte		Haben
Diskontwechsel	400 000,00	Kunden-Trattenforderungen	400 000,00
	400 000,00		400 000,0

Soll	Diskontwechsel		Haben
Kunden-KK/ Diskonterträge	400 000,00	Eigene Akzepte	400 000,00
	400 000,00		400 000,00

Werden eigene Akzepte von der Akzeptbank bei der Bundesbank rediskontiert, ergeben sich die im Abschnitt 8.3.2.2 dargestellten Buchungen.

Rediskontierung eigener Akzepte bei der Bundesbank:	LZB-Giro Diskontaufwendungen an Diskontwechsel

Die Konten Kunden-Trattenforderungen und Eigene Akzepte werden durch die Rediskontierung nicht berührt.

Werden eigene Akzepte nicht rediskontiert, d. h. bleiben sie bis zur Einlösung im Diskontwechselbestand, gelten sie nach den Bilanzierungsvorschriften als nicht im Umlauf befindlich.

Beispiel
vorbereitende Abschlußbuchungen und Abschlußbuchungen bei Akzeptkrediten

Salden am 31.12.19..:

Diskontwechsel (einschließlich nicht rediskontierter Eigener Akzepte)	3 200 000,00 DM
Eigene Akzepte (sämtlich von der Bank selbst diskontiert)	800 000,00 DM
davon rediskontiert	600 000,00 DM

Soll	Diskontwechsel		Haben
Umsätze	3 200 000,00		

Soll	Kunden-Trattenforderungen		Haben
Umsätze	800 000,00		

Soll	Eigene Akzepte		Haben
		Umsätze	800 000,00

Eigene Akzepte, die von der Bank selbst diskontiert worden sind und sich noch im Diskontwechselbestand der Bank befinden, dürfen nicht passiviert werden. Sie werden vom Diskontwechselbestand abgesetzt. Die Bank führt am 31.12. eine Kompensationsbuchung durch.

Grundbuch

Vorbereitende Abschlußbuchung[1]

Eigene Akzepte an Diskontwechsel	200 000,00 DM

Abschlußbuchungen

Eigene Akzepte an SBK	600 000,00 DM
SBK an Kunden-Trattenforderungen	800 000,00 DM
SBK an Diskontwechsel	3 000 000,00 DM

[1] ohne Diskontabgrenzung (siehe Seite 289)

Hauptbuch

Soll	**Diskontwechsel**		Haben
	3 200 000,00	Eigene Akzepte	200 000,00
		SBK	3 000 000,00
	3 200 000,00		3 200 000,00

Soll	**Kunden-Trattenforderungen**		Haben
	800 000,00	SBK	800 000,00
	800 000,00		800 000,00

Soll		**Eigene Akzepte**	Haben
			800 000,00
Diskontwechsel	200 000,00		
SBK	600 000,00		
	800 000,00		800 000,00

Bilanzierung

Bei der **Bilanzierung von Forderungen und Verbindlichkeiten aus Kreditvorgängen,** die aus der **Kombination von Akzeptkredit und Diskontkredit** bestehen, sind zwei Gruppen von eigenen Akzepten zu unterscheiden:

1. Gruppe: **nicht rediskontierte eigene Akzepte (eigene Akzepte im Bestand der Akzeptbank)**
   - kein Bilanzausweis von Akzeptverbindlichkeiten auf der Passivseite und kein Bilanzausweis von eigenen Akzepten im Wechselbestand auf der Aktivseite (daher Kompensationsbuchung)
   - Bilanzausweis der **Forderungen aus Akzeptkreditverträgen** gegenüber den Kreditnehmern im **Aktivposten Nr. 4 „Forderungen an Kunden".**

2. Gruppe: **rediskontierte eigene Akzepte (eigene Akzepte im Umlauf)**
   - kein Bilanzausweis von eigenen Akzepten im Wechselbestand auf der Aktivseite
   - Bilanzausweis von **Akzeptverbindlichkeiten** auf der Passivseite im **Unterposten b) „andere verbriefte Verbindlichkeiten"** des **Hauptpostens Nr. 3 „Verbriefte Verbindlichkeiten"**
   - **Bilanzausweis der Forderungen aus Akzeptkreditverträgen** gegenüber den Kreditnehmern im **Aktivposten Nr. 4 „Forderungen an Kunden".**

Aufgaben

Aufgabe 8.39 Buchen Sie auf den Konten Kunden-Trattenforderungen, Eigene Akzepte und Diskontwechsel der Hansabank AG, Bremen!

Geschäftsfälle:	DM
1. Die Hansabank AG, Bremen, gewährt Akzeptkredite für Importfinanzierungen an die Firmen Zahn & Söhne und Bremer Importkontor GmbH.	
Zahn & Söhne	300 000,00
Bremer Importkontor GmbH	500 000,00
Akzeptprovision	3 000,00
Diskont	12 000,00
Die Hansabank akzeptierte und diskontierte am 31. 10. 19. . die auf sie gezogenen Wechsel. Sie belastet die Kunden mit Akzeptprovision.	
2. Die Hansabank rediskontiert die von der Bremer Importkontor GmbH ausgestellten Wechsel bei der Bundesbank.	
Wechselbeträge	500 000,00
Rediskont	7 500,00
3. Zahn & Söhne schaffen Deckung durch LZB-Überweisung an	300 000,00
4. Die Hansabank AG löst bei Verfall sämtliche Wechsel ein.	
Im eigenen Diskontwechselbestand befinden sich	300 000,00
Über LZB-Giro werden vorgelegt	500 000,00

a) *Führen Sie die Konten Kunden-Trattenforderungen, Eigene Akzepte und Diskontwechsel!*

b) *Buchen Sie die Geschäftsfälle im Grund- und Hauptbuch!*

c) *Buchen Sie die vorbereitenden Abschlußbuchungen und Abschlußbuchungen im Grund- und Hauptbuch!*

d) *Nehmen Sie die zu Beginn des neuen Geschäftsjahres erforderlichen Buchungen vor!*

e) *Buchen Sie die Anschaffung der Deckung und die Einlösung der Akzepte!*

Aufgabe 8.40 Schließen Sie die Konten Kunden-Trattenforderungen, Eigene Akzepte und Diskontwechsel ab!

Salden zum 31.12.19. . :	DM
Kunden-Trattenforderungen	400 000,00
Eigene Akzepte	400 000,00
davon im eigenen Diskontwechselbestand	100 000,00
Diskontwechsel	1 800 000,00

a) *Richten Sie im Hauptbuch die Konten Kunden-Trattenforderungen, Eigene Akzepte und Diskontwechsel ein, und tragen Sie die Salden vor!*

b) *Nehmen Sie die vorbereitenden Abschlußbuchungen und Abschlußbuchungen im Grund- und Hauptbuch vor!*

c) *Geben Sie an, in welchen Bilanzposten die Bestände ausgewiesen werden!*

d) *Buchen Sie die Eröffnung der Konten am 02.01.19. . im Grundbuch!*

8.3.6 Abschreibungen und Wertberichtigungen auf Forderungen aus Kreditgewährungen

Forderungen

Bankgeschäftliche **Forderungen** entstehen durch **Kreditgewährungen:**

- **Kontokorrent-Forderungen** aus gewährten **Kontokorrentkrediten**
- **Darlehensforderungen** aus gewährten **Darlehen**
- **Wechselforderungen** aus **Wechseldiskontierungen**
- **Avalforderungen** aus übernommenen Bürgschaften.

Kreditinstitute prüfen vor der Krediteinräumung Kreditfähigkeit und Kreditwürdigkeit. Sie überwachen während der Kreditlaufzeit die Bonität der Kreditnehmer. Dennoch sind Forderungsausfälle nicht auszuschließen.

Durch handelsrechtliche Vorschriften und im eigenen Interesse sind die Kreditinstitute daher gehalten, vor der Bilanzierung ihrer Forderungen festzustellen, ob alle Forderungen noch „einwandfrei" sind. Gegebenenfalls ist eine entsprechende Vorsorge für Ausfallrisiken in der Bilanz vorzunehmen. Sämtliche Forderungen eines Kreditinstituts müssen zum Bilanzstichtag geprüft und bewertet werden.

8.3.6.1 Bewertung von Forderungen

▶ Handelsrechtliche Bewertung von Forderungen

Das Handelsgesetzbuch bestimmte früher: „Zweifelhafte Forderungen sind nach ihrem wahrscheinlichen Wert anzusetzen, uneinbringliche Forderungen sind abzuschreiben." Diese Vorschrift ist weggefallen.

Wie Forderungen zu bewerten sind und wie auf Forderungen abzuschreiben ist, regelt § 253 Abs. 3 Satz 2 HGB in allgemeiner Art. Forderungen sind nach dem **strengen Niederstwertprinzip** zu bewerten.

Zeitwert

Forderungen, denen am Abschlußstichtag ein niedrigerer Wert als der Nennwert beizulegen ist, sind auf diesen Zeitwert abzuschreiben. Bewertung und Abschreibung auf nicht einwandfreie Forderungen richten sich also nach dem **Ausmaß des Ausfallrisikos.**

Einteilung von Forderungen nach der Bonität

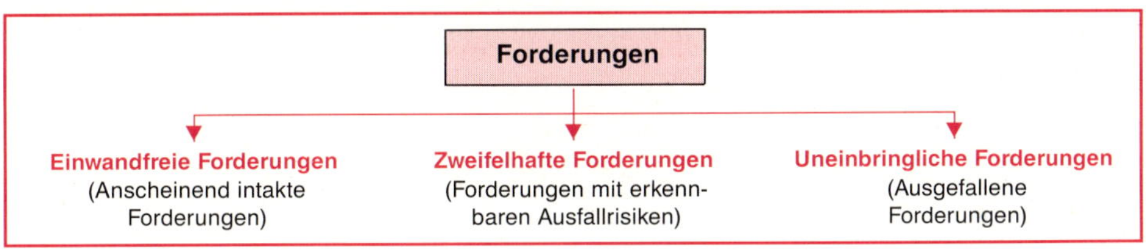

Einwandfreie Forderungen

Einwandfreie Forderungen sind mit ihrem Nennwert zuzüglich der zu kapitalisierenden Zinsen und Provisionen anzusetzen.

Forderungen mit Ausfallrisiken

Für **Zweifelhafte Forderungen (Forderungen mit erkennbaren und belegbaren Ausfallrisiken)** sind durch Abschreibungen **Einzelwertberichtigungen** zu bilden. Die Forderungen selbst sind zum Nennwert zuzüglich der zu kapitalisierenden Zinsen und abzüglich der gebildeten Einzelwertberichtigungen anzusetzen.

Ausfallrisiken

Ausfallrisiken

Verlustrisiken, die über das allgemeine Kreditrisiko hinausgehen, können Risiken sein, die beim Jahresabschluß des Kreditinstituts offen erkennbar und belegbar sind. Ist ein Kreditnehmer mehrfach gezwungen, Zahlungsziele zu überschreiten, eingeräumte Kreditlinien zu überziehen oder Wechsel prolongieren zu lassen, sind das offen erkennbare Anzeichen für Liquiditätsschwierigkeiten und damit für mögliche Verlustgefahren des Kreditinstituts. Auch schlechte Jahresabschlüsse mit unzureichenden Gewinnen oder mit Verlusten – insbesondere bei kritischen Kapitalverhältnissen (bei zu geringem Eigenkapital) – können Verlustrisiken bedeuten. Wie hoch ein Kreditinstitut jeweils sein akutes Risiko bei einem Kreditengagement einschätzt, hängt nicht zuletzt von den verfügbaren und verwertbaren Sicherheiten ab. Sinkt der wirtschaftliche Wert einer Kreditsicherheit (Beispiel: fallender Grundstückspreis), kann ein Kreditinstitut u. U. darin (trotz unveränderter Bonität des Kreditnehmers) ein Verlustrisiko erblicken, für das eine Einzelwertberichtigung zu bilden ist.

Risikovorsorge durch Einzelwertberichtigungen

Einzelwertberichtigungen sind „buchmäßige Auffangreserven" für Forderungsverluste. Kreditinstitute bilden solche Auffangreserven, indem sie die geschätzten, möglicherweise zukünftig eintretenden Forderungsausfälle schon jetzt, also in der Gegenwart, abschreiben. Sie nehmen einen Aufwand in Kauf, um damit den Wert der Forderung buchmäßig zu berichtigen. Die Wertberichtigung wird auf einem besonderen Konto so lange gespeichert, wie das Kreditrisiko besteht. Kreditinstitute betreiben mit der Bildung von Einzelwertberichtigungen **Risikovorsorge.**

Uneinbringliche Forderungen

Uneinbringliche Forderungen dürfen nicht in der Bilanz ausgewiesen werden.

▸ *Steuerrechtliche Bewertung von Forderungen*

Steuerrechtliche Bewertungsvorschriften finden sich im **Einkommensteuergesetz.** Forderungen sind **steuerlich** mit ihrem **Nennwert** bzw. mit dem **niedrigeren Teilwert** anzusetzen.

§ 6 EStG

§ 6 Abs. 1 Nr. 2 EStG

2. Andere als die in Nummer 1 bezeichneten Wirtschaftsgüter des Betriebes (Grund und Boden, Beteiligungen, **Umlaufvermögen**) sind mit den Anschaffungs- oder Herstellungskosten anzusetzen. Statt der Anschaffungs- oder Herstellungskosten kann **der niedrigere Teilwert** (Nr. 1 Satz 3) angesetzt werden . . .

8.3.6.2 *Abschreibung uneinbringlicher Forderungen*

Uneinbringliche Forderungen

Uneinbringlich sind Forderungen, bei denen keine Aussicht besteht, daß sie bezahlt werden (z. B. bei völliger Überschuldung eines Privatkunden oder bei Ablehnung eines Antrags auf Eröffnung eines Konkursverfahrens mangels Masse). Forderungsteile, die im Konkursverfahren nicht befriedigt werden oder auf die ein Kreditinstitut im Vergleichsweg verzichtet, sind endgültig verloren.

Für **uneinbringliche (ausgefallene) Forderungen** muß das Kreditinstitut den Forderungsausfall buchungsmäßig nachvollziehen. (Der Rechtsanspruch auf Rückzahlung bleibt bestehen, soweit das Kreditinstitut keinen Forderungsverzicht ausgesprochen oder die Forderung im gerichtlichen Verfahren verloren hat.)

Forderungsausfälle werden stets sofort direkt abgeschrieben.

Beispiel
Buchung einer direkten Abschreibung

Grundbuch		
10.10.19..: Der Antrag auf Eröffnung des Konkursverfahrens über das Vermögen des Kunden Hans Pieper wird mangels Masse abgelehnt. Die Forderung beträgt 60 000,00 DM	Uneinbringliche Forderungen **dürfen nicht bilanziert werden**, da der Rückzahlungsanspruch wirtschaftlich als verloren gilt. In Höhe des eingetretenen Verlustes ist die Forderung **direkt abzuschreiben**.	Abschreibungen auf Forderungen an Kunden-KK 60 000,00 DM

Skonto

Soll	Hans Pieper		Haben
Umsätze	134 600,00	Umsätze	74 600,00
		10.10.	60 000,00
	134 600,00		134 600,00

Hauptbuch

Soll	Kunden-KK		Haben
Umsätze	112 648 320,00	Umsätze	109 993 840,00
		10.10.	60 000,00

Soll	Abschreibungen auf Forderungen		Haben
10.10.	60 000,00		

Erfolgt auf eine abgeschriebene Forderung später eine Zahlung (z. B. durch Gehaltspfändung bei einem früheren Privatkunden), so ist der Eingang als Ertrag zu erfassen.

Buchung bei Zahlungseingang auf eine abgeschriebene Forderung:	LZB-Giro an Erträge aus dem Eingang abgeschriebener Forderungen

8.3.6.3 *Einzelwertberichtigungen auf Forderungen*

Kreditforderungen

Einzelwertberichtigungen werden am Bilanzstichtag für Forderungen gebildet, bei denen mit Ausfällen gerechnet wird und deren Risiken im einzelnen belegbar sind. Sie sind notwendig **für Kreditforderungen aller Art**, insbesondere für

- **Kontokorrent-Forderungen** (Forderungen aus Kontokorrentkrediten),
- **Darlehensforderungen** (Forderungen aus Darlehensgewährungen),
- **Wechselforderungen** (Forderungen aus Wechseldiskontierungen),
- **Avalforderungen** (Eventualforderungen aus Bürgschaften und Garantien).

Maßgebend für die Einschätzung der Ausfallrisiken eines Kreditinstituts und damit für die Bildung der Einzelwertberichtigungen sind die Erkenntnisse, die dem Institut am Abschlußstichtag vorliegen. Es muß bei der Festlegung der Wertansätze auch noch Ereignisse berücksichtigen, die nach dem Abschlußstichtag, aber noch vor Aufstellung des Jahresabschlusses bekannt werden.

▶ *Bildung von Einzelwertberichtigungen*

Einzelwertberichtigungen werden durch **indirekte Abschreibungen** gebildet.

Buchungsbeispiel

Buchung indirekter Abschreibung auf Forderungen

Geschäftsfälle	Erläuterungen	Grundbuch
31.12.19..: Für ein Darlehen an die W. Schmid GmbH in Höhe von 200 000,00 DM soll aufgrund der verschlechterten Situation des Unternehmens (Umsatzrückgang, Verlustausweis) eine Einzelwertberichtigung über 100 000,00 DM gebildet werden.	Auf die Darlehensforderung werden 100 000,00 DM indirekt abgeschrieben. Es wird das passive Bestandskonto Einzelwertberichtigungen auf Forderungen eingeschaltet.	Abschreibungen auf Forderungen an Einzelwertberichtigungen auf Forderungen 100 000,00 DM
31.12.19..: Abschluß der Konten	Abschlußbuchungen	Gewinn- und Verlustkonto an Abschreibungen auf Forderungen 100 000,00 DM Einzelwertberichtigungen auf Forderungen an SBK 100 000,00 DM

Skontro

Soll	W. Schmid		Haben
Umsätze	928 760,00	Umsätze	728 760,00
		SB	200 000,00
	928 760,00		928 760,00

Hauptbuch

Soll	Kunden-KK		Haben
Umsätze	125 831 124,00	Umsätze	124 283 751,00

Soll	Einzelwertberichtigungen auf Forderungen		Haben
SBK	100 000,00	31.12.	100 000,00

Soll	Abschreibungen auf Forderungen		Haben
31.12.	100 000,00	GuV	100 000,00

Die Buchungsmethode der **indirekten Abschreibung** entspricht dem Zweck der Risikovorsorge. Die Forderung gegen den Kreditnehmer wird auf dem Hauptbuchkonto Kunden-Kontokorrent nicht verändert. Entsprechend erfolgt auch keine Buchung auf dem Kontokorrent-Konto des Schuldners. Das Hauptbuchkonto Einzelwertberichtigungen auf Forderungen wird über das Schlußbilanzkonto (SBK) abgeschlossen.

Aktivische Absetzung der Einzelwertberichtigungen

Nach den **Bilanzierungsvorschriften der Rechnungslegungsverordnung** ist es nicht zulässig, Einzelwertberichtigungen zu Kreditforderungen auf der Passivseite der Bilanz auszuweisen. **Einzelwertberichtigungen müssen auf der Aktivseite von den Forderungen an Kunden abgesetzt werden (aktivische Absetzung).**

Wertansatz

Der **Wertansatz einer Forderung** errechnet sich:

Nennwert der Forderung
·/. Einzelwertberichtigung
= Wertansatz für die Bilanz

Hiervon abweichend werden Einzelwertberichtigungen auf Avalforderungen als Rückstellungen passiviert.

Eine Einzelwertberichtigung bleibt so lange bestehen, wie die Risikovorsorge notwendig ist. Bei unveränderter Einschätzung der Risikosituation des Kreditnehmers bleibt auch die Einzelwertberichtigung unverändert.

Erhöhung einer Einzelwertberichtigung

Verschlechtert sich im folgenden Geschäftsjahr die wirtschaftliche Situation des Kunden und/oder müssen Sicherheiten niedriger bewertet werden, muß das Kreditinstitut dem zusätzlich entstehenden Risiko durch Erhöhung der Einzelwertberichtigung Rechnung tragen.

Buchung bei Erhöhung einer Einzelwertberichtigung	Abschreibungen auf Forderungen an Einzelwertberichtigungen auf Forderungen

Es wird nicht zu Lasten sonstiger betrieblicher Aufwendungen gebucht, sondern zu Lasten von Abschreibungen, da der zusätzliche Wertberichtigungsbedarf im laufenden Geschäftsjahr entsteht.

▸ *Auflösung von Einzelwertberichtigungen*

Auflösung einer Einzelwertberichtigung

Bessert sich im folgenden Geschäftsjahr die wirtschaftliche Situation des Kunden und/oder werden zusätzliche Sicherheiten gestellt, kann die Einzelwertberichtigung oder ein Teil davon aufgelöst werden.

Buchung bei Auflösung (Teilauflösung) einer Einzelwertberichtigung:	Einzelwertberichtigungen auf Forderungen an Erträge aus der Auflösung von Wertberichtigungen

Zur Auflösung einer Einzelwertberichtigung kommt es auch, wenn die Risikosituation dadurch geklärt wird, daß ein **erwarteter Forderungsverlust tatsächlich eintritt** (siehe folgende Seite).

Im folgenden Beispiel erfolgt eine Klärung der Risikosituation, da es dem Kreditnehmer gelingt, sich im Wege eines außergerichtlichen Vergleichs mit seinen Gläubigern über einen teilweisen Verzicht auf Forderungen zu einigen. Nach Abschluß des Vergleichsverfahrens wird die Einzelwertberichtigung aufgelöst.

Beispiel
Buchung bei Auflösung einer Einzelwertberichtigung

Buchung im folgenden Jahr		(Fortführung von Seite 159)
Geschäftsfälle	**Erläuterungen**	**Grundbuch**
02.01.19..: Eröffnung des Kontos Einzelwertberichtigungen auf Forderungen		EBK an Einzelwertberichtigungen auf Forderungen 100 000,00 DM
02.01.19..: Zahlungseingang nach Abschluß des Vergleichsverfahrens über LZB-Giro 75 000,00 DM	Der tatsächlich eingetretene Forderungsausfall entspricht nicht dem erwarteten Forderungsverlust. Die Auflösung der Einzelwertberichtigung kann die Forderung nicht abdecken. Eine zusätzliche Abschreibung ist erforderlich.	Einzelwertberichtigungen auf Forderungen 100 000,00 DM Abschreibungen auf Forderungen 25 000,00 DM LZB-Giro 75 000,00 DM an Kunden-KK 200 000,00 DM

Die Forderung gegen den Kunden wird im Hauptbuchkonto Kunden-KK und auf dem Kundenkonto ausgebucht.

Skontro

Soll	W. Schmid	Haben
EB 200 000,00		08.07. 200 000,00

Hauptbuch

Soll	**Kunden-KK**	Haben
Umsätze 63 246 193,00		Umsätze 62 817 471,00
		08.07. 200 000,00

Soll	**Einzelwertberichtigungen**	Haben
08.07. 100 000,00		EBK 100 000,00

Soll	**Abschreibungen auf Forderungen**	Haben
08.07. 25 000,00		

Soll	**LZB-Giro**	Haben
08.07. 75 000,00		

Mögliche Fälle bei Auflösung von Einzelwertberichtigungen

Bei der **Auflösung von Wertberichtigungen nach endgültiger Klärung der Risikosituation** sind **vier Fälle** zu unterscheiden:

1. **Ein Forderungsverlust tritt nicht ein. Das vermutete Verlustrisiko besteht nicht mehr.**

   Auflösung der Einzelwertberichtigung: Einzelwertberichtigungen auf Forderungen
   an Erträge aus der Auflösung von Wertberichtigungen

Die Erträge aus der Auflösung von Einzelwertberichtigungen werden in der Gewinn- und Verlustrechnung mit Abschreibungsaufwand zur Bildung von Wertberichtigungen für andere Forderungen kompensiert. Dadurch wird verhindert, daß Auflösungen von Wertberichtigungen offenkundig werden (siehe Seite 280/281).

2. **Der tatsächlich eingetretene Forderungsverlust ist so hoch wie die Wertberichtigung.**

   Buchung des Zahlungseinganges: LZB-Giro
   an Kunden-KK

   Auflösung der Einzelwertberichtigung: Einzelwertberichtigungen auf Forderungen
   an Kunden-KK

3. **Der tatsächlich eingetretene Forderungsverlust ist größer als die Wertberichtigung.**

   Buchung des Zahlungseinganges: LZB-Giro
   an Kunden-KK

   Auflösung der Einzelwertberichtigung und Erfassung des zusätzlichen Aufwands: Einzelwertberichtigungen auf Forderungen
   Abschreibungen auf Forderungen
   an Kunden-KK

   Der zusätzlich entstehende Aufwand ist Abschreibungsaufwand des laufenden Jahres.

4. **Der tatsächlich eingetretene Forderungsverlust ist kleiner als die Wertberichtigung.**

Buchung des Zahlungseinganges:	LZB-Giro an Kunden-KK
Auflösung der Einzelwertberichtigung und Erfassung des Ertrages:	Einzelwertberichtigungen auf Forderungen an Kunden-KK an Erträge aus der Auflösung von Wertberichtigungen

Die Einzelwertberichtigung wird nicht in voller Höhe zum Ausgleich des eingetretenen Forderungsverlustes benötigt. Der zu hohe Abschreibungsaufwand führt bei Auflösung zu einem Ertrag.

8.3.6.4 Pauschalwertberichtigungen auf Forderungen

▸ Notwendigkeit von Pauschalwertberichtigungen

Pauschalbewertung

Nachdem uneinbringliche Forderungen (verlorene Forderungen) sowie Forderungen mit erkennbaren und belegbaren Verlustrisiken (zweifelhafte Forderungen) einzeln bewertet worden sind, müssen alle übrigen Forderungen (einbringliche Forderungen) pauschal bewertet werden. Auch diese anscheinend intakten Forderungen können Ausfallrisiken enthalten, die zum Zeitpunkt des Jahresabschlusses allerdings noch nicht im einzelnen erkennbar und belegbar sind **(latente Ausfallrisiken).**

Jedes Kreditinstitut muß nach handelsrechtlichen Grundsätzen **Vorsorge gegen latente Ausfallrisiken** treffen und **Pauschalwertberichtigungen** in dem erforderlichen Umfang bilden. Der Abschlußprüfer muß im Prüfungsbericht bestätigen, daß das Kreditinstitut in angemessener Höhe Pauschalwertberichtigungen gebildet hat.

Pauschalwertberichtigungen in der Handelsbilanz und in der Steuerbilanz

Vorsorge gegen latente Ausfallrisiken

- In der **Handelsbilanz** müssen Kreditinstitute **nach den Grundsätzen ordnungsmäßiger Buchführung** Vorsorge gegen latente Ausfallrisiken durch **Bildung von Pauschalwertberichtigungen** treffen (Pflicht zur Bildung von Pauschalwertberichtigungen in betriebsindividuell erforderlicher Höhe).
- In der **Steuerbilanz** werden **Pauschalwertberichtigungen nur in Höhe der nach den Erfahrungen der Vergangenheit tatsächlich notwendigen Risikovorsorge** anerkannt (Recht zur Bildung von Pauschalwertberichtigungen im Rahmen der nach Auffassung der Finanzverwaltung zulässigen Grenzen).

▸ Bildung von Pauschalwertberichtigungen

Steuerliche Anerkennung von Pauschalwertberichtigungen

Die **Auffassung der Finanzverwaltung** zur steuerlichen Anerkennung von Pauschalwertberichtigungen bei Kreditinstituten hat das Bundesministerium der Finanzen am 10. Januar 1994 in einem Schreiben an die Obersten Finanzbehörden der Länder veröffentlicht. Danach orientiert sich der Umfang der zum Bilanzstichtag anerkennungsfähigen Pauschalwertberichtigungen am durchschnittlichen tatsächlichen Forderungsausfall der letzten fünf Wirtschaftsjahre **(tatsächlicher Forderungsausfall).** Da die Pauschalwertberichtigungen ausschließlich der Abdeckung der noch nicht bekannten Ausfallrisiken (latente Ausfallrisiken) dienen, der tatsächliche Forderungsausfall jedoch auch die bereits erkennbaren, akuten Ausfallrisiken umfaßt, ist der berücksichtigungsfähige Forderungsausfall pauschal um 40 %, höchstens jedoch um den Betrag der am Bilanzstichtag gebildeten Einzelwertberichtigung, zu kürzen **(maßgeblicher Forderungsausfall).**

Der maßgebliche Forderungsausfall wird zum Durchschnittsbetrag des risikobehafteten Kreditvolumens der dem Bilanzstichtag vorangehenden fünf Bilanzstichtage **(risikobehaftetes Kreditvolumen)** in Beziehung gesetzt. Hieraus wird der zulässige Prozentsatz der Pauschalwertberichtigung **(Pauschalwertberichtigungssatz)** errechnet.

Der Pauschalwertberichtigungssatz wird auf das risikobehaftete Kreditvolumen am Bilanzstichtag nach Abzug der einzelwertberichtigten Forderungen angewendet und ergibt die **steuerlich anerkennungsfähige Pauschalwertberichtigung.**

Die Absetzung der einzelwertberichtigten Forderungen am Bilanzstichtag ergibt sich aus dem Grundsatz, daß eine Forderung nur entweder einzel- oder pauschalwertberichtigt werden darf.

Schreiben des Bundesministeriums der Finanzen vom 10.01.1994

Pauschalwertberichtigung bei Kreditinstituten

(1) Kreditinstitute können für das Ausfallrisiko ihrer Kundenforderungen (§ 15 der VO über die Rechnungslegung der Kreditinstitute vom 10. 2. 1992 – RechKredVO – BGBl I S. 203), das am Bilanzstichtag besteht, aber bis zur Bilanzaufstellung noch nicht erkennbar geworden ist und daher nicht durch Einzelwertberichtigungen (EWB) oder Direktabschreibungen der Forderungen berücksichtigt werden kann (latentes Ausfallrisiko), Pauschalwertberichtungen (PWB) nach den GoB bilden. Im Einvernehmen mit den obersten Finanzbehörden der Länder sind bei Kreditinstituten PWB steuerlich nur anzuerkennen, soweit sie die nach folgenden Grundsätzen zu berechnenden Beträge nicht übersteigen:

I. Vomhundertsatz der Pauschalwertberichtigung bei Kreditinstituten

(2) Der Vomhundertsatz der PWB für den Bilanzstichtag ist nach den Erfahrungen der Vergangenheit zu bemessen. Zu seiner Berechnung ist grundsätzlich der Durchschnitt des tatsächlichen Forderungsausfalls für die dem Bilanzstichtag vorangehenden fünf Wirtschaftsjahre und des risikobehafteten Kreditvolumens für die dem Bilanzstichtag vorangehenden fünf Bilanzstichtage zu ermitteln und ins Verhältnis zu setzen. Der tatsächliche Forderungsausfall umfaßt neben dem latenten auch das bereits erkennbare (akute) Ausfallrisiko. Zur Begrenzung der PWB auf das latente Ausfallrisiko ist deshalb von dem ermittelten Durchschnitt des tatsächlichen Forderungsausfalls ein Betrag in Höhe von 40 v. H. abzuziehen, höchstens jedoch der Betrag der EWB am Bilanzstichtag. In begründeten Einzelfällen können die Durchschnittswerte für einen längeren Vergleichszeitraum, bei Neugründungen und im Beitrittsgebiet auch für einen kürzeren Vergleichszeitraum, ermittelt werden.

1. Tatsächlicher Forderungsausfall

(3) Als tatsächlicher Forderungsausfall gilt der tatsächlich realisierte, wirtschaftliche Verlust der Forderung insgesamt oder eines Teils. Von einem tatsächlichen Forderungsausfall ist grundsätzlich auszugehen, wenn die Forderung uneinbringlich geworden ist, d. h. soweit nach vernünftiger kaufmännischer Beurteilung weder vom Schuldner noch von dritter Seite (z. B. Bürge) noch aus der Verwertung evtl. verbliebener Sicherheiten ein Zahlungseingang zu erwarten ist. Eine bestrittene Forderung muß hiernach ausgeklagt sein. Sicherheiten müssen verwertet sein, ohne daß ein Surrogat an die Stelle der ausgefallenen Forderung getreten ist. Umschuldungen oder Schuldnovationen führen dementsprechend nicht zu einem tatsächlichen Ausfall der Forderung, die der Umschuldung oder Novation zugrunde liegt. Forderungsausfälle, die auf Risiken beruhen, die nicht in der Person des Schuldners liegen (z. B. Transfer- oder Devisenrisiko), rechnen nicht zum tatsächlichen Forderungsausfall.

(4) Rechnerisch ergibt sich der tatsächliche Forderungsausfall – bezogen auf das jeweilige Wirtschaftsjahr – wie folgt:

  Verbrauch von EWB
+ Direktabschreibungen von Forderungen
– Eingang abgeschriebener Forderungen
= tatsächlicher Forderungsausfall

2. Risikobehaftetes Kreditvolumen

(5) Zum risikobehafteten Kreditvolumen rechnen die Kundenforderungen des Kreditinstituts nach § 15 RechKredVO mit Ausnahme der Forderungen, die

a) aus Gründen, die nicht in der Person des Schuldners liegen (z. B. Transfer- oder Devisenrisiko), wertzuberichtigen sind;

b) als sichere Forderungen anzusehen sind. Zu den sicheren Forderungen rechnen:

- Forderungen gegen öffentlich-rechtliche Körperschaften oder sonstige Körperschaften, für die eine Gebietskörperschaft als Gewährträger haftet;
- Forderungen gegen ausländische Staaten, ausländische Gebietskörperschaften oder sonstige ausländische Körperschaften und Anstalten des öffentlichen Rechts im OECD-Bereich;
- Forderungen, die durch eine der vorstehend genannten Stellen verbürgt oder in anderer Weise gewährleistet sind;
- Forderungen, für die eine Delkredere-Versicherung durch das Kreditinstitut abgeschlossen ist.

Forderungen aus Vor- oder Zwischenfinanzierungskrediten für noch nicht zugeteilte Bauspardarlehen rechnen zum risikobehafteten Kreditvolumen nur, soweit sie das Bausparguthaben übersteigen.

3. Berechnungsschema des Vomhundertsatzes

Der Vomhundertsatz der PWB ist in zwei Schritten zu berechnen. Zunächst ist aus dem durchschnittlichen Forderungsausfall der maßgebliche Forderungsausfall abzuleiten; sodann ist der maßgebliche Forderungsausfall zu dem durchschnittlichen risikobehafteten Kreditvolumen ins Verhältnis zu setzen:

(6) durchschnittlicher Forderungsausfall (Tzn. 2 bis 4)
– 40 v. H. des durchschnittlichen Forderungsausfalls, höchstens EWB des Bilanzstichtags (Tz. 2 Satz 4)
= maßgeblicher Forderungsausfall

(7) $\frac{\text{maßgeblicher Forderungsausfall (Tz. 6)} \times 100}{\text{durchschnittliches risikobehaftetes Kreditvolumen (Tzn. 2, 5)}} = \text{v. H.-Satz}$

II. Bemessungsgrundlage der Pauschalwertberichtigung

(8) Der Vomhundertsatz der PWB für den Bilanzstichtag (Tzn. 2 bis 7) ist auf das risikobehaftete Kreditvolumen (Tz. 5) des Bilanzstichtags anzuwenden. Dabei sind einzelwertberichtigte Forderungen und Kreditengagements in vollem Umfang aus dem risikobehafteten Kreditvolumen auszuscheiden; der nicht einzelwertberichtigte Teil einer Forderung darf nicht in der Bemessungsgrundlage für die PWB verbleiben, weil eine bestimmte Forderung nur entweder einzeln oder pauschal wertberichtigt werden kann.

Berechnung der Pauschalwertberichtigung zum 31.12.1995

Berechnung der Pauschalwertberichtigung

Bestände am 31.12.1995

Forderungen an Kunden		580 Mio. DM
davon		
– „risikofrei“	110,0 Mio. DM	
– einzelwertberichtigt	20,0 Mio. DM	
Einzelwertberichtigungen auf Forderungen		10,0 Mio. DM
– davon aus den Vorjahren	5,5 Mio. DM	

1. Ermittlung des maßgeblichen Forderungsausfalls

	31.12. 1990	31.12.1991 Mio. DM	31.12.1992 Mio. DM	31.12.1993 Mio. DM	31.12.1994 Mio. DM	31.12.1995 Mio. DM
Verbrauch an Einzelwertberichtigungen bei Abschreibung bereits einzelwertberichtigter Forderungen	___	2,0	2,2	2,45	2,4	3,15
+ Abschreibungen auf uneinbringliche Forderungen	___	1,9	2,0	2,4	2,7	2,2
·/· Eingänge auf abgeschriebene Forderungen	___	0,6	0,7	0,75	0,7	0,65
= **Tatsächlicher Forderungsausfall**		3,3	3,5	4,1	4,4	4,7

	Mio. DM
Durchschnittlicher Forderungsausfall der letzten 5 Wirtschaftsjahre	
$= \frac{\text{Summe der Forderungsausfälle 1991–1995}}{5} = \frac{3{,}3 + 3{,}5 + 4{,}1 + 4{,}4 + 4{,}7}{5} =$	4,0
·/· 40 % Abschlag (höchstens Betrag der Einzelwertberichtigungen am Bilanzstichtag)	1,6
= **Maßgeblicher Forderungsausfall** =	2,4

2. Ermittlung des risikobehafteten Kreditvolumens

	31.12.1990 Mio. DM	31.12.1991 Mio. DM	31.12.1992 Mio. DM	31.12.1993 Mio. DM	31.12.1994 Mio. DM	31.12.1995
Forderungen an Kunden (Aktivposten 4, § 15 RechKredV)	390	450	470	500	540	______
·/. Forderungen an öffentlich-rechtliche Körperschaften (Bund, Länder, Gemeinden usw.)	10	12	15	20	24	______
·/. Forderungen an ausländische Staaten, Gebietskörperschaften, Körperschaften und Anstalten des öffentlichen Rechts im OECD-Bereich	2	5	5	6	6	______
·/. Forderungen, die durch eine der vorher genannten Stellen gewährleistet (verbürgt) sind	8	8	12	12	10	______
·/. Forderungen, die durch eine Delkredere-Versicherung abgesichert sind	30	35	38	42	50	______
= Risikobehaftetes Kreditvolumen	340	390	400	420	450	______

	Mio. DM
Durchschnittliches risikobehaftetes Kreditvolumen der 5 voraufgegangenen Bilanzstichtage	
$= \frac{\text{Summe des risikobehafteten Kreditvolumens 1990–1994}}{5} = \frac{340 + 390 + 400 + 420 + 450}{5}$	
= Durchschnittliches risikobehaftetes Kreditvolumen	400,0

3. Ermittlung des Pauschalwertberichtigungssatzes

$$\frac{\text{Maßgeblicher Forderungsausfall} \times 100}{\text{Durchschnittliches risikobehaftetes Kreditvolumen}} = \frac{2{,}4 \times 100}{400} = 0{,}6 \text{ v. H.}$$

4. Ermittlung der Pauschalwertberichtigung zum Bilanzstichtag

	Mio. DM
Risikobehaftetes Kreditvolumen am 31.12.1994	470,0
·/. Gesamtbetrag der einzelwertberichtigten Forderungen	20,0
= Verbleibendes risikobehaftetes Kreditvolumen am 31.12.	450,0
darauf 0,6 v. H. Pauschalwertberichtigung (siehe 3.)	Mio. DM
= Pauschalwertberichtigung	2,7

Kreditinstitute dürfen darüber hinaus weitere Pauschalwertberichtigungen als **Vorsorgereserven** bilden; der dafür entstehende Abschreibungsbedarf wird aber steuerlich nicht anerkannt, daher werden diese zusätzlichen Wertberichtigungen als **Versteuerte Pauschalwertberichtigungen** bezeichnet (siehe Seite 279).

Aus dem Berechnungsbeispiel ergeben sich für **1995** folgende Buchungen:

Buchungsbeispiel
Abschreibungsbuchungen auf Forderungen am 31.12.1995

Bildung von Einzel- und Pauschalwertberichtigungen (1995)		
Geschäftsfälle	**Grundbuch**	
Vorbereitende Abschlußbuchungen		
1. Neu zu bildende Einzelwertberichtigung (45 % von 10 Mio. DM)	Abschreibungen auf Forderungen an Einzelwertberichtigungen auf Forderungen	4 500 000,00 DM
2. Neu zu bildende Pauschalwertberichtigungen (0,6 % von 450 Mio. DM) (Annahme: Aus dem Vorjahr stehen keine Pauschalwertberichtigungen zur Verfügung)	Abschreibungen auf Forderungen an Unversteuerte Pauschalwertberichtigungen	2 700 000,00 DM
Abschlußbuchungen		
3. Abschluß des Kontos Abschreibungen auf Forderungen	Gewinn- und Verlustkonto an Abschreibungen auf Forderungen	7 200 000,00 DM
4. Abschluß des Kontos Einzelwertberichtigungen auf Forderungen	Einzelwertberichtigungen auf Forderungen an SBK	10 000 000,00 DM
5. Abschluß des Kontos Unversteuerte Pauschalwertberichtigungen	Unversteuerte Pauschalwertberichtigungen an SBK	2 700 000,00 DM

Übersicht

Hauptbuchkonten

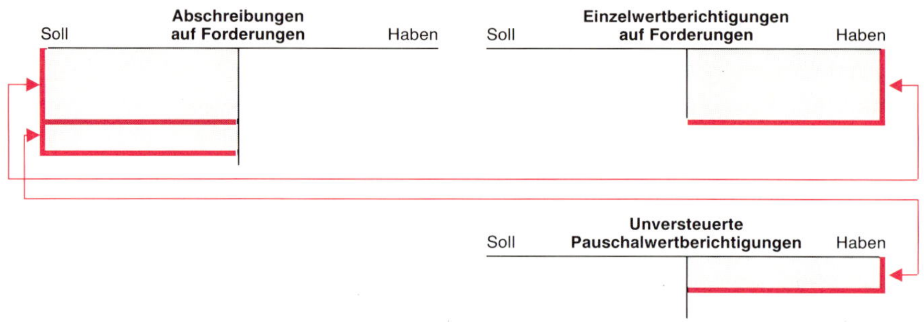

Bilanzausweis

Einzel- und Pauschalwertberichtigungen auf Forderungen werden **vom Forderungsbestand abgesetzt.**

Beispiel
Ermittlung des im Bilanzposten Forderungen an Kunden am 31.12.1995 auszuweisenden Betrages

Bilanzierung		
Forderungen		580 000 000,00 DM
./. Einzelwertberichtigungen (noch vorhandene EWB aus Vorjahren 5,5 Mio. DM + neue EWB 4,5 Mio. DM)	10 000 000,00 DM	
./. Unversteuerte Pauschalwertberichtigungen	2 700 000,00 DM	12 700 000,00 DM
Aktivposten „Forderungen an Kunden“		**567 300 000,00 DM**

Pauschalwertberichtigungen auf Eventualforderungen aus Bürgschaftsverbindlichkeiten, Wechsel- und Scheckbürgschaften, aus Gewährleistungsverträgen sowie aus Indossamentsverbindlichkeiten aus weitergegebenen Wechseln **(Rückgriffsforderungen)** sind **unter Rückstellungen** (siehe 9.5.10) auszuweisen.

▸ *Behandlung der Pauschalwertberichtigungen im folgenden Geschäftsjahr*

Deckung von Forderungsverlusten aus Pauschalwertberichtigungen

Treten im folgenden Geschäftsjahr Forderungsausfälle ein, ohne daß für die betreffenden Forderungen Einzelwertberichtigungen gebildet waren, können die Forderungsverluste zu Lasten des Kontos Pauschalwertberichtigung ausgebucht werden.

Buchung von Forderungsverlusten, für die keine Einzelwertberichtigung gebildet worden ist:	Unversteuerte Pauschalwertberichtigungen an Kunden-KK

In der **Praxis** schreiben Kreditinstitute Forderungsausfälle **direkt** ab, wenn für sie keine Einzelwertberichtigungen gebildet waren. Die Pauschalwertberichtigungen bleiben so im Laufe des Geschäftsjahres als ständiger Risikovorsorgebetrag erhalten. Sie werden erst beim Jahresabschluß den veränderten Forderungsbeständen angepaßt.

Auflösung von Pauschalwertberichtigungen

Ergibt sich beim Jahresabschluß des folgenden Geschäftsjahres, daß der Bestand an Pauschalwertberichtigungen zu hoch ist, wird der nicht benötigte Bestand aufgelöst.

Auflösung zuviel vorhandener Pauschalwertberichtigungen:	Unversteuerte Pauschalwertberichtigungen an Erträge aus der Auflösung von Wertberichtigungen

Ergibt sich beim Jahresabschluß des folgenden Geschäftsjahres, daß der Bestand an Pauschalwertberichtigungen zu niedrig ist, muß der zusätzliche Wertberichtigungsbedarf zu Lasten des Kontos Abschreibungen auf Forderungen gebildet werden.

Aufgaben

Aufgabe 8.41

Berechnen, buchen und bilanzieren Sie für die Volksbank Neustadt!

	DM
1. Die Baustoffgroßhandlung Horst Gebhardt GmbH & Co. KG hat einen eingeräumten Kontokorrentkredit von 400 000,00 DM mit 399 775,60 DM in Anspruch genommen. Der Kredit ist durch Grundschulden auf dem Geschäftsgrundstück und auf dem Privatgrundstück sowie durch Sicherungsübereignung von Lastkraftwagen gesichert.	
Die Umsätze der Baustoffgroßhandlung sind spürbar zurückgegangen. Die Ertragslage ist schlechter geworden. Der Wert der Sicherheiten ist aufgrund der sinkenden Grundstückspreise nicht mehr ausreichend. Zusätzliche Sicherheiten können nicht gestellt werden. Es soll eine Einzelwertberichtigung in Höhe von	200 000,00
gebildet werden.	
2. Die Saldenlisten der Volksbank weisen Kontokorrent- und Darlehensforderungen an Kunden mit vereinbarter Laufzeit von weniger als vier Jahren in Höhe von	12 431 000,00
und Darlehensforderungen an Kunden mit vereinbarter Laufzeit von vier Jahren oder länger in Höhe von	9 851 420,00
aus. *Wie ist zu bilanzieren?*	

3. Über das Vermögen der Baustoffgroßhandlung Horst Gebhardt GmbH & Co. KG wird das gerichtliche Vergleichsverfahren eröffnet. Es kommt zu einem Vergleich auf der Grundlage von 45 %. Die Volksbank hatte einschließlich kapitalisierter Zinsen Forderungen in Höhe von 400 530,00 DM geltend gemacht. Sie erhält also 180 238,50 DM. Auf den Rest der Forderung muß sie verzichten.

   Wie ist zu buchen?

Aufgabe 8.42 Berechnen, buchen und bilanzieren Sie!

Ein Kreditinstitut hat zum Bilanzstichtag folgende Werte ermittelt:

Forderungen an Kunden		568,5 Mio. DM
davon – an öffentlich-rechtliche Körperschaften	22,2 Mio. DM	
– durch Delkredere-Versicherungen abgesichert	13,6 Mio. DM	
– einzelwertberichtigt	26,1 Mio. DM	
Bestand an Einzelwertberichtigungen auf Forderungen		5,4 Mio. DM
Am Bilanzstichtag neu zu bildende Einzelwertberichtigungen		7,8 Mio. DM
Durchschnittlicher Forderungsausfall der letzten fünf Wirtschaftsjahre		5,5 Mio. DM
Durchschnittliches risikobehaftetes Kreditvolumen der fünf voraufgegangenen Bilanzstichtage		451,3 Mio. DM
Bestand an Pauschalwertberichtigungen in der Eröffnungsbilanz (Forderungsausfälle während des Geschäftsjahres wurden direkt abgeschrieben)		3 533 000,00 DM

a) *Berechnen Sie den Pauschalwertberichtigungssatz (auf drei Kommastellen genau) und die steuerlich zulässige Pauschalwertberichtigung!*

b) *Nehmen Sie die vorbereitenden Abschlußbuchungen und Abschlußbuchungen im Grundbuch vor!*

c) *Ermitteln Sie den im Bilanzposten „Forderungen an Kunden" auszuweisenden Betrag!*

d) *Welche vorbereitenden Abschlußbuchungen und Abschlußbuchungen würden sich ergeben, wenn der Bestand an Pauschalwertberichtigungen in der Eröffnungsbilanz 3 814 000,00 DM betragen hätte?*

Aufgabe 8.43 Buchen Sie im Grundbuch und im Hauptbuch der Kreditbank!

Das Kunden-KK weist zum 31.12.19. . nachstehende Umsätze aus.

Soll		**Kunden-KK**	Haben
Umsatz	3 584 639 400,00	Umsatz	3 582 359 400,00

Angaben und Geschäftsfälle: DM

1. Debitorenbestand laut Inventur — 14 520 000,00
2. Im August **wurde** eine uneinbringliche Forderung abgeschrieben. — 150 000,00
3. Im Vorjahr **wurde** die Forderung gegen die Hoffmann GmbH mit 40 % des ungesicherten Teils der Forderung wertberichtigt.
   Forderung — 180 000,00
   davon durch Wertpapierverpfändungen gesichert — 100 000,00
4. Eine Forderung gegen den Kunden Peter Obert **muß noch** wertberichtigt werden. Sicherheiten stehen nicht zur Verfügung. Forderungshöhe — 25 000,00
   Geschätzter Ausfall — 15 000,00
5. Bestand auf dem Konto Unversteuerte Pauschalwertberichtigungen — 105 555,00
   Das risikobehaftete Kreditvolumen nach Abzug der einzelwertberichtigten Forderungen beträgt 10 800 000,00 DM. Der Pauschalwertberichtigungssatz wurde mit 1 % berechnet.

a) *Richten Sie die Konten ein: Kunden-KK, Abschreibungen auf Forderungen, Einzelwertberichtigungen, Unversteuerte Pauschalwertberichtigungen!*

b) *Führen Sie die vorbereitenden Abschlußbuchungen und die Abschlußbuchungen durch!*

c) *Schließen Sie das Kunden-KK ab, und ermitteln Sie den Bilanzwert der Debitoren.*

d) *Eröffnen Sie die Konten im neuen Jahr!*

e) *Im Februar des neuen Jahres wird das Vergleichsverfahren gegen die Hoffmann GmbH abgeschlossen. Die Bank verzichtet auf (Fall 1) 32 000,00 DM, (Fall 2) 25 000,00 DM, (Fall 3) 40 000,00 DM. Lösen Sie die Wertberichtigung in den Fällen 1, 2 und 3 auf! Die Restforderung gilt als einbringlich.*

8.3.7 *Aufnahme von Lombardkrediten bei der Bundesbank*

Geldbeschaffung durch Lombarddarlehen

Kreditinstitute können gegen Verpfändung von Wertpapieren und Wechseln Lombarddarlehen bei der Bundesbank aufnehmen.

Lombarddarlehen werden auf dem LZB-Girokonto zur Verfügung gestellt. Das kreditaufnehmende Institut erfaßt die Verpflichtung gegenüber der LZB auf dem **Hauptbuchkonto LZB-Lombard.**

Beispiel

Buchungen bei Aufnahme eines Lombardkredites

Geschäftsfälle	Grundbuch	
17.12.19..: Die LZB stellt das Darlehen auf LZB-Giro zur Verfügung	LZB-Giro an LZB-Lombard	1 000 000,00 DM
17.12.19..: Die Bank benötigt 900 000,00 DM zum Ausgleich des Schuldsaldos aus der LZB-Abrechnung	LZB-Abrechnung an LZB-Giro	900 000,00 DM
31.12.19..: Die LZB belastet 6% Zinsen für 15 Tage	Zinsaufwendungen an LZB-Giro	2 500,00 DM
Abschluß der Konten LZB-Giro und LZB-Lombard (Lombarddarlehen dürfen nicht gegen Giroguthaben kompensiert werden)	SBK an LZB-Giro	517 500,00 DM
	LZB-Lombard an SBK	1 000 000,00 DM

Hauptbuch

Soll — **LZB-Giro** — Haben

Soll		Haben	
Umsätze	13 000 000,00	Umsätze	12 580 000,00
LZB-Lombard	1 000 000,00	LZB-Abrechnung	900 000,00
		Zinsaufwendungen	2 500,00
		SBK	517 500,00
	14 000 000,00		14 000 000,00

Soll — **LZB-Lombard** — Haben

Soll		Haben	
SBK	1 000 000,00	LZB-Giro	1 000 000,00
	1 000 000,00		1 000 000,00

Bilanzierung von LZB-Lombardkrediten

Kreditinstitute, die LZB-Lombarddarlehen aufgenommen haben, dürfen ihre Lombardverpflichtungen nicht gegen Guthaben bei der Bundesbank aufrechnen (Kompensationsverbot lt. Rechnungslegungsverordnung). Die Lombarddarlehen sind im **Passivposten Nr. 1 „Verbindlichkeiten gegenüber Kreditinstituten"** als **Unterposten a) „täglich fällig"** auszuweisen. (Der Ausweis der Guthaben erfolgt zusammen mit Guthaben bei anderen Zentralnotenbanken im Unterposten b) des Hauptpostens 1 „Barreserve". Die Guthaben bei der Bundesbank sind auszugliedern.)

Aktivseite	DM	DM	Passivseite	DM	DM
1. Barreserve			**1. Verbindlichkeiten gegenüber Kreditinstituten**		
a) Kassenbestand	......		a) täglich fällig	......	
b) Guthaben bei Zentralnotenbanken darunter: bei der Deutschen Bundesbank ...... DM	......		b) mit vereinbarter Laufzeit oder Kündigungsfrist	......	......
c) Guthaben bei Postgiroämtern	......	......	⋮	⋮	⋮
⋮		⋮			

Aufgaben

Aufgabe 8.44 Buchen Sie auf den Konten LZB-Lombard und LZB-Giro!

Salden vom 31.12.19..	DM
LZB-Giro	20 000 000,00
LZB-Lombard	8 000 000,00
Geschäftsfälle am 02.01.19..	
Saldo aus der LZB-Abrechnung zugunsten der Bank	2 500 000,00
Kundenüberweisungsaufträge, die über LZB ausgeführt werden	4 000 000,00
Geschäftsfälle am 03.01.19..	
Rückzahlung des Lombarddarlehens	8 000 000,00
Überweisungseingänge zugunsten von Kontokorrentkunden	2 000 000,00
LZB-Abrechnungssaldo zu Lasten der Bank	3 000 000,00

Eröffnen Sie die Konten, und buchen Sie die Geschäftsfälle vom 2. und 3. Januar!

8.3.8 Anlagen auf dem Geldmarkt

Kreditinstitute, die Geld ausleihen, legen Geld auf dem Geldmarkt an. Kreditinstitute, die Geld aufnehmen, refinanzieren sich auf dem Geldmarkt.

Gegenstände des Geldmarktes

Tagesgeld, das Kreditinstitute an andere Banken auf dem Bankengeldmarkt ausleihen, werden auf dem **Hauptbuchkonto Bankenkontokorrent** erfaßt. **Termingeld**, das ausgeliehen wird, wird auf dem **Hauptbuchkonto Befristete Forderungen – Banken** erfaßt.

Geldmarktpapiere werden auf den **Hauptbuchkonten Schatzwechsel und Unverzinsliche Schatzanweisungen** erfaßt. Bei Bedarf sind weitere Hauptbuchkonten zu führen.

▸ **Buchungen**

Beispiel

Buchung von Anlagen auf dem Geldmarkt

Geschäftsfälle	Grundbuch	
1. Die Bank leiht an das Bankhaus M. K. Rothmann 5 000 000,00 DM Tagesgeld aus und stellt den Betrag auf dem LZB-Konto des Bankhauses zur Verfügung.	Banken-KK an LZB-Giro	 5 000 000,00 DM
2. Die Bank kauft von der LZB 1 000 000,00 DM Schatzwechsel. Abgabesatz $4\frac{1}{2}$% p. a. Die Verkaufsabrechnung der LZB lautet: Nennwert 1 000 000,00 DM ./. $4\frac{1}{2}$% Zinsen für 60 Tage 7 500,00 DM = Kaufpreis 992 500,00 DM	Schatzwechsel an LZB-Giro an Zinserträge	1 000 000,00 DM 992 500,00 DM 7 500,00 DM
3. Das Bankhaus M. K. Rothmann zahlt 5 000 000,00 DM Tagesgeld plus 1 250,00 DM Zinsen durch LZB-Überweisung zurück.	LZB-Giro an Banken-KK an Zinserträge	5 001 250,00 DM 5 000 000,00 DM 1 250,00 DM
4. Die Bank gibt 1 000 000,00 DM fällige Schatzwechsel an die LZB zurück.	LZB-Giro an Schatzwechsel	 1 000 000,00 DM

▸ Bilanzierung

Ausgeliehenes Geld wird im **Aktivposten Nr. 3 „Forderungen an Kreditinstitute“** ausgewiesen, ausgeliehenes **Tagesgeld** im **Unterposten a) „täglich fällig“**, ausgeliehenes **Termingeld** im **Unterposten b) „andere Forderungen“**.

Bilanzausweis

Für die Bilanzierung von **Schatzwechseln** und **Unverzinsliche Schatzanweisungen** kommen mehrere Bilanzposten in Betracht. Es sind zwei Kriterien zu prüfen.

Schatzwechsel und U-Schätze öffentlicher Haushalte und ihrer Sondervermögen

1. Kriterium:
Hereinnahme unter Diskontabzug und Zulassung zur Refinanzierung?

- **erfüllt**
  Ausweis im Aktivposten Nr. 2 a
  Schuldtitel öffentlicher Stellen
- **nicht erfüllt**
  2. Kriterium:
  Börsenfähigkeit?
  - **erfüllt**
    Ausweis im Aktivposten Nr. 5 a
    Geldmarktpapiere
  - **nicht erfüllt**
    Ausweis im Aktivposten Nr. 4 a
    Forderungen an Kunden

Aktivseite

	DM	DM
⋮	⋮	⋮
2. Schuldtitel öffentlicher Stellen und Wechsel, die zur Refinanzierung bei Zentralnotenbanken zugelassen sind		
a) Schatzwechsel und unverzinsliche Schatzanweisungen sowie ähnliche Schuldtitel öffentlicher Stellen darunter: bei der Deutschen Bundesbank refinanzierbar .... DM	....	
b) Wechsel darunter: bei der Deutschen Bundesbank refinanzierbar .... DM	....	....
⋮		⋮
4. Forderungen an Kunden darunter: durch Grundpfandrechte gesichert .... DM Kommunalkredite .... DM		....

(Fortsetzung auf Seite 172)

5. Schuldverschreibungen und andere festverzinsliche Wertpapiere		
a) Geldmarktpapiere		
aa) von öffentlichen Emittenten	....	
ab) von anderen Emittenten	....	....
b) Anleihen und Schuldverschreibungen		
ba) von öffentlichen Emittenten	....	
bb) von anderen Emittenten	....	....
darunter: beleihbar bei der Deutschen Bundesbank .... DM		
c) eigene Schuldverschreibungen	....	....
Nennbetrag .... DM		
⋮		⋮

Aufgaben

Aufgabe 8.45 Buchen Sie Geldmarktgeschäfte der Hansabank AG, Rostock!

Bestände (Saldovorträge):	DM
Schatzwechsel	2 500 000,00
Unverzinsliche Schatzanweisungen	2 500 000,00
Sichteinlagen bei anderen Kreditinstituten (täglich fällige Guthaben auf Nostrokonten):	
bei der Finanz- und Handelsbank AG, Frankfurt am Main	1 000 000,00
beim Bankhaus Nettelhahn & Co., Berlin	500 000,00
Termineinlagen bei anderen Kreditinstituten (Festgeldguthaben auf Nostrokonten):	
bei der Creditbank AG, Düsseidorf	1 000 000,00
beim Bankhaus Gebr. Burgmann & Söhne, Lübeck	750 000,00
Ausleihungen von Tagesgeld an andere Kreditinstitute (Kreditgewährung auf Lorokonten):	
an Bankhaus Wernherr v. Buttewitz & Co., Hamburg	300 000,00
an Bankhaus Schlabermann & Co., Hannover	750 000,00
Termingeldeinlagen von anderen Kreditinstituten (Festgeldguthaben anderer Kreditinstitute auf Lorokonten):	
Bankverein Köln AG, Köln	500 000,00
LZB-Guthaben	1 000 000,00

Konten:

Schatzwechsel, Unverzinsliche Schatzanweisungen (U-Schätze), Banken-KK, Befristete Forderungen – Banken, Befristete Verbindlichkeiten – Banken, LZB-Giro, Zinsaufwendungen, Zinserträge.

Geschäftsfälle:	DM
1. Die Hansabank gibt fällig werdende Papiere an die LZB zurück	
Schatzwechsel	500 000,00
U-Schätze	1 000 000,00
2. Die Hansabank stellt dem Bankhaus Schlabermann & Co. über LZB-Giro Tagesgeld zur Verfügung	1 000 000,00

		DM
3.	Der Bankverein Köln AG zieht fälliges Festgeldguthaben zurück	300 000,00
	Gutzuschreibende Zinsen	1 000,00
	LZB-Überweisung	301 000,00
4.	Die Hansabank läßt sich von der Finanz- und Handelsbank AG auf LZB-Giro überweisen	1 000 000,00
5.	Die Hansabank kauft von der LZB Schatzwechsel	
	Nennwert	1 000 000,00
	Laufzeit	90 Tage
	Verkaufszinssatz (Abgabesatz)	4 %
6.	Die Hansabank nimmt bei der Finanz- und Handelsbank AG Tagesgeld auf	500 000,00
7.	Die Hansabank zieht ihre Sichteinlage vom Bankhaus Nettelhahn & Co. ab	500 000,00
	Zinsen	500,00
	Eingang auf LZB-Giro	500 500,00
8.	Bankhaus Schlabermann & Co. zahlt über LZB-Giro Tagesgeld zurück	800 000,00

a) *Richten Sie im Hauptbuch die Konten ein, und tragen Sie die Bestände vor! Richten Sie die erforderlichen Skontren ein, und tragen Sie die Salden vor!*

b) *Buchen Sie die Geschäftsfälle (Umsätze) im Grundbuch, Hauptbuch und auf den Skontren!*

c) *Nehmen Sie die Abschlußbuchungen im Grundbuch und im Hauptbuch vor!*

d) *Geben Sie an, in welchen Bilanzposten die Schlußbestände der Hauptbuchkonten Schatzwechsel, U-Schätze, Banken-KK, Befristete Forderungen – Banken, Befristete Verbindlichkeiten – Banken und LZB-Giro auszuweisen sind! Geben Sie dabei jeweils Bilanzposten und Betrag an (Bilanzformblatt benutzen)!*

Buchen Sie die Abwicklung eines Akzeptkredits (Buchungssätze)!

Aufgabe 8.46

Die Südwestbank Stuttgart gewährt der Maschinenfabrik K. Sommer GmbH & Co. KG, Tübingen, zur Finanzierung eines Exports nach Frankreich einen Akzeptkredit in Höhe von 1 000 000,00 DM mit einer Laufzeit von drei Monaten.

a) *Buchen Sie die Akzeptkreditgewährung!*

b) *Buchen Sie die Akzeptprovision, die 3 750,00 DM beträgt!*

c) *Buchen Sie die Diskontierung! Diskont: 16 250,00 DM.*

Die Südwestbank rediskontiert das Akzept am selben Tag bei der Muttergesellschaft des Konzerns. Rediskont: 16 250,00 DM.

d) *Buchen Sie die Rediskontierung! (LZB-Eingang)*

Buchen Sie im Grundbuch der Fördebank AG, Kiel!

Aufgabe 8.47

		DM
1.	Abrechnungseingänge:	
	Lastschriften auf Kunden der Zentrale Kiel	45 000,00
	Überweisungen	800 000,00
	davon	
	Ultimogeldaufnahme bei einer Korrespondenzbank	500 000,00
	Eingänge für Kontokorrentkunden der Zentrale Kiel	180 000,00
	Eingänge für Kontokorrentkunden der Filiale Lübeck	100 000,00
	Eingänge für Sparkunden der Filiale Flensburg	20 000,00
2.	Die Fördebank schreibt einer Korrespondenzbank Zinsen gut	300,00
3.	Ein Kunde legt Schecks auf die Fördebank, Zentrale Kiel, zur Barauszahlung vor	8 000,00
	Außerdem reicht er Schecks zur E. v.-Gutschrift ein	22 000,00
4.	Übernahme einer Bietungsgarantie für einen Kunden	50 000,00
	Avalprovision	375,00

		DM
5.	Auf dem LZB-Girokonto der Fördebank geht telegrafisch eine Überweisung zugunsten eines Kontokorrentkunden ein	200 000,00
	Der Kunde hatte bereits mitgeteilt, daß zur Rückzahlung des fälligen Kontokorrentkredits auf Kreditsonderkonto umzubuchen sind	80 000,00
6.	Ein Kontokorrentkunde läßt auf sein Festgeldkonto übertragen	300 000,00
7.	Die Fördebank zahlt einen unter Vorlage der Scheckkarte auf das Bankhaus Dellbrück & Co., Köln, gezogenen Scheck bar aus (Gebühr 3,00 DM)	400,00
8.	Abrechnungssaldo zu Lasten der Fördebank	756 000,00
9.	Inanspruchnahme von Lombardkredit bei der Bundesbank	2 000 000,00
10.	Aufnahme von Ultimogeld bei der Westfalenbank AG, Bochum (Korrespondenzbank)	1 000 000,00
11.	Kauf von Barrengold von einer Korrespondenzbank	86 000,00
12.	Über LZB-Abrechnung kommt eine nichteingelöste Lastschrift zurück und wird dem Einreicher belastet (Rücklastschriftentgelt der Zahlstelle 7,50 DM)	2 300,00
13.	Verfügung eines Sparkunden (Barabhebung)	5 000,00
14.	Verkauf von Barrengold an einen Kontokorrentkunden	44 000,00
15.	Zahllast aus Umsatzsteuer wird durch Überweisung an das Finanzamt abgeführt (LZB-Abrechnung)	13 782,00
16.	Gehaltszahlungen (Gutschrift auf Kontokorrentkonten)	
	Bruttogehälter	55 800,00
	Lohnsteuer	13 392,00
	Kirchensteuer	1 205,28
	Sozialversicherung (Arbeitnehmeranteil)	9 932,40
	Sozialversicherung (Arbeitgeberanteil)	10 615,00
17.	Kauf von einem Büroartikelfachgeschäft (Kontokorrentkunde):	
	20 Ordner	200,00
	+ 15% Umsatzsteuer	30,00
	Fotokopiergerät	4 420,00
	+ 15% Umsatzsteuer	663,00
18.	Bareinzahlung auf das LZB-Girokonto	300 000,00
19.	Überweisungseingang auf dem LZB-Girokonto:	
	Vierteljahresleistung eines Grundschuld-Kreditnehmers)	2 275,00
20.	Einlösung eigener Akzepte (im Diskontwechselbestand der Bank)	300 000,00
21.	Kunden reichen zum Einzug ein:	
	Inkassowechsel (n. E.-Gutschrift)	12 000,00
	Schecks (E. v.-Gutschrift)	25 000,00
	Lastschriften (E. v.-Gutschrift)	17 825,00
22.	Die Bank zahlt Steuern an das Finanzamt durch LZB-Überweisung:	
	Gewerbesteuervorauszahlung	46 000,00
	Körperschaftsteuervorauszahlung	120 000,00
	Grundsteuer	25 000,00
	Kraftfahrzeugsteuer	2 692,00
23.	Kassenfehlbetrag	100,00
24.	Bereits gebuchter Scheck über	4 700,00
	wird nicht eingelöst und wird unter Berechnung der Rückscheckgebühr von	10,00
	über LZB-Abrechnung zurückgegeben	
25.	Zinsabrechnung eines debitorischen Kundenkontos:	
	Sollzinsen	239,80
	Habenzinsen	8,15
	Kontoführungsgebühren	29,00
26.	Verkauf von abgezinsten Sparbriefen an einen Kontokorrentkunden	
	Nennwert	15 000,00
	Kaufpreis	12 250,00

27. Gewährung eines Ratenkredits für 36 Monate	DM
Kreditbetrag	25 000,00
Zinssatz	0,36 % p. M.
Bearbeitungsgebühr	2 % vom ursprünglichen Kreditbetrag
(ohne Passivierung von Zinsen und Gebühren bei Darlehensgewährung)	
28. Nominalwert des Diskontwechselbestandes	18 716 866,00
Barwert am 31.12.	18 497 082,00
29. Kauf von Schatzwechseln bei der LZB	
Nominalwert	3 000 000,00 DM
Abgabesatz	$3\frac{1}{2}$ %
Laufzeit	3 Monate

Bereiten Sie einen Abschluß vor!

Aufgabe 8.48

Summen:

	Summen	
	Soll DM	Haben DM
Kasse	220 000,00	193 330,00
LZB-Abrechnung	1 927 800,00	1 927 800,00
LZB-Giro	867 924,00	582 388,00
Banken-KK	2 559 771,00	250 000,00
Kunden-KK	3 981 280,00	4 291 647,00
Schecks	569 372,00	552 372,00
Scheckversand	7 000,00	6 400,00
Rückschecks	31 020,00	31 020,00
Lastschriften	694 000,00	669 000,00
Inkassowechsel	542 612,00	497 000,00
Wechseleinreicher	104 100,00	144 883,00
Wechselversand	28 100,00	18 100,00
Diskontwechsel	628 500,00	
Schatzwechsel	200 000,00	
Realkredite	461 370,00	
Kunden-Avalforderungen	120 000,00	
Domizilwechsel	229 000,00	229 000,00
Eigene Wertpapiere	600 000,00	413 000,00
Edelmetalle	78 110,00	73 000,00
Vorsteuer	10 124,00	
Umsatzsteuer		10 220,00
Betriebs- und Geschäftsausstattung	150 000,00	
Spareinlagen	910 200,00	2 570 250,00
Avalverbindlichkeiten		120 000,00
LZB-Lombard		300 000,00
Eigenkapital		1 813 820,00
Zinsaufwendungen	176 018,00	
Diskontaufwendungen	124 000,00	
Löhne und Gehälter	82 100,00	
Sozialabgaben	24 578,00	
Kostensteuern	152 000,00	
Abschr. a/Sachanlagen		
Sonstige betriebliche Aufwendungen	363,00	363,00
Zinserträge		337 552,00
Diskonterträge		243 050,00
Provisionserträge		128 867,00
Zinserträge aus Wertpapieren		76 643,00
Kursgewinne Edelmetalle		
	15 496 942,00	15 496 942,00

Inventurbestände:	DM
Kassenbestand	26 620,00
Schecks	17 600,00
Inkassowechsel (n. E.-Gutschrift)	45 612,00
Diskontwechsel (Barwert)	565 600,00
Schatzwechsel (Barwert)	199 250,00
Eigene Wertpapiere	200 000,00
Edelmetalle	11 000,00
Forderungen an Kreditinstitute	2 359 771,00
Verbindlichkeiten gegenüber Kreditinstituten	50 000,00
Debitoren	3 904 753,00
Kreditoren	4 215 120,00

Abschreibungen:

Betriebs- und Geschäftsausstattung 20 %

Führen Sie die vorbereitenden Abschlußbuchungen im Grundbuch durch!

Programmierte Aufgaben

Geben Sie für die Aufgaben 8.49 bis 8.55 an, welche der genannten Konten angesprochen werden und wie auf ihnen gebucht werden muß!

Aufgabe 8.49 **Welche Buchungen sind erforderlich?**

Die Bank nimmt von einem Kontokorrentkunden eine Termineinlage in Höhe von 2 000 000,00 DM für drei Monate herein und beschafft sich am gleichen Tage bei einer Korrespondenzbank 10 000 000,00 DM Tagesgeld.

a) Kunden-KK
b) Banken-KK
c) Termineinlagen
d) Tagesgeld
e) Tagesgeldeinlagen
f) Spareinlagen
g) LZB-Giro

Aufgabe 8.50 **Die Bank kauft von der Bundesbank Schatzwechsel. Wie bucht die Bank beim Kauf und wie bei Rückgabe der fälligen Schatzwechsel?**

Nennwert	2 000 000,00 DM
./. Zinsen	200 000,00 DM
Kaufpreis	1 800 000,00 DM

a) Schatzwechsel
b) U-Schätze
c) LZB-Giro
d) LZB-Abrechnung
e) Zinsaufwendungen
f) Zinserträge

Aufgabe 8.51 **Die Bank gewährt gegen Eintragung einer Grundschuld ein langfristiges Darlehen zur Baufinanzierung. Auszahlung $98\frac{1}{2}$ %. Wie ist bei der Bereitstellung zu buchen?**

a) Kunden-KK
b) Realkredite
c) Zinserträge
d) Spesen- und Gebührenersatz
e) Passive Rechnungsabgrenzung
f) Zinsaufwendungen
g) Provisionsaufwendungen
h) Provisionserträge

Die Bank nimmt bei der Deutschen Bundesbank ein Lombarddarlehen auf. Welche Buchung ist richtig? **Aufgabe 8.52**

1. LZB-Giro
   an Aufgenommene Darlehen
2. Aufgenommene Darlehen
   an LZB-Giro
3. LZB-Abrechnung
   an Aufgenommene Darlehen
4. Aufgenommene Darlehen
   an LZB-Abrechnung
5. LZB-Giro
   an Eigene Wertpapiere
6. Eigene Wertpapiere
   an LZB-Giro
7. LZB-Lombard
   an LZB-Abrechnung
8. LZB-Giro
   an LZB-Lombard
9. LZB-Lombard
   an LZB-Giro
10. LZB-Abrechnung
    an LZB-Lombard

Wie lauten die vorbereitende Abschlußbuchung und die Abschlußbuchung? **Aufgabe 8.53**

Die Bank ermittelt am 31.12. nach den Umsatzbuchungen auf dem Konto Realkredite einen Saldo in Höhe von 859 000,00 DM. Noch zu kapitalisierende Zinsen des laufenden Jahres: 66 000,00 DM.

	DM
a) Kunden-KK an Zinserträge	66 000,00
b) SBK an Realkredite	925 000,00
c) Kunden-KK an Realkredite	66 000,00
d) SBK an Realkredite	793 000,00
e) Realkredite an Zinserträge	66 000,00
f) SBK an Realkredite	859 000,00
g) Zinserträge an Realkredite	66 000,00

Wozu dient das Konto Kunden-Trattenforderungen? **Aufgabe 8.54**

a) zur Erfassung von Akzeptverbindlichkeiten
b) zur Erfassung von Diskontwechseln
c) zur Erfassung von eigenen Akzepten
d) zur Erfassung von Akzeptkrediten
e) zur Erfassung von eigenen Ziehungen

Die Bank wird aus einem Avalkredit in Anspruch genommen und zahlt über LZB-Girokonto. Welches Gegenkonto ist bei der Buchung der Zahlung anzusprechen? **Aufgabe 8.55**

a) Avalverbindlichkeiten
b) Avalforderungen
c) Kunden-KK

8.4 Effektengeschäfte

8.4.1 Effektenhandelsgeschäfte für Kunden

8.4.1.1 Kundenkommissionsgeschäfte

Kommissionsgeschäfte

Nach den Sonderbedingungen für Wertpapiergeschäfte führen Kreditinstitute alle Kauf- und Verkaufsaufträge in Wertpapieren als **Kommissionsgeschäfte** oder als **Festpreisgeschäfte** aus. Hierzu schließen sie für Rechnung der auftraggebenden Kunden mit anderen Marktteilnehmern Kauf- oder Verkaufgeschäfte (Ausführungsgeschäfte) ab oder sie beauftragen andere Kommissionäre (Zwischenkommissionäre), Ausführungsgeschäfte abzuschließen.

Aufträge werden über den Börsenhandel ausgeführt, wenn die Wertpapiere zum Handel an einer inländischen Wertpapierbörse zugelassen oder in den Freiverkehr einbezogen sind. Mangels Weisung sind alle Aufträge im Präsenzhandel der Effektenbörsen auszuführen, es sei denn, das Interesse des Kunden gebietet eine Ausführung im elektronischen Börsenhandel.

Abrechnung eines Kundenkommissionsgeschäftes

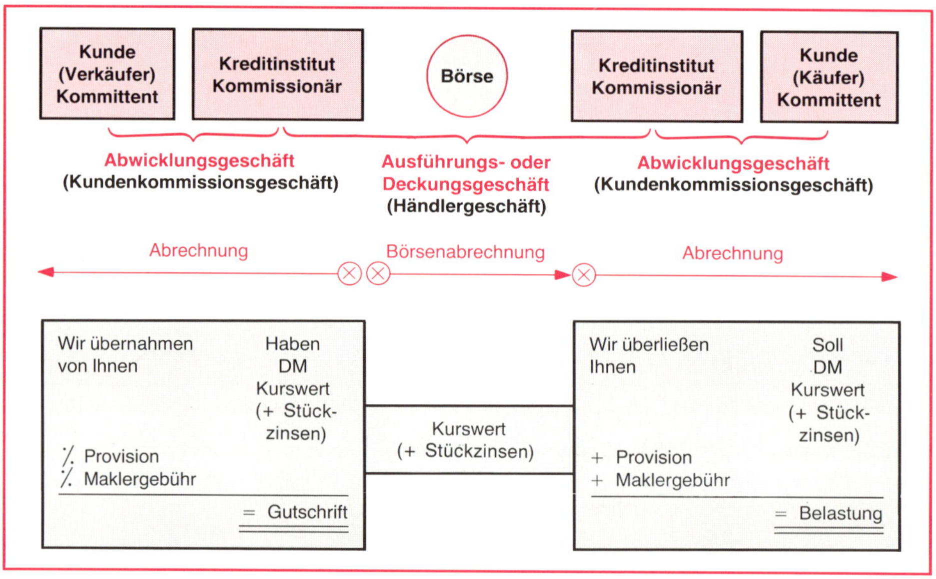

▸ **Kundenkommissionsgeschäfte in Aktien**

Hauptbuchkonto Wertpapierumsätze

Die **Kurswerte** aller **Aktienkäufe und -verkäufe** werden sowohl beim Abwicklungsgeschäft als auch beim Deckungsgeschäft über das **Hauptbuchkonto Wertpapierumsätze** gebucht. Käufe und Verkäufe von **Bezugsrechten** werden wie Aktienkäufe und -verkäufe behandelt.

Die beim **Abwicklungsgeschäft** in Rechnung gestellte Maklergebühr (Courtage) ist bis zur Überweisung an die Makler eine Verbindlichkeit des Kreditinstituts.

Das **Deckungsgeschäft** wird über LZB-Giro oder über Geldkonten der Kreditinstitute beim Deutschen Kassenverein (Nostro-Kontoverbindung) verrechnet.

Beispiel

Buchung von Kundenkommissionsgeschäften in Aktien

Geschäftsfälle		Grundbuch	
1. Kunde erhält Abrechnung über den Kauf von 50 Stück Finanz AG-Aktien zu 66,50 DM		Kunden-KK	3 360,91 DM
Kurswert	3 325,00 DM	an Wertpapierumsätze	3 325,00 DM
+ Provision	33,25 DM	an Provisionserträge	33,25 DM
+ Maklergebühr	2,66 DM	an Courtagezwischenkonto	2,66 DM
	3 360,91 DM		
Die Effekten werden an der Börse beschafft.		Wertpapierumsätze an Banken-KK	3 325,00 DM
2. Kunde erhält Abrechnung über den Verkauf von 100 Metall AG-Aktien zu 283,00 DM		Wertpapierumsätze	28 300,00 DM
Kurswert	28 300,00 DM	an Kunden-KK	27 994,36 DM
·/· Provision	283,00 DM	an Provisionserträge	283,00 DM
·/· Maklergebühr	22,64 DM	an Courtagezwischenkonto	22,64 DM
	27 994,36 DM		
Die Effekten werden an der Börse verkauft.		Banken-KK an Wertpapierumsätze	28 300,00 DM
3. Kunde erhält Abrechnung über den Verkauf von 60 Stück Bezugsrechten zu Brauerei AG-Aktien zu 42,90 DM		Wertpapierumsätze	2 574,00 DM
Kurswert	2 574,00 DM	an Kunden-KK	2 546,20 DM
·/· Provision	25,74 DM	an Provisionserträge	25,74 DM
·/· Maklergebühr	2,06 DM	an Courtagezwischenkonto	2,06 DM
	2 546,20 DM		
Die Bezugsrechte werden an der Börse verkauft.		Banken-KK an Wertpapierumsätze	2 574,00 DM
4. Maklergebühren in Höhe von 27,36 DM werden überwiesen.		Courtagezwischenkonto an LZB-Giro	27,36 DM

Hauptbuch

Wertpapierumsätze

Soll		Haben	
Banken-KK	3 325,00	Kunden-KK	3 325,00
Kunden-KK	28 300,00	Banken-KK	28 300,00
Kunden-KK	2 574,00	Banken-KK	2 574,00

Provisionserträge

Soll		Haben	
		Kunden-KK	33,25
		Wertpapierumsätze	283,00
		Wertpapierumsätze	25,74

Courtagezwischenkonto

Soll		Haben	
LZB-Abrechnung	27,36	Kunden-KK	2,66
		Wertpapierumsätze	22,64
		Wertpapierumsätze	2,08

▸ *Kundenkommissionsgeschäfte in Schuldverschreibungen*

Ausmachender Betrag

Beim Verkauf von Schuldverschreibungen hat der **Verkäufer** den **nächstfälligen Zinsschein und alle folgenden Zinsscheine** an den Käufer **zu liefern.** Dies wird auf der Verkaufsabrechnung und ebenso auf der Kaufabrechnung durch einen Zusatz vermerkt. Ein **Zusatz „+01.11.97 ff."** bedeutet, daß der am 01. November 1997 fällige Zinsschein und alle folgenden Zinsscheine (ff.) mitgeliefert werden.

Auf dem **Konto Wertpapierumsätze** wird der **ausmachende Betrag** gebucht. Er ergibt sich **aus dem Kurswert zuzüglich Stückzinsen.**

Beispiel
Verrechnung von Stückzinsen

Am 19. März 19. . werden 10 000,00 DM 8 % Pfandbriefe zu 105 % an der Börse gehandelt. Die Zinsen für diese Pfandbriefe werden jeweils am 1. November für ein Jahr nachträglich gezahlt (sog. ganzjähriger Kupon). Die Abrechnungen für Verkäufer und Käufer erhalten die Wertstellung 21. März 19. .: Am 21. März zahlt der Käufer den Kaufpreis; an diesem Tag erhält der Verkäufer den Gegenwert (21. März = Erfüllungstag).

Für die **Verrechnung der Stückzinsen** zwischen Verkäufer und Käufer bestimmen die **Bedingungen für die Geschäfte an den deutschen Wertpapierbörsen: „Die Stückzinsen stehen dem Verkäufer bis einschließlich des Tages vor der Valutierung (Erfüllung) zu, wobei jeder Monat mit 30 Tagen gerechnet wird."**

Aus dem Jahreskupon, den der Käufer übernimmt, stehen dem Verkäufer die **Zinsen vom 1. November bis einschließlich 20. März**, also für 140 Tage, zu.

Der Käufer zahlt an den Verkäufer 311,11 DM Zinsen. Er erhält vom Emittenten (Pfandbriefgläubiger) am auf den Kauf folgenden 1. November rückwirkend für ein Jahr Zinsen = 800,00 DM. Sein Zinsertrag beläuft sich also dann auf 488,89 DM. Das entspricht seinem Anspruch für 220 Tage.

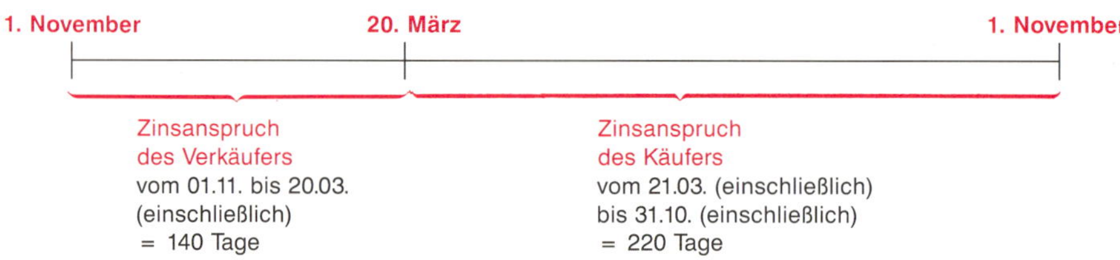

Zinsscheine werden **am Vorabend des Fälligkeitstages** getrennt. **Fälligkeitstag** ist der **Zinstermin. Trenntag** ist also der Tag vor dem Zinstermin. Ist der Trenntag kein Bankarbeitstag, so ist der unmittelbar vorausgehende Bankarbeitstag der Trenntag.

Stückzinsberechnung

Stückzinsberechnung	
Stückzinsberechnung aus der Sicht des Verkäufers	**Stückzinsberechnung aus der Sicht des Käufers**
Der Verkäufer erhält die bis einschließlich einen Tag vor der Erfüllung aufgelaufenen Zinsen vom Käufer vergütet, weil er mit dem Kupon den Zinsanspruch für die ganze Zinslaufzeit auf den Käufer überträgt. Kurswert + Stückzinsen = ausmachender Betrag	Der Käufer muß dem Verkäufer die bis einschließlich einen Tag vor der Erfüllung aufgelaufenen Zinsen vergüten, weil er mit dem Kupon den Zinsanspruch für das ganze Jahr vom Verkäufer übertragen bekommt. Kurswert + Stückzinsen = ausmachender Betrag

Stückzinsen unterliegen dem **30 %igen Zinsabschlag** (siehe 8.4.4.1). Auf den Zinsabschlag wird der Solidaritätszuschlag in Höhe von 7,5 % (ab 1.1.1997 voraussichtlich 6,5 %) berechnet und abgeführt.

Für die Bemessung des Zinsabschlages können von den in einem Kalenderjahr **erhaltenen Stückzinsen** alle in demselben Kalenderjahr **gezahlten Stückzinsen abgezogen** werden, und zwar bis zur Höhe der erhaltenen Stückzinsen (modifiziertes Nettoprinzip). Kreditinstitute führen hierzu für jeden Wertpapierkunden einen sog. Stückzinstopf.

Erhaltene Stückzinsen sind Stückzinsen, die beim Verkauf gutgeschrieben worden sind. Gezahlte Stückzinsen sind Stückzinsen, die beim Kauf belastet worden sind.

Freistellungsaufträge bzw. **Nicht-Veranlagungsbescheinigungen (NV-Bescheinigungen)** sind von den Kreditinstituten zu berücksichtigen.

Beispiel
Buchungen bei Schuldverschreibungen

Buchung von Kundenkommissionsgeschäften in Schuldverschreibungen

Geschäftsfälle		**Grundbuch**	
1. Kunde Horst Albrecht erhält Abrechnung über den Kauf von 10 000,00 DM Bundesanleihe zu 94 %		Kunden-KK	9 557,50 DM
Kurswert	9 400,00 DM	an Wertpapierumsätze	9 500,00 DM
+ Stückzinsen	100,00 DM	an Provisionserträge	50,00 DM
	9 500,00 DM	an Courtagezwischenkonto	7,50 DM
+ Provision	50,00 DM		
+ Courtage	7,50 DM		
	9 557,50 DM		
Freistellungsauftrag liegt vor.			
Die Effekten werden an der Börse beschafft.		Wertpapierumsätze an Banken-KK	9 500,00 DM
2. Kunde Horst Albrecht erhält Abrechnung über den Verkauf von 20 000,00 DM Wandelschuldverschreibung zu 120 %		Wertpapierumsätze	24 250,00 DM
Kurswert	24 000,00 DM	an Kunden-KK	24 112,00 DM
+ Stückzinsen	250,00 DM	an Provisionserträge	120,00 DM
	24 250,00 DM	an Courtagezwischenkonto	18,00 DM
./. Provision	120,00 DM		
./. Maklergebühr	18,00 DM		
	24 112,00 DM		
Freistellungsauftrag liegt vor.		Banken-KK	
Die Effekten werden über die Börse verkauft.		an Wertpapierumsätze	24 250,00 DM

Hauptbuch

Soll	Wertpapierumsätze		Haben
versch. Kosten	24 250,00	Kunden-KK	9 500,00
Banken-KK	9 500,00	versch. Konten	24 250,00

Soll	Provisionserträge		Haben
		Kunden-KK	50,00
		Wertpapierumsätze	120,00

Soll	Courtagezwischenkonto		Haben
		Kunden-KK	7,50
		Wertpapierumsätze	18,00

Hätte die Bank aufgrund eines fehlenden oder bereits ausgenutzten Freistellungsauftrags bzw. einer fehlenden NV-Bescheinigung beim Verkauf einen **Zinsabschlag** vornehmen müssen, so hätte sie nach dem modifizierten Nettoprinzip 30 % Zinsabschlag auf 150 DM (250 DM erhaltene Stückzinsen abzüglich 100 DM gezahlte Stückzinsen), d. h. 45,00 DM und 7,5 % Solidarzuschlag vom Zinszuschlag (7,5 % auf 45,00 DM = 3,37 DM) einbehalten und auf dem Konto sonstige Verbindlichkeiten erfassen müssen.

8.4.1.2 Zwischenkommissionsgeschäfte

Lokalbank, Börsenbank

Ein Kreditinstitut, das nicht zum Börsenhandel zugelassen ist (im allgemeinen mit Sitz an einem Nichtbörsenplatz – daher als **Lokalbank** bezeichnet), muß zur Ausführung von Kundenaufträgen ein anderes Kreditinstitut, das als Händler an der Börse zugelassen ist **(Börsenbank)**, beauftragen **(Zwischenkommissionsgeschäft)**.

Die Börsenbank stellt der Lokalbank einen ermäßigten Provisionssatz in Rechnung (in der Regel halbe Provision).

Abrechnung eines Zwischenkommissionsgeschäftes

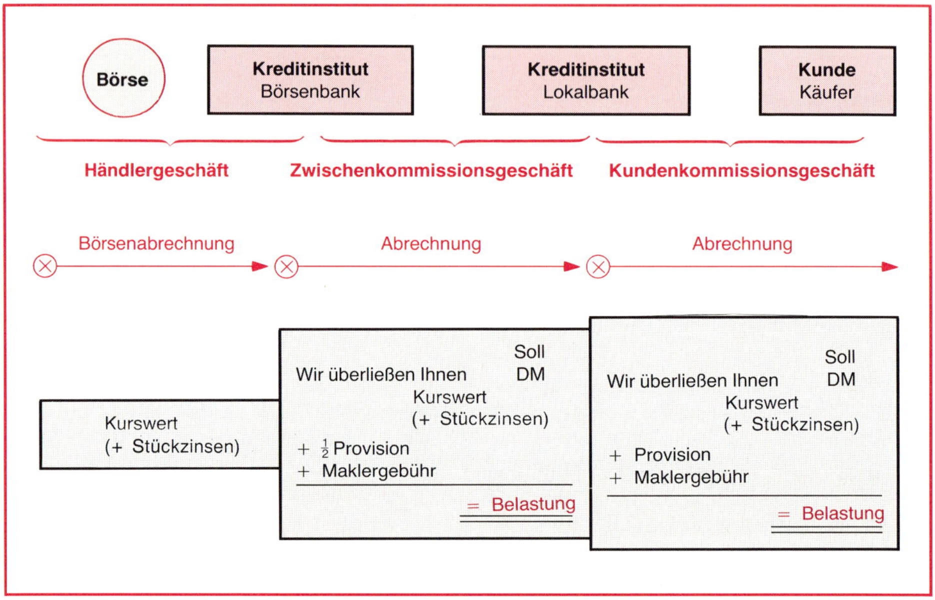

Buchung eines Zwischenkommissionsgeschäftes (Effektenkauf)

Buchungen bei der Börsenbank

Abwicklungsgeschäft:	Banken-KK an Wertpapierumsätze an Provisionserträge an Courtagezwischenkonto
Deckungsgeschäft:	Wertpapierumsätze an Banken-KK

Buchungen bei der Lokalbank

Abwicklungsgeschäft:	Kunden-KK an Wertpapierumsätze an Provisionserträge an Courtagezwischenkonto
Deckungsgeschäft:	Wertpapierumsätze Provisionserträge Courtagezwischenkonto an Banken-KK

Die Buchung im Soll des Kontos Provisionserträge erfaßt die Ertragsminderung.

8.4.1.3 Botengeschäfte bei Sparkassen und Kreditgenossenschaften

Sparkassen als Boten

Sparkassen, die nicht selbst zum Börsenhandel zugelassen sind, geben ihre Kundenaufträge als Boten an die zuständige Landesbank – Girozentrale – weiter. Die Sparkassen sind in diesem Fall nur Durchleitstelle **(Bote)**. Die Kundenaufträge werden auf Vordrucken der Landesbank – Girozentrale – bearbeitet und abgerechnet. Die Provision wird zwischen Sparkasse und Landesbank geteilt.

Für die Botensparkasse ist die Wertpapierabrechnung nur ein durchlaufender Posten, so daß das Konto Wertpapierumsätze nicht eingeschaltet werden muß.

Buchung der Sparkasse bei einer Kaufabrechnung für ihren Kunden im Botenverfahren:	Kunden-KK an Girozentrale an Provisionserträge

Zum Teil besitzen Sparkassen Händlereigenschaft. In diesem Fall kommt ein Zwischenkommissionsgeschäft mit der eingeschalteten Börsenbank zustande. Die Sparkassen rechnen auf eigenen Vordrucken ab.

Kreditgenossenschaften als Boten

Genossenschaftsbanken wickeln Effektengeschäfte sowohl im Wege der Zwischenkommission als auch im **Botenverfahren** ab.

Buchung der Kreditgenossenschaft bei einer Verkaufsabrechnung für ihren Kunden im Botenverfahren:	Zentralbank an Kunden-KK an Provisionserträge

8.4.1.4 Festpreisgeschäfte

Wesen der Festpreisgeschäfte

Kreditinstitute führen Kauf- und Verkaufsaufträge in amtlich nicht notierten Wertpapieren sowie nicht im geregelten Markt gehandelten Wertpapieren als Festpreisgeschäfte aus. Das Kreditinstitut übernimmt die Wertpapiere vom Kunden als Käufer oder es liefert ihm die Wertpapiere als Verkäufer. Das Kreditinstitut berechnet dem Kunden den vereinbarten Preis, bei verzinslichen Schuldverschreibungen zuzüglich aufgelaufener Stückzinsen.

Kunden- und Händlergeschäfte bei **Festpreisgeschäften** werden über das **Konto Wertpapierumsätze** gebucht. Die Kursdifferenz wird über das **Konto Kursgewinne Wertpapiere** gebucht.

Abrechnung eines Festpreisgeschäftes

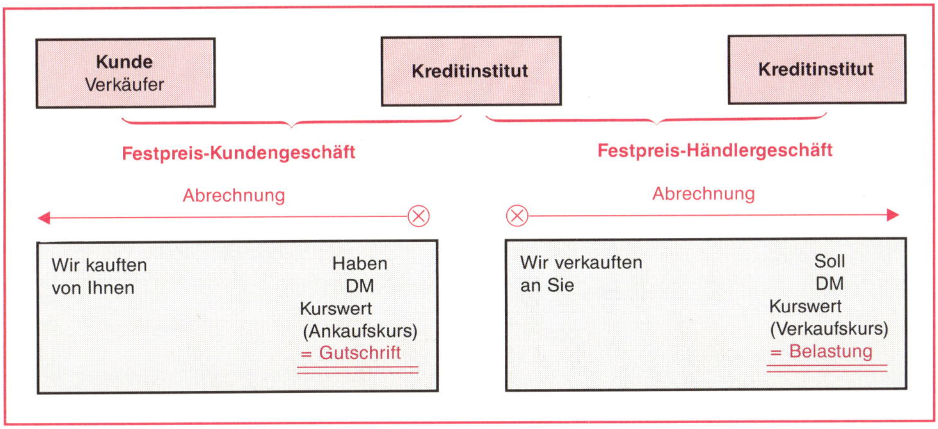

Beispiel

Buchung von Eigenhändlergeschäften

Geschäftsfälle		Grundbuch	
1. Kunde erhält Abrechnung über den Kauf von 80 Stück Handelsbank AG-Aktien (unnotierter Wert) zu 898,00 DM			
Kurswert	71 840,00 DM	Kunden-KK an Wertpapierumsätze	71 840,00 DM
Das Gegengeschäft wird zum Kurse von 880,00 DM mit einer Börsenbank abgeschlossen		Wertpapierumsätze an Banken-KK	70 400,00 DM
Kurswert	70 400,00 DM	Wertpapierumsätze an Kursgewinne Wertpapiere	1 440,00 DM
2. Kunde erhält Abrechnung über den Verkauf von 100 Stück Messe AG-Aktien (unnotierter Wert) zu 524,00 DM			
Kurswert	52 400,00 DM	Wertpapierumsätze an Kunden-KK	52 400,00 DM
Das Gegengeschäft wird zum Kurs von 536,00 DM abgeschlossen		Banken-KK an Wertpapierumsätze	53 600,00 DM
Kurswert	53 600,00 DM	Wertpapierumsätze an Kursgewinne Wertpapiere	1 200,00 DM

Hauptbuch

Wertpapierumsätze

Soll		Haben	
Banken-KK	70 400,00	Kunden-KK	71 840,00
Kursgewinn Wertpapiere	1 440,00	Banken-KK	53 600,00
Kunden-KK	52 400,00		
Kursgewinn Wertpapiere	1 200,00		

Banken-KK

Soll		Haben	
WP-Umsätze	53 600,00	WP-Umsätze	70 400,00

Kursgewinne Wertpapiere

Soll		Haben	
		WP-Umsätze	1 400,00
		WP-Umsätze	1 200,00

Kunden-KK

Soll		Haben	
WP-Umsätze	71 840,00	WP-Umsätze	52 400,00

Aufgaben

Aufgabe 8.56 Buchen Sie im Grundbuch Effektengeschäfte, die die Bank im Auftrag von Kunden über die Börse ausgeführt hat!

1. Ein Kontokorrentkunde erhält Abrechnung über den Kauf von 200 Stück Nordbank AG-Aktien zum Kurs von 21,80 DM

	Kurswert	4 360,00 DM
+	1 % Provision	43,60 DM
+	0,8 ‰ Maklergebühr	3,49 DM
		4 407,09 DM

Die Aktien wurden an der Börse beschafft.

2. Ein Kontokorrentkunde erhält Abrechnung über den Verkauf von 42 Stück Südzucker AG-Aktien zum Kurs von 173,00 DM

Kurswert	7 266,00 DM
⁒ 1 % Provision	72,66 DM
⁒ 0,8 ‰ Maklergebühr	5,81 DM
	7 188,53 DM

Die Aktien wurden an der Börse verkauft.

3. Ein Sparkunde (Freistellungsauftrag liegt vor) erhält Abrechnung über den Verkauf von 10 000,00 DM 7,5 % Landesanleihe von 19.., Jahreskupon + 1.2. n. J. uff., zum Kurs von 102 %

Kurswert	10 200,00 DM
+ Stückzinsen	156,25 DM
	10 356,25 DM
⁒ 0,5 % Provision	50,00 DM
⁒ 0,75 ‰ Courtage	7,50 DM
	10 298,75 DM

4. Ein Kontokorrentkunde (Freistellungsauftrag liegt vor) erhält Abrechnung über den Kauf von 7 000,00 DM 6,5 % Norddeutsche Hypotheken- und Wechselbank-Pfandbriefe, M/S + 1.9. uff., zum Kurs von 95 %

Kurswert	6 650,00 DM
+ Stückzinsen	56,88 DM
	6 706,88 DM
+ 0,5 % Provision	35,00 DM
+ 0,75 ‰ Courtage	5,25 DM
	6 747,13 DM

Buchen Sie Abwicklungs- und Deckungsgeschäft!

Aufgabe 8.57

Buchen Sie Zwischenkommissionsgeschäfte bei der Börsenbank und bei der Lokalbank!

1. Abrechnung der Börsenbank über den Kauf von 100 Stück Möbelwerke AG-Aktien

Kurswert	16 350,00 DM
+ Provision	81,75 DM
+ Maklergebühr	13,08 DM
	16 444,83 DM

2. Abrechnung der Lokalbank für ihren Kunden über den Kauf von 100 Stück Möbelwerke AG-Aktien

Kurswert	16 350,00 DM
+ Provision	163,50 DM
+ Maklergebühr	13,08 DM
	16 526,58 DM

3. Abrechnung der Börsenbank über den Verkauf von 30 000,00 DM Pfandbriefe zu 101 %

Kurswert	30 300,00 DM
+ Stückzinsen	395,00 DM
	30 695,00 DM
⁒ Provision	75,75 DM
⁒ Maklergebühr	22,50 DM
	30 596,75 DM

4. Abrechnung der Lokalbank für ihren Kunden über den Verkauf von 30 000,00 DM Pfandbriefe zu 101 %

Kurswert	30 300,00 DM
+ Stückzinsen	395,00 DM
	30 695,00 DM
·/. Provision	151,50 DM
·/. Maklergebühr	22,50 DM
	30 521,00 DM

Der Kunde hat einen Freistellungsauftrag erteilt.
Buchen Sie im Grundbuch (Buchungssätze) und im Hauptbuch (nur im Konto Wertpapierumsätze)!

Aufgabe 8.58 Buchen Sie Effektenabrechnungen im Botenverfahren!

1. Abrechnung der Zentralbank über einen Aktienkauf durch einen Kunden der Raiffeisenbank

Kurswert	10 000,00 DM
+ (Halbe)Provision	50,00 DM
+ Maklergebühr	8,00 DM
	10 058,00 DM

a) Buchen Sie im Grundbuch der Zentralbank Abwicklungs- und Deckungsgeschäft!

b) Buchen Sie im Grundbuch der Raiffeisenbank!

2. Abrechnung der Landesbank über einen Aktienverkauf durch einen Kunden der Sparkasse

Kurswert	6 000,00 DM
·/. (Halbe) Provision	30,00 DM
·/. Maklergebühr	4,80 DM
	5 965,20 DM

a) Buchen Sie im Grundbuch der Landesbank Abwicklungs- und Deckungsgeschäft!

b) Buchen Sie im Grundbuch der Sparkasse!

Aufgabe 8.59 Buchen Sie die folgenden Festpreisgeschäfte im Grundbuch!

1. Verkauf an Kontokorrentkunden:
25 Stück Aktien zum Kurs von 126,00 DM — 3 150,00 DM

Das Gegengeschäft (Händlergeschäft) an der Börse wurde zum Kurs von 122,00 DM abgeschlossen. Kurswert 3 050,00 DM.

2. Kauf von einem Kontokorrentkunden:
14 Stück Aktien zum Kurs von 740,00 DM — 10 360,00 DM

Das Gegengeschäft an der Börse wurde zum Kurs von 755,00 DM abgeschlossen. Kurswert 10 570,00 DM.

Buchen Sie zunächst das Kundengeschäft und anschließend das Händlergeschäft!

8.4.2 Eigengeschäfte mit Wertpapieren des Handelsbestands

Wesen

Eigengeschäfte mit Wertpapieren sind Effektenkäufe und -verkäufe für den eigenen Bestand der Bank. Es sind Geschäfte aus eigener Initiative und für eigene Rechnung.

Während ein Teil der eigenen Effekten zur dauernden Anlage verwendet wird (Wertpapiere des Anlagevermögens) und ein anderer Teil als Liquiditätsreserve dient (Wertpapiere der Liquiditätsreserve), wird ein weiterer **Teilbestand zur Durchführung von Handelsgeschäften** gehalten **(Wertpapiere des Handelsbestands).**

Wertpapiere
(nach der Zweckbestimmung)

- **Wertpapiere des Anlagevermögens**
- **Wertpapiere der Liquiditätsreserve**
- **Wertpapiere des Handelsbestands**

Hauptbuchkonto Eigene Wertpapiere (Handelsbestand)

Eigengeschäfte mit Wertpapieren des Handelsbestands werden auf dem **Hauptbuchkonto Eigene Wertpapiere (Handelsbestand)** erfaßt. Sowohl beim An- und Verkauf von Aktien als auch beim An- und Verkauf von Schuldverschreibungen wird über das Konto Eigene Wertpapiere stets der Kurswert gebucht.

Um sämtliche Wertpapierumsätze zusammenzufassen, schalten Kreditinstitute häufig auch bei Börsengeschäften mit Wertpapieren des eigenen Bestandes das **Konto Wertpapierumsätze** ein. Die bei Börsengeschäften zu zahlende Maklergebühr wird bei Effekteneigengeschäften auf das Konto Courtageaufwendungen gebucht.

► Buchungen beim Kauf und Verkauf von eigenen Wertpapieren des Handelsbestands

Beispiel
Aktien

Buchung von Eigengeschäften in Aktien

Geschäftsfälle	**Grundbuch**
Kauf von 100 Stück Computer AG-Aktien zu 124,50 DM Kurswert 12 450,00 DM Maklergebühr 9,96 DM	Eigene Wertpapiere (Handelsbestand) an Wertpapierumsätze 12 450,00 DM Courtageaufwendungen an Courtagezwischenkonto 9,96 DM Wertpapierumsätze an Banken-KK 12 450,00 DM
Verkauf von 200 Stück Flughafen AG-Aktien zu 122,50 DM Kurswert 24 500,00 DM Maklergebühr 19,60 DM	Wertpapierumsätze an Eigene Wertpapiere (Handelsbestand) 24 500,00 DM Courtageaufwendungen an Courtagezwischenkonto 19,60 DM Banken-KK an Wertpapierumsätze 24 500,00 DM

Beim Kauf und Verkauf von **Schuldverschreibungen für den eigenen Bestand der Bank** sind **Stückzinsen** zu berücksichtigen. Soweit diese Geschäfte mit Kreditinstituten abgeschlossen werden, erfolgt **kein Zinsabschlag.** Es handelt sich um Interbankgeschäfte, die vom Zinsabschlag freigestellt sind.

Stückzinsen verursachen beim Kauf und Verkauf von Schuldverschreibungen entweder Erträge oder Ertragsminderungen. Sie sind über das Konto Zinserträge aus Wertpapieren zu buchen.

Beispiel
Schuldverschreibungen

Buchung von Eigengeschäften in Schuldverschreibungen	
Geschäftsfälle	**Grundbuch**
Kauf von 100 000,00 DM Nordbank-Schuldverschreibungen zu 99 % Kurswert 99 000,00 DM + Stückzinsen 600,00 DM 99 600,00 DM	Eigene Wertpapiere (Handelsbestand) 99 000,00 DM Zinserträge aus Wertpapieren 600,00 DM an Wertpapierumsätze 99 600,00 DM
Maklergebühr 50,00 DM	Courtageaufwendungen an Courtagezwischenkonto 50,00 DM
	Wertpapierumsätze an Banken-KK 99 600,00 DM
Verkauf von 300 000,00 DM Hypothekenbank-Pfandbriefe zum Kurs von 105 %. Kurswert 315 000,00 DM + Stückzinsen 3 950,00 DM 318 950,00 DM	Wertpapierumsätze 318 950,00 DM an Eigene Wertpapiere (Handelsbestand) 315 000,00 DM an Zinserträge aus Wertpapieren 3 950,00 DM
Maklergebühr 97,50 DM	Courtageaufwendungen an Courtagezwischenkonto 97,50 DM
	Banken-KK an Wertpapierumsätze 318 950,00 DM

8.4.3 Abschluß des Kontos Eigene Wertpapiere (Handelsbestand)

Bewertung von Wertpapieren des Handelsbestands

Wertpapiere, die der Bank zur Durchführung von Handelsgeschäften für eigene Rechnung dienen **(Wertpapiere des Handelsbestands)**, müssen für die Bilanzierung nach dem **strengen Niederstwertprinzip** bewertet werden.

Das Niederstwertprinzip entspricht dem **Grundsatz der Vorsicht**.

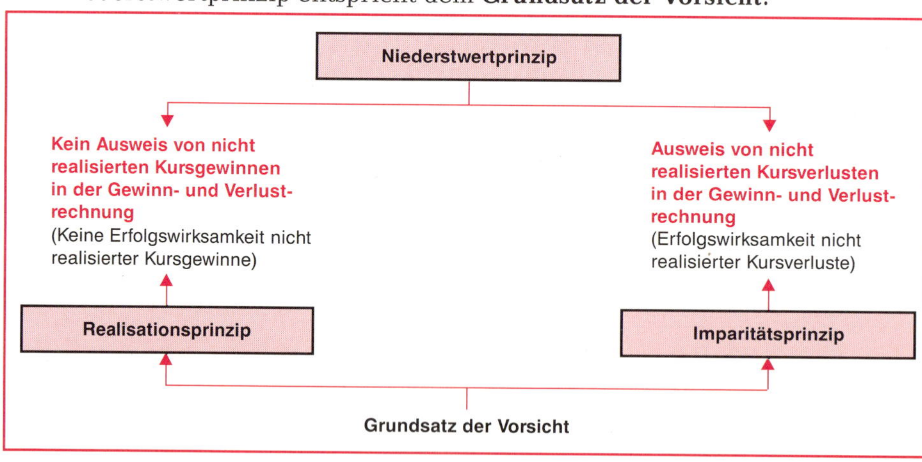

Anwendung des Niederstwertprinzips		
Vergleich des Anschaffungskurses mit dem Kurs am Bilanzstichtag und Bewertung zum niedrigsten Kurs	**Art des Gewinns bzw. Verlusts**	**Buchung**
Anschaffungskurs > Kurs am Bilanzstichtag → Bewertung zum Kurs am Bilanzstichtag	nicht realisierter Verlust	**Abschreibungen auf Wertpapiere an Eigene Wertpapiere (Handelsbestand)**
Anschaffungskurs < Kurs am Bilanzstichtag → Bewertung zum Anschaffungskurs	nicht realisierter Gewinn	**Keine Buchung des nicht realisierten Gewinns**

Aus Vereinfachungsgründen bleiben Anschaffungsnebenkosten unberücksichtigt. Der Anschaffungskurs entspricht dann den Anschaffungskosten.

Feststellung des Niederstwerts

Bei mehreren Käufen von Papieren einer Effektengattung kann die Bank den **Niederstwert** auf zwei Arten feststellen:

Feststellung des Niederstwerts bei Effekten

↓

Feststellung für jede einzelne Effektengattung

Einzelbewertungsverfahren

Vergleich des Anschaffungskurses jedes einzelnen Effektenkaufs mit dem Tageskurs am Bilanzstichtag

Durchschnittsbewertungsverfahren

1. Ermittlung eines gewogenen Durchschnittskurses für alle Anschaffungen
2. Vergleich dieses Durchschnittskurses mit dem Tageskurs am Bilanzstichtag

Durchschnittlicher Anschaffungskurs

Für die **Ermittlung des gewogenen Durchschnittskurses** sind folgende **Formeln** anzuwenden:

$$\text{Durchschnittlicher Anschaffungskurs bei Aktien} = \frac{\text{Summe der Kurswerte aller Anschaffungen}}{\text{Stückzahl aller Anschaffungen}}$$

$$\text{Durchschnittlicher Anschaffungskurs bei Schuldverschreibungen} = \frac{\text{Summe der Kurswerte aller Anschaffungen} \cdot 100}{\text{Summe der Nennwerte aller Anschaffungen}}$$

Saldovorträge werden wie Anschaffungen behandelt.

Für den **Abschluß des Hauptbuchkontos Eigene Wertpapiere (Handelsbestand)** gibt es zwei Verfahren:

1. das **Einzelabschlußverfahren** (gesonderte Abschlußbuchungen für jede Effektengattung: siehe Seiten 190 bis 194),
2. das **Summenabschlußverfahren** (siehe Seite 195).

▸ ***Abschluß des Kontos Eigene Wertpapiere (Handelsbestand) nach dem Einzelabschlußverfahren***

Pfälzer Bank AG-Aktien

1. Beispiel
Nicht realisierter Kursgewinn

Das **Skontro Pfälzer Bank AG-Aktien** weist einen Kauf von 100 Stück zu 420,00 DM je Stück aus. Der Börsenkurs wird am Bilanzstichtag mit 450,00 DM festgestellt. Ein Bestand zu Beginn des Geschäftsjahres war nicht vorhanden. Verkäufe wurden nicht vorgenommen.

Die Bank vergleicht den Anschaffungskurs von 420,00 DM je Stück und den Tageskurs am Bilanzstichtag von 450,00 DM je Stück. Sie wählt zur Bewertung den niedrigeren Kurs. Das ist der Anschaffungskurs von 420,00 DM je Stück. Mit diesem Kurs stehen die Wertpapiere bereits zu Buch. Der nicht realisierte Kursgewinn von 30,00 DM je Stück wird nicht ausgewiesen.

Bewertung des Schlußbestandes	Grundbuch
1. **Ermittlung des Niederstwertes** Anschaffungskurs 420,00 DM Tageskurs am Bilanzstichtag 450,00 DM Niederstwert = Anschaffungskurs 420,00 DM 2. **Bewertung des Bestandes** 100 Stück zu 420 = 42 000,00 DM	SBK an Eigene Wertpapiere (Handelsbestand) 42 000,00 DM

Skontro

Pfälzer Bank AG-Aktien

Datum	Vorgang	Stück	Kurs (DM)	Kurswert (DM)	Datum	Vorgang	Stück	Kurs (DM)	Kurswert (DM)
15.3.	KAUF	100	420,00	42 000,00	31.12.	BESTAND	100	420,00	42 000,00
		100		42 000,00			100		42 000,00

Sachsenbank AG-Aktien

2. Beispiel
Nicht realisierter Kursverlust

Das **Skontro Sachsenbank AG-Aktien** zeigt einen Bestand aus dem Vorjahr von 200 Stück zum Buchwert von 36 000,00 DM (Kurs 180,00 DM). Der Börsenkurs beträgt am Bilanzstichtag 140,00 DM. Käufe und Verkäufe wurden während des Geschäftsjahres nicht vorgenommen.

Bewertung des Schlußbestandes	Grundbuch
1. **Ermittlung des Niederstwertes** Anschaffungskurs (Buchkurs) 180,00 DM Tageskurs am Bilanzstichtag 140,00 DM Niederstwert 140,00 DM 2. **Bewertung des Bestandes** 200 Stück zu 140 = 28 000,00 DM 3. **Nicht realisierter Kursverlust** **= Abschreibung** 200 Stück × 40 = 8 000,00 DM	SBK an Eigene Wertpapiere (Handelsbestand) 28 000,00 DM Abschreibungen auf Wertpapiere an Eigene Wertpapiere (Handelsbestand) 8 000,00 DM

Skontro

Sachsenbank AG-Aktien

Datum	Vorgang	Stück	Kurs (DM)	Kurswert (DM)	Datum	Vorgang	Stück	Kurs (DM)	Kurswert (DM)
02.01.	BESTAND	200	180,00	36 000,00	31.12.	BESTAND	200	140,00	28 000,00
					31.12.	ABSCHREIBUNG			8 000,00
		200		36 000,00			200		36 000,00

3. Beispiel
Nicht realisierter Kursverlust nach Ermittlung des durchschnittlichen Anschaffungskurses

Das **Skontro 6 % Berliner Bodenkreditbank AG-Kommunalobligationen** Januar/Juli (J/J) weist im abgelaufenen Geschäftsjahr aus:

02.01.	Anfangsbestand	120 000,00 DM zu 99 % =	118 800,00 DM
03.05.	Kauf	60 000,00 DM zu 96 % =	57 600,00 DM
18.07.	Kauf	60 000,00 DM zu 98 % =	58 800,00 DM

Der Börsenkurs am Bilanzstichtag beträgt 96 %. Verkäufe wurden nicht getätigt. Anteilige Zinsen sind nicht zu verrechnen.

Bewertung des Schlußbestandes	Grundbuch
1. **Ermittlung des Ø Anschaffungskurses** 120 000,00 118 800,00 60 000,00 57 600,00 60 000,00 58 800,00 240 000,00 $\frac{235\,200{,}00 \cdot 100}{240\,000{,}00} = 98\,\%$	
2. **Ermittlung des Niederstwertes** Ø Anschaffungskurs 98 % Tageskurs am Bilanzstichtag 96 % Niederstwert 96 %	
3. **Bestandsermittlung** 120 000,00 + 60 000,00 + 60 000,00 = 240 000,00 DM Nennwert	
4. **Bewertung des Bestandes** 240 000,00 DM zu 96 % = 230 400,00 DM	SBK an Eigene Wertpapiere (Handelsbestand) 230 400,00 DM
5. **Nicht realisierter Kursverlust** **= Abschreibung** Bestand, bewertet zum Ø Anschaffungskurs 235 200,00 DM ⁒ Bestand, bewertet zum Niederstwert 230 400,00 DM 4 800,00 DM	Abschreibungen auf Wertpapiere an Eigene Wertpapiere (Handelsbestand) 4 800,00 DM

Skontro

6 % Berliner Bodenkreditbank AG-Kommunalobligationen

Datum	Vorgang	Nennwert (DM)	Kurs	Kurswert (DM)	Datum	Vorgang	Nennwert (DM)	Kurs	Kurswert (DM)
02.01.	BESTAND	120 000,00	99 %	118 800,00					
03.05.	KAUF	60 000,00	96 %	57 600,00	31.12.	BESTAND	240 000,00	96 %	230 400,00
18.07.	KAUF	60 000,00	98 %	58 800,00	31.12.	ABSCHREIBUNG			4 800,00
		240 000,00		235 200,00			240 000,00		235 200,00

4. Beispiel
Realisierte Kursgewinne

Thüringer Metallwerke AG-Aktien

Die Verbuchung realisierter Kursgewinne wurde im Abschnitt 4.4 auf Seite 50/51 dargestellt.

Das **Skonto Thüringer Metallwerke AG-Aktien** weist am Bilanzstichtag keine Bestände aus. Während des Geschäftsjahres wurde eine Reihe von Umsätzen getätigt.

Skontro

Thüringer Metallwerke AG-Aktien

Datum	Vorgang	Stück	Kurs (DM)	Kurswert (DM)	Datum	Vorgang	Stück	Kurs (DM)	Kurswert (DM)
07.01.	KAUF	500	126,00	63 000,00	11.01.	VERKAUF	200	132,00	26 400,00
29.03	KAUF	300	130,00	39 000,00	30.04.	VERKAUF	300	130,00	39 000,00
18.08.	KAUF	1000	135,00	135 000,00	15.09.	VERKAUF	300	128,00	38 400,00
15.10.	KAUF	100	120,00	12 000,00	26.10.	VERKAUF	500	145,00	72 500,00
					29.10.	VERKAUF	100	125,00	12 500,00
31.12.	KURSGEWINN			7 300,00	30.11.	VERKAUF	500	135,00	67 500,00
		1900		256 300,00			1900		256 300,00

	Grundbuch
Realisierter Kursgewinn 7 300,00 DM	Eigene Wertpapiere (Handelsbestand) an Kursgewinne Wertpapiere 7 300,00 DM

5. Beispiel
Realisierte Kursverluste

Bayerische Kraftwerke AG-Aktien

Die Verbuchung realisierter Kursverluste wurde im Abschnitt 4.4 auf Seite 50/51 dargestellt.

Das **Skonto Bayerische Kraftwerke AG-Aktien** weist am Bilanzstichtag keine Bestände aus. Während des Geschäftsjahres wurde eine Reihe von Umsätzen getätigt.

Skontro

Bayerische Kraftwerke AG-Aktien

Datum	Vorgang	Stück	Kurs (DM)	Kurswert (DM)	Datum	Vorgang	Stück	Kurs (DM)	Kurswert (DM)
31.12.	BESTAND	600	140,00	84 000,00	08.04.	VERKAUF	300	144,00	43 200,00
19.06.	KAUF	100	124,50	12 450,00	30.09.	VERKAUF	100	120,50	12 050,00
19.06.	KAUF	200	122,50	24 500,00	01.11.	VERKAUF	300	115,00	34 500,00
					15.11.	VERKAUF	200	108,00	21 600,00
					31.12.	KURSVERLUST			9 600,00
		900		120 950,00			900		120 950,00

	Grundbuch
Realisierter Kursverlust 9 600,00 DM	Kursverluste Wertpapiere an Eigene Wertpapiere (Handelsbestand) 9 600,00 DM

Hamburg-Werft AG-Aktien

6. Beispiel

Realisierter Kursgewinn nach Ermittlung des durchschnittlichen Anschaffungskurses

Das **Skontro Hamburg-Werft AG-Aktien** weist folgende Umsätze aus:

Anfangsbestand:	2000 Aktien zu 180,00 DM je Stück
Käufe:	1000 Aktien zu 200,00 DM je Stück
	500 Aktien zu 210,00 DM je Stück
	500 Aktien zu 190,00 DM je Stück
Verkäufe:	200 Aktien zu 250,00 DM je Stück
	1000 Aktien zu 220,00 DM je Stück
	400 Aktien zu 230,00 DM je Stück

Der Börsenkurs am Bilanzstichtag beträgt 204,00 DM je Stück.

Bewertung des Schlußbestandes

1. **Ermittlung des Ø Anschaffungskurses**

2000 Stück	360 000,00
1000 Stück	200 000,00
500 Stück	105 000,00
500 Stück	95 000,00
4000 Stück	760 000,00 : 4000 = 190

2. **Ermittlung des Niederstwertes**

Ø Anschaffungskurs	190,00 DM
Tageskurs am Bilanzstichtag	204,00 DM
Niederstwert	190,00 DM

3. **Bestandsermittlung**

Anfangsbestand	
+ Käufe	4000 Stück
./. Verkäufe	1600 Stück
= Schlußbestand	2400 Stück

4. **Bewertung des Bestandes**
   2400 Stück zu 190 = 456 000,00 DM

5. **Realisierter Kursgewinn/Kursverlust**
   Saldo nach Verbuchung des bewerteten Bestandes SOLL 58 000,00 DM (= Kursgewinn)

Grundbuch

zu 4.: SBK
an Eigene Wertpapiere (Handelsbestand) 456 000,00 DM

zu 5.: Eigene Wertpapiere (Handelsbestand)
an Kursgewinne Wertpapiere 58 000,00 DM

Skontro

Hamburg-Werft AG-Aktien

Datum	Vorgang	Stück	Kurs (DM)	Kurswert (DM)	Datum	Vorgang	Stück	Kurs (DM)	Kurswert (DM)
02.01.	BESTAND	2000	180,00	360 000,00	29.09.	VERKAUF	200	250,00	50 000,00
18.07.	KAUF	1000	200,00	200 000,00	11.10.	VERKAUF	1000	220,00	220 000,00
23.07.	KAUF	500	210,00	105 000,00	18.10.	VERKAUF	400	230,00	92 000,00
02.08.	KAUF	500	190,00	95 000,00	31.12.	BESTAND	2400	190,00	456 000,00
31.12.	KURSGEWINN			58 000,00					
				818 000,00					818 000,00

Märkische Hypothekenbank AG-Pfandbriefe

7. Beispiel

Nicht realisierter Kursverlust und realisierter Kursgewinn nach Ermittlung des durchschnittlichen Anschaffungskurses

Das **Skontro 8 % Märkische Hypothekenbank AG-Pfandbriefe** (Jahreskupon: 01.10.) weist folgende Umsätze aus:

Käufe	Verkäufe
1 000 000,00 DM zu 106,8 %	300 000,00 DM zu 107,5 %
200 000,00 DM zu 108 %	800 000,00 DM zu 108,5 %

Bewertung des Schlußbestandes	Grundbuch
1. **Ermittlung des Ø Anschaffungskurses** 1 000 000,00 1 068 000,00 200 000,00 216 000,00 1 200 000,00 $\frac{1\,284\,000{,}00 \cdot 100}{1\,200\,000{,}00} = 107\,\%$	
2. **Ermittlung des Niederstwertes** Ø Anschaffungskurs 107 % Tageskurs am Bilanzstichtag 106 % Niederstwert 106 %	
3. **Bestandsermittlung** Anfangsbestand + Käufe = 1 200 000,00 DM ·/. Verkäufe 1 100 000,00 DM = Schlußbestand 100 000,00 DM	
4. **Anteilige Zinsen** 8 % vom 01.10. bis 31.12.: 100 000,00 DM = 2 000,00 DM	Eigene Wertpapiere (Handelsbestand) an Zinserträge aus Wertpapieren 2 000,00 DM
5. **Bewertung des Bestandes** 100 000,00 DM zu 106 % 106 000,00 DM + Zinsen für 90 Tage 2 000,00 DM = Bilanzwert 108 000,00 DM	SBK an Eigene Wertpapiere (Handelsbestand) 108 000,00 DM
6. **Nicht realisierter Kursverlust** Bestand, bewertet zum Ø Anschaffungskurs 107 000,00 DM ·/. bewerteter Bestand 106 000,00 DM 1 000,00 DM	Abschreibungen auf Wertpapiere an Eigene Wertpapiere (Handelsbestand) 1 000,00 DM
7. **Realisierter Kursgewinn/Kursverlust** Saldo nach Verbuchung der Abschreibung und des bewerteten Bestandes (einschl. anteiliger Zinsen) SOLL 13 500,00 DM (= Kursgewinn)	Eigene Wertpapiere (Handelsbestand) an Kursgewinne Wertpapiere 13 500,00 DM

Skontro

8 % Märkische Hypothekenbank AG-Pfandbriefe

Datum	Vorgang	Nennwert (DM)	Kurs	Kurswert (DM)	Datum	Vorgang	Nennwert (DM)	Kurs	Kurswert (DM)
05.01.	KAUF	1 000 000,00	106,8 %	1 068 000,00	19.06.	VERKAUF	300 000,00	107,5 %	322 500,00
08.11.	KAUF	200 000,00	108 %	216 000,00	30.11.	VERKAUF	800 000,00	108,5 %	868 000,00
31.12.	ANTEILIGE ZINSEN			2 000,00	31.12.	BESTAND	100 000,00		108 000,00
31.12.	KURSGEWINNE			13 500,00	31.12.	ABSCHREIBUNG			1 000,00
		1 200 000,00		1 299 500,00			1 200 000,00		1 299 500,00

Aktivierung anteiliger Stückzinsen

Anteilige Zinsen sind im Wertpapierbestand zu aktivieren. Sie müsssen daher am Jahresende errechnet und zum Bestand addiert werden.

▸ *Abschluß des Kontos Eigene Wertpapiere (Handelsbestand) nach dem Summenabschlußverfahren*

Wesen des Summenabschlußverfahrens

Beim **Abschluß des Hauptbuchkontos Eigene Wertpapiere (Handelsbestand)** nach dem **Summenabschlußverfahren,** stellt das Kreditinstitut die Abschlußergebnisse der einzelnen Skontren zusammen und bucht summenmäßig. Hierbei werden Kursgewinne und Kursverluste aufgerechnet.

Das Konto Eigene Wertpapiere der Bank zeigt am 31. Dezember 19. . vor Beginn der Abschlußarbeiten folgendes Bild:

Soll	Eigene Wertpapiere (Handelsbestand)		Haben
Bestand am 02.01.	694 800,00	Jahresumsätze	2 022 650,00
Jahresumsätze	2 134 850,00		

Durchführung des Summenabschlußverfahrens

Berechnungen und Buchungen der Bank beim (Summenabschlußverfahren)

Wertpapiergattung	**Bestände am 31.12.** Stück bzw. Nennwert	Kurs (DM)	Kurswert (einschl. anteiliger Zinsen) (DM)	**Abschreibungen** (DM)	**Kursgewinne (+) Kursverluste (⁒)** (DM)	**Zinsen** (DM)
Pfälzer Bank AG-Aktien	100	420,00	42 000,00			
Sachsenbank AG-Aktien	200	140,00	28 000,00	8 000,00		
Berliner Bodenkreditbank AG-Komm.-Obl.	240 000,00	96 %	230 400,00	4 800,00		
Thür. Metallw. AG-Aktien	0	–	0,00		+ 7 300,00	
Bayer. Kraftw. AG-Aktien	0	–	0,00		⁒ 9 600,00	
Hbg.-Werft AG-Aktien	2 400,00	190,00	456 000,00		+ 58 000,00	
Märk. Hyp.Bk.-Pfandbriefe	100 000,00	106 %	108 000,00	1 000,00	+ 13 500,00	2 000,00
			864 400,00	13 800,00	+ 69 200,00	2 000,00

Grundbuch

Abschreibungen auf Wertpapiere
an Eigene Wertpapiere (Handelsbestand) 13 800,00 DM

Eigene Wertpapiere (Handelsbestand)
an Kursgewinne 69 200,00 DM

Eigene Wertpapiere (Handelsbestand)
an Zinsertr. aus Wertp. 2 000,00 DM

SBK
an Eigene Wertpapiere (Handelsbestand) 864 400,00 DM

Hauptbuch

Soll	Eigene Wertpapiere		Haben
EBK	694 800,00	Wertpapierumsätze	2 022 650,00
Wertpapierumsätze	2 134 850,00	Abschreibungen auf Wertpapiere	13 800,00
Kursgewinne	69 200,00	SBK	864 400,00
Zinserträge	2 000,00		
	2 900 850,00		2 900 850,00

▸ *Bilanzierung der Wertpapiere des eigenen Bestandes*

Das **Bilanzformblatt** sieht vor, daß **Wertpapiere des eigenen Bestandes** in folgenden Posten bilanziert werden müssen:

Bilanzierung von Eigenen Wertpapieren

Aktivseite

	DM	DM	DM
⋮		⋮	
5. Schuldverschreibungen und andere festverzinsliche Wertpapiere			
a) Geldmarktpapiere			
aa) von öffentlichen Emittenten	....		
ab) von anderen Emittenten	....	....	
b) Anleihen und Schuldverschreibungen			
ba) von öffentlichen Emittenten	....		
bb) von anderen Emittenten	....	....	
darunter: beleihbar bei der Deutschen Bundesbank .... DM			
c) eigene Schuldverschreibungen Nennbetrag .... DM		....	....
6. Aktien und andere nicht festverzinsliche Wertpapiere			....
⋮		⋮	

Die im Aktivposten Nr. 5 ausgewiesenen **Schuldverschreibungen** sind im **Anhang nach börsennotierten und nichtbörsennotierten Papieren aufzugliedern.** Dies gilt auch für im Aktivposten Nr. 6 ausgewiesene börsenfähige Aktien.

Aufgaben

Aufgabe 8.60 Buchen Sie im Grundbuch Effektenkäufe und -verkäufe für den eigenen Bestand.

	DM
1. Kauf 250 Stück Aktien	
Kurswert	15 800,00
0,8 ‰ Courtage	12,64
2. Verkauf 100 Stück Aktien	
Kurswert	39 500,00
0,8 ‰ Courtage	31,60
3. Kauf 10 000,00 DM Anleihe	
Kurswert	9 800,00
+ Stückzinsen	486,39
	10 286,39
0,75 ‰ Courtage	7,50
4. Verkauf 12 000,00 DM Kommunalobligationen	
Kurswert	12 600,00
+ Stückzinsen	300,00
	12 900,00
0,75 ‰ Courtage	9,00

Ermitteln Sie den Bilanzwert von Eigenen Wertpapieren, und buchen Sie im Grundbuch!

Aufgabe 8.61 bis 8.65

Aufgabe	Effektenart	Anfangsbestand und Kurs		Umsätze und Kurse		Börsenkurs am Bilanzstichtag
			DM		DM	DM
8.61	Wanderer-Aktien	600 Stück	148	–		150
8.62	Renk-Aktien	120 Stück	730	Verkauf 50 Stück	750	810
8.63	HABAG-Aktien	160 Stück	960	–		895
8.64	Jute-Aktien	400 Stück	175	Verkauf 100 Stück	180	164
8.65	Zement-Aktien	200 Stück	120	Verkauf 80 Stück	100	90

a) Richten Sie das Skontro der Effektengattung ein! Übernehmen Sie den Anfangsbestand mit Kurs und Kurswert! Tragen Sie die Umsätze ein!

b) Ermitteln Sie den Bestand am Bilanzstichtag und den Niederstwert, und bewerten Sie den Bestand!

c) Schließen Sie das Skontro ab!

d) Buchen Sie am 31. Dezember im Grundbuch!

Führen Sie den Summenabschluß für eigene Effekten der Bank durch!

Aufgabe 8.66

Zahlenwerte: siehe Aufgabe 8.61 bis 8.65

Ermitteln Sie den Bilanzwert von Eigenen Wertpapieren, und buchen Sie im Grundbuch!

Aufgabe 8.67/8.68

8.67

6 % Pfandbriefe, A/O + 1.4. uff.
Anfangsbestand: 60 000,00 DM
Kurs: 101,5 %
Keine Umsätze
Börsenkurs am 31. Dezember: 102 %

8.68

7,5 % Pfandbriefe, Jahreskupon + 1.6. uff.
Anfangsbestand: 200 000,00 DM
Kurs: 105,5 %
Keine Umsätze
Börsenkurs am 31. Dezember: 104 %

Ermitteln Sie den Bilanzwert von Eigenen Wertpapieren, und buchen Sie im Grundbuch!

Aufgabe 8.69 bis 8.72

8.69

Stahlaktien
02.01. Bestand 600 Stück, Kurs 111
23.04. Kauf 50 Stück, Kurs 118
29.07. Kauf 150 Stück, Kurs 138
15.10. Kauf 200 Stück, Kurs 130

Börsenkurs am Bilanzstichtag 128,40

8.70

Nordtransit AG-Aktien
02.01. Bestand 100 Stück, Kurs 117
15.02. Kauf 500 Stück, Kurs 148
24.09. Verkauf 130 Stück, Kurs 151
05.12. Verkauf 270 Stück, Kurs 154

Börsenkurs am Bilanzstichtag 145

8.71

7,5 % Anleihe + 1.2. uff. (Jahreskupon)
02.01. Bestand 200 000,00 DM, Kurs 103 %
15.07. Verkauf 100 000,00 DM, Kurs 105 %
20.11. Kauf 50 000,00 DM, Kurs 104 %

Börsenkurs am Bilanzstichtag 102 %

8.72

8 % Anleihe, M/S + 1.3. uff.
02.01. Bestand 100 000,00 DM, Kurs 103 %
15.10. Kauf 50 000,00 DM, Kurs 102 %
12.12. Kauf 150 000,00 DM, Kurs 104 %

Börsenkurs am Bilanzstichtag 103 %

a) Richten Sie das Skontro der Effektengattung ein! Übernehmen Sie Anfangsbestand und Zugänge mit Kurs und Kurswert!

b) Ermitteln Sie den durchschnittlichen Anschaffungswert und den Niederstwert!

c) Ermitteln Sie den Bestand am Bilanzstichtag, und bewerten Sie den Bestand!

d) Schließen Sie das Skontro ab!

e) Buchen Sie am 31. Dezember 19 . . im Grundbuch!

Programmierte Aufgaben

Aufgabe 8.73 **Mit welchen Buchungssätzen wird das folgende Wertpapiergeschäft richtig wiedergegeben?**

	DM	DM
92 Stück ZENKA AG-Aktien zum Kurs von 113,00 DM		10 848,00
+ 1 % Provision	108,48	
+ 0,8 ‰ Maklergebühr	8,68	117,16
		10 965,16

	DM
a) LZB-Giro	
an Wertpapierumsätze	10 848,00
b) LZB-Giro	
an Wertpapierumsätze	10 992,28
c) Wertpapierumsätze	10 848,00
Provisionserträge	108,48
Courtagezwischenkonto	8,68
an Kunden-KK	10 965,16
d) Kunden-KK	10 965,16
an Wertpapierumsätze	10 848,00
an Provisionserträge	108,48
an Courtagezwischenkonto	8,68
e) Kunden-KK	10 848,00
Provisionserträge	108,48
Courtagezwischenkonto	8,68
an Wertpapierumsätze	10 965,16
f) Wertpapierumsätze	
an LZB-Giro	10 848,00
g) Wertpapierumsätze	
an LZB-Giro	10 965,16

Aufgabe 8.74 **Wie lauten die Buchungen?**

Die Bank kauft für den eigenen Bestand an der Börse 500 Stück Aktien zu 320,00 DM je Stück. Kurswert 160 000,00 DM; Maklergebühr 128,00 DM.

	DM
a) Eigene Wertpapiere (Handelsbestand)	
an Banken-KK	160 000,00
b) Banken-KK	
an Eigene Wertpapiere (Handelsbestand)	160 000,00
c) Eigene Wertpapiere (Handelsbestand)	
an Wertpapierumsätze	160 000,00
d) Wertpapierumsätze	
an Eigene Wertpapiere (Handelsbestand)	160 000,00
e) Courtageaufwendungen	
an Courtagezwischenkonto	128,00
f) Courtagezwischenkonto	
an Courtageaufwendungen	128,00
g) Wertpapierumsätze	
an Kunden-KK	160 000,00
h) Banken-KK	
an Wertpapierumsätze	160 000,00
i) Wertpapierumsätze	
an Banken-KK	160 000,00
j) Kunden-KK	
an Wertpapierumsätze	160 000,00

Aufgabe 8.75

Wie lauten die Buchungen?

Die Bank verkauft aus dem eigenen Bestand an der Börse Obligationen, Kurswert 980 000,00 DM + Stückzinsen 4 200,00 DM = 984 200,00 DM; Maklergebühr 200,00 DM.

	DM
a) Wertpapierumsätze	984 200,00
an Eigene Wertpapiere (Handelsbestand)	980 000,00
an Zinserträge aus Wertpapieren	4 200,00
b) Wertpapierumsätze	980 000,00
Zinserträge aus Wertpapieren	4 200,00
an Eigene Wertpapiere (Handelsbestand)	984 200,00
c) Banken-KK	
an Zinserträge	4 200,00
d) Banken-KK	
an Wertpapierumsätze	980 000,00
e) Banken-KK	
an Wertpapierumsätze	984 200,00
f) Wertpapierumsätze	
an Eigene Wertpapiere (Handelsbestand)	980 000,00
g) Kunden-KK	
an Wertpapierumsätze	984 200,00
h) Courtageaufwendungen	
an Courtagezwischenkonto	200,00
i) Courtagezwischenkonto	
an Courtageaufwendungen	200,00

Aufgabe 8.76

Wie lautet die Abschlußbuchung?

Die Bank schließt das Konto Eigene Wertpapiere (Handelsbestand) ab. Der Anschaffungswert des Aktienbestandes beträgt 368 000,00 DM, der Wert am Bilanzstichtag beläuft sich auf 438 000,00 DM.

	DM
a) SBK	438 000,00
an Eigene Wertpapiere (Handelsbestand)	368 000,00
an Kursgewinne Wertpapiere	70 000,00
b) SBK	368 000,00
Kursgewinne Wertpapiere	70 000,00
an Eigene Wertpapiere (Handelsbestand)	438 000,00
c) SBK	
an Eigene Wertpapiere (Handelsbestand)	368 000,00
d) SBK	
an Eigene Wertpapiere (Handelsbestand)	438 000,00

Aufgabe 8.77

Wie lauten die Buchungen am 31.12.?

Am Bilanzstichtag ergeben sich folgende Zahlen: Aktienbestand bewertet zum Stichtagskurs 1 622 000,00 DM, Buchwert 1 653 600,00 DM.

	DM
a) Kursverluste Wertpapiere	
an Eigene Wertpapiere (Handelsbestand)	31 600,00
b) Kursgewinne Wertpapiere	
an Eigene Wertpapiere (Handelsbestand)	31 600,00
c) Abschreibungen auf Wertpapiere	
an Eigene Wertpapiere (Handelsbestand)	31 600,00
d) Eigene Wertpapiere (Handelsbestand)	
an Kursverluste (Wertpapiere)	31 600,00

e) Eigene Wertpapiere (Handelsbestand)
   an Kursgewinne Wertpapiere — 31 600,00

f) Eigene Wertpapiere (Handelsbestand)
   an Abschreibungen auf Wertpapiere — 31 600,00

g) SBK
   an Eigene Wertpapiere (Handelsbestand) — 1 622 000,00

h) SBK
   an Eigene Wertpapiere (Handelsbestand) — 1 653 600,00

Aufgabe 8.78 **Wie lauten die Buchungen am 31.12.?**

Das Konto Eigene Wertpapiere zeigt am 31.12. folgende Umsätze: Soll 62 750 000,00 DM, Haben 54 800 000,00 DM. Der Aktienbestand beläuft sich auf 9 460 000,00 DM (Wert zum Tageskurs am Bilanzstichtag) bzw. 9 660 000,00 DM (Wert zu Anschaffungskursen [Buchwert]). Festverzinsliche Werte befinden sich nicht im Wertpapierbestand.

	DM
a) SBK an Eigene Wertpapiere (Handelsbestand)	7 950 000,00
b) SBK an Eigene Wertpapiere (Handelsbestand)	9 460 000,00
c) SBK an Eigene Wertpapiere (Handelsbestand)	9 660 000,00
d) Kursverluste Wertpapiere an Eigene Wertpapiere (Handelsbestand)	200 000,00
e) Kursgewinne Wertpapiere an Eigene Wertpapiere (Handelsbestand)	200 000,00
f) Abschreibungen auf Wertpapiere an Eigene Wertpapiere (Handelsbestand)	200 000,00
g) Eigene Wertpapiere (Handelsbestand) an Kursverluste Wertpapiere	1 710 000,00
h) Eigene Wertpapiere (Handelsbestand) an Kursverluste Wertpapiere	1 910 000,00
i) Eigene Wertpapiere (Handelsbestand) an Kursgewinne Wertpapiere	1 710 000,00
j) Eigene Wertpapiere (Handelsbestand) an Kursgewinne Wertpapiere	1 910 000,00
k) Eigene Wertpapiere (Handelsbestand) an Abschreibungen auf Wertpapiere	1 710 000,00
l) Eigene Wertpapiere (Handelsbestand) an Abschreibungen auf Wertpapiere	1 910 000,00

8.4.4 Zins- und Dividendenscheine

Hauptbuchkonto Zins- und Dividendenscheine

Beim **Einzug von Zins- und Dividendenscheinen** und bei der **Gutschrift von Zinsen und Dividenden für Wertpapiere**, die bei einem Drittverwahrer (Wertpapiersammelbank, Bundesschuldenverwaltung oder anderes Kreditinstitut) verwahrt werden, wird das **Konto Zins- und Dividendenscheine** eingeschaltet.

Bei den Buchungen ist zu beachten,

- ob es sich um Zinsen und Dividenden für **Kundenpapiere** oder **Wertpapiere des eigenen Bestandes** handelt,
- ob die Zins- und Dividendenscheine **im eigenen Tresor** oder **bei einem Drittverwahrer** getrennt oder ob sie **am Schalter** vorgelegt werden,
- ob **Steuerabschläge** oder **Steuererstattungen** vorzunehmen sind.

8.4.4.1 Zinsscheine

Gutschrift von Zinsen aus Zinsscheinen

Zinsen aus **Zinsscheinen von Kundenpapieren** werden je nach Weisung auf dem Kontokorrentkonto oder auf einem Sparkonto des Kunden gutgeschrieben, **Zinsen aus Zinsscheinen von Wertpapieren des eigenen Bestandes** auf dem **Konto Zinserträge aus Wertpapieren**

Bei **Zinszahlungen an Kunden** ist von der auszahlenden Stelle grundsätzlich ein **Steuerabschlag** von 32,25 Prozent (30 Prozent Zinsabschlag zuzüglich 7,5 Prozent Solidaritätszuschlag) einzubehalten, sofern kein **Freistellungsauftrag** bzw. keine **Nicht-Veranlagungsbescheinigung** (NV-Bescheinigung) vorliegt. Bei Tafelgeschäften mit Kunden müssen 37,625 Prozent Steuerabschlag (einschließlich Solidaritätszuschlag) einbehalten werden. Einbehaltene Zinsabschläge werden bis zur Abführung auf dem **Konto Sonstige Verbindlichkeiten** gesammelt.

Die Besteuerung von Erträgen aus Schuldverschreibungen

Aufgrund des **Gesetzes zur Neuregelung der Zinsbesteuerung (Zinsabschlaggesetz)** müssen Kreditinstitute bei Zinsgutschriften für ihre Kunden einen **Zinsabschlag (ZASt)** einbehalten und an das Bundesamt für Finanzen abführen. Der Zinsabschlag beträgt grundsätzlich 30 Prozent, bei Tafelgeschäften 35 Prozent. Aufgrund des **Solidaritätszuschlagsgesetzes 1995** wird zusätzlich ein Solidaritätszuschlag in Höhe von 7,5 Prozent (ab 1.1.1997 voraussichtlich 6,5 Prozent) des Zinsabschlags erhoben. Der Steuerabschlag beträgt damit effektiv 32,25 Prozent auf Zinsgutschriften und 37,625 Prozent bei Tafelgeschäften.

Der Zinsabschlag gilt nur für Personen mit inländischem Wohnsitz **(Steuerinländer).** Personen mit Wohnsitz, gewöhnlichem Aufenthalt oder Geschäftssitz im Ausland (Steuerausländer) sind – bis auf Tafelgeschäfte – vom Steuerabzug ausgenommen.

Zinsabschlag und Solidaritätszuschlag sind auch von **Stückzinsen** beim Verkauf von Wertpapieren einzubehalten.

Der Zinsabschlag kann vermieden werden, wenn der Kunde einen **Freistellungsauftrag** erteilt. Mit Erteilung des Freistellungsauftrages erreicht der Kunde, daß ihm Kapitalerträge bis zu der im Freistellungsauftrag angegebenen Grenze (höchstens 6 100,00 DM bei Alleinstehenden und 12 200,00 DM bei zusammen veranlagten Ehegatten) ohne Abzug des Zinsabschlags gutgeschrieben werden.

Personen, die aller Voraussicht nicht zur Einkommensteuer veranlagt werden, können bei ihrem Wohnsitzfinanzamt eine **Nicht-Veranlagungsbescheinigung (NV-Bescheinigung)** beantragen und diese statt des Freistellungsauftrags an ihr Kreditinstitut geben. In diesem Fall können Zinsen über die Grenze von 6 100,00 DM/12 200,00 DM ohne Zinsabschlag gutgeschrieben werden.

Zinsscheine aus dem eigenen Tresor

Zinsscheine von Schuldverschreibungen, die **im eigenen Tresor** der Bank verwahrt werden, werden am Tage vor Fälligkeit getrennt und auf dem Konto Zins- und Dividendenscheine erfaßt.

Buchung bei Trennung der Zinsscheine von Kundenpapieren (ohne Berücksichtigung von ZASt):

Zins- und Dividendenscheine
an Kunden-KK (oder Spareinlagen)

Buchung bei Trennung der Zinsscheine von Wertpapieren des eigenen Bestandes:	Zins- und Dividendenscheine an Zinserträge aus Wertpapieren

Kreditinstitute können für den Zeitraum zwischen Trennung und Gutschrift bei Fälligkeit ein Kuponzwischenkonto einschalten.

Buchung bei Trennung unter Einschaltung eines Kuponzwischenkontos:	Zins- und Dividendenscheine an Kuponzwischenkonto
Buchung bei Gutschrift am Fälligkeitstag (ohne Berücksichtigung von ZASt):	Kuponzwischenkonto an Kunden-KK (oder Spareinlagen)

Zinsscheine aus dem Tafelgeschäft

Zinsscheine, die **im Tafelgeschäft** eingereicht werden, können bar eingelöst werden, wenn die einlösende Bank Zahlstelle des Emittenten ist, sonst werden sie zum Einzug angenommen. Bei Auszahlung ist in jedem Fall der Zinsabschlag von 35 Prozent (zuzüglich 7,5 Prozent Solidaritätszuschlag) einzubehalten.

Zinsscheine bei Drittverwahrern

Zinsen aus Schuldverschreibungen, die **bei Drittverwahrern** verwahrt werden, werden den Kreditinstituten bei Fälligkeit überwiesen. Bei Eingang dieser Zinsen wird das Konto Zins- und Dividendenscheine als Zwischenkonto eingeschaltet.

Buchung bei Eingang von Zinsen von einer Wertpapiersammelbank:	LZB-Giro an Zins- und Dividendenscheine

Einzug von Zinsscheinen

Für den **Einzug von Zinsscheinen** stehen den Kreditinstituten dieselben Inkassowege wie im Zahlungsverkehr zur Verfügung. Wenn das gutschreibende Kreditinstitut selbst Einlösungsstelle (Zahlstelle) für den Anleiheschuldner (Emittenten) ist, werden die fälligen Zinsscheine über ein sog. Dotationskonto (Kunden-KK) eingelöst.

Beispiel

Buchung von Zinsscheinen

Geschäftsfälle	Grundbuch	
1. Die Bank trennt am 29.06. im eigenen Tresor Zinsscheine im Wert von 40 000,00 DM, davon betreffen 28 000,00 DM Kundenpapiere und 12 000,00 DM eigene Papiere. Für Zinsscheine von Kunden im Wert von 18 000,00 DM liegen Freistellungsaufträge vor.		
Gutschrift der Zinserträge für die bankeigenen Wertpapiere	Zins- und Dividendenscheine an Zinserträge aus Wertpapieren	12 000,00 DM
Gutschrift der Zinserträge für Kunden mit Freistellungsauftrag	Zins- und Dividendenscheine an Kunden-KK	18 000,00 DM
Gutschrift der Zinserträge für Kunden ohne Freistellungsauftrag	Zins- und Dividendenscheine an Kunden-KK an Sonst. Verbindlichk.	10 000,00 DM 6 775,00 DM 3 225,00 DM
Einzug der Zinsscheine und Eingang des Gegenwerts über LZB-Giro	LZB-Giro an Zins- und Dividendenscheine	40 000,00 DM
2. Ein Kunde reicht am Schalter fällige Zinsscheine zur Barauszahlung im Wert von 600,00 DM ein. Die Bank ist Zahlstelle und führt ein Dotationskonto des Emittenten.	Zins- und Dividendenscheine an Kasse an Sonst. Verbindlichk.	600,00 DM 374,25 DM 225,75 DM
	Kunden-KK an Zins- und Dividendenscheine	600,00 DM

3. Die Bank erhält Gutschrift der Wertpapiersammelbank für fällige Zinsscheine auf LZB-Giro 15 000,00 DM. Die Zinsgutschrift betrifft ausschließlich Kundenpapiere, für die Freistellungsaufträge vorliegen.	LZB-Giro an Zins- und Dividendenscheine 15 000,00 DM Zins- und Dividendenscheine an Kunden-KK 15 000,00 DM

Bilanzierung von fälligen Zinsscheinen

Fällige, noch nicht eingelöste Zinsscheine werden im Aktivposten Nr. 15 **„Sonstige Vermögenswerte"** bilanziert.

Zins- und Gewinnanteilscheine gehören zu den sonstigen Vermögenswerten, soweit sie innerhalb von 30 Tagen zur Vorlage bestimmt und dem Begünstigten bereits gutgeschrieben worden sind. Dies gilt auch dann, wenn sie unter dem Vorbehalt des Eingangs gutgeschrieben worden sind.

8.4.4.2 Dividendenscheine

Gutschrift von Dividenden

Dividenden aus **Dividendenscheinen von Kundenpapieren** werden je nach Weisung auf dem Kontokorrentkonto oder auf einem Sparkonto des Kunden gutgeschrieben, **Dividenden für Aktien des eigenen Bestandes** werden auf dem **Konto Dividendenerträge** erfaßt.

Dividendenscheine von Kundenpapieren

Dividenden für Kundenpapiere werden grundsätzlich netto gutgeschrieben. Sie sind um 26,875 Prozent Steuerabschläge (25 Prozent Kapitalertragsteuer zuzüglich 7,5 Prozent Solidaritätszuschlag) gekürzt. Nur wenn der Kunde einen Freistellungsauftrag erteilt hat oder eine Nicht-Veranlagungsbescheinigung (NV-Bescheinigung) vorlegt, wird ihm die Dividende ohne Abzug ausgezahlt. In diesem Fall verauslagt die Bank die Steuerabschläge, sammelt die Beträge auf dem **Konto Sonstige Forderungen** und fordert sie vom Bundesamt für Finanzen zurück.

Deutsche Aktionäre erhalten neben der Dividende eine **Körperschaftsteuergutschrift in Höhe von $\frac{3}{7}$ der Bardividende.** Wenn ein Freistellungsauftrag oder eine Nicht-Veranlagungsbescheinigung vorliegt, wird dem Kunden auch die Körperschaftsteuergutschrift vergütet. Die Bank verauslagt diese Zahlung wie bei der Kapitalertragsteuer.

Besteuerung von Aktienerträgen

Die Besteuerung von Erträgen aus Aktien

Der **Gesamtertrag aus einer Anlage in Aktien** setzt sich aus zwei Teilen zusammen:

1. der **Dividende** (Bardividende)
2. dem **Steuerguthaben (anrechenbare Körperschaftsteuer** in Höhe von $\frac{3}{7}$ der Bardividende).

Die Bardividende wird (ebenso wie Erträge aus Gewinn- und Wandelschuldverschreibungen) vor der Ausschüttung um 25 Prozent Kapitalertragsteuer (KESt) gekürzt. Die Kapitalertragsteuer wird vom Emittenten einbehalten und abgeführt. Dem Begünstigten wird die Nettodividende ausgezahlt. Die einbehaltene Kapitalertragsteuer und die Körperschaftsteuergutschrift (KSt-Gutschrift) gelten als Vorauszahlung auf die Einkommen- bzw. Körperschaftsteuer. Sie werden bei der Steuerveranlagung mit der Steuerschuld verrechnet. Für die Dauer der Erhebung des Solidaritätszuschlags erhöht sich der KESt-Abzug um 7,5 Prozent.

Soweit Kunden **Freistellungsaufträge** erteilt haben, werden ihnen Dividenden ohne Abzug von Kapitalertragsteuer und unter Hinzurechnung des Steuerguthabens (anrechenbare Körperschaftsteuer) gutgeschrieben, solange die im Freistellungsauftrag angegebenen Grenzen nicht überschritten sind. Bei Vorlage einer **NV-Bescheinigung** erfolgt die Gutschrift ohne Betragsbegrenzung.

Übersicht

Dividendenzahlungen an Kunden
(Beispiel: Kunde hat 10 Aktien, Bardividende 10,00 DM)

Begriffliche Zusammenhänge

Bardividende (Dividendensatz) **100,00 DM**
(Dividendenausschüttung gemäß Beschluß der Hauptversammlung)

Steuergutschrift 42,86 DM
(anrechenbare Körperschaftsteuer)

Nettodividende 73,13 DM
(Bardividende ⁄. 26,875 % Kapitalertragsteuer einschl. Solidaritätszuschlag)

KESt 26,87 DM

Bruttodividende (zu versteuernder Gesamtertrag) **142,86 DM**

Gutschriftsmöglichkeiten

1. Kunde hat Freistellungsauftrag oder NV-Bescheinigung vorgelegt

Gutschrift der Bank 142,86 DM

2. Kunde hat keinen Freistellungsauftrag und keine NV-Bescheinigung vorgelegt

Gutschrift der Bank 73,13 DM

Anrechnungsanspruch gegenüber dem Finanzamt 69,73 DM

Dividendenscheine von Aktien des eigenen Bestandes

Dividendenerträge aus Aktien des eigenen Bestandes werden auf dem Erfolgskonto Dividendenerträge mit dem Betrag der Bardividende gebucht. Die **Kapitalertragsteuer** wird dabei als Vorauszahlung auf die Einkommen- oder Körperschaftsteuer der Bank behandelt und auf dem Konto Ertragsteuern erfaßt.

Die **Körperschaftsteuergutschrift** stellt ebenfalls einen Dividendenertrag und zugleich eine Vorauszahlung auf die Einkommen- oder Körperschaftsteuerschuld der Bank dar.

Beispiel

Buchung von Dividendenscheinen

Geschäftsfälle	Grundbuch
1. Die Bank trennt im eigenen Tresor Dividendenscheine. Bardividende 20 000,00 DM, davon betreffen 12 000,00 DM Kundenpapiere und 8 000,00 DM Aktien des eigenen Bestandes der Bank.	
Gutschrift für Kundenpapiere ohne Freistellungsauftrag: Bardividende 12 000,00 DM Kapitalertragsteuer 3 225,00 DM Nettodividende (Gutschrift) 8 775,00 DM anrechenbare Körperschaftsteuer 5 142,86 DM Die Gutschrift erfolgt auf Kontokorrentkonten.	Zins- und Dividendenscheine 8 775,00 DM an Kunden-KK 8 775,00 DM

Gutschrift für Aktien des eigenen Bestandes der Bank: Bardividende 8 000,00 DM Kapitalertragsteuer 2 150,00 DM Nettodividende 5 850,00 DM anrechenbare Körperschaftsteuer 3 428,57 DM	Zins- und Dividendenscheine 5 850,00 DM Ertragsteuern 2 150,00 DM an Dividendenerträge 8 000,00 DM Ertragsteuern an Dividendenerträge 3 428,57 DM
Einzug der Dividendenscheine über LZB-Giro:	LZB-Giro an Zins- und Dividendenscheine 14 625,00 DM
2. Die Bank erhält Gutschrift der Wertpapiersammelbank über Nettodividenden in Höhe von 29 250,00 DM (Bardividende: 30 000,00 DM). Alle Dividendenscheine betreffen Kundenpapiere. Für 10 000,00 DM Bardividende (= 14 285,71 DM zu versteuernder Gesamtertrag) liegen Freistellungsaufträge vor. Gutschriften erfolgen auf Kontokorrentkonten.	LZB-Giro an Zins- und Dividendenscheine 29 250,00 DM
Gutschrift für Kundenpapiere ohne Freistellungsauftrag: Bardividende 30 000,00 DM Kapitalertragsteuer 8 062,50 DM Nettodividende 21 937,50 DM anrechenbare Körperschaftsteuer 12 857,14 DM	Zins- und Dividendenscheine an Kunden-KK 21 937,50 DM
Gutschrift für Kundenpapiere mit Freistellungsauftrag: Bardividende 10 000,00 DM Kapitalertragsteuer 2 687,50 DM Nettodividende 7 312,50 DM anrechenbare Körperschaftsteuer 4 285,71 DM	Zins- und Dividendenscheine 7 312,50 DM Sonstige Forderungen 2 687,50 DM an Kunden-KK 10 000,00 DM Sonstige Forderungen an Kunden-KK 4 285,71 DM

Dividenden werden am 1. oder 2. Werktag nach der Hauptversammlung, auf der der Dividendenbeschluß gefaßt worden ist, gutgeschrieben.

Bilanzierung von fälligen Dividendenscheinen

Fällige Dividendenscheine werden auf der Aktivseite der Bilanz im Posten **Sonstige Vermögenswerte** bilanziert.

Aufgaben

Aufgabe 8.79

Buchen Sie im Grundbuch der Handels- und Privatbank AG, München, Zinsscheine!

		DM
1.	Im Tresor der Bank werden Zinsscheine von Kundenpapieren getrennt	92 000,00
	Der Gegenwert wird E. v. Wert Fälligkeitstag gutgeschrieben:	
	Kontokorrentkonten bei der Zentrale	64 000,00
	Kontokorrentkonten bei der Filiale Starnberg	12 000,00
	Sparkonten mit vereinbarter Kündigungsfrist von drei Monaten bei der Zentrale	16 000,00
	Für alle Gutschriften liegen unausgenutzte Freistellungsaufträge vor.	
2.	Im Tresor der Bank werden Zinsscheine von eigenen Wertpapieren getrennt	15 000,00

3.	Ein Kunde reicht am Schalter fällige Zinsscheine im Wert von 1 800,00 DM ein und bittet um Gutschrift auf seinem Kontokorrentkonto. Die Zinsscheine werden E. v. gutgeschrieben	DM 1 122,75
4.	Ein Kunde legt am Schalter fällige Zinsscheine über 200,00 DM zur Bareinlösung vor. Die Bank ist Zahlstelle des Emittenten und zahlt nach Prüfung der Kupons bar aus	124,75
5.	Fällige Zinsscheine werden über die Landeszentralbank eingezogen	94 000,00
6.	Die Bank ist Zahlstelle für einen Emittenten und führt im Rahmen des Kundenkontokorrents ein Dotationskonto. Über dieses Konto werden Zinsscheine dieses Emittenten eingelöst	15 000,00
7.	Die Bank erhält Gutschrift der Wertpapiersammelbank für fällige Zinsscheine auf ihrem LZB-Girokonto. Sie schaltet für die Buchung das Hauptbuchkonto Zins- und Dividendenscheine ein.	208 000,00
8.	Von der Zinsgutschrift der Wertpapiersammelbank (siehe Geschäftsfall Nr. 7) betreffen Wertpapiere des eigenen Bestandes der Bank	28 000,00
9.	Von der Zinsgutschrift der Wertpapiersammelbank (siehe Geschäftsfall Nr. 7) betreffen:	
	Kontokorrentkunden der Zentrale ohne Freistellungsauftrag	64 000,00
	Sparkunden der Zentrale mit Freistellungsauftrag	72 000,00
	Sparkunden der Filiale Starnberg mit Freistellungsauftrag	24 000,00
10.	Von der Zinsgutschrift der Wertpapiersammelbank (siehe Geschäftsfall Nr. 7) sind gebietsfremden Depotkunden (Kontokorrentkunden) gutzuschreiben	20 000,00

Aufgabe 8.80 Buchen Sie Dividendenscheine im Grundbuch und auf Hauptbuchkonten!

1.	Im Tresor werden Dividendenscheine von Kundenpapieren getrennt, für die kein Freistellungsauftrag vorliegt	DM
	Bardividende	80 000,00
	abzüglich Kapitalertragsteuer (einschließlich 7,5 Prozent Solidaritätszuschlag)	21 500,00
	Nettodividende	58 500,00
	Gutschriften auf	
	Kontokorrentkonten	19 500,00
	Sparkonten	39 000,00
2.	Die Dividendenscheine (siehe Geschäftsfall Nr. 1) werden über eine Korrespondenzbank eingezogen, die Zahlstelle der Aktiengesellschaft ist.	
3.	Im Tresor werden Dividendenscheine von Aktien im eigenen Bestand der Bank getrennt	
	Bardividende	24 000,00
	Kapitalertragsteuer (einschließlich 7,5 Prozent Solidaritätszuschlag)	6 450,00
	Nettodividende	17 550,00
	anrechenbare Körperschaftsteuer	10 285,71
4.	Die Bank ist Zahlstelle für die Dividendenscheine (siehe Geschäftsfall Nr. 3) und belastet den Gegenwert auf dem Dotationskonto (Kontokorrentkonto) der dividendenzahlenden Aktiengesellschaft.	
5.	Gutschrift der Wertpapiersammelbank für Dividendenscheine geht auf dem LZB-Girokonto ein (netto)	80 437,50
	Bardividende	110 000,00

		DM
6.	Von der Gutschrift der Wertpapiersammelbank (siehe Geschäftsfall Nr. 5) betreffen Aktien im eigenen Bestand	
	Nettodividende	14 625,00
	Bardividende	20 000,00
	anrechenbare Körperschaftsteuer	8 571,43
7.	Von der Gutschrift der Wertpapiersammelbank (siehe Geschäftsfall Nr. 5) betreffen Papiere von Kontokorrentkunden, für die Freistellungsaufträge vorliegen	
	Nettodividende	21 937,50
	Bardividende	30 000,00
	vergütete Körperschaftsteuer	12 857,14
8.	Von der Gutschrift der Wertpapiersammelbank (siehe Geschäftsfall Nr. 5) betreffen Kunden ohne Freistellungsaufträge:	
	Nettodividende	43 875,00
	Bardividende	60 000,00
	davon:	
	Kontokorrentkunden (netto)	29 250,00
	Sparkunden (netto)	14 625,00
	anrechenbare Körperschaftsteuer	25 714,29

Führen Sie im Hauptbuch die Konten Zins- und Dividendenscheine, Ertragsteuern, Dividendenerträge, Kunden-KK, Spareinlagen, Banken-KK, LZB-Giro, Sonstige Forderungen!

Programmierte Aufgaben

Aufgabe 8.81

Wie ist zu buchen?

Die Bank trennt im eigenen Tresor Zinsscheine von 100 000,00 DM 6 % Öffentlichen Pfandbriefen mit Jahreskupon. Die Papiere wurden von Kunden zur Verwahrung eingeliefert. Freistellungsaufträge oder NV-Bescheinigungen liegen nicht vor.

		DM
a)	Zins- und Dividendenscheine	
	an Zinserträge aus Wertpapieren	6 000,00
b)	Zins- und Dividendenscheine	
	an Kunden-KK	6 000,00
c)	Kunden-KK	
	an Zins- und Dividendenscheine	6 000,00
d)	Kunden-KK	
	an Zins- und Dividendenscheine	3 000,00
e)	Zins- und Dividendenscheine	6 000,00
	an Kunden-KK	4 065,00
	an Sonstige Verbindlichkeiten	1 935,00
f)	Zins- und Dividendenscheine	
	an Zinserträge aus Wertpapieren	3 000,00
g)	Zins- und Dividendenscheine	3 000,00
	an Kunden-KK	2 032,50
	an Sonstige Verbindlichkeiten	967,50

Aufgabe 8.82

Wie lauten die Buchungen?

Die Wertpapiersammelbank schreibt über LZB-Giro Zinsscheine im Betrag von 42 000,00 DM gut, davon betreffen 20 000,00 DM Kundenpapiere, 22 000,00 DM eigene Papiere der Bank. Für 18 000,00 DM Zinsscheine von Kunden liegen Freistellungsaufträge vor. Die Kunden wünschen Gutschrift auf Kontokorrentkonten.

		DM
a)	LZB-Giro	
	an Eigene Wertpapiere (Handelsbestand)	22 000,00
b)	Zins- und Dividendenscheine	
	an Kunden-KK	20 000,00

		DM
c) Zins- und Dividendenscheine		
	an Eigene Wertpapiere (Handelsbestand)	22 000,00
d) Zins- und Dividendenscheine		
	an Zinserträge aus Wertpapieren	22 000,00
e) LZB-Giro		
	an Zins- und Dividendenscheine	42 000,00
f) Zins- und Dividendenscheine		
	an LZB-Giro	42 000,00
g) Zins- und Dividendenscheine		20 000,00
	an Kunden-KK	19 355,00
	an Sonstige Verbindlichkeiten	645,00
h) Zins- und Dividendenscheine		20 000,00
	an Kunden-KK	13 550,00
	an Sonstige Verbindlichkeiten	6 450,00

Aufgabe 8.83

Wie lauten die Buchungen?

Die Wertpapiersammelbank schreibt Dividendenscheine über LZB-Giro gut. Bardividende 40 000,00 DM, Kapitalertragsteuer 10 750,00 DM, Nettodividende 29 250,00 DM, anrechenbare Körperschaftsteuer 17 142,86 DM. Die Aktien gehören der Bank.

		DM
a) LZB-Giro		
	an Zins- und Dividendenscheine	40 000,00
b) Zins- und Dividendenscheine		
	an Dividendenerträge	40 000,00
c) Ertragsteuern		
	an Dividendenerträge	27 892,86
d) Zins- und Dividendenscheine		
	an Eigene Wertpapiere (Handelsbestand)	30 000,00
e) Ertragsteuern		
	an Eigene Wertpapiere	10 750,00
f) LZB-Giro		
	an Zins- und Dividendenscheine	29 250,00
g) Zins- und Dividendenscheine		
	an Dividendenerträge	29 250,00
h) Ertragsteuern		
	an Dividendenerträge	10 750,00

Aufgabe 8.84

Wie ist am Bilanzstichtag zu buchen?

Bestände am Bilanzstichtag:

1. Fällige Dividendenscheine: Bardividende 60 000,00 DM, Kapitalertragsteuer 16 125,00 DM, Nettodividende 43 875,00 DM, anrechenbare Körperschaftsteuer 25 714,29 DM.
2. Fällige Zinsscheine 20 000,00 DM.

		DM
a) SBK		
	an Zins- und Dividendenscheine	80 000,00
b) Ertragsteuern		
	an GuV-Konto	16 125,00
c) Ertragsteuern		
	an GuV-Konto	41 839,29
d) SBK		
	an Zins- und Dividendenscheine	63 875,00
e) SBK		
	an Zins- und Dividendenscheine	43 875,00
f) SBK		
	an Zins- und Dividendenscheine	105 714,29

8.5 Auslandsgeschäfte

8.5.1 Devisengeschäfte

Dienstleistungen im Auslandsgeschäft

Kreditinstitute führen Zahlungen ins Ausland durch und nehmen Zahlungen aus dem Ausland entgegen. Sie ziehen den Gegenwert von Dokumenten und Wechseln ein, diskontieren Wechsel auf das Ausland und geben Vorschüsse auf Akkreditiv- und Inkassodokumente. Aus diesen und anderen Geschäften ergeben sich auch Forderungen und Verbindlichkeiten in ausländischer Währung. Kreditinstitute benötigen daher neben der DM-Buchführung eine **Fremdwährungs-Buchführung.**

▸ Fremdwährungsbuchführung

Konten

Die Fremdwährungsbuchführung ist ein eigener, in sich geschlossener Buchungskreis, in dem nach den Regeln der doppelten Buchführung gebucht wird.

Konten in der Fremdwährungsbuchführung sind Bestandskonten und Erfolgskonten.

Wichtige **Bestandskonten** in der **Fremdwährungsbuchführung**

Fremdwährungs-Banken-KK (FW-Banken-KK)
Erfassung von Fremdwährungsforderungen und -verbindlichkeiten gegenüber Banken

Fremdwährungs-Kunden-KK (FW-Kunden-KK)
Erfassung von Fremdwährungsforderungen und -verbindlichkeiten gegenüber Kunden

Die Konten der FW-Buchführung werden nach Währungen getrennt geführt, z. B. FW-Banken – KK-US-$, FW-Banken – KK-$.

Skontren werden **in der Fremdwährungsbuchführung** geführt, um Forderungen und Verbindlichkeiten in fremder Währung gegenüber einzelnen Kreditinstituten und Kunden festzuhalten.

Beispiel
Fremdwährungsbuchführung in US-$

Buchungen in der Fremdwährungsbuchführung

Geschäftsfall 1:
Bei der Bank geht von einer Korrespondenzbank in New York eine Gutschriftsanzeige über 10 000,00 US-$ zugunsten des dort geführten Kontos ein. Die Zahlung ist für einen Kunden der Bank bestimmt. Der Kunde bittet um Gutschrift des Devisenbetrages auf seinem US-$-Kontokorrentkonto, weil er von diesem Konto selbst wieder Zahlungen in US-$ zu leisten hat.

FW-Banken-KK-US-$
an FW-Kunden-KK-US-$ — 10 000,00 US-$

Geschäftsfall 2:
Der Kunde erteilt zu Lasten seines US-$-Kontokorrentkontos einen Zahlungsauftrag über 3 000,00 US-$, den die Bank über ihre Korrespondenzbank in New York ausführt:

FW-Kunden-KK-US-$
an FW-Banken-KK-US-$ — 3 000,00 US-$

S	FW-Banken-KK-US-$	H
10 000,00		3 000,00

Der Saldo ergibt eine Forderung der Bank in Höhe von 7 000,00 US-$ gegenüber der amerikanischen Korrespondenzbank.

S	FW-Kunden-KK-US-$	H
3 000,00		10 000,00

Der Saldo ergibt eine Verbindlichkeit der Bank in Höhe von 7 000,00 US-$ gegenüber dem Kunden.

▸ Verknüpfung von Fremdwährungsbuchführung und DM-Buchführung

Notwendigkeit der Verknüpfung von FW- und DM-Buchführung

Geschäftsfälle führen oftmals zu Buchungen in der **FW-Buchführung und** in der **DM-Buchführung**, z. B. wenn

- **Zahlungen in ausländischer Währung** für Kunden eingehen, die **DM-Gutschrift** wünschen,
- **Zahlungen in ausländischer Währung** für Kunden zu leisten sind, die **DM-Belastung** wünschen.

FW-Verrechnung, DM-Devisen

Die Kreditinstitute schalten **zwei zusätzliche Konten** als Gegenkonten für die Buchungen ein:

- in der **Fremdwährungsbuchführung** das Konto **FW-Verrechnung,**[1]
- in der **DM-Buchführung** das Konto **DM-Devisen.**

Beispiel
Buchungen in US-$ und in DM

Buchungen in der FW-Buchführung und in der DM-Buchführung

Geschäftsfall 3:

Von einer Korrespondenzbank in New York geht bei der Bank eine Gutschriftanzeige über 2 000,00 US-$ zugunsten eines Kunden ein, der die Gutschrift des Devisenbetrages auf seinem DM-Kontokorrentkonto wünscht. (Umrechnungskurs 1 US-$ = 1,70 DM)

Fremdwährungsbuchführung:

FW-Banken-KK-US-$
an FW-Verrechnungskonto-US-$ — 2 000,00 US-$

DM-Buchführung:

DM-Devisen
an Kunden-KK — 3 400,00 DM

Mit der Gutschrift in DM verkauft der Kunde den Devisenbetrag an seine Bank. Die Bank erwirbt mit der DM-Gutschrift über 3 400,00 DM die US-$-Forderung über 2 000,00 US-$. Beide Konten weisen den Fremdwährungsbetrag aus, der der Bank gehört, das FW-Verrechnungskonto in fremder Währung, das Konto DM-Devisen in DM.

Geschäftsfall 4:

Die Bank führt über ihre New Yorker Korrespondenzbank einen Zahlungsauftrag eines Kontokorrentkunden über 1 000,00 US-$ aus und belastet 1 700,00 DM.

Fremdwährungsbuchführung:

FW-Verrechnungskonto-US-$
an FW-Banken-KK-US-$ — 1 000,00 US-$

DM-Buchführung:

Kunden-KK
an DM-Devisen — 1 700,00 DM

Führt die Bank eine US-$-Zahlung zu Lasten eines DM-Kunden-Kontos aus, kommt es zu entgegengesetzten Buchungen wie im Geschäftsfall 3. Die Bank verkauft in diesem Falle dem Kunden den Devisenbetrag. Der Fremdwährungsbetrag, der der Bank gehört, nimmt ab.

Hauptbuchkonto DM-Devisen

Das **Konto DM-Devisen weist den DM-Gegenwert des Kontos FW-Verrechnung aus.** Es ist der in DM ausgedrückte Fremdwährungsbestand, der der Bank gehört. Das Konto DM-Devisen ist das Spiegelbild des Kontos FW-Verrechnung in der DM-Buchführung. Wird auf dem Konto-FW-Verrechnung in fremder Währung gebucht, muß auf dem Konto-DM-Devisen der umgerechnete Fremdwährungsbetrag in Deutscher Mark gebucht werden.

[1] Das Konto FW-Verrechnung wird manchmal auch mit FW-Eigener Bestand, Währungskonto, FW-Kontrolle o. ä. bezeichnet.

Fremdwährungsbuchführung			DM-Buchführung		
S	**FW-Verrechnung-US-$**	H	S	**DM-Devisen**	H
1 000,00		2 000,00	3 400,00		1 700,00

Beispiel

Zusammenfassende Darstellung der Buchungen in beiden Buchungskreisen

Geschäftsfall 1:
US-$-Zahlungseingang für Kunden über 10 000,00 US-$. Gutschrift in US-$.

Geschäftsfall 2:
US-$-Zahlungsauftrag eines Kunden über 3 000,00 US-$. Belastung in US-$.

Geschäftsfall 3:
US-$-Zahlungseingang für Kunden über 2 000,00 US-$. Gutschrift in DM (3 400,00 DM).

Geschäftsfall 4:
US-$-Zahlungsauftrag eines Kunden über 1 000,00 US-$. Belastung in DM (1 700,00 DM).

Fremdwährungsbuchführung

S	FW-Banken-KK-US-$		H
①	10 000,00	②	3 000,00
③	2 000,00	④	1 000,00

S	FW-Kunden-KK-US-$		H
②	3 000,00	①	10 000,00

S	FW-Verrechnung-US-$		H
④	1 000,00	③	2 000,00

- Der Saldo des Kontos FW-Verrechnung weist den Devisenbestand der Bank in fremder Währung aus (1 000,00 US-$).
- Der Devisenbestand ist der Saldo aus Forderungen und Verbindlichkeiten (Saldo des Kontos FW-Banken-KK-US-$ = 8 000,00 US-$ Forderungen abzüglich des Saldos des Kontos FW-Kunden-KK-US-$ = 7 000,00 US-$ Verbindlichkeiten ergibt die Differenz von 1 000,00 US-$).

DM-Buchführung

S	Kunden-KK		H
④	1 700,00	③	3 400,00

S	DM-Devisen		H
③	3 400,00	④	1 700,00

- Der Saldo des Kontos DM-Devisen weist den Devisenbestand der Bank in DM aus (1 700,00 DM).

In den Geschäftsfällen 3 und 4 wurde aus Vereinfachungsgründen auf die Anwendung von Geld- und Briefkursen verzichtet und zum Mittelkurs abgerechnet.

Mittelkurse, Geld- und Briefkurse im amtlichen Handel

Im amtlichen Devisenhandel an der Frankfurter Devisenbörse werden **Mittelkurse** für jede notierte Währung festgestellt. Veröffentlicht werden die auf ihrer Grundlage amtlich notierten **Geldkurse** und **Briefkurse.** Diese Kurse sind am Tage der Notierung für Geschäfte der Kreditinstitute mit der Nichtbankenkundschaft bindend. Zu Geldkursen kaufen die Kreditinstitute von der Nichtbankenkundschaft, zu Briefkursen verkaufen sie Devisen an die Nichtbankenkundschaft.

Der Bankenkundschaft gegenüber wird zu **gespannten Kursen** abgerechnet, die zwischen dem Mittelkurs und dem Geld- bzw. Briefkurs liegen. Zu diesen Kursen wird in der Regel auch zwischen Zentralen und Filialen abgerechnet.

▸ *Übernahme der Fremdwährungsbestände in den Jahresabschluß*

Abschluß der Fremdwährungskonten und des Kontos DM-Devisen

Der Jahresabschluß ist in DM aufzustellen. Deshalb sind die Bestände auf den Fremdwährungskonten in DM umzurechnen. Die DM-Gegenwerte der Fremdwährungsbestände (FW-Forderungen an Kreditinstitute, FW-Forderungen an Kunden, FW-Schecks, FW-Wechsel, FW-Verbindlichkeiten gegenüber Kreditinstituten, FW-Verbindlichkeiten gegenüber Kunden) sind in den entsprechenden Bilanzposten auszuweisen.

Umrechnung in DM beim Jahresabschluß

Für die **Umrechnung von Fremdwährungsbeständen in Deutsche Mark** (Bewertung der FW-Bestände) enthält das HGB Vorschriften.

Währungsumrechnung gemäß § 340 h Abs. 1 und 2 HGB

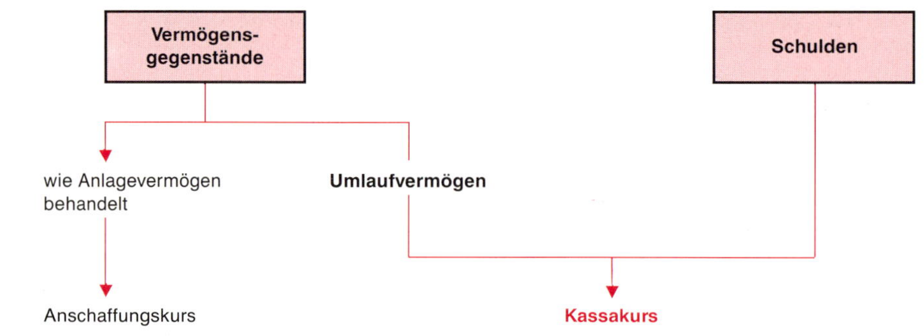

Im HGB ist nicht geregelt, welcher Kassakurs (Geldkurs, Mittelkurs oder Briefkurs) für die Umrechnung von Gegenständen des Umlaufvermögens zugrunde zu legen ist. Im Regelfall ist daher das früher praxisübliche Verfahren anzuwenden, d. h. **Umrechnung zu Tagesmittelkursen des Bilanzstichtages.**

Für Verluste und Gewinne, die sich bei der Umrechnung zum Mittelkurs ergeben, gilt gem. § 340 h Abs. 2 HGB:

- **Umrechnungsverluste**, also nicht realisierte Kursverluste, sind **erfolgswirksam** zu erfassen,
- **Umrechnungsgewinne**, also nicht realisierte Kursgewinne, sind – wenn nicht bestimmte Voraussetzungen gegeben sind – **erfolgsneutral** zu behandeln, d. h. nicht zu erfassen.

Ausbuchen in der FW-Buchführung

In der **Fremdwährungsbuchführung** werden die **Bestände über die Konten FW-Verrechnung** ausgebucht. Die Gegenwerte werden über das Konto DM-Devisen in die DM-Buchführung übernommen (vorbereitende Abschlußbuchungen). Zu Beginn des neuen Jahres sind die Konten mit entgegengesetzten Buchungen wieder zu eröffnen.

Beispiel

Buchungen zur Übernahme der Fremdwährungsbestände in den Jahresabschluß		
Grundbuch (Fortführung von Seite 211)		
Umrechnung (1 US-$ = 1,70 DM)	**Fremdwährungsbuchführung**	**DM-Buchführung**
Forderungen aus dem Banken-KK: 8 000,00 US-$ = 13 600,00 DM	FW-Verrechnung-US-$ an FW-Banken-KK-US-$ 8 000,00	Banken-KK an DM-Devisen 13 600,00 DM
Verbindlichkeiten aus dem Kunden-KK: 7 000,00 US-$ = 11 900,00 DM	FW-Kunden-KK-US-$ an FW-Verrechnung-US-$ 7 000,00	DM-Devisen an Kunden-KK 11 900,00 DM

Hauptbuch (Fortführung von Seite 211)

S	FW-Verrechnung-US-$		H
④	1 000,00	③	2 000,00
	8 000,00		7 000,00
	9 000,00		9 000,00

S	DM-Devisen		H
③	3 400,00	④	1 700,00
	11 900,00		13 600,00
	15 300,00		15 300,00

▸ *Entstehen von Kursgewinnen und Kursverlusten*

Nicht realisierte Kursgewinne und nicht realisierte Kursverluste bleiben aus Vereinfachungsgründen außer Betracht.

Ursachen für Kursgewinne bzw. Kursverluste

Ursachen für realisierte Kursgewinne bzw. für realisierte Kursverluste sind bei Devisengeschäften:

- Die Kurse (Mittelkurse) steigen oder fallen im Laufe der Zeit.
  (Beispiel: Der Mittelkurs der US-Dollars steigt von 1,70 DM am 1. August auf 1,72 DM am 2. August. Ein Kreditinstitut hat einen Kursgewinn erzielt, wenn es einen US-$-Betrag am 1. August gekauft und am 2. August verkauft hat.)
- Die Ankaufskurse der Kreditinstitute sind niedriger als die Verkaufskurse desselben Tages.
  (Beispiel für US-$-Kurse am 1. August: Geldkurs 1,696 DM, Briefkurs 1,704.)

Eine Bank, die am 1. August 20 000,00 US-$ von einem Kunden zu 1,696 (Geldkurs) ankauft, zahlt 33 920,00 DM. Bei einem Verkauf am selben Tag an einen anderen Kunden berechnet sie 1,704 (Briefkurs) = 34 080,00 DM. Sie erzielt einen realisierten Kursgewinn von 160,00 DM.

Soll	DM-Devisen		Haben
Kunden-KK	33 920,00	Kunden-KK	34 080,00
Kursgewinn Devisen	160,00		
	34 080,00		34 080,00

Das Konto DM-Devisen ist ein **gemischtes Konto.** Nach Durchführung aller Buchungen auf dem Konto bleibt eine Differenz zwischen Soll und Haben. Sie zeigt den **Erfolg des Devisengeschäfts,** d. h. den **Devisenkursgewinn** oder den **Devisenkursverlust.**

Erfolg des Devisengeschäfts	Buchung
Soll < Haben ⟶ **Kursgewinn**	DM-Devisen an Kursgewinne Devisen
Soll > Haben ⟶ **Kursverlust**	Kursverluste Devisen an DM-Devisen

▸ Buchungen unter Berücksichtigung von Spesen

Courtage, Abwicklungsgebühr

Das Kreditinstitut tritt bei Abgabe von Devisen an Kunden und bei Übernahme von Devisen von Kunden als Kommissionär mit Selbsteintrittsrecht auf. Das Kreditinstitut kann benötigte Devisen für den Kunden an der Börse besorgen oder aus dem eigenen Bestand abgeben. Übernommene Devisen kann das Kreditinstitut für den Kunden an der Börse verkaufen oder in den eigenen Bestand nehmen.

Bei Devisenabrechnungen werden Kunden stets **Courtage** (Gebühr des Devisenmaklers für die Vermittlung) und **Abwicklungsgebühr** (Provision für die Ausführung des Geschäfts) in Rechnung gestellt. Courtage wird über das Courtagezwischenkonto gebucht. Keine Courtage wird bei Zahlungsausgängen zu Lasten von Fremdwährungs-Konten bzw. bei Eingängen zugunsten von Fremdwährungs-Konten berechnet.

Das folgende Beispiel zeigt Abrechnungen und Buchungen von Devisengeschäften unter Berücksichtigung von Courtage und Abwicklungsgebühr (Abw.Geb.). Auf die Berechnung von Porti wurde aus Vereinfachungsgründen verzichtet.

Kurse	US-$	Geldkurs	1,700	Briefkurs	1,708
	£	Geldkurs	2,3250	Briefkurs	2,3390

Im Geschäftsfall Nr. 1 wird der Geldkurs zugrunde gelegt, weil die Bank Devisen ankauft.
Im Geschäftsfall Nr. 2 wird der Briefkurs zugrunde gelegt, weil die Bank Devisen verkauft.

Beispiel
für Abrechnung und Buchung von Devisengeschäften

Buchungen in der FW-Buchführung und DM-Buchführung

Geschäftsfälle	Grundbuch
1. Bei der National City Bank gehen 2 000,00 US-$ für einen Kunden ein. Der Gegenwert wird in DM gutgeschrieben. 2 000,00 US-$ zu 1,700 = 3 400,00 DM ⁒ Courtage 1,00 DM ⁒ Abw.Geb. 10,00 DM — 11,00 DM 3 389,00 DM	1. FW-Banken-KK-US-$ an FW-Verrechnung-US-$ 2 000,00 US-$ DM-Devisen 3 400,00 DM an Kunden-KK 3 389,00 DM an Courtage-zwischenkonto 1,00 DM an Provisionserträge 10,00 DM
2. Der Zahlungsauftrag eines Kunden in Höhe von 100,00 £ wird zu Lasten seines DM-Kontos ausgeführt. 100,00 £ zu 2,339 = 233,90 DM + Courtage 1,00 DM + Abw.Geb. 10,00 DM — 11,00 DM 244,90 DM	2. FW-Verrechnung-£ an FW-Banken-KK-£ 100,00 £ Kunden-KK 244,90 DM an DM-Devisen 233,90 DM an Courtage-zwischenkonto 1,00 DM an Provisionserträge 10,00 DM
3. Bei der National City Bank gehen 6 000,00 US-$ zugunsten eines Kunden ein. Gutschrift in US-$ auf FW-Kontokorrentkonto, Spesen in DM. Abw.-Geb. 12,75 DM	3. FW-Banken-KK-US-$ an FW-Kunden-KK-US-$ 6 000,00 US-$ Kunden-KK an Provisionserträge 12,75 DM
4. Der Zahlungsauftrag eines Kunden in Höhe von 800,00 US-$ zugunsten eines Kunden der Bank of America wird zu Lasten des Währungskontos des Auftraggebers ausgeführt. Spesen in DM. Abw.Geb. 10,00 DM	4. FW-Kunden-KK-US-$ an FW-Banken-US-$ 800,00 US-$ Kunden-KK an Provisionserträge 10,00 DM

Aufgaben

Buchen Sie Auslandszahlungen im Grundbuch der Hansabank AG, Hamburg! **Aufgabe 8.85**

1. Auf dem Konto der Hansabank bei der National City Bank gehen 10 000,00 US-$ zugunsten eines Kunden ein. Gutschrift in US-$, Spesenbelastung in DM: 30,00 DM.

2. Die Hansabank verkauft außerbörslich 100 000,00 US-$ zum Kurs von 1,65 DM. Die Bank schafft den US-$-Betrag durch die National City Bank bei der Bank des Käufers an und erhält den Gegenwert von 165 000,00 DM über LZB-Abrechnung.

3. Auf dem Konto der Hansabank bei der Midland Bank, London, gehen 2 000,00 £ zugunsten eines Kunden ein. Gutschrift in DM
   Geldkurs 2,400 Briefkurs 2,414

   Zugrunde gelegt wird der Geldkurs.

2 000,00 £ zu 2,400		4 800,00 DM
·/. Courtage (min.)	2,00 DM	
·/. Abw.Geb. (min.)	10,00 DM	12,00 DM
		4 788,00 DM

4. Zahlungsauftrag eines Kunden über 500,00 £ wird zu Lasten seines DM-Kontos über die Midland Bank ausgeführt.

   Kurse: siehe Geschäftsfall Nr. 3

   Zugrunde gelegt wird der Briefkurs.

500,00 £ zu 2,414		1 207,00 DM
+ Courtage (min.)	2,00 DM	
+ Abw.Geb. (min.)	10,00 DM	
+ Porto	3,00 DM	15,00 DM
		1 222,00 DM

5. Ein Kunde reicht einen Scheck über 8 920,00 US-$ zur Gutschrift in DM ein.

   Geldkurs 1,5917 Briefkurs 1,5997

   Die Bank rechnet zum Sichtkurs ab:

Geldkurs	1,5917
·/. Spanne zwischen Geld- und Mittelkurs	0,0040
= Sichtkurs	1,5877

8 920,00 US-$ zu 1,5877		14 162,28 DM
·/. Courtage	3,54 DM	
·/. Abw.Geb.	17,70 DM	21,24 DM
		14 141,04 DM

   (Konto FW-Schecks-US-$ einschalten!)

6. Die Bank versendet den Scheck (siehe Geschäftsfall Nr. 5) an die National City Bank.

   (Konto FW-Scheckversand-US-$ einschalten!)

7. Zahlungsauftrag eines Kunden über 12 000,00 US-$ wird zu Lasten seines Fremdwährungskontos ausgeführt.

Abw.Geb.	30,00 DM
Porto	5,00 DM

8. Gutschrift der National City Bank für den Scheck über 8 920,00 US-$ (siehe Geschäftsfall Nr. 6).

Aufgabe 8.86 Buchen Sie auf Konten der Fremdwährungs- und DM-Buchführung des Bankhauses Billbeck & Co.!

Bestände in der DM-Buchführung:

DM-Devisen	173 500,00 DM

Bestände in der Fremdwährungsbuchführung:

FW-Banken-KK-FF	200 000,00 FF
FW-Verrechnung-FF	200 000,00 FF
FW-Banken-KK-sfr	100 000,00 sfr
FW-Verrechnung-sfr	100 000,00 sfr

Korrespondenzbanken:

Crédit Lyonnais, Paris
Schweizerische Kreditanstalt, Bern

Geschäftsfälle:

1. Das Bankhaus Billbeck & Co. erteilt einem Kunden DM-Gutschrift für einen Überweisungseingang vom Crédit Lyonnais — 12 000,00 FF / 3 660,00 DM
2. Das Bankhaus Billbeck & Co. führt einen Zahlungsauftrag eines Kunden aus. Der Kunde wird in DM belastet. Auftragssumme — 2 500,00 sfr / 2 725,00 DM
3. Ein Kunde reicht einen Scheck zur Gutschrift auf FW-Kunden-KK-FF (FW-Scheck-Konto wird neu eingerichtet) — 10 000,00 FF
4. Das Bankhaus Billbeck & Co. versendet den Scheck (siehe Geschäftsfall Nr. 3) an die Korrespondenzbank (unter Einschaltung des Kontos FW-Scheckversand) — 10 000,00 FF
5. Das Bankhaus Billbeck & Co. kauft von der Industrie- und Handelsbank (Korrespondenzbank) einen Devisenbetrag und läßt ihn im Ausland anschaffen. Devisenbetrag — 50 000,00 sfr / 54 500,00 DM

   Das Bankhaus Billbeck & Co. verkauft gleichzeitig einen Devisenbetrag und erhält den DM-Gegenwert über LZB-Giro. Den Fremdwährungsbetrag läßt das Bankhaus Billbeck & Co. durch sein Korrespondenzinstitut im Ausland anschaffen. Devisenbetrag — 50 000,00 sfr / 55 200,00 DM
6. Das Bankhaus Billbeck & Co. erhält die Gutschrift der Korrespondenzbank für einen Scheck (siehe Geschäftsfall Nr. 4) — 10 000,00 FF
7. Das Bankhaus Billbeck & Co. wird von einem Kunden beauftragt, einen Devisenbetrag zu verkaufen und den DM-Gegenwert auf Kontokorrent gutzuschreiben. Das Bankhaus übernimmt den Fremdwährungsbetrag in den eigenen Bestand. Devisenbetrag — 10 000,00 FF / 3 100,00 DM
8. Das Bankhaus Billbeck & Co. führt den Auslandszahlungsauftrag eines Kontokorrentkunden über die Korrespondenzbank aus und belastet den Kunden.
   Kundenauftrag — 30 000,00 sfr
   Belastung des Kunden — 35 850,00 DM

a) Richten Sie in der DM-Buchführung das Konto DM-Devisen ein! Tragen Sie auf dem Konto DM-Devisen den DM-Gegenwert des Devisenbestandes vor! Richten Sie in der Fremdwährungsbuchführung die angegebenen Konten ein!

b) Eröffnen Sie die Konten der Fremdwährungsbuchführung! (Buchungen im Grundbuch sind nicht erforderlich.)

c) Buchen Sie die Geschäftsfälle (Umsätze) im Grundbuch der DM- und Fremdwährungsbuchführung sowie im Hauptbuch der DM- und Fremdwährungsbuchführung!

d) *Schließen Sie die Konten in der Fremdwährungsbuchführung ab!*

DM-Gegenwerte:

Französische Franken	*67 750,00 DM*
Schweizer Franken	*73 700,00 DM*

Die erforderlichen Buchungen sind im Grundbuch der DM- und Fremdwährungsbuchführung sowie im Hauptbuch der DM- und Fremdwährungsbuchführung vorzunehmen!

e) *Schließen Sie das DM-Devisenkonto im Grund- und Hauptbuch unter der Annahme ab, daß keine nicht realisierten Kursgewinne vorliegen!*

Aufgabe 8.87

Führen Sie einen Abschluß für die DM-Buchführung und für die Fremdwährungsbuchführung durch!

Umsätze in der DM-Buchführung:	**Soll** DM	**Haben** DM
Kasse	466 800,00	413 700,00
LZB-Giro	3 812 500,00	3 307 400,00
Schecks	514 400,00	512 000,00
Diskontwechsel	800 000,00	630 000,00
Banken-KK	5 610 000,00	4 152 700,00
Kunden-KK	7 442 300,00	8 992 500,00
DM-Devisen	627 000,00	563 000,00
Übrige Aktiva	1 779 100,00	450 000,00
Eigenkapital		870 000,00
Übrige Passiva	660 000,00	1 484 700,00
Zinsaufwendungen	195 000,00	
Übrige Aufwandskonten	200 000,00	
Courtagezwischenkonto		24 800,00
Zinserträge		297 500,00
Diskonterträge		150 000,00
Provisionserträge		88 300,00
Kursgewinne Devisen		00,00
Übrige Ertragskonten		170 500,00

Umsätze in der Fremdwährungsbuchführung:

FW-Verrechnung-£	218 460,00 £	254 870,00 £
FW-Banken-KK-£	196 000,00 £	169 590,00 £
FW-Kunden-KK-£	93 000,00 £	105 000,00 £
FW-Diskontwechsel-£	34 500,00 £	12 500,00 £
FW-Schecks-£	12 000,00 £	10 000,00 £
FW-Diskonterträge-£		2 000,00 £
FW-Provisionserträge-£		
FW-Zinserträge-£		

Geschäftsfälle:

1. Überweisungseingänge von der Londoner Korrespondenzbank — 10 000,00 £
   Geldkurs 2,400   Briefkurs 2,414
   Gutschrift in DM für die Kunden
   0,25 ‰ Courtage
   1,5 ‰ Abw. Geb.
2. Zahlungsauftrag eines Kunden über — 5 000,00 £
   1,5 ‰ Abw. Geb. (in £)
3. Devisenkauf von einer Bank am Platz — 50 000,00 £
   DM-Gegenwert — 120 000,00 DM
4. Zinsgutschrift der Londoner Korrespondenzbank — 100,00 £
5. Devisenverkauf an eine Bank — 50 000,00 £
   Verrechnung des DM-Gegenwertes von — 120 750,00 DM
   über LZB-Giro

a) Übernehmen Sie die Umsätze der DM-Buchführung und der Fremdwährungsbuchführung auf Konten!

b) Rechnen Sie die Geschäftsfälle ab, und buchen Sie die Vorgänge im Grundbuch und im Hauptbuch!

c) Schließen Sie die Fremdwährungskonten ab, und übernehmen Sie die umgerechneten Salden (Tagesmittelkurs 2,400) auf die entsprechenden DM-Konten (Grundbuch und Hauptbuch)!

d) Schließen Sie das Konto DM-Devisen unter der Annahme ab, daß keine nicht realisierten Kursgewinne vorliegen!

Programmierte Aufgaben

Aufgabe 8.88 **Welche Buchungen sind erforderlich?**

Ein Kunde, der ein Fremdwährungs-Kontokorrentkonto unterhält, beauftragt seine Bank, 20 000,00 £ für ihn zu verkaufen. Die Bank führt den Auftrag durch Selbsteintritt aus, d. h. sie kauft den Währungsbetrag. DM-Gegenwert 47 500,00 DM.

a) FW-Kunden-KK-£	
an FW-Verrechnung-£	20 000,00 £
Kunden-KK	
an DM-Devisen-Konto	47 500,00 DM
b) FW-Verrechnung-£	
an FW-Kunden-KK-£	20 000,00 £
DM-Devisen	
an Kunden-KK	47 500,00 DM
c) FW-Verrechnung-£	
an FW-Kunden-KK-£	20 000,00 £
Kunden-KK	
an DM-Devisen	47 500,00 DM
d) FW-Kunden-KK-£	
an FW-Verrechnung-£	20 000,00 £
DM-Devisen	
an Kunden-KK	47 500,00 DM

Aufgabe 8.89 **Wie wird ein Devisenkursverlust gebucht?**

a) DM-Devisen
   an Gewinn- und Verlust-Konto

b) Kursverluste Devisen
   an Gewinn- und Verlust-Konto

c) Kursverluste Devisen
   an DM-Devisen

d) Gewinn- und Verlust-Konto
   an DM-Devisen

e) Gewinn- und Verlust-Konto
   an Kursverluste Devisen

f) DM-Devisen
   an Kursverluste Devisen

Aufgabe 8.90 **Welche Geschäftsfälle können dieser Buchung zugrunde liegen?**

Eine Bank bucht:

FW-Verrechnung-US-$
   an FW-Banken-KK-US-$

Kunden-KK
   an DM-Devisen
   an Provisionserträge
   an Courtagezwischenkonto
   an Spesen- und Gebührenersatz

a) Gutschriftsanzeige der amerikanischen Korrespondenzbank über den Zahlungseingang für einen Kunden.

b) Ausführung eines Kunden-Zahlungsauftrages durch Überweisung.

c) Ausführung eines Kunden-Zahlungsauftrages durch Scheckziehung auf eine amerikanische Korrespondenzbank.

d) Gutschriftsanzeige der amerikanischen Korrespondenzbank für einen von einem Kunden eingereichten Scheck auf eine andere amerikanische Bank.

8.5.2 Sortengeschäfte

Umsätze in ausländischem Bargeld (Sorten) werden auf dem **Hauptbuchkonto Sorten** gebucht. Das Konto Sorten ist ein **gemischtes Konto.**

Hauptbuchkonto Sorten

Für die einzelnen Währungen werden **Sortenskontren** geführt.

Sortenskontren

Sortenbuchungen	
Anfangsbestände	
Die Bank verfügt am 2. Januar über folgende Sortenbestände:	
Währungsbetrag	**DM-Gegenwert**
3 600,00 sfr	3 960,00 DM
20 000,00 öS	2 800,00 DM
300,00 £	750,00 DM
	7 510,00 DM
Geschäftsfälle	
1. Barverkauf von 5 000,00 öS zum Verkaufskurs von 14,10 DM	705,00 DM
2. Barankauf von 100,00 £ zum Ankaufskurs von 2,45 DM	245,00 DM
3. Ein Kunde gibt nicht verbrauchte Reisezahlungsmittel im Betrag von 180,00 sfr zurück und erhält Gutschrift auf seinem Girokonto (Ankaufskurs 109,00)	196,20 DM
4. Ein Kunde kauft zu Lasten seines Kontokorrentkontos 200,00 £ (Verkaufskurs 2,55)	510,00 DM
5. Am Schalter werden 500,00 US-$ angekauft. Der Gegenwert wird bar ausgezahlt (Ankaufskurs 1,60)	800,00 DM
Grundbuch	
Eröffnungsbuchung	
Sorten an EBK	7 510,00 DM
Umsatzbuchungen	
1. Kasse an Sorten	705,00 DM
2. Sorten an Kasse	245,00 DM
3. Sorten an Kunden-KK	196,20 DM
4. Kunden-KK an Sorten	510,00 DM
5. Sorten an Kasse	800,00 DM

Hauptbuch			
Soll	**Sorten**		Haben
EBK	7 510,00	1. Kasse	705,00
2. Kasse	245,00	4. Kunden-KK	510,00
3. Kunden-KK	196,20		
5. Kasse	800,00		

Skontren

sfr

Bestand	3 600,00
Ankauf	+ 180,00
	3 780,00

öS

Bestand	20 000,00
Verkauf	·/· 5 000,00
	15 000,00

£

Bestand	300,00
Ankauf	+ 100,00
	400,00
Verkauf	·/· 200,00
	200,00

US-$

Ankauf	500,00

Aufnahme des Sortenbestandes durch Inventur

Zum Jahresabschluß muß die Bank ihre Sortenbestände aufnehmen (Inventur). Die Inventurbestände müssen mit den Skontren abgestimmt werden.

Umrechnung von Sorten in DM

Sortenbestände werden beim Jahresabschluß bewertet „nach dem für das Umlaufvermögen geltenden **strengen Niederstwertprinzip**, d. h. zum Anschaffungswert bzw. zum niedrigeren Tageswert (Ankaufskurs am Bilanzstichtag). In den Fällen, in denen wegen des Umfangs der Geschäfte die Feststellung der Anschaffungswerte auf erhebliche Schwierigkeiten stößt, ist es **vertretbar**, ohne Rücksicht auf die Höhe der Anschaffungswerte **einheitlich** den **Geld- oder Mittelkurs** (zwischen Geld- und Briefkurs) am Bilanzstichtag oder einen zwischen Geld- und Mittelkurs liegenden Wert anzusetzen." (Loseblatt-Sammlung Jahresabschluß der Kreditgenossenschaft, Teil B II, Seite 1.) Im folgenden erfolgt die **Bewertung von Sorten einheitlich zum Geldkurs am Bilanzstichtag.**

Bewertung von Sorten zu Ankaufskursen

Währung	Nennwert	**Geldkurs** des Bilanzstichtages	Bilanzwert (DM)
sfr	3 780,00	110,00	4 158,00
öS	15 000,00	14,00	2 100,00
£	200,00	2,40	480,00
US-$	500,00	1,62	810,00
			7 548,00

Abschluß des Kontos Sorten

Nach Buchung des Sortenbestandes bleibt auf dem Konto Sorten eine Differenz zwischen Soll und Haben. Sie zeigt den Erfolg des Sortengeschäfts der Bank, d. h. den Kursgewinn bzw. den Kursverlust. Im vorliegenden Beispiel ist ein Kursgewinn entstanden. Er wird mit über das **Konto Kursgewinne Devisen** gebucht.

Soll	Sorten		Haben
EBK	7 510,00	1. Kasse	705,00
2. Kasse	245,00	4. Kunden-KK	510,00
3. Kunden-KK	196,20	SBK	7 548,00
5. Kasse	800,00		
Kursgewinne Devisen	11,80		
	8 763,00		8 763,00

Erfolg des Sortengeschäfts	Buchung
Soll < Haben ——► **Kursgewinn**	Sorten an Kursgewinne Devisen
Soll > Haben ——► **Kursverlust**	Kursverluste Devisen an Sorten

Kursgewinn oder Kursverlust

Das Konto Sorten kann auch über das Konto Kasse eröffnet und abgeschlossen werden.

Sortenbestände werden im **Bilanzposten** **Kassenbestand** ausgewiesen.

Bilanzierung von Sortenbeständen

Aufgaben

Aufgabe 8.91

Führen Sie Sortenbuchungen durch!

Anfangsbestände laut Inventur:

1 600,00 FF = 480,00 DM
7 500,00 bfr = 356,00 DM
1 950,00 hfl = 1 716,00 DM

Geschäftsfälle:

1. Ein Tourist tauscht am Schalter 4 500,00 bfr in Deutsche Mark ein = 212,00 DM.
2. Ein Kontokorrentkunde kauft zu Lasten seines Guthabens 1 600,00 hfl = 1 456,00 DM.
3. Die Bank verkauft am Schalter 4 000,00 bfr, Barzahlung 192,00 DM.
4. Die Bank verkauft am Schalter 430,00 FF, Barzahlung: 134,50 DM.
5. Ein Kontokorrentkunde verkauft 2 600,00 bfr. Er bittet um Gutschrift des DM-Gegenwertes auf seinem Konto: 122,00 DM.
6. Ein Kunde kauft am Schalter 750,00 FF, Barzahlung: 234,75 DM.

Kurse am 31. Dezember

	Geld	Brief
FF	29,00	31,00 DM
bfr	4,50	4,90 DM
hfl	88,00	90,00 DM

a) Führen Sie das Konto Sorten und die Sortenskontren!

b) Buchen Sie die Geschäftsfälle im Grund- und Hauptbuch und auf den Skontren!

c) Schließen Sie das Konto Sorten im Grund- und Hauptbuch ab. Bewerten Sie die Bestände zu Geldkursen!

Aufgabe 8.92

Führen Sie das Hauptbuchkonto Sorten, und schließen Sie es ab!

Umsätze:	Soll	Haben
	10 200,00 DM	7 100,00 DM
	8 000,00 DM	500,00 DM
	1 500,00 DM	6 000,00 DM
Schlußbestand lt. Inventur:	5 000,00 DM	

Aufgabe 8.93 Führen Sie die Konten DM-Devisen und Sorten!

Umsätze:	Soll DM	Haben DM
DM-Devisen	613 240,00	578 620,00
Sorten	91 283,00	79 473,00

Inventurbestände:

FW-Forderungen an Korrespondenzbanken	16 276,00 US-$	= 28 283,00 DM
	9 000,00 £	= 22 050,00 DM
FW-Verbindlichkeiten gegenüber Kunden	2 000,00 £	= 5 000,00 DM
Banknoten	4 730,00 US-$	= 7 568,00 DM
	2 000,00 £	= 4 800,00 DM

a) *Tragen Sie die Umsätze in der DM-Buchführung vor!*

b) *Bilden Sie die Buchungssätze in DM für die Übernahme der Fremdwährungsbestände, und schließen Sie die Konten DM-Devisen und Sorten im Grundbuch und Hauptbuch ab!*

Programmierte Aufgaben

Aufgabe 8.94 **Welche Geschäftsfälle gehören zu den nachstehend aufgeführten Buchungssätzen aus der DM-Buchführung?**

① Ein Kunde verkauft sfr-Banknoten an die Bank.

② Die Bank verkauft Devisen (sfr) an einen Kunden.

③ Ein Kunde kauft sfr-Banknoten von der Bank.

④ Die Bank kauft Devisen (sfr) von einem Kunden an.

Ordnen Sie zu!

a) Kunden-KK
   an Sorten

b) DM-Devisen
   an Kunden-KK

c) Kunden-KK
   an DM-Devisen

d) Sorten
   an Kunden-KK

Aufgabe 8.95 **In welchem Posten der Bankbilanz müssen Lire-Banknoten ausgewiesen werden?**

a) Forderungen an ausländische Staatsbanken
b) Devisen
c) Sorten
d) Ausländisches Bargeld
e) Kassenbestand
f) Zum Einzug erhaltene Papiere
g) Sonstige Vermögensgegenstände

8.5.3 Dokumentäre Zahlungen

Dokumentäre Zahlungen kommen vor bei

Arten

- **Dokumenteninkassi** und
- **Dokumentenakkreditiven.**

8.5.3.1 Dokumenteninkassi

Dokumenteninkassi können **Importinkassi** und **Exportinkassi** sein.

Inkassoarten

▸ ***Importinkassi***

Beispiel
Fremdwährungs-Import-Inkasso

Buchung von Importinkassi (ohne Berücksichtigung von Provisionen)		
Geschäftsfälle	**Grundbuch**	
	DM-Buchführung	**Fremdwährungsbuchführung**
1. Die Bank erhält von ihrer englischen Korrespondenzbank Dokumente. Der Importeur löst die Dokumente zu Lasten seines DM-Kontos ein.	Kunden-KK an DM-Devisen 9 000,00 DM	FW-Verrechnung-£ an FW-Import-Dokumente-£ 3 750,00 £
2. Die Bank beauftragt ihre Korrespondenzbank, 3 750,00 £ zu überweisen.	Keine Buchung	FW-Import-Dokumente-£ an FW-Banken-KK-£ 3 750,00 £

Bei **DM-Import-Inkassi** wird in der DM-Buchführung das Konto Import-Dokumente eingeschaltet. Fremdwährungsbuchungen entfallen.

DM-Import-Inkasso

▸ ***Exportinkassi***

Beispiel
Fremdwährungs-Export-Inkasso

Buchung von Exportinkassi (ohne Berücksichtigung von Provisionen)		
Geschäftsfälle	**Grundbuch**	
	DM-Buchführung	**Fremdwährungsbuchführung**
1. Ein Exporteur reicht Dokumente für einen Export nach England bei der Bank ein.	Keine Buchung	FW-Export-Dokumente-£ an FW-Export-Dokumente-Einreicher-£ 1 350,00 £
2. Die Bank gibt die Dokumente an ihre Korrespondenzbank.	Keine Buchung	FW-Banken-KK-£ an FW-Export-Dokumente-£ 1 350,00 £
3. Die Bank schreibt dem Exporteur den DM-Gegenwert der Dokumente gut.	DM-Devisen an Kunden-KK 3 240,00 DM	FW-Export-Dokumente-Einreicher-£ an FW-Verrechnung-£ 1 350,00 £

Bei **DM-Export-Inkassi** werden in der DM-Buchführung die Konten Export-Dokumente und Export-Dokumente-Einreicher eingeschaltet. Fremdwährungsbuchungen entfallen.

DM-Export-Inkasso

8.5.3.2 Dokumentenakkreditive

Akkreditivarten

Dokumentenakkreditive können sein

- **Importakkreditive,**
- **Exportakkreditive.**

▸ Importakkreditive ohne Deckungsanschaffung

Die **eröffnende Bank** geht gegenüber dem Begünstigten eine **Eventualverbindlichkeit** ein und hat gegenüber dem Akkreditivauftraggeber eine **Eventualforderung.** Sie gewährt dem Akkreditivauftraggeber einen Kredit, sofern dieser bei Auftragserteilung keine Deckung anschafft.

Eventualforderungen aus Akkreditiven in fremder Währung werden auf dem Konto **FW-Kunden-Akkreditivforderungen,** Eventualverbindlichkeiten aus Akkreditiven in fremder Währung werden auf dem Konto **FW-Akkreditivverpflichtungen** erfaßt.

Bei einem **Fremdwährungs-Import-Akkreditiv** ergeben sich folgende Buchungen.

Beispiel
Fremdwährungs-Import-Akkreditiv

Buchung von Importakkreditiven ohne Deckungsanschaffung durch den Importeur (ohne Berücksichtigung von Provisionen)

Geschäftsfälle	Grundbuch	
	DM-Buchführung	**Fremdwährungsbuchführung**
1. Die Bank eröffnet im Auftrag eines Importeurs ein Akkreditiv über 10 200,00 £ zugunsten eines englischen Exporteurs.	Keine Buchung	FW-Kunden-Akkreditivforderungen-£ an FW-Akkreditiv-verpflichtungen-£ 10 200,00 £
2. Die avisierende englische Bank nimmt nach Prüfung Dokumente in Höhe von 9 500,00 £ auf und vergütet diesen Betrag dem englischen Exporteur. Sie belastet das Konto der deutschen Bank. Die eröffnende deutsche Bank belastet den Importeur.	Kunden-KK an DM-Devisen 22 325,00 DM	FW-Verrechnung-£ an FW-Banken-KK-£ 9 500,00 £ FW-Akkreditivverpflichtungen-£ an FW-Kunden-Akkreditiv-forderungen-£ 9 500,00 £
3. Der Begünstigte nutzt den Rest des Akkreditivs nicht aus. Das Akkreditiv erlischt.	Keine Buchung	FW-Akkreditivverpflichtungen an FW-Kunden-Akkreditiv-forderungen-£ 700,00 £

DM-Import-Akkreditiv

Sofern Importakkreditive in Deutschland zahlbar gestellt und in **DM** eröffnet werden, schalten die Kreditinstitute **in der DM-Buchführung** die Konten **Kunden-Akkreditivforderungen** und **Akkreditivverpflichtungen** ein.

Die Akkreditivkonten werden wie Avalkonten abgeschlossen. Die Akkreditivverpflichtungen der Bank werden in der Bilanz unter dem Strich in dem Passivposten Verbindlichkeiten aus Bürgschaften und Gewährleistungsverträgen ausgewiesen, wenn der Auftraggeber keine Deckung angeschafft hat.

▶ *Importakkreditive mit Deckungsanschaffung*

Die Bank kann verlangen, daß der Importeur vor Eröffnung des Akkreditivs den Gegenwert bereitstellt (Deckungsanschaffung).

Buchungen bei Importakkreditiven mit Deckungsanschaffung

Die vom Auftraggeber angeschaffte Deckung wird auf dem **FW-Kunden-Akkreditiv-Deckungskonto** gebucht. Die Vormerkbuchungen über die Konten FW-Kunden-Akkreditivforderungen und FW-Akkreditivverpflichtungen entfallen.

Der Kunde stellt die Akkreditivdeckung zu Lasten seines DM-Kontos:	Kunden-KK an DM-Devisen	87 500,00 DM
	FW-Verrechnung-US-$ an FW-Kunden-Akkreditiv-Deckungskonto-US-$	50 000,00 US-$

Wird die Bank aus dem Akkreditiv in Anspruch genommen, zahlt sie zu Lasten des Kunden-Akkreditiv-Deckungskontos.

Die eröffnende Bank wird von der avisierenden Bank für Teilausnutzung in Höhe von 40 000,00 US-$ belastet:	FW-Kunden-Akkreditiv-Deckungskonto-US-$ an FW-Banken-KK-US-$	40 000,00 US-$

Bei Erlöschen des Akkreditivs ist der nicht ausgenutzte Teil des Akkreditivs auszubuchen und dem Auftraggeber wieder gutzuschreiben.

Die eröffnende Bank bucht den nicht ausgenutzten Rest des Akkreditivs in Höhe von 10 000,00 US-$ aus und vergütet dem Kunden den DM-Gegenwert:	FW-Kunden-Akkreditiv-Deckungskonto-US-$ an FW-Verrechnung-US-$	10 000,00 US-$
	DM-Devisen an Kunden-KK	17 500,00 DM

Verbindlichkeiten der Bank aus Kunden-Akkreditiv-Deckungskonten sind in dem **Passivposten Nr. 2** **Verbindlichkeiten gegenüber Kunden** Unterposten ba) auszuweisen.

▶ *Exportakkreditive*

Bei **Exportakkreditiven** muß zwischen bestätigten und unbestätigten Akkreditiven unterschieden werden.

Bestätigte Akkreditive

Bei **bestätigten Akkreditiven** entstehen der bestätigenden Bank Eventualforderungen und Eventualverbindlichkeiten, die sie in gleicher Weise bucht wie bei Importakkreditiven. Die Eventualforderungen gegenüber der eröffnenden Bank werden auf dem Konto FW-Banken-Akkreditivforderungen oder in der DM-Buchführung auf dem Konto Banken-Akkreditivforderungen erfaßt.

Unbestätigte Akkreditive

Bei **unbestätigten Akkreditiven** werden der Dokumenteneingang und der Dokumentenausgang auf entsprechenden Konten (siehe Exportinkassi) und die Gutschrift für den Begünstigten gebucht.

Aufgaben

Aufgabe 8.96 Bilden Sie Buchungssätze für die DM- und/oder die FW-Buchführung (ohne Berücksichtigung von Spesen)!

1. Die Bank schreibt einem Kunden nach Eingang den DM-Gegenwert von Dokumenten gut: 12 500,00 FF = 3 812,50 DM.
2. Die Bank eröffnet im Kundenauftrag ein Akkreditiv über 3 450 000 Yen.
3. Ein Kunde löst ihm vorgelegte Inkassodokumente ein: 78 200 dkr = 20 300,00 DM.
4. Die Bank eröffnet im Kundenauftrag ein Akkreditiv über 37 820,00 DM zugunsten eines englischen Exporteurs.
5. Die Bank nimmt Export-Inkassodokumente über 3 481 000 Escudos (Esc) herein und gibt sie an ihre Korrespondenzbank in Lissabon weiter.
6. Die Bank nimmt Import-Akkreditivdokumente in Höhe von 3 000 000 Yen = 41 400,00 DM auf (siehe Geschäftsfall Nr. 2).
7. Die Bank nimmt Import-Akkreditivdokumente in Höhe von 37 820,00 DM auf (siehe Geschäftsfall Nr. 4) und schafft den Gegenwert über LZB-Giro an.
8. Die Bank läßt den Gegenwert der dkr-Inkassodokumente (siehe Geschäftsfall Nr. 3) durch ihre Korrespondenzbank überweisen.
9. Die Bank bucht den nicht ausgenutzten Rest des Akkreditivs über 450 000 Yen aus (siehe Geschäftsfälle Nr. 2 und 6).
10. Ein Kunde reicht Exportdokumente über 39 950,00 DM ein. Gutschrift erfolgt nach Eingang des Gegenwerts. Der Kunde erhält über Kreditsonderkonto einen Exportvorschuß in Höhe von 35 000,00 DM.
11. Die Bank gibt die Dokumente aus Geschäftsfall Nr. 10 an die bezogene ausländische Bank mit der Bitte um Anschaffung des Gegenwertes auf LZB-Giro (DM-Export-Dokumente-Versandkonto einschalten!).
12. Der Gegenwert der DM-Export-Dokumente geht auf dem LZB-Konto der Bank ein. Das Versandkonto ist auszugleichen.
13. Überweisungseingang von der schweizerischen Korrespondenzbank zugunsten eines Kunden, der Gutschrift in sfr erhält — 8 400,00 sfr
    Abwicklungsgebühr — 20,00 DM
14. Ein Kontokorrentkunde reicht einen £-Scheck zur Gutschrift auf sein DM-Konto ein — 712,00 £
    Geldkurs 2,360
    Briefkurs 2,374
    Abrechnung zum Sichtkurs
    (Geldkurs minus Spanne zwischen Geldkurs und Mittelkurs)
    Courtage — 2,00 DM
    Abwicklungsgebühr — 10,00 DM
15. Weitergabe des £-Schecks zur Gutschrift an die Londoner Korrespondenzbank — 712,00 £
16. Ein Kontokorrentkunde erteilt einen Überweisungsauftrag nach Rom — 4 712 000 Lire
    DM-Gegenwert — 4 806,25 DM
    Courtage — 2,00 DM
    Abwicklungsgebühr — 10,00 DM
17. US-$-Forderungen zum Jahresabschluß — 247 810,00 US-$
    DM-Gegenwert — 408 886,50 DM
    Wie lauten die Buchungen in US-$ und in DM?
18. Umsätze auf dem Konto DM-Devisen nach Übernahme der FW-Bestände
    Soll — 18 477 250,00 DM
    Haben — 18 952 681,00 DM
    Welche Buchung ist erforderlich?

19. Verkauf von Noten gegen bar — 10 000,00 dkr
Geldkurs 25,50
Briefkurs 27,25

20. Ein Kontokorrentkunde erteilt einen Auftrag zur Zahlung nach Montreal — 17 810,00 can $
Geldkurs 1,2705
Briefkurs 1,2785
Courtage — 5,69 DM
Abwicklungsgebühr — 34,16 DM

Programmierte Aufgaben: Wiederholungen zu Kapitel 8 „Buchung der Bankgeschäfte“

Ordnen Sie den nachstehenden Aussagen die entsprechenden Konten zu! **Aufgabe 8.97**

① LZB-Abrechnung
② Wechseleinreicherkonto
③ Wechselversandkonto
④ Schecks
⑤ Rückschecks

Aussagen, denen kein aufgeführtes Konto zugeordnet werden kann, erhalten die Ziffer ⑨.

a) Das Konto erfaßt Forderungen bis zum Eingang des Gegenwerts.
b) Das Konto erfaßt Verbindlichkeiten bis zum Eingang des Gegenwerts.
c) Das Konto erfaßt den Gesamtbestand an E. v.-Schecks.
d) Das Konto erfaßt alle Forderungen aus Überweisungseingängen und alle Verbindlichkeiten aus Überweisungsaufträgen.
e) Das Konto weist nicht erfolgte Scheckeinlösungen aus.
f) Das Konto erfaßt Forderungen und Verbindlichkeiten gegenüber Instituten am Platz.

Auf welchen Konten werden erfaßt: **Aufgabe 8.98**

① Termineinlagen bei Banken
② Termineinlagen von Kunden
③ Tagesgeldaufnahme bei Banken
④ Sichteinlagen von Kunden

Ordnen Sie zu! Ist eine Zuordnung nicht möglich, ist die Ziffer ⑨ einzutragen.

a) Kunden-KK
b) Banken-KK
c) Termineinlagen
d) Sichteinlagen
e) Befristete Forderungen – Banken
f) Befristete Verbindlichkeiten – Banken

Aufgabe 8.99 **Welche der nachstehenden Konten weisen Eventualforderungen bzw. Eventualverbindlichkeiten der Bank aus?**

a) Kreditsonderkonto
b) Realkredite
c) Kunden-Trattenforderungen
d) Kunden-Avalforderungen
e) LZB-Lombard
f) Wertpapierumsätze
g) Wechseleinreicher
h) Eigene Akzepte
i) Avalverbindlichkeiten
j) Kunden-Akkreditivforderungen
k) FW-Export-Dokumente
l) FW-Akkreditivverpflichtungen
m) LZB-Abrechnung
n) Konto pro Diverse

Aufgabe 8.100 **Welche der folgenden Buchungssätze können bei keinem Geschäftsfall vorkommen?**

a) Kasse
an Sorten

b) FW-Banken-KK
an DM-Devisen

c) Diskontaufwendungen
an LZB-Giro

d) DM-Devisen
an Provisionserträge

e) Banken-KK
an Wechseleinreicher

f) LZB-Abrechnung
an Realkredite

g) LZB-Abrechnung
an LZB-Lombard

h) Wertpapierumsätze
an Zins- und Dividendenscheine

i) Sparbriefe
an Termineinlagen

j) Kunden-Avalforderungen
an LZB-Giro

k) Kursverluste Wertpapiere
an Eigene Wertpapiere (Handelsbestand)

l) FW-Akkreditivverpflichtungen
an FW-Kunden-Akkreditivforderungen

m) Diskonterträge
an Kunden-KK

Aufgabe 8.101 **Wozu zählen die aufgeführten Konten?**

① zu den aktiven Bestandskonten
② zu den passiven Bestandskonten
③ zu den gemischten Konten
④ zu den Erfolgskonten
⑤ zu den Verrechnungskonten

Ordnen Sie zu!

a) FW-Verrechnung
b) DM-Devisen
c) Wertpapierumsätze
d) Kostensteuern
e) FW-Import-Dokumente
f) LZB-Lombard
g) Sorten
h) Zins- und Dividendenscheine
i) Rücklastschriften
j) Vorsteuer
k) Spesen- und Gebührenersatz
l) Wechseleinreicher

Welche der aufgeführten Buchungen sind vorbereitende Abschlußbuchungen? ***Aufgabe 8.102***

a) Eigene Wertpapiere (Handelsbestand)
   an Kursgewinne Wertpapiere
b) Inkassowechsel
   an Wechseleinreicher
c) Wechseleinreicher
   an Wechselversand
d) LZB-Giro
   an LZB-Abrechnung
e) Umsatzsteuer
   an LZB-Giro
f) Diskonterträge
   an Gewinn- und Verlustkonto
g) Eigenkapital
   an Privat

Wie lautet die Buchung am 31.12. für die Abgrenzung von Diskonterträgen aus dem Ankauf eigener Akzepte, die sich im Bestand der Bank befinden? ***Aufgabe 8.103***

① Eigene Akzepte
   an Diskontwechsel
② Diskonterträge
   an Passive Rechnungsabgrenzung
③ Diskonterträge
   an Eigene Akzepte
④ Diskonterträge
   an Sonstige Verbindlichkeiten
⑤ Diskontaufwendungen
   an Passive Rechnungsabgrenzung
⑥ Diskonterträge
   an Diskontwechsel

9 Jahresabschluß

9.1 Aufgaben und Bestandteile des Jahresabschlusses

Aufgaben des Jahresabschlusses

Der **Jahresabschluß** eines Kreditinstituts hat unter Beachtung der Grundsätze ordnungsmäßiger Buchführung **ein den tatsächlichen Verhältnissen entsprechendes Bild der Vermögens-, Finanz- und Ertragslage des Kreditinstituts zu vermitteln** (§ 340a Abs. 1 HGB i.V. mit § 264 Abs. 2 HGB).

Der Jahresabschluß hat für Gläubiger, Anteilseigner, Staat (einschließlich der Bankenaufsicht) und für die Öffentlichkeit eine **besondere Informations- und Schutzfunktion.** Mit dem Jahresabschluß liegt eine hinsichtlich der Wertansätze durchgehend überprüfte Gegenüberstellung der Vermögenswerte und der Schulden sowie der Aufwendungen und Erträge des abgelaufenen Geschäftsjahres vor.

Für den **Jahresabschluß von Geschäftsjahren, die nach dem 31.12.1992 beginnen,** gelten

- die **„Ergänzenden Vorschriften für Kreditinstitute"**, die durch das **Bilanzrichtlinie-Gesetz** als **4. Abschnitt, 1. Unterabschnitt, des 3. Buches in das HGB** aufgenommen sind, und
- die **„Rechnungslegungsverordnung"** (RechKredV).

▸ Bestandteile der Rechnungslegung nach HGB

Teile der Rechnungslegung

Der **Jahresabschluß aller Kreditinstitute** besteht aus der Bilanz, der Gewinn- und Verlustrechnung und dem Anhang **(erweiterter Jahresabschluß).** Alle Kreditinstitute haben darüber hinaus einen **Lagebericht** aufzustellen.

Erweiterter Jahresabschluß

- Bilanz
- Gewinn- und Verlustrechnung
- Anhang (mit umfangreichen Angabe- und Erläuterungspflichten)

Lagebericht

- Die **Bilanz** (Bankbilanz) hat den Zweck, **Einblick in die Vermögens- und Finanzlage** des Kreditinstituts zu geben. Dabei steht die Liquidität im Vordergrund.
- Die **Gewinn- und Verlustrechnung** (GuV-Rechnung) hat den Zweck, **Einblick in die Ertrags- und Aufwandsverhältnisse** zu geben. Die Ertragsquellen (Geschäftssparten) und die Aufwandsarten werden erkennbar.
- Der **Anhang** als Teil des Jahresabschlusses muß die Bilanz und die GuV-Rechnung erläutern (§ 284 HGB). Er hat darüber hinaus Pflichtangaben zu enthalten (§ 285 HGB).
- Der **Lagebericht** muß den Geschäftsverlauf und die Lage des Kreditinstituts darstellen (§ 289 Abs. 1 HGB).

Kreditinstitute müssen unabhängig davon, in welcher Rechtsform sie geführt werden, einen **Konzernabschluß** und einen **Konzernlagebericht** aufstellen, wenn sie **„Mutterunternehmen"** im Sinne von § 290 HGB sind.

Konzernrechnungslegung

In die **Konzernrechnungslegung** einzubeziehen sind auch Tochterunternehmen von Kreditinstituten, wenn sie eine Tätigkeit ausüben, „die eine unmittelbare Verlängerung der Banktätigkeit oder eine Hilfs-Tätigkeit für das Mutterunternehmen" darstellen (z.B. Leasing, Factoring, Verwaltung von Investmentfonds oder das Betreiben eines rechtlich selbständigen Rechenzentrums).

Ein Tochterunternehmen braucht nicht in den Konzernabschluß einbezogen zu werden, wenn die Einbeziehung von untergeordneter Bedeutung für den Einblick in die Vermögens-, Finanz- und Ertragslage ist.

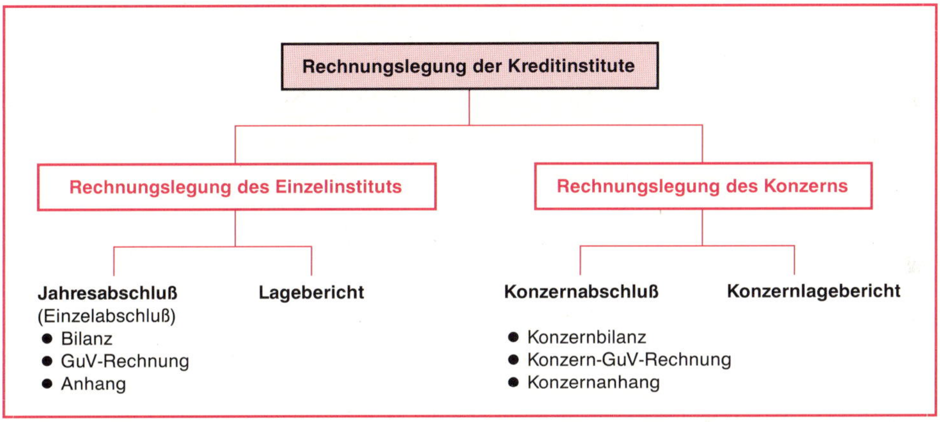

Die Aufstellung eines Konzernabschlusses wird sich bei kleineren Kreditinstituten auf wenige Fälle beschränken.

Sofern mit Tochterunternehmen (Versicherungs-, Immobilienvermittlungs- und Reisevermittlungs-Gesellschaften) ein Vertrag zur Abführung des Ergebnisses an das Mutterunternehmen abgeschlossen ist, entfällt im Regelfall die Aufstellung eines Konzernabschlusses, da dann das Ergebnis im Jahresabschluß des Mutterunternehmens bereits enthalten ist.

9.2 Rechtsgrundlagen des Jahresabschlusses

9.2.1 Überblick

HGB

Für den Jahresabschluß der Kreditinstitute gelten **seit 1993** in erster Linie die Vorschriften des **HGB**. Dabei ist zu beachten:

- Kreditinstitute sind Kaufleute nach § 1 HGB, daher gelten die **Vorschriften des 1. Abschnittes des 3. Buches des HGB** auch für sie.
- Kreditinstitute sind Unternehmen eines bestimmten Geschäftszweigs, auf den grundsätzlich die HGB-Vorschriften für sog. große Kapitalgesellschaften anzuwenden sind **(2. Abschnitt des 3. Buches des HGB).**
- Kreditinstitute haben außerdem die branchenbedingten **Vorschriften des 4. Abschnitts, 1. Unterabschnitt, des 3. Buches des HGB** und die **Bestimmungen der Rechnungslegungsverordnung** anzuwenden.

Rechnungslegungsverordnung

Spezielle Rechtsvorschriften gehen allgemeinen Rechtsvorschriften vor.

Die **Rechnungslegungsverordnung** ersetzt **seit 1993** die Formblattverordnung des Bundesjustizministers und die Bilanzierungsrichtlinien des Bundesaufsichtsamtes für das Kreditwesen sowie für Sparkassen die Runderlasse der Länder mit Formblättern und Bilanzierungsrichtlinien.

Übersicht: Rechnungslegungsrecht der Kreditinstitute

Rechnungslegungsrecht der Kreditinstitute

Branchenunspezifische Normen

- **HGB 3. Buch: Handelsbücher**
  - 1. Abschnitt: Vorschriften für alle Kaufleute (§§ 238-263)
  - 2. Abschnitt: Ergänzende Vorschriften für Kapitalgesellschaften (§§ 264-335)

Rechtsformbezogene Bestimmungen

- **Aktiengesetz**
  - 5. Teil: Rechnungslegung – Gewinnverwendung (§§ 148-178)
- **GmbH-Gesetz** (§§ 29, 33, 41-42 a)
- **Genossenschaftsgesetz** (§§ 33, 48, 53 ff.)
- **Sparkassengesetze** (rechtsformbezogen, aber nicht branchenunspezifisch)

Branchenspezifische Normen

Normen für alle Kreditinstitute

- **HGB**
  - **3. Buch: Handelsbücher**
  - 4. Abschnitt, 1. Unterabschnitt: Ergänzende Vorschriften für Kreditinstitute (§§ 340-340 o)
- **Kreditwesengesetz**
  - Abschnitt 5a: Vorlage von Rechnungslegungsunterlagen (§ 26)
  - Abschnitt 6: Prüfer und Prüferbestellung (§§ 27-30)
- **Rechnungslegungsverordnung**

Normen für Spezialbanken

- **Hypothekenbankgesetz (§ 26)**
- **Schiffsbankgesetz (§ 28)**
- **Bausparkassengesetz (§ 13)**

KWG

Im **Kreditwesengesetz** sind nur noch solche Rechnungslegungsvorschriften enthalten, die in unmittelbarem Zusammenhang mit der Bankenaufsicht stehen.

Im **Aktiengesetz, GmbH-Gesetz** und **Genossenschaftsgesetz** finden sich nur noch rechtsformbezogene Regelungen für Sonderprobleme der Rechnungslegung dieser Unternehmen, wie z. B. für die Bildung von Rücklagen, Ergebnisverwendung. Für die Sparkassen sind in diesen Fragen die **Sparkassengesetze der Länder** maßgebend.

Bestimmte Institutsgruppen haben für die Rechnungslegung ergänzend ihre **Spezialgesetze** zu beachten: **Hypothekenbankgesetz, Schiffsbankgesetz, Bausparkassengesetz.**

Steuerrechtliche Vorschriften

Außerdem sind **steuerrechtliche Vorschriften** zu beachten:

- **Abgabenordnung** (AO),
- **Einkommensteuergesetz** (EStG) mit Einkommensteuer-Durchführungsverordnung (EStDV) und Einkommensteuer-Richtlinien (EStR),
- **Körperschaftsteuergesetz** (KStG) mit Körperschaftsteuer-Durchführungsverordnung (KStDV) und Körperschaftsteuer-Richtlinien (KStR).

9.2.2 Vorschriften des HGB für den Jahresabschluß

Allgemeine Vorschriften für den Jahresabschluß, die für alle Kaufleute gelten:

§§ 242 – 245 HGB

§ 242: Pflicht zur Aufstellung

(1) Der Kaufmann hat zu Beginn seines Handelsgewerbes und für den Schluß eines jeden Geschäftsjahrs einen das Verhältnis seines Vermögens und seiner Schulden darstellenden Abschluß (Eröffnungsbilanz, Bilanz) aufzustellen. Auf die Eröffnungsbilanz sind die für den Jahresabschluß geltenden Vorschriften entsprechend anzuwenden, soweit sie sich auf die Bilanz beziehen.

(2) Er hat für den Schluß eines jeden Geschäftsjahres eine Gegenüberstellung der Aufwendungen und Erträge des Geschäftsjahres (Gewinn- und Verlustrechnung) aufzustellen.

(3) Die Bilanz und die Gewinn- und Verlustrechnung bilden den Jahresabschluß.

§ 243: Aufstellungsgrundsatz

(1) Der Jahresabschluß ist nach den Grundsätzen ordnungsmäßiger Buchführung aufzustellen.

(2) Er muß klar und übersichtlich sein.

(3) Der Jahresabschluß ist innerhalb der einem ordnungsmäßigen Geschäftsgang entsprechenden Zeit aufzustellen.

§ 244: Sprache. Währungseinheit

Der Jahresabschluß ist in deutscher Sprache und in Deutscher Mark aufzustellen.

§ 245: Unterzeichnung

Der Jahresabschluß ist vom Kaufmann unter Angabe des Datums zu unterzeichnen. Sind mehrere persönlich haftende Gesellschafter vorhanden, so haben sie alle zu unterzeichnen.

Anwendung von HGB-Vorschriften durch Kreditinstitute

Alle Kreditinstitute müssen unabhängig von ihrer Rechtsform grundsätzlich die für große Kapitalgesellschaften geltenden Vorschriften des HGB anwenden, soweit dies nicht ausdrücklich ausgeschlossen ist (§ 340a Abs. 1 HGB). In welchen Fällen diese Anwendung ausgeschlossen ist, wird durch § 340a Abs. 2 HGB bestimmt. Dort ist auch festgelegt, in welchen Fällen allgemeine HGB-Vorschriften und HGB-Vorschriften für große Kapitalgesellschaften durch bankspezifische Regelungen (Ergänzende Vorschriften für Kreditinstitute) ersetzt werden.

Bankspezifische Regelungen im HGB

Die **Ergänzenden Vorschriften für Kreditinstitute** (4. Abschnitt, 1. Unterabschnitt, des 3. Buches des HGB) enthalten:

- Definition der Pensionsgeschäfte und Regelung ihrer Bilanzierung (§ 340b HGB),
- Vorschriften zur Gewinn- und Verlustrechnung und zum Anhang (§ 340c HGB),
- Bestimmungen zur Gliederung der Forderungen und Verbindlichkeiten nach der Fristigkeit (§ 340d HGB),
- Bestimmungen zur Bewertung von Vermögensgegenständen (§ 340e HGB),
- Bestimmungen zur Vorsorge für allgemeine Bankrisiken und zur Bildung eines Sonderpostens „Fonds für allgemeine Bankrisiken" (§§ 340f und 340g HGB),
- Bestimmungen zur Umrechnung von Vermögensgegenständen und Schulden sowie von Aufwendungen und Erträgen, die auf ausländische Währung lauten (§ 340h HGB),
- Vorschriften zur Konzernrechnungslegung (§§ 340i und 340j HGB),
- Bestimmungen zur Prüfung und Offenlegung von Jahresabschluß und Lagebericht (§§ 340k und 340l HGB).

Formblätter der Rechnungslegungsverordnung

Von besonderer Bedeutung ist, daß anstelle der Vorschriften über die Gliederung von Bilanz und Gewinn- und Verlustrechnung die durch die **Rechnungslegungsverordnung** erlassenen **Formblätter** für Kreditinstitute anzuwenden sind:

- **Bilanzformblatt** (Formblatt 1 der Rechnungslegungsverordnung),
- **Formblatt für die Gewinn- und Verlustrechnung** in **Kontoform** (Formblatt 2 der Rechnungslegungsverordnung),
- **Formblatt für die Gewinn- und Verlustrechnung** in **Staffelform** (Formblatt 3 der Rechnungslegungsverordnung).

9.3 Aufstellung, Prüfung, Feststellung, Vorlage und Offenlegung des Jahresabschlusses

9.3.1 Aufstellung des Jahresabschlusses und Vorlage beim Bundesaufsichtsamt und bei der Bundesbank

Aufstellung und Vorlage des Jahresabschlusses bei BAK und Bundesbank

Kreditinstitute haben ihren Jahresabschluß **in den ersten drei Monaten nach Ablauf des Geschäftsjahres aufzustellen.** Jahresabschluß und Lagebericht sind unverzüglich dem **Bundesaufsichtsamt für das Kreditwesen (BAK)** und der **Deutschen Bundesbank** einzureichen.

Anlage zum Jahresabschluß

Der Jahresabschluß ist in einer **Anlage** für das BAK bzw. die Bundesbank zu erläutern. Für die Anlage von Kreditgenossenschaften und Sparkassen ist eine besondere Verordnung maßgebend. Der Jahresabschluß muß mit dem **Bestätigungsvermerk** oder einem Vermerk über die Versagung der Bestätigung versehen sein. Auch der **Prüfungsbericht** ist grundsätzlich dem BAK und der Bundesbank einzureichen (§ 26 Abs. 1 KWG).

§ 26 Abs. 1 KWG

§ 26 Abs. 1 KWG: Vorlage von Jahresabschluß, Lagebericht und Prüfungsberichten

(1) Kreditinstitute haben den Jahresabschluß in den ersten drei Monaten des Geschäftsjahrs für das vergangene Geschäftsjahr aufzustellen und den aufgestellten sowie später den festgestellten Jahresabschluß und den Lagebericht, soweit ein solcher erstattet wird, dem Bundesaufsichtsamt und der Deutschen Bundesbank jeweils unverzüglich einzureichen; der Jahresabschluß ist in einer Anlage zu erläutern. Der Jahresabschluß muß mit dem Bestätigungsvermerk oder einem Vermerk über die Versagung der Bestätigung versehen sein. Der Abschlußprüfer hat den Bericht über die Prüfung des Jahresabschlusses (Prüfungsbericht) unverzüglich nach Beendigung der Prüfung dem Bundesaufsichtsamt und der Deutschen Bundesbank einzureichen; bei Kreditinstituten, die einem genossenschaftlichen Prüfungsverband angehören oder durch die Prüfungsstelle eines Sparkassen- und Giroverbandes geprüft werden, ist der Prüfungsbericht nur auf Anforderung einzureichen.

9.3.2 Prüfung und Feststellung sowie Vorlage des festgestellten Jahresabschlusses

Rechtsgrundlagen der Prüfung

Rechtsgrundlagen für die **Prüfung der Kreditinstitute** sind

- die Bestimmungen des § 340k HGB,
- die Bestimmungen der §§ 316 – 324 HGB,
- die Bestimmungen der §§ 27 – 30 KWG und
- die Prüfungsrichtlinien des BAK.

Für die Prüfung des Jahresabschlusses von Kreditgenossenschaften sind §§ 53 ff. Genossenschaftsgesetz (GenG) maßgebend.

Prüfungspflicht

Fristen für Prüfung, Feststellung und Vorlage

Kreditinstitute müssen unabhängig von ihrer Größe ihren **Jahresabschluß** und ihren **Lagebericht** sowie ihren **Konzernabschluß** und ihren **Konzernlagebericht** nach den Vorschriften der §§ 316 – 324 HGB prüfen lassen (§ 340k HGB i.V. mit § 316 Abs. 1 HGB).

Die **Prüfung** muß **spätestens fünf Monate nach Ablauf des Geschäftsjahres** vorgenommen werden (§ 340k Abs. 1 Satz 2 HGB).

Nur ein geprüfter Jahresabschluß kann festgestellt (gebilligt) werden (§ 316 Abs. 1 Satz 2 HGB). Der Jahresabschluß ist **unverzüglich nach der Prüfung festzustellen** (§ 340k Abs. 1 Satz 3 HGB).

Der festgestellte Jahresabschluß ist ebenfalls **unverzüglich dem BAK und der Bundesbank einzureichen** (§ 26 Abs. 1 KWG).

▸ HGB-Bestimmungen für die Prüfung des Jahresabschlusses

§ 340k HGB legt fest, wer den Jahresabschluß von Kreditinstituten prüft.

Zuständigkeit

Prüfung des Jahresabschlusses

bei **Kreditinstituten in der Rechtsform der AG, GmbH, OHG, KG sowie Einzelfirma**
Gewählter Abschluß – prüfer (Wirtschaftsprüfer oder Wirtschaftsprüfungsgesellschaft)

bei **Kreditgenossenschaften**
Grundsätzlich der **Prüfungsverband,** dem die Genossenschaft als Mitglied angehört

bei **Sparkassen**
Prüfungsstelle eines Sparkassen- und Giroverbands

Die §§ 316 – 324 HGB regeln wichtige Einzelfragen der Jahresabschlußprüfung.

HGB-Vorschriften für die Jahresabschlußprüfung

§§ 316 – 324 HGB (Auszüge)

§ 317 HGB: Gegenstand und Umfang der Prüfung

(1) In die Prüfung des Jahresabschlusses ist die Buchführung einzubeziehen. Die Prüfung des Jahresabschlusses und des Konzernabschlusses hat sich darauf zu erstrecken, ob die gesetzlichen Vorschriften und sie ergänzende Bestimmungen des Gesellschaftsvertrags oder der Satzung beachtet sind. Der Lagebericht und der Konzernlagebericht sind darauf zu prüfen, ob der Lagebericht mit dem Jahresabschluß und der Konzernlagebericht mit dem Konzernabschluß in Einklang stehen und ob die sonstigen Angaben im Lagebericht nicht eine falsche Vorstellung von der Lage des Unternehmens und im Konzernlagebericht von der Lage des Konzerns erwecken.

(2) Der Abschlußprüfer des Konzernabschlusses hat auch die im Konzernabschluß zusammengefaßten Jahresabschlüsse darauf zu prüfen, ob sie den Grundsätzen ordnungsmäßiger Buchführung entsprechen und ob die für die Übernahme in den Konzernabschluß maßgeblichen Vorschriften beachtet sind.

§ 320 HGB: Vorlagepflicht. Auskunftsrecht

(1) Die gesetzlichen Vertreter der Kapitalgesellschaft[1] haben dem Abschlußprüfer den Jahresabschluß und den Lagebericht unverzüglich nach der Aufstellung vorzulegen. Sie haben ihm zu gestatten, die Bücher und Schriften der Kapitalgesellschaft[1] sowie die Vermögensgegenstände und Schulden, namentlich die Kasse und die Bestände an Wertpapieren und Waren, zu prüfen.

(2) Der Abschlußprüfer kann von den gesetzlichen Vertretern alle Aufklärungen und Nachweise verlangen, die für eine sorgfältige Prüfung notwendig sind. Soweit es die Vorbereitung der Abschlußprüfung erfordert, hat der Abschlußprüfer die Rechte nach Absatz 1 Satz 2 und nach Satz 1 auch schon vor Aufstellung des Jahresabschlusses. Soweit es für eine sorgfältige Prüfung notwendig ist, hat der Abschlußprüfer die Rechte nach den Sätzen 1 und 2 auch gegenüber Mutter- und Tochterunternehmen.

(3) Die gesetzlichen Vertreter einer Kapitalgesellschaft[1], die einen Konzernabschluß aufzustellen hat, haben dem Abschlußprüfer des Konzernabschlusses den Konzernabschluß, den Konzernlagebericht, die Jahresabschlüsse, Lageberichte und, wenn eine Prüfung stattgefunden hat, die Prüfungsberichte des Mutterunternehmens und der Tochterunternehmen vorzulegen. Der Abschlußprüfer hat die Rechte nach Absatz 1 Satz 2 und nach Absatz 2 bei dem Mutterunternehmen und den Tochterunternehmen, die Rechte nach Absatz 2 auch gegenüber den Abschlußprüfern des Mutterunternehmens und der Tochterunternehmen.

[1] Da Kreditinstitute wie große Kapitalgesellschaften behandelt werden, ist für „Kapitalgesellschaft" stets „Kreditinstitut" einzusetzen.

§ 321 HGB: Prüfungsbericht

(1) Der Abschlußprüfer hat über das Ergebnis der Prüfung schriftlich zu berichten. Im Bericht ist besonders festzustellen, ob die Buchführung, der Jahresabschluß, der Lagebericht, der Konzernabschluß und der Konzernlagebericht den gesetzlichen Vorschriften entsprechen und die gesetzlichen Vertreter die verlangten Aufklärungen und Nachweise erbracht haben. Die Posten des Jahresabschlusses sind aufzugliedern und ausreichend zu erläutern. Nachteilige Veränderungen der Vermögens-, Finanz- und Ertragslage gegenüber dem Vorjahr und Verluste, die das Jahresergebnis nicht unwesentlich beeinflußt haben, sind aufzuführen und ausreichend zu erläutern.

(2) Stellt der Abschlußprüfer bei Wahrnehmung seiner Aufgaben Tatsachen fest, die den Bestand eines geprüften Unternehmens gefährden oder seine Entwicklung wesentlich beeinträchtigen können oder die schwerwiegende Verstöße der gesetzlichen Vertreter gegen Gesetz, Gesellschaftsvertrag oder Satzung erkennen lassen, so hat er auch darüber zu berichten.

(3) Der Abschlußprüfer hat den Bericht zu unterzeichnen und den gesetzlichen Vertretern vorzulegen.

§ 322 HGB: Bestätigungsvermerk

(1) Sind nach dem abschließenden Ergebnis der Prüfung keine Einwendungen zu erheben, so hat der Abschlußprüfer dies durch folgenden Vermerk zum Jahresabschluß und zum Konzernabschluß zu bestätigen:

„Die Buchführung und der Jahresabschluß entsprechen/Der Konzernabschluß entspricht nach meiner/unserer pflichtgemäßen Prüfung den gesetzlichen Vorschriften. Der Jahresabschluß/Konzernabschluß vermittelt unter Beachtung der Grundsätze ordnungsgemäßer Buchführung ein den tatsächlichen Verhältnissen entsprechendes Bild der Vermögens-, Finanz- und Ertragslage der Kapitalgesellschaft/des Konzerns. Der Lagebericht/Konzernlagebericht steht im Einklang mit dem Jahresabschluß/Konzernabschluß.

(2) Der Bestätigungsvermerk ist in geeigneter Weise zu ergänzen, wenn zusätzliche Bemerkungen erforderlich erscheinen, um einen falschen Eindruck über den Inhalt der Prüfung und die Tragweite des Bestätigungsvermerks zu vermeiden. Auf die Übereinstimmung mit dem Gesellschaftsvertrag oder der Satzung ist hinzuweisen, wenn diese in zulässiger Weise ergänzende Vorschriften über den Jahresabschluß oder den Konzernabschluß enthalten.

(3) Sind Einwendungen zu erheben, so hat der Abschlußprüfer den Bestätigungsvermerk einzuschränken oder zu versagen. Die Versagung ist durch einen Vermerk zum Jahresabschluß oder zum Konzernabschluß zu erklären. Die Einschränkung und die Versagung sind zu begründen. Einschränkungen sind so darzustellen, daß deren Tragweite deutlich erkennbar wird. Ergänzungen des Bestätigungsvermerks nach Absatz 2 sind nicht als Einschränkungen anzusehen.

(4) Der Abschlußprüfer hat den Bestätigungsvermerk oder den Vermerk über seine Versagung unter Angabe von Ort und Tag zu unterzeichnen. Der Bestätigungsvermerk oder der Vermerk über seine Versagung ist auch in den Prüfungsbericht aufzunehmen.

§ 323 HGB: Verantwortlichkeit des Abschlußprüfers

(1) Der Abschlußprüfer, seine Gehilfen und die bei der Prüfung mitwirkenden gesetzlichen Vertreter einer Prüfungsgesellschaft sind zur gewissenhaften und unparteiischen Prüfung und zur Verschwiegenheit verpflichtet. Sie dürfen nicht unbefugt Geschäfts- und Betriebsgeheimnisse verwerten, die sie bei ihrer Tätigkeit erfahren haben. Wer vorsätzlich oder fahrlässig seine Pflichten verletzt, ist der Kapitalgesellschaft und, wenn ein verbundenes Unternehmen geschädigt worden ist, auch diesem zum Ersatz des daraus entstehenden Schadens verpflichtet. Mehrere Personen haften als Gesamtschuldner.

Übersicht

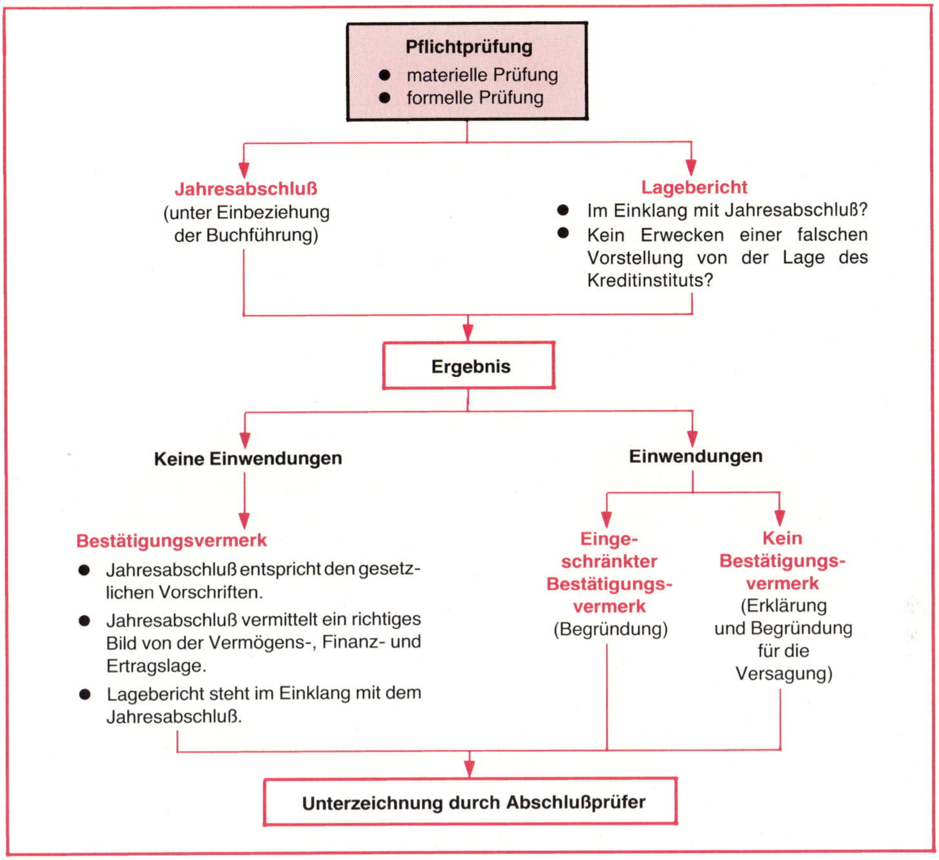

Die Bestimmungen für **Prüfungen der Kreditgenossenschaften** im Genossenschaftsgesetz verweisen, was Gegenstand und Umfang der Abschlußprüfung angeht, auf das HGB (§ 53 Abs. 2 GenG).

▸ KWG-Bestimmungen für die Prüfung des Jahresabschlusses

Die §§ 27–30 KWG regeln wichtige **bankaufsichtliche Fragen der Jahresabschlußprüfung.**

KWG-Vorschriften für die Jahresabschlußprüfung

§§ 27–30 KWG

1. Kreditinstitute (mit Ausnahme von Kreditgenossenschaften und Sparkassen) haben dem Bundesaufsichtsamt für das Kreditwesen den von ihnen bestellten **Prüfer** unverzüglich nach der Bestellung anzuzeigen. Das Bundesaufsichtsamt kann die Bestellung eines anderen Prüfers verlangen, wenn dies zur Erreichung des Prüfungszwecks geboten ist (§ 28 KWG).
2. Bei der Prüfung des Jahresabschlusses hat der Prüfer auch die **wirtschaftlichen Verhältnisse des Kreditinstituts** zu prüfen (§ 29 Abs. 1 KWG).
3. Er hat festzustellen, ob das Kreditinstitut
   - die **Anzeigepflichten** nach dem Kreditwesengesetz erfüllt hat (wie z. B. die Anzeigepflicht für Großkredite, Millionenkredite und Organkredite, die besonderen Anzeigepflichten nach § 24 KWG, u. a. Bestellung eines Geschäftsleiters, Ausscheiden eines Geschäftsleiters, Übernahme und Aufgabe einer Beteiligung, bestimmte bedeutsame Kapitalveränderungen) erfüllt hat,

- die Pflicht zur Einreichung bestimmter **Sammelaufstellungen** erfüllt hat,
- die **Verpflichtungen nach § 12 KWG** (Begrenzung von Anlagen) und **§ 18 KWG** (Offenlegung der wirtschaftlichen Verhältnisse bei Krediten über 100 000,00 DM) erfüllt hat.

4. Werden dem Prüfer bei der Prüfung **Tatsachen** bekannt, welche die **Einschränkung oder Versagung des Bestätigungsvermerks** rechtfertigen, den Bestand des Kreditinstituts gefährden oder seine Entwicklung wesentlich beeinträchtigen können oder die schwerwiegenden Verstöße der Geschäftsleitung gegen Gesetz, Satzung oder Gesellschaftsvertrag erkennen lassen, hat er dies unverzüglich dem Bundesaufsichtsamt und der Deutschen Bundesbank anzuzeigen (§ 29 Abs. 2 KWG).
5. In die Prüfung des Jahresabschlusses ist auch die **Anlage** einzubeziehen, in der der Jahresabschluß erläutert wird.

▸ Prüfungsrichtlinien des Bundesaufsichtsamtes

Aufgabe des Prüfungsberichts

Nach den Prüfungsrichtlinien des Bundesaufsichtsamtes für das Kreditwesen muß der **Prüfungsbericht des Prüfers** u. a. die wirtschaftliche Lage des Kreditinstituts klar erkennen lassen, Vergleiche mit den Bilanzzahlen des Vorjahres anstellen und Vorgänge von besonderer Bedeutung, die nach dem Bilanzstichtag eingetreten sind, wiedergeben.

BAK-Prüfungsrichtlinien

Inhalt des Prüfungsberichts nach den BAK-Prüfungsrichtlinien

A. Allgemeiner Teil

I. **Darstellung der rechtlichen, wirtschaftlichen und organisatorischen Grundlagen**

II. **Darstellung der geschäftlichen Entwicklung im Berichtszeitraum**
Hier ist die geschäftliche Entwicklung des Instituts unter Gegenüberstellung der für sie kennzeichnenden Zahlen des Geschäftsjahres und des Vorjahres zu erläutern.

III. **Darstellung der Vermögenslage**
Hier ist u. a. die Vermögenslage am Bilanzstichtag unter Angabe der angewandten Bewertungsgrundsätze darzustellen und zu beurteilen. Dabei ist über Art und Umfang stiller Reserven zu berichten.

Das haftende Eigenkapital nach § 10 KWG ist zum Bilanzstichtag darzustellen. Der Grundsatz I gemäß § 10 KWG ist zu errechnen und in Vergleich zum Vorjahr zu setzen.

IV. **Darstellung der Liquiditätslage**
Die Liquiditätslage am Bilanzstichtag ist darzustellen und zu beurteilen. Die Grundsätze II und III gemäß § 11 KWG sind nach den Werten der Jahresbilanz zu errechnen und in Vergleich zum Vorjahr zu setzen.

V. **Darstellung der Ertragslage**
Hierbei sind ordentliche und außerordentliche Aufwendungen und Erträge im Vergleich zum Vorjahr aufzugliedern und gegenüberzustellen. Besonderheiten (z. B. bei Personalkosten, Sachkosten, Abschreibungen, den Wertberichtigungsbedarf, den bankfremden Aufwendungen und Erträgen) sind zu erläutern. Aufgelöste und gelegte Reserven gemäß § 340 f HGB sind anzugeben.

VI. **Allgemeine Darstellung des Kreditgeschäfts und Beurteilung der Kreditengagements**
Die Organisation des Kreditgeschäfts (Kreditbearbeitung, Kreditunterlagen, Kreditüberwachung, Beachtung satzungsmäßiger und gesetzlicher Begrenzungen, Befolgung von Arbeitsanweisungen durch die Kreditsachbearbeiter, Mahnwesen) ist zu beurteilen. Ferner ist zusammenfassend die Handhabung des Instituts bei der Verwaltung und Überwachung der Kreditsicherheiten darzustellen.

Das Kreditgeschäft ist allgemein in wirtschaftlicher Hinsicht zu beurteilen (Bonität der Kreditnehmer, Sicherheiten, Rückstände, besondere Risiken). Der Prüfer hat darzulegen, welche Risiken am Bilanzstichtag erkennbar sind, ob und inwieweit Wertberichtigungen, insbesondere Einzelwertberichtigungen bzw. Rückstellungen, zu ihrer Deckung gebildet worden sind und ob er diese für ausreichend hält.

Die Relationen der Großkredite gemäß § 13 Abs. 3 KWG sind zum Bilanzstichtag zu errechnen.

Der Prüfer hat festzustellen, ob das Kreditinstitut im Berichtszeitraum die Vorschrift des § 18 KWG (Offenlegung der wirtschaftlichen Verhältnisse) beachtet hat.

VII. **Darstellung des Anzeigenwesens**

VIII. **Zusammenfassende Schlußbemerkung**

B. **Besonderer Teil**

I. **Erläuterungen zu den einzelnen Bilanzposten, Bilanzvermerken und Posten der Gewinn- und Verlustrechnung**

II. **Darstellung der bemerkenswerten Einzelengagements**

Alle bemerkenswerten Kredite sind einzeln zu besprechen. Als bemerkenswert sind auch Engagements zu besprechen, die im Rahmen des gesamten Kreditgeschäfts von relativ großer Bedeutung sind oder auf die im erheblichen Umfange Wertberichtigungen zu bilden waren oder bei denen die begründete Gefahr besteht, daß sie mit größeren Teilen notleidend werden. Die Bonität der besprochenen Kredite ist aufgrund der gesamten Unterlagen des Kreditinstituts eingehend zu beurteilen. Die Sicherheiten sind nach ihrem Wert (z. B. rechtlicher Bestand, Leistungsfähigkeit eines Bürgen, offene oder stille Zessionen) darzustellen.

Dem Prüfungsbericht sind der Jahresabschluß und bestimmte in den Prüfungsrichtlinien geforderte Anlagen beizufügen.

▸ *Feststellung des Jahresabschlusses*

Begriff

Mit **Feststellung** bezeichnet man die **Billigung des Jahresabschlusses.**

Zuständigkeitsregelungen

Bei einer **Aktiengesellschaft** ist der Jahresabschluß mit Billigung durch den Aufsichtsrat festgestellt, sofern nicht Vorstand und Aufsichtsrat beschließen, die Feststellung des Jahresabschlusses der Hauptversammlung zu überlassen (§ 172 AktG).

Haben Vorstand und Aufsichtsrat beschlossen, die Feststellung des Jahresabschlusses der Hauptversammlung zu überlassen, oder hat der Aufsichtsrat den Jahresabschluß nicht gebilligt, so stellt die Hauptversammlung den Jahresabschluß fest (§ 173 Abs. 1 AktG). Die Satzung kann auch vorsehen, daß stets die Hauptversammlung den Jahresabschluß feststellt.

Bei einer **GmbH** haben die Gesellschafter über die Feststellung des Jahresabschlusses zu beschließen (§ 42 a GmbHG).

Bei **Privatbankiers** (Personenhandelsgesellschaften und Einzelfirmen) wird der Jahresabschluß durch Gesellschafter bzw. durch den Inhaber aufgestellt und festgestellt.

Bei **Sparkassen** fällt die Feststellung des Jahresabschlusses in die Zuständigkeit des Verwaltungsrats.

Bei **Kreditgenossenschaften** steht der Generalversammlung (bzw. bei großen Genossenschaften gem. § 43 a Abs. 1 GenG der Vertreterversammlung) das Recht zur Feststellung des Jahresabschlusses zu (§ 48 Abs. 1 GenG).

9.3.3 Offenlegung des Jahresabschlusses, des Lageberichts und weiterer Unterlagen

Offenlegungspflicht

Alle Kreditinstitute haben für ihre Rechnungslegung eine Publizitätspflicht.

Umfang, Frist

Kreditinstitute müssen gemäß § 340 Abs. 1 HGB ihren **Jahresabschluß** und den **Lagebericht** sowie den Konzernabschluß und den Konzernlagebericht und die anderen in § 325 HGB bezeichneten Unterlagen **innerhalb der ersten neun Monate des folgenden Geschäftsjahrs offenlegen.**

Bundesanzeigerpublizität

Für Kreditinstitute gilt **Bundesanzeigerpublizität.** Das bedeutet, daß die offenzulegenden Unterlagen zunächst im **Bundesanzeiger** bekanntzumachen sind und im zweiten Schritt die Bekanntmachung im Bundesanzeiger unter Beifügung der Unterlagen zum **Handelsregister** des Sitzes des Kreditinstituts einzureichen ist (§ 325 Abs. 2 HGB). Für Kreditgenossenschaften tritt an die Stelle des Handelsregisters das Genossenschaftsregister (§ 340 l Abs. 3 HGB).

Handelsregisterpublizität

Kreditinstitute, deren **Bilanzsumme am Bilanzstichtag 300 Mio. DM nicht übersteigt,** dürfen auf eine Veröffentlichung im Bundesanzeiger verzichten. Sie müssen die offenzulegenden Unterlagen nur **beim Handelsregister hinterlegen** und auf die Hinterlegung im Bundesanzeiger hinweisen.

Übersicht: Publizitätspflicht

Publizitätspflicht der Kreditinstitute

Bilanzsumme des Kreditinstituts	> 300 Mio. DM	bis 300 Mio. DM
Offenzulegende Unterlagen	– **Jahresabschluß** (Bilanz, GuV-Rechnung, Anhang) – **Lagebericht** – **Bericht** des Aufsichtsrats bzw. Verwaltungsrats – **Bestätigungsvermerk** des Abschlußprüfers (bzw. des Prüfungsverbandes oder der Prüfstelle) – **Vorschlag für die Verwendung des Ergebnisses** und der **Beschluß über seine Verwendung** unter Angabe des Jahresüberschusses oder -fehlbetrages (soweit sich diese Angaben nicht aus den eingereichten Unterlagen ergeben)	
Art der Offenlegung	**Bundesanzeigerpublizität mit anschließender Handelsregisterpublizität:** Veröffentlichung der Unterlagen im Bundesanzeiger, Einreichung der Bekanntmachung zum Handelsregister unter Beifügung der Unterlagen	**Registerpublizität mit anschließender Hinweisbekanntmachung im Bundesanzeiger,** bei welchem Handels- bzw. Genossenschaftsregister und unter welcher Nummer die Unterlagen eingereicht worden sind

Veröffentlichung des Jahresabschlusses im Rahmen des Geschäftsberichts oder in Zeitungen

Bei **Veröffentlichung im Rahmen des Geschäftsberichts oder in Zeitungen** ist der Jahresabschluß so wiederzugeben, daß er den für seine Aufstellung maßgebenden Vorschriften entspricht. Eine verkürzte Wiedergabe ist in der Überschrift entsprechend zu bezeichnen. Es ist anzugeben, ob der Bestätigungsvermerk erteilt worden ist und in welcher Ausgabe des Bundesanzeigers bzw. bei welchem Handelsregister die Offenlegung erfolgt ist. Der Bestätigungsvermerk selbst darf nicht beigefügt werden.

Für die **Publizitätspflicht von Zweigstellen ausländischer Banken** (Auslandsbanken) besteht eine Sonderregelung. Zweigniederlassungen aus EG-Mitgliedstaaten müssen die von der Hauptniederlassung aufzustellenden Rechnungslegungsunterlagen offenlegen. Zweigniederlassungen von Kreditinstituten mit Sitz in einem Nichtmitgliedstaat der EG müssen die auf ihre eigene Tätigkeit bezogenen Rechnungslegungsunterlagen offenlegen.

Zusammenfassende Übersicht

Jahresabschluß der Kreditinstitute					
	Aktiengesellschaft	**GmbH**	**Einzelfirma, OHG, KG (Privatbankiers)**	**Sparkassen**	**Kreditgenossenschaften**
Aufstellung	Vorstand	Geschäftsführer	Inhaber bzw. vertretungsberechtigte Gesellschafter	Vorstand	Vorstand
Prüfung	Wirtschaftsprüfer, Wirtschaftsprüfungsgesellschaft			Prüfungsstelle des zuständigen Sparkassen- und Giroverbandes	Zuständiger genossenschaftlicher Prüfungsverband
Feststellung	grundsätzlich Billigung durch Aufsichtsrat	Billigung durch Gesellschafterversammlung	Billigung durch Inhaber bzw. Gesellschafter	Billigung durch Verwaltungsrat	Billigung durch Generalversammlung bzw. Vertreterversammlung
Offenlegung	Grundsätzlich sind alle Kreditinstitute zur Offenlegung ihres Jahresabschlusses im Bundesanzeiger verpflichtet (bis 300 Mio. DM Bilanzsumme Registerhinterlegung und Hinweisbekanntmachung).				

9.4 Ansatz- und Bewertungsvorschriften

Bestimmungen für den Jahresabschluß

Das **HGB** enthält als **Bestimmungen für den Jahresabschluß**

- **Ansatzvorschriften** und
- **Bewertungsvorschriften.**

Sowohl in den Ansatz- als auch in den Bewertungsvorschriften kommen die **Grundsätze ordnungsmäßiger Bilanzierung** zum Ausdruck.

9.4.1 Grundsätze ordnungsmäßiger Bilanzierung

Die **Grundsätze ordnungsmäßiger Bilanzierung** sind Teile der Grundsätze ordnungsmäßiger Buchführung (siehe 1.2.2) und enthalten **Regeln über Inhalt und Form des Jahresabschlusses.**

Inhalt der Grundsätze

Zu den **Grundsätzen ordnungsmäßiger Bilanzierung** zählen

1. der **Grundsatz der Bilanzwahrheit:** Die Bilanz darf keine fiktiven Werte ausweisen (Richtigkeit und Willkürfreiheit). Die gegebenen Tatsachen und die ausdrücklichen gesetzlichen Vorschriften müssen beachtet sein.
2. der **Grundsatz der Bilanzklarheit:** Die Bilanz muß klar und übersichtlich sein. Der Grundsatz ergibt sich aus § 243 Abs. 2 HGB, der Klarheit und Übersichtlichkeit ausdrücklich vom Jahresabschluß verlangt. Ausdruck des Grundsatzes der Bilanzklarheit ist auch das Verrechnungsverbot: Posten der Aktivseite dürfen nicht mit Posten der Passivseite und Aufwendungen nicht mit Erträgen verrechnet werden (§ 246 Abs. 2 HGB).

3. der **Grundsatz der Bilanzidentität:** Die Wertansätze in der Eröffnungsbilanz des Geschäftsjahres müssen mit denen der Schlußbilanz des vorhergehenden Geschäftsjahres übereinstimmen (§ 252 Abs. 1 HGB).

4. der **Grundsatz der Bewertungsstetigkeit:** Die auf den vorhergehenden Jahresabschluß angewandten Bewertungsmethoden sollen beibehalten werden (§ 252 Abs. 1 HGB – **Grundsatz der materiellen Bilanzkontinuität**).

5. der **Grundsatz der Darstellungsstetigkeit:** Die einmal gewählte Bilanzgliederung ist beizubehalten und ohne zwingende Gründe nicht zu verändern (§ 265 Abs. 1 HGB – **Grundsatz der formellen Bilanzkontinuität**).

6. der **Grundsatz der Vollständigkeit:** Der Jahresabschluß hat sämtliche Vermögensgegenstände, Schulden, Rechnungsabgrenzungsposten, Aufwendungen und Erträge zu enthalten, soweit gesetzlich nichts anderes bestimmt ist (§ 246 Abs. 1 HGB).

7. der **Grundsatz der Vorsicht,** der zur Beachtung des **Realisationsprinzips** und des **Imparitätsprinzips** (siehe Seite 243) zwingt und Ausdruck des **Prinzips des Gläubigerschutzes** ist,

8. der **Grundsatz der Periodenabgrenzung von Aufwendungen und Erträgen.**

9.4.2 Handelsrechtliche Bewertungsvorschriften

Arten von Bewertungsvorschriften

Die **Bewertungsvorschriften** enthalten

- **allgemeine Bewertungsgrundsätze** (§ 252 HGB) und
- **Einzelregelungen für die Wertansätze der Vermögensgegenstände und der Schulden** (§§ 253 – 256, §§ 279 – 283 HGB).

Ergänzende Bewertungsvorschriften für Kreditinstitute sind in den §§ 340 e – g HGB zu finden.

9.4.2.1 Überblick über die allgemeinen Bewertungsgrundsätze

Allgemeine Bewertungsgrundsätze des HGB

Allgemeine Bewertungsgrundsätze (§ 252 Abs. 1 HGB)	
Grundsatz	**Inhalt**
Grundsatz der Bilanzidentität	Die Wertansätze in der Eröffnungsbilanz müssen mit denen der Schlußbilanz übereinstimmen.
Grundsatz der Unternehmensfortführung	Bei der Bewertung ist grundsätzlich von der Fortführung der Unternehmenstätigkeit auszugehen (Going-concern-Prinzip).
Grundsatz der Einzelbewertung	Die Vermögensgegenstände und die Schulden sind zum Abschlußstichtag einzeln zu bewerten.
Grundsatz der Vorsicht: 1. Realisationsprinzip	Es ist vorsichtig zu bewerten, namentlich sind alle vorhersehbaren Risiken und Verluste zu berücksichtigen, die bis zum Abschlußstichtag entstanden sind, selbst wenn diese erst zwischen dem Abschlußstichtag und dem Tag der Aufstellung des Jahresabschlusses bekannt geworden sind. **Gewinne sind nur zu berücksichtigen, wenn sie am Abschlußstichtag realisiert sind (Realisationsprinzip).**

2. **Imparitätsprinzip** (Ungleicheitsprinzip)	Während nach dem Realisationsprinzip noch nicht realisierte Gewinne nicht ausgewiesen werden, müssen **nach dem Imparitätsprinzip noch nicht realisierte Verluste ausgewiesen werden (ungleiche Behandlung).**
Grundsatz der Periodenabgrenzung von Aufwendungen und Erträgen	Aufwendungen und Erträge des Geschäftsjahres sind unabhängig von den Zeitpunkten der entsprechenden Zahlungen im Jahresabschluß zu berücksichtigen (siehe 9.5.8).
Grundsatz der Bewertungsstetigkeit	**Die auf den vorhergehenden Jahresabschluß angewandten Bewertungsmethoden sollen beibehalten werden.** **Der Grundsatz der Bewertungsstetigkeit ist ein Willkürverbot für den Wechsel von Bewertungswahlrechten.** Die Bewertungsstetigkeit hindert ein Unternehmen nicht daran, steuerrechtliche Bewertungswahlrechte, z. B. Sonderabschreibungen, von Jahr zu Jahr unterschiedlich auszuüben.

9.4.2.2 Bewertung der Vermögensgegenstände und der Schulden

▸ Bewertungsvorschriften: §§ 253 und 254 HGB

Geltungsbereich

Die Bewertungsvorschriften der §§ 253 und 254 HGB gelten **grundsätzlich für alle Kaufleute.** Für Kapitalgesellschaften sind aber bestimmte Einschränkungen und Ergänzungen zu beachten.

§§ 253 und 254 HGB

§ 253 HGB: Wertansätze der Vermögensgegenstände und Schulden

(1) Vermögensgegenstände sind höchstens mit den Anschaffungs- oder Herstellungskosten, vermindert um Abschreibungen nach den Absätzen 2 und 3 anzusetzen. Verbindlichkeiten sind zu ihrem Rückzahlungsbetrag, Rentenverpflichtungen, für die eine Gegenleistung nicht mehr zu erwarten ist, zu ihrem Barwert und Rückstellungen nur in Höhe des Betrags anzusetzen, der nach vernünftiger kaufmännischer Beurteilung notwendig ist.

(2) Bei Vermögensgegenständen des Anlagevermögens, deren Nutzung zeitlich begrenzt ist, sind die Anschaffungs- oder Herstellungskosten um planmäßige Abschreibungen zu vermindern. Der Plan muß die Anschaffungs- oder Herstellungskosten auf die Geschäftsjahre verteilen, in denen der Vermögensgegenstand voraussichtlich genutzt werden kann. Ohne Rücksicht darauf, ob ihre Nutzung zeitlich begrenzt ist, können bei Vermögensgegenständen des Anlagevermögens außerplanmäßige Abschreibungen vorgenommen werden, um die Vermögensgegenstände mit dem niedrigeren Wert anzusetzen, der ihnen am Abschlußstichtag beizulegen ist; sie sind vorzunehmen bei einer voraussichtlich dauernden Wertminderung.

(3) Bei Vermögensgegenständen des Umlaufvermögens sind Abschreibungen vorzunehmen, um diese mit einem niedrigeren Wert anzusetzen, der sich aus einem Börsen- oder Marktpreis am Abschlußstichtag ergibt. Ist ein Börsen- oder Marktpreis nicht festzustellen und übersteigen die Anschaffungs- oder Herstellungskosten den Wert, der den Vermögensgegenständen am Abschlußstichtag beizulegen ist, so ist auf diesen Wert abzuschreiben. Außerdem dürfen Abschreibungen vorgenommen werden, soweit diese nach vernünftiger kaufmännischer Beurteilung notwendig sind, um zu verhindern, daß in der nächsten Zukunft der Wertansatz dieser Vermögensgegenstände auf Grund von Wertschwankungen geändert werden muß.

(4) Abschreibungen sind außerdem im Rahmen vernünftiger kaufmännischer Beurteilung zulässig.

(5) Ein niedrigerer Wertansatz nach Absatz 2 Satz 3, Absatz 3 oder 4 darf beibehalten werden, auch wenn die Gründe dafür nicht mehr bestehen.

§ 254 HGB: Steuerrechtliche Abschreibungen

Abschreibungen können auch vorgenommen werden, um Vermögensgegenstände des Anlage- oder Umlaufvermögens mit dem niedrigeren Wert anzusetzen, der auf einer nur steuerrechtlich zulässigen Abschreibung beruht. § 253 Abs. 5 ist entsprechend anzuwenden.

▸ Einteilung der Vermögensgegenstände unter Bewertungsgesichtspunkten

Kreditinstitute haben gemäß § 340e Abs. 1 HGB Vermögensgegenstände wie Anlagevermögen (§ 253 Abs. 2 HGB) oder Umlaufvermögen (§ 253 Abs. 3 HGB) zu bewerten.

Anlage- und Umlaufvermögen

Vermögensgegenstände sind **wie Anlagevermögen** zu bewerten, wenn sie dauernd dem Geschäftsbetrieb zu dienen bestimmt sind. Sie sind **wie Umlaufvermögen** zu bewerten, wenn sie nicht dazu bestimmt sind, dauernd dem Geschäftsbetrieb zu dienen.

Die Zweckbestimmung von Wertpapierbeständen, dauernd dem Geschäftsbetrieb zu dienen **(Wertpapiere des Anlagevermögens)**, setzt eine aktenkundig zu machende Entscheidung der zuständigen Stelle voraus.

Übersicht

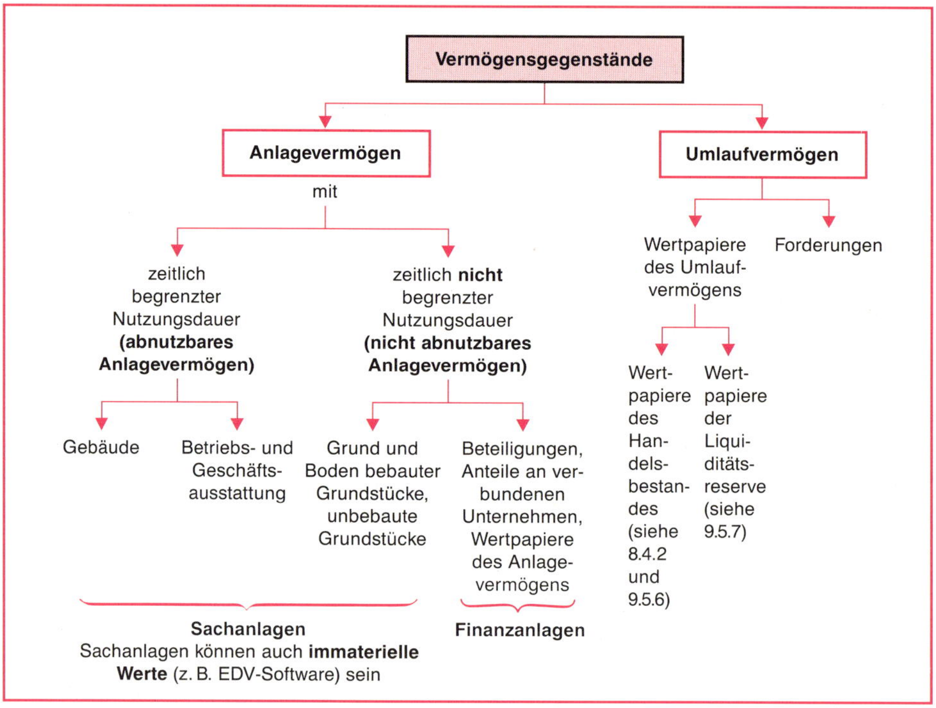

Beteiligungen sind verbriefte oder nicht verbriefte Anteile an anderen Unternehmen, die bestimmt sind, dem eigenen Geschäftsbetrieb durch Herstellung einer dauernden Verbindung zu jenen Unternehmen zu dienen. Als Beteiligung gelten im Zweifel Anteile an einer Kapitalgesellschaft, deren Nennbeträge insgesamt 20 % des Nennkapitals dieser Gesellschaft überschreiten. Die Mitgliedschaft in einer Genossenschaft gilt nicht als Beteiligung. Die Mitgliedschaft in einer Personenhandelsgesellschaft gilt immer als Beteiligung.

▸ Wertobergrenzen für Vermögensgegenstände

Bewertung nach § 253 HGB

Die Bewertungsvorschriften in **§ 253 HGB** setzen **für alle Unternehmen Wertobergrenzen** fest. Diese Grenzen sind für Kapitalgesellschaften gleichzeitig die Untergrenzen.

Stille Reservern

Für Kapitalgesellschaften folgt daraus, daß es ihnen grundsätzlich verboten ist, bewußt stille Reserven zu legen. Kreditinstitute sind aber von dem Verbot ausgenommen (siehe 9.4.2.3). Nichtkapitalgesellschaften ist es gestattet, stille Reserven zu legen. Auch die steuerrechtlichen Abschreibungen nach **§ 254 HGB** führen zur Bildung stiller Reserven.

Sowohl für Gegenstände des Anlagevermögens als auch für Gegenstände des Umlaufvermögens gilt, daß die **Vermögensgegenstände höchstens mit den Anschaffungs- oder Herstellungskosten anzusetzen sind** (vermindert um Abschreibungen nach Abs. 2 und Abs. 3 des § 253 HGB).

Anschaffungswertprinzip

▶ Bewertung des Anlagevermögens

Bewertung des Anlagevermögens nach den §§ 253 und 254 HGB

Bewertungsvorschriften für Gegenstände des Anlagevermögens

- **Bewertungsgrundsatz für abnutzbare Vermögensgegenstände:**
  (Vermögensgegenstände mit zeitlich begrenzter Nutzung)

  Anschaffungskosten ·/. planmäßige Abschreibungen

  § 253 Abs. 2 Satz 1 HGB
  Bei Vermögensgegenständen des Anlagevermögens, deren Nutzung zeitlich begrenzt ist, sind die Anschaffungs- oder Herstellungskosten um planmäßige Abschreibungen zu vermindern.

- **Bewertungsgrundsatz für nicht abnutzbare Vermögensgegenstände:**

  Anschaffungskosten

  § 253 Abs. 1 Satz 1 HGB
  Vermögensgegenstände sind höchstens mit den Anschaffungs- oder Herstellkosten . . . anzusetzen.

Besondere Regelungen für alle Gegenstände des Anlagevermögens:

- **Regelungen, wenn beizulegender Wert < Buchwert:**
  - Abschreibungs**recht** bei voraussichtlich **vorübergehender Wertminderung** (§ 253 Abs. 2 Satz 3 HGB)
  - Abschreibungs**pflicht** bei voraussichtlich **dauernder Wertminderung** (§ 253 Abs. 2 Satz 3 HGB)

  Abschreibung auf den niedrigeren Wert:

  § 253 Abs. 2 Satz 3 HGB
  Ohne Rücksicht darauf, ob ihre Nutzung zeitlich begrenzt ist, können bei Vermögensgegenständen des Anlagevermögens außerplanmäßige Abschreibungen vorgenommen werden, um die Vermögensgegenstände mit dem niedrigeren Wert anzusetzen, der ihnen am Abschlußstichtag beizulegen ist; sie sind vorzunehmen bei einer voraussichtlich dauernden Wertminderung.

- **Abschreibungsrecht zur Legung stiller Reserven:**

  § 253 Abs. 4 HGB
  Abschreibungen sind außerdem im Rahmen vernünftiger kaufmännischer Beurteilung zulässig.

- **Recht zur Anwendung steuerrechtlicher Abschreibung in der Handelsbilanz:**

  § 254 HGB
  Abschreibungen können auch vorgenommen werden, um Vermögensgegenstände des Anlage- oder Umlaufvermögens mit dem niedrigeren Wert anzusetzen, der auf einer nur steuerrechtlich zulässigen Abschreibung beruht. § 253 Abs. 5 ist entsprechend anzuwenden.

- **Wahlrecht bei Wegfall der Abschreibungsgründe:** = Beibehaltungsrecht für den niedrigeren Wert **oder** Zuschreibungsrecht (Wertaufholung)

  § 253 Abs. 5 HGB
  Ein niedrigerer Wertansatz nach Absatz 2 Satz 3, Absatz 3 oder 4 darf beibehalten werden, auch wenn die Gründe dafür nicht mehr bestehen.

Das Niederstwertprinzip, das bei der Bewertung von Gegenständen des Anlagevermögens gilt, wird als **gemildertes Niederstwertprinzip** bezeichnet, weil nur bei voraussichtlich dauernder Wertminderung eine Abschreibungspflicht besteht.

Gemildertes Niederstwertprinzip

Besonderheiten bei Kapitalgesellschaften bzw. bei Kreditinstituten

Für **Kapitalgesellschaften** bzw. für **Kreditinstitute** sind **einschränkende und ergänzende Bewertungsvorschriften für das Anlagevermögen** zu beachten:

1. Das **Abschreibungsrecht bei voraussichtlich vorübergehender Wertminderung** nach § 253 Abs. 2 Satz 3 HGB besteht gemäß § 340 e Abs. 1 HGB **nur für Finanzanlagen** (Wertpapiere des Anlagevermögens, Beteiligungen, Anteile an verbundenen Unternehmen). Abschreibungen auf immaterielle Anlagewerte (Konzessionen, gewerbliche Schutzrechte, Lizenzen) und auf Sachanlagen sind nur bei voraussichtlich dauernder Wertminderung zulässig.

2. **Abschreibungen** im Rahmen vernünftiger kaufmännischer Beurteilung, die der Legung stiller Reserven dienen, sind Kapitalgesellschaften verboten (§ 279 Abs. 1 HGB). Dies gilt auch für Kreditinstitute, da sie wie Kapitalgesellschaften behandelt werden. Steuerrechtliche Abschreibungen dürfen nur unter bestimmten Voraussetzungen vorgenommen werden (§ 279 Abs. 2 HGB).

3. Sowohl bei vorübergehender Wertminderung als auch bei voraussichtlich dauernder Wertminderung besteht **grundsätzlich** ein **Wertaufholungsgebot** (§ 280 HGB), das eine **Zuschreibung** bis zum Betrag der früheren Abschreibung vorsieht, wenn die Abschreibungsgründe weggefallen sind. Das gilt seit 01.01.1993 auch für Kreditinstitute.

▸ Bewertung des Umlaufvermögens

Bewertung des Umlaufvermögens nach den §§ 253 und 254 HGB

Bewertungsvorschriften für Vermögensgegenstände des Umlaufvermögens

- **Bewertungsgrundsatz:**

Abschreibungspflicht auf den niedrigeren Wert, der sich aus einem Börsen- oder Marktpreis am Abschlußstichtag ergibt

§ 253 Abs. 3 Satz 1 und 2 HGB

(3) Bei Vermögensgegenständen des Umlaufvermögens sind Abschreibungen vorzunehmen, um diese mit einem niedrigeren Wert anzusetzen, der sich aus einem Börsen- oder Marktpreis am Abschlußstichtag ergibt. Ist ein Börsen- oder Marktpreis nicht festzustellen und übersteigen die Anschaffungs- oder Herstellungskosten den Wert, der den Vermögensgegenständen am Abschlußstichtag beizulegen ist, so ist auf diesen Wert abzuschreiben.

Strenges Niederstwertprinzip

Börsen- oder Marktpreis bzw. beizulegender Stichtagswert < **Anschaffungs- oder Herstellungskosten:**

→ Abschreibung auf den niedrigeren Wert

Besondere Regelungen:

- **Abschreibungsrecht zur Vorwegnahme von künftigen Wertschwankungen** = Abschreibung zur Verhinderung von Änderungen des Wertansatzes aufgrund von zukünftigen Wertschwankungen

§ 253 Abs. 3 Satz 3 HGB

Außerdem dürfen Abschreibungen vorgenommen werden, soweit diese nach vernünftiger kaufmännischer Beurteilung notwendig sind, um zu verhindern, daß in der nächsten Zukunft der Wertansatz dieser Vermögensgegenstände auf Grund von Wertschwankungen geändert werden muß.

- **Abschreibungsrecht zur Legung stiller Rücklagen** (§ 253 Abs. 4 HGB) = Abschreibung im Rahmen vernünftiger kaufmännischer Beurteilung
- **Recht zur Anwendung steuerrechtlicher Abschreibungen in der Handelsbilanz** (§ 254 HGB) = Abschreibung auf den steuerrechtlich zulässigen niedrigeren Wert
- **Wahlrecht bei Wegfall der Abschreibungsgründe:** = Beibehaltungsrecht für den niedrigeren Wert oder Zuschreibungsrecht (Wertaufholung) (§ 253 Abs. 5 HGB)

Auch bei den Bewertungsvorschriften für Gegenstände des Umlaufvermögens haben **Kapitalgesellschaften** bzw. für **Kreditinstitute einschränkende und ergänzende Vorschriften** zu beachten:

Besonderheiten bei Kapitalgesellschaften bzw. bei Kreditinstituten

1. **Wertaufholungsgebot** (siehe 9.5.5.7),
2. **Verbot der Abschreibung zur Legung stiller Reserven,** wobei **für Kreditinstitute** gemäß **§ 340 f HGB** eine **Sonderregelung** besteht: **Kreditinstitute dürfen durch Unterbewertung bestimmter Vermögensgegenstände bewußt stille Reserven (Vorsorgereserven für allgemeine Bankrisiken) legen** (siehe 9.4.2.3).
3. **Recht zur Anwendung steuerrechtlicher Abschreibung nur bei bestimmten Voraussetzungen.**

▸ Bewertung der Verbindlichkeiten

Verbindlichkeiten sind nach § 253 Absatz 1 HGB mit ihrem **Rückzahlungsbetrag zu bewerten.** Das ist in der Regel der Betrag, zu dem die Verbindlichkeiten eingegangen worden sind. Er heißt im HGB **Ausgabebetrag.**

Bewertungsgrundsatz nach § 253 HGB

Der Rückzahlungsbetrag kann höher sein als der Ausgabebetrag. Beispiel: Eine Anleihe ist mit einem **Abgeld (Disagio)** ausgegeben worden. Der Ausgabebetrag ergibt sich aus Nennwert minus Disagio. Als Verbindlichkeit ist der Nennwert = Rückzahlungsbetrag zu bilanzieren.

Rückzahlungsbetrag > Ausgabebetrag

Der Unterschiedsbetrag zwischen Rückzahlungsbetrag und Ausgabebetrag, das Disagio, darf nach § 250 Absatz 3 HGB als aktiver Rechnungsabgrenzungsposten (siehe 9.5.8.1) ausgewiesen werden.

Verbindlichkeiten, die am Abschlußstichtag dem Grunde nach und/oder der Höhe nach noch nicht bekannt sind, müssen als **Rückstellungen** bilanziert werden. Nach § 253 Absatz 1 HGB sind Rückstellungen „nur in Höhe des Betrages anzusetzen, der nach vernünftiger kaufmännischer Beurteilung notwendig ist" (siehe 9.5.9).

Rückstellungen

9.4.2.3 Besondere Bewertungsvorschriften für Kreditinstitute

Nach § 340 f HGB, der den früheren § 26 a KWG ersetzt, haben Kreditinstitute die Möglichkeit, **stille Reserven** als **Vorsorgereserven für allgemeine Bankrisiken** zu bilden.

Stille Reserven bei Kreditinstituten

Nach früherem Recht durften Kreditinstitute als Kapitalgesellschaften stille Reserven auf Grund von § 26 a Abs. 1 KWG bei Forderungen und Wertpapieren des Umlaufvermögens bilden, indem sie diese mit einem niedrigeren als dem nach § 253 Abs. 1 und 3 und § 279 Abs. 1 Satz 1 HGB vorgeschriebenen oder zugelassenen Wert ansetzten, soweit dies nach vernünftiger kaufmännischer Beurteilung zur Sicherung gegen die besonderen bankspezifischen Risiken notwendig war. Kreditinstitute in anderen Rechtsformen konnten solche stillen Reserven nach § 253 Abs. 4 HGB bilden, der zusätzliche Abschreibungen bei allen Vermögensgegenständen im Rahmen vernünftiger kaufmännischer Beurteilung auch dann zuläßt, wenn besondere bankspezifische Risiken nicht bestehen.

Gegenüber dem früheren Recht dürfen Wertpapiere des Handelsbestands nicht Bemessungsgrundlage für die Reservebildung sein. Wertpapiere dürfen nur Grundlage für die Bildung von Vorsorgereserven sein, wenn es Wertpapiere der Liquiditätsreserve sind. Der Betrag der Vorsorgereserven darf **4 % der Bemessungsgrundlage** (Forderungen an Kreditinstitute und Kunden und Wertpapiere der Liquiditätsreserve ohne Handelsbestand) nicht übersteigen (ausführliche Darstellung im Abschnitt 9.5.7).

Wesen der Steuerbilanz

9.4.3 Steuerbilanz und steuerrechtliche Bewertungsvorschriften

Steuerbilanz ist die zur steuerlichen Gewinnermittlung aufgestellte Bilanz. Im Gegensatz zur Handelsbilanz, für deren Wertansätze handelsrechtliche Vorschriften gelten, sind für die Steuerbilanz die **steuerrechtlichen Bewertungsvorschriften** maßgebend. So richten sich z. B. Bewertungen und Abschreibungen in der Steuerbilanz nach den Bestimmungen des Einkommensteuergesetzes (§§ 5–7 EStG).

Zwischen Steuerbilanz und Handelsbilanz besteht ein Zusammenhang: Nach § 5 Abs. 1 EStG hat der Unternehmer für Zwecke der Gewinnermittlung in der Steuerbilanz das Betriebsvermögen anzusetzen, das „nach den handelsrechtlichen Grundsätzen ordnungsmäßiger Buchführung auszuweisen ist".

Maßgeblichkeit der Handelsbilanz für die Steuerbilanz

Dieser **Grundsatz der Maßgeblichkeit der Handelsbilanz für die Steuerbilanz** gilt generell für alle Posten, die nach den handelsrechtlichen Grundsätzen ordnungsmäßiger Buchführung in der Handelsbilanz auszuweisen sind.

Der Maßgeblichkeitsgrundsatz ist durch zahlreiche steuerrechtliche Vorschriften (EStG) eingeschränkt worden. Die Steuerbilanz ist eine eigenständige Bilanz geworden, die sich grundlegend von der Handelsbilanz unterscheidet.

Unternehmen, die publizitätspflichtig (zur Offenlegung ihres Jahresabschlusses verpflichtet) sind, wie z. B. Aktiengesellschaften, Gesellschaften mit beschränkter Haftung und Kreditinstitute, stellen eine **Handelsbilanz und** eine **Steuerbilanz** auf. In der Handelsbilanz nutzen sie alle handelsrechtlich zulässigen Möglichkeiten, sich der Öffentlichkeit erfolgreich darzustellen. Nicht publizitätspflichtige Unternehmen stellen oftmals nur eine **Einheitsbilanz** auf, die sowohl handels- als auch steuerrechtlichen Zwecken dient. Eine solche Bilanz, die rechtlich eine Handelsbilanz ist, geht dann von den steuerrechtlichen Wertansätzen aus, die handelsrechtlich zulässig sind.

Im **Handelsgesetzbuch** sind **steuerrechtlich begründete Vorschriften** enthalten. In der Handelsbilanz können Abschreibungen allein aus steuerrechtlichen Gründen vorgenommen werden – bei Kapitalgesellschaften und bei Kreditinstituten allerdings nur, wenn das Steuerrecht die Berücksichtigung in der Handelsbilanz zur Voraussetzung von Steuervergünstigungen (z. B. Sonderabschreibungen nach dem Fördergebietsgesetz in den neuen Bundesländern) macht (§§ 254 und 279 Abs. 2 HGB).

Unter der gleichen Voraussetzung können in der Handelsbilanz auch **steuerfreie Rücklagen** (als **Sonderposten mit Rücklageanteil)** ausgewiesen werden (§§ 247 Abs. 3 und 273 HGB).

Umgekehrte Maßgeblichkeit

Steuerrechtliche Sonderabschreibungen und erhöhte Absetzungen dürfen also nur in Anspruch genommen werden, wenn die entsprechenden Wertansätze auch in der Handelsbilanz vorgenommen werden. Soll der Steuervorteil erhalten bleiben, so muß der niedrigere Wertansatz in den folgenden Geschäftsjahren auch in der Handelsbilanz beibehalten werden. Die Anwendung des **Prinzips der umgekehrten Maßgeblichkeit** bewirkt, daß die Gewinnanteile, die infolge der Sonderabschreibung oder der erhöhten Absetzung zunächst nicht besteuert worden sind, auch nicht als Gewinn im Jahresabschluß ausgewiesen und an die Unternehmenseigner ausgeschüttet werden können. Dem Steuerverzicht des Staates entspricht der Ausschüttungsverzicht der Unternehmenseigner, da Handelsbilanzgewinn und Steuerbilanzgewinn gleichermaßen gemindert werden. Sonderabschreibung bzw. erhöhte Absetzung und der dadurch verursachte Besteuerungsverzicht sowie der Ausschüttungsverzicht stärken die Unternehmenssubstanz. Dieses umgekehrte Maßgeblichkeitsprinzip liegt der Besteuerungspraxis zugrunde.

Trotz der Maßgeblichkeit der Handelsbilanz für die Steuerbilanz kann der Gewinn, der in der Steuerbilanz ermittelt wird, von dem Gewinn des (handelsrechtlichen) Jahresabschlusses abweichen. So ist es z. B. unter bestimmten Voraussetzungen in der Steuerbilanz möglich, die Versteuerung von Gewinnanteilen in ein späteres Geschäftsjahr zu verlagern. Für diese sog. **latenten Steuern** muß in der Handelsbilanz in Höhe der voraussichtlich späteren **Steuerbelastung** eine **Rückstellung** (siehe 9.5.10) gebildet werden. Im umgekehrten Fall, in dem voraussichtlich später eine **Steuerentlastung** stattfindet, kann in der Handelsbilanz ein **aktiver Rechnungsabgrenzungsposten** (siehe 9.5.9) gebildet werden.

Latente Steuern

Latente Steuern können sich nur bei **Ertragsteuern** ergeben (Einkommensteuer, Körperschaftsteuer, Gewerbeertragsteuer). Sie ergeben sich aus dem **Unterschied in der Steuerbelastung zwischen Steuerbilanz und Handelsbilanz.**

Aufgaben

Aufgabe 9.1

Begründen Sie, warum die Rechnungslegung bei allen Kreditinstituten – unabhängig von der Art und Rechtsform – aus Bilanz, Gewinn- und Verlustrechnung, Anhang und Lagebericht besteht!

Aufgabe 9.2

Erläutern Sie den Unterschied zwischen Rechnungslegung und Jahresabschluß!

Aufgabe 9.3

Begründen Sie, warum es notwendig ist, neben dem Begriff „Jahresabschluß" den Begriff „Konzernabschluß" zu verwenden!

Aufgabe 9.4

Nennen Sie die Gesetze, welche die nachstehend aufgeführten Kreditinstitute für ihren Jahresabschluß zu beachten haben!

a) Südbank AG München
b) Sparkasse Leipzig
c) Volksbank Düsseldorf
d) Norddeutsche Teilzahlungsbank GmbH Hannover

Begründen Sie für jedes Institut, für welchen Zweck die genannten Rechtsvorschriften herangezogen werden müssen!

Aufgabe 9.5

Entscheiden Sie für die in der Übersicht aufgeführten Kreditinstitute, wer jeweils für die genannten Aufgaben zuständig ist!

Jahresabschluß				
	Volksbank Düsseldorf	Sparkasse Leipzig	Südbank AG	Teilzahlungsbank GmbH Hannover
Aufstellung	?	?	?	?
Prüfung	?	?	?	?
Feststellung	?	?	?	?

Aufgabe 9.6 Erläutern und begründen Sie die unterschiedlichen Regelungen für die Publizitätspflicht der nachstehend genannten Kreditinstitute!

a) Volksbank Altdorf e.G. mit einer Bilanzsumme von 85 000,00 DM
b) Südbank AG München mit einer Bilanzsumme von 1 300 000,00 DM

Aufgabe 9.7 Treffen Sie Entscheidungen für die Südbank München!

a) Das Geschäftsjahr der Südbank läuft vom 01. Januar bis 31. Dezember. Die Bank will einen Terminplan für Aufstellung, Prüfung und Feststellung des Jahresabschlusses sowie für die Erfüllung der Vorlagepflichten bei BAK und Bundesbank aufstellen.

b) In der Abteilung Kommunikation und Öffentlichkeitsarbeit soll festgelegt werden, wie im Rahmen der Public Relations-Arbeit Angaben aus Jahresabschluß und Lagebericht über die gesetzlich vorgeschriebene Publizität hinaus der Öffentlichkeit zugänglich gemacht werden sollen. Machen Sie Vorschläge, und führen Sie an, was Sie dabei zu beachten haben!

Aufgabe 9.8 Warum ist es aus der Sicht eines Außenstehenden sehr wichtig, daß bei der Aufstellung des Jahresabschlusses der Grundsatz der materiellen Bilanzkontinuität gilt?

Aufgabe 9.9 Was haben das Realisationsprinzip und das Imparitätsprinzip gemeinsam, und welcher Unterschied besteht?

Aufgabe 9.10 Erläutern Sie den Unterschied zwischen dem gemilderten und dem strengen Niederstwertprinzip!

Aufgabe 9.11 Entscheiden Sie, welcher Wertansatz vorgeschrieben ist und welche Bewertungsvorschriften hierfür maßgebend sind (Gesetze und Paragraphen angeben)!

1. Schuldverschreibungen im Besitz des Kreditinstituts, die als Anlagevermögen bewertet werden
2. Aktien im Besitz des Kreditinstituts, die als Umlaufvermögen bewertet werden
3. Betriebs- und Geschäftsausstattung
4. Geschäftsgebäude
5. Sichteinlagen
6. Spareinlagen
7. Rückstellungen
8. Forderungen in ausländischer Währung

Aufgabe 9.12 Wiederholungsfragen zu den Abschnitten 9.1 bis 9.4:

1. Welche Aufgaben soll der Jahresabschluß erfüllen?
2. Welche Bestandteile hat der Jahresabschluß bei Kreditinstituten?
3. Welche Rechtsgrundlagen hat der Jahresabschluß der Kreditinstitute?
4. Wer ist bei Kreditinstituten
   a) für die Aufstellung,
   b) für die Feststellung

   des Jahresabschlusses zuständig?
5. Welchen Inhalt hat der Bestätigungsvermerk für den Jahresabschluß laut HGB?
6. Welche Aufgaben haben die Abschlußprüfer bei der Jahresabschlußprüfung laut KWG zu erfüllen?
7. Welche Unterlagen haben Kreditinstitute offenzulegen, wo hat die Offenlegung zu erfolgen und innerhalb welcher Frist?
8. Welche Grundsätze ordnungsgemäßer Bilanzierung gibt es?
9. Was besagen die allgemeinen Bewertungsgrundsätze des HGB?
10. Was besagt das gemilderte Niederstwertprinzip bei der Bewertung von Gegenständen des Anlagevermögens?

11. Was besagt das strenge Niederstwertprinzip bei der Bewertung von Gegenständen des Umlaufvermögens?
12. Was gilt für die Bewertung von Verbindlichkeiten?
13. Wodurch unterscheiden sich Handelsbilanz und Steuerbilanz?
14. Was versteht man unter dem Grundsatz der Maßgeblichkeit der Handelsbilanz für die Steuerbilanz?
15. Warum müssen alle Kreditinstitute ihren Jahresabschluß dem Bundesaufsichtsamt für das Kreditwesen und der Deutschen Bundesbank einreichen?

Programmierte Aufgaben

Aufgabe 9.13

Welche Gesetze sind von allen Kreditinstituten, welche nur jeweils von bestimmten Kreditinstituten zu beachten?

① Gesetze, die von allen Instituten

② Gesetze, die nur von bestimmten Instituten

zu beachten sind

a) Handelsgesetzbuch
b) Aktiengesetz
c) GmbH-Gesetz
d) Kreditwesengesetz
e) Rechnungslegungsverordnung
f) Sparkassengesetz
g) Genossenschaftsgesetz

Aufgabe 9.14

Welchen Geltungsbereich haben die aufgeführten Bewertungsvorschriften?

① Bewertungsvorschriften, die ausnahmslos für alle Unternehmen gelten

② Bewertungsvorschriften, die für alle Unternehmen mit Ausnahme der Kapitalgesellschaften und der Kreditinstitute gelten

③ Bewertungsvorschriften, die nur für Kapitalgesellschaften und für Kreditinstitute gelten

④ Bewertungsvorschriften, die nur für Kreditinstitute gelten

⑤ Bewertungsvorschriften, die nur für Kapitalgesellschaften gelten

Ordnen Sie zu!

a) Das Abschreibungsrecht bei vorübergehender Wertminderung besteht nur für Finanzanlagen.
b) Nicht abnutzbare Vermögensgegenstände sind höchstens mit den Anschaffungs- oder Herstellkosten anzusetzen.
c) Bei Vermögensgegenständen des Umlaufvermögens sind Abschreibungen vorzunehmen, um diese mit einem niedrigeren Wert anzusetzen, der sich aus einem Börsen- oder Marktpreis am Abschlußstichtag ergibt.
d) Abschreibungen dürfen vorgenommen werden, um im Rahmen vernünftiger kaufmännischer Beurteilung stille Reserven zu legen.
e) Gemäß § 340 f HGB dürfen bestimmte Vermögensgegenstände unterbewertet werden, um stille Reserven zu legen.
f) Es besteht grundsätzlich ein Wertaufholungsgebot.

Aufgabe 9.15

Welche Aussagen über Prüfung der Jahresabschlüsse von Kreditinstituten sind zutreffend?

a) Das KWG schreibt vor, daß nur die Jahresabschlüsse von Kreditinstituten in der Rechtsform der Aktiengesellschaft, der GmbH und der Genossenschaft sowie die Jahresabschlüsse von Sparkassen geprüft werden müssen.
b) Das HGB schreibt vor, daß die Jahresabschlüsse grundsätzlich aller Kreditinstitute geprüft werden müssen.

c) Wirtschaftsprüfer und Wirtschaftsprüfungsgesellschaften übernehmen die Prüfung der Jahresabschlüsse; bei Sparkassen sind es die Prüfungsstellen des zuständigen Sparkassen- und Giroverbandes.

d) Das KWG schreibt vor, daß das Bundesaufsichtsamt für das Kreditwesen die Prüfung der Jahresabschlüsse übernimmt.

e) Die Jahresabschlüsse von Kreditgenossenschaften werden von genossenschaftlichen Prüfungsverbänden geprüft.

f) Kreditinstitute in der Rechtsform der Einzelunternehmung, der OHG und KG sind zur Prüfung ihrer Jahresabschlüsse nur verpflichtet, wenn ihre Bilanzsumme 300 Millionen DM übersteigt.

Aufgabe 9.16 **Wer stellt den Jahresabschluß fest?**

① der Vorstand
② der Aufsichtsrat
③ der Verwaltungsrat
④ die Generalversammlung

Ordnen Sie zu!

a) bei der Stadtsparkasse Rostock
b) bei der Volksbank Münster
c) bei der Raiffeisenbank Oberstdorf-Sonthofen
d) bei der Norddeutschen Kreditbank AG

9.5 Durchführung des Jahresabschlusses

9.5.1 Zusammenhang von Inventur, Buchführung und Jahresabschluß

Notwendigkeit von vorbereitenden Abschlußbuchungen

Maßgebend für die Wertansätze im Jahresabschluß sind die durch Inventur und Bewertung festgestellten Vermögens- und Kapitalwerte. Diese **Ist-Werte** müssen mit den Zahlen der Buchführung (Salden der Konten = **Soll-Werte**) verglichen und abgestimmt werden. Stimmen Ist- und Soll-Werte nicht überein, müssen die Soll-Werte den Ist-Werten angepaßt werden. Hierzu werden **vorbereitende Abschlußbuchungen** (bei Sparkassen: Vorabschlußbuchungen) vorgenommen.

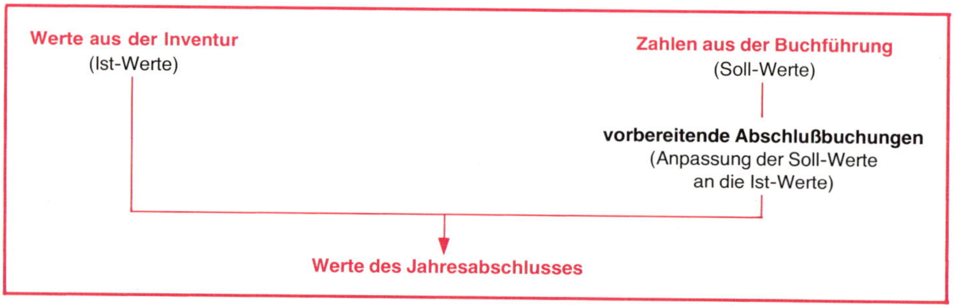

9.5.2 Vorbereitung des Jahresabschlusses durch die Inventur

Begriffe der Inventur

Inventur ist die Tätigkeit der mengen- und wertmäßigen Erfassung der Vermögensgegenstände und der Schulden. Sie ist **körperliche Bestandsaufnahme** durch Zählen, z. B. bei Kassenbestand, Schecks, Wechseln, oder **nichtkörperliche (buchmäßige) Bestandsaufnahme** mittels Anlagekartei, z. B. bei Grundstücken und Gebäuden, Betriebs- und Geschäftsausstattung, bzw. mittels Kontoauszügen und Saldenlisten, z. B. bei Postgiro- und LZB-Guthaben, Kontokorrentkforderungen, Kontokorrentverbindlichkeiten (Buchinventur).

Buchinventur

Die Inventur ist durch § 240 HGB vorgeschrieben (siehe Seite 15). Sie muß zum Schluß eines jeden Geschäftsjahres durchgeführt werden. Die Dauer des Geschäftsjahres darf zwölf Monate nicht überschreiten (§ 240 Abs. 1 HGB).

Rechtsgrundlage für die Buchinventur ist § 241 Abs. 2 HGB.

▸ *Inventurverfahren*

Stichtagsinventur

Die Inventur wird zum Abschlußstichtag durchgeführt. Sie heißt daher auch **Stichtagsinventur.** Kann die Bestandsaufnahme nicht am Stichtag selbst durchgeführt werden, muß sie „zeitnah", d.h. innerhalb einer Frist von 10 Tagen vor oder nach dem Stichtag erfolgen. Die Bestandsveränderungen zwischen Aufnahme und Stichtag müssen belegmäßig genau festgehalten und bei der Ermittlung der Bestände berücksichtigt werden.

Rechtsgrundlage für diese sog. **ausgeweitete Stichtagsinventur** ist ebenfalls § 241 Abs. 2 HGB. Die ausgeweitete Stichtagsinventur ist ein **Inventurvereinfachungsverfahren.**

Inventurvereinfachungsverfahren

§ 241 HGB: Inventurvereinfachungsverfahren

(1) Bei der Aufstellung des Inventars darf der Bestand der Vermögensgegenstände nach Art, Menge und Wert auch mit Hilfe anerkannter mathematisch-statistischer Methoden auf Grund von Stichproben ermittelt werden. Das Verfahren muß den Grundsätzen ordnungsmäßiger Buchführung entsprechen. Der Aussagewert des auf diese Weise aufgestellten Inventars muß dem Aussagewert eines auf Grund einer körperlichen Bestandsaufnahme aufgestellten Inventars gleichkommen.

(2) Bei der Aufstellung des Inventars für den Schluß eines Geschäftsjahrs bedarf es einer körperlichen Bestandsaufnahme der Vermögensgegenstände für diesen Zeitpunkt nicht, soweit durch Anwendung eines den Grundsätzen ordnungsmäßiger Buchführung entsprechenden anderen Verfahrens gesichert ist, daß der Bestand der Vermögensgegenstände nach Art, Menge und Wert auch ohne die körperliche Bestandsaufnahme für diesen Zeitpunkt festgestellt werden kann.

(3) In dem Inventar für den Schluß eines Geschäftsjahrs brauchen Vermögensgegenstände nicht verzeichnet zu werden, wenn

1. der Kaufmann ihren Bestand aufgrund einer körperlichen Bestandsaufnahme oder aufgrund eines nach Absatz 2 zulässigen anderen Verfahrens nach Art, Menge und Wert in einem besonderen Inventar verzeichnet hat, das für einen Tag innerhalb der letzten drei Monate vor oder der ersten beiden Monate nach dem Schluß des Geschäftsjahrs aufgestellt ist, und
2. auf Grund des besonderen Inventars durch Anwendung eines den Grundsätzen ordnungsmäßiger Buchführung entsprechenden Fortschreibungs- oder Rückrechnungsverfahrens gesichert ist, daß der am Schluß des Geschäftsjahres vorhandene Bestand der Vermögensgegenstände für diesen Zeitpunkt ordnungsgemäß bewertet werden kann.

Permanente Inventur

Ein Inventurvereinfachungsverfahren ist die **permanente Inventur,** die ebenfalls durch § 241 Abs. 2 HGB erlaubt ist. Eine permanente Inventur liegt vor, wenn die körperliche Bestandsaufnahme zu einem oder zu mehreren Terminen während des Geschäftsjahres erfolgt. Zum Stichtag selbst erfolgt eine buchmäßige Inventur. Die permanente Inventur setzt eine laufende mengenmäßige Bestandsfortschreibung voraus, deren Ergebnisse anhand der körperlichen Bestandsaufnahme überprüft und gegebenenfalls berichtigt werden.

Vor- oder nachverlegte Stichtagsinventur

Ein weiteres Inventurvereinfachungsverfahren, das nach den Vorschriften des HGB grundsätzlich zulässig ist, wird als **vor- oder nachverlegte Stichtagsinventur** bezeichnet. Das Kreditinstitut kann bei Anwendung dieses Verfahrens die Bestände innerhalb der letzten drei Monate vor oder innerhalb der ersten zwei Monate nach dem Schluß des Geschäftsjahres aufnehmen und in einem **besonderen Inventar** verzeichnen und auf den Abschlußstichtag fortschreiben bzw. zurückrechnen. Rechtsgrundlage ist § 241 Abs. 3 HGB.

Stichprobeninventur

Mit der **Stichprobeninventur,** die durch § 241 Abs. 1 HGB zugelassen wird, steht ein weiteres Inventurvereinfachungsverfahren zur Verfügung.

Übersicht: Inventurverfahren

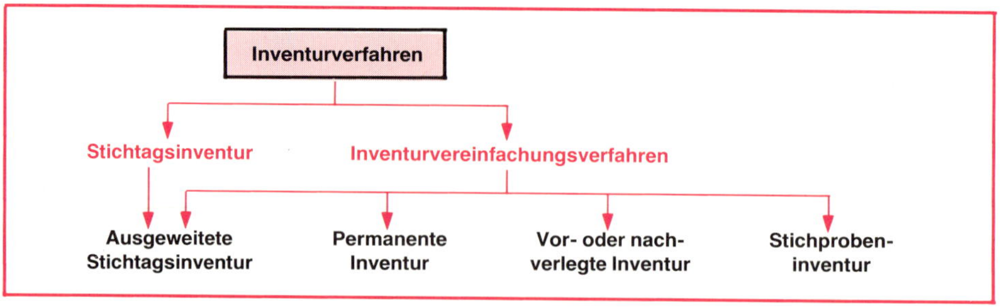

Für Kreditinstitute kommen in der Regel nur die Stichtagsinventur sowie die ausgeweitete Stichtagsinventur in Frage.

▸ Inventar und inventarpflichtige Vermögensgegenstände

Inventar

Die Ergebnisse der Inventur werden in einem Verzeichnis, dem **Inventar**, festgehalten (siehe Seite 16).

Das Inventar ist das genaue Verzeichnis der einzelnen Vermögensgegenstände und Schulden des Kaufmanns mit Angabe von Mengen und Werten.

Die Vielzahl der einzelnen Vermögensgegenstände und Schuldenposten werden aufgrund der Inventur in EDV-Listen festgehalten, die als Anlagen dem Inventar beigefügt werden.

Nach dem Wortlaut von § 240 Abs. 1 HGB muß der Kaufmann **„seine"** Vermögensgegenstände und Schulden aufnehmen und im Inventar ausweisen. Die Vermögensgegenstände, die im Inventar ausgewiesen werden, müssen ihm gehören.

Bürgerlich-rechtliches und wirtschaftliches Eigentum

„Derjenige, dem etwas gehört", ist Eigentümer im Sinne des BGB. Neben diesem **bürgerlich-rechtlichen Eigentum** gibt es das **„wirtschaftliche Eigentum"**. Dieser Begriff stammt aus dem Steuerrecht. Wirtschaftliches Eigentum liegt vor, wenn der Besitzer wie ein (bürgerlich-rechtlicher) Eigentümer darüber verfügen kann, so z. B. der Käufer bei unter Eigentumsvorbehalt gekaufter Ware.

Inventarisierungspflichtig (inventarpflichtig) ist nicht nur bürgerlich-rechtliches Eigentum, sondern auch wirtschaftliches Eigentum.

Beispiele *zur Inventarpflichtigkeit von Vermögensgegenständen*

Inventarpflichtigkeit aus der Sicht eines Kreditinstituts

Vermögensgegenstand	Bürgerlich-rechtliches Eigentum	Wirtschaftliches Eigentum	Inventarpflichtigkeit
Grundstück mit Gebäude im Grundbuch des inventarisierenden Kreditinstituts eingetragen	Kreditinstitut	Kreditinstitut	ja
Gekauftes Grundstück mit Gebäude, noch nicht für das inventarisierende Kreditinstitut eingetragen, aber in den Besitz schon übergegangen. Auflassung liegt beim Grundbuchamt vor.	noch der Verkäufer, nicht das Kreditinstitut	Kreditinstitut	ja
Sicherungsweise an das inventarisierende Kreditinstitut übereigneter Lastwagen	Kreditinstitut	Kreditnehmer (Sicherungsgeber)	nein

9.5.3 Überblick über vorbereitende Abschlußbuchungen

Zweck der vorbereitenden Abschlußbuchungen

Vorbereitende Abschlußbuchungen (Vorabschlußbuchungen) sind **Buchungen am Ende des Geschäftsjahres, mit denen Kontenabschlüsse vorbereitet,** d. h. Salden auf andere Konten als auf das Schlußbilanzkonto (SBK) oder das Gewinn- und Verlustkonto übertragen **werden.**

Wichtige vorbereitende Abschlußbuchungen

- **Kapitalisierung von Zinsen und Provisionen** (siehe 9.5.4)
- **Erfassung von Wertänderungen bei Vermögenswerten**
  - Abschreibungen auf Anlagen (siehe 9.5.5)
  - Abschreibungen auf Forderungen (siehe 8.3.6)
- **Zeitliche Abgrenzung von Aufwendungen und Erträgen** (siehe 9.5.9)
- **Bildung von Rückstellungen** (siehe 9.5.10)

9.5.4 Kapitalisierung von Zinsen und Provisionen

Notwendigkeit der Kapitalisierung von Zinsen und Provisionen

Die Bank errechnet und bucht am Jahresende Zinsen und Provisionen für die am Bilanzstichtag ablaufenden Abrechnungsperioden, d. h. für den letzten Monat, für das letzte Viertel- oder Halbjahr oder für das ganze abgelaufene Geschäftsjahr. Zinsen auf Einlagen werden dem Kapital zugerechnet und erhöhen die Verbindlichkeiten, Zinsen und Provisionen auf Kredite erhöhen die Forderungen.

Kapitalisierungsbuchungen

Vorbereitende Abschlußbuchungen zur Kapitalisierung von Zinsen und Provisionen

Anlaß	**Grundbuch**
1. Zinsen für Einlagen, die Kunden bei der Bank unterhalten	
a) Sichteinlagen	Zinsaufwendungen an Kunden-KK
b) Termineinlagen	Zinsaufwendungen an Termineinlagen
c) Spareinlagen	Zinsaufwendungen an Spareinlagen
2. Zinsen für Einlagen, die Kreditinstitute bei der Bank unterhalten	
a) Sichteinlagen	Zinsaufwendungen an Banken-KK
b) Termineinlagen	Zinsaufwendungen an Befristete Verbindlichkeiten – Banken
3. Zinsen für Einlagen, die die Bank bei anderen Kreditinstituten unterhält	
a) Sichteinlagen	Banken-KK an Zinserträge
b) Termineinlagen	Befristete Forderungen – Banken an Zinserträge

4. Zinsen für Kredite, die die Bank an Kunden gewährt hat	
a) Kontokorrentkredite	Kunden-KK an Zinserträge
b) Hypothekar- und Grundschuldkredite	Hypothekar- und Grundschuldkredite an Zinserträge
5. Provisionen für gewährte Kredite	Kunden-KK an Zinserträge
Kontoführungsgebühren, Bearbeitungsgebühren	Kunden-KK an Provisionserträge
6. Zinsen für aufgenommene Kredite	Zinsaufwendungen an Banken-KK (bzw. Befristete Verbindlichkeiten – Banken)

9.5.5 Abschreibungen auf Gegenstände des Anlagevermögens

Gegenstände des Anlagevermögens

Zum **Anlagevermögen** rechnen die Vermögensgegenstände, die dazu bestimmt sind, **dauernd dem Geschäftsbetrieb des Unternehmens zu dienen** (§ 247 Abs. 2 HGB). Das gilt auch für Kreditinstitute, obwohl deren Bilanzformblatt keine Unterscheidung in Anlage- und Umlaufvermögen vorsieht.

Unter „dauernd" ist nicht eine Nutzung „für alle Zeiten", sondern eine mehrfache Nutzung zu verstehen, die sich im allgemeinen auf mehrere Geschäftsjahre erstreckt.

Im Gegensatz zum Handelsrecht, das den Begriff **„Vermögensgegenstand"** verwendet, spricht das Steuerrecht von **„Wirtschaftsgut"**.

Gegenstände des Anlagevermögens werden auch als **Anlagegegenstände** bezeichnet. In den Bilanzen von Kreditinstituten kommen vor:

Übersicht: Anlagewerte bei Kreditinstituten

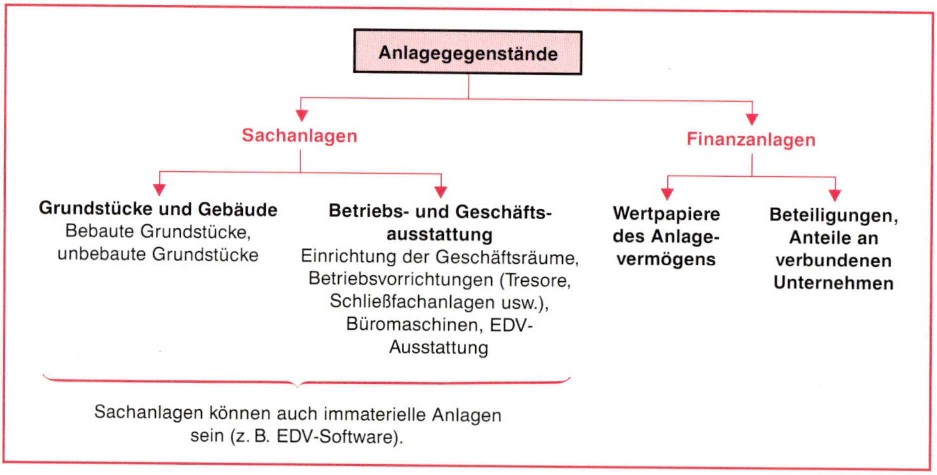

Aktivierungspflicht

Anlagegegenstände werden mit ihren Anschaffungs- oder Herstellungskosten aktiviert.

Anschaffungswert

Der **Anschaffungswert** ergibt sich aus der Summe von Anschaffungs- und Nebenkosten, z.B. Frachtkosten der Anlieferung und Einbaukosten, bei Grundstücken alle mit dem Erwerb eines Grundstücks anfallenden Aufwendungen, z.B. Vermittlungsgebühr, Grunderwerbsteuer, Notariatskosten, Grundbuchgebühren. Nicht abzugsfähige Vorsteuer wird ebenfalls aktiviert.

Aktivierungspflichtig sind auch werterhöhende Aufwendungen für Um- und Erweiterungsbauten des Geschäftsgebäudes und werterhöhende Reparaturen sowie Anzahlungen für gekaufte Grundstücke, im Bau befindliche Gebäude und Betriebs- und Geschäftsausstattung.

Geringwertige Wirtschaftsgüter

Auch **geringwertige Wirtschaftsgüter**, das sind abnutzbare bewegliche Anlagegüter, deren Anschaffungskosten (vermindert um den darin enthaltenen Vorsteuerbetrag) 800 DM nicht überschreiten, **sind aktivierungspflichtig.**

Kurzlebige Wirtschaftsgüter

Wirtschaftsgüter mit einem Anschaffungswert bis einschließlich 100 DM (ohne Vorsteuer) und **kurzlebige Wirtschaftsgüter** mit einer Nutzungsdauer von weniger als einem Jahr können unmittelbar als Aufwand erfaßt werden.

Anlagengitter

Kreditinstitute müssen die Entwicklung der Sachanlagen und der Beteiligungen in einem Anlagengitter (Anlagenspiegel) darstellen (siehe Seite 318).

9.5.5.1 Bedeutung der Abschreibungen

Wertminderungen

Abschreibungen erfassen die Wertminderungen von Vermögensgegenständen. Sie verteilen die Anschaffungs- oder Herstellungskosten auf die Jahre der Nutzung (Nutzungsdauer).

Wertminderungen werden verursacht durch

- **Alterung**, z. B. natürlicher Verschleiß bei Gebäuden, Einrichtungsgegenständen usw.,
- **Abnutzung**, z. B. technischer Verschleiß bei Büromaschinen, Kraftfahrzeugen usw.,
- **Neuentwicklungen**, z. B. technischer Fortschritt bei Betriebsvorrichtungen, und **Nachfrageveränderungen**,
- **höhere Gewalt**, z. B. Beschädigungen durch Unfälle, Katastrophen,
- **Substanz- und Ertragsminderungen**, z. B. Verluste bei Beteiligungen.

Aufwendungen/ Betriebsausgaben

Abschreibungen sind

- handelsrechtlich **Aufwendungen** und
- steuerrechtlich **Betriebsausgaben.**

Die folgende Übersicht faßt zusammen, welche Ziele insgesamt gesehen mit Abschreibungen verfolgt werden können.

Übersicht: Abschreibungsziele

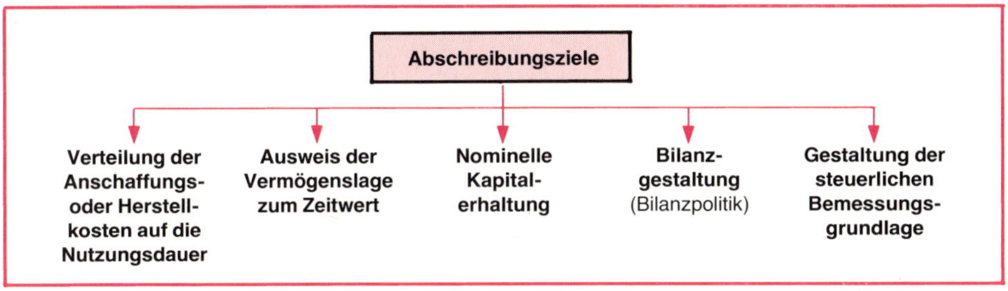

Bedeutung der Abschreibungen

Bei abnutzbaren Gegenständen des Anlagevermögens dienen Abschreibungen dazu, die **Anschaffungs- oder Herstellungskosten planmäßig auf die Geschäftsjahre zu verteilen**, in denen die Vermögensgegenstände voraussichtlich genutzt werden können (§ 253 Abs. 2 HGB, § 7 EStG). In den Geschäftsjahren, in denen die Gegenstände des Anlagevermögens zur Gewinnerzielung beitragen, werden sie zu Aufwendungen bzw. zu steuerlichen Betriebsausgaben. Damit soll erreicht werden, daß Gewinne periodengerecht ausgewiesen werden.

Mit Abschreibungen wird erreicht, daß die **Vermögenslage erkennbar** wird. Die Gegenstände des Anlagevermögens, die aus unterschiedlichen Gründen Wertminderungen unterliegen, werden mit ihrem Zeitwert ausgewiesen.

Abschreibungen tragen zur **nominellen Kapitalerhaltung** bei. Abschreibungen mindern den Gewinn. Über den Verkauf der Leistungen fließen sie dem Unternehmen wieder zu und bilden so Vermögensmittel, die weder als Steuern an den Staat noch als Gewinnteile an die Anteilseigner abfließen. Sie stehen damit zur Wiederbeschaffung verbrauchter Gegenstände des Anlagevermögens bereit.

Soweit gesetzlich zulässig, können Abschreibungen als **Mittel zur Bilanzgestaltung** eingesetzt werden. Beispiele: Abschreibung zur Legung stiller Reserven nach § 340f HGB.

Mit Abschreibungen kann die **steuerrechtliche Bemessungsgrundlage verändert** werden. Steuerrechtlich zulässige erhöhte Abschreibungen vermindern den zu versteuernden Gewinn. Dabei ist allerdings zu berücksichtigen, daß vorgezogene Abschreibungen nur eine Steuerstundung bewirken, wenn die Einkommenssituation und der Steuertarif gleichbleiben. Zu einer wirklichen Steuerersparnis kommt es aufgrund der Progression des Steuertarifs, wenn Einkommen in Folgejahren geringer sind. Umgekehrt kommt es bei steigendem Einkommen zu steigender Steuerbelastung.

9.5.5.2 Abschreibungen nach Handelsrecht und Steuerrecht

Handels- und steuerrechtliche Abschreibungen

Handelsrechtliche Abschreibungen sind im HGB geregelt; sie betreffen die **Handelsbilanz. Steuerrechtliche Abschreibungen** sind im Einkommensteuergesetz geregelt; sie betreffen die **Steuerbilanz.**

Das HGB erlaubt auch in der Handelsbilanz steuerrechtliche Abschreibungen (§ 254 HGB). Kapitalgesellschaften können Abschreibungen in der Handelsbilanz aus steuerrechtlichen Gründen vornehmen, wenn das Steuerrecht dies zur Voraussetzung von Steuervergünstigungen macht (§§ 254, 279 Abs. 2 HGB – siehe 9.4.3).

Das **HGB** unterscheidet

- **planmäßige Abschreibungen** und
- **außerplanmäßige Abschreibungen.**

Planmäßige und außerplanmäßige Abschreibungen

Planmäßige Abschreibungen haben den Zweck, die Anschaffungs- oder Herstellungskosten der **abnutzbaren Gegenstände des Anlagevermögens** nach einem festgelegten Plan **(Abschreibungsplan)** auf die voraussichtliche Nutzungsdauer zu verteilen (§ 253 Abs. 2 HGB). Sie dienen also dazu, die **vorhersehbaren Wertminderungen** zu erfassen.

Außerplanmäßige Abschreibungen haben den Zweck, abnutzbare und nicht abnutzbare Gegenstände des Anlagevermögens bei **nicht vorhersehbaren Wertminderungen** auf einen niedrigeren Wert abzuwerten, der ihnen am Abschlußstichtag beizulegen ist (§ 253 Abs. 2 HGB). Auch die nach § 254 HGB zulässigen steuerrechtlichen Abschreibungen, mit denen Vermögensgegenstände auf den steuerrechtlich zulässigen niedrigeren Wert abgewertet werden, sind außerplanmäßige Abschreibungen.

Übersicht: Handelsrechtliche Abschreibungen

Handelsrechtliche Abschreibungen

- **planmäßige Abschreibungen**
- **außerplanmäßige Abschreibungen**
  - Abschreibung auf den niedrigeren Wert des Abschlußstichtages
  - Abschreibung auf den steuerrechtlich zulässigen niedrigeren Wert

AfA

Den handelsrechtlichen planmäßigen Abschreibungen entsprechen im **Steuerrecht** die **Normalabschreibungen,** die grundsätzlich als **Absetzung für Abnutzung (AfA)** bezeichnet werden (§ 7 Abs. 1 Satz 1 EStG).

AfaA

Den handelsrechtlichen außerplanmäßigen Abschreibungen entsprechen im Steuerrecht die **Absetzung für außergewöhnliche technische** und **wirtschaftliche Abnutzung (AfaA** – § 7 Abs. 1 Satz 5 EStG) und **Abschreibung auf den niedrigeren Teilwert (Teilwertabschreibung [§ 6 Abs. 1 EStG]).**

Eine **außergewöhnliche technische Abnutzung** liegt vor, wenn durch besondere Umstände, z. B. durch Beschädigung, ein erhöhter Substanzverbrauch eines abnutzbaren Wirtschaftsgutes vorliegt. Eine **außergewöhnlich wirtschaftliche Abnutzung** liegt vor, wenn die wirtschaftliche Nutzbarkeit eines Wirtschaftsgutes durch außergewöhnliche Umstände, z. B. durch Neuentwicklung, unwirtschaftlich geworden ist.

Sonderabschreibungen
Erhöhte Absetzungen

Das Steuerrecht erlaubt aus wirtschafts- und sozialpolitischen Gründen neben den Normalabschreibungen **Sonderabschreibungen** (z. B. nach § 7 g EStG zur Förderung kleinerer und mittlerer Betriebe) und anstelle der Normalabschreibungen **erhöhte Absetzungen** (z. B. nach § 7 d EStG für Wirtschaftsgüter, die dem Umweltschutz dienen).

AfaA, Teilwertabschreibungen, Sonderabschreibungen und erhöhte Absetzungen können zusammengefaßt als **außerordentliche Abschreibungen** bezeichnet werden.

Übersicht: Steuerrechtliche Abschreibungen

Steuerrechtliche Abschreibungen

- **Normalabschreibungen**
  - Absetzung für Abnutzung (AfA)
- **außerordentliche Abschreibungen**
  - Absetzung für außergewöhnliche technische und wirtschaftliche Abnutzung (AfaA)
  - Teilwertabschreibung
  - Sonderabschreibungen
  - erhöhte Absetzungen

9.5.5.3 Berechnung planmäßiger Abschreibungen

▶ **Abschreibungsplan**

Abschreibungsplan

Zu Beginn der Nutzungsdauer eines Anlagegegenstandes (Wirtschaftsgut) muß ein **Abschreibungsplan** aufgestellt werden. Er enthält

- die **Anschaffungs- und Herstellungskosten,**
- den **Abschreibungsbeginn** und die **Nutzungsdauer,**
- den **Restwert am Ende der Nutzungsdauer,**
- die **Abschreibungsmethode.**

Anschaffungskosten

Zu den **Anschaffungskosten** gehören neben dem Anschaffungspreis auch die Anschaffungsnebenkosten sowie alle Aufwendungen, die bis zur Betriebsbereitschaft des Vermögensgegenstandes anfallen.

	Anschaffungspreis
+	Einzelkosten zur Erreichung eines betriebsbereiten Zustands
+	Anschaffungsnebenkosten
−	Anschaffungspreisminderungen
=	**Anschaffungskosten**

Abschreibungsbeginn

Abschreibungsbeginn ist der Zeitpunkt der Anschaffung. Bei beweglichen Gütern des Anlagevermögens kann ein vereinfachtes Verfahren angewendet werden: Erfolgt die Anschaffung in der ersten Jahreshälfte, gilt der 1. Januar als Abschreibungsbeginn, erfolgt die Anschaffung in der 2. Jahreshälfte, ist der 1. Juli Abschreibungsbeginn.

Nutzungsdauer

Nutzungsdauer ist der Zeitraum der Verwendung oder Nutzung eines Wirtschaftsgutes. Nach der Nutzungsdauer bestimmt sich der Abschreibungssatz, also die **Absetzung für Abnutzung (AfA).** Zu unterscheiden ist die **technische Nutzungsdauer** (voraussichtliche technische Verwendungsfähigkeit) und die **wirtschaftliche Nutzungsdauer** (Nutzungsdauer unter wirtschaftlichen Gesichtspunkten). Die voraussichtliche Nutzungsdauer ist grundsätzlich in jedem Einzelfall zu schätzen. Dabei muß die Schätzung den Erfahrungen über die technische und wirtschaftliche Nutzungsdauer entsprechen. Als Anhalt für die zutreffende Schätzung der **„betriebsgewöhnlichen Nutzungsdauer"** dienen die **AfA-Tabellen,** die vom Bundesminister der Finanzen veröffentlicht werden.

Restwert, Buchwert, Restbuchwert

Restwert ist der Wert, mit dem der Anlagegegenstand nach Durchführung einer Abschreibung oder mehrerer Abschreibungen ausgewiesen wird. Er wird auch als **Buchwert** oder als **Restbuchwert** bezeichnet.

Wird ein völlig abgeschriebener Anlagegegenstand über die wirtschaftliche Nutzungsdauer hinaus verwendet, kann er mit einem sog. **Erinnerungswert** von 1,00 DM angesetzt werden.

Abschreibungsmethoden

Abschreibungsmethoden sind Verfahren zur Festlegung der jährlichen Abschreibungsbeträge.

▶ **Abschreibungsmethoden**

Für **planmäßige Abschreibungen in der Handelsbilanz** gibt es verschiedene Methoden. Das Handelsrecht schreibt keine bestimmte Methode vor. Die gewählte Abschreibungsmethode muß den **Grundsätzen ordnungsmäßiger Buchführung** entsprechen.

Für die **Absetzung für Abnutzung (AfA) in der Steuerbilanz** schränkt das Steuerrecht die Anwendung bestimmter Methoden ein und erkennt bestimmte Methoden nicht an.

Handelsrechtlich zulässige Abschreibungsmethoden

Abschreibungsmethoden in der Handelsbilanz

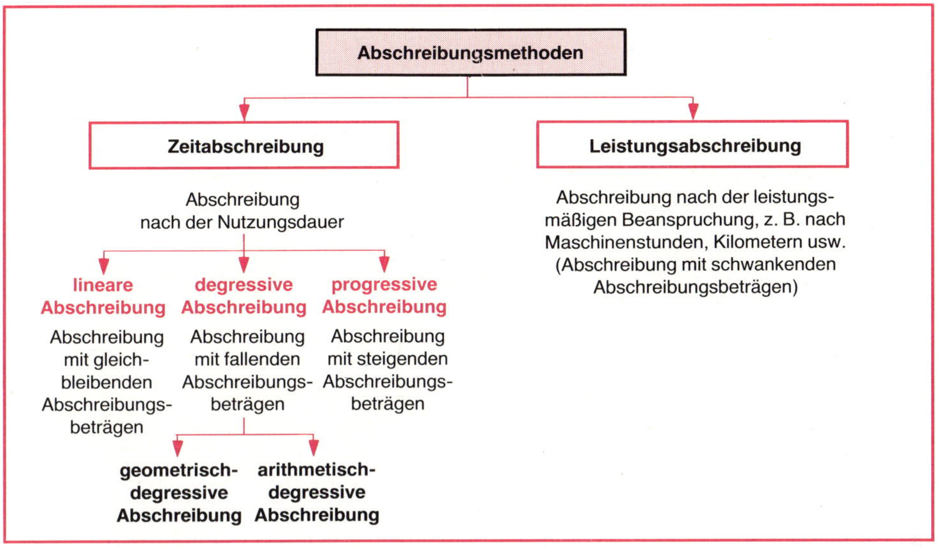

Für Kreditinstitute sind die **lineare und die degressive Abschreibung** von Bedeutung.

Wesen der linearen Abschreibung

Bei linearer Abschreibung wird der Anschaffungswert in jährlich gleichbleibenden Abschreibungsbeträgen als Aufwand auf die geschätzte wirtschaftliche Nutzungsdauer verteilt.

- **Jährlicher Abschreibungsbetrag (DM)** $= \dfrac{\textbf{Anschaffungswert}}{\textbf{Nutzungsdauer}} = \dfrac{\textbf{AW}}{\textbf{n}}$
- **Jährlicher Abschreibungssatz (%)** $= \dfrac{\textbf{100}}{\textbf{Nutzungsdauer}} = \dfrac{\textbf{100}}{\textbf{n}}$

Bei linearer Abschreibung wird jährlich mit einem konstanten Abschreibungssatz vom Anschaffungswert abgeschrieben. Die Abschreibungsbeträge bleiben jährlich gleich.

Beispiel
Anwendung der linearen Abschreibung

Eine Bank schreibt Einrichtungsgegenstände linear ab.

Anschaffungswert (AW): 50 000,00 DM
Geschätzte Nutzungsdauer (n): 5 Jahre
Abschreibungsbeginn: 1. Januar des laufenden Geschäftsjahres.

Der Abschreibungsbetrag der Bank im Beispiel beträgt 50 000 : 5 = 10 000,00 DM p. a.
Der Abschreibungssatz errechnet sich 100 : 5 = 20 %.

Jahr	Abschreibungssatz	Anschaffungs- bzw. Restbuchwert	DM
1. Jahr	20 % vom Anschaffungswert	Anschaffungswert Abschreibung	50 000,00 10 000,00
2. Jahr	20 % vom Anschaffungswert	Restbuchwert Abschreibung	40 000,00 10 000,00
3. Jahr	20 % vom Anschaffungswert	Restbuchwert Abschreibung	30 000,00 10 000,00
4. Jahr	20 % vom Anschaffungswert	Restbuchwert Abschreibung	20 000,00 10 000,00
5. Jahr	20 % vom Anschaffungswert	Restbuchwert Abschreibung	10 000,00 10 000,00
		Restwert	00,00

Soll am Ende der wirtschaftlichen Nutzungsdauer ein Restwert vorhanden sein, muß der Restwert (Rn) bei der Berechnung der Abschreibungsbeträge vom Anschaffungswert abgezogen werden:

- Jährlicher Abschreibungsbetrag $= \frac{\text{Anschaffungswert} - \text{Restwert}}{\text{Nutzungsdauer}} = \frac{AW - Rn}{n}$

Wesen der degressiven Abschreibung

Bei degressiver Abschreibung wird der Anschaffungswert in jährlich fallenden Abschreibungsbeträgen als Aufwand auf die geschätzte wirtschaftliche Nutzungsdauer verteilt.

Die degressive Abschreibung berücksichtigt im Gegensatz zur linearen Abschreibung, daß die Wertverluste bei Anlagegegenständen zu Beginn der Nutzung höher als gegen Ende der Nutzungsdauer sind.

Die degressive Abschreibung ist möglich als geometrisch-degressive Abschreibung und als arithmetisch-degressive Abschreibung (digitale Abschreibung).

Bei geometrisch-degressiver Abschreibung wird jährlich mit einem konstanten Abschreibungssatz vom Restbuchwert abgeschrieben. Bei arithmetisch-degressiver Abschreibung (digitaler Abschreibung) wird jährlich mit fallenden Abschreibungssätzen vom Anschaffungswert abgeschrieben. In beiden Fällen sind die jährlichen Abschreibungsbeträge zu Beginn der Nutzungsdauer höher als am Ende der Nutzungsdauer. Bei geometrisch-degressiver Abschreibung fallen sie im Verhältnis 16:8:4:2:1. Sie bilden eine geometrische Zahlenfolge. Bei arithmetisch-degressiver Abschreibung (digitaler Abschreibung) fallen sie im Verhältnis 5:4:3:2:1. Sie bilden eine arithmetische Zahlenfolge.

Die **geometrisch-degressive Abschreibung** führt nicht zu einem Restwert Null. Zu Beginn der Abschreibung muß ein Restwert (Rn) festgesetzt werden, der am Ende der Nutzungsdauer ausgewiesen werden soll. Dieser Wert bestimmt den Abschreibungssatz, der höher sein muß als bei linearer Abschreibung, da der angestrebte Restwert sonst innerhalb der Nutzungsdauer nicht erreicht wird.

Beispiel
Anwendung der degressiven Abschreibung

Eine Bank schreibt Einrichtungsgegenstände degressiv ab.
Anschaffungswert (AW): 50 000,00 DM
Geschätzte Nutzungsdauer (n): 5 Jahre
Abschreibungsbeginn: 1. Januar des laufenden Geschäftsjahres
Abschreibungssatz: 30 % (steuerrechtlich zulässiger Höchstsatz)

Jahr	Abschreibungssatz	Anschaffungs- bzw. Restbuchwert	DM
		Anschaffungswert	50 000,00
1. Jahr	30 % vom Anschaffungswert	Abschreibung	15 000,00
		Restbuchwert	35 000,00
2. Jahr	30 % vom Restbuchwert	Abschreibung	10 500,00
		Restbuchwert	24 500,00
3. Jahr	30 % vom Restbuchwert	Abschreibung	7 350,00
		Restbuchwert	17 150,00
4. Jahr	30 % vom Restbuchwert	Abschreibung	5 145,00
		Restbuchwert	12 005,00
5. Jahr	30 % vom Restbuchwert	Abschreibung	3 601,50
		Restwert	8 403,50

In der Praxis haben die Überlegungen über den Restwert keine Bedeutung, da eine degressive Abschreibung nicht für die gesamte Nutzungsdauer angewandt wird. Wie auf Seite 268 dargestellt, erfolgt nach einigen Jahren ein **Übergang auf die lineare Abschreibung.**

Vergleich: lineare und degressive Abschreibung

Merkmale linearer und degressiver Abschreibung

lineare Abschreibung

- Verteilung des Anschaffungswertes mit jährlich gleichbleibenden Abschreibungsbeträgen als Aufwand auf die geschätzte Nutzungsdauer.
- Wertverluste, die zu Beginn der Nutzungsdauer durch technischen Fortschritt, Modeänderungen usw. entstehen, werden nicht berücksichtigt.
- Keine gleichmäßige Verteilung des Gesamtaufwandes (Abschreibungen und Reparaturen) auf die Nutzungsdauer, da in späteren Jahren in der Regel höhere Reparaturkosten anfallen.

degressive Abschreibung

- Verteilung des Anschaffungswertes mit jährlich fallenden Abschreibungsbeträgen als Aufwand auf die geschätzte Nutzungsdauer.
- Wertverluste, die zu Beginn der Nutzungsdauer durch technischen Fortschritt, Modeänderungen usw. entstehen, werden berücksichtigt (Prinzip der kaufmännischen Vorsicht).
- Gleichmäßige Verteilung des Gesamtaufwandes (Abschreibungen und Reparaturen) auf die Nutzungsdauer, da die in späteren Jahren anfallenden höheren Reparaturkosten durch den niedrigeren Abschreibungsaufwand ausgeglichen werden.

Steuerrechtlich zulässige AfA-Methoden

AfA-Methoden in der Steuerbilanz § 7 EStG

Die steuerrechtlich zulässigen AfA-Methoden werden in § 7 EStG aufgeführt.

§ 7 Abs. 1 bis 3 EStG: Absetzung für Abnutzung oder Substanzverringerung

(1) Bei **Wirtschaftsgütern,** deren Verwendung oder Nutzung durch den Steuerpflichtigen zur Erzielung von Einkünften sich erfahrungsgemäß auf einen Zeitraum von mehr als einem Jahr erstreckt, ist jeweils für ein Jahr der Teil der Anschaffungs- oder Herstellungskosten abzusetzen, der bei gleichmäßiger Verteilung dieser Kosten auf die Gesamtdauer der Verwendung oder Nutzung auf ein Jahr entfällt **(Absetzung für Abnutzung in gleichen Jahresbeträgen).** Die Absetzung bemißt sich hierbei nach der betriebsgewöhnlichen Nutzungsdauer des Wirtschaftsguts. Als betriebsgewöhnliche Nutzungsdauer des Geschäfts- oder Firmenwerts eines Gewerbebetriebs oder eines Betriebs der Land- und Forstwirtschaft gilt ein Zeitraum von fünfzehn Jahren. Bei beweglichen Wirtschaftsgütern des Anlagevermögens, bei denen es wirtschaftlich begründet ist, die **Absetzung für Abnutzung nach Maßgabe der Leistung des Wirtschaftsguts** vorzunehmen, kann der Steuerpflichtige dieses Verfahren statt der Absetzung für Abnutzung in gleichen Jahresbeträgen anwenden, wenn er den auf das einzelne Jahr entfallenden Umfang der Leistung nachweist. **Absetzungen für außergewöhnliche technische oder wirtschaftliche Abnutzung sind zulässig.**

(2) Bei **beweglichen Wirtschaftsgütern des Anlagevermögens** kann der Steuerpflichtige statt der Absetzung für Abnutzung in gleichen Jahresbeträgen die **Absetzung für Abnutzung in fallenden Jahresbeträgen** bemessen. Die Absetzung für Abnutzung in fallenden Jahresbeträgen kann nach einem unveränderlichen Hundertsatz vom jeweiligen Buchwert (Restwert) vorgenommen werden; der dabei anzuwendende Hundertsatz darf **höchstens das Dreifache des bei der Absetzung für Abnutzung in gleichen Jahresbeträgen in Betracht kommenden Hundertsatzes** betragen und **30 vom Hundert nicht übersteigen.** § 7a Abs. 8 gilt entsprechend. Bei Wirtschaftsgütern, bei denen die Absetzung für Abnutzung in fallenden Jahresbeträgen bemessen wird, sind Absetzungen für außergewöhnliche technische oder wirtschaftliche Abnutzung nicht zulässig.

(3) Der **Übergang von der Absetzung für Abnutzung in fallenden Jahresbeträgen zur Absetzung für Abnutzung in gleichen Jahresbeträgen** ist zulässig. In diesem Fall bemißt sich die Absetzung für Abnutzung vom Zeitpunkt des Übergangs an nach dem dann noch vorhandenen Restwert und der Restnutzungsdauer des einzelnen Wirtschaftsguts. Der Übergang von der Absetzung für Abnutzung in gleichen Jahresbeträgen zur Absetzung für Abnutzung in fallenden Jahresbeträgen ist nicht zulässig.

Übersicht: zulässige AfA-Methoden

Methoden der Absetzung für Abnutzung (AfA) beim Anlagevermögen			
	Lineare AfA	**Degressive (geometrisch-degressive) AfA**	**Leistungsmäßige AfA**
Absetzungsgrundlagen	• **Anschaffungs-** oder **Herstellungskosten** • betriebsgewöhnliche **Nutzungsdauer**	• **Anschaffungs-** oder **Herstellungskosten** • betriebsgewöhnliche **Nutzungsdauer**	• **Anschaffungs-** oder **Herstellungskosten** • betriebsgewöhnliche **Leistung**
Absetzungsbetrag	gleichbleibender Prozentsatz von den Anschaffungs- oder Herstellungskosten	gleichbleibender Prozentsatz vom jeweiligen Buchwert (Restwert)	Anschaffungs- oder Herstellungskosten: Gesamtleistung
Absetzungshöchstgrenze	nach Maßgabe der Nutzungsdauer	das **Dreifache** des entsprechenden linearen AfA-Satzes, **höchstens** 30 %	nach Maßgabe der Leistung
Anwendung	• **unbewegliche** und **bewegliche Wirtschaftsgüter** des abnutzbaren Anlagevermögens	• **bewegliche Wirtschaftsgüter** des abnutzbaren Anlagevermögens • Führung eines Anlagenverzeichnisses	• **bewegliche Wirtschaftsgüter** des abnutzbaren Anlagevermögens • wirtschaftliche Begründung • Nachweis der Jahresleistung
Übergang	auf degressive AfA **nicht zulässig**	auf lineare AfA **zulässig**	—
Zulässigkeit außergewöhnlicher technischer oder wirtschaftlicher AfA	neben linearer AfA **zulässig**	neben degressiver AfA **nicht zulässig**	neben Leistungs-AfA **zulässig**

Nicht zulässige AfA-Methoden

Steuerrechtlich nicht zulässig sind

- die **arithmetisch-degressive Abschreibung (digitale Abschreibung)** und
- die **progressive Abschreibung** (Abschreibung mit steigenden Jahresbeträgen).

Bei **Gebäuden** ist auch die **Abschreigung mit fallenden Staffelsätzen** (sog. **stufendegressive AfA)** zulässig (§ 7 Abs. 5 EStG).

Die **amtlichen AfA-Tabellen** des Bundesministers der Finanzen enthalten die Durchschnittssätze der betriebsgewöhnlichen Nutzungsdauer von Wirtschaftsgütern und die entsprechenden linearen AfA-Sätze. Für Kreditinstitute gilt die **„AfA-Tabelle Kreditwirtschaft“.**

9.5.5.4 Abschreibungen auf Grundstücke und Gebäude

Zuordnung von Grundstücken und Gebäuden

Grundstücke und Gebäude, die auf Dauer beschafft und für den Geschäftsbetrieb bestimmt sind, zählen zum Anlagevermögen.

Grundstücke und Gebäude, die zur Weiterveräußerung bestimmt sind (z. B. ein Grundstück, das von einem Kreditinstitut zur Rettung einer Kreditforderung erworben ist), zählen zum Umlaufvermögen.

Hinsichtlich der Abschreibungsmöglichkeiten muß zwischen abnutzbaren und nicht abnutzbaren Anlagegütern unterschieden werden.

Übersicht: Abschreibungen auf Grundstücke und Gebäude

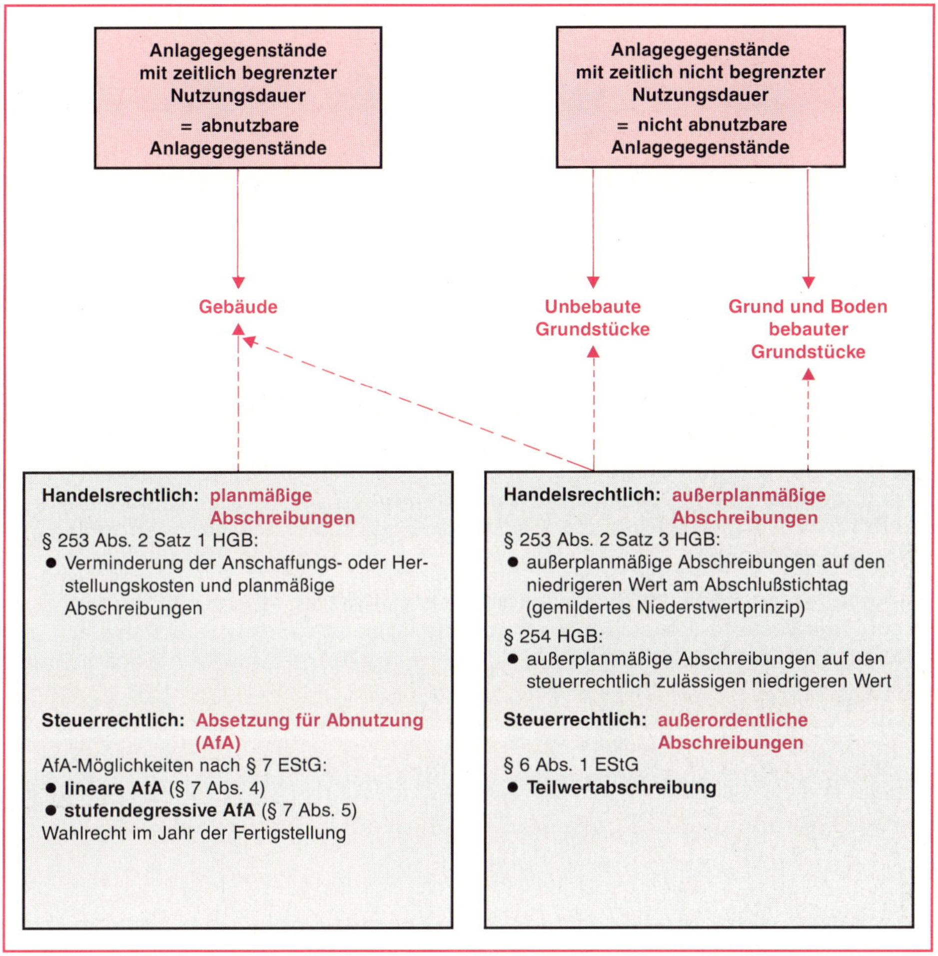

▸ *Planmäßige Abschreibungen*

Beispiel
Abschreibung auf Gebäude

Buchung planmäßiger Abschreibungen auf Gebäude (Absetzung für Abnutzung)		
Geschäftsfälle	**Erläuterungen**	**Grundbuch**
Die Bank hat das Geschäftsgebäude der Zentrale ausgebaut. Die Herstellungskosten des Ausbaus belaufen sich auf 350 000,00 DM.	Bei Fertigstellung ist auf dem Konto Grundstücke und Gebäude ein Bestandszugang gebucht worden (Aktivierung). Die Bank schreibt in der Handelsbilanz nach den steuerrechtlich zulässigen AfA-Sätzen ab. Am 31. 12. schreibt sie gem. § 7 Abs. 4 Nr. 1 EStG 4 % linear ab. 4 % AfA von 350 000,00 DM = 14 000,00 DM	Abschreibungen auf Sachanlagen an Grundstücke und Gebäude 14 000,00 DM

Buchungstechnik

Für die Verbuchung von Abschreibungen werden zwei Arten der Buchungstechnik unterschieden.

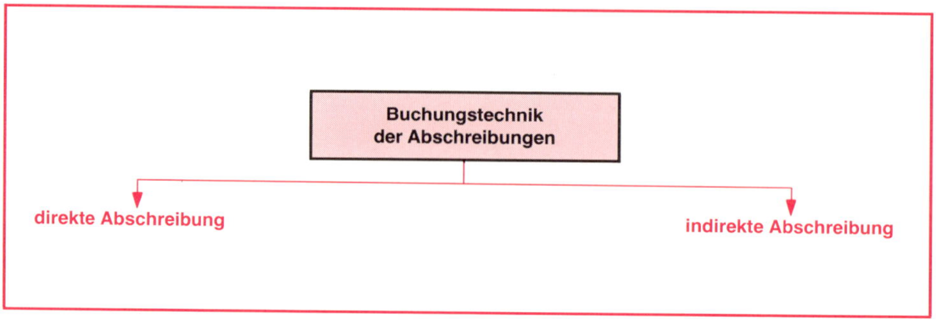

Direkte Abschreibungen

Bei direkter Abschreibung werden die Abschreibungsbeträge unmittelbar auf dem Anlagekonto gebucht (siehe oben). Durch die Abschreibung vermindert sich der Bestand. Bilanziert wird der um die Abschreibung verminderte Wert.

Indirekte Abschreibungen

Bei indirekter Abschreibung werden die Abschreibungsbeträge auf einem Wertberichtigungskonto gesammelt. Wertberichtigungen auf Anlagen werden auf dem Konto Einzelwertberichtigungen auf Sachanlagen erfaßt. Wertberichtigungskonten sind Passivkonten.

Auf dem Anlagekonto wird im Gegensatz zur direkten Abschreibung nicht gebucht. Der Bestand dieses Kontos wird zum Anschaffungswert ausgewiesen. Er wird nicht durch Abschreibungen, sondern nur durch Zu- und Abgänge verändert.

Buchung indirekter Abschreibungen

Buchung indirekter Abschreibung auf Gebäude: Abschreibung auf Sachanlagen
an Einzelwertberichtigungen auf Sachanlagen

Einzelwertberichtigungen auf Sachanlagen werden nicht in der Bilanz ausgewiesen, sondern als Korrekturposten vom Bestand des Aktivkontos abgesetzt.

▸ Außerplanmäßige Abschreibungen

Handelsbilanz

Außerplanmäßige Abschreibungen können Kreditinstitute nach § 253 Abs. 2 Satz 3 HGB bei Gebäuden, bei Grund und Boden bebauter Grundstücke und bei unbebauten Grundstücken **nur bei voraussichtlich dauernder Wertminderung** vornehmen.

Bei **Finanzanlagen** ist Kreditinstituten die Abschreibung **bei vorübergehender Wertminderung** für Finanzanlagen erlaubt (§ 340 e Abs. 1 HGB).

Bei voraussichtlich dauernder Wertminderung **müssen** außerplanmäßige Abschreibungen vorgenommen werden (siehe Seite 245).

Steuerbilanz: Teilwertabschreibung

Steuerrechtlich sind diese Abschreibungen sog. **Teilwertabschreibungen. Teilwert** ist nach § 6 Abs. 1 EStG **„der Betrag, den ein Erwerber des ganzen Betriebes im Rahmen des Gesamtkaufpreises für das einzelne Wirtschaftsgut ansetzen würde; dabei ist davon auszugehen, daß der Erwerber den Betrieb fortführt".** Bei einer Teilwertabschreibung wird also auf den im Vergleich zu den Anschaffungs- oder Herstellungskosten niedrigeren Teilwert abgeschrieben.

Diese steuerrechtlich zulässige Abschreibung kann nach § 254 HGB auch in der Handelsbilanz vorgenommen werden (bei Kapitalgesellschaften und bei Kreditinstituten allerdings unter der Voraussetzung der „umgekehrten Maßgeblichkeit" – siehe 9.4.3).

Außerplanmäßige Abschreibungen werden ebenfalls auf den **Abschreibungskonten** erfaßt.

9.5.5.5 Abschreibungen auf Betriebs- und Geschäftsausstattung

Gegenstände der Betriebs- und Geschäftsausstattung sind **bewegliche Gegenstände des Anlagevermögens.** Sie zählen zu den Anlagegegenständen mit zeitlich begrenzter Nutzungsdauer **(abnutzbare Anlagegegenstände).**

Übersicht: Abschreibungen auf Betriebs- und Geschäftsausstattung

Betriebs- und Geschäftsausstattung

Handelsrechtlich: planmäßige Abschreibungen § 253 Abs. 2 Satz 1 HGB: • Verminderung der Anschaffungs- oder Herstellungskosten um planmäßige Abschreibungen **Steuerrechtlich: Absetzung für Abnutzung (AfA)** AfA-Möglichkeiten nach § 7 EStG: • **lineare AfA** • **degressive AfA** • **leistungsmäßige AfA**	**Handelsrechtlich: außerplanmäßige Abschreibungen** § 253 Abs. 2 Satz 3 HGB: • außerplanmäßige Abschreibungen auf den niedrigeren Wert am Abschlußstichtag (gemildertes Niederstwertprinzip) § 254 HGB: • außerplanmäßige Abschreibungen auf den steuerrechtlich zulässigen niedrigeren Wert **Steuerrechtlich: außerordentliche Abschreibungen** § 7 Abs. 1 EStG: • **Absetzung für außergewöhnliche technische oder wirtschaftliche Abnutzung (AfaA)** § 6 Abs. 1 EStG: • **Teilwertabschreibung**

Die Entscheidung, ob **linear oder degressiv** abgeschrieben werden soll, hängt von wirtschaftlichen Überlegungen ab.

Anwendung der steuerrechtlichen Abschreibungsmethoden

Die degressive AfA mit dem steuerrechtlich zulässigen Höchstsatz von 30 % – Kreditinstitute schreiben in der Handelsbilanz in der Regel nach den steuerrechtlich zulässigen AfA-Sätzen ab – führt in den ersten Jahren zu höheren Abschreibungen und damit zur Gewinnverminderung.

Um am Anfang einen hohen Abschreibungsaufwand zu erzielen, ist es üblich, während der Nutzungsdauer einen **Wechsel der Abschreibungsmethode von degressiver auf lineare Abschreibung** vorzunehmen.

Beispiel
Übergang von degressiver Abschreibung auf lineare Abschreibung

Eine Bank schreibt eine Banknotenzählmaschine ab.

Anschaffungswert (AW): 15 000,00 DM
Nutzungsdauer: 5 Jahre
Abschreibung: 1. und 2. Jahr degressiv, ab 3. Jahr linear
Abschreibungsbeginn: 1. Januar des laufenden Geschäftsjahres.
Abschreibungssatz für die degressive AfA: 30 % (steuerrechtlich zulässiger Höchstsatz)

Jahr	Abschreibungssatz	Anschaffungs- bzw. Restbuchwert	DM
1. Jahr	30 % vom Anschaffungswert	Anschaffungswert	15 000,00
		Abschreibung	4 500,00
2. Jahr	30 % vom Restbuchwert	Restbuchwert	10 500,00
		Abschreibung	3 150,00
		Restbuchwert	7 350,00

Bei weiterhin degressiver AfA würde die Abschreibung im 3. Jahr 2 205,00 DM betragen. Macht die Bank aber von dem Recht zum Übergang auf die lineare Abschreibung Gebrauch (siehe § 7 Abs. 3 EStG auf Seite 263), kann sie im 3. Jahr einen steuerlich größeren Abschreibungsaufwand erreichen.

Die Restnutzungsdauer beträgt drei Jahre. Daher werden ab dem 3. Jahr jeweils 2 450,00 DM abgeschrieben. Dadurch wird ein Restwert von Null erreicht.

Jahr	Abschreibungssatz	Anschaffungs- bzw. Restbuchwert	DM
3. Jahr	lineare AfA	Restbuchwert	7 350,00
		Abschreibung	2 450,00
4. Jahr	lineare AfA	Restbuchwert	4 900,00
		Abschreibung	2 450,00
5. Jahr	lineare AfA	Restbuchwert	2 450,00
		Abschreibung	2 450,00
		Restwert	00,00

Grundsätzlich muß ein Wirtschaftsgut im Jahr der Anschaffung **zeitanteilig** abgeschrieben werden. Bei Anschaffung im 1. Halbjahr kann jedoch die volle Jahres-AfA, bei Anschaffung im 2. Halbjahr die halbe Jahres-AfA steuerlich geltend gemacht werden **(Vereinfachungsregel)**.

Geringwertige Wirtschaftsgüter

Begriff der geringwertigen Wirtschaftsgüter

Als **geringwertige Wirtschaftsgüter** werden abnutzbare bewegliche Gegenstände des Anlagevermögens bezeichnet, die selbständig genutzt werden können und deren Anschaffungskosten 800,00 DM (ohne Vorsteuer) nicht übersteigen (siehe auch Seite 257). Ihre Anschaffungs- oder Herstellungskosten werden im Jahr der Anschaffung direkt oder über Abschreibungen als Aufwand erfaßt.

AfA-Regelungen für geringwertige Wirtschaftsgüter

Geringwertige Wirtschaftsgüter

- **Geringwertige Wirtschaftsgüter mit Anschaffungswert bis einschließlich 100,00 DM (ohne Vorsteuer)**
  sofortige Erfassung als Aufwand
- **Geringwertige Wirtschaftsgüter mit Anschaffungswert von 100,01 bis einschließlich 800,00 DM (ohne Vorsteuer)**
  ① Aktivierung
  ② volle Abschreibung am Bilanzstichtag im Jahr der Anschaffung

Geringwertige Wirtschaftsgüter mit einem Anschaffungswert über 100,00 DM bis einschließlich 800,00 DM (ohne Vorsteuer) werden in der Regel auf einem besonderen **Konto „Geringwertige Wirtschaftsgüter“** aktiviert. Werden sie gemeinsam mit langlebigen Wirtschaftsgütern auf anderen Konten aktiviert (z.B. auf dem Konto „Betriebs- und Geschäftsausstattung“), muß das Kreditinstitut für die geringwertigen Wirtschaftsgüter ein besonderes Verzeichnis führen, in dem Anschaffungsdatum und -kosten vermerkt werden.

9.5.5.6 Abschreibungen auf Finanzanlagen

Abschreibungsmöglichkeiten

Finanzanlagen (Wertpapiere des Anlagevermögens, Beteiligungen und **Anteile an verbundenen Unternehmen)** sind nicht abnutzbare Gegenstände des Anlagevermögens.

Handelsrechtlich sind **nur außerplanmäßige Abschreibungen** möglich. Bewertungsprinzip ist das sog. gemilderte Niederstwertprinzip.

Steuerrechtlich sind **Teilwertabschreibungen** möglich (siehe Seite 266).

9.5.5.7 Wertaufholungen

Zuschreibungen

Wertaufholungen sind **Zuschreibungen**, d.h. **buchmäßige Erhöhungen des Bilanzwertes eines Gegenstandes des Anlagevermögens** oder des **Umlaufvermögens, ohne** daß eine **Bestandsänderung** vorliegt. Sie sind handelsrechtlich nach außerplanmäßigen Abschreibungen zulässig, wenn die Gründe für die außerplanmäßigen Abschreibungen (niedrigerer Wert am Abschlußstichtag bzw. steuerrechtlich zulässiger niedrigerer Wertansatz) nicht mehr bestehen (§ 253 Abs. 5 HGB).

Zuschreibungswahlrecht und -pflicht

Kapitalgesellschaften und Kreditinstitute haben grundsätzlich eine **Zuschreibungspflicht** (§ 280 Abs. 1 HGB). Für sie gibt es von dem **Wertaufholungsgebot** allerdings unter bestimmten Voraussetzungen Ausnahmen. Für Kreditinstitute gelten außerdem im Rahmen der Vorsorge für allgemeine Bankrisiken (siehe 9.5.7) Ausnahmebestimmungen (§ 340f Abs. 2 HGB).

Aufgaben

Aufgabe 9.17

Stellen Sie Abschreibungspläne auf!

1. Abschreibungsplan für ein Mikrofilmgerät, das linear in fünf Jahren abgeschrieben werden soll.
   Anschaffungswert: 8 000,00 DM

2. Abschreibungsplan für ein Fotokopiergerät, das in fünf Jahren abgeschrieben werden soll.
   Anschaffungswert: 15 000,00 DM
   Abschreibung: 30 % degressiv mit Übergang zur linearen Abschreibung

3. Abschreibungsplan für einen Tag-Nacht-Tresor, der in zehn Jahren mit dem Höchstsatz der degressiven AfA abgeschrieben werden soll.
   Anschaffungswert: 60 000,00 DM
   a) Aufstellung des Plans
   b) In welchem Jahr empfiehlt sich der Übergang auf lineare AfA?

Aufgabe 9.18 Berechnen und buchen Sie im Grundbuch Abschreibungen auf Anlagegegenstände!

Eine Bank schreibt Einrichtungsgegenstände mit einem Anschaffungswert von 50 000,00 DM und einer Nutzungsdauer von 5 Jahren zunächst degressiv mit einem Abschreibungssatz von 30 % direkt ab und geht auf die lineare Abschreibung über, sobald der Wechsel der Abschreibungsmethode lohnend ist.

a) Wie hoch ist der Abschreibungsbetrag für das zweite Jahr?

b) Wie hoch ist der Restbuchwert nach der zweiten degressiven Abschreibung?

c) Wie hoch ist der jährliche Abschreibungsbetrag der nächsten Jahre?

d) Die Geräte werden nach der 4. Abschreibung zum Preis von 9 000,00 DM zuzüglich 15 % Umsatzsteuer an einen Girokunden verkauft.
Bilden Sie den hierfür erforderlichen Buchungssatz!

e) Welchen Vorteil bietet die degressive Abschreibung mit Übergang zur linearen Abschreibung?

Aufgabe 9.19 Berechnen und buchen Sie Abschreibungen!

Terminals sind für 50 000,00 DM gekauft und installiert worden. Aufstellungskosten 3 000,00 DM
Nutzungsdauer: fünf Jahre
Abschreibung: 30 % degressiv, im 3. Jahr Übergang zur linearen Abschreibung
Abschreibungsbeginn: 1. Januar des Anschaffungsjahres
Buchungsmethode: direkt

Im Zuge einer Organisationsumstellung werden die Geräte am 29. Juni des dritten Jahres für 15 000,00 DM zuzüglich 15 % Umsatzsteuer verkauft.

a) Buchen Sie die Abschreibung für den 30. Juni des dritten Jahres!

b) Buchen Sie den Verkauf (Eingang des Gegenwertes auf LZB-Giro)!

Aufgabe 9.20 Buchen Sie im Grundbuch der Norddeutschen Kreditbank AG!

1. Kauf von automatischen Kassentresoren, Rechnungspreis 80 000,00 DM + 12 000,00 DM Umsatzsteuer. Die Rechnung wird über LZB-Giro bezahlt.
2. Eine Fernsehüberwachungsanlage wird für 8 000,00 DM + 15 % Umsatzsteuer verkauft. Der Gegenwert geht auf dem LZB-Girokonto ein. Die Anlage steht noch mit 4 600,00 DM zu Buch.
3. Eine Frankiermaschine wird unbrauchbar. Eine Reparatur lohnt nicht. Buchwert 1 800,00 DM.
4. Kauf eines Wechselrahmens zum Aushang der Zins- und Gebührensätze
   Preis: 160,00 DM + 15 % Umsatzsteuer (Verkäufer ist Kontokorrentkunde der Bank)
5. Kauf von zwei Diktiergeräten, Marke BüOrga, Typ 73/2, von einem Kontokorrentkunden
   Gesamtpreis: 1 100,00 DM + 15 % Umsatzsteuer
6. Rechnung der Druckerei für Formulare wird durch LZB-Giro bezahlt.
   Nettobetrag: 2 400,00 DM + 15 % Umsatzsteuer
7. Kauf von zwei Organisationsschreibtischen; Verkäufer erhält Gutschrift auf Kontokorrentkonto.
   Preis je Schreibtisch: 1 700,00 DM + 15 % Umsatzsteuer
8. Bankgebäude

Anschaffungswert	5 700 000,00 DM
Buchwert	3 200 000,00 DM
Wert des Grund und Bodens	700 000,00 DM
Abschreibung direkt linear, Abschreibungssatz	2 %

Beantworten Sie Fragen zu Abschreibungen auf Anlagegegenstände!

Aufgabe 9.21

1. Wie werden Grundstücke und Gebäude bilanziert, die
   a) auf Dauer beschafft und für den Geschäftsbetrieb bestimmt sind,
   b) zur Weiterveräußerung bestimmt sind?
2. Welche Abschreibungen sind möglich
   a) auf Gebäude
   b) auf unbebaute Grundstücke?
3. Welcher Wertansatz gilt für Bankgebäude
   a) in der Handelsbilanz
   b) in der Steuerbilanz?
4. Welche AfA-Möglichkeiten für Gebäude gibt es nach § 7 EStG (planmäßige AfA)?
5. Der Wert einer Beteiligung ist von 10 Mio. DM auf 5 Mio. DM gefallen.
   Kann eine außerplanmäßige Abschreibung vorgenommen werden?
6. Welches Bewertungsprinzip hat eine Bank zu beachten, die ein Gebäude erworben hat, um eine eigene Forderung zu retten?
7. Geben Sie Beispiele für Gegenstände, die bei Kreditinstituten zur Betriebs- und Geschäftsausstattung zählen!
8. Zu welchem Wert hat die Bank Gegenstände der Betriebs- und Geschäftsausstattung zu aktivieren?

Programmierte Aufgaben

Wie lautet die Abschreibungsbuchung?

Aufgabe 9.22

Die Bank schreibt direkt und linear auf das Bankgebäude ab:

Anschaffungswert	600 000,00 DM
Bodenwert	100 000,00 DM
Buchwert des Gebäudes	450 000,00 DM
Bauwert	500 000,00 DM
Nutzungsdauer	50 Jahre

	DM
a) Abschreibungen auf Sachanlagen an Wertberichtigungen auf Anlagen	10 000,00
b) Abschreibungen auf Sachanlagen an Grundstücke und Gebäude	12 000,00
c) Abschreibungen auf Sachanlagen an Grundstücke und Gebäude	10 000,00
d) Abschreibungen auf Sachanlagen an Grundstücke und Gebäude	9 000,00
e) Abschreibungen auf Sachanlagen an Grundstücke und Gebäude	4 500,00
f) Abschreibungen auf Sachanlagen an Wertberichtigungen auf Anlagen	9 000,00

Welche AfA ist steuerrechtlich für unbewegliche und bewegliche Sachen des abnutzbaren Anlagevermögens zulässig?

Aufgabe 9.23

a) lineare AfA
b) geometrisch-degressive AfA
c) digitale AfA
d) leistungsmäßige AfA

Aufgabe 9.24 **Wie lautet die Buchung für direkte außerplanmäßige Abschreibung eines Fotokopiergerätes mit einem Restbuchwert von 800,00 DM (Anschaffungswert 4 000,00 DM)?**

a) Abschreibungen auf Sachanlagen
 an Betriebs- und Geschäftsausstattung

b) Abschreibungen auf Sachanlagen
 an Wertberichtigungen auf Betriebs- und Geschäftsausstattung

c) Abschreibungen auf Sachanlagen
 an Einzelwertberichtigungen auf Sachanlagen

d) Abschreibungen auf Sachanlagen
 an Geringwertige Wirtschaftsgüter

e) Sonstige betriebliche Aufwendungen
 an Geringwertige Wirtschaftsgüter

f) Sonstige betriebliche Aufwendungen
 an Betriebs- und Geschäftsausstattung

g) Sonstige betriebliche Aufwendungen
 an Wertberichtigungen auf Betriebs- und Geschäftsausstattung

Aufgabe 9.25 **Welche AfA kommt in den folgenden Fällen grundsätzlich in Frage?**

① lineare AfA

② geometrisch-degressive AfA

③ leistungsmäßige AfA

Ordnen Sie zu!

a) Bankgebäude

b) Mikrofilmgerät

c) Geldtransportwagen

Aufgabe 9.26 **Welche Inventur liegt vor?**

① Stichtagsinventur
② ausgeweitete Stichtagsinventur
③ vorverlegte Stichtagsinventur
④ körperliche Inventur
⑤ Buchinventur

Ordnen Sie zu!

a) Feststellung des Guthabens bei der Deutschen Bundesbank am 31. Dezember

b) Aufnahme des Kassenbestandes am 31. Dezember

c) Aufnahme der Gegenstände der Betriebs- und Geschäftsausstattung am 22. Dezember und belegmäßiges Festhalten der Veränderungen bis zum 31. Dezember

d) Aufnahme der Gegenstände der Betriebs- und Geschäftsausstattung am 22. November und Festhalten in einem besonderen Inventar mit Fortschreibung der Bestände

Aufgabe 9.27 **Bei welchen Vermögensgegenständen sind planmäßige Abschreibungen möglich?**

a) bei Gebäuden
b) bei unbebauten Grundstücken
c) bei Grund und Boden von bebauten Grundstücken
d) bei Gegenständen der Betriebs- und Geschäftsausstattung
e) bei Wertpapieren des Anlagevermögens
f) bei Wertpapieren des Umlaufvermögens
g) bei Beteiligungen

9.5.6 Wertpapiere im Jahresabschluß der Kreditinstitute

9.5.6.1 Ausweis von Wertpapieren in der Bilanz und im Anhang

Unter welchen Voraussetzungen Vermögensgegenstände in der Bilanz als Wertpapiere ausgewiesen werden, ist in § 7 RechKredV geregelt.

In der Bilanz als Wertpapiere auszuweisende Vermögensgegenstände

Ausweis von Vermögensgegenständen als Wertpapiere in der Bilanz

Ausweis als Wertpapiere, auch wenn nicht börsenfähig oder börsennotiert
- Aktien
- Zwischenscheine
- Investmentanteile
- Optionsscheine
- Zins- und Gewinnanteilscheine

Ausweis als Wertpapiere nur, wenn

börsenfähig
- Inhaber- oder Ordergenußscheine
- Inhaberschuldverschreibungen (auch als Wertrechte)
- Orderschuldverschreibungen, soweit sie Teile einer Gesamtemission sind
- andere festverzinsliche Inhaberpapiere[1])

börsennotiert
- andere, bisher nicht aufgeführte nicht festverzinsliche Wertpapiere

Aufgliederung der börsenfähigen Wertpapiere im Anhang in börsennotierte und nicht börsennotierte Papiere

[1]) Als festverzinslich gelten auch Wertpapiere, die mit einem veränderlichen oder an eine bestimmte Größe, z. B. FIBOR, gebundenen Zinssatz ausgestattet sind, sowie Null-Kupon-Anleihen.

Als **börsenfähig** gelten Wertpapiere, die die **Voraussetzungen einer Börsenzulassung** erfüllen; bei Schuldverschreibungen genügt es, daß alle Stücke einer Emission hinsichtlich Verzinsung, Laufzeitbeginn und Fälligkeit einheitlich ausgestattet sind (§ 7 Abs. 2 RechKredV).

Als **börsennotiert** gelten Wertpapiere, die an einer deutschen Börse zum amtlichen Handel oder zum geregelten Markt zugelassen sind, außerdem Wertpapiere, die an ausländischen Börsen zugelassen sind oder gehandelt werden (§ 7 Abs. 3 RechKredV).

Die **Zuordnung von Wertpapieren zu Bilanzposten** erfolgt in erster Linie **nach der Art der Rechte**. Bei den **Schuldverschreibungen** werden Geldmarktpapiere und andere Schuldverschreibungen getrennt ausgewiesen. Notenbankfähige Geldmarktpapiere werden außerhalb der Wertpapierposten als „Schuldtitel öffentlicher Stellen" bilanziert.

Bilanzierung von Wertpapieren

Posten in der Bilanz, in denen Wertpapiere ausgewiesen werden

Schuldverschreibungen, fest- und variabelverzinsliche Wertpapiere
(Verzinsung an Referenzzinssatz gebunden) einschließlich noch nicht fälliger Zinsscheine

- **Geldmarktpapiere**
  - notenbankfähig: **Aktivposten Nr. 2 a**
  - nicht notenbankfähig: **Aktivposten Nr. 5 a**
- **Schuldverschreibungen, die keine Geldmarktpapiere sind**
  - börsenfähig: **Aktivposten Nr. 5 b**
  - nicht börsenfähig: **Aktivposten Nr. 3** oder **Aktivposten Nr. 4**

Aktien und andere nicht-festverzinsliche Wertpapiere
(Investmentanteile, börsenfähige Genußscheine, Optionsscheine, noch nicht fällige Dividendenscheine usw.)
Aktivposten Nr. 6

Aktien, die Beteiligungen verkörpern oder Anteile an verbundenen Unternehmen darstellen, sind nicht in Posten 6 „Aktien“, sondern in **Posten 7 „Beteiligungen“** bzw. **Posten 8 „Anteile an verbundenen Unternehmen“** auszuweisen.

Ist ein Beteiligungsverhältnis gleichzeitig eine Unternehmensverbindung, so hat der Ausweis als „Anteile an verbundenen Unternehmen“ Vorrang.

Aktivseite

	DM	DM	DM	
. . . .				
2. Schuldtitel öffentlicher Stellen und Wechsel, die zur Refinanzierung bei Zentralnotenbanken zugelassen sind				
a) Schatzwechsel und unverzinsliche Schatzanweisungen sowie ähnliche Schuldtitel öffentlicher Stellen		____		
darunter: bei der Deutschen Bundesbank refinanzierbar ____ DM				
b) Wechsel		====	____	
darunter: bei der Deutschen Bundesbank refinanzierbar ____ DM				
3. Forderungen an Kreditinstitute				
a) täglich fällig		____		
b) andere Forderungen		====	____	
4. Forderungen an Kunden			____	
darunter: durch Grundpfandrechte gesichert ____ DM				
Kommunalkredite ____ DM				
5. Schuldverschreibungen und andere festverzinsliche Wertpapiere				
a) Geldmarktpapiere				
aa) von öffentlichen Emittenten	____			
ab) von anderen Emittenten	====	____		
b) Anleihen und Schuldverschreibungen				
ba) von öffentlichen Emittenten	____			
bb) von anderen Emittenten	====	____		
darunter: beleihbar bei der Deutschen Bundesbank ____ DM				
c) eigene Schuldverschreibungen		====	____	
Nennbetrag ____ DM				
6. Aktien und andere nicht festverzinsliche Wertpapiere			____	
7. Beteiligungen		____		
darunter: an Kreditinstituten ____ DM				
8. Anteile an verbundenen Unternehmen			____	
darunter: an Kreditinstituten ____ DM				
. . .				

9.5.6.2 Aufteilung der Wertpapiere nach der Zweckbestimmung

Gruppenbildung

Nach der beabsichtigten Verwendung haben Kreditinstitute ihre Wertpapiere in **drei Gruppen** aufzuteilen:

- in die der Vermögensanlage dienenden Wertpapiere des Anlagevermögens,
- in Wertpapiere des Handelsbestands und
- in Wertpapiere, die (neben Forderungen an Kreditinstitute und Kunden) als Grundlage für die Bildung von Vorsorgereserven für allgemeine Bankrisiken gem. § 340 f HGB dienen (Wertpapiere der Liquiditätsreserve).

Diese Aufteilung ist wichtig **für die Bewertung, für die Bemessung der stillen Reserven und für den Ergebnisausweis.**

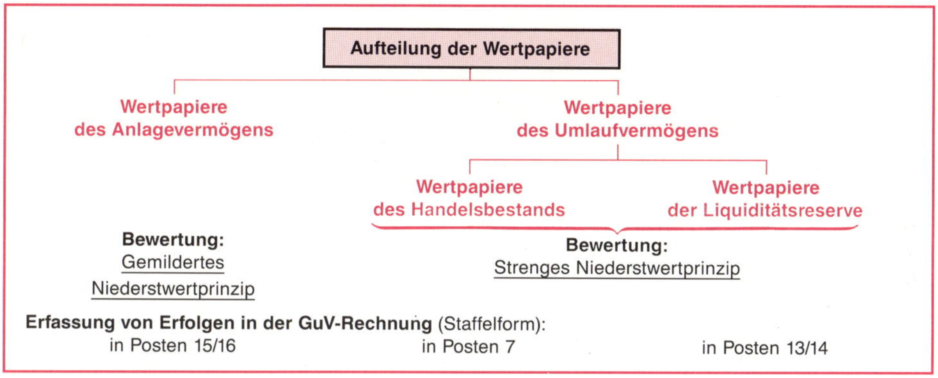

Wertpapiere des Anlagevermögens

Wertpapiere des Anlagevermögens sind Wertpapierbestände, die nach einer (aktenkundig zu machenden) Entscheidung der zuständigen Stelle des Kreditinstituts dauernd dem Geschäftsbetrieb dienen sollen. Sie sind wie andere Finanzanlagen (Beteiligungen und Anteile an verbundenen Unternehmen) nach dem **gemilderten Niederstwertprinzip** zu bewerten.

Das zusammengefaßte Handels- und Bewertungsergebnis aus Finanzanlagen, das sich gem. § 33 RechKredV aus Abschreibungen und Wertberichtigungen auf Beteiligungen, auf Anteile an verbundenen Unternehmen und auf wie Anlagevermögen behandelte Wertpapiere sowie aus Erträgen aus Zuschreibungen zu Beteiligungen, aus Anteilen an verbundenen Unternehmen und aus wie Anlagevermögen behandelte Wertpapiere ergibt, kann als saldiertes Ergebnis in einem Aufwands- oder Ertragsposten ausgewiesen werden. Eine teilweise Verrechnung ist unzulässig. Nach § 340 c Abs. 2 Satz 2 HGB dürfen in die Verrechnung die Aufwendungen und Erträge aus Geschäften mit Finanzanlagen einbezogen werden, die andernfalls unter den „Sonstigen betrieblichen Aufwendungen“ und den „Sonstigen betrieblichen Erträgen“ auszuweisen sind.

Wertpapiere des Handelsbestands

Wertpapiere des Handelsbestands sind Aktien, Schuldverschreibungen und andere Wertpapiere, die Grundlage des Eigenhandels der Kreditinstitute sind (siehe Buchungen im Abschnitt 8.4.2). Sie müssen beim Jahresabschluß nach dem **strengen Niederstwertprinzip** bewertet werden.

Die aus den Wertpapieren des Handelsbestands resultierenden Handels- und Bewertungsergebnisse müssen zusammen mit den Ergebnissen aus anderen Eigenhandelsgeschäften mit Finanzinstrumenten, Devisen und Edelmetallen in dem Posten „Nettoertrag aus Finanzgeschäften“ oder „Nettoaufwand aus Finanzgeschäften“ ausgewiesen werden.

Wertpapiere der Liquiditätsreserve

Wertpapiere der Liquiditätsreserve sind Aktien und andere nicht festverzinsliche Wertpapiere sowie Schuldverschreibungen und andere festverzinsliche Wertpapiere, die von Kreditinstituten mit dem Bestand an Forderungen an Kreditinstitute und an Kunden als **Grundlage für die Bildung stiller Reserven (Vorsorgereserven für allgemeine Bankrisiken)** dienen können (siehe Abschnitt 9.5.9).

Hauptbuchkonten Eigene Wertpapiere

Entsprechend zu dieser Aufteilung führen Kreditinstitute **drei Hauptbuchkonten „Eigene Wertpapiere"**.

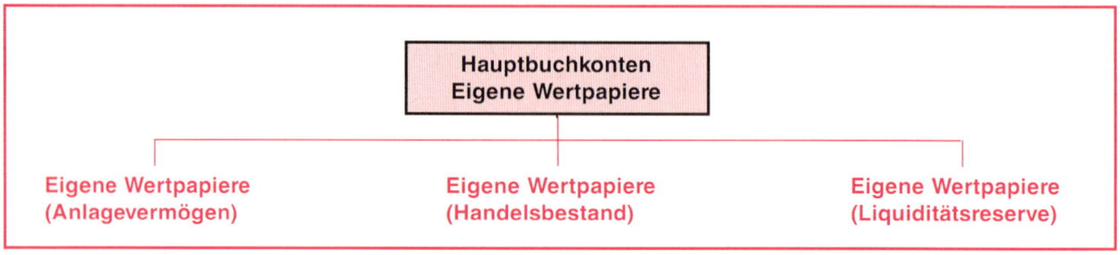

Die Aufteilung der Wertpapierbestände in drei Gruppen hat keine Bedeutung für den Bilanzausweis. Für die Zuordnung zu Bilanzposten sind andere Gesichtspunkte maßgebend (siehe 9.5.6.1).

9.5.6.3 Bewertung und Buchung von eigenen Wertpapieren beim Jahresabschluß

Bewertung von Wertpapieren

Kreditinstitute müssen bei der **Bewertung der ihnen gehörenden Wertpapiere** die **Vorschriften des HGB** (siehe 9.4.2.2 und 9.4.2.3) anwenden.

Die HGB-Vorschriften verlangen:

Gemildertes Niederstwertprinzip

- **Wertpapiere des Anlagevermögens** sind nach dem **gemilderten Niederstwertprinzip** zu bewerten:
  - Ein Wertpapier des Anlagevermögens darf **höchstens zu den Anschaffungskosten** (Anschaffungskurs plus Anschaffungsnebenkosten, wie z. B. Provision, Maklergebühr) bewertet werden (§ 253 Abs. 1 HGB).
  - Ist der Wert, der ihm am Abschlußstichtag beizulegen ist – das ist der **Börsenkurs (oder Marktpreis) am Bilanzstichtag –, niedriger als die Anschaffungskosten**, so hat das Kreditinstitut
    - **bei voraussichtlich vorübergehender Wertminderung** ein **Abschreibungsrecht:** Es kann eine außerplanmäßige Abschreibung vornehmen; wird darauf verzichtet, sind gemäß § 35 Abs. 1 Nr. 2 RechKredV Angaben darüber im Anhang zu machen,
    - **bei voraussichtlich dauernder Wertminderung** eine **Abschreibungspflicht:** Es muß eine außerplanmäßige Abschreibung vornehmen.

  Die **außerplanmäßige Abschreibung** dient dazu, das Wertpapier mit dem niedrigeren Wert anzusetzen, der ihm am Bilanzstichtag beizulegen ist (§ 253 Abs. 2 Satz 3 HGB).

Strenges Niederstwertprinzip

- **Wertpapiere des Umlaufvermögens** (Wertpapiere des Handelsbestands und Wertpapiere der Liquiditätsreserve) sind nach dem **strengen Niederstwertprinzip** zu bewerten:
  - Ein Wertpapier des Umlaufvermögens darf **höchstens zu den Anschaffungskosten** bewertet werden (§ 253 Abs. 1 HGB).

- Die **Anschaffungskosten sind mit dem Börsenkurs** (oder Marktpreis) **zu vergleichen. Der niedrigere der beiden Werte muß der Bewertung zugrunde gelegt werden:** Es ist eine **Abschreibung** vorzunehmen, um das Wertpapier mit dem niedrigeren Wert anzusetzen (§ 253 Abs. 3 HGB). Diese Abschreibung ist ebenfalls eine außerplanmäßige Abschreibung.

Zu beachten ist, daß Wertpapiere der Liquiditätsreserve im Rahmen der gesetzlich zulässigen Bildung von Vorsorgereserven niedriger als nach § 253 Abs. 3 HGB bewertet werden dürfen.

Im Abschnitt 8.4.3 sind **Abschreibungen auf Wertpapiere** aus Vereinfachungsgründen direkt vorgenommen worden. Praxisüblich sind jedoch **indirekte Abschreibungen,** mit denen Einzelwertberichtigungen gebildet werden.

Buchung indirekter Abschreibungen auf Wertpapiere:

Abschreibungen auf Wertpapiere
an Einzelwertberichtigungen
auf Wertpapiere

9.5.7 Vorsorge für allgemeine Bankrisiken

9.5.7.1 Stille Vorsorgereserven

Wesen der stillen Reserven

Stille Reserven sind **Rücklagen,** die **in der Bilanz nicht ausgewiesen** werden und durch **Unterbewertung von Aktiva** entstehen.

Stille Reserven bewirken, daß das Vermögen in der Bilanz und damit das Eigenkapital niedriger als die tatsächlich vorhandenen Werte ausgewiesen werden.

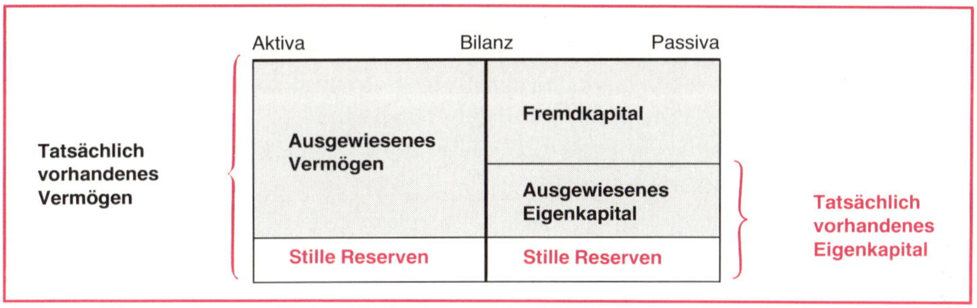

HGB-Vorschriften zur Bildung stiller Reserven

Nach § 253 Abs. 4 HGB ist es Unternehmen grundsätzlich erlaubt, in der Handelsbilanz stille Reserven zu legen. Diese Vorschrift besagt nämlich, daß Abschreibungen auf Gegenstände des Anlage- und Umlaufvermögens – neben den in § 253 Abs. 1 bis 3 aufgeführten Gründen – „außerdem im Rahmen vernünftiger kaufmännischer Beurteilung zulässig sind" (siehe dazu Seite 245/246). Kapitalgesellschaften sind diese Abschreibungen aber verboten.

Für **Kreditinstitute** gelten **besondere Regelungen.**

Sonderregelungen für Kreditinstitute bis 1992

Bis 1992 erlaubte **§ 26 a KWG** Kreditinstituten, die als Kapitalgesellschaften geführt werden, Forderungen und Wertpapiere bewußt unterzubewerten, soweit dies **nach vernünftiger kaufmännischer Beurteilung zur Sicherung gegen die besonderen Risiken des Geschäftszweigs der Kreditinstitute notwendig ist.** Diese Vorschrift ermöglichte in gewissem Rahmen eine Gewinnveränderung und eine **bewußte Bildung stiller Reserven.** In Anlehnung an diese Vorschrift war es auch Sparkassen erlaubt, stille Reserven zu legen. Da Privatbankiers nach § 253 Abs. 4 HGB und Kreditgenossenschaften nach § 336 Abs. 2 HGB stille Reserven bilden konnten, war es im Ergebnis allen Kreditinstituten gestattet, **für die „allgemeinen Bankrisiken" vorzusorgen.** Buchungstechnisch erfolgte dies durch indirekte Abschreibungen auf Forderungen und auf Wertpapiere. Die dadurch gebildeten Pauschalwertberichtigungen mußten aber versteuert werden **(versteuerte Pauschalwertberichtigungen).**

▸ Bewertungsvorschriften

Rechtslage seit 01.01.1993

Mit **Wirksamwerden des Bankbilanzrichtlinie-Gesetzes am 01.01.1993** ist allen Kreditinstituten nach **§ 340 f HGB** erlaubt, **stille Reserven in Form versteuerter Pauschalwertberichtigungen** als Vorsorgereserven für allgemeine Bankrisiken zu bilden.

Neue Grundsatzvorschrift für die Bildung stiller Vorsorgereserven in § 340 f Abs. 1 Satz 1 HGB

§ 340 f Abs. 1 Satz 1 HGB: Vorsorge für allgemeine Bankrisiken

(1) Kreditinstitute dürfen Forderungen an Kreditinstitute und Kunden, Schuldverschreibungen und andere festverzinsliche Wertpapiere sowie Aktien und andere nicht festverzinsliche Wertpapiere, die weder wie Anlagevermögen behandelt werden noch Teil des Handelsbestands sind, mit einem niedrigeren als dem nach § 253 Abs. 1 Satz 1, Abs. 3 vorgeschriebenen oder zugelassenen Wert ansetzen, soweit dies nach vernünftiger kaufmännischer Beurteilung zur Sicherung gegen die besonderen Risiken des Geschäftszweigs der Kreditinstitute notwendig ist.

„Die Beibehaltung einer langjährig bewährten Bilanzierungstradition deutscher Banken, die es ihnen im Hinblick auf die besondere Vertrauensempfindlichkeit des Kreditgewerbes ermöglichen soll, den offenen Ausweis von Verlusten oder Ertragseinbußen zu vermeiden" (Monatsberichte der Deutschen Bundesbank, Mai 1992, S. 43), ist bis zu der Überprüfung der EG-Bankbilanzrichtlinie im Jahre 1998 gesichert.

Begrenzung der stillen Vorsorgereserven

Die **Bildung stiller Vorsorgereserven ist aber seit 01.01.1993 nach § 340 f Abs. 1 Satz 2 HGB auf maximal 4 % des Wertansatzes begrenzt, der sich bei Beachtung der allgemeinen Bewertungsregeln ergeben würde.**

§ 340 f Abs. 1 Satz 2 HGB

§ 340 f Abs. 1 Satz 2 HGB

Der Betrag der auf diese Weise gebildeten Vorsorgereserven darf vier vom Hundert des Gesamtbetrags der in Satz 1 bezeichneten Vermögensgegenstände, der sich bei deren Bewertung nach § 253 Abs. 1 Satz 1, Abs. 3 ergibt, nicht übersteigen.

Vorhandene **Bestände an stillen Reserven,** die **nach Vorschriften des bis 31.12.1992 geltendem Recht** (z. B. nach § 26 a Abs. 1 KWG) gebildet worden sind, werden auf die nach neuem Recht gebildeten Vorsorgereserven **nicht angerechnet.**

Beispiel: Stille Vorsorgereserven für allgemeine Bankrisiken

Eine Bank hat u. a. folgende Bestände (TDM):

- Wertpapiere 450
- Forderungen 7900

Innerhalb des Wertpapierbestands dienen in Höhe von 300 Wertpapiere als Liquiditätsreserve. Nur diese Wertpapiere und die Forderungen dürfen als Grundlage für die Bildung stiller Vorsorgereserven verwendet werden. Die aktuellen Buchwerte ergeben 8200. Bewertet zum strengen Niederstwertprinzip, ergeben sie einen Betrag von 8000. Davon dürfen höchstens 4 % als Pauschalwertberichtigungen angesetzt und von den Aktivwerten abgezogen werden, um stille Reserven für allgemeine Bankrisiken zu bilden. Die vor dem Wirksamwerden des Bankbilanzrichtlinie-Gesetzes schon gebildeten versteuerten Pauschalwertberichtigungen dürfen zusätzlich fortgeführt werden.

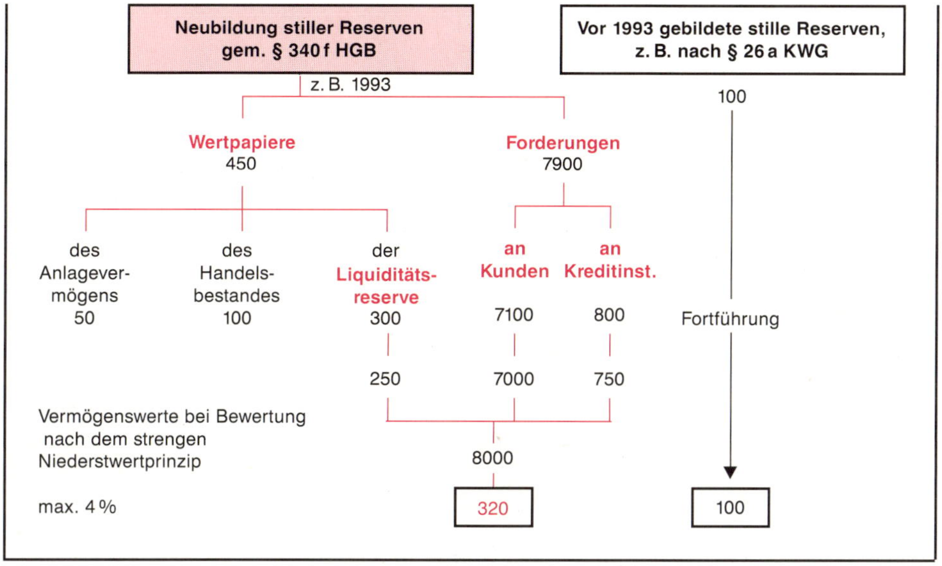

Die Berechnung dieser Zahlen erfolgt unter der Annahme, daß die Bank erstmals nach § 340f. HGB stille Vorsorgereserven bildet.

▸ *Buchungen*

Bildung von Pauschalwertberichtigungen

Zur Legung stiller Vorsorgereserven nach § 340f HGB werden **indirekte Abschreibungen** durchgeführt, mit denen **Pauschalwertberichtigungen** gebildet werden, die auf dem **Hauptbuchkonto Vorsorgewertberichtigungen für allgemeine Bankrisiken** gesammelt werden.

Das Konto kann auch **„Versteuerte Pauschalwertberichtigungen"** heißen. Damit würde zum Ausdruck gebracht, daß der Abschreibungsaufwand nicht den steuerpflichtigen Gewinn mindert, d. h., daß die Pauschalwertberichtigungen zu Lasten des versteuerten Gewinns gebildet werden.

Buchung von stillen Vorsorgereserven

Buchung von Vorsorgewertberichtigungen für allgemeine Bankrisiken

Geschäftsfälle		Grundbuch	
Indirekte Abschreibungen – auf Wertpapiere der Liquiditätsreserve	10 000,00 DM	Abschreibungen auf Wertpapiere	10 000,00 DM
– auf Forderungen an Kunden	280 000,00 DM	Abschreibungen auf Forderungen	310 000,00 DM
– auf Forderungen an Kreditinstitute	30 000,00 DM	an Vorsorgewertberichtigungen für allgemeine Bankrisiken	320 000,00 DM

Bei **Auflösung von Vorsorgewertberichtigungen** ergeben sich **Erträge aus Zuschreibungen.**

Buchung: Vorsorgewertberichtigungen für allgemeine Bankrisiken
an Erträge aus Zuschreibungen

▸ Ausweis in der Bilanz

Aktivische Absetzung der Vorsorgewertberichtigungen

Um die Höhe der in einem Geschäftsjahr gebildeten Vorsorgereserven für Außenstehende nicht erkennbar zu machen, werden die **Vorsorgewertberichtigungen in der Bilanz aktivisch abgesetzt.**

TDM	Buchwert	Niederstwert	Bilanzwert
Wertpapiere der Liquiditätsreserve	300	250	240
Forderungen an Kunden	7100	7000	6720
Forderungen an Kreditinstitute	800	750	720
Korrektur nach Niederstwertprinzip	8200 ·/. 200 →	8000	
Korrektur um Vorsorgereserven		·/. 320 →	7680

Diese Vorgehensweise ist durch das HGB gedeckt.

§ 340 f Abs. 4 HGB

§ 340 f Abs. 4 HGB

Angaben über die Bildung und Auflösung von Vorsorgereserven nach Absatz 1 sowie über vorgenommene Verrechnungen nach Absatz 3 brauchen im Jahresabschluß, Lagebericht, Konzernabschluß und Konzernlagebericht nicht gemacht zu werden.

▸ Ausweis in der Gewinn- und Verlustrechnung

Überkreuzkompensation

Um zu ermöglichen, daß die Bildung stiller Vorsorgereserven in ertragsstarken Geschäftsjahren und die Auflösung solcher Reserven in ertragsschwachen Jahren für Außenstehende auch in der **Gewinn- und Verlustrechnung** nicht erkennbar gemacht werden muß, ist eine **Verrechnung bestimmter Aufwendungen und Erträge** und der **Ausweis eines Saldopostens** erlaubt (sog. **„Überkreuzkompensation"**).

Welche Aufwendungen und Erträge im einzelnen verrechnet werden **dürfen**, bestimmt § 340 f Abs. 3 HGB.

§ 340 f Abs. 3 HGB

§ 340 f Abs. 3 HGB

Aufwendungen und Erträge aus der Anwendung von Absatz 1 und aus Geschäften mit in Absatz 1 bezeichneten Wertpapieren und Aufwendungen aus **Abschreibungen** sowie **Erträge aus Zuschreibungen zu diesen Wertpapieren** dürfen mit den **Aufwendungen aus Abschreibungen auf Forderungen, Zuführungen zu Rückstellungen für Eventualverbindlichkeiten** und **für Kreditrisiken** sowie mit den **Erträgen aus Zuschreibungen zu Forderungen** oder aus deren **Eingang nach teilweiser oder vollständiger Abschreibung und aus Auflösung von Rückstellungen für Eventualverbindlichkeiten und für Kreditrisiken verrechnet** und in der Gewinn- und Verlustrechnung **in einem Aufwand- oder Ertragsposten ausgewiesen** werden.

Spartenübergreifende Verrechnung

Die Saldierung von Aufwendungen und Erträgen nach § 340 f Abs. 3 HGB wird als **spartenübergreifende Verrechnung** bezeichnet.

Spartenübergreifende Verrechnung in der GuV-Rechnung

Sparten \ Erfolge	Aufwendungen	Erträge
Wertpapiergeschäft **Wertpapiere der Liquiditätsreserve**	• Aufwendungen aus Abschreibungen • Aufwendungen aus Abschreibungen zur Bildung stiller Vorsorgereserven • realisierte Kursverluste	• Erträge aus Zuschreibungen (Wertaufholung) • Erträge aus Zuschreibungen bei Auflösung stiller Vorsorgereserven • realisierte Kursgewinne
Kreditgeschäft **Forderungen an Kunden** **Forderungen an Kreditinstitute**	• Aufwendungen aus Abschreibungen • Aufwendungen aus Zuführung zu Rückstellungen für Eventualverbindlichkeiten und anderen Verpflichtungen • Aufwendungen aus Abschreibungen zur Bildung von Einzel- und Pauschalwertberichtigungen • Aufwendungen aus Abschreibungen zur Bildung stiller Vorsorgereserven	• Erträge aus Zuschreibungen (Wertaufholung) • Erträge aus der Auflösung von Rückstellungen für Eventualverbindlichkeiten und anderen Verpflichtungen • Erträge aus der Auflösung von Einzel- und Pauschalwertberichtigungen • Erträge aus dem Eingang teilweise oder vollständig abgeschriebener Forderungen • Erträge aus Zuschreibungen bei Auflösung stiller Vorsorgereserven

Überkreuzkompensation
(durch Verrechnung/Saldierung)

führt

entweder zu einem **Posten 13**
Abschreibungen und Wertberichtigungen auf Forderungen und bestimmte Wertpapiere sowie Zuführungen zu Rückstellungen im Kreditgeschäft

oder zu einem **Posten 14**
Erträge aus Zuschreibungen zu Forderungen und bestimmten Wertpapieren sowie aus der Auflösung von Rückstellungen im Kreditgeschäft

Die **spartenübergreifende Verrechnung** verhindert, daß ein externer Betrachter die bilanzpolitische Zielsetzung (Reservebildung, Verlustausgleich durch Reserveauflösung, Ergebnisnivellierung) erkennt.

Ziel der Überkreuzkompensation

9.5.7.2 Offene Vorsorgereserven

Wesen der offenen Vorsorgereserven

Offene Vorsorgereserven für allgemeine Bankreserven sind Reserven, die in dem **Sonderposten „Fonds für allgemeine Bankrisiken"** auf der Passivseite der Bankbilanz ausgewiesen werden. Im Gegensatz zu stillen Vorsorgereserven dürfen sie **in unbegrenzter Höhe** gebildet werden. Während stille Vorsorgereserven bankaufsichtlich zum Ergänzungskapital gerechnet werden, sind offene Vorsorgereserven **Kernkapital** (§ 10 Abs. 4 a Nr. 5 Satz 2 KWG).

§ 340 g HGB

§ 340 g HGB: Sonderposten für allgemeine Bankrisiken

(1) Kreditinstitute dürfen auf der Passivseite ihrer Bilanz zur Sicherung gegen allgemeine Bankrisiken einen Sonderposten „Fonds für allgemeine Bankrisiken" bilden, soweit dies nach vernünftiger kaufmännischer Beurteilung wegen der besonderen Risiken des Geschäftszweigs der Kreditinstitute notwendig ist.

(2) Die Zuführung zum Sonderposten oder die Erträge aus der Auflösung des Sonderpostens sind in der Gewinn- und Verlustrechnung gesondert auszuweisen.

Buchung von offenen Vorsorgereserven

Buchung von offenen Vorsorgereserven für allgemeine Bankrisiken	
Geschäftsfälle	**Grundbuch**
Die Bank stellt 200 000,00 DM in offene Vorsorgereserven ein. Bei Auflösung ist eine umgekehrte Buchung erforderlich.	Einstellung in den Fonds für allgemeine Bankrisiken an Fonds für allgemeine Bankrisiken 200 000,00 DM

Die Einstellung von Beträgen in den Fonds für allgemeine Bankrisiken stellt keine Ergebnisverwendung dar.

Vergleichende Darstellung der stillen und der offenen Vorsorgereserven

Vergleich: Stille Vorsorgereserven und offene Vorsorgereserven		
	Stille Vorsorgereserven	**Offene Vorsorgereserven**
Gesetzliche Grundlage	§ 340 f Abs. 1 HGB	§ 340 g Abs. 1 HGB
Zweck	Vorsorge für allgemeine Bankrisiken	Vorsorge für allgemeine Bankrisiken
Durchführung	Niedrigerer Ansatz für bestimmte reservefähige Vermögensgegenstände als nach § 253 Abs. 1 Satz 1 und Abs. 3 zulässig Bildung von Vorsorgewertberichtigungen	Ansatz im Ermessen der Bank Einstellung in einen Sonderposten
Grundlage der Reservebildung	Forderungen an Kreditinstitute und Kunden sowie Wertpapiere der Liquiditätsreserve	Keine Berechnungsgrundlage
Maßstab	Vernünftige kaufmännische Beurteilung	Vernünftige kaufmännische Beurteilung
Obergrenze	4 % der reservefähigen, zum strengen Niederstwertprinzip bewerteten Vermögensgegenstände	Keine Obergrenze

Steuerliche Anerkennung	nein	nein
Ausweis im Jahresabschluß	**Bilanz:** aktivische Absetzung der gebildeten Vorsorgewertberichtigungen **GuV-Rechnung:** Verrechnung durch Überkreuzkompensation	**Bilanz:** Ausweis im Posten „Fonds für allgemeine Bankrisiken“ **GuV-Rechnung:** gesonderter Ausweis der Aufwendungen aus der Einstellung und der Erträge aus der Auflösung

9.5.8 *Die Risikovorsorge der Kreditinstitute im Überblick*

Die **Risikovorsorge der Kreditinstitute im weitesten Sinne** umfaßt neben der Vorsorge für allgemeine Bankrisiken auch die Bildung von Wertberichtigungen für Ausfallrisiken im Kreditgeschäft.

Übersicht

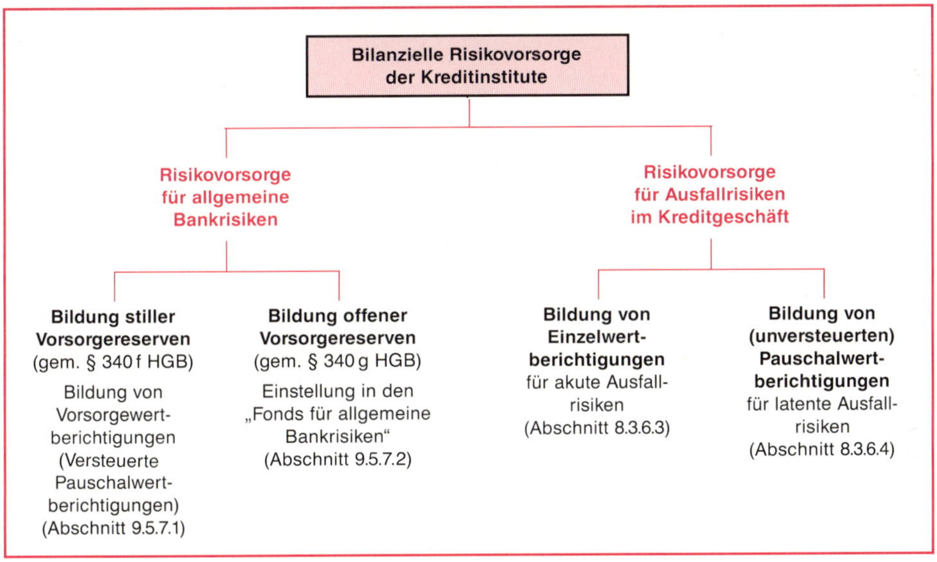

Aufgaben

Geben Sie an, welche Bilanzposten für den Ausweis von Wertpapieren in Frage kommen! ***Aufgabe 9.28***

a) für Schuldverschreibungen
b) für Aktien

Begründen sie, warum für den Bilanzausweis von Aktien mehrere Posten in Frage kommen! ***Aufgabe 9.29***

Aufgabe 9.30 Treffen Sie Entscheidungen für den Bilanzausweis von Wertpapieren!

Die Nordbank AG besitzt folgende Aktienbestände:

1. als Dauerbesitz:
   - 100 000 Stück Metall-Werke AG-Aktien zu je 50 DM Nennwert je Aktie
     Grundkapital der Metall-Werke AG 200 000 000 DM
     Anschaffungskurs 100 DM
   - 1 000 000 Stück Handelsbank AG-Aktien zu je 50 DM Nennwert je Aktie
     Grundkapital der Handelsbank AG: 200 000 000 DM
     Anschaffungskurs 125 DM
2. für den Eigenhandel:
   - 200 000 Stück Chemie Werke AG-Aktien zu je 50 DM Nennwert je Aktie
     Anschaffungskurs 125 DM
3. als Liquiditätsreserve:
   - 200 000 Stück HANNOVA-Aktien zu je 50 DM Nennwert je Aktie
     Anschaffungskurs 175 DM

Sämtliche Käufe wurden im laufenden Geschäftsjahr durchgeführt.

a) In welchen Bilanzposten werden die Aktien ausgewiesen?

b) Am Bilanzstichtag (31.12.) werden für die Aktien folgende Kurse notiert:
   - Metall-Werke AG 90 DM
   - Handelsbank AG 120 DM
   - Chemie Werke AG 180 DM
   - HANNOVA 170 DM

   Mit Ausnahme der Metall-Werke AG-Aktien handelt es sich bei allen Papieren um voraussichtlich vorübergehende Wertminderungen bzw. Wertsteigerungen.

   In welcher Höhe sind jeweils die Bestände zu bilanzieren?

c) Die Summe der Forderungen an Kunden und an Kreditinstitute beträgt bei der Nordbank – bewertet nach dem strengen Niederstwertprinzip – 800 000 000 DM

   Wie hoch dürfen die stillen Vorsorgereserven für allgemeine Bankrisiken sein?

Aufgabe 9.31 Führen Sie Berechnungen und Buchungen im Zusammenhang mit der Risikovorsorge der Bank durch!

1. Eine Bank weist unter Anwendung des strengen Niederstwertprinzips folgende Bestände aus:
   - Wertpapiere der Liquiditätsreserve 5 000 000 DM
   - Forderungen an Kunden 50 000 000 DM
   - Forderungen an Kreditinstitute 20 000 000 DM

   Welche Buchungen ergeben sich unter der Annahme, daß noch keine Bestände an stillen Reserven nach § 340 f. HGB vorhanden sind?
2. Eine Bank entscheidet für den offenen Ausweis von Vorsorgewertberichtigungen und stellt 1 000 000 DM in den Fonds für allgemeine Bankrisiken ein.
3. Eine Bank löst still gebildete Vorsorgewertberichtigungen in Höhe von 100 000 DM auf.

Programmierte Aufgaben

Aufgabe 9.32 **Nach welchem Prinzip sind Wertpapierbestände zu bewerten?**

Ordnen Sie zu!

① Strenges Niederstwertprinzip
② Gemildertes Niederstwertprinzip

a) Wertpapiere des Anlagevermögens
b) Wertpapiere der Liquiditätsreserve
c) Wertpapiere des Handelsbestands

Aufgabe 9.33

Mit welcher Buchung wird eine Abschreibung auf den Wertpapierbestand erfaßt, die aufgrund der Beachtung des Niederstwertprinzips beim Handelsbestand notwendig ist?

a) Abschreibungen auf Wertpapiere
   an Vorsorgewertberichtigungen für allgemeine Bankrisiken

b) Abschreibungen auf Wertpapiere
   an Einzelwertberichtigungen auf Wertpapiere

c) Abschreibungen auf Wertpapiere
   an Eigene Wertpapiere (Handelsbestand)

d) Abschreibungen auf Wertpapiere
   an Pauschalwertberichtigungen auf Wertpapiere

Aufgabe 9.34

Welche Hauptbuchkonten werden für die Erfassung der Vorsorge für Risiken des speziellen Geschäftszweigs der Kreditinstitute benötigt?

a) Fonds für allgemeine Bankrisiken
b) Einzelwertberichtigungen auf Sachanlagen
c) Einzelwertberichtigungen auf Forderungen
d) Einzelwertberichtigungen auf Wertpapiere
e) Sammelwertberichtigungen
f) Unversteuerte Pauschalwertberichtigungen
g) Stille Reserven

9.5.9 *Zeitliche Abgrenzung von Erfolgen*

Periodenrichtige Erfassung von Erfolgen

Die Erfolgsrechnung ist eine Jahresrechnung. Sie soll den Jahresüberschuß des abgelaufenen Geschäftsjahres ermitteln. In der **Erfolgsrechnung des abgelaufenen Geschäftsjahres müssen Aufwendungen und Erträge ausgewiesen werden, die das abgelaufene Geschäftsjahr betreffen.**

Aufwendungen und Erträge sind **periodenrichtig** zu erfassen:

Transitorische Posten in der Jahresbilanz

- **Aufwendungen und Erträge, die das folgende Geschäftsjahr betreffen** und für die Ausgaben bzw. Einnahmen schon erfolgt sind, dürfen nicht in der Erfolgsrechnung des abgelaufenen Geschäftsjahres ausgewiesen werden. Sie sind als **transitorische Posten[1] in der Bilanz** auszuweisen und so in das folgende Geschäftsjahr hinüberzunehmen.

  Es kommt dabei nicht darauf an, ob die Ausgaben bzw. Einnahmen ganz oder nur teilweise das folgende Geschäftsjahr betreffen.

Antizipative Posten in der Jahresbilanz

- **Aufwendungen und Erträge, die das abgelaufene Geschäftsjahr betreffen** und für die noch keine Ausgaben bzw. Einnahmen erfolgt sind, müssen noch in die Erfolgsrechnung des abgelaufenen Geschäftsjahres einbezogen werden. Sie sind als **antizipative Posten[2] in der Bilanz** auszuweisen und so im abgelaufenen Geschäftsjahr zu erfassen.

  Es kommt auch hier nicht darauf an, ob die Aufwendungen bzw. Erträge ganz oder nur teilweise das abgelaufene Geschäftsjahr betreffen.

---

[1] transitorisch = vorübergehend, später wegfallend
[2] antizipativ = vorwegnehmend

Zahlung für Aufwand oder Ertrag (Ausgabe oder Einnahme)

im abgelaufenen Geschäftsjahr

- **Abgrenzung des Aufwandes oder Ertrages, der das folgende Geschäftsjahr betrifft**
- Bildung von **transitorischen Posten** in der Bilanz (Rechnungsabgrenzungsposten):
  - Rechnungsabgrenzungsposten auf der Aktivseite
  - Rechnungsabgrenzungsposten auf der Passivseite

im folgenden Geschäftsjahr

- **Erfassung des Aufwandes oder Ertrages, der das abgelaufene Geschäftsjahr betrifft**
- Bildung von **antizipativen Posten** in der Bilanz:
  - Sonstige Vermögensgegenstände
  - Sonstige Verbindlichkeiten

9.5.9.1 Transitorische Posten in der Bilanz

▸ Transitorische Aktiva

Aufwand

Aktive Rechnungsabgrenzung

Aufwand, der dem neuen Geschäftsjahr zuzurechnen ist, muß aus der Erfolgsrechnung herausgenommen und als **aktiver Rechnungsabgrenzungsposten in der Bilanz** ausgewiesen werden. Buchungsmäßig geschieht dies durch Einschaltung eines aktiven Bestandskontos, das mit Beginn des neuen Geschäftsjahres wieder ausgeglichen wird. Das **Konto** heißt **Aktive Rechnungsabgrenzung.**

Beispiel *für transitorische Aktiva*

Buchung einer Aktiven Rechnungsabgrenzung

Die Bank hat am 1. August 19. . die Versicherungsprämien für Kraftfahrzeuge mit 1 500,00 DM für ein Jahr im voraus bezahlt.

Geschäftsfälle	Erläuterungen	Grundbuch
01.08.19. . : Zahlung der Kfz-Versicherungsprämie für ein Jahr im voraus über LZB-Giro 1 500,00 DM	Die Zahlung der Kfz-Versicherung verursacht Aufwand.	Sachanlagenaufwand an LZB-Giro 1 500,00 DM
31.12.19. . : Abgrenzung des Teils des Aufwandes, der dem folgenden Geschäftsjahr zuzurechnen ist	625,00 DM Aufwand betreffen das abgelaufene Geschäftsjahr, 875,00 DM das folgende Geschäftsjahr. 875,00 DM gehören nicht in die Erfolgsrechnung des abgelaufenen Geschäftsjahres.	Aktive Rechnungsabgrenzung (ARA) an Sachanlagenaufwand 875,00 DM
Abschluß der Konten	Das Konto Fuhrparkkosten ist ein Aufwandskonto, das Konto Aktive Rechnungsabgrenzung ist ein aktives Bestandskonto.	Gewinn- und Verlustkonto an Sachanlagenaufwand 625,00 DM SBK an Aktive Rechnungsabgrenzung 875,00 DM
02.01.19. . : Eröffnung und Ausgleich des Kontos Aktive Rechnungsabgrenzung	875,00 DM Kfz-Versicherung müssen im neuen Geschäftsjahr als Aufwand erfaßt werden.	Aktive Rechnungsabgrenzung an EBK 875,00 DM Sachanlagenaufwand an Aktive Rechnungsabgrenzung 875,00 DM

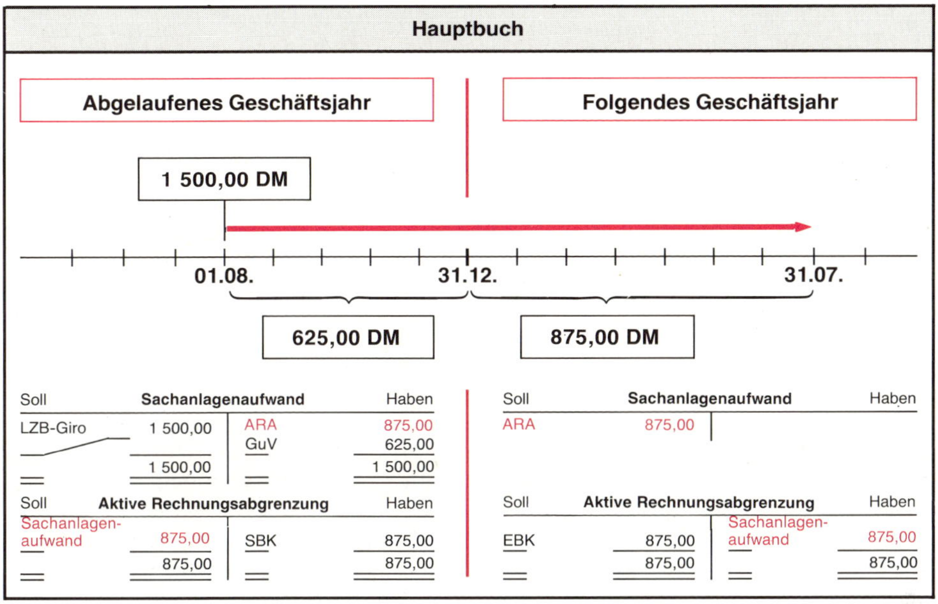

Transitorische Aktiva

Nach § 250 Abs. 1 HGB dürfen in der Bilanz als **Rechnungsabgrenzungsposten** auf der **Aktivseite** Ausgaben vor dem Abschlußstichtag, soweit sie Aufwand für eine bestimmte Zeit nach dem Bilanzstichtag darstellen **(transitorische Aktiva)**, ausgewiesen werden.

Ausweispflicht für den Bilanzposten Aktive Rechnungsabgrenzung

Als aktive Rechnungsabgrenzungsposten sind auszuweisen **Versicherungsbeiträge, Kraftfahrzeugsteuer, Mieten und Pachten**, die das Kreditinstitut im abgelaufenen Geschäftsjahr für das folgende Geschäftsjahr **im voraus gezahlt** hat.

Als **aktive Rechnungsabgrenzungsposten** sind auszuweisen:

- **im voraus gezahlte Zinsen bei Rediskontierung von Wechseln** (Diskontaufwendungen),
- **ein Disagio bei aufgenommenen Darlehen** (Kannvorschrift lt. § 250 Abs. 3 HGB für die Handelsbilanz; Aktivierungspflicht für die Steuerbilanz) und
- **ein Abzinsungsbetrag bei Ausgabe von Sparbriefen (Sparkassenbriefen) und anderen Sparschuldverschreibungen** (Sparkassenobligationen).

Eine Rechnungsabgrenzung, die über mehrere Jahre hinwegreicht, ist jährlich anteilig aufzulösen. Dies ist z. B. notwendig bei einem Disagio aus einer Darlehensaufnahme und bei einem Abzinsungsbetrag eines Sparbriefes.

Kompensationsverbot

Aktive Rechnungsabgrenzungsposten dürfen in der Bilanz nicht mit passiven Rechnungsabgrenzungsposten aufgerechnet werden.

Vorräte

Noch vorhandene Heizölvorräte, die im folgenden Geschäftsjahr verbraucht werden, dürfen nicht abgegrenzt werden. Sie müssen als **Sonstige Bestände** aktiviert und in dem Posten Sonstige Vermögensgegenstände bilanziert werden.

Kauf von Heizöl am 1. Juli für 12 630,00 DM (Lieferer ist Kontokorrentkunde)	Grundstücks- und Raumkosten an Kunden-KK 12 630,00 DM
Am 31. Dezember noch vorhandener Heizölbestand: 5 000,00 DM	Sonstige Bestände an Grundstücks- und Raumkosten 5 000,00 DM

Vorräte an Formularbeständen und sonstigem Büromaterial werden weder abgegrenzt noch aktiviert.

▸ *Transitorische Passiva*

Ertrag

Passive Rechnungsabgrenzung

Ertrag, der dem neuen Geschäftsjahr zuzurechnen ist, muß aus der Erfolgsrechnung herausgenommen und als **passiver Rechnungsabgrenzungsposten in der Bilanz** ausgewiesen werden. Buchungsmäßig geschieht dies durch Einschaltung eines passiven Bestandskontos, das mit Beginn des neuen Geschäftsjahres wieder ausgeglichen wird. Das **Konto** heißt **Passive Rechnungsabgrenzung.**

Buchungsbeispiel

Buchung einer Passiven Rechnungsabgrenzung

Die Bank erhält am 28. Dezember 19. . die Miete für den Monat Januar des nächsten Geschäftsjahres für eine im Geschäftsgebäude vermietete Wohnung: 500,00 DM.

Geschäftsfälle	**Grundbuch**	
28.12.19. .: Zahlungseingang der Miete durch Überweisung: 500,00 DM	Kunden-KK an Mieterträge	500,00 DM
31.12.19. .: Abgrenzung des Ertrages, der dem folgenden Geschäftsjahr zuzurechnen ist	Mieterträge an Passive Rechnungsabgrenzung (PRA)	500,00 DM
Abschluß	Passive Rechnungsabgrenzung an SBK	500,00 DM
02.01.19. .: Eröffnung	EBK an Passive Rechnungsabgrenzung	500,00 DM
Ausgleich des Kontos Passive Rechnungsabgrenzung	Passive Rechnungsabgrenzung an Mieterträge	500,00 DM

Transitorische Passiva

Nach § 250 Abs. 2 HGB dürfen in der Bilanz als **Rechnungsabgrenzungsposten** auf der **Passivseite** Einnahmen vor dem Abschlußstichtag, soweit sie Ertrag für eine bestimmte Zeit nach dem Bilanzstichtag darstellen **(transitorische Passiva)**, ausgewiesen werden.

Ausweispflicht für den Bilanzposten Passive Rechnungsabgrenzung

Als passive Rechnungsabgrenzungsposten sind außerdem auszuweisen:

- **im voraus erhaltene Zinsen und Bearbeitungsgebühren aus Ratenkrediten,**
- **Diskonterträge aus rediskontierten Wechseln** (siehe nachstehende Begründung) und
- **ein Disagio bei gewährten Darlehen.**

Eine Rechnungsabgrenzung, die über mehrere Jahre hinwegreicht, ist jährlich anteilig aufzulösen. Dies ist z. B. bei einem Disagio für ein gewährtes Darlehen notwendig (siehe 8.3.3).

Kompensationsverbot

Passive Rechnungsabgrenzungsposten dürfen in der Bilanz nicht mit aktiven Rechnungsabgrenzungsposten aufgerechnet werden.

Diskonterträge

Diskonterträge aus angekauften Wechseln (Kundenwechsel [siehe 8.3.2.1]), die als Erträge das folgende Geschäftsjahr betreffen, dürfen **nicht** als passive Rechnungsabgrenzungsposten ausgewiesen werden, sofern sich die Wechsel noch im Bestand der Bank befinden. Die Diskonterträge werden vom Nennwert der Wechsel abgezogen. Die Wechsel werden zum **Barwert** bilanziert. Dadurch werden gleichzeitig die **Diskonterträge abgegrenzt** (siehe auch Seite 140).

Abgrenzung von Diskonterträgen aus Wechseln, die sich im Bestand der Bank befinden:	Diskonterträge an Diskontwechsel

Zum Barwert sind auch **Schatzwechsel** und **Unverzinsliche Schatzanweisungen** zu bilanzieren, die sich am Bilanzstichtag im Bestand der Bank befinden (siehe 8.3.8).

Bei Diskontwechseln, die rediskontiert worden sind, ist eine Abgrenzung der Diskonterträge über das Konto Diskontwechsel nicht möglich. Die Wechsel befinden sich nicht mehr im Bestand der Bank. Die Diskonterträge müssen daher über das Konto **Passive Rechnungsabgrenzung** abgegrenzt werden.

Abgrenzung von Diskonterträgen aus rediskontierten Wechseln:	Diskonterträge an Passive Rechnungsabgrenzung

In der Praxis wird bei rediskontierten Wechseln der Unterschied zwischen den Diskonterträgen und Diskontaufwendungen als Passiver Rechnungsabgrenzungsposten ausgewiesen, soweit er dem folgenden Geschäftsjahr als Ertrag zuzurechnen ist.

Bei Eigenen Akzepten, die von der Akzeptbank diskontiert sind und sich am Bilanzstichtag im Bestand befinden, ist wegen der Kompensation der Konten Diskontwechsel und Eigene Akzepte (siehe Seite 155) eine Abgrenzung der Diskonterträge aus dem Ankauf nur über das Konto Passive Rechnungsabgrenzung möglich.

9.5.9.2 *Antizipative Posten in der Bilanz*

► *Antizipative Aktiva*

Ertrag – antizipative Aktiva

Ertrag, der dem abgelaufenen Geschäftsjahr zuzurechnen ist, ohne daß eine Zahlung erfolgt ist, muß noch in die Erfolgsrechnung des abgelaufenen Geschäftsjahres aufgenommen und als **antizipativer Aktivposten in der Bilanz** ausgewiesen werden. Buchungsmäßig geschieht dies grundsätzlich durch die Einschaltung des **Kontos Sonstige Forderungen.**

Beispiel *für antizipative Aktiva (Sonstige Forderungen)*

Buchung einer Sonstigen Forderung		
Die Bank hat bis zum 31. Dezember die Dezembermiete für ein vermietetes Geschäftsgebäude noch nicht erhalten: 5 000,00 DM		
Geschäftsfälle	**Grundbuch**	
31.12.19..: Erfassung des Ertrages, der dem abgelaufenen Geschäftsjahr zuzurechnen ist	Sonstige Forderungen an Mieterträge	5 000,00 DM
Abschluß der Konten Mieterträge und Sonstige Forderungen	Mieterträge an Gewinn- und Verlustkonto	5 000,00 DM
	SBK an Sonstige Forderungen	5 000,00 DM
02.01.19..: Eröffnung des Kontos Sonstige Forderungen, das nicht ausgeglichen wird	Sonstige Forderungen an EBK	5 000,00 DM
04.01.19..: Eingang der Mietzahlung für Dezember	LZB-Abrechnung an Sonstige Forderungen	5 000,00 DM

Das **Konto Sonstige Forderungen** erfaßt neben den antizipativen Erträgen auch nichtbankgeschäftliche Forderungen, wie z. B. Forderungen an das Finanzamt auf Rückerstattung zuviel bezahlter Steuern, Forderungen aus Gehaltsvorschüssen, Forderungen aufgrund von Schadenersatzansprüchen.

Bilanzierung

Sonstige Forderungen werden in der Bilanz als **Sonstige Vermögensgegenstände** ausgewiesen, wenn sie einem anderen Bilanzposten nicht zugeordnet werden können. Nichtbankgeschäftliche Forderungen an Kunden müssen gem. § 15 RechKredV in den Bilanzposten **Forderungen an Kunden** aufgenommen werden (siehe Seite 306).

Aktivierung und Bilanzierung antizipativer Zinsen

Antizipative Zinsen sind dem jeweiligen Aktivposten der Bilanz zuzuordnen, dem sie sachlich zugehören:

- **Zinsen, die bereits Ertrag darstellen, aber erst später fällig sind,** müssen dem entsprechenden Forderungsposten zugeordnet werden:
  - Aufgelaufene Zinsen aus Festgeldguthaben bei anderen Banken werden dem Bilanzposten **Forderungen an Kreditinstitute** zugeordnet.
  - Aufgelaufene, nachträglich im neuen Geschäftsjahr fällige Zinsen für Hypothekar- und Grundschuldkredite werden dem Bilanzposten **Forderungen an Kunden** zugeordnet.
- **Aufgelaufene, anteilige Zinsen aus Wertpapieren,** die dem abgelaufenen Geschäftsjahr zuzurechnen sind, müssen im **Wertpapierbestand** bilanziert werden.

Beispiel
Buchung und Bilanzierung antizipativer Zinserträge über Sonstige Forderungen

Buchung antizipativer Zinserträge über Sonstige Forderungen

Das Kreditinstitut hat am 1. Dezember 19. . bei einer Korrespondenzbank 1 000 000,00 DM Festgeld angelegt. Laufzeit: 3 Monate, Zinssatz: 6 % p. a., Rückzahlung des Festgeldes und Zahlung der Zinsen: 1. März 19. .

Geschäftsfälle	Erläuterungen	Grundbuch
01.12.19. .: Festgeldanlage 1 000 000,00 DM für 3 Monate zu 6 %. Zahlung über LZB-Giro	Der Geschäftsfall verursacht nur Bestandsveränderungen.	Banken-KK an LZB-Giro 1 000 000,00 DM
31.12.19. .: Erfassung des Teils des Ertrages, der dem abgelaufenen Geschäftsjahr zuzurechnen ist	5 000,00 DM Ertrag betreffen das abgelaufene Geschäftsjahr, 10 000,00 DM das folgende Geschäftsjahr. 5 000,00 DM gehören noch in die Erfolgsrechnung des abgelaufenen Geschäftsjahres.	Sonstige Forderungen an Zinserträge 5 000,00 DM
Abschluß der Konten Zinserträge und Sonstige Forderungen	Das Konto Zinserträge ist ein Ertragskonto, das Konto Sonstige Forderungen ist ein aktives Bestandskonto.	Zinserträge an Gewinn- und Verlustkonto 5 000,00 DM SBK an Sonstige Forderungen 5 000,00 DM

Bilanzierung

Die Bank muß in dem **Bilanzposten Forderungen an Kreditinstitute** 1 005 000,00 DM ausweisen.

Geschäftsfälle	Erläuterungen	Grundbuch
02.01.19. .: Eröffnung des Kontos Sonstige Forderungen	Das Konto Sonstige Forderungen wird nach der Eröffnung nicht ausgeglichen.	Sonstige Forderungen an EBK 5 000,00 DM
01.03.19. .: Rückzahlung des Festgeldes und Zahlung der Zinsen über LZB-Giro, Zinsen 15 000,00 DM	Die gesamte Zinsforderung wird auf das Konto Banken-KK gebucht. Das Konto Sonstige Forderungen wird ausgeglichen.	Banken-KK 15 000,00 DM an Sonstige Forderungen 5 000,00 DM an Zinserträge 10 000,00 DM LZB-Giro an Banken-KK 1 015 000,00 DM

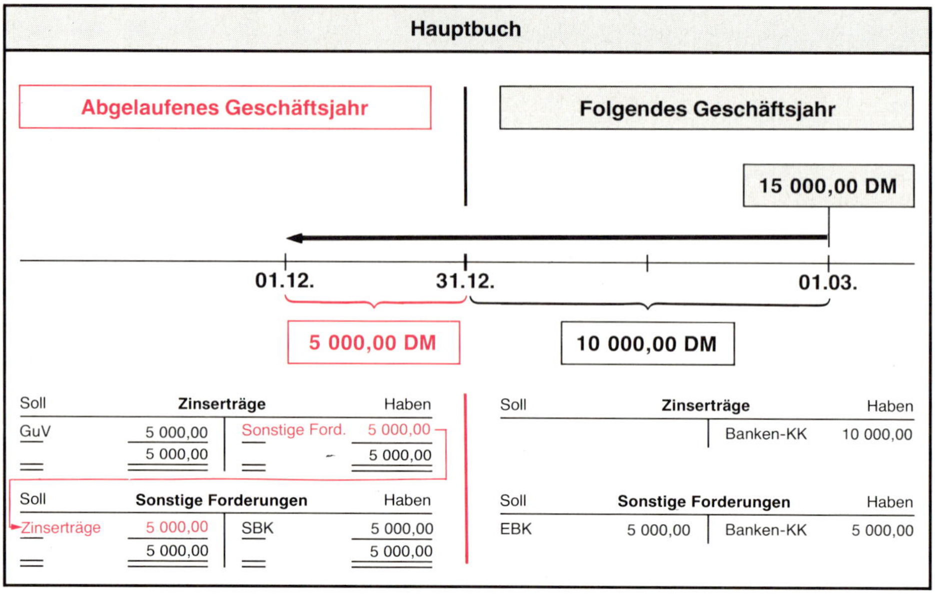

Buchung antizipativer Zinserträge ohne Einschaltung des Kontos Sonstige Forderungen

Sollen antizipative Zinserträge nicht über Sonstige Forderungen, sondern über Konten gebucht werden, die dem dazugehörigen Bilanzposten entsprechen, ergeben sich folgende Buchungen (Beispiel: Festgeldanlage von Seite 291).

Festgeldanlage:	Befristete Forderungen – Banken an LZB-Giro	 1 000 000,00 DM
Aufgelaufene Zinsen beim Jahresabschluß:	Befristete Forderungen – Banken an Zinserträge	 5 000,00 DM
Bilanzierung:	Forderungen an Kreditinstitute:	 1 005 000,00 DM
Ausgleichsbuchung nach Eröffnung des Kontos Befristete Forderungen – Banken:	Zinserträge an Befristete Forderungen – Banken	 5 000,00 DM
Buchung der gesamten Zinsforderung auf Befristete Forderungen – Banken:	Befristete Forderungen – Banken an Zinserträge	 15 000,00 DM
Rückzahlung des Festgeldes:	LZB-Giro an Befristete Forderungen – Banken	 1 015 000,00 DM

Antizipative Zinserträge aus Hypothekar- und Grundschuldkrediten würden bei Anwendung dieses Buchungsverfahrens über das **Hauptbuchkonto Hypothekar- und Grundschuldkredite** gebucht.

Anteilige Zinsen aus Wertpapieren

Anteilige Zinsen aus Wertpapieren sind im Wertpapierbestand zu bilanzieren.

Buchung anteiliger Zinsen am Bilanzstichtag:	Eigene Wertpapiere an Zinserträge aus Wertpapieren

▸ Antizipative Passiva

Aufwand – antizipative Passiva

Aufwand, der dem abgelaufenen Geschäftsjahr zuzurechnen ist, ohne daß eine Zahlung erfolgt ist, muß in die Erfolgsrechnung des abgelaufenen Geschäftsjahres aufgenommen und **als antizipativer Passivposten in der Bilanz** ausgewiesen werden. Buchungsmäßig geschieht dies grundsätzlich durch die Einschaltung des **Kontos Sonstige Verbindlichkeiten.**

Beispiel für antizipative Passiva (Sonstige Verbindlichkeiten)

Buchung einer Sonstigen Verbindlichkeit	
Die Bank hat eine am 28. Dezember eingegangene Rechnung über Malerarbeiten, die im November des abgelaufenen Geschäftsjahres ausgeführt worden sind, nicht mehr im alten Geschäftsjahr bezahlt. Die Bezahlung erfolgt am 03.01. des folgenden Geschäftsjahres: 12 860,00 DM.	
Geschäftsfälle	**Grundbuch**
31.12.19..: Erfassung des Aufwandes, der dem abgelaufenen Geschäftsjahr zuzurechnen ist	Sachanlagenaufwand an Sonstige Verbindlichkeiten 12 860,00 DM
Abschluß der Konten Grundstücks- und Raumkosten und Sonstige Verbindlichkeiten	Gewinn- und Verlustkonto an Sachanlagenaufwand 12 860,00 DM Sonstige Verbindlichkeiten an SBK 12 860,00 DM
02.01.19..: Eröffnung des Kontos Sonstige Verbindlichkeiten, das nicht ausgeglichen wird.	EBK an Sonstige Verbindlichkeiten 12 860,00 DM
03.01.19..: Zahlung	Sonstige Verbindlichkeiten an LZB-Abrechnung 12 860,00 DM

Das **Konto Sonstige Verbindlichkeiten** erfaßt neben den antizipativen Aufwendungen auch nichtbankgeschäftliche Verbindlichkeiten, wie z. B. betragsmäßig feststehende Steuerschulden, noch abzuführende Sozialversicherungsbeiträge.

Bilanzierung

Sonstige Verbindlichkeiten werden in der Bilanz im **Posten Sonstige Verbindlichkeiten** ausgewiesen, wenn sie einem anderen Bilanzposten nicht zugeordnet werden können. Nichtbankgeschäftliche Verbindlichkeiten gegenüber Kunden müssen gem. § 21 Abs. 2 RechKredV in den Bilanzposten **Verbindlichkeiten gegenüber Kunden** aufgenommen werden.

Passivierung und Bilanzierung antizipativer Zinsen

Antizipative Zinsen sind der jeweiligen Passivposition der Bilanz zuzuordnen, der sie sachlich zugehören.

Beispiel Buchung und Bilanzierung antizipativer Zinsaufwendungen über Sonstige Verbindlichkeiten

Buchung antizipativer Zinsaufwendungen über Sonstige Verbindlichkeiten		
Ein Kunde hat am 20. November 19.. bei der Bank 180 000,00 DM Festgeld angelegt. Laufzeit: 3 Monate, Zinssatz: 4 % p.a., Rückzahlung des Festgeldes und Zahlung der Zinsen: 20. Februar 19..		
Geschäftsfälle	**Erläuterungen**	**Grundbuch**
20.11.19..: Festgeldanlage des Kunden 180 000,00 DM für 3 Monate zu 4 %	Der Geschäftsfall verursacht nur Bestandsveränderungen.	Kunden-KK an Termineinlagen 180 000,00 DM

31.12.19. . : Erfassung des Teils des Aufwandes, der dem abgelaufenen Geschäftsjahr zuzurechnen ist	800,00 DM Aufwand betreffen das abgelaufene Geschäftsjahr, 1 000,00 DM das folgende Geschäftsjahr. 800,00 DM gehören noch in die Erfolgsrechnung des abgelaufenen Geschäftsjahres.	Zinsaufwendungen an Sonstige Verbindlichkeiten 800,00 DM
Abschluß der Konten Zinsaufwendungen und Sonstige Verbindlichkeiten	Das Konto Zinsaufwendungen ist ein Aufwandskonto, das Konto Sonstige Verbindlichkeiten ist ein passives Bestandskonto.	Gewinn- und Verlustkonto an Zinsaufwendungen 800,00 DM Sonstige Verbindlichkeiten an SBK 800,00 DM
	Bilanzierung	
Die Bank muß in dem **Bilanzposten Verbindlichkeiten gegenüber anderen Gläubigern** 180 800,00 DM ausweisen.		

Geschäftsfälle	**Erläuterungen**	**Grundbuch**
02.01.19. . : Eröffnung des Kontos Sonstige Verbindlichkeiten	Das Konto Sonstige Verbindlichkeiten wird nach der Eröffnung nicht ausgeglichen. Es soll den Bestand der Verbindlichkeiten bis zur Fälligkeit ausweisen.	EBK an Sonstige Verbindlichkeiten 800,00 DM
20.02.19. . : Rückzahlung des Festgeldes und Zahlung der Zinsen durch Gutschrift auf Kontokorrentkonto, Zinsen 1 800,00 DM	Die Zinsen werden auf das Konto Termineinlagen gebucht. Das Konto Sonstige Verbindlichkeiten wird ausgeglichen.	Sonstige Verbindlichkeiten 800,00 DM Zinsaufwendungen 1 000,00 DM an Termineinlagen 1 800,00 DM Termineinlagen an Kunden-KK 181 800,00 DM

Buchung antizipativer Zinsaufwendungen ohne Einschaltung des Kontos Sonstige Verbindlichkeiten

Sollen antizipative Zinsaufwendungen nicht über Sonstige Verbindlichkeiten, sondern über Konten gebucht werden, die dem dazugehörigen Bilanzposten entsprechen, ergeben sich folgende Buchungen (Beispiel: Termineinlage von Seite 293):

Festgeldanlage:	Kunden-KK an Termineinlagen	180 000,00 DM
Aufgelaufene Zinsen beim Jahresabschluß:	Zinsaufwendungen an Termineinlagen	800,00 DM
Bilanzierung:	Verbindlichkeiten gegenüber Kunden:	180 800,00 DM
Ausgleichsbuchung nach Eröffnung des Kontos Termineinlagen:	Termineinlagen an Zinsaufwendungen	800,00 DM
Buchung der gesamten Zinsverbindlichkeit auf Termineinlagen	Zinsaufwendungen an Termineinlagen	1 800,00 DM
Rückzahlung des Festgeldes:	Termineinlagen an Kunden-KK	181 800,00 DM

Antizipative Zinsaufwendungen aus Festgeldanlagen anderer Kreditinstitute bei der Bank würden bei Anwendung dieses Buchungsverfahrens über Hauptbuchkonto **Befristete Verbindlichkeiten – Banken** gebucht.

Aufgaben

Aufgabe 9.35

Buchen Sie im Grundbuch der Hansabank AG Bremen am 31. Dezember zeitliche Abgrenzungen von Erfolgen!

1. Am 01.09.19.. wurde die Versicherungsprämie für Kraftfahrzeuge für ein Jahr im voraus vom LZB-Girokonto überwiesen 4 800,00 DM.
2. Am 31.07.19.. wurde die Feuerversicherungsprämie für das Bankgebäude dem bei der Hansabank AG geführten Girokonto der Feuerversicherung gutgeschrieben. Die Prämie beträgt 24 660,00 DM, sie ist jeweils am 1. August für ein Jahr im voraus fällig.
3. Am 10. Dezember 19.. wurden 2 000 000,00 DM Diskontwechsel, Restlaufzeit 60 Tage, bei der Landeszentralbank rediskontiert. Der Diskontsatz der Deutschen Bundesbank beträgt 6 %.
4. Am 01.12.19.. gingen 6 000,00 DM Miete für einen Ladenraum im Hauptgebäude der Bank auf LZB-Giro ein. Die Miete ist vierteljährlich am 01.12., 01.03., 01.06. und 01.09. im voraus zu zahlen.
5. Ein Kontokorrentkunde hat am 15. November 19.. 3 000 000,00 DM auf 90 Tage als Festgeld zu 3 % p. a. bei der Hansabank AG angelegt.
6. Festgeld der Handelsbank am 15.12. für 30 Tage zu 4,5 % bei einer Korrespondenzbank angelegt 4 000 000,00 DM.
7. Die Elektrizitätswerke buchen die geschätzte Jahresrechnung in gleichbleibenden 2-Monats-Raten nachträglich von ihren Kunden ab. Die Hansabank AG überweist ihren Anteil jeweils zweimonatlich nachträglich am 15.02., 15.04., 15.06. usw. über LZB-Giro. 2-Monats-Rate 8 400,00 DM.
8. Bis zum Bilanzstichtag wurden aus der Ausgabe von Scheckkarten für das folgende Geschäftsjahr 23 200,00 DM eingenommen.
9. Die Gebäudereinigung ist einem Reinigungsunternehmen übertragen worden. Laut Vertrag wird vierteljährlich nachträglich am 01.02., 01.05., 01.08. und 01.11. gezahlt. Jahresvertragssumme 144 000,00 DM.
10. Diskontwechselbestand am 31.12.19.. laut Inventur 3 812 000,00 DM. Diskonterträge 1 248 100,00 DM, davon betreffen 1 137 500,00 DM das laufende Geschäftsjahr.

Aufgabe 9.36

Nehmen Sie im Grundbuch die beim Jahresabschluß erforderlichen Buchungen vor (Buchungssätze)!

1. Abzugrenzender Diskont 158 000,00 DM. Diskontwechselbestand: 3 211 098,00 DM.
2. Wertpapierbestand (Handelsbestand) 1 000 000,00 DM 6 % Hypothekenpfandbriefe A/O, Buchwert 940 000,00 DM, Börsenkurs am Bilanzstichtag 93 %.
3. Eine Rechnung über Werbeprospekte ist am Bilanzstichtag noch nicht bezahlt und auch noch nicht gebucht 5 600,00 DM.
4. Heizölbestand für das Bankgebäude am 31.12.19..: 12 800,00 DM.
5. Festgeld eines Kunden 500 000,00 DM, am 30.11. für 90 Tage zu 4 % angelegt.
6. Festgeld der Handelsbank, am 15.12. für 30 Tage zu $4\frac{1}{2}$ % bei einer Korrespondenzbank an-
gelegt 4 000 000,00 DM.
7. Ratenkreditgewährung am 1. Juni 12 000,00 DM
   Laufzeit 12 Monate
   Zinssatz 0,5 % p. M.
   Bearbeitungsgebühr 2 %
   (Tabelle auf Seite 147 benutzen)
8. Kauf von Schatzwechseln am 15. Dezember
   Nennwert 1 000 000,00 DM
   Laufzeit 60 Tage
   Kaufpreis 992 500,00 DM

9. Zinsaufwand aus abgezinsten Sparbriefen, der den folgenden Geschäftsjahren zuzurechnen ist — 15 880,00 DM
10. Wertpapierbestand (Handelsbestand) 3 000 000,00 DM 8 % Schuldverschreibungen, Jahreskupon per 1. März
11. Akzeptkreditgewährung für drei Monate — 1 500 000,00 DM
    - Akzeptierung am 1. November $\frac{1}{4}$% p. M. Akzeptprovision
    - Diskontierung der Eigenen Akzepte am 1. November Diskont — 16 875,00 DM

Programmierte Aufgaben

Aufgabe 9.37 **Wie lauten die Abgrenzungsbuchungen?**

Ordnen Sie die vorgegebenen Konten zu!

① Aktive Rechnungsabgrenzung	⑥ Diskontaufwendungen
② Passive Rechnungsabgrenzung	⑦ Diskonterträge
③ Sonstige Forderungen	⑧ Zinsaufwendungen
④ Sonstige Verbindlichkeiten	⑨ Zinserträge
⑤ Sachanlagenaufwand	⑩ Diskontwechsel

a) Die Prämie für die Gebäudefeuerversicherung wurde im abgelaufenen Geschäftsjahr bezahlt. Ein Teil betrifft das folgende Geschäftsjahr.
b) Im Diskontwechselbestand befinden sich Wechsel, die im folgenden Geschäftsjahr fällig sind.
c) Ein Festgeld bei einer Korrespondenzbank ist im Februar des folgenden Geschäftsjahres fällig.
d) Ein Teil eines Kunden ist im Januar des folgenden Geschäftsjahres fällig.
e) Ein Festgeld eines Kunden ist im Januar des folgenden Geschäftsjahres fällig.
f) Eine Dachdeckerrechnung über Reparaturarbeiten wurde im abgelaufenen Geschäftsjahr nicht mehr bezahlt.
g) Die Kraftfahrzeugversicherungsprämie für die Zeit vom 1. Januar bis 31. Dezember des folgenden Geschäftsjahres wurde am 29. Dezember des abgelaufenen Geschäftsjahres bezahlt.

Aufgabe 9.38 **Mit welchem Betrag ist der Diskontwechselbestand zu bilanzieren?**

Der Diskontwechselbestand beträgt am 31. Dezember 4 484 000,00 DM. An Diskonterträgen wurden vereinnahmt 1 846 200,00 DM. Davon betreffen 104 000,00 DM das folgende Geschäftsjahr.

a) 4 484 000,00 DM
b) 4 380 000,00 DM
c) 2 637 800,00 DM
d) 2 533 800,00 DM

Aufgabe 9.39 **Wie lautet die Buchung, mit der Diskonterträge aus dem Ankauf eigener Akzepte abgegrenzt werden?**

a) Eigene Akzepte an Diskontwechsel
b) Diskonterträge an Eigene Akzepte
c) Diskonterträge an Diskontwechsel
d) Diskonterträge an Sonstige Verbindlichkeiten
e) Diskonterträge an Passive Rechnungsabgrenzung

In welchen Fällen entstehen transitorische und antizipative Rechnungsabgrenzungsposten? **Aufgabe 9.40**

① transitorische Passiva
② antizipative Aktiva
③ transitorische Aktiva
④ antizipative Passiva

Ordnen Sie zu!

a) Zahlung für Aufwand, der das folgende Geschäftsjahr betrifft.
b) Aufwand, der dem abgelaufenen Geschäftsjahr zuzurechnen ist und für den die Zahlung im folgenden Geschäftsjahr erfolgt.
c) Zahlungseingang für Ertrag, der das folgende Geschäftsjahr betrifft.
d) Ertrag, der dem abgelaufenen Geschäftsjahr zuzuordnen ist und für den die Zahlung im folgenden Geschäftsjahr erfolgt.

9.5.10 *Rückstellungen*

Wesen

Rückstellungen sind passive Bilanzposten, die nach § 249 HGB für Verbindlichkeiten und Verlustrisiken gebildet werden, deren Entstehung dem abgelaufenen oder einem früheren Geschäftsjahr zuzuordnen ist, die aber hinsichtlich ihres tatsächlichen Bestehens und/oder ihrer tatsächlichen Höhe unbestimmt sind.

Rückstellungstatbestände

§ 249 (Absatz 1 und 2) HGB unterscheidet mehrere Rückstellungstatbestände. Je nach Tatbestand besteht eine Passivierungspflicht oder ein Passivierungswahlrecht.

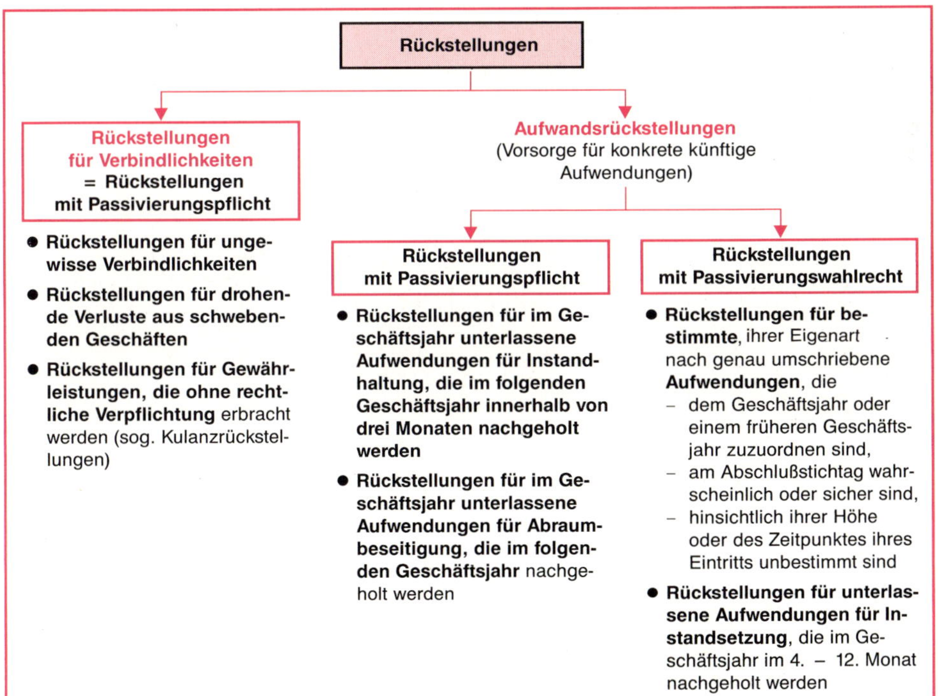

Für andere als in § 249 Abs. 1 und 2 HGB aufgeführte Einzeltatbestände dürfen Rückstellungen nicht gebildet werden (§ 249 Abs. 3 HGB).

Pensionsrückstellungen sind Rückstellungen für ungewisse Verbindlichkeiten. Für sie besteht, soweit es sich um Pensionszusagen handelt, die nach dem 1. Januar 1987 gegeben wurden, Passivierungspflicht.

Rückstellungen in Kreditinstituten

Für **Kreditinstitute** kommen vor allem **Rückstellungen für Verbindlichkeiten gegenüber Dritten** in Betracht.

Aufwandskonten

Aufwandskonten zur Bildung von Rückstellungen

Art der Rückstellung	Zu belastendes Aufwandskonto
1. **Pensionsrückstellungen**	• **Aufwendungen für Altersversorgung**
2. **Rückstellungen für zu erwartende Steuernachzahlungen** (Steuerrückstellungen)	• **Kostensteuern** (z. B. wegen Gewerbesteuer [Gewerbekapitalsteuer]) • **Ertragsteuern** (z. B. wegen Körperschaftsteuer)
3. **Rückstellungen für schwebende Rechtsstreitigkeiten** (Prozeßrückstellungen)	• **Aufwandskonto** (je nach Lage des Einzelfalls)
4. **Rückstellungen für durchgeführte, noch nicht abgerechnete Reparaturen**	• **Sachanlagenaufwand**
5. **Rückstellungen für Kosten des Jahresabschlusses**	• **Prüfungs- und Abschlußaufwand**
6. **Rückstellungen für drohende Verluste aus Rückgriffsforderungen** (Eventualverbindlichkeiten und andere Verpflichtungen)	• **Abschreibungen auf Forderungen**
7. **Rückstellungen für Zinsaufwendungen aus Bonussparverträgen**	• **Zinsaufwendungen**

Bilanzausweis

	Passivseite
	. . . 7. **Rückstellungen** a) Rückstellungen für Pensionen und ähnliche Verpflichtungen b) Steuerrückstellungen c) andere Rückstellungen . . .

Betriebswirtschaftliche Bedeutung von Rückstellungen

In der Bilanz sind Rückstellungen Fremdkapital, unabhängig davon, ob rechtsverbindliche Verpflichtungen gegenüber Dritten bestehen oder nicht.

Aus betriebswirtschaftlicher Sicht haben Rückstellungen folgende Aufgaben:

1. **Vollständiger Ausweis der Verbindlichkeiten:** Durch Rückstellungen werden erkennbare, für später zu erwartende Zahlungsansprüche Dritter bilanzmäßig

erfaßt, auch wenn sie in ihrer Höhe und/oder ihrem Bestehen noch nicht endgültig feststehen. Rückstellungen dienen damit auch dem Gläubigerschutz.

2. **Periodenrichtige Erfassung des Jahreserfolges:** Durch Rückstellungen werden Aufwendungen, die wirtschaftlich in das abgelaufene Geschäftsjahr gehören, dem abgelaufenen Geschäftsjahr auch zugerechnet, obwohl u.U. die Höhe und/oder der tatsächliche Anfall des Aufwandes noch nicht endgültig feststehen.

3. **Kapitalsicherung:** Der Gewinn des abgelaufenen Geschäftsjahres wird durch Rückstellungen um Aufwand gekürzt, der wirtschaftlich noch in das abgelaufene Geschäftsjahr gehört. In gleicher Höhe wird ein Ausweis, eine Besteuerung und eine Ausschüttung von Gewinn vermieden.

Buchungsbeispiel

Buchung einer Rückstellung für Reparaturen

Geschäftsfälle	Erläuterungen	Grundbuch	
31.12.19..: Bildung einer Rückstellung für durchgeführte Gebäudereparaturen (werterhaltende Reparatur), für die noch keine Rechnung eingegangen ist. Kostenvoranschlag 16 500,00 DM	Erfassung des Aufwandes und der Verbindlichkeit	Sachanlagenaufwand an Rückstellungen	16 500,00 DM
Abschluß des Kontos Rückstellungen	Das Konto Rückstellungen ist ein passives Bestandskonto	Rückstellungen an SBK	16 500,00 DM
02.01.19..: Eröffnung des Kontos Rückstellungen	Das Konto Rückstellungen weist die Verbindlichkeit bis zur endgültigen Klärung aus	EBK an Rückstellungen	16 500,00 DM
10.02.19..: Die Rechnung der Bauunternehmung geht ein. Zahlung über LZB-Giro (jeweils einschließlich Umsatzsteuer)			
1. Möglichkeit: Rechnungsbetrag 16 500,00 DM	Auflösung der Rückstellung	Rückstellungen an LZB-Giro	16 500,00 DM
2. Möglichkeit: Rechnungsbetrag 17 500,00 DM	Auflösung der Rückstellung und Erfassung des zusätzlichen Aufwandes	Rückstellung Sachanlagenaufwand an LZB-Giro	16 500,00 DM 1 000,00 DM 17 500,00 DM
3. Möglichkeit: Rechnungsbetrag 16 000,00 DM	Auflösung der Rückstellung und Erfassung des zu viel zurückgestellten Betrages	Rückstellungen an LZB-Giro an Sonstige betriebliche Erträge	16 500,00 DM 16 000,00 DM 500,00 DM

Aufgaben

Aufgabe 9.41 Buchen Sie im Grundbuch der Niedersachsenbank AG, Hannover!

		DM
1.	Zum Jahresabschluß werden in die Pensionsrückstellungen eingestellt	4 000 000,00
2.	Die Prüfungskosten für den Jahresabschluß werden zum 31. Dezember in ihrer voraussichtlichen Höhe geschätzt	5 600,00
3.	Die Grundsteuer für das 4. Quartal des abgelaufenen Geschäftsjahrs wurde noch nicht bezahlt	620,00
4.	Im folgenden Geschäftsjahr ist mit einer Gewerbesteuernachzahlung zu rechnen.	
	Geschätzter Nachzahlungsbetrag	6 700,00
5.	Ein Arbeitsgerichtsprozeß, für den eine Rückstellung in Höhe von 10 000,00 DM gebildet worden war, ist durch Vergleich beendet worden.	
	Nachzahlung der Bank für Gehälter	7 500,00
	Anteilige Prozeßkosten	1 500,00
	Zahlung über LZB-Abrechnung	
6.	Für einen drohenden Verlust aus einer Rückgriffsforderung aufgrund einer Bürgschaft ist eine Rückstellung zu bilden	10 000,00
7.	Die Renovierung des Bankgebäudes wird im Januar abgeschlossen sein und abgerechnet werden. Für November und Dezember werden die aufgelaufenen Kosten geschätzt	20 000,00
8.	Die Bank hat eine Rechnung über Büromaterial	420,00
	+ 15 % Umsatzsteuer	63,00
	bis zum 31. Dezember nicht mehr bezahlt.	

Aufgabe 9.42 Wiederholungsfragen zum Abschnitt 9.5

1. Warum sind vorbereitende Abschlußbuchungen erforderlich?
2. Welche Inventurverfahren und Inventurvereinfachungsverfahren werden unterschieden?
3. Welche Vermögensgegenstände sind von Kreditinstituten zu inventarisieren, welche nicht?
4. Was versteht man unter Kapitalisierung von Zinsen?
5. Welche Vermögensgegenstände rechnen zum Anlagevermögen?
6. Welche Gegenstände zählen zu den Sachanlagen, welche zu den Finanzanlagen?
7. Was ist ein Wirtschaftsgut?
8. Wie errechnen sich die Anschaffungskosten eines Gebäudes?
9. Welche Vermögensgegenstände werden als geringwertige Wirtschaftsgüter behandelt?
10. Welche Bedeutung haben Abschreibungen?
11. Wozu führen Abschreibungen handelsrechtlich und steuerrechtlich?
12. Welche Ziele können mit Abschreibungen verfolgt werden?
13. Welche Abschreibungen werden im HGB unterschieden?
14. Welche Abschreibungen sind in § 253 Abs. 2 HGB und in § 254 HGB geregelt?
15. Welche Voraussetzungen müssen vorliegen, um eine Absetzung für außergewöhnliche technische oder außergewöhnliche wirtschaftliche Abnutzung vorzunehmen?
16. Was ist eine Teilwertabschreibung?
17. Welche Abschreibungsmethoden sind handelsrechtlich zulässig?
18. Welche AfA-Methoden sind beim Anlagevermögen steuerrechtlich zulässig, und welche sind steuerrechtlich nicht zulässig?
19. Welche Abschreibungen sind handels- und steuerrechtlich bei Grundstücken und Gebäuden zulässig?
20. Welche Angaben muß ein Abschreibungsplan enthalten?
21. Welche Bedeutung haben die AfA-Tabellen, die vom Bundesminister der Finanzen veröffentlicht werden?

22. Welche handels- und steuerrechtlichen Abschreibungsmöglichkeiten gibt es für Gegenstände der Betriebs- und Geschäftsausstattung?
23. In welcher Weise ist ein Wechsel der Abschreibungsmethode während der Abschreibungsdauer zulässig und in welcher Weise nicht?
24. Welche AfA-Regelungen gelten für geringwertige Wirtschaftsgüter?
25. Welche Abschreibungsmöglichkeiten bestehen für Finanzanlagen?
26. Welche Vermögensgegenstände werden in der Bilanz als Wertpapiere ausgewiesen?
27. Welche Gesichtspunkte sind für die Zuordnung von Wertpapieren zu Bilanzposten maßgebend?
28. Wie unterscheiden sich Wertpapiere des Anlagevermögens, des Handelsbestands und der Liquiditätsreserve hinsichtlich der Bewertung?
29. Wie ergeben sich die Anschaffungskosten für Wertpapiere?
30. Was sind stille Reserven?
31. In welcher Weise dürfen Kreditinstitute stille Vorsorgereserven für allgemeine Bankrisiken bilden?
32. Was versteht man unter Überkreuzkompensation beim Ausweis von Aufwendungen und Erträgen?
33. Was sind offene Vorsorgereserven?
34. Welche Möglichkeiten bestehen für Kreditinstitute, Risikovorsorge für allgemeine Bankrisiken und für Ausfallrisiken im Kreditgeschäft zu betreiben?
35. Wie sind Forderungen handelsrechtlich zu bewerten?
36. Wie werden Forderungen hinsichtlich ihrer Bonität eingeteilt?
37. Was sind Einzelwertberichtigungen auf Forderungen, und welche Bedeutung haben sie?
38. Wie werden ausgefallene Forderungen buchungsmäßig behandelt?
39. Wie werden Wertberichtigungen bilanziert?
40. Welchen Zweck haben Pauschalwertberichtigungen?
41. Was sind versteuerte Pauschalwertberichtigungen, und welche Bedeutung haben sie?
42. Aus welchem Grunde wird eine zeitliche Abgrenzung von Erfolgen vorgenommen?
43. Wodurch entstehen transitorische Abgrenzungsposten? Wie werden sie erfaßt?
44. Wodurch entstehen antizipative Abgrenzungsposten? Wie werden sie erfaßt?
45. Welche Rechtsgrundlage hat die Bildung transitorischer Aktiva und Passiva?
46. Welche Arten von Rückstellungen werden im HGB unterschieden?
47. Welche Rückstellungen kommen für Kreditinstitute in Betracht?
48. Welche betriebswirtschaftliche Bedeutung haben Rückstellungen?

Programmierte Aufgaben

Aufgabe 9.43

In welchen Fällen werden

① Rechnungsabgrenzungsposten

② Rückstellungen

③ Sonstige Verbindlichkeiten

gebildet?

a) Miete, die die Bank im abgelaufenen Geschäftsjahr im voraus für das folgende Geschäftsjahr erhalten hat.
b) Kosten, die durch die Prüfung des Jahresabschlusses entstanden sind und für die Berechnung im folgenden Geschäftsjahr erfolgt.
c) Reparaturen, die im abgelaufenen Geschäftsjahr unterlassen worden sind, aber im Januar und Februar des folgenden Geschäftsjahres nachgeholt werden.
d) Steuern, die im folgenden Geschäftsjahr für das abgelaufenen Geschäftsjahr bezahlt werden müssen, ohne daß ihre Höhe beim Jahresabschluß schon feststeht.
e) Steuern, die im folgenden Geschäftsjahr für das abgelaufene Geschäftsjahr bezahlt werden müssen und deren Höhe beim Jahresabschluß schon feststeht.

Aufgabe 9.44 **Wie ist zu buchen?**

Für Renovierungsarbeiten im Bankgebäude sind 22 000,00 DM Rückstellungen gebildet worden.

Die Rechnung im neuen Geschäftsjahr lautet über	21 615,00 DM
+ 15 % Umsatzsteuer	3 242,25 DM
	24 857,25 DM

Wie lautet die Buchung bei Bezahlung der Rechnung?

a) Sachanlagenaufwand	21 615,00
Vorsteuer	3 242,25
an Kunden-KK	24 857,25
b) Rückstellungen	22 000,00
Vorsteuer	2 857,25
an Kunden-KK	24 857,25
c) Rückstellungen	22 000,00
Sachanlagenaufwand	2 857,25
an Kunden-KK	24 857,25
d) Rückstellungen	22 000,00
Vorsteuer	3 242,25
an sonstige betriebliche Erträge	385,00
an Kunden-KK	24 857,25

9.6 Die Formblätter für den Jahresabschluß der Kreditinstitute

Formblätter nach der Rechnungslegungsverordnung

Nach § 340a Abs. 2 Satz 2 HGB haben die Kreditinstitute die durch die **Rechnungslegungsverordnung** erlassenen **Formblätter** anzuwenden. Die Rechnungslegungsverordnung enthält drei Formblätter:

- **Bilanzformblatt** (Formblatt 1),
- **Formblatt für die Gewinn- und Verlustrechnung** in **Kontoform** (Formblatt 2),
- **Formblatt für die Gewinn- und Verlustrechnung** in **Staffelform** (Formblatt 3).

9.6.1 Das einheitliche Bilanzformblatt

Alle Kreditinstitute haben für die **Gliederung der Bilanz** das **Formblatt 1 der Rechnungslegungsverordnung** anzuwenden, soweit für bestimmte Arten von Kreditinstituten durch die Rechnungslegungsverordnung selbst sowie in den Fußnoten zum Formblatt 1 nichts anderes vorgeschrieben ist (§ 2 Abs. 1 RechKredV).

Zu beachten ist:

- **Barreserve** ist ein zusammengefaßter Posten zum **Ausweis der liquiden Mittel.** Der Einzelausweis erfolgt in Unterposten.
- **Notenbankfähige Schuldtitel** werden gesondert ausgewiesen.
- **Nicht notenbankfähige Wechsel** werden wie Buchforderungen bilanziert.
- **Inkassopapiere** (Schecks, Inkassowechsel, Lastschriften, Zins- und Dividendenscheine) werden nicht gesondert ausgewiesen; sie werden als **sonstige Vermögensgegenstände** bilanziert.
- **Sachanlagen** ist ein zusammengefaßter Posten zum **Ausweis des Anlagevermögens.**
- **Wertberichtigungen** werden nicht ausgewiesen; sie sind **aktivisch abzusetzen.**
- **Verbriefte Verbindlichkeiten** ist ein zusammengefaßter Posten.

9.6.1.1 *Inhalt des Bilanzformblattes*

Posten und Unterposten auf Aktiv- und Passivseite

Jahresbilanz zum ______________________

der ______________________

Aktivseite

DM DM DM

1. Barreserve
- a) Kassenbestand
- b) Guthaben bei Zentralnotenbanken
  darunter:
  bei der Deutschen Bundesbank
  ____ DM

2. Schuldtitel öffentlicher Stellen und Wechsel, die zur Refinanzierung bei Zentralnotenbanken zugelassen sind
- a) Schatzwechsel und unverzinsliche Schatzanweisungen sowie ähnliche Schuldtitel öffentlicher Stellen
  darunter:
  bei der Deutschen Bundesbank refinanzierbar ____ DM
- b) Wechsel
  darunter:
  bei der Deutschen Bundesbank refinanzierbar ____ DM

3. Forderungen an Kreditinstitute
- a) täglich fällig
- b) andere Forderungen

4. Forderungen an Kunden
darunter:
durch Grundpfandrechte gesichert ____ DM
Kommunalkredite ____ DM

5. Schuldverschreibungen und andere festverzinsliche Wertpapiere
- a) Geldmarktpapiere
  - aa) von öffentlichen Emittenten
  - ab) von anderen Emittenten
- b) Anleihen und Schuldverschreibungen
  - ba) von öffentlichen Emittenten
  - bb) von anderen Emittenten
    darunter: beleihbar bei der Deutschen Bundesbank
    ____ DM
- c) eigene Schuldverschreibungen
  Nennbetrag ____ DM

Passivseite

DM DM DM

1. Verbindlichkeiten gegenüber Kreditinstituten
- a) täglich fällig
- b) mit vereinbarter Laufzeit oder Kündigungsfrist

2. Verbindlichkeiten gegenüber Kunden
- a) Spareinlagen
  - aa) mit gesetzlicher Kündigungsfrist
  - ab) mit vereinbarter Kündigungsfrist
- b) andere Verbindlichkeiten
  - ba) täglich fällig
  - bb) mit vereinbarter Laufzeit oder Kündigungsfrist

3. Verbriefte Verbindlichkeiten
- a) begebene Schuldverschreibungen
- b) andere verbriefte Verbindlichkeiten
  darunter:
  Geldmarktpapiere ____ DM
  eigene Akzepte und Solawechsel im Umlauf ____ DM

4. Treuhandverbindlichkeiten
darunter:
Treuhandkredite ____ DM

5. Sonstige Verbindlichkeiten

6. Rechnungsabgrenzungsposten

7. Rückstellungen
- a) Rückstellungen für Pensionen und ähnliche Verpflichtungen
- b) Steuerrückstellungen
- c) andere Rückstellungen

8. Sonderposten mit Rücklageanteil

9. Nachrangige Verbindlichkeiten

10. Genußrechtskapital
darunter:
vor Ablauf von zwei Jahren fällig
____ DM

Fortsetzung Seite 304

Aktivseite

Aktivseite	DM	DM	DM
6. Aktien und andere nicht festverzinsliche Wertpapiere			___
7. Beteiligungen darunter: an Kreditinstituten ___ DM		___	
8. Anteile an verbundenen Unternehmen darunter: an Kreditinstituten ___ DM			___
9. Treuhandvermögen darunter: Treuhandkredite ___ DM			___
10. Ausgleichsforderungen gegen die öffentliche Hand einschließlich Schuldverschreibungen aus deren Umtausch			___
11. Immaterielle Anlagewerte			___
12. Sachanlagen			___
13. Ausstehende Einlagen auf das gezeichnete Kapital darunter: eingefordert ___ DM			___
14. Eigene Aktien oder Anteile Nennbetrag ___ DM			___
15. Sonstige Vermögensgegenstände			___
16. Rechnungsabgrenzungsposten			___
17. Nicht durch Eigenkapital gedeckter Fehlbetrag			___
Summe der Aktiva			===

Passivseite

Passivseite	DM	DM	DM
11. Fonds für allgemeine Bankrisiken			___
12. Eigenkapital			
a) gezeichnetes Kapital	___		
b) Kapitalrücklage		___	
c) Gewinnrücklagen		___	
ca) gesetzliche Rücklage	___		
cb) Rücklage für eigene Anteile	___		
cc) satzungsmäßige Rücklagen	___		
cd) andere Gewinnrücklagen	===	___	
d) Bilanzgewinn/Bilanzverlust		===	___
Summe der Passiva			===
1. Eventualverbindlichkeiten			
a) Eventualverbindlichkeiten aus weitergegebenen abgerechneten Wechseln	___		
b) Verbindlichkeiten aus Bürgschaften und Gewährleistungsverträgen	___		
c) Haftung aus der Bestellung von Sicherheiten für fremde Verbindlichkeiten	===	___	
2. Andere Verpflichtungen			
a) Rücknahmeverpflichtungen aus unechten Pensionsgeschäften	___		
b) Plazierungs- und Übernahmeverpflichtungen	___		
c) Unwiderrufliche Kreditzusagen	===		

Die mit kleinen Buchstaben versehenen Posten können in der zur Veröffentlichung bestimmten Bilanz zusammengefaßt werden, wenn sie einen Betrag enthalten, der für die Vermittlung eines den tatsächlichen Verhältnissen entsprechenden Bildes (§ 264 Abs. 2 HGB) nicht erheblich ist, oder dadurch die Klarheit der Darstellung vergrößert wird (§ 2 Abs. 2 Satz 1 RechKredV). Im 2. Fall müssen die zusammengefaßten Posten im Anhang gesondert ausgewiesen werden.

9.6.1.2 Ausweisvorschriften für die einzelnen Posten der Aktivseite der Bilanz

Die **Posten** (mit Ziffern gekennzeichnet) und die **Unterposten** (mit kleinen Buchstaben gekennzeichnet) der Bilanz haben bestimmte, in der Rechnungslegungsverordnung festgelegte Inhalte auszuweisen.

Inhalte von Bilanzposten

Posten/Unterposten	Inhalte der Aktivseite (§§ 12–20 RechKredV)
1. **Barreserve**	Liquide Mittel
a) Kassenbestand	Gesetzliche Zahlungsmittel einschl. Sorten, Postwertzeichen, Gerichtsgebührenmarken Kein Ausweis als Kassenbestand: Gold und Goldmünzen (Ausweis unter Aktivposten Nr. 15)
b) Guthaben bei Zentralnotenbanken	Nur Ausweis täglich fälliger Guthaben einschließlich täglich fälliger Fremdwährungsguthaben bei Zentralnotenbanken der Niederlassungsländer des Kreditinstituts (Ausweis anderer Guthaben unter Aktivposten 3) Keine Verrechnung mit in Anspruch genommenen Lombarddarlehen bei Zentralnotenbanken (Ausweis dieser Lombarddarlehen unter Passivposten Nr. 1)
2. **Schuldtitel öffentlicher Stellen und Wechsel, die zur Refinanzierung bei Zentralnotenbanken zugelassen sind**	Refinanzierungsfähige (notenbankfähige) Titel
a) Schatzwechsel und unverzinsliche Schatzanweisungen sowie ähnliche Schuldtitel öffentlicher Stellen	Ausweis von Schatzwechseln und unverzinslichen Schatzanweisungen sowie ähnlicher Schuldtitel öffentlicher Stellen (öffentliche Haushalte einschl. ihrer Sondervermögen)
b) Wechsel	Wechsel, die unter Diskontabzug hereingenommen wurden und zur Refinanzierung bei den Zentralnotenbanken in den Niederlassungsländern zugelassen sind
3. **Forderungen an Kreditinstitute**	Forderungen aus Bankgeschäften an inländische und ausländische Kreditinstitute:
a) täglich fällig	Ausweis von Forderungen, über die jederzeit ohne vorherige Kündigung verfügt werden kann oder für die eine Laufzeit oder Kündigungsfrist von 24 Stunden oder von einem Geschäftstag vereinbart worden ist, auch Ausweis der Tagesgelder und Gelder mit täglicher Kündigung einschl. der angelegten Gelder mit Fälligkeit oder Kündigungsmöglichkeiten am nächsten Geschäftstag
b) andere Forderungen	Buchforderungen, Forderungen aus von Kreditinstituten eingereichten nichtnotenbankfähigen Wechseln, Sollsalden aus Effektengeschäften und Verrechnungskonten, Forderungen aus nichtbörsenfähigen Schuldverschreibungen und aus Namensschuldverschreibungen

4. **Forderungen an Kunden**	Forderungen an inländische und ausländische Nichtbanken (alle Arten von Vermögensgegenständen): Buchforderungen, Forderungen aus von Kunden eingereichten, nichtnotenbankfähigen Wechseln, Forderungen aus nichtbörsenfähigen Schuldverschreibungen und aus Namensschuldverschreibungen
5. **Schuldverschreibungen und andere festverzinsliche Wertpapiere**	Börsenfähige Schuldverschreibungen und andere börsenfähige festverzinsliche Wertpapiere
a) Geldmarktpapiere aa) von öffentlichen Emittenten ab) von anderen Emittenten	Schatzwechsel, Schatzanweisungen und andere Geldmarktpapiere
b) Anleihen und Schuldverschreibungen ba) von öffentlichen Emittenten bb) von anderen Emittenten	Festverzinsliche und variabel verzinsliche Inhaberschuldverschreibungen, Orderschuldverschreibungen, die Teile einer Gesamtemission sind, Kassenobligationen sowie Schuldbuchforderungen (Auch Ausweis von vor Fälligkeit hereingenommenen Zinsscheinen)
darunter: beleihbar bei der Deutschen Bundesbank	Ausgliederung der lombardfähigen Wertpapiere
c) eigene Schuldverschreibungen	Zurückgekaufte börsenfähige Schuldverschreibungen eigener Emissionen
6. **Aktien und andere nicht festverzinsliche Wertpapiere**	Ausweis von Aktien, soweit sie nicht als Beteiligungen unter Aktivposten Nr. 7 oder im Posten „Anteile an verbundenen Unternehmen" im Aktivposten Nr. 8 auszuweisen sind, ferner Ausweis von Investmentanteilen, Optionsscheinen, als Inhaber- oder Orderpapiere ausgestaltete börsenfähige Genußscheine und andere nicht festverzinsliche, börsennotierte Wertpapiere (Auch Ausweis von vor Fälligkeit hereingenommenen Gewinnanteilscheinen)
7. **Beteiligungen**	Ausweis von verbrieften oder nicht verbrieften Anteilen an anderen Unternehmen, die dazu bestimmt sind, dem eigenen Geschäftsbetrieb durch Herstellung einer dauernden Verbindung zu jenen Unternehmen zu dienen (Anteile an einer Kapitalgesellschaft von mehr als 20 % des Nennkapitals sind im Zweifel Beteiligungen.) Auch Ausweis von Geschäftsguthaben von Kreditgenossenschaften und genossenschaftlichen Zentralbanken bei Genossenschaften (unter entsprechender Anpassung der Postenbezeichnung)
8. **Anteile an verbundenen Unternehmen**	Ausweis von aktiven Unternehmensbeziehungen gemäß § 271 Abs. 2 HGB

Aktien, die Beteiligungen verkörpern oder Anteile an verbundenen Unternehmen darstellen, sind nicht in Posten 6 „Aktien“, sondern in Posten 7 „Beteiligungen“ bzw. Posten 8 „Anteile an verbundenen Unternehmen“ auszuweisen. Ist ein Beteiligungsverhältnis gleichzeitig eine Unternehmensverbindung, so hat der Ausweis als „Anteile an verbundenen Unternehmen“ Vorrang.

9. **Treuhandvermögen**	Ausweis von Vermögensgegenständen, die ein Kreditinstitut im eigenen Namen, aber für fremde Rechnung hält
10. **Ausgleichsforderungen gegen die öffentliche Hand einschl. Schuldverschreibungen aus deren Umtausch**	Ausweis von Ausgleichsforderungen aus der Währungsreform von 1948 sowie Ausgleichsforderungen gegenüber dem Ausgleichsfonds Währungsumstellung 30.06./01.07.90 Auch Ausweis von Schuldverschreibungen des Ausgleichsfonds Währungsumstellung aus der Umwandlung von gegen ihn gerichteten Ausgleichsforderungen
11. **Immaterielle Anlagewerte**	Ausweis bestimmter in § 340e Abs. 1 HGB aufgezählter Gegenstände des Anlagevermögens
12. **Sachanlagen**	Ausweis von Grundstücken und Gebäuden sowie Betriebs- und Geschäftsausstattung, soweit sie Gegenstände des Anlagevermögens sind
13. **Ausstehende Einlagen auf das gezeichnete Kapital**	Angaben gem. § 272 Abs. 1 HGB
14. **Eigene Aktien oder Anteile**	Ausweis der sich im Besitz des Kreditinstituts befindenden eigenen Aktien oder Anteile
15. **Sonstige Vermögensgegenstände**	Ausweis von Forderungen und sonstigen Vermögensgegenständen, die einem anderen Posten nicht zugeordnet werden können Ausweis von Goldmünzen (auch als gesetzliche Zahlungsmittel) und Barrengold, Gedenkmünzen, Silbermünzen (soweit sie keine gesetzlichen Zahlungsmittel sind), sonstige Edelmetallbestände (z. B. Platin) Ausweis von Schecks, fälligen Schuldverschreibungen, Zins- und Gewinnanteilscheinen, Inkassowechseln und sonstigen Inkassopapieren, soweit sie innerhalb von 30 Tagen ab Einreichung zur Vorlage bestimmt und dem Einreicher bereits gutgeschrieben worden sind Ausweis von Grundstücken und Gebäuden, die als Umlaufvermögen anzusehen sind
Steuerabgrenzung gemäß § 274 Abs. 2 HGB	Bildung eines so bezeichneten Aktivpostens zwischen den Posten Sonstige Vermögensgegenstände und Rechnungsabgrenzungsposten für den Fall, daß das Kreditinstitut von § 274 Abs. 2 HGB Gebrauch macht und latente Steuern aktiv abgrenzt
16. **Rechnungsabgrenzungsposten**	Ausweis aktiver nach § 250 Abs. 1 und 3 HGB gebildete Rechnungsabgrenzungsposten
17. **Nicht durch Eigenkapital gedeckter Fehlbetrag**	Für den Fall einer Überschuldung vorgesehener Aktivposten

Die folgende Übersicht faßt den Ausweis von **Forderungen** (ohne Ausgleichsforderungen und ohne sonstige Forderungen) zusammen.

Inhalte der Bilanzposten, die Forderungen ausweisen

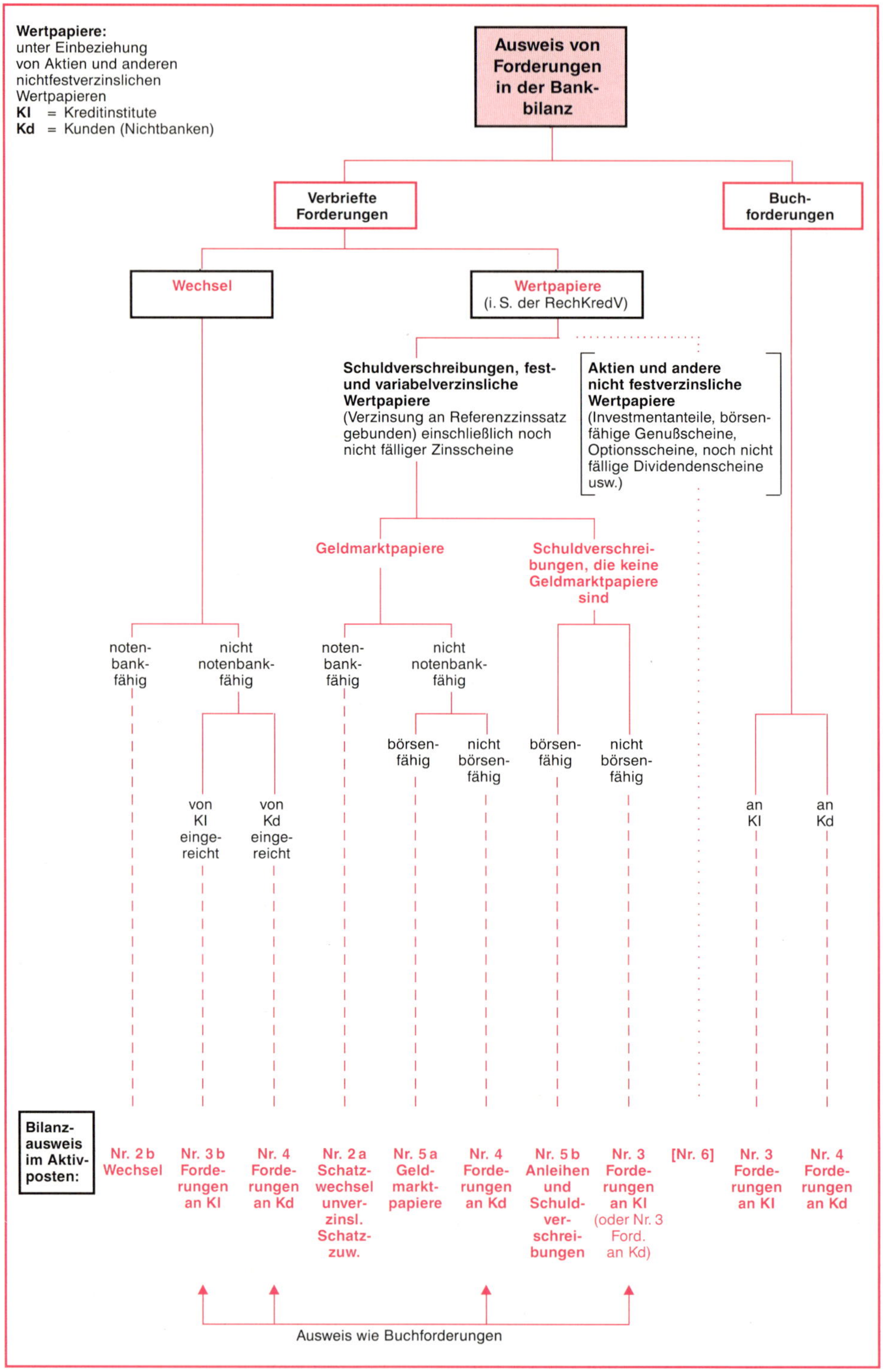

Gliederung von Forderungen nach Laufzeiten

Forderungen an Kreditinstitute und **Forderungen an Kunden** sind im **Anhang** nach Laufzeiten **aufzugliedern:**

- für Geschäftsjahre mit Beginn **nach dem 31.12.1992** und vor dem 1. Januar 1998 **Aufgliederung nach Ursprungslaufzeiten,** d. h. in Forderungen mit ursprünglich vereinbarter Laufzeit oder Kündigungsfrist von
  a) weniger als 3 Monaten,
  b) mindestens 3 Monaten, aber weniger als 4 Jahren,
  c) 4 Jahren oder länger;
- für Geschäftsjahre, die **nach dem 1. Januar 1998** beginnen, **Aufgliederung nach Restlaufzeiten,** d.h. Aufteilung nach Fälligkeitsgruppen: Forderungen mit Restlaufzeiten
  1. bis 3 Monate,
  2. mehr als 3 Monate bis ein Jahr,
  3. mehr als ein Jahr bis 5 Jahre,
  4. mehr als 5 Jahre.

9.6.1.3 Ausweisvorschriften für die einzelnen Posten der Passivseite der Bilanz

Die **Posten** (mit Ziffern gekennzeichnet) und die **Unterposten** (mit kleinen Buchstaben gekennzeichnet) der Bilanz haben bestimmte, in der Rechnungslegungsverordnung festgelegte Inhalte auszuweisen.

Inhalte von Bilanzposten

Posten/Unterposten	Inhalte der Passivseite (§§ 21–27 RechKredV)
1. **Verbindlichkeiten gegenüber Kreditinstituten**	Verbindlichkeiten aus Bankgeschäften gegenüber inländischen und ausländischen Kreditinstituten ohne verbriefte Verbindlichkeiten gem. § 22 RechKredV
a) täglich fällig	Ausweis von Verbindlichkeiten, über die jederzeit ohne vorherige Kündigung verfügt werden kann oder für die eine Laufzeit oder Kündigungsfrist von 24 Stunden oder von einem Geschäftstag vereinbart worden ist, auch Ausweis der Tagesgelder und Gelder mit täglicher Kündigung einschließlich der angelegten Gelder mit Fälligkeit oder Kündigungsmöglichkeiten am nächsten Geschäftstag
b) mit vereinbarter Laufzeit oder Kündigungsfrist	Nicht verbriefte Verbindlichkeiten sowie Verbindlichkeiten aus Namensschuldverschreibungen, Orderschuldverschreibungen, die nicht Teile einer Gesamtemission sind, Namensgeldmarktpapieren, Haben-Salden aus Effektengeschäften und aus Verrechnungskonten sowie Verbindlichkeiten aus verkauften Wechseln einschließlich eigener Ziehungen, die den Kreditnehmern nicht abgerechnet worden sind.
2. **Verbindlichkeiten gegenüber Kunden**	Alle Arten von Verbindlichkeiten (bankgeschäftlicher und nichtbankgeschäftlicher Art) gegenüber inländischen und ausländischen Nichtbanken ohne verbriefte Verbindlichkeiten gem. § 22 RechKredV
a) Spareinlagen aa) mit vereinbarter Kündigungsfrist von drei Monaten ab) mit vereinbarter Kündigungsfrist von mehr als drei Monaten	Ausweis von Geldern als Spareinlagen, die den Erfordernissen von § 21 Abs. 4 RechKredV entsprechen

b) andere Verbindlichkeiten ba) täglich fällig bb) mit vereinbarter Laufzeit oder Kündigungsfrist	Nichtverbriefte Verbindlichkeiten sowie Verbindlichkeiten aus Namensschuldverschreibungen, Orderschuldverschreibungen, die nicht Teile einer Gesamtemission sind, Namensgeldmarktpapiere, Sperrguthaben und Abrechnungsguthaben oder Anschlußfirmen im Teilzahlungsfinanzierungsgeschäft, soweit der Ausweis nicht unter dem Posten „Verbindlichkeiten gegenüber Kreditinstituten“ (Passivposten Nr. 1) vorzunehmen ist, sowie „Anweisungen im Umlauf“
3. **Verbriefte Verbindlichkeiten**	Ausweis von Schuldverschreibungen und anderen Verbindlichkeiten, für die übertragbare, nicht auf den Namen lautende Urkunden ausgestellt sind
a) begebene Schuldverschreibungen	Ausweis von begebenen börsenfähigen und nichtbörsenfähigen Inhaberschuldverschreibungen und Orderschuldverschreibungen, die Teile einer Gesamtemission sind, unter Absetzung zurückgekaufter, nichtbörsenfähiger eigener Schuldverschreibungen (Ausweis von Null-Kupon-Anleihen einschl. anteiliger Zinsen)
b) andere verbriefte Verbindlichkeiten	Ausweis von begebenen Geldmarktpapieren (z. B. Commercial Papiers, Euronotes, Certificates of Deposit usw.) von eigenen Akzepten Als eigene Akzepte sind nur Akzepte zu **vermerken**, die vom Kreditinstitut zu seiner eigenen Refinanzierung ausgestellt worden sind und bei denen es erster Zahlungspflichtiger („Bezogener“) ist. Der eigene Bestand sowie verpfändete eigene Akzepte und eigene Solawechsel gelten nicht als im Umlauf befindlich.
4. **Treuhandverbindlichkeiten**	Ausweis von Verbindlichkeiten, die ein Kreditinstitut im eigenen Namen, aber für fremde Rechnung eingegangen ist
5. **Sonstige Verbindlichkeiten**	Ausweis von Verbindlichkeiten, die einem anderen Posten nicht zugeordnet werden
6. **Rechnungsabgrenzungsposten**	Ausweis passiver nach § 250 Abs. 2 HGB gebildeter Rechnungsabgrenzungsposten, insbes. Kreditnehmern aus Teilfinanzierungsgeschäften berechnete Zinsen, Provisionen und Gebühren, die künftigen Rechnungsperioden zuzurechnen sind
7. **Rückstellungen** a) Rückstellungen für Pensionen und ähnliche Verpflichtungen b) Steuerrückstellungen c) andere Rückstellungen	Ausweis von Verbindlichkeiten und Verlustrisiken, deren Entstehung dem abgelaufenen oder einem früheren Geschäftsjahr zuzuordnen ist, die aber hinsichtlich ihres tatsächlichen Bestehens und/oder ihrer tatsächlichen Höhe unbestimmt sind
8. **Sonderposten mit Rücklageanteil**	Ausweis sog. „steuerfreier“ Rücklagen gem. §§ 247 Abs. 3, 273 HGB
9. **Nachrangige Verbindlichkeiten**	Ausweis von Verbindlichkeiten, die im Fall der Liquidation oder des Konkurses erst nach den Forderungen der anderen Gläubiger erfüllt werden dürfen
10. **Genußrechtskapital**	Ausweis von Kapital, das gegen Gewährung von Genußrechten aufgenommen ist
11. **Fonds für allgemeine Bankrisiken**	Sonderposten gem. § 340g HGB

12. **Eigenkapital**	
a) gezeichnetes Kapital	Summe der gezeichneten Eigenkapitalbeträge (Grundkapital, Stammkapital, Geschäftsguthaben, Geschäftskapital); auch Ausweis von Dotationskapital und Vermögenseinlagen stiller Gesellschafter
b) Kapitalrücklage	Rücklage, die im Zuge der Außenfinanzierung entstanden ist
c) Gewinnrücklagen ca) gesetzliche Rücklage cb) Rücklage für eigene Anteile cc) satzungsmäßige Rücklagen cd) andere Gewinnrücklagen	Rücklagen, die im Zuge der Innenfinanzierung entstanden sind (Gewinneinbehaltung). Hier auch Ausweis der Sicherheitsrücklage der Sparkassen und der Ergebnisrücklagen der Kreditgenossenschaften (Genaue Bezeichnung bei a) und c) kann im Einzelfall zusätzlich angegeben werden)
d) Bilanzgewinn/ Bilanzverlust	

Die folgende Übersicht faßt den Ausweis von **Verbindlichkeiten** (ohne sonstige Verbindlichkeiten und ohne nachrangige Verbindlichkeiten) zusammen.

Inhalte der Bilanzposten, die Verbindlichkeiten ausweisen

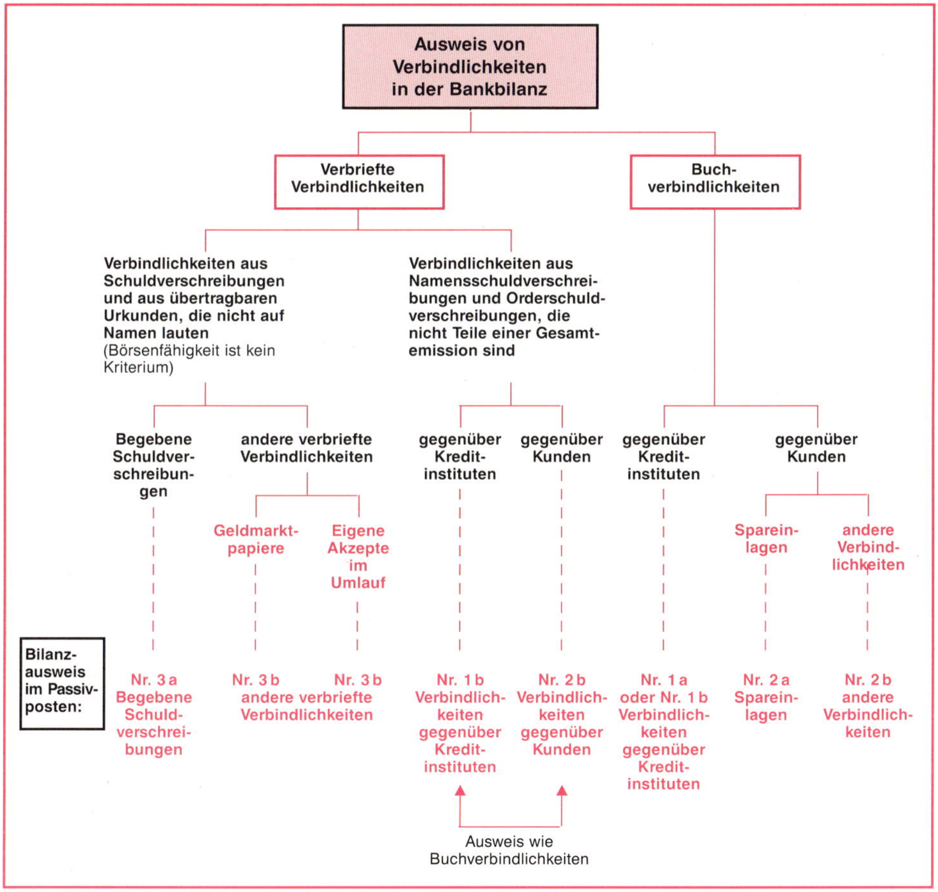

Gliederung von Verbindlichkeiten nach Laufzeiten

Verbindlichkeiten gegenüber Kreditinstituten und **Verbindlichkeiten gegenüber Kunden** sind im **Anhang** nach Laufzeiten **aufzugliedern:**

- für Geschäftsjahre mit Beginn **nach dem 31.12.1992** und vor dem 1. Januar 1998 **Aufgliederung nach Ursprungslaufzeiten,** d. h. in Forderungen mit ursprünglich vereinbarter Laufzeit oder Kündigungsfrist von
  a) weniger als 3 Monaten,
  b) mindestens 3 Monaten, aber weniger als 4 Jahren,
  c) 4 Jahren oder länger;

- für Geschäftsjahre, die **nach dem 1. Januar 1998** beginnen, **Aufgliederung nach Restlaufzeiten,** d.h. Aufteilung nach Fälligkeitsgruppen: Forderungen mit Restlaufzeiten
  1. bis 3 Monate,
  2. mehr als 3 Monate bis ein Jahr,
  3. mehr als 1 Jahr bis 5 Jahre,
  4. mehr als 5 Jahre.

„Unter dem Stich"-Posten

„Unter dem Strich" der Passivseite haben Kreditinstitute ihre **Eventualverbindlichkeiten** anzugeben und **andere Verpflichtungen** zu beziffern, in denen **Kreditrisiken** enthalten sein können.

Posten/Unterposten	Angaben „unter dem Strich" der Passivseite (§§ 26 – 27 RechKredV)
1. **Eventualverbindlichkeiten**	
a) Eventualverbindlichkeiten aus weitergegebenen, abgerechneten Wechseln	Ausweis von Indossamentsverbindlichkeiten und anderen wechselrechtlichen Eventualverbindlichkeiten (keine Einbeziehung von Verbindlichkeiten aus umlaufenden eigenen Akzepten sowie aus lombardierten, in Pension gegebenen oder im Offenmarktgeschäft mit Rücknahmeverpflichtung an die Deutsche Bundesbank verkauften Wechseln)
b) Verbindlichkeiten aus Bürgschaften und Gewährleistungsverträgen	Auch Ausweis von Ausbietungs- und anderen Garantieverpflichtungen, verpflichtenden Patronatserklärungen, Akkreditiveröffnungen und -bestätigungen
c) Haftung aus der Bestellung von Sicherheiten für fremde Verbindlichkeiten	Ausweis der bestellten Sicherheiten mit den Buchwertbeträgen (Sicherungsabtretungen, Sicherungsübereignungen und Kautionen für fremde Verbindlichkeiten sowie Haftungen aus der Bestellung von Pfandrechten an beweglichen Sachen und Rechten wie auch aus Grundpfandrechten für fremde Verbindlichkeiten)
2. **Andere Verpflichtungen**	
a) Rücknahmeverpflichtungen aus unechten Pensionsgeschäften	Ausweis von Verpflichtungen gem. § 340b Abs. 3 HGB
b) Plazierungs- und Übernahmeverpflichtungen	Ausweis von Verbindlichkeiten aus der Übernahme einer Garantie für die Plazierung oder Übernahme von Finanzinstrumenten gegenüber Emittenten, die während eines vereinbarten Zeitraums Finanzinstrumente revolvierend am Geldmarkt begeben (Erfassung nur der Garantien, durch die sich ein Kreditinstitut verpflichtet, Finanzinstrumente zu übernehmen oder einen entsprechenden Kredit im Falle der Nichtplazierung am Markt zu gewähren)
c) Unwiderrufliche Kreditzusagen	Ausweis aller unwiderruflichen Verpflichtungen, die Anlaß zu einem Kreditrisiko geben können (Kriterium ist die Unwiderruflichkeit, d. h. Ausweis z. B. im Fall teilvalutierter Darlehen für die noch nicht valutierten Beträge, aber kein Ausweis aller offenen Kreditlinien)

9.6.2 Einheitliche Formblätter für die Gewinn- und Verlustrechnung

Formblätter für die GuV-Rechnung

Kreditinstitute haben für die **Gliederung der Gewinn- und Verlustrechnung** das **Formblatt 2** *oder* das **Formblatt 3 der Rechnungslegungsverordnung** anzuwenden, soweit für bestimmte Arten von Kreditinstituten durch die Rechnungslegungsverordnung selbst sowie in den Fußnoten zu den Formblättern nicht anderes vorgeschrieben ist (§ 2 Abs. 1 RechKredV).

Formblatt 2 gliedert die Gewinn- und Verlustrechnung in der **Kontoform**, Formblatt 3 in der **Staffelform.** Im Gegensatz zur Kontoform ermöglicht die Staffelform den Ausweis von Zwischenergebnissen und die Überleitung vom Jahresüberschuß zum Bilanzgewinn (siehe Seite 314).

- Es gilt grundsätzlich das **Bruttoprinzip.** Soweit Saldierungen von Erträgen und Aufwendungen und damit ein Nettoausweis zulässig sind, darf nur eine vollständige und keine teilweise **Verrechnung** erfolgen.
- Für die **Erträge und Aufwendungen aus Finanzgeschäften** ist der Nettoausweis vorgeschrieben.
- Die **Überkreuzkompensation** bestimmter Erträge und Aufwendungen aus dem Kredit- und Wertpapiergeschäft ist zulässig.
- Erträge werden nach den bankbetrieblichen Leistungsbereichen, Aufwendungen nach den bankbetrieblichen Entstehungsbereichen gegliedert.
- Bei Anwendung der Staffelform werden die Erträge und Aufwendungen zum **„Ergebnis aus der normalen Geschäftstätigkeit"** sowie die „Außerordentlichen Erträge" und „Außerordentlichen Aufwendungen" zum **„Außerordentlichen Ergebnis"** zusammengefaßt.

9.6.2.1 Inhalt des Formblatts für die GuV-Rechnung in Staffelform

Posten und Unterposten in der GuV-Rechnung

Formblatt 3 (Staffelform)

Gewinn- und Verlustrechnung

der ____________________

für die Zeit vom __________ **bis** __________

	DM	DM	DM
1. **Zinserträge** aus			
a) Kredit- und Geldmarktgeschäften	___		
b) festverzinslichen Wertpapieren und Schuldbuchforderungen	===	___	
2. **Zinsaufwendungen**		===	___
3. **Laufende Erträge** aus			
a) Aktien und anderen nicht festverzinslichen Wertpapieren		___	
b) Beteiligungen		___	
c) Anteilen an verbundenen Unternehmen		===	___
4. **Erträge aus Gewinngemeinschaften, Gewinnabführungs- oder Teilgewinnabführungsverträgen**			___
5. **Provisionserträge**		___	
6. **Provisionsaufwendungen**		===	___
7. **Nettoertrag oder Nettoaufwand aus Finanzgeschäften**			___
8. **Sonstige betriebliche Erträge**			___
9. **Erträge aus der Auflösung von Sonderposten mit Rücklageanteil**			___
10. **Allgemeine Verwaltungsaufwendungen**			
a) Personalaufwand			
aa) Löhne und Gehälter	___		
ab) Soziale Abgaben und Aufwendungen für Altersversorgung und für Unterstützung	===	___	
darunter: für Altersversorgung ________ DM			
b) andere Verwaltungsaufwendungen		===	___

Fortsetzung Seite 314

11. **Abschreibungen und Wertberichtigungen auf immaterielle Anlagewerte und Sachanlagen**
12. **Sonstige betriebliche Aufwendungen**
13. **Abschreibungen und Wertberichtigungen auf Forderungen und bestimmte Wertpapiere sowie Zuführungen zu Rückstellungen im Kreditgeschäft**
14. **Erträge aus Zuschreibungen zu Forderungen und bestimmten Wertpapieren sowie aus der Auflösung von Rückstellungen im Kreditgeschäft**
15. **Abschreibungen und Wertberichtigungen auf Beteiligungen, Anteile an verbundenen Unternehmen und wie Anlagevermögen behandelte Wertpapiere**
16. **Erträge aus Zuschreibungen zu Beteiligungen, Anteilen an verbundenen Unternehmen und wie Anlagevermögen behandelten Wertpapieren**
17. **Aufwendungen aus Verlustübernahme**
18. **Einstellungen in Sonderposten mit Rücklageanteil**
19. **Ergebnis der normalen Geschäftstätigkeit**
20. **Außerordentliche Erträge**
21. **Außerordentliche Aufwendungen**
22. **Außerordentliches Ergebnis**
23. **Steuern vom Einkommen und vom Ertrag**
24. **Sonstige Steuern, soweit nicht unter Posten 12 ausgewiesen**
25. **Erträge aus Verlustübernahme**
26. **Auf Grund einer Gewinngemeinschaft, eines Gewinnabführungs- oder eines Teilgewinnabführungsvertrags abgeführte Gewinne**
27. **Jahresüberschuß/Jahresfehlbetrag**
28. **Gewinnvortrag/Verlustvortrag aus dem Vorjahr**
29. **Entnahmen aus der Kapitalrücklage**
30. **Entnahmen aus Gewinnrücklagen**
    a) aus der gesetzlichen Rücklage
    b) aus der Rücklage für eigene Anteile
    c) aus satzungsmäßigen Rücklagen
    d) aus anderen Gewinnrücklagen
31. **Entnahmen aus Genußrechtskapital**
32. **Einstellungen in Gewinnrücklagen**
    a) in die gesetzliche Rücklage
    b) in die Rücklage für eigene Anteile
    c) in satzungsmäßige Rücklagen
    d) in andere Gewinnrücklagen
33. **Wiederauffüllung des Genußrechtskapitals**
34. **Bilanzgewinn/Bilanzverlust**

Aufbau der GuV-Rechnung bei Staffelform

Wie das Formblatt für die Staffelform zeigt, ist die Gewinn- und Verlustrechnung nach folgendem **Schema** aufgebaut:

Erträge aus der normalen Geschäftstätigkeit
·/. Aufwendungen aus der normalen Geschäftstätigkeit
→ **Ergebnis aus der normalen Geschäftstätigkeit**

außerordentliche Erträge
·/. außerordentliche Aufwendungen
→ ·/. + außerordentliches Ergebnis

·/. Ertragsteuern (u. U. auch ·/. sonstige Steuern)

= **Jahresüberschuß**
+ ·/. Gewinnvortrag oder Verlustvortrag
+ Entnahmen aus Rücklagen und/oder Genußrechtskapital
·/. Einstellungen in Rücklagen und/oder Genußrechtskapital

= **Bilanzgewinn** oder Bilanzverlust

9.6.2.2 Ausweisvorschriften für bestimmte Posten der GuV-Rechnung

Die Posten und Unterposten der GuV-Rechnung haben bestimmte in der Rechnungslegungsverordnung festgelegte Inhalte auszuweisen.

Inhalte von Posten der GuV-Rechnung

Posten/Unterposten	Inhalte der GuV-Rechnung in Staffelform (§§ 28–33 RechKredV)
1. **Zinserträge** aus a) Kredit- und Geldmarktgeschäften b) festverzinslichen Wertpapieren und Schuldbuchforderungen	Ausweis von Zinserträgen und ähnlichen Erträgen aus dem Bankgeschäft
2. **Zinsaufwendungen**	Ausweis von Zinsaufwendungen und ähnlichen Aufwendungen aus dem Bankgeschäft
5. **Provisionserträge**	Ausweis von Provisionen und ähnlichen Erträgen aus Dienstleistungsgeschäften wie dem Zahlungsverkehr, Außenhandelsgeschäft, Wertpapierkommissions- und Depotgeschäft, Erträge für Treuhandkredite und Verwaltungskredite, Provisionen im Zusammenhang mit der Veräußerung von Devisen, Sorten und Edelmetallen und aus der Vermittlertätigkeit bei Kredit-, Spar-, Bauspar- und Versicherungsverträgen auszuweisen. Zu den Erträgen gehören auch Bonifikationen aus der Plazierung von Wertpapieren, Bürgschaftsprovisionen und Kontoführungsgebühren.
6. **Provisionsaufwendungen**	Ausweis von Provisionen und ähnlichen Aufwendungen aus den unter Nr. 5 gekennzeichneten Dienstleistungsgeschäften
7. **Nettoertrag oder Nettoaufwand aus Finanzgeschäften**	Ausweis des Saldos aus Erträgen und Aufwendungen aus Geschäften mit Wertpapieren des Handelsbestands, Finanzinstrumenten, Devisen und Edelmetallen einschl. der Erträge und Aufwendungen aus Zuschreibungen und Abschreibungen bei diesen Vermögensgegenständen
8. **Sonstige betriebliche Erträge**	Ausweis von Erträgen, die einem anderen Ertragsposten nicht zugeordnet werden können
9. **Allgemeine Verwaltungsaufwendungen** a) Personalaufwand aa) Löhne und Gehälter ab) Soziale Abgaben und Aufwendungen für Altersversorgung und Unterstützung	Ausweis von gesetzlichen Pflichtabgaben, Beihilfen und Unterstützungen, die das Kreditinstitut zu erbringen hat, sowie Aufwendungen für die Altersversorgung
b) Andere Verwaltungsaufwendungen	Ausweis aller Aufwendungen sachlicher Art, wie Raumkosten, Bürobetriebskosten, Kraftfahrzeugskosten, Porto, Verbandsbeiträge einschließlich der Beiträge zur Sicherungseinrichtung eines Verbandes, Werbungskosten, Repräsentation, Aufsichtsratsvergütungen, Versicherungsprämien, Rechts-, Prüfungs- und Beratungskosten und dergleichen

11. **Abschreibungen und Wertberichtigungen auf immaterielle Anlagewerte und Sachanlagen**	Ausweis aller Abschreibungen bzw. Zuführungen zu den Wertberichtigungen auf die unter den Aktivposten 11 und 12 ausgewiesenen Vermögensgegenstände
12. **Sonstige betriebliche Aufwendungen**	Ausweis von Aufwendungen, die einem anderen Aufwandsposten nicht zugeordnet werden können
13. **Abschreibungen und Wertberichtigungen auf Forderungen und bestimmte Wertpapiere sowie Zuführungen zu Rückstellungen im Kreditgeschäft** 14. **Erträge aus Zuschreibungen zu Forderungen und bestimmten Wertpapieren sowie aus der Auflösung von Rückstellungen im Kreditgeschäft**	Ausweis aller Aufwendungen und Erträge aus der Bildung und der Auflösung von Einzelwertberichtigungen und Pauschalwertberichtigungen sowie von Vorsorgereserven auf Forderungen und Wertpapiere, die weder Handelsbestand sind noch als Anlagevermögen behandelt werden, von Rückstellungen für Eventualverbindlichkeiten und andere Verpflichtungen einschl. der Erträge aus einer Veräußerung von Wertpapieren, die weder Handelsbestand sind noch als Anlagevermögen behandelt werden, und der Erträge aus dem Eingang ganz oder teilweise abgeschriebener Forderungen Ausweis entweder brutto oder als Saldo einer vollständigen Verrechnung (teilweise Verrechnung ist unzulässig)
15. **Abschreibungen und Wertberichtigungen auf Beteiligungen, Anteile an verbundenen Unternehmen und wie Anlagevermögen behandelte Wertpapiere** 16. **Erträge aus Zuschreibungen zu Beteiligungen, Anteilen an verbundenen Unternehmen und wie Anlagevermögen behandelten Wertpapieren**	Ausweis der in § 340 c Abs. 2 HGB bezeichneten Aufwendungen und Erträge Ausweis entweder brutto oder als Saldo einer vollständigen Verrechnung (teilweise Verrechnung ist nicht zulässig)
20. **Außerordentliche Erträge** 21. **Außerordentliche Aufwendungen**	Ausweis von solchen Erträgen und Aufwendungen, die gem. § 277 Abs. 4 HGB außerhalb der gewöhnlichen Geschäftstätigkeit anfallen
23. **Steuern vom Einkommen und vom Ertrag**	Ausweis der Körperschaftsteuer und der Gewerbeertragsteuer

Mit **außerordentlichen Erträgen und Aufwendungen** sind keine aperiodischen Erträge und Aufwendungen gemeint (diese fließen in das Ergebnis der normalen Geschäftstätigkeit ein), sondern ungewöhnliche und selten vorkommende Erträge und Aufwendungen.

Der auf Seite 304 gegebene Hinweis auf eine Zusammenfassung von Posten gilt entsprechend für die GuV-Rechnung.

9.7 Der Anhang zum Jahresabschluß und der Lagebericht

9.7.1 Angabe- und Erläuterungspflichten im Anhang

Im **Anhang,** den Kreditinstitute zum Jahresabschluß aufstellen müssen, haben sie bestimmte Angabe- und Erläuterungspflichten zu erfüllen.

9.7.1.1 Angabepflichten zu den Bilanzierungs- und Bewertungsmethoden

Angaben im Anhang

Kreditinstitute müssen im Anhang u. a. angeben:

- die angewandten **Bilanzierungs- und Bewertungsmethoden,**
- unter Umständen erfolgte Änderungen der Bilanzierungs- und Bewertungsmethoden (mit Begründung) und Darstellung des Einflusses auf die Vermögen-, Finanz- und Ertragslage (§ 284 Abs. 2 Nr. 3 HGB),
- die Grundlagen für die **Umrechnung der Fremdwährungsposten in DM** (§ 284 Abs. 2 Nr. 1 u. 2 HGB).

9.7.1.2 Erläuterungspflichten zur Bilanz

Kreditinstitute müssen im Anhang folgende **erläuternden Angaben zur Bilanz** machen:

Erläuterungen zur Bilanz

- als **Sparkasse** Nennung der **Forderungen** an die **eigene Girozentrale** bzw. als **Kreditgenossenschaft** Nennung der Forderungen an die **eigene Zentralbank** sowie Nennung der Verbindlichkeiten gegenüber der Girozentrale bzw. Zentralbank (§ 35 Abs. 1 Nr. 9 RechKredV),
- Nennung der verbrieften und unverbrieften **Forderungen und Verbindlichkeiten an bzw. gegenüber verbundene(n) Unternehmen** sowie an bzw. gegenüber Unternehmen, mit denen ein Beteiligungsverhältnis besteht (§ 3 RechKredV),
- Aufgliederung der börsenfähigen **Wertpapiere nach börsennotierten und nichtbörsennotierten Werten** (§ 35 Abs. 1 Nr. 1 RechKredV),
- Angabe der nicht zum Niederstwert bewerteten Wertpapiere des Anlagevermögens (§ 35 Abs. 1 Nr. 2 RechKredV),
- Nennung der **für den Geschäftsbetrieb genutzten Grundstücke und Gebäude** sowie der **Betriebs- und Geschäftsausstattung** (Ausgliederung aus dem Bilanzposten „Sachanlagen") (§ 35 Abs. 2 RechKredV),
- Aufstellung eines **Anlagespiegels (Anlagegitter) für Posten des Anlagevermögens** (Wertpapiere des Anlagevermögens, Beteiligungen, Anteile an verbundenen Unternehmen, immaterielle Anlagewerte, Sachanlagen) unter Ausweis der ursprünglichen Anschaffungswerte, der Veränderungen während des Berichtsjahres (Zugänge, Abgänge, Umbuchungen, Abschreibungen/Wertberichtigungen) und der Bilanzwerte am Ende des Geschäftsjahres (§ 268 Abs. 2 HGB i.V.m. § 34 Abs. 3 RechKredV):

Angaben zur Entwicklung des Anlagevermögens im Anlagespiegel

Anlagespiegel									
	Anschaffungskosten	Veränderungen während des Geschäftsjahres					Abschreibungen/ Wertberichtigungen (insgesamt)	Bilanzwert am Ende des Geschäftsjahres
		Zugänge	Abgänge	Umbuchungen	Zuschreibungen	Abschreibungen/ Wertberichtigungen		
Wertpapiere des Anlagevermögens		zusammengefaßt						
Beteiligungen		zusammengefaßt						
Anteile an verbundenen Unternehmen		zusammengefaßt						
Immaterielle Anlagewerte								
Sachanlagen								

- Angabe der **Rechnungsabgrenzungsposten**, die für Disagien/Agien bei Forderungen und Verbindlichkeiten gebildet worden sind (§ 268 Abs. 6 HGB/ § 340 e Abs. 2 HGB):
- Nennung der Vorschriften, nach denen Sonderposten mit Rücklageanteil gebildet worden sind (§ 273 Satz 2 HGB):

Fristigkeitsgliederung

- **Aufgliederung nach Fristigkeit** (§ 340 d Satz 1 HGB):

1. mit **Angabe der Ursprungslaufzeiten (bis 1997** gem. § 39 Abs. 5 Nr. 1, 3, 4 RechKredV) bzw. der **Restlaufzeiten (ab 1998** gem. § 9 Abs. 1 Nr. 1, 2, 3, 5, Abs. 2, Abs. 3 RechKredV) für folgende Posten bzw. Unterposten
   - „andere Forderungen an Kreditinstitute"
   - „Forderungen an Kunden"
   - „Verbindlichkeiten gegenüber Kreditinstituten mit vereinbarter Laufzeit oder Kündigungsfrist"
   - „andere Verbindlichkeiten gegenüber Kunden mit vereinbarter Laufzeit oder Kündigungsfrist"
2. ohne Aufgliederung (bis 1997) bzw. Aufgliederung nach Fälligkeit (ab 1998 gem. § 9 Abs. 1 Nr. 4, Abs. 2 RechKredV) für „Spareinlagen mit vereinbarter Kündigungsfrist"
3. Aufgliederung wie Schuldverschreibungen (bis 1997 gem. § 39 Abs. 5 Nr. 2, 4 RechKredV) bzw. nach Fälligkeiten (ab 1998 gem. § 9 Abs. 1 Nr. 4, Abs. 2 RechKredV) für „andere verbriefte Verbindlichkeiten"
4. Aufgliederung nach Ursprungslaufzeiten (bis 1997 gem. § 39 Abs. 5 Nr. 2, 4 RechKredV) bzw. Angabe der im folgenden Geschäftsjahr fällig werdenden Beträge (ab 1998 gem. § 9 Abs. 3 Nr. 2 RechKredV) für „Anleihen und Schuldverschreibungen" sowie für „begebene Schuldverschreibungen"

- Angabe der **Gesamtbeträge der Fremdwährungsaktiva und der Fremdwährungspassiva in DM** (§ 35 Abs. 1 Nr. 6 RechKredV),
- Angabe der **Gesamtbeträge der für eigene Verbindlichkeiten einschließlich für Eventualverbindlichkeiten gestellten Sicherheiten** (§ 35 Abs. 5 RechKredV),

- Aufgliederung der Treuhandvermögen und Treuhandverbindlichkeiten nach Aktiv- und Passivposten (§ 6 Abs. 1 RechKredV),
- Angabe und Erläuterung von Beträgen in den „Sonstigen Vermögensgegenständen" und „Sonstigen Verbindlichkeiten", die für die Beurteilung des Jahresabschlusses von wesentlicher Bedeutung sind (§ 35 Abs. 1 Nr. 4 RechKredV).

9.7.1.3 Erläuterungspflichten zur GuV-Rechnung

Erläuterungen zur GuV-Rechnung

Kreditinstitute müssen im Anhang folgende erläuternde Angaben zur GuV-Rechnung machen:

- **Auswirkungen steuerlicher Sonderbewertungen auf das Jahresergebnis** (§ 285 Nr. 5 HGB),
- unter bestimmten Voraussetzungen Aufgliederung der Zinserträge, der Erträge aus Wertpapieren, Beteiligungen und Anteilen an verbundenen Unternehmen, der Provisionserträge, der Gewinne aus Finanzgeschäften sowie der sonstigen betrieblichen Erträge nach geografischen Märkten (§ 34 Abs. 2 Nr. 1 RechKredV),
- **Angabe und Erläuterung von Beträgen in den „Sonstigen betrieblichen Erträgen" und „Sonstigen betrieblichen Aufwendungen"**, die für die Beurteilung des Jahresabschlusses nicht unwesentlich sind (§ 35 Abs. 1 Nr. 4 RechKredV),
- **Angabe und Erläuterung von betragsmäßig wesentlichen „Außerordentlichen Erträgen" und „Außerordentlichen Aufwendungen"** (§ 277 Abs. 4 Sätze 2 und 3 HGB/§ 35 Abs. 1 Nr. 4 RechKredV). Dies gilt auch für Erträge und Aufwendungen, die einem anderen Geschäftsjahr zuzurechnen sind.

9.7.1.4 Sonstige Angaben im Anhang

Weitere Angaben im Anhang

Kreditinstitute müssen im Anhang folgende Angaben machen:

- Angaben über **bestimmte Beteiligungen:** Name, Sitz, Anteil am Kapital, Höhe des Eigenkapitals, letztes Geschäftsergebnis (§ 285 Nr. 11 HGB) (Gesonderte Aufstellung gemäß § 287 HGB und Hinweisbekanntmachung gemäß § 325 Abs. 2 Satz 2 HGB möglich),
- Nennung der **Mitglieder des Geschäftsführungsorgans und des Aufsichtsrats** (§ 285 Nr. 19 HGB),
- Angabe der Gesamtbezüge der Mitglieder des Geschäftsführungsorgans, des Aufsichtsrats oder des Beirats (§ 285 Nr. 9 a HGB),
- Angabe der Gesamtbezüge früherer Mitglieder des Geschäftsführungsorgans, des Aufsichtsrats oder des Beirats und ihrer Hinterbliebenen einschließlich gebildeter Pensionsrückstellungen (§ 285 Nr. 9 b HGB),

  Gemäß § 286 Abs. 4 HGB können die in § 285 Nr. 9 a und b verlangten Angaben unterbleiben, wenn sich anhand dieser Angaben die Bezüge eines Mitglieds dieser Organe feststellen lassen;
- Angabe der Gesamtbeträge von gewährten Vorschüssen und Krediten an die Mitglieder der vorgenannten Organe,
- Nennung der **durchschnittlichen Arbeitnehmerzahl** (getrennt nach Gruppen).

9.7.2 *Der Lagebericht*

Bedeutung des Lageberichts

Kreditinstitute haben im Lagebericht den Geschäftsverlauf und die Lage des Unternehmens darzustellen. Die „Darstellung" muß ein den tatsächlichen Verhältnissen entsprechendes Bild vermitteln (§ 289 Abs. 9 HGB).

Der Lagebericht **soll auch eingehen** auf

- Vorgänge von besonderer Bedeutung, die nach Geschäftsjahresende eingetreten sind,
- die voraussichtliche Entwicklung des Unternehmens,
- den Bereich Forschung und Entwicklung.

Angaben im Lagebericht von Kreditinstituten

„Bei der Darstellung des Geschäftsverlaufs und der Lage des Kreditinstituts sowie der Vorgänge nach dem Bilanzstichtag, die von besonderer Bedeutung sind, könnten Angaben erfolgen zu:

- **Gesamtwirtschaftliche Entwicklung** (Auswirkungen wirtschafts- und währungspolitischer Entwicklungen, wie z. B. auch der Zinsentwicklung, und der Branchenentwicklung auf die Lage des Kreditinstituts),
- **Marktstellung und Struktur des Kreditinstituts,**
- **Beurteilung der finanziellen Lage des Kreditinstituts** (z. B. bezüglich Vorhandensein und Höhe von Zinsänderungs- und Währungsrisiken),
- **Entwicklung des Kreditgeschäfts** und ggf. anderer wichtiger Bereiche des Aktivgeschäfts,
- **Entwicklung des Passivgeschäfts** (z. B. Einlagengeschäft, Emission eigener Schuldverschreibungen),
- **Änderungen im Dienstleistungsprogramm** (z. B. Außenhandels- und Wertpapiergeschäft, Immobilienvermittlung),
- **Besondere Investitionen** (z. B. im Filialnetz oder in der EDV) und ihre Auswirkungen auf das Kreditinstitut,
- **Unternehmensverbindungen** (Geschäftsentwicklung bei in- und ausländischen verbundenen Unternehmen mit Einfluß auf die Lage des Kreditinstituts), Erwerb bzw. Verkauf bedeutender Beteiligungen,
- **Rechtliche Verhältnisse** (Abschluß/Kündigung wichtiger Verträge wie z. B. Kooperationsverträge; Auswirkungen wichtiger Prozesse, Straf- oder Bußgeldverfahren),
- ggf. **Personal- und Sozialbericht** (z. B. wesentliche Veränderungen der Mitarbeiterzahl und ihre Ursachen, Maßnahmen der Mitarbeiterausbildung und -schulung),
- **sonstige Angaben** (z. B. besondere Verluste, schwebende Geschäfte, Änderungen in der Geschäftsführung).

Zur voraussichtlichen Entwicklung des Kreditinstituts (Prognosebericht) sind qualitative Tendenzaussagen für einen Zeitraum von rd. ein bis zwei Jahren im Hinblick auf die wichtigsten Eckdaten (z. B. aus den Bereichen Aktiv- und Passivgeschäft, Dienstleistungsprogramm, Investitionen) gefordert.

Zur Forschung und Entwicklung wird sich die Berichterstattung bei den Kreditinstituten naturgemäß voraussichtlich in engen Grenzen halten. Neben der Erschließung neuer – vor allem geographischer – Märkte dürfte insbesondere auf die Entwicklung und Anwendung neuer Finanzprodukte einzugehen sein."

Quelle: Göttgens/Schmelzeisen, „Bankbilanzrichtlinie-Gesetz, Düsseldorf 1992, S. 62

Kreditinstitute binden den Lagebericht zusammen mit dem erweiterten Jahresabschluß in den **Geschäftsbericht** ein.

9.8 *Jahresabschluß und Gewinnverwendung bei Kreditinstituten*

9.8.1 *Rücklagen- und Gewinnausschüttungspolitik bei Kreditinstituten*

Gewinne können verwendet werden zur **Stärkung des Eigenkapitals durch Rücklagenbildung** oder/und zur **Ausschüttung an die Kapitaleigner.**

9.8.1.1 *Eigenkapitalposten in der Bilanz von Kreditinstituten*

Eigenkapital im Bilanzformblatt

Der **Posten Eigenkapital** hat im Bilanzformblatt **vier Unterposten.**

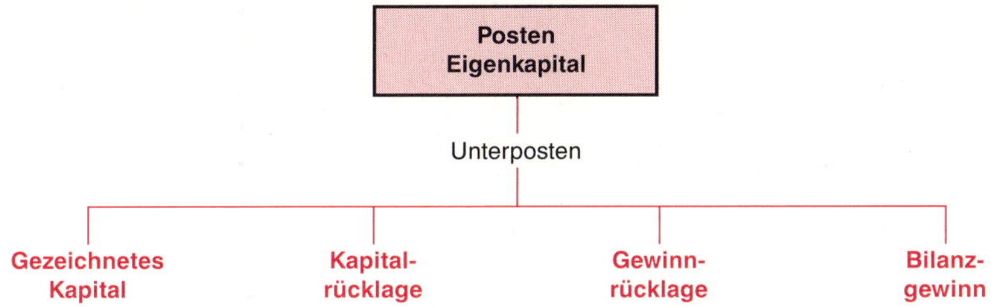

Die Bezeichnungen der Unterposten gelten grundsätzlich für alle Bankgruppen.

Gezeichnetes Kapital in Bilanzen von Kreditinstituten

Im Unterposten **Gezeichnetes Kapital** sind (ungeachtet ihrer genauen Bezeichnung im Einzelfall) alle Beträge auszuweisen, die von den Gesellschaftern oder anderen Eigentümern **gezeichnete Eigenkapitalbeträge** sind (z. B. Grundkapital der AG, Stammkapital der GmbH, Geschäftskapital der KG). Auch **Einlagen stiller Gesellschafter**, **Dotationskapital** sowie **Geschäftsguthaben** sind in diesen Posten einzubeziehen.

Die genaue Bezeichnung im Einzelfall kann zusätzlich zu der Postenbezeichnung „Gezeichnetes Kapital" in das Bilanzformblatt eingetragen werden.

Entstehung von Kapitalrücklagen

Kapitalrücklagen entstehen aus von außen zugeflossenen Eigenmitteln (Eigenkapitalerhöhung durch Außenfinanzierung), z. B. nach § 272 Abs. 2 HGB durch Einstellung von:

1. Beträgen, die bei der Ausgabe von Anteilen einschließlich von Bezugsanteilen über den Nennbetrag hinaus erzielt werden (Agio),
2. Beträgen, die bei der Ausgabe von Schuldverschreibungen für Wandlungsrechte und Optionsrechte zum Erwerb von Anteilen erzielt werden,
3. Beträgen von Zuzahlungen, die Gesellschafter gegen Gewährung eines Vorzugs für ihre Anteile leisten,
4. Beträgen von anderen Zuzahlungen, die Gesellschafter in das Eigenkapital leisten (z. B. Nachschüsse von GmbH-Gesellschaftern).

Gewinnrücklagen sind die Rücklagen, die im Geschäftsjahr oder in einem früheren Geschäftsjahr aus dem Ergebnis gebildet worden sind (Rücklagenbildung durch Gewinneinbehaltung, Innenfinanzierung). Dazu gehören aus dem Ergebnis zu bildende gesetzliche oder auf Gesellschaftsvertrag oder auf Satzung beruhende Rücklagen und andere Gewinnrücklagen (§ 272 Abs. 3 HGB).

Gewinnrücklagen in Bilanzen von Kreditinstituten

Im Unterposten **Gewinnrücklagen** sind auch die **Sicherheitsrücklage der Sparkassen** sowie die **Ergebnisrücklagen der Kreditgenossenschaften** auszuweisen. Die genaue Bezeichnung im Einzelfall kann zusätzlich zu der Postenbezeichnung „Gewinnrücklagen" in das Bilanzformblatt eingetragen werden.

Offene Rücklagen

Kapitalrücklage und Gewinnrücklagen sind **offene Rücklagen. Offene Rücklagen** sind Rücklagen, die in der Bilanz ausgewiesen werden. Sie werden **aufgrund gesetzlicher Vorschriften** (HGB, Aktiengesetz, Genossenschaftsgesetz, Sparkassengesetze usw.), **aufgrund satzungsmäßiger oder gesellschaftsvertraglicher Bestimmungen oder freiwillig aus geschäftspolitischen Überlegungen** gebildet.

Stille Rücklagen

Stille Rücklagen (stille Reserven) sind Rücklagen, die nicht in der Bilanz ausgewiesen werden. **Stille Rücklagen entstehen durch die Unterbewertung von Vermögensgegenständen** (siehe 9.4.2.3 und 9.5.7.1).

9.8.1.2 Ziele der Rücklagen- und Gewinnausschüttungspolitik

Bedeutung der Rücklagen- und Gewinnausschüttungspolitik

Ziele der Rücklagen- und Gewinnausschüttungspolitik können sein:

- **Kapitalsicherung**
  Bei der Bildung offener Rücklagen können spätere Verluste durch Auflösung der Rücklagen bilanzmäßig ausgeglichen werden.

- **Liquiditätsverbesserung**
  Bei Bildung offener Rücklagen wird ein Teil des Jahresüberschusses nicht ausgeschüttet. In Höhe der Rücklagenbildung wird der Abfluß liquider Mittel vermieden.

- **Steuerlastveränderung (Körperschaftsteuer)**
  Für nicht ausgeschütteten Gewinn muß mehr Körperschaftsteuer gezahlt werden als für ausgeschütteten Gewinn.

Der **Körperschaftsteuersatz für nicht ausgeschüttete Gewinne** beträgt 45 %. Zu diesem Satz müssen Banken in der Rechtsform von **Kapitalgesellschaften** und **Genossenschaften** Gewinne versteuern, die sie in Rücklagen einstellen (Sparkassen grundsätzlich 42 %). **Ausgeschüttete Gewinne** werden mit **30 %** besteuert. Auf die Körperschaftsteuer sind außerdem jeweils 7,5 % Solidaritätszuschlag zu zahlen.

Einzelkaufleute, OHG und KG sind **nicht körperschaftsteuerpflichtig.** Der steuerlich festgestellte Gewinn wird den Gesellschaftern im Verhältnis ihrer Gewinnbeteiligung zugerechnet und unterliegt bei den Gesellschaftern der **Einkommen- und Kirchensteuer.**

- **Dividendenstabilisierung**
  Die Dividende kann bei Kapitalgesellschaften und Genossenschaften durch unterschiedlich hohe Rücklagenzuweisungen konstant gehalten werden. In ertragreichen Geschäftsjahren können größere Teile des Jahresüberschusses in die Rücklagen eingestellt werden, ohne die Dividende zu kürzen. In einem ertragschwachen Jahr können Rücklagen aufgelöst werden, um damit buchmäßig ein für die Dividendenausschüttung ausreichenden Bilanzgewinn zu erreichen.

- **Imagepflege**
  Durch Rücklagenbildung wird die Solidität der Geschäftspolitik unterstrichen.

9.8.2 *Jahresabschluß und Gewinnverwendung bei Kreditinstituten in der Rechtsform von Kapitalgesellschaften*

Die Gewinnverwendung ergibt sich bei Aktienbanken aus den Vorschriften des Aktiengesetzes und des HGB.

Gewinnverwendung nach AktG und HGB

§ 150 AktG: Gesetzliche Rücklage. Kapitalrücklage

(1) In der Bilanz des nach den §§ 242, 264 des Handelsgesetzbuchs aufzustellenden Jahresabschlusses ist eine gesetzliche Rücklage zu bilden.

(2) In diese ist der zwanzigste Teil des um einen Verlustvortrag aus dem Vorjahr geminderten Jahresüberschusses einzustellen, bis die gesetzliche Rücklage und die Kapitalrücklagen nach § 272 Abs. 2 Nr. 1 bis 3 des Handelsgesetzbuchs zusammen den zehnten oder den in der Satzung bestimmten höheren Teil des Grundkapitals erreichen.

(3) Übersteigen die gesetzliche Rücklage und die Kapitalrücklagen nach § 272 Abs. 2 Nr. 1 bis 3 des Handelsgesetzbuchs zusammen nicht den zehnten oder den in der Satzung bestimmten höheren Teil des Grundkapitals, so dürfen sie nur verwandt werden

1. zum Augleich eines Jahresfehlbetrags, soweit er nicht durch einen Gewinnvortrag aus dem Vorjahr gedeckt ist und nicht durch Auflösung anderer Gewinnrücklagen ausgeglichen werden kann;
2. zum Ausgleich eines Verlustvortrags aus dem Vorjahr, soweit er nicht durch einen Jahresüberschuß gedeckt ist und nicht durch Auflösung anderer Gewinnrücklagen ausgeglichen werden kann.

(4) Übersteigen die gesetzliche Rücklage und die Kapitalrücklagen nach § 272 Abs. 2 Nr. 1 bis 3 des Handelsgesetzbuchs zusammen den zehnten oder den in der Satzung bestimmten höheren Teil des Grundkapitals, so darf der übersteigende Betrag verwandt werden

1. zum Ausgleich eines Jahresfehlbetrags, soweit er nicht durch einen Gewinnvortrag aus dem Vorjahr gedeckt ist;
2. zum Ausgleich eines Verlustvortrags aus dem Vorjahr, soweit er nicht durch einen Jahresüberschuß gedeckt ist;
3. zur Kapitalerhöhung aus Gesellschaftsmitteln nach den §§ 207 bis 220.

Die Verwendung nach den Nummern 1 und 2 ist nicht zulässig, wenn gleichzeitig Gewinnrücklagen zur Gewinnausschüttung aufgelöst werden.

§ 58 AktG Abs. 2, 3 und 4: Verwendung des Jahresüberschusses

(2) Stellen Vorstand und Aufsichtsrat den Jahresabschluß fest, so können sie einen Teil des Jahresüberschusses, höchstens jedoch die Hälfte, in andere Gewinnrücklagen einstellen. Die Satzung kann Vorstand und Aufsichtsrat zur Einstellung eines größeren Teils als der Hälfte des Jahresüberschusses ermächtigen. Auf Grund einer solchen Satzungsbestimmung dürfen Vorstand und Aufsichtsrat keine Beträge in andere Gewinnrücklagen einstellen, wenn die anderen Gewinnrücklagen die Hälfte des Grundkapitals übersteigen oder soweit sie nach der Einstellung die Hälfte übersteigen würden. Absatz 1 Satz 3 gilt sinngemäß.

(3) Die Hauptversammlung kann im Beschluß über die Verwendung des Bilanzgewinns weitere Beträge in Gewinnrücklagen einstellen oder als Gewinn vortragen. Sie kann ferner, wenn die Satzung sie hierzu ermächtigt, auch eine andere Verwendung als nach Satz 1 oder als die Verteilung unter die Aktionäre beschließen.

(4) Die Aktionäre haben Anspruch auf den Bilanzgewinn, soweit er nicht nach Gesetz oder Satzung, durch Hauptversammlungsbeschluß nach Absatz 3 oder als zusätzlicher Aufwand auf Grund des Gewinnverwendungsbeschlusses von der Verteilung unter die Aktionäre ausgeschlossen ist.

§ 272 Abs. 4 HGB: Rücklagen für eigene Anteile

(4) In eine Rücklage für eigene Anteile ist ein Betrag einzustellen, der dem auf der Aktivseite der Bilanz für die eigenen Anteile anzusetzenden Betrag entspricht. Die Rücklage darf nur aufgelöst werden, soweit die eigenen Anteile ausgegeben, veräußert oder eingezogen werden oder soweit nach § 253 Abs. 3 auf der Aktivseite ein niedrigerer Betrag angesetzt wird. Die Rücklage, die bereits bei der Aufstellung der Bilanz vorzunehmen ist, darf aus vorhandenen Gewinnrücklagen gebildet werden, soweit diese frei verfügbar sind. Die Rücklage nach Satz 1 ist auch für Anteile eines herrschenden oder eines mit Mehrheit beteiligten Unternehmens zu bilden.

Beispiel

Jahresabschluß einer Aktienbank

Buchungen beim Jahresabschluß (Aktiengesellschaft)

Summe der Aufwendungen	73 657 000,00 DM
Summe der Erträge	80 295 000,00 DM
Gewinnvortrag aus dem Vorjahr	14 000,00 DM
Grundkapital	16 500 000,00 DM
Kapitalrücklage	8 000 000,00 DM
Gesetzliche Rücklage	5 047 000,00 DM
Andere Gewinnrücklagen	20 000 000,00 DM
Zuweisung zu den anderen Gewinnrücklagen	3 187 000,00 DM

Abschluß der Erfolgskonten

Die Erfolgskonten werden über das Gewinn- und Verlustkonto abgeschlossen.

Abschluß der Aufwandskonten:	Gewinn- und Verlustkonto an Aufwandskonten	73 657 000,00 DM
Abschluß der Ertragskonten:	Ertragskonten an Gewinn- und Verlustkonto	80 295 000,00 DM

Ermittlung des Jahresüberschusses und des Bilanzgewinns

Nach Ermittlung des Jahresüberschusses (Erträge minus Aufwendungen) können die zu bildenden offenen Rücklagen und damit der Bilanzgewinn festgelegt werden. Die **Angaben über die Ergebnisverwendung** können statt im Formblatt im Anhang gemacht werden.

	Jahresüberschuß	6 638 000,00 DM
+	Gewinnvortrag aus dem Vorjahr	14 000,00 DM
		6 652 000,00 DM
·/.	**Einstellung in die anderen Gewinnrücklagen**	3 187 000,00 DM
=	Bilanzgewinn	3 465 000,00 DM

Dotierung der gesetzlichen Rücklagen

Ein Teil des Jahresüberschusses wird den Rücklagen zugeführt. Bis die gesetzliche Rücklage und die Kapitalrücklage zusammen 10 % des Grundkapitals betragen, müssen jährlich 5 % des Jahresüberschusses in die gesetzliche Rücklage eingestellt werden (vgl. dazu § 150 Abs. 1 und 2 AktG auf Seite 323). Daneben können die anderen Gewinnrücklagen dotiert werden.

Gewinnverbuchung

Im Beispiel braucht keine Zuweisung zur gesetzlichen Rücklage zu erfolgen, da sie ausreichend dotiert ist.

Übernahme des Gewinnvortrags aus dem Vorjahr:	Gewinnvortrag an Gewinn- und Verlustkonto	14 000,00 DM
Dotierung der Gewinnrücklagen:	Gewinn- und Verlustkonto an andere Gewinnrücklagen	3 187 000,00 DM
	Gewinn- und Verlustkonto an Bilanzgewinn	3 465 000,00 DM

Abschluß der Bestandskonten

Das Konto Bilanzgewinn ist ein passives Bestandskonto. Es wird im folgenden Jahr bei der Dividendenzahlung ausgeglichen.

Abschluß des Kontos Bilanzgewinn:	Bilanzgewinn an SBK	3 465 000,00 DM

Bei der Gewinnausschüttung sind **steuerrechtliche Besonderheiten** zu beachten:

Kapitalertragsteuer

- Die dividendenzahlende Aktienbank hat **25 % Kapitalertragsteuer (KESt)** zuzüglich 7,5 % Solidaritätszuschlag einzubehalten und an das Finanzamt abzuführen.

  Die Aktionäre erhalten von ihrem depotführenden Kreditinstitut die um die Kapitalertragsteuer gekürzte Bardividende gutgeschrieben, sofern sie nicht einen Freistellungsauftrag bzw. eine Nichtveranlagungsbescheinigung vorlegen (siehe Seite 203). Die Kapitalertragsteuerabzüge sind für die Aktionäre Vorauszahlungen auf die Einkommensteuer. Der Kapitalertragsteuerabzug wird daher als anrechenbare Kapitalertragsteuer bezeichnet.

Körperschaftsteuer

- Die von der dividendenzahlenden Aktienbank geleisteten Körperschaftsteuerzahlungen gelten für die Aktionäre ebenfalls als Vorauszahlungen für ihre Einkommensteuer. Sie erhalten daher eine Körperschaftsteuergutschrift (anrechenbare Körperschaftsteuer) in Höhe von $\frac{3}{7}$ der Bardividende. Für die dividendenzahlende Bank ergeben sich daraus keine zusätzlichen Buchungen.

Buchungen bei Ausschüttung des Bilanzgewinns im neuen Jahr

Gewinnverteilungsbuchungen

Der Bilanzgewinn in Höhe von 3 465 000,00 DM wird zur Ausschüttung der Dividende verwendet. Ein Gewinnvortrag für das neue Geschäftsjahr entsteht nicht.

Eröffnung des Kontos Bilanzgewinn:	EBK an Bilanzgewinn	 3 465 000,00 DM

Aufgrund des Beschlusses der Hauptversammlung wird der gesamte Bilanzgewinn an die Aktionäre ausgeschüttet. Der Bilanzgewinn wird daher in voller Höhe auf das Gewinnverteilungskonto übertragen.

Übertrag des Bilanzgewinns auf das Gewinnverteilungskonto:	Bilanzgewinn an Gewinnverteilungskonto	 3 465 000,00 DM

Wäre ein Gewinnvortrag entstanden, hätte die folgende Buchung durchgeführt werden müssen:

Übertrag des Bilanzgewinns auf das Gewinnverteilungskonto und auf das Konto Gewinnvortrag:	Bilanzgewinn an Gewinnverteilungskonto an Gewinnvortrag

Dividendenscheine, die von anderen Kreditinstituten, Wertpapiersammelbanken und direkt von Aktienbesitzern vorgelegt werden, werden zu Lasten des Gewinnverteilungskontos eingelöst.*

Einlösung von Dividendenscheinen, die über LZB-Giro vorgelegt werden:	Gewinnverteilungskonto an LZB-Giro an Sonstige Verbindlichkeiten

Auf dem Gewinnverteilungskonto wird die Bardividende gebucht. Abgeführt wird über LZB-Giro die Netto-Dividende (siehe dazu auch Seite 204). Auf dem Konto Sonstige Verbindlichkeiten wird die abzuführende Kapitalertragsteuer erfaßt.

* Es kann auch zusätzlich ein **Dotationskonto** eingeschaltet werden.

9.8.3 Jahresabschluß und Gewinnverwendung bei Genossenschaftsbanken

Geschäftsguthaben

Dem gezeichneten Kapital bei Kapitalgesellschaften entsprechen bei Genossenschaften die **Geschäftsguthaben der Mitglieder.** Da die Summe der Geschäftsguthaben durch Ein- und Austritte von Mitgliedern schwankt, ist die **Selbstfinanzierung durch Rücklagenbildung** besonders wichtig. Offene Rücklagen werden als **Kapitalrücklage** und als **Ergebnisrücklagen** ausgewiesen. Ergebnisrücklagen sind die **gesetzliche Rücklage** und die **anderen Ergebnisrücklagen**.

Rücklagen

Beispiel

Ergebnisverwendung bei einer Kreditgenossenschaft

Eine Volksbank hat im Geschäftsjahr 19. . einen Jahresüberschuß in Höhe von 81 000,00 DM erwirtschaftet.
Nach der Satzung der Volksbank sind

- mindestens 10 % des Jahresüberschusses so lange gemäß § 7 Nr. 2 GenG in die gesetzliche Rücklage einzustellen, bis 10 % der Bilanzsumme erreicht sind,
- mindestens 10 % des Jahresüberschusses in die anderen Ergebnisrücklagen einzustellen.

Vorstand und Aufsichtsrat unterbreiten der Generalversammlung folgenden Vorschlag für die Ergebnisverteilung:

1. Einstellung von 30 % des Jahresüberschusses in die gesetzliche Rücklage
2. Einstellung von 25 % des Jahresüberschusses in die anderen Ergebnisrücklagen
3. Ausschüttung als Dividende auf die Geschäftsguthaben der Mitglieder 36 000,00 DM.

Beschlußfassung über die Verteilung des Jahresüberschusses

Die Generalversammlung beschließt über die Verwendung des Jahresüberschusses und stellt den Jahresabschluß fest (§ 48 Abs. 1 GenG). Sie findet im neuen Geschäftsjahr statt.

Im Beispiel wird davon ausgegangen, daß die Einstellung von Teilen des Jahresüberschusses in die Rücklagen bereits bei Aufstellung des Jahresabschlusses erfolgt. Die Kreditgenossenschaft weist dann im Formblatt oder im Anhang folgende **Angaben über die Ergebnisverwendung** aus.

Jahresüberschuß		81 000,00 DM
./. Einstellung in die gesetzliche Rücklage	24 300,00 DM	
./. Einstellung in die anderen Ergebnisrücklagen	20 250,00 DM	44 550,00 DM
= **Bilanzgewinn**		**36 450,00 DM**

Kapitalertragsteuer und Körperschaftsteuer

Da Kreditgenossenschaften für ihre Mitglieder meistens auch Kontokorrent- und Sparkonten führen – die Mitglieder also gleichzeitig Kunden sind –, ergeben sich bei Gewinnausschüttungsbuchungen für die Kapitalertragsteuer und die Körperschaftsteuer buchungsmäßige Besonderheiten:

- Die dividendenzahlende Kreditgenossenschaft hat **26,875 % Kapitalertragsteuer** einschließlich Solidaritätszuschlag einzubehalten und an das Finanzamt abzuführen. Die Mitglieder erhalten von ihrer Genossenschaftsbank also grundsätzlich die um die Kapitalertragsteuer gekürzte Bardividende.

  Volle Gutschrift der Bardividende erhalten die Mitglieder,
  - deren Gutschrift nicht mehr als 100,00 DM beträgt oder
  - die einen Freistellungsauftrag bzw. eine Nichtveranlagungsbescheinigung vorlegen.

- Für die **Körperschaftsteuergutschrift** gilt diese Regelung entsprechend.

Beispiel

Gewinn- und Gewinnverteilungsbuchungen		
Dotierung der Ergebnisrücklagen:	Gewinn- und Verlustkonto	44 550,00 DM
	an gesetzliche Rücklage	24 300,00 DM
	an andere Ergebnisrücklagen	20 250,00 DM
Übertrag des Bilanzgewinns:	Gewinn- und Verlustkonto	
	an Bilanzgewinn	36 450,00 DM

Bereitstellung des Bilanzgewinns zur Verteilung: (im neuen Jahr)	Bilanzgewinn	36 450,00 DM
	an Gewinnverteilungskonto,	36 000,00 DM
	an Gewinnvortrag	450,00 DM

30 000,00 DM Bardividende werden Mitgliedern ohne KESt-Abzug plus 13 821,43 DM Körperschaftsteuergutschrift gutgebracht.

Dividendengutschrift:	Gewinnverteilungskonto	30 000,00 DM
	Sonstige Forderungen	13 821,43 DM
	an Kunden-KK	43 821,43 DM

Gutschrift erfolgt auf Konto Geschäftsguthaben bei Mitgliedern, die ihre Geschäftsanteile noch nicht voll eingezahlt haben.

6 000,00 DM Bardividende werden Mitgliedern abzüglich 26,875 % KESt (einschließlich Solidaritätszuschlag – ohne KSt-Gutschrift) gutgebracht.

Dividendengutschrift:	Gewinnverteilungskonto	6 000,00 DM
	an Kunden-KK	4 387,50 DM
	an Sonstige Verbindlichkeiten	1 612,50 DM

9.8.4 *Jahresabschluß und Gewinnverwendung bei Sparkassen*

Sicherheitsrücklage

Sparkassen müssen aus ihren Gewinnen eine **Sicherheitsrücklage** bilden. Die Sicherheitsrücklage ist eine besondere, für Sparkassen gesetzlich vorgeschriebene Rücklage. Sparkassen können außerdem **andere Rücklagen** haben.

Im folgenden wird als Beispiel die Gewinnverwendung nach dem Schleswig-Holsteinischen Sparkassengesetz dargestellt.

Vorschriften über die Gewinnverwendung

§ 29 Sparkassengesetz für das Land Schleswig-Holstein

(1) Der Jahresüberschuß ist der Sicherheitsrücklage zuzuführen, soweit er nicht nach den Absätzen 3 oder 4 abgeführt wird. Er ist der Sicherheitsrücklage voll zuzuführen, solange eine Hafteinlage besteht.

(2) Der Jahresüberschuß kann mit Wirkung für den Bilanzstichtag bis zur Hälfte der Sicherheitsrücklage zugeführt werden (Vorwegzuführung).

(3) Die Sparkasse kann von dem Jahresüberschuß an den Gewährträger abführen:

1. bis zu einem Zehntel, wenn die Sicherheitsrücklage mindestens 3 v.H., aber noch nicht 5 v.H. ihrer gesamten Einlagen beträgt,
2. bis zur Hälfte, wenn die Sicherheitsrücklage mindestens 5 v.H. ihrer gesamten Einlagen beträgt.

Maßgebend ist die Höhe der Sicherheitsrücklage und der Einlagen am Bilanzstichtag; eine Vorwegzuführung nach Absatz 2 bleibt unberücksichtigt. Ist die Sparkasse vom Gewährträger auf Dauer mit Kapital ausgestattet (Dotationskapital), so richtet sich die Zulässigkeit der Abführung an den Gewährträger nach der Summe von Dotationskapital und Sicherheitsrücklage.

(4) Die Sparkasse kann ausschüttungsfähige Überschüsse nach Absatz 3 mit Genehmigung der Vertretung des Gewährträgers an Dritte unmittelbar abführen; bei Kreissparkassen erteilt diese Genehmigung der Kreisausschuß und bei Stadtsparkassen der Magistrat.

(5) Die nach den Absätzen 3 und 4 abgeführten Beträge sind für öffentliche, mit dem gemeinnützigen Charakter der Sparkasse im Einklang stehende Zwecke zu verwenden.

(6) Die Aufsichtsbehörde kann bei unzureichender Rentabilität oder Eigenkapitalausstattung oder besonderen Gefahren für die Erfüllung der Verpflichtungen der Sparkasse die Gewinnabführung nach den Absätzen 3 und 4 untersagen.

Berechnungs-beispiel

Gewinnverwendung bei einer Sparkasse

Eine Sparkasse in Schleswig-Holstein hat im Geschäftsjahr 19. . einen Jahresüberschuß von 1 856 000,00 DM erwirtschaftet. Ein Gewinn- oder Verlustvortrag aus dem Vorjahr besteht nicht. Entsprechend § 29 Abs. 2 des Sparkassengesetzes sollen vom Jahresüberschuß 500 000,00 DM vorweg der Sicherheitsrücklage zugeführt werden.

Die Sicherheitsrücklage beträgt vor der Vorwegzuführung 13 446 000,00 DM. Die gesamten Einlagen belaufen sich auf 271 448 000,00 DM.

1. Ermittlung des Bilanzgewinns im abgelaufenen Geschäftsjahr

Jahresüberschuß	1 856 000,00 DM
– Vorwegzuführung zur Sicherheitsrücklage	500 000,00 DM
= **Bilanzgewinn**	1 356 000,00 DM

Die **Vorwegzuführung zur Sicherheitsrücklage** erfolgt **im abgelaufenen Geschäftsjahr.** Die Vorwegzuführung erhöht die Sicherheitsrücklage noch mit Wirkung zum 31. Dezember.

Die **weitere Gewinnverwendung** erfolgt **im folgenden Geschäftsjahr.**

2. Berechnung des an den Gewährträger abzuführenden Teils des Jahresüberschusses

Der Anteil des Jahresüberschusses, den die Sparkasse an den Gewährträger abführen kann, richtet sich nach dem Verhältnis der Sicherheitsrücklage zu den gesamten Einlagen. Die Sparkasse führt zunächst folgende Rechnung durch:

Sicherheitsrücklage (ohne Vorwegzuführung)	13 446 000,00 DM
3 % der gesamten Einlagen ergeben	8 143 440,00 DM
5 % der gesamten Einlagen ergeben	13 572 400,00 DM

Da die Sicherheitsrücklage 3 % der gesamten Einlagen, aber noch nicht 5 % der gesamten Einlagen beträgt, kann die Sparkasse bis zu 10 % des Jahresüberschusses an den Gewährträger oder mit Zustimmung der Vertretung des Gewährträgers unmittelbar an Dritte abführen.

Die Sparkasse beschließt, 10 % des Jahresüberschusses an den Gewährträger abzuführen	185 600,00 DM

Der Gewährträger muß den Betrag für öffentliche, mit dem gemeinnützigen Charakter der Sparkassen im Einklang stehende Zwecke verwenden.

Der Rest des Bilanzgewinns ist gemäß § 29 Abs. 1 in die Sicherheitsrücklage einzustellen	1 170 400,00 DM

3. Verteilung des Bilanzgewinns im neuen Geschäftsjahr

Bilanzgewinn	1 356 000,00 DM
– Abführung an den Gewährträger	185 600,00 DM
– Einstellung in die Sicherheitsrücklage	1 170 400,00 DM
	00,00 DM

4. Gesamtzuführung zur Sicherheitsrücklage

Der Sicherheitsrücklage werden insgesamt zugeführt:

Vorwegzuführung im abgelaufenen Geschäftsjahr	500 000,00 DM
Einstellung im neuen Geschäftsjahr	1 170 400,00 DM
	1 670 400,00 DM

9.8.5 *Jahresabschluß und Gewinnverwendung bei Privatbankiers*

Eigenkapital

Das **Eigenkapital von Privatkankiers** setzt sich zusammen

- aus dem **Geschäftskapital** (Einlagen des Inhabers, Einlagen von Komplementären und Kommanditisten),
- aus den **Rücklagen**, die nicht gesetzlich vorgeschrieben sind, aber stets gebildet werden.

Für die Inhaber von Privatbankhäusern werden **Privatkonten** (siehe 4.7) geführt.

Aufgaben

Aufgabe 9.45

Beantworten Sie Fragen zum Bilanzformblatt!

a) Welchen Vorteil hat der Ausweis der liquiden Mittel in einem zusammengefaßten Posten für den Außenstehenden?

b) Warum werden nichtbundesbankfähige Wechsel unter den Buchforderungen ausgewiesen?

c) Aus welchem Grunde ist es gerechtfertigt, auf den Einzelausweis von Grundstücken und von Betriebs- und Geschäftsausstattung in der Bankbilanz zu verzichten?

d) Wie müssen Kreditinstitute Forderungen bis 1997 und wie ab 1998 im Anhang aufgliedern?

e) In welcher Untergliederung werden Spareinlagen in der Bilanz ausgewiesen?

f) Worüber haben Kreditinstitute „unter dem Strich" der Passivseite Angaben zu machen?

Aufgabe 9.46

Erstellen Sie anhand des Bilanzformblatts eine Bilanz!

Leerposten sind zu entwerten!

Aktiva:

Inländisches Bargeld	70 000,00 DM
Gold	10 000,00 DM
Bundesbankguthaben	520 000,00 DM
Bundesbankfähige Wechsel	600 000,00 DM
Nichtbundesbankfähige Wechsel	100 000,00 DM
Inkassowechsel	60 000,00 DM
Schecks	30 000,00 DM
Schatzwechsel des Bundes	200 000,00 DM
Sichtguthaben bei Banken	100 000,00 DM
Forderungen an Kunden	1 200 000,00 DM
Pfandbriefe	300 000,00 DM
Aktien	200 000,00 DM
Ausgleichsforderungen	100 000,00 DM
Grundstücke und Gebäude (geschäftlich genutzt)	500 000,00 DM
Betriebs- und Geschäftsausstattung	100 000,00 DM
Aktive Rechnungsabgrenzungsposten	10 000,00 DM

Passiva:

Sichteinlagen von Kreditinstituten	400 000,00 DM
Termineinlagen von Kreditinstituten	100 000,00 DM
Spareinlagen	500 000,00 DM
Sichteinlagen von Kunden	600 000,00 DM
Termineinlagen von Kunden	500 000,00 DM
Sparbriefe	400 000,00 DM
Sonstige Verbindlichkeiten	50 000,00 DM
Passive Rechnungsabgrenzungsposten	30 000,00 DM
Rückstellungen für Pensionen	100 000,00 DM
Rückstellungen für Steuern	60 000,00 DM
Stammkapital	700 000,00 DM
Genußscheine	300 000,00 DM
Satzungsmäßige Rücklagen	200 000,00 DM
Andere Gewinnrücklagen	160 000,00 DM

Aufgabe 9.47 Stellen Sie heraus, was das Formblatt für die Staffelform und das Formblatt für die Kontoform gemeinsam haben und worin sie sich unterscheiden!

Aufgabe 9.48 Errechnen Sie den Bilanzgewinn!

Erträge (aus normaler Geschäftstätigkeit)	2 600 000,00 DM
Aufwendungen (aus normaler Geschäftstätigkeit)	1 800 000,00 DM
außerordentliche Erträge	120 000,00 DM
Ertragsteuern	220 000,00 DM
Einstellung in Rücklagen	150 000,00 DM

Aufgabe 9.49 Warum ist die Überkreuzkompensation zwischen den Posten 13 und 14 der Gewinn- und Verlustrechnung (Staffelform) für die Kreditinstitute von großer Bedeutung?

Aufgabe 9.50/9.51 Führen Sie Berechnungen und Buchungen beim Jahresabschluß der Westfälischen Bank AG, Münster, durch!

	9.50	**9.51**
	DM	DM
Grundkapital	40 Mio.	50 Mio.
Kapitalrücklage	2 Mio.	3 Mio.
Gesetzliche Rücklage	1 Mio.	2 Mio.
Andere Gewinnrücklagen	10 Mio.	15 Mio.
Erträge des Geschäftsjahres	18 Mio.	22,5 Mio.
Aufwendungen des Geschäftsjahres	12 Mio.	10 Mio.

a) *Berechnen Sie*
- *den Jahresüberschuß,*
- *die Einstellung in die gesetzliche Rücklage,*
- *den Bilanzgewinn!*

In die anderen Gewinnrücklagen sind einzustellen — *1,3 Mio.* (9.50) — *5 Mio.* (9.51)
Ein Gewinnvortrag soll nicht entstehen.

b) *Errechnen Sie den Dividendenbetrag, der auf jede 50-DM-Aktie entfällt!*

c) *Ermitteln Sie die Höhe des neuen bilanziellen Eigenkapitals!*

d) *Richten Sie die Konten Grundkapital, Kapitalrücklage, Gesetzliche Rücklage, Andere Gewinnrücklagen, Gewinn- und Verlustkonto und Bilanzgewinn ein! Stellen Sie alle Buchungen auf den Konten dar! Buchungssätze sind nicht erforderlich.*

e) *Stellen Sie im Grundbuch die Eröffnungsbuchungen für den 2. Januar 19. . dar!*

Aufgabe 9.52/9.53 Führen Sie Berechnungen beim Jahresabschluß einer Aktienbank durch!

	9.52	**9.53**
Zahlenangaben:	DM	DM
Aufwendungen des Geschäftsjahres	560 Mio.	413 Mio.
Erträge des Geschäftsjahres	577 Mio.	426 Mio.
Grundkapital	40 Mio.	40 Mio.
Kapitalrücklage	1 Mio.	1 Mio.
Gesetzliche Rücklage	3 Mio.	3 Mio.
Andere Gewinnrücklagen	98 Mio.	52 Mio.
Gewinnvortrag	2 Mio.	
Verlustvortrag		1 Mio.
Zuweisung zu den anderen Gewinnrücklagen	11 Mio.	8 Mio.

Ermitteln Sie Jahresüberschuß und Bilanzgewinn!

Führen Sie für die Aufgaben 9.54–9.56 Berechnungen durch!

Aufgabe 9.54 – 9.56

Die Sachsenbank AG, Dresden, weist zum 31. Dezember 19.. folgende Zahlenwerte aus:

Soll — Gewinn- und Verlustkonto	Haben
Aufwendungen 100 000 000,00	Erträge 130 000 000,00

Aktiva — Bilanz	Passiva
Vermögen 930 000 000,00	Fremdkapital 800 000 000,00
	Eigenkapital 100 000 000,00

9.54

Der gesamte Gewinn soll an die Aktionäre ausgeschüttet werden. Jahresüberschuß und Bilanzgewinn sind daher gleich groß. Eine Einstellung in die Rücklagen erfolgt nicht.

a) Stellen Sie Gewinn- und Verlustkonto und Bilanz für den 31. Dezember 19.. dar!

b) Stellen Sie die Bilanz nach der Gewinnausschüttung dar!

9.55

Vom Jahresüberschuß sollen 15 000 000,00 DM den anderen Gewinnrücklagen zugewiesen und 15 000 000,00 DM als Bilanzgewinn ausgewiesen und im folgenden Geschäftsjahr an die Aktionäre ausgeschüttet werden.

a) Stellen Sie Gewinn- und Verlustkonto und Bilanz für den 31. Dezember 19.. dar!

b) Stellen Sie die Bilanz nach der Gewinnausschüttung dar!

c) In welcher Weise und in welcher Höhe hat die Bank Selbstfinanzierung betrieben?

9.56

Der Gewinn von 30 000 000,00 DM soll durch zusätzlich zu bildende versteuerte Pauschalwertberichtigungen um 5 000 000,00 DM verringert werden. Von dem Jahresüberschuß in Höhe von 25 000 000,00 DM sollen 12 500 000,00 DM den anderen Gewinnrücklagen zugeführt und 12 500 000,00 DM an die Aktionäre ausgeschüttet werden.

a) Stellen Sie Gewinn- und Verlustkonto und Bilanz für den 31. Dezember 19.. dar!

b) Stellen Sie die Bilanz nach der Gewinnausschüttung dar!

c) In welcher Weise und in welcher Höhe hat die Bank Selbstfinanzierung betrieben?

Nehmen Sie Berechnungen für den Jahresabschluß der Volksbank Göttingen vor!

Aufgabe 9.57

Die Volksbank Göttingen eG hat im Geschäftsjahr 19.. einen Gewinn in Höhe von 388 998,18 DM ausgewiesen. Darin ist ein Gewinnvortrag aus dem Vorjahr in Höhe von 243,08 DM enthalten.

Vorstand und Aufsichtsrat schlagen der Vertreterversammlung folgende Gewinnverwendung vor:

Dividende auf die Geschäftsguthaben der Mitglieder	153 765,38 DM
Zuweisung zu der gesetzlichen Rücklage	61 000,00 DM
Zuweisung zu den anderen Ergebnisrücklagen	173 638,45 DM

a) Berechnen Sie den Jahresüberschuß!

b) Ermitteln Sie den Gewinnvortrag für das folgende Geschäftsjahr!

Aufgabe 9.58 Nehmen Sie Berechnungen für den Jahresabschluß der Kreissparkasse Neuhausen vor!

Die Kreissparkasse Neuhausen hat einen Jahresüberschuß in Höhe von 2 100 000,00 DM erwirtschaftet. Die Sicherheitsrücklage beträgt 13 500 000,00 DM. Die gesamten Einlagen belaufen sich auf 280 000 000,00 DM.

Mit Wirkung vom Bilanzstichtag sollen der Sicherheitsrücklage 500 000,00 DM vorweg zugeführt werden.

a) *Ermitteln Sie den Bilanzgewinn!*

b) *Berechnen Sie den an den Gewährträger abzuführenden Teil des Jahresüberschusses!*

c) *Stellen Sie die Gewinnverwendung im neuen Geschäftsjahr dar!*

d) *Ermitteln Sie den neuen Betrag der Sicherheitsrücklage!*

Aufgabe 9.59 Nehmen Sie Berechnungen und Buchungen für den Jahresabschluß und die Gewinnverwendung des Privatbankhauses Wilhelm Schröder & Co. KG vor!

Das Privatbankhaus hat vier Gesellschafter, deren Konten am Jahresende folgende Zahlen ausweisen:

	Kapitalkonten DM	**Privatkonten** DM
Wilhelm A. Schröder (Komplementär)	7 000 000,00	820 000,00
Horst-Jürgen Feldt (Komplementär)	5 000 000,00	100 000,00
Karla Schröder (Kommanditistin)	10 000 000,00	
August Hollmann (Kommanditist)	8 000 000,00	

Die offenen Rücklagen belaufen sich auf 8 000 000,00 DM.

Der Jahresabschluß hat Erträge in Höhe von 18 000 000,00 DM und Aufwendungen in Höhe von 12 000 000,00 DM ergeben. Der Gewinnvortrag aus dem Vorjahr beträgt 110 000,00 DM.

a) Jahresabschluß unter der Annahme, daß die Verteilung des Jahresüberschusses im neuen Geschäftsjahr erfolgt:

- Wie hoch sind Jahresüberschuß und Bilanzgewinn?

b) Jahresabschluß unter der Annahme, daß bei Aufstellung des Jahresabschlusses den offenen Rücklagen 2 000 000,00 DM zugeführt werden, die übrige Verteilung des Gewinns erst im neuen Geschäftsjahr erfolgt:

- Wie groß ist der Bilanzgewinn?

c) Jahresabschluß unter der Annahme, daß bei Aufstellung des Jahresabschlusses die Gewinnverteilung erfolgt:

- Stellen Sie im Hauptbuch die Kapitalkonten und die Privatkonten der Gesellschafter sowie die Konten Offene Rücklagen, Gewinnvortrag und Gewinn und Verlust auf, und tragen Sie die Zahlen vor!
- Übertragen Sie den Gewinnvortrag auf das Gewinn- und Verlustkonto!
- Führen Sie den offenen Rücklagen 2 000 000,00 DM zu!
- Stellen Sie die gesamte Verteilung des Jahresüberschusses in einer Übersicht dar!

  Die geschäftsführenden Gesellschafter W. A. Schröder und Feldt erhalten eine Vorwegvergütung von 10 % des Jahresüberschusses. Die Kommanditisten erhalten eine Verzinsung ihrer Kapitaleinlagen in Höhe von 6 %. Der verbleibende Gewinn wird im Verhältnis 3 : 3 : 2 : 2 in der oben angegebenen Reihenfolge auf die Gesellschafter verteilt.
- Schließen Sie die Konten ab!

Wiederholungsfragen

Aufgabe 9.60

1. Welche Formblätter sind für den Jahresabschluß anzuwenden?
2. Wie sind Forderungen für den Ausweis in der Bilanz zu unterscheiden?
3. Was sind nachrangige Verbindlichkeiten?
4. Wie sind Verbindlichkeiten für den Ausweis in der Bilanz zu unterscheiden?
5. Nach welchem Schema ist die Staffelform der GuV-Rechnung aufgebaut?
6. Welche Bedeutung hat der Anlagespiegel?
7. Welche Aufgaben hat der Anhang zum Jahresabschluß?
8. Was haben die Kreditinstitute im Lagebericht darzustellen?
9. Welche Ziele können Kreditinstitute mit ihrer Rücklagen- und Gewinnausschüttungspolitik verfolgen?
10. Welche Arten der Rücklagen werden unterschieden?
11. Wie errechnet sich der Bilanzgewinn bei einem Kreditinstitut in der Rechtsform einer Aktiengesellschaft?
12. Welches Berechnungsschema gilt für eine Kreditgenossenschaft für die Ermittlung des Gewinnvortrags auf das folgende Geschäftsjahr?
13. Woraus besteht das bilanzielle Eigenkapital bei öffentlich-rechtlichen Sparkassen?
14. Wovon ist die Verwendung des Jahresüberschusses bei Sparkassen abhängig?
15. Wer beschließt bei Kreditgenossenschaften über die Verwendung des Jahresüberschusses?

10 Organisation der Bankbuchführung

10.1 Anforderungen an die Bankbuchführung

Anforderungen an die Bankbuchführung

An die Bankbuchführung werden bestimmte Anforderungen gestellt:

Das Kreditinstitut	Die Kunden	Anforderungen an die Buchführung
• muß täglich genauen Überblick über den Stand der Hauptbuchkonten und Kundenkonten haben, – um die Geschäftsentwicklung wirksam kontrollieren zu können – um Dispositionen treffen zu können – um gesetzlichen Erfordernissen, z. B. Mindestreservehaltung, gerecht werden zu können.	• wollen über ihren Kontostand informiert werden	**Tagfertigkeit** Alle Geschäftsfälle müssen täglich im Grundbuch, auf den Hauptbuchkonten und auf den Kundenkonten gebucht werden
• muß das Vertrauen seiner Kunden in die Zuverlässigkeit seiner Geschäftsabwicklung und die Sicherheit seiner Geschäftstätigkeit erfüllen und erhalten	• erwarten, daß sie sich auf ihr Kreditinstitut verlassen können	**Zuverlässigkeit und Sicherheit** Fehlbuchungen müssen möglichst automatisch durch geeignete Abstimmungs- und Kontrollsysteme ausgeschaltet werden
• muß die Kosten möglichst niedrig halten, ohne Tagfertigkeit, Zuverlässigkeit und Sicherheit zu beeinträchtigen	• wünschen niedrige Buchungsgebühren, ohne auf Schnelligkeit und Zuverlässigkeit zu verzichten	**Wirtschaftlichkeit** Alle Geschäftsfälle müssen rationell und damit kostengünstig erfaßt und gebucht werden

10.2 Kontenrahmen und Kontenplan

Notwendigkeit von Kontenrahmen

Um eine möglichst einheitliche Grundlage des Rechnungswesens zu schaffen, haben die Verbände der Kreditwirtschaft Kontenrahmen erarbeitet.

Inhalt des Kontenrahmens

Der Kontenrahmen enthält nach Kontenklassen und Kontengruppen gegliedert alle Konten, die in Kreditinstituten benötigt werden. Die Konten sind nach dem dekadischen System numeriert.

Beispiel

Kontenklasse, Kontengruppen, Konten

- **Kontenklasse** → **1 Liquide Mittel, Wertpapiere**
- **Kontengruppe** → **10 Kassenbestand**
- **Konten** →
  - 100 Hauptkasse
  - 101 Sorten
  - 102 Nebenkassen
  - 103 Postwertzeichen
  - 104 Gerichtsgebührenmarken

Vergleich der Kontenrahmen

Die Kontenklassen in den verschiedenen Kontenrahmen		
Kreditbanken (Großbanken, Regionalbanken, Privatbankiers) (Stand 1993)	**Kreditgenossenschaften** (Stand 1993)	**Sparkassen** (Stand 1993)
0 Liquide Mittel, Wertpapiere	**0**	**0**
1 Gegenstände des Anlagevermögens, Sonstige Vermögensposten	**1** Geldverkehr, Kreditinstitute, Wertpapiere	**1** Spareinlagen, an Kunden verkaufte Schuldverschreibungen
2 Forderungen an und Verbindlichkeiten gegenüber Kreditinstituten	**2** Forderungen und Verbindlichkeiten (Nichtbanken) Treuhandvermögen/-verbindlichkeiten	**2** Andere Verbindlichkeiten gegenüber Kunden, Kontokorrent- und Akzeptkredite, CpD
3 Forderungen/Verbindlichkeiten gegenüber Kunden, sonstige Verbindlichkeiten	**3** Anlagevermögen, Sonstige Vermögenswerte und Verbindlichkeiten, Rechnungsabgrenzung	**3** Kasse, Sorten und Edelmetalle, Zins- und Dividendenscheine
4 Verrechnungs- und Vermerkkonten	**4** Rückstellungen, Wertberichtigungen, Eigenkapital	**4** Forderungen und Verbindlichkeiten an bzw. gegenüber Kreditinstitute(n), an Kreditinstitute verkaufte Schuldverschreibungen, Treuhandverbindlichkeiten, Betriebsverrechnungskonten
5 Zinserträge, Provisionserträge, Erträge aus Finanzgeschäften, sonstige betriebliche Erträge	**5** Eventualverbindlichkeiten, andere Verpflichtungen, Anhangangaben	**5** Wechsel, Schecks und sonstige zum Einzug erhaltene Papiere
6 Zins- und Provisionsaufwendungen, Aufwendungen aus Finanzgeschäften, sonstige betriebliche Aufwendungen	**6** Aufwendungen	**6** Darlehen an Kunden, Treuhandvermögen
7 Allgemeine Verwaltungsaufwendungen	**7** Erträge	**7** Wertpapiere, Devisen, Ausgleichsforderungen
8 Bewertungsaufwendungen/-erträge, Außerordentliche Aufwendungen/Erträge, Ergebnisabhängige Aufwendungen/Erträge, Steuern	**8** Warengeschäft und weitere Geschäftszweige, Neben- und Hilfsbetriebe	**8** Sonstige Vermögensgegenstände, sonstige Forderungen und Verbindlichkeiten
9 Eigenkapital, Risikofonds, Genußrechtskapital, Nachrangige Verbindlichkeiten, Sonderposten mit Rücklageanteil, Rückstellungen, Wertberichtigungen	**9** Interimskonten bei EDV-Anwendung	**9** Haftendes Eigenkapital nach § 10 KWG, Rückstellungen, Wertberichtigungen, Erfolgskonten und Abschlußkonten

Auf der Grundlage des Kontenrahmens stellt jedes Kreditinstitut seinen eigenen Kontenplan auf. Es kann dabei auf Untergliederungen verzichten, weitere Aufteilungen des Kontengefüges vornehmen und die Numerierung der Kontenklassen, Kontengruppen und Konten den betrieblichen Erfordernissen anpassen.

10.3 Organisation des Buchungsablaufs

Geschäftsfälle in Kreditinstituten müssen tagfertig gebucht werden.

Erfassung der Umsätze

Die Umsätze des Buchungstages müssen

- im **Grundbuch** (Primanote, Journal, Memorial) erfaßt werden,
- auf den **Kundenkonten** (Personenkonten, Skontren) gebucht werden,
- auf den **Hauptbuchkonten** gebucht und zur **Tagesbilanz** zusammengefaßt werden.

Primanotisierung

Die Erfassung der Belege in Grundbüchern wird vielfach als **Primanotisierung** bezeichnet. „Prima Nota" heißt wörtlich „erste Aufzeichnung". In einer Primanote werden Belege zu ersten Buchungen zusammengefaßt. Zweck der Primanote ist die summenmäßige Zusammenfassung gleichartiger Einzel- und Sammelbelege und die Abstimmung der Soll- und Habenbuchungen vor der Weiterverarbeitung. Primanoten werden für bestimmte Beleggruppen erstellt.

Belegzwang

Buchungen werden durch Belege ausgelöst. Belege können von Kunden oder vom Kreditinstitut erstellt sein. Sie enthalten die für die Buchung eines Geschäftsfalls notwendigen Informationen (Daten). Für jede Buchführung gilt der Grundsatz: **Keine Buchung ohne Beleg!** (Belegzwang)

Arten der Belege

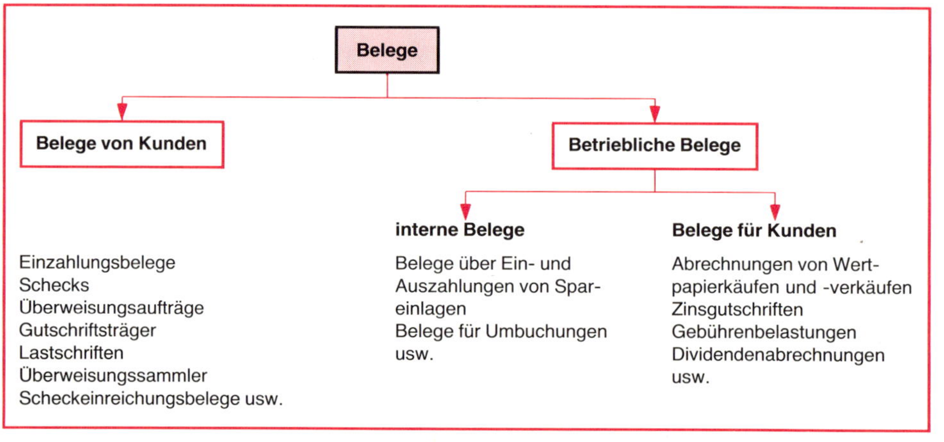

Der **Belegzwang** gilt auch für die **EDV-Buchführung.** „Die Art der Buchführungstechnik ändert nicht den Grundsatz, daß ein gesonderter Nachweis über sämtliche buchungspflichtigen Geschäftsfälle vorliegen muß, wohl aber kann die Form der Belege und die Art der Aufbewahrung durch Einsatz von EDV Modifikationen erfahren."

„Der Nachweis des Geschäftsfalles ist nicht in jedem Fall an einen Beleg in der herkömmlichen Form einer gesondert erstellten schriftlichen Einzel- oder Sammelunterlage gebunden. Listungen oder Dauerbelege in Verbindung mit Arbeitsprogrammen und Schlüsselverzeichnissen oder Sammelnachweise mit gesicherter Rückgriffsmöglichkeit auf die Belegablage eines Geschäftsfreundes können Belegfunktion annehmen. Ob eine derartige Nachweisform Beleg im Sinne ordnungsmäßiger Buchführung sein kann, ist im Einzelfall jeweils daran zu messen, ob sie für einen sachverständigen Dritten in angemessener Zeit einen ausreichend sicheren, klaren und verständlichen Nachweis der Geschäftsfälle darstellt; dazu können auch die Programmunterlagen gehören." (Stellungnahme des Fachausschusses für moderne Abrechnungssysteme 1/75)

„Belege können auch innerhalb eines EDV-Systems direkt auf Datenträgern hergestellt werden. Das Verfahren des Zustandekommens solcher Belege ist zu dokumentieren." (Grundsätze ordnungsmäßiger Speicherbuchführung) Der Verzicht auf einen herkömmlichen Beleg darf die Möglichkeit der Prüfung des betreffenden Buchungsvorgangs in formeller und sachlicher Hinsicht nicht beeinträchtigen.

Grundbuch und Konten bei EDV-Buchführung

Bei EDV-Buchführung sind **Grundbuch** (siehe 4.5.2), **Kundenkonten** (siehe 6.1) und **Hauptbuch** (siehe 4.2.5) nicht mehr in der Form zu finden wie bei früheren konventionellen Buchführungstechniken. **Ausdrucklisten** haben die Aufgaben (Funktionen) übernommen. Man spricht daher von **Grundbuchfunktion** und **Kontenfunktion,** die bestimmte EDV-Ausdrucklisten haben.

Verfahren der EDV-Buchführung

EDV-Buchführung kann erfolgen

- im **Off-line-Verfahren** oder
- im **On-line-Verfahren.**

Off-line-Verfahren

Beim **Off-line-Verfahren** werden die Geschäftsfälle (Buchungsdaten) auf Datenträgern (optisch lesbare Belege, Magnetbänder und -platten, Disketten) erfaßt. Diese Datenträger transportieren die Buchungsdaten zur Datenverarbeitungsanlage.

On-line-Verfahren

Beim **On-line-Verfahren** werden die Geschäftsfälle (Buchungsdaten) direkt in die Datenverarbeitungsanlage „eingespeist". Datenendstellen, **Terminals** genannt, sind direkt mit der Datenverarbeitungsanlage verbunden. Als Terminals können z. B. Fernschreiber mit Streifenlocher oder Magnetbandschreiber oder Bildschirmgeräte verwendet werden. Bildschirmgeräte sind Dialoggeräte, da über sie bestimmte, in Programmen vorgesehene Informationen von der Datenverarbeitungsanlage abgefragt werden können.

Zu unterscheiden sind On-line-Datenübermittlungen, die mit einer Datenzwischenspeicherung arbeiten **(Stapelverarbeitung),** und On-line-Datenübertragungen, bei denen die Daten sofort verarbeitet werden **(Echtzeit- oder Sofortverarbeitung).** Stapelverarbeitung wird auch als Batch-Processing, Echtzeitverarbeitung als Real-Time-Processing bezeichnet. Echtzeitverarbeitung ermöglicht einen Dialogverkehr zwischen Terminal und Rechner und erlaubt daher Dispositionen auf der Grundlage ständig aktualisierter Zahlen. In der Form der Datenfernverarbeitung wird sie für Kreditinstitute das bevorzugte EDV-Buchführungssystem sein.

10.4 Tagesbilanz

Wesen der Tagesbilanz

Die Tagesbilanz ist die täglich erstellte Rohbilanz des Kreditinstituts. Sie ist eine Zusammenstellung der Umsätze und der Salden der Hauptbuchkonten (Bestands- und Erfolgskonten). Gleichartige Konten können zu Kontengruppen zusammengefaßt werden.

Tagesumsatzbilanz

Die Tagesbilanz wird am Ende des Buchungstages erstellt. Die Tagesumsätze (**Tagesumsatzbilanz** als Zusammenstellung der Umsätze des Buchungstages) ergeben sich als Summe der Umsätze auf den Hauptbuchkonten am jeweiligen Buchungstag. Die neuen Salden der Konten werden durch Zurechnung der Tagesumsätze zu den bisherigen Jahresumsätzen und Verrechnung der Jahresumsätze mit den Salden der Konten vom 2. Januar ermittelt.

Bedeutung der Tagesbilanz

Die Tagesbilanz ist ein **Kontroll- und Steuerungsinstrument** für die Geschäftsleitung:

- Sie ermöglicht eine laufende Beurteilung der Umsatzentwicklung während des Geschäftsjahres.
- Sie ermöglicht Einblicke in die Liquiditäts-, Aufwands- und Ertragssituation und -entwicklung.
- Sie bildet eine Grundlage für Dispositionen.

Vergleich von Tagesbilanz und Jahresbilanz bei Kreditinstituten	
Die Tagesbilanz	**Die Jahresbilanz**
– dient ausschließlich betrieblichen Zwecken	– dient zur Information der Öffentlichkeit (externe Bilanz)
– wird nicht veröffentlicht	– wird veröffentlicht
– hat eine individuelle Aufbereitung und individuelle Bezeichnungen	– hat eine standardisierte Aufbereitung und standardisierte Bezeichnungen (Formblatt)
– unterliegt keinen Gliederungsvorschriften	– unterliegt Rechnungslegungsvorschriften
– berücksichtigt keine Wertminderungen	– berücksichtigt alle Wertminderungen
– enthält Bestands- und Erfolgskonten sowie Salden aus Verrechnungskonten	– enthält nur Bestände
– weist **Buch**salden aus	– weist Inventurbestände aus

Aufgaben

Aufgabe 10.1 Entscheiden Sie, ob in den folgenden Fällen ein Konto, eine Kontengruppe oder eine Kontenklasse genannt wird!

1. Inkassowechsel
2. Forderungen und Verbindlichkeiten
3. Wertberichtigungen
4. Kostensteuern
5. Löhne und Gehälter
6. Erträge
7. Darlehen
8. Mieterträge

Aufgabe 10.2 Vergleichen Sie die auf Seite 335 abgedruckten Kontenrahmen!

Stellen Sie Gemeinsamkeiten und Unterschiede heraus!

Aufgabe 10.3 Unterscheiden Sie Begriffe!

Stellen Sie Gemeinsamkeiten und Unterschiede der Begriffe „Kundenkonten“, „Hauptbuchkonten“ und „Skontren“ heraus! Geben Sie Beispiele!

Aufgabe 10.4 Erläutern Sie den Begriff „Primanote“!

Aufgabe 10.5 Prüfen Sie, ob die Anforderungen an die Buchführung in einer bestimmten Rangfolge erfüllt werden können!

Benutzen Sie die Übersicht auf Seite 334

Programmierte Aufgaben

Aufgabe 10.6

Entscheiden Sie, welches Verarbeitungssystem mit den nachstehenden Aussagen angesprochen wird:

① die Echtzeitverarbeitung

② die Stapelverarbeitung

Ordnen Sie zu!

a) Dispositionen erfolgen auf der Grundlage stets aktueller Informationen.
b) Der Arbeitsanfall kann verteilt werden.
c) Es sind mehrere Arbeitsgänge erforderlich.
d) Die Verarbeitungskapazität der Datenverarbeitungsanlage muß sehr hoch sein.
e) Die Tendenz, Buchungsvorgänge (Primanoten, Hauptbuchkonten, Personenkonten) gleichzeitig auszuführen, wird verstärkt.

Aufgabe 10.7

Wie heißen die Anforderungen, die an die Bankbuchführung gestellt werden?

a) Einfachheit
b) Sicherheit
c) Rentabilität
d) Wirtschaftlichkeit
e) Produktivität
f) Liquidität
g) Schnelligkeit
h) Tagfertigkeit
i) Flexibilität
j) Zuverlässigkeit

Aufgabe 10.8

Durch welche Aussagen ist die Tagesbilanz richtig gekennzeichnet?

a) Die Tagesbilanz weist Buchbestände und Inventurbestände aus.
b) Die Tagesbilanz dient der Kontrolle der Aufwand-Ertrags-Entwicklung.
c) Die Tagesbilanz berücksichtigt Wertminderungen.
d) Die Tagesbilanz berücksichtigt keine Wertminderungen.
e) Die Tagesbilanz enthält Bestands- und Erfolgskonten.
f) Die Tagesbilanz enthält nur Bestandskonten.

Aufgabe 10.9

Warum sind Grundbuchaufzeichnungen erforderlich?

a) Sie sind erforderlich, um Belege zu haben.
b) Sie sind erforderlich, um Geschäftsfälle sachlich geordnet zu erfassen.
c) Sie sind erforderlich, um Geschäftsfälle vollständig und zeitlich geordnet zu erfassen.
d) Sie sind erforderlich, um die Umsatzentwicklung festzuhalten.

Aufgabe 10.10

Entscheiden Sie über die folgenden Aussagen zur Tagesbilanz und Tagesumsatzbilanz!

Kennzeichnen Sie
richtige Aussagen mit ①
falsche Aussagen mit ⑨

a) Die Tagesbilanz weist nur Salden der Hauptbuchkonten aus.
b) Die Tagesbilanz wird veröffentlicht.
c) Die Salden der Erfolgskonten sind aus der Tagesbilanz ersichtlich.
d) Der Erfolg aus dem Sortenkonto ist aus der Tagesbilanz erkennbar.
e) Die Barreserve ist aus der Tagesbilanz ersichtlich.
f) Die Tagesumsatzbilanz enthält nur die Umsätze der an diesem Tage bewegten Bestands- und Erfolgskonten.

Aufgaben zur Gesamtwiederholung

Wiederholungsaufgaben zu Buchführung und Jahresabschluß

Aufgabe 10.11 Vor dem Jahresabschluß weisen die Erfolgskonten der Nordbank AG zum 31.12.

Aufwendungen in Höhe von 2 900 000,00 DM und
Erträge in Höhe von 4 700 000,00 DM

aus.

Zu berücksichtigen sind noch	DM
– Abschreibungen auf Gebäude	25 000,00
– Abschreibungen auf Betriebs- und Geschäftsausstattung	17 000,00
– Anpassung der bestehenden Pauschalwertberichtigungen auf das gegenüber dem Vorjahr um verringerte risikobehaftete Kreditvolumen. Die einzelwertberichtigten Forderungen sind abgesetzt. Der Wertberichtigungssatz beträgt 1 %.	2 100 000,00
– Der Wechselbestand in Höhe von	2 950 000,00
ist zum Barwert von	2 870 000,00
auszuweisen.	
– Für restliche Steuerzahlungen sind zurückzustellen.	57 000,00
– Im Wertpapierbestand (Handelsbestand) befinden sich	
6 % Hyp.-Pfandbriefe F/A, Nennwert	200 000,00
Der Buchwert von 400 Stück Brauerei AG-Aktien beträgt	95 000,00
Am Bilanzstichtag notieren die Aktien	235,00

a) *Bilden Sie die Buchungssätze!*

b) *Führen Sie das GuV-Konto der Nordbank AG!*

c) *Stellen Sie in die anderen Gewinnrücklagen 500 000,00 DM ein. (Die gesetzliche Rücklage muß nicht mehr dotiert werden.)*

d) *Schließen Sie das GuV-Konto der Nordbank AG ab!*

Aufgabe 10.12 Laut Inventur beträgt der Schlußbestand der Debitoren 150 870 500,00 DM. Darin enthalten sind:

- eine Forderung über 5 500,00 DM an einen vermögenslos verstorbenen Privatkunden, der keine Erben hinterlassen hat,
- ein Kontokorrentkredit über 150 000,00 DM an ein Unternehmen, dessen Bonität nicht mehr zweifelsfrei ist.

a) *Bilden Sie die Buchungssätze für die Einzelwertberichtigung der Forderungen!*

b) *Führen Sie die erforderlichen Abschlußbuchungen durch!*

Aufgabe 10.13 Die Bank erhält Gutschrift von der Wertpapiersammelbank für Dividenden in Höhe von 117 000,00 DM. Die Gutschrift entspricht einer Bardividende von 160 000,00 DM.

- Aktien des eigenen Bestands

Bardividende	40 000,00 DM
KESt (einschl. 7,5 % Solidaritätszuschlag)	10 750,00 DM
Nettodividende	29 250,00 DM

anrechenbare Körperschaftsteuer 17 142,86 DM

- Kundenpapiere **ohne** Freistellungsauftrag:

Bardividende	64 000,00 DM
KESt (einschl. 7,5 % Solidaritätszuschlag)	17 200,00 DM
Nettodividende	46 800,00 DM

  anrechenbare Körperschaftsteuer 27 428,57 DM

- Kundenpapiere **mit** Freistellungsauftrag:

Bardividende	56 000,00 DM
KESt (einschl. 7,5 % Solidaritätszuschlag)	15 050,00 DM
Nettodividende	40 950,00 DM

  anrechenbare Körperschaftsteuer 24 000,00 DM

Bilden Sie die erforderlichen Buchungssätze!

Aufgabe 10.14

Die Bank gewährt ein langfristiges Darlehen in Höhe von 200 000,00 DM gegen Eintragung einer Grundschuld.

Konditionen:
- 6 % Zinsen p. a. (fest vereinbart für 5 Jahre)
- 2 % Tilgung
- 95 % Auszahlung
- gleichbleibende jährliche Raten (Annuitäten)

a) *Stellen Sie den Tilgungsplan für die ersten fünf Jahre auf!*

b) *Buchen Sie im Grundbuch:*
   - *die Zurverfügungstellung des Kredits auf dem Kontokorrentkonto,*
   - *die erste Zahlung des Darlehensnehmers,*
   - *den Abschluß der Konten am 31. Dezember.*

Aufgabe 10.15

Umsätze in Wertpapieren:

Soll	Eigene Wertpapiere (Handelsbestand)		Haben
Umsätze	1 782 400,00	Umsätze	1 690 950,00

Schlußbestände	Anschaffungskurs	Tageskurs am 31.12.
200 Stück Aktien	322,00 DM/Stück	328,00 DM/Stück
150 Stück Aktien	215,00 DM/Stück	202,00 DM/Stück
10 000,00 DM 8 % Schuldverschreibungen A/O	98 %	106 %

Schließen Sie das Konto Eigene Wertpapiere im Grundbuch und im Hauptbuch ab!

Aufgabe 10.16

Das Gewinn- und Verlustkonto einer Aktienbank weist einen Überschuß von 55,6 Mio. DM aus. Davon sollen 5,0 Mio. DM in die gesetzliche Rücklage und 10,5 Mio. DM in die anderen Gewinnrücklagen eingestellt werden. Über die Verwendung des restlichen Gewinns hat lt. Satzung die Hauptversammlung im folgenden Geschäftsjahr zu entscheiden.

Wie lautet der Buchungssatz für den Abschluß des Gewinn- und Verlustkontos?

Aufgabe 10.17

Die Bank hatte bei einer Korrespondenzbank ein Akkreditiv über 50 000,00 DM eröffnet. Sie wird von der Zahlstelle (Bank des Exporteurs) für die Einlösung von Dokumenten mit 40 000,00 DM belastet. Eine Ausnutzung des Akkreditivs in mehreren Teilen war ausgeschlossen.

Wie ist zu buchen?

Aufgabe 10.18 Von einem Kunden wird ein Wechsel über 3 000,00 DM zum Inkasso und zur Gutschrift nach Eingang des Gegenwerts eingereicht. Vor Verfall gibt die Bank den Wechsel direkt an die Domizilstelle weiter und bittet um Anschaffung des Gegenwerts auf LZB-Girokonto. Der Wechsel wird nicht bezahlt. Die Domozilstelle stellt 20,00 DM Kosten in Rechnung. Eigene Kosten der ersten Inkassostelle: 15,00 DM Provision und 8,00 DM Auslagen.

Buchen Sie den gesamten Vorgang im Grundbuch!

Aufgabe 10.19 Die Bank kauft von einem Kontokorrent-Kunden einen Fremdwährungs-Wechsel an und erteilt ihm folgende Abrechnung:

		4 811,25 DM
Abw.Geb.	6,01 DM	
Courtage	1,20 DM	
Diskont	72,17 DM	79,38 DM
		4 731,87 DM

Buchen Sie die Abrechnung im DM-Grundbuch!

Aufgabe 10.20 Die Bank gewährt einem Kunden einen Akzeptkredit über 500 000,00 DM für drei Monate:

- Akzeptierung am 1. November
  Akzeptprovision 3 % p. a.
- Diskontierung am 1. November
  Diskont 4 % p. a.
- Deckungsanschaffung durch den Akzeptkreditnehmer am 28. Januar durch Überweisung zugunsten seines KK-Kontos (über LZB-Giro)
- Einlösung am 31. Januar

a) Bilden Sie die Buchungssätze für die Geschäftsfälle am 1. November, 31. Dezember, 2. Januar, 28. Januar und 31. Januar!

b) Welche Bilanzausweise sind erforderlich?

Aufgabe 10.21 Die Bank führt Abgrenzungsbuchungen durch:

- Diskont auf Diskontwechselbestand
- Rediskont für Eigene Akzepte, die an die Bundesbank verkauft wurden
- Zinsen für Festgeld, das bei der Korrespondenzbank unterhalten wird
- im voraus gezahlte Versicherungsprämie für Geschäftsgebäude
- Zinsen und Gebühren aus Ratenkrediten
- Zinsen aus abgezinsten Sparbriefen
- Zinsen für Festgelder von Kunden
- im voraus enthaltene Mieten
- aufgelaufene anteilige Wertpapierzinsen (Stückzinsen) des Handelsbestands an Wertpapieren
- fällige, aber im abgelaufenen Geschäftsjahr nicht mehr erhaltene Mieten

Wie lauten die Buchungssätze?

Aufgabe 10.22 Die Bank weist am 31. Dezember auf ihren US-$-Konten folgende Umsätze aus:

S	FW-Banken-KK-US-$ H
200 000	50 000

S	FW-Kunden-KK-US-$ H
70 000	100 000

S	FW-Schecks-US-$ H
65 000	55 000

S	FW-Verrechnung-US-$ H
205 000	335 000

Wie lauten die am 31. Dezember erforderlichen DM-Buchungen, wenn die US-$-Bestände mit 1,60 DM bewertet werden?

Aufgabe 10.23

Die Bank führt im Auftrag eines Kunden eine Zahlung nach Wien aus:

Währungsbetrag	9 872,00 öS
DM-Gegenwert	1 402,12 DM
Abwicklungsgebühr	10,00 DM
Courtage	1,00 DM

a) *Wie lauten die Buchungen in Fremdwährung und in DM?*

b) *Welche Aufgaben erfüllen die Konten DM-Devisen und FW-Verrechnung?*

Aufgabe 10.24

Die Bank erhält eine Gutschrift der Wertpapiersammelbank in Höhe von 5 850,00 DM für Dividendenscheine (Bardividende: 8 000,00 DM, anrechenbare Körperschaftsteuer: 3 428,57 DM). Die Gutschrift betrifft Aktien von Kunden mit Freistellungsaufträgen.

a) *Wie lauten die Buchungen der Bank?*

b) *Wie unterscheiden sich Brutto-, Bar- und Nettodividende?*

Aufgabe 10.25

Ein Kunde beauftragt die Handelsbank Braunschweig, 20 Stück Weser-AG-Aktien zu kaufen. Die Handelsbank beauftragt die Hansabank Hamburg mit der Ausführung.

Abrechnung der Börsenbank:

20 Stück Weser-AG-Aktien zu 320,00	6 400,00 DM
Provision	32,00 DM
Courtage	6,40 DM

Abrechnung der Lokalbank:

Kurswert	6 400,00 DM
Provision	64,00 DM
Courtage	6,40 DM

a) *Wie lauten die Buchungen der Börsenbank für Abwicklungs- und Deckungsgeschäft?*

b) *Wie lauten die Buchungen der Lokalbank für Abwicklungs- und Deckungsgeschäft?*

c) *Wodurch unterscheidet sich das Botenverfahren der Sparkassen von dem hier gebuchten Zwischenkommissionsgeschäft, und wie hätte die Buchung einer Sparkasse in diesem Fall gelautet?*

Aufgabe 10.26

Im Handelsbestand der Bank befinden sich am 31. Dezember folgende Wertpapiere:

	Anfangsbestand	Kurs	Kauf	Kurs	Verkauf	Kurs	Börsenkurs 31.12.
HELA-Aktien	100 Stck.	120,00 DM	20 Stck.	126,00 DM	—	—	135,00 DM
Feldt-Aktien	—		150 Stck.	200,00 DM	—	—	180,00 DM
6 % Hyp.-Bank-Pfandbriefe A/O + 01.04. ff.	50 000,00 DM	96 %	50 000,00 DM	100 %	50 000,00 DM	100 %	100 %

Aufgabe 10.27

Die Bank gibt Schecks, Wechsel, Lastschriften und Überweisungen in die LZB-Abrechnung und erhält Schecks, Wechsel, Lastschriften und Überweisungen über die Abrechnung.

a) *Wie lautet die Buchung für die Einlieferung der Einzugspapiere in die Abrechnung?*

b) *Wie lautet die Buchung für die Einlieferung der Überweisungen in die Abrechnung?*

c) *Wie lautet die Buchung für die Vorlage der Schecks, Wechsel und Lastschriften durch die Abrechnung?*

d) *Wie lautet die Buchung für die über die Abrechnung eingehenden Überweisungen?*

e) *Wie lautet die Buchung für die Rückgabe von nichteingelösten Schecks (bereits im Kontokorrent belastet)?*

f) *Wie lautet die Ausgleichsbuchung für das Konto LZB-Abrechnung,*
- *wenn ein Forderungssaldo für die Bank entstanden ist?*
- *wenn ein Schuldsaldo für die Bank entstanden ist?*

Aufgabe 10.28

Umsätze:	Soll	Haben
Diskontwechsel	10 881 000,00 DM	8 034 200,00 DM
Diskonterträge	13 781,00 DM	681 930,00 DM
Von den Diskonterträgen betreffen das laufende Geschäftsjahr	642 300,00 DM	

Wie lauten die erforderlichen vorbereitenden Abschlußbuchungen?

Aufgabe 10.29

Ein Kreditinstitut weist aus:

Jahr	Risikobehaftetes Kreditvolumen TDM	Einzelwertberichtigte Forderungen TDM	Forderungsausfälle TDM
1	43 450	950	200
2	44 580	850	250
3	45 120	650	260
4	46 220	700	380
5	47 130	850	245
6	49 440	880	300

Berechnen Sie bezogen auf das Jahr 6

a) den maßgeblichen Forderungsausfall,

b) das durchschnittliche risikobehaftete Kreditvolumen,

c) den Pauschalwertberichtigungssatz,

d) die Höhe der steuerlich zulässigen Pauschalwertberichtigung!

Programmierte Aufgaben zur Gesamtwiederholung

Aufgabe 10.30

Wie bucht das Kreditinstitut?

Ein Kreditinstitut erhält aus der Abrechnung 40 000,00 DM Schecks, 100 000,00 DM Lastschriften und 160 000,00 DM Überweisungen. Alle Vorgänge betreffen Kontokorrentkunden.

		Soll	Haben
1.	LZB-Abrechnung an Kunden-KK		20 000,00 DM
2.	Kunden-KK an LZB-Abrechnung		140 000,00 DM
	LZB-Abrechnung an Kunden-KK		160 000,00 DM
3.	Schecks	40 000,00 DM	
	Lastschriften	100 000,00 DM	
	an LZB-Abrechnung		140 000,00 DM
	LZB-Abrechnung an Kunden-KK		160 000,00 DM
4.	LZB-Abrechnung an Kunden-KK		140 000,00 DM
	Kunden-KK an LZB-Abrechnung		160 000,00 DM
5.	Schecks	40 000,00 DM	
	Lastschriften	100 000,00 DM	
	an LZB-Abrechnung		140 000,00 DM
	Kunden-KK	140 000,00 DM	
	an Schecks		40 000,00 DM
	an Lastschriften		100 000,00 DM
	LZB-Abrechnung an Kunden-KK		160 000,00 DM

Welche Buchung ist richtig? ***Aufgabe 10.31***

Die Bank hat eine Rechnung für das Drucken von Formularen zu bezahlen und überweist den Betrag auf das bei ihr geführte Girokonto:

Rechnungsbetrag	1 820,00 DM
+ 15 % Mehrwertsteuer	273,00 DM
	2 093,00 DM

1. Betriebs- und Geschäftsausstattung	1 820,00 DM	
Vorsteuer	273,00 DM	
an Kunden-KK		2 093,00 DM
2. Betriebs- und Geschäftsausstattung		
an Kunden-KK		2 093,00 DM
3. Büroaufwand	2 093,00 DM	
an Kunden-KK		1 820,00 DM
an Umsatzsteuer		273,00 DM
4. Büroaufwand	1 820,00 DM	
Vorsteuer	273,00 DM	
an Kunden-KK		2 093,00 DM
5. Büroaufwand		
an Kunden-KK		2 093,00 DM

Bilden Sie Buchungssätze für die nachfolgenden Geschäftsfälle! ***Aufgabe 10.32***

① LZB-Giro
② Eigene Wertpapiere (Handelsbestand)
③ Kasse
④ Schecks
⑤ Spareinlagen
⑥ Kunden-KK
⑦ Zinsaufwendungen
⑧ Provisionsaufwendungen
⑨ Zinserträge
⑩ Provisionserträge
⑪ Spesen- und Gebührenersatz

	Soll	Haben
a) Zinsgutschrift für Sparer	☐	☐
b) Wertpapierverkauf an Girokunden	☐	☐
c) Einzahlung auf LZB-Girokonto	☐	☐
d) E.v.-Gutschrift für Scheckeinreichung (Kontokorrent-Kunde)	☐	☐
e) Belastung eines Kunden für eurocheque-Vordrucke	☐	☐
f) Übertrag vom Sparkonto auf Girokonto	☐	☐
g) Gutschrift für Kontokorrent-Kunden wegen Habenzinsen	☐	☐
h) Scheckeinzug über die LZB	☐	☐

Wie lautet die richtige Buchung? ***Aufgabe 10.33***

Die Bank wird von der Deutschen Bundesbank mit Lombardzinsen belastet.

1. LZB-Giro
   an Zinserträge
2. Zinsaufwendungen
   an LZB-Giro
3. Zinsaufwendungen
   an LZB-Lombard
4. Zinsaufwendungen
   an LZB-Abrechnung
5. LZB-Lombard
   an LZB-Giro

Aufgabe 10.34 **Welche beiden Buchungen nimmt die Bank vor?**

Die Bank zahlt 8 Mio. DM Tagesgeld plus 1 044,80 DM Zinsen an eine Korrespondenzbank zurück.

① Kunden-KK
② Banken-KK
③ Termineinlagen
④ Tagesgeldeinlagen
⑤ LZB-Giro
⑥ Zinsaufwendungen
⑦ Zinserträge

Soll	Haben
☐	☐
☐	☐

Aufgabe 10.35 **Kreuzen Sie die richtigen Buchungen an, die in Fremdwährung und in DM erforderlich sind!**

Die Bank verkauft außerbörslich 200 000,00 US-Dollar an ein anderes Kreditinstitut am Platz und schafft den $-Betrag bei der Korrespondenzbank der kaufenden Bank an. Die DM-Verrechnung erfolgt über die LZB-Abrechnung.

a) FW-Kunden-US-$
   an FW-Verrechnung-US-$
b) FW-Verrechnung-US-$
   an FW-Banken-KK-US-$
c) FW-Banken-KK-US-$
   an FW-Verrechnung-US-$
d) DM-Devisen
   an Banken-KK
e) Banken-KK
   an DM-Devisen
f) LZB-Abrechnung
   an Banken-KK
g) Banken-KK
   an LZB-Abrechnung
h) DM-Devisen
   an LZB-Abrechnung
i) LZB-Abrechnung
   an DM-Devisen

Aufgabe 10.36 **Wie lauten die vorbereitende Abschlußbuchung und die Abschlußbuchung?**

Die Bank ermittelt am 31.12. nach den Umsatzbuchungen auf dem Konto Realkredite einen Saldo in Höhe von 759 000,00 DM. Noch zu kapitalisierende Zinsen des laufendes Jahres: 56 300,00 DM.

a) Kunden-KK
   an Zinserträge 56 300,00 DM
b) Realkredite
   an Zinserträge 56 300,00 DM
c) Kunden-KK
   an Realkredite 56 300,00 DM
d) SBK
   an Realkredite 702 700,00 DM
e) SBK
   an Realkredite 815 300,00 DM
f) SBK
   an Realkredite 759 000,00 DM
g) Zinserträge
   an Realkredite 56 300,00 DM

Bilanzwerte, Abschreibungen und Kursgewinne für den Wertpapierbestand der Bank sind zu berechnen und zu buchen! ***Aufgabe 10.37***

Auf dem Konto Eigene Wertpapiere (Handelsbestand) sind folgende Umsätze gebucht worden:

Soll:	14 700 000,00 DM
Haben:	9 100 000,00 DM

Die Inventur am 31.12. ergibt folgende Bestände:

20 000 Stück A-Aktien,	Ankaufskurs	200,00 DM
	Kurs am 31.12.	220,00 DM
5 000 Stück B-Aktien,	Ankaufskurs	120,00 DM
	Kurs am 31.12.	110,00 DM
10 000 Stück C-Aktien,	Ankaufskurs	350,00 DM
	Kurs am 31.12.	330,00 DM

Welche Buchungen sind zum Jahresabschluß erforderlich?

a) Eigene Wertpapiere (Handelsbestand)
 an Kursgewinne Wertpapiere 2 000 000,00 DM
b) Eigene Wertpapiere (Handelsbestand)
 an Kursgewinne Wertpapiere 2 250 000,00 DM
c) Eigene Wertpapiere (Handelsbestand)
 an Kursgewinne Wertpapiere 2 500 000,00 DM
d) SBK
 an Eigene Wertpapiere (Handelsbestand) 7 600 000,00 DM
e) SBK
 an Eigene Wertpapiere (Handelsbestand) 7 850 000,00 DM
f) Abschreibungen auf Wertpapiere
 an Einzelwertberichtigungen auf Wertpapiere 25 000,00 DM
g) Abschreibungen auf Wertpapiere
 an Einzelwertberichtigungen auf Wertpapiere 250 000,00 DM

Erfolge sind zeitlich abzugrenzen und zu buchen! ***Aufgabe 10.38***

(1) Aktive Rechnungsabgrenzung
(2) Passive Rechnungsabgrenzung
(3) Sonstige Forderungen
(4) Sonstige Verbindlichkeiten
(5) Sachanlagenaufwand
(6) Diskontaufwendungen
(7) Diskonterträge
(8) Zinsaufwendungen
(9) Zinserträge
(10) Diskontwechsel
(11) Termineinlagen
(12) Gewinn- und Verlustkonto
(13) Schlußbilanzkonto

a) Am 1. September wurde die Gebäudefeuerversicherungsprämie mit 24 000,00 DM für ein Jahr im voraus bezahlt. Welcher Betrag ist am 31. Dezember abzugrenzen?

1. 8 000,00 DM
2. 16 000,00 DM

☐

Wie lautet die Buchung am 31. Dezember?

Soll	Haben
☐	☐

b) Auf dem Konto Diskontaufwendungen sind bis einschließlich 31. Dezember gebucht:

Soll	6 500 000,00 DM
Haben	18 000,00 DM

Der Diskontanteil, der das neue Jahr betrifft, beträgt 1 000 000,00 DM. Welcher Betrag geht in die Gewinn- und Verlustrechnung des laufenden Geschäftsjahres ein?

1. 6 842 000,00 DM
2. 5 518 000,00 DM
3. 5 482 000,00 DM

☐

Wie lautet die Abgrenzungsbuchung?

Soll	Haben
☐	☐

c) Der Diskontwechselbestand am 31. Dezember beträgt 4 484 000,00 DM. Die vereinnahmten Diskonterträge belaufen sich auf 1 846 200,00 DM; davon betreffen 104 000,00 DM das folgende Geschäftsjahr. Mit welchem Betrag werden die Diskontwechsel bilanziert?

1. 4 484 000,00 DM
2. 4 380 000,00 DM
3. 2 637 800,00 DM
4. 2 533 800,00 DM ☐

Wie lauten die Buchungssätze, die am 31. Dezember erforderlich sind?

Soll	Haben
☐	☐
☐	☐
☐	☐

d) Ein Festgeld in Höhe von 100 000 000,00 DM ist am 20. Dezember zu 4,5 % für 30 Tage bei einer Korrespondenzbank angelegt worden. Welcher Betrag ist am 31. Dezember abzugrenzen?

1. 4 500 000,00 DM
2. 375 000,00 DM
3. 250 000,00 DM
4. 125 000,00 DM ☐

Wie lautet die Abgrenzung?

Soll	Haben
☐	☐

Aufgabe 10.39 Welcher der folgenden Auszüge stammt aus dem Prüfungsbericht der Abschlußprüfer einer Aktienbank?

1. Als Jahresüberschuß errechnet sich ein Betrag von 46 380 000,00 DM. Davon haben wir den offenen Rücklagen 8 520 000,00 DM zugeführt, so daß ein Bilanzgewinn von 37 860 000,00 DM verbleibt, der zur Ausschüttung vorgesehen ist.
2. Die Buchführung und der Jahresabschluß entsprechen nach unserer pflichtgemäßen Prüfung den gesetzlichen Vorschriften.
3. Der Jahresabschluß zum 31. Dezember 19. . und der Lagebericht sind unter Einbeziehung der Buchführung von den durch die Hauptversammlung vom 15. April 19. . gewählten Abschlußprüfern geprüft und als mit den gesetzlichen und satzungsmäßigen Vorschriften übereinstimmend befunden worden.
4. Im Geschäftsjahr 19. . hat sich die Bilanzsumme der Bank um 1 064 Mio. DM auf 14 835 Mio. DM erhöht.

Aufgabe 10.40 In welchen Posten der Bilanz sind die nachstehenden Aktivbestände zu bilanzieren?

Ordnen Sie Bilanzziffern und Buchstaben zu (Bilanzformblatt benutzen)!

a) Goldmünzen
b) Sorten
c) Von Kunden angekaufte Wechsel, die nicht bundesbankfähig sind
d) Schatzwechsel des Bundes
e) Kommunalobligationen
f) Grundstück, das im Rahmen einer Zwangsversteigerung erworben wurde
g) Anteile am Geschäftskapital eines Privatbankhauses
h) Soll-Salden aus CpD-Konten
i) Nichtbörsenfähige Schuldverschreibungen im Besitz der Bank

Aufgabe 10.41

In welchen Posten der Bilanz sind die nachstehenden Passivbestände zu bilanzieren?

Ordnen Sie Bilannziffern und Buchstaben zu (Bilanzformblatt benutzen)!

a) Sichteinlagen von Nichtbank-Kunden
b) Sechsmonatige Festgeldeinlage eines anderen Kreditinstituts
c) Spareinlagen mit einjähriger Kündigungsfrist
d) Am Bilanzstichtag noch nicht geglichene Rechnung für Büromaterial
e) Prüfungskosten für den Jahresabschluß, die im folgenden Jahr bezahlt werden
f) Haben-Saldo auf einem für ein anderes Kreditinstitut geführtes Kontokorrentkonto
g) An Nichtbank-Kunden verkaufte Sparbriefe (Namensschuldverschreibungen)
h) Noch abzuführende Mehrwertsteuer (Zahllast)
i) Verbindlichkeiten aus übernommenen Garantien

Aufgabe 10.42

Bilden Sie Buchungssätze für Auslandsgeschäfte

① FW-Banken-KK-£
② FW-Kunden-KK-£
③ FW-Verrechnung-£
④ FW-Kunden-Akkreditivforderungen-£
⑤ FW-Akkreditivverpflichtungen-£
⑥ Banken-KK
⑦ Kunden-KK
⑧ DM-Devisen
⑨ Provisionserträge

Die Bank eröffnet im Auftrage eines Kunden, der bei ihr ein £-Konto unterhält, ein unwiderrufliches Dokumentenakkreditiv über 32 500 £. Der Kunde wird in DM mit Unwiderruflichkeitsprovision belastet. Die London Bank Ltd. als avisierende Bank wird ermächtigt, für ihre Zahlungen das bei ihr geführte Konto zu belasten.

		Soll	Haben
a) Wie lautet die Fremdwährungs-Buchung?	a)	☐	☐
b) Wie lautet die DM-Buchung?	b)	☐	☐
c) Die Bank nimmt von der London Bank Ltd. vorgelegte Akkreditivdokumente in Höhe von 32 000 £ auf, die dem Kunden ausgehändigt werden.	c)	☐	☐
Wie lauten die Fremdwährungs-Buchungen?		☐	☐
d) Wie bucht die Bank den nicht ausgenutzten Rest des Akkreditivs?	d)	☐	☐

Aufgabe 10.43

In welcher Höhe weist die Finanzbank AG in der Bilanz Forderungen an Kunden aus?

Kunden-Trattenforderungen	72 000 TDM
Kontokorrent-Forderungen	942 000 TDM
Kunden-Avalforderungen	88 000 TDM
Realkredite	130 200 TDM
Einzelwertberichtigungen auf Forderungen	4 000 TDM
Pauschalwertberichtigungen auf Forderungen	7 514

Bilanzwert der Forderungen an Kunden ☐☐☐☐☐☐☐ TDM

Aufgabe 10.44

Ordnen Sie zu, indem Sie die Kennziffern von drei der sieben Definitionen bei den Abschreibungsarten eintragen!

Definitionen

① Abschreibung mit fallenden Abschreibungsbeträgen

② Abschreibungsart, bei der die Nutzungsdauer nicht genau festgelegt wird

③ Die jährlichen Abschreibungsquoten sind ein fester Prozentsatz des jeweiligen Restbuchwertes

④ Abschreibung, bei der der Anschaffungswert während der Nutzungsdauer aus dem Bestandskonto ersichtlich ist

⑤ Die Kosten aus Abschreibung und Instandhaltung steigen mit zunehmender Nutzungsdauer an

⑥ Abschreibung bei endgültigen Forderungsausfällen

⑦ Abschreibungsart, bei der ein Wechsel auf eine andere Abschreibungsart steuerrechtlich zulässig ist.

Abschreibungsarten

a) Indirekte Abschreibung ☐

b) Lineare Abschreibung ☐

c) Leistungsabschreibung ☐

Aufgabe 10.45

Ordnen Sie zu, indem Sie die Kennziffern von drei der sechs Buchungssätze bei den Geschäftsfällen eintragen!

Buchungssätze

① Sparbriefe
Zinsaufwendungen
an Spareinlagen

② Spareinlagen
an Sparbriefe
an Zinserträge

③ Spareinlagen
Zinsaufwendungen
an Sparbriefe

④ Zinserträge
an Passive Rechnungsabgrenzung

⑤ Aktive Rechnungsabgrenzung
an Zinsaufwendungen

⑥ Spareinlagen
an Zinsaufwendungen

Geschäftsfälle

a) Verkauf eines abgezinsten Sparbriefes an einen Sparkunden ☐

b) Abgrenzung der Zinsen für abgezinste Sparbriefe am Jahresende ☐

c) Stornierung der einem Sparkunden versehentlich zu viel gutgeschriebenen Zinsen ☐

11 Kosten- und Erlösrechnung

11.1 Die Kosten- und Erlösrechnung als Instrument der internen Rechnungslegung

Internes Rechnungswesen

Die Kosten- und Erlösrechnung ist ein **Instrument des internen Rechnungswesens** (siehe Seite 10). Für sie besteht keine Publizitätspflicht. Der einzelne Bankbetrieb legt fest, welche Zwecke die Kosten- und Erlösrechnung zu erfüllen hat und welche Verfahren dafür eingesetzt werden sollen.

Controlling als Aufgabe des internen Rechnungswesens

Die **Aufgabe des internen Rechnungswesens** besteht in der **Steuerung, Lenkung und Überwachung des Bankbetriebs im Hinblick auf gesetzte Ziele (Controlling).** Diese Ziele können Rentabilität, Wachstum, Liquidität und Sicherheit sein.

Bank-Controlling

Bank-Controlling soll bewirken, daß auf allen Ebenen eines Bankbetriebs **Rentabilitäts- und Risikoüberlegungen** zur **Richtschnur der Entscheidungen** gemacht werden und damit das Kreditinstitut bei allen Geschäftsabschlüssen ergebnisorientiert gesteuert wird.

Bank-Controlling ist **strategisches Controlling** und operatives Controlling. Im Gegensatz zum strategischen Controlling, das der mehr langfristig angelegten Planung des Marktleistungsprogramms (Produkte, Sortiment) und der Geschäftsbereiche (Art und Umfang von Kunden- und Eigengeschäft) dient, zielt das **operative Controlling** darauf ab, die Geschäftsabläufe im Sinne einer mehr kurzfristig angelegten, ertragsorientierten Feinsteuerung optimal zu lenken und zu überwachen.

Controlling-Aktivitäten

Die **Controlling-Aktivitäten in einem Bankbetrieb** werden durch die folgende Abbildung verdeutlicht.

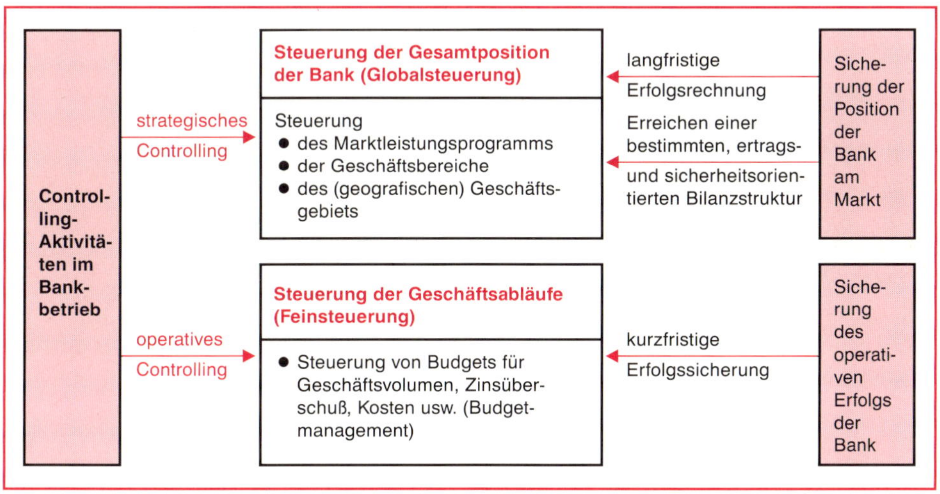

Budgets sind Wertgrößenpläne, die für einen künftigen Zeitraum vorgegeben werden und einen gewissen Verbindlichkeitscharakter haben.

Ergebnisorientierte Steuerung des Bankbetriebs

Für die ergebnisorientierte Steuerung des Bankbetriebs wird der **Management-Regelkreis** angewendet.

Management-Regelkreis

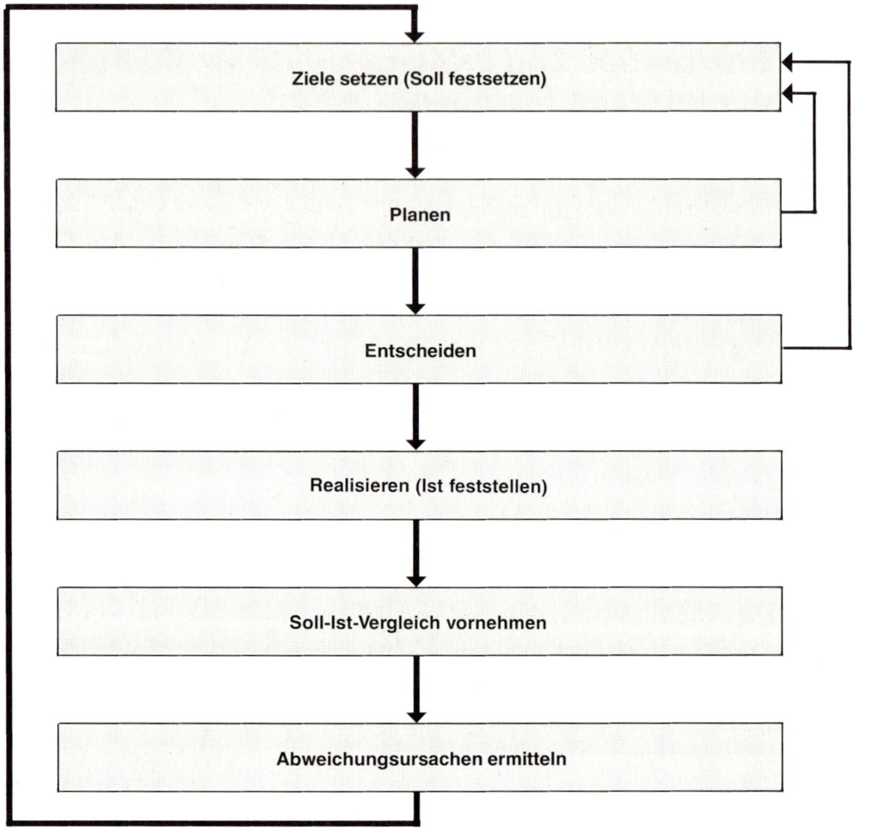

Der ständige Vergleich von Soll- und Istwerten mit dem Ziel, Abweichungen zu analysieren und gegebenenfalls Korrekturmaßnahmen zu entwickeln, steht im Mittelpunkt der Controlling-Aktivitäten.

11.2 Aufgaben der Kosten- und Erlösrechnung

Notwendigkeit der Kosten- und Erlösrechnung

Die Kosten- und Erlösrechnung ist im Bankbetrieb notwendig, weil die **Buchführung allein nicht die für die Steuerung des Kreditinstituts erforderlichen Informationen liefern kann**.

Die Buchführung gibt Auskunft über Aufwendungen und Erträge. Die Aufwands- und Ertragskonten sind aber so gegliedert, daß sie das für die Aufstellung der Gewinn- und Verlustrechnung benötigte Zahlenmaterial liefern, nicht aber **Informationen über Kosten und Erlöse von Bankleistungen**, wie sie **für betriebswirtschaftliche Entscheidungen** erforderlich sind.

Informationen, die von der Buchführung nicht gegeben werden

- Die Zahlen der Buchführung geben keinen Aufschluß darüber,
  - durch welche Produkte oder Geschäftssparten,
  - in welchen Abteilungen oder in welchen Filialen und
  - mit welchen Kunden

  Kosten oder Erlöse erzielt worden sind.

- Die Zahlen der Buchführung geben keinen Aufschluß darüber,
  - welche Kosten eine bestimmte Bankleistung verursacht, z. B. eine Überweisungsgutschrift oder der Einzug einer Lastschrift,
  - welcher Preis für eine bestimmte Bankleistung, z. B. für ein Darlehen, verlangt werden muß, damit die Erlöse die Kosten decken und ein Gewinn erzielt werden kann.

Kreditinstitute verkaufen **Bankprodukte:** Sie erstellen **Leistungen (Bankleistungen)** und verwerten diese Leistungen auf dem Markt.

Bankleistungen

Bankleistungen

Zahlungsverkehrsleistungen (Ausführung von Zahlungen)	**Geldanlageleistungen** (Angebot von Geldanlagemöglichkeiten)	**Finanzierungsleistungen** (z. B. Kreditgewährungen)	**Sonstige Bankleistungen** (z. B. Vermögensverwaltungen)

Die **Leistungserstellung** verursacht **Kosten, die Leistungsverwertung** bringt **Erlöse.**

Leistungserstellung und Leistungsverwertung

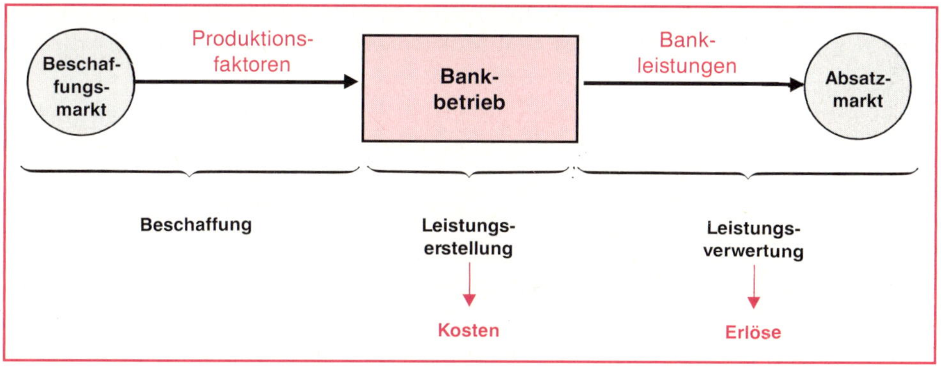

Um Entscheidungen über die Produktionsfaktoren (monetärer Faktor, Arbeit, Betriebsmittel) treffen zu können, muß das Kreditinstitut wissen,

- welche Kosten **durch die Beschaffung der Produktionsfaktoren** und durch die **Leistungserstellung** entstehen **(Art und Höhe der Kosten)** und
- welche Erlöse durch die **Leistungsverwertung** entstehen **(Art und Höhe der Erlöse).**

Die Informationen sollen erkennen lassen, welche Beiträge **(Ergebnisbeiträge)** die Bankprodukte zum Gewinn des Kreditinstituts liefern.

Aufgaben der Kosten- und Erlösrechnung

Die **Kosten- und Erlösrechnung** hat daher

1. zuverlässig und detailliert **Informationen über Kosten und Erlöse von Bankleistungen** zu liefern

   und damit

2. **Grundlagen für Kalkulationen, Entscheidungen und Planungen**

   sowie

3. **Grundlagen für Wirtschaftlichkeits- und Erfolgskontrollen** (z. B. Rentabilität) zu geben.

11.3 Grundbegriffe der Kosten- und Erlösrechnung

11.3.1 Kosten, Leistungen, Erlöse

Kosten

Kosten entstehen bei der Erstellung von Bankleistungen. Sie umfassen Aufwendungen für den Einsatz des monetären Faktors, die Entlohnung von Arbeitskräften, den Verbrauch von Gütern, die Abnutzung von Betriebsanlagen, die Inanspruchnahme fremder Dienstleistungen und für öffentliche Abgaben, die in unmittelbarem Zusammenhang mit der bankbetrieblichen Tätigkeit stehen. **Kosten stellen den bewerteten betrieblichen Güter- und Dienstleistungsverzehr dar. Kosten sind leistungsbedingter Werteverzehr.**

Leistungen

Leistungen sind das Ergebnis der betrieblichen Tätigkeit. Sie umfassen **Marktleistungen**, z. B. die Gewährung eines Kredits, die Einlösung eines Wechsels oder die Ausführung eines Überweisungsauftrages, und **innerbetriebliche Leistungen** (Verwaltungs- und Organisationsleistungen), z. B. die Mikroverfilmung eines Belegs, die Abstimmung der Kasse oder die Einrichtung eines Arbeitsplatzes. Da jede Marktleistung eines Kreditinstituts innerbetriebliche Leistungen voraussetzt und enthält, ist für die Kosten- und Erlösrechnung nur die Marktleistung maßgeblich. **Unter einer Bankleistung wird daher eine Marktleistung verstanden, d. h. eine Leistung, die für den Markt bzw. einen Bankkunden erbracht wird.**

Erlöse

Erlöse entstehen bei der Verwertung von Bankleistungen. Erlöse stellen die Entgelte für die erbrachten Bankleistungen dar. Erlöse sind leistungsbedingter Wertezuwachs.

Kosten
= leistungsbedingter Werteverzehr

↓ **Leistungserstellung**

Leistung
= erstellte Güter und Dienstleistungen

↓ **Leistungsverwertung**

Erlös
= Entgelt für betrieblich erstellte, verwertete Güter und Dienstleistungen

11.3.2 Die Einordnung von Kosten und Erlösen in die Übersicht der Erfolgsbegriffe

Kosten und **Erlöse** können aus Aufwendungen und Erträgen abgeleitet werden. **Aufwendungen** und **Erträge** sind die übergeordneten Begriffe.

Einteilung der Erfolgsbegriffe

Erfolgsbegriffe (Erläuterungen auf Seite 356)

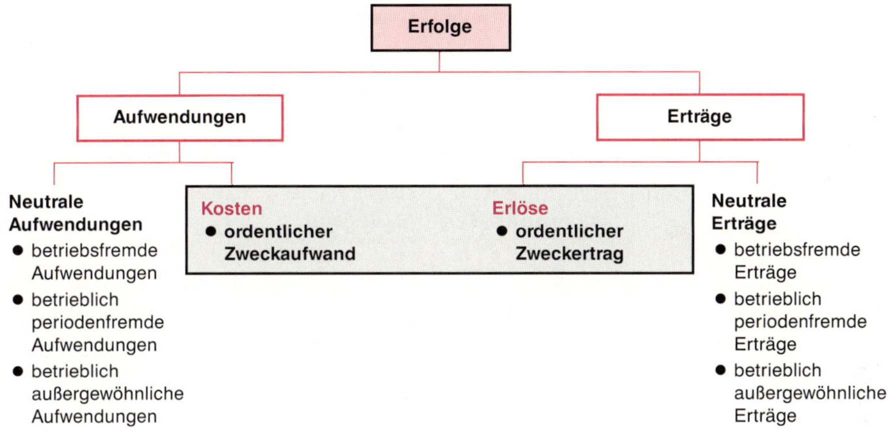

Aus der Gegenüberstellung von positiven und negativen Erfolgen werden **Ergebnisse** errechnet.

Ergebnisse

Ergebnisse

Gewinn	= Erträge ./. Aufwendungen
Verlust	= Aufwendungen ./. Erträge
Betriebsergebnis (im Sinne der Kosten- und Erlösrechnung)	= Erlöse ./. Kosten bzw. Kosten ./. Erlöse
Neutrales Ergebnis	= neutrale Erträge ./. neutrale Aufwendungen bzw. neutrale Aufwendungen ./. neutrale Erträge

Wie das Schema auf Seite 314 zeigt, wird innerhalb der Gewinn- und Verlustrechnung unterschieden

- zwischen Aufwendungen aus der normalen Geschäftstätigkeit und außerordentlichen Aufwendungen

  sowie
- zwischen Erträgen aus der normalen Geschäftstätigkeit und außerordentlichen Erträgen.

Dabei ist zu beachten, daß die außerordentlichen Aufwendungen im Sinne der Gewinn- und Verlustrechnung nicht inhaltsgleich sind mit den neutralen Aufwendungen im Sinne der Kosten- und Erlösrechnung. Ebenso gilt, daß die außerordentlichen Erträge nicht inhaltsgleich sind mit den neutralen Erträgen.

Für kalkulatorische Rechnungen haben in der Praxis oftmals nicht Kosten und Erlöse, sondern Aufwendungen und Erträge die größere Bedeutung. Die **Berechnung eines Betriebsergebnisses**, das nicht auf den Zahlen der Kosten- und Erlösrechnung, sondern weitgehend **auf den Zahlen der Gewinn- und Verlustrechnung** beruht, beweist dies (siehe Seite 391). Auch wird in der Praxis vielfach auf die Berücksichtigung kalkulatorischer Kosten verzichtet.

11.3.3 Der Zusammenhang von Aufwendungen und Kosten

Zweckaufwendungen, Grundkosten

Es gibt **Aufwendungen, die zugleich Kosten sind.** Diese Aufwendungen werden als **ordentliche Zweckaufwendungen** bezeichnet. **Kosten** sind Aufwendungen, die den Zweck haben, Leistungen zu erstellen. Sie werden aus der Sicht der Kostenrechnung auch als **Grundkosten** bezeichnet.

Neutrale Aufwendungen

Daneben gibt es **Aufwendungen, die keine Kosten sind.** Im Sinne der Kosten- und Erlösrechnung sind es **neutrale Aufwendungen**. Zu ihnen zählen **betriebsfremde Aufwendungen** (z.B. Spenden), **betrieblich periodenfremde Aufwendungen** (z.B. Aufwendungen, die zurückliegende Geschäftsjahre betreffen) und **betrieblich außergewöhnliche Aufwendungen** (z.B. Aufwendungen aus Schadensfällen).

Zusatzkosten

Außerdem gibt es **Kosten, die keine Aufwendungen sind (Zusatzkosten).** Sie werden nicht in der Gewinn- und Verlustrechnung erfaßt und beeinflussen daher nicht den Gewinn oder Verlust. Zusatzkosten haben nur für die Kalkulation Bedeutung **(kalkulatorische Kosten).**

Alle Aufwendungen werden in der Gewinn- und Verlustrechnung erfaßt. Alle Kosten werden in der Kosten- und Erlösrechnung erfaßt.

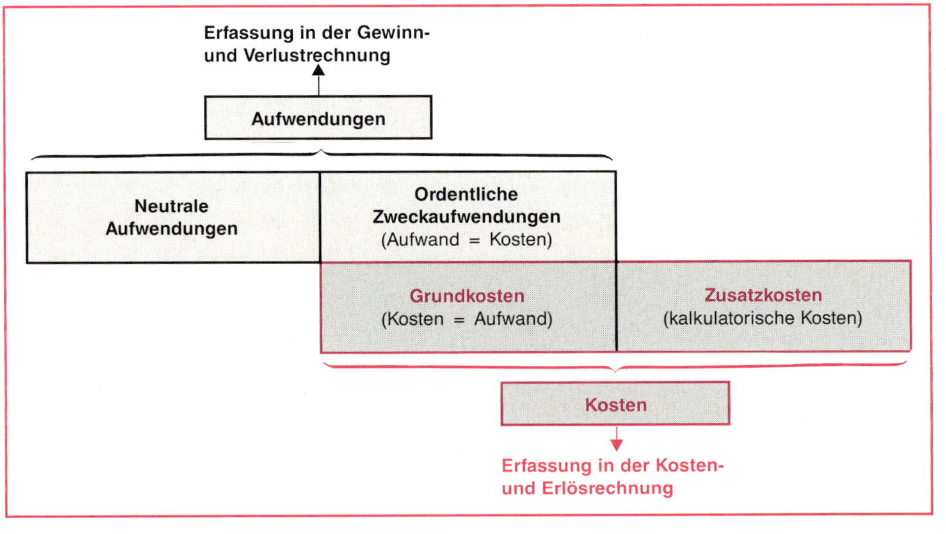

Für den Zusammenhang von Erträgen und Erlösen kann eine entsprechende Übersicht erstellt werden.

11.3.4 Kalkulatorische Kosten

Kalkulatorische Kosten sind Kosten, die in der Kalkulation zusätzlich zu den Grundkosten berücksichtigt werden. Die wichtigsten kalkulatorischen Kosten sind

Arten der kalkulatorischen Kosten

- **kalkulatorische Abschreibungen,**
- **kalkulatorische Zinsen,**
- **kalkulatorische Mindestreservekosten,**
- **kalkulatorische Risikokosten,**
- **kalkulatorische Mietkosten.**

Beispiel
Kalkulatorische Abschreibungen

Kalkulatorische Abschreibungen

Die Bank kauft einen Pkw für die Geschäftsleitung. Anschaffungspreis 80 000,00 DM.

Der steuerlich zulässige lineare Abschreibungssatz beträgt 20 % p. a. Er ist auch maßgeblicher Abschreibungssatz für die Handelsbilanz. Betriebswirtschaftlich rechnet die Bank mit einer Nutzungsdauer von 4 Jahren = 25 % p. a. Abschreibung.

Erfassung der Kosten in der Kostenrechnung: jährlich 20 000,00 DM

Jahr	**Aufwand** DM	**Grundkosten** DM	**Zusatzkosten** (kalkulatorische Abschreibungen) DM
1	16 000,00	16 000,00	4 000,00
2	16 000,00	16 000,00	4 000,00
3	16 000,00	16 000,00	4 000,00
4	16 000,00	16 000,00	4 000,00
5	16 000,00	—	—
	80 000,00	64 000,00	16 000,00

Kalkulatorische Zinsen für Eigenkapital

In der Kostenrechnung werden **kalkulatorische Zinsen für** das **Eigenkapital** des Kreditinstituts berücksichtigt, um die **Eigenkapitalkosten** zu decken. Die betriebswirtschaftlich notwendige Verzinsung des Eigenkapitals errechnet sich aus dem Gewinn, der erforderlich ist, um die Rücklagendotierung und die Dividendenausschüttung sowie die anfallende Körperschaftsteuer und Gewerbeertragsteuer zu finanzieren. Dieser Gewinn vor Steuern wird als Prozentsatz des Eigenkapitals ausgedrückt und in die Kalkulation aufgenommen.

Kalkulatorische Mindestreservekosten

Kalkulatorische Mindestreservekosten sind für mindestreservepflichtige Einlagen zu berücksichtigen, da ein bestimmter Teil der Einlagen nicht für die Kreditvergabe zur Verfügung steht und damit der effektive Zinssatz der Einlagen höher ist als der gezahlte Zinssatz.

Kalkulatorische Risikokosten

Kalkulatorische Risikokosten sind Zusatzkosten, die ein Kreditinstitut aufgrund kalkulatorischer Ausfallquoten für Forderungen aus dem Kreditgeschäft berücksichtigt. Die kalkulatorischen Ausfallquoten werden aus dem langjährigen Durchschnitt der tatsächlich eingetretenen Forderungsausfälle errechnet (siehe Seite 377).

Kalkulatorische Mietkosten

Kalkulatorische Mietkosten sind Zusatzkosten, die in der Kostenrechnung berücksichtigt werden müssen, wenn das Kreditinstitut Geschäftsräume im eigenen Gebäude genutzt hat.

11.3.5 Leistungsbereiche im Bankbetrieb

Dualismus der Bankleistung

Die **Bankleistung** ist vielfach sowohl

- **Stückleistung** (meistens **Betriebsleistung** genannt) als auch
- **Wertleistung.**

Dem **Dualismus der Bankleistung** entsprechend, wird zwischen dem **Betriebsbereich** und dem **Wertbereich** unterschieden.

Betriebskosten und Wertkosten

Kosten	
Betriebskosten (Stückkosten) entstehen durch Leistungserstellung im Betriebsbereich. Beispiele: – Personalkosten – Grundstücks- und Raumkosten – Büro- und Nachrichtenkosten – Fuhrparkkosten – Werbungs- und Reisekosten – Planmäßige Abschreibungen auf Sachanlagen	**Wertkosten** entstehen durch die finanzielle Leistungserstellung. Beispiele: – Zinsen für Einlagen – Zinsen aus der Rediskontierung von Handelswechseln – Risikokosten

Betriebsleistungen und Wertleistungen

Bankleistungen	
Betriebsleistungen werden im technisch-organisatorischen **Bereich (Betriebsbereich)** erstellt (Stückleistungen)	**Wertleistungen** werden im **liquiditätsmäßig-finanziellen Bereich (Wertbereich)** erstellt

Betriebserlöse und Werterlöse

Erlöse	
Betriebserlöse entstehen durch die Verwertung von Betriebsleistungen. Beispiele: – Kontoführungsgebühren – Scheckkartengebühren – Inkassoprovisionen – Erlöse aus dem Auslandsinkassogeschäft – Erlöse aus dem Effektenkommissionsgeschäft	**Werterlöse** entstehen durch die Verwertung von Wertleistungen. Beispiele: – Zinserlöse aus Buchkrediten – Zinserlöse aus Diskontkrediten – Erlöse aus Überziehungsprovisionen – Erlöse aus Akzeptprovisionen – Zins- und Dividendenerlöse aus Geld- und Kapitalanlagen

11.3.6 Die Aufgliederung der Betriebskosten

Gliederungsgesichtspunkte

Die **Betriebskosten** können gegliedert werden

- nach der Art des Werteverzehrs,
- nach der Zurechnung zur Bankleistung und
- nach der Abhängigkeit vom Beschäftigungsgrad.

Gliederung

Betriebskosten	
Gliederungs-gesichtspunkte	Kostenarten
Art des Werteverzehrs	• **Personalkosten** • **Sachkosten** • **Kostensteuern** • **Kosten aus betriebsnotwendigen Abschreibungen**
Zurechnung zur Bankleistung	• **Einzelkosten** Einzelkosten können einer einzelnen Bankleistung direkt zugerechnet werden. Beispiel: Kosten für Scheckvordrucke können direkt dem Leistungsbereich „Zahlungsverkehr" zugerechnet werden. • **Gemeinkosten** Gemeinkosten können nur mittelbar mit einer Bankleistung in Verbindung gebracht werden, aber nicht einer bestimmten Bankleistung zugerechnet werden. Beispiel: Kosten für Gebäudereinigung.
Abhängigkeit vom Beschäftigungsgrad	• **Fixe Kosten** Feste Kosten fallen unabhängig von der Beschäftigung eines Kreditinstituts an. Sie sind vom Umfang und von der Höhe der erbrachten Bankleistungen unabhängig. Personalkosten, Mietkosten, Abschreibungen auf Bankgebäude und Betriebs- und Geschäftsausstattung werden in der Regel durch eine steigende oder fallende Zahl von Geschäftsvorgängen oder durch steigende oder fallende Umsätze nicht verändert. 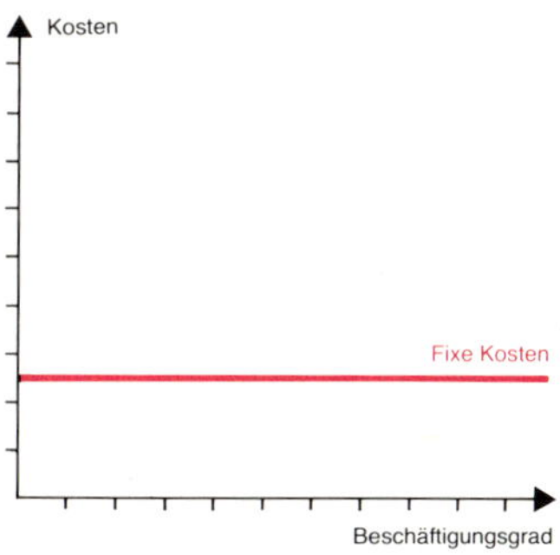 • **Variable Kosten** Veränderliche Kosten sind von der Beschäftigung eines Kreditinstituts abhängig. Die Kosten für Büromaterialverbrauch, Telefon- und Telefaxkosten und Portokosten steigen oder fallen mit der Zu- oder Abnahme der Zahl von Bankleistungen. Auch Wertkosten, z. B. Zinsen, sind in der Regel variable Kosten. 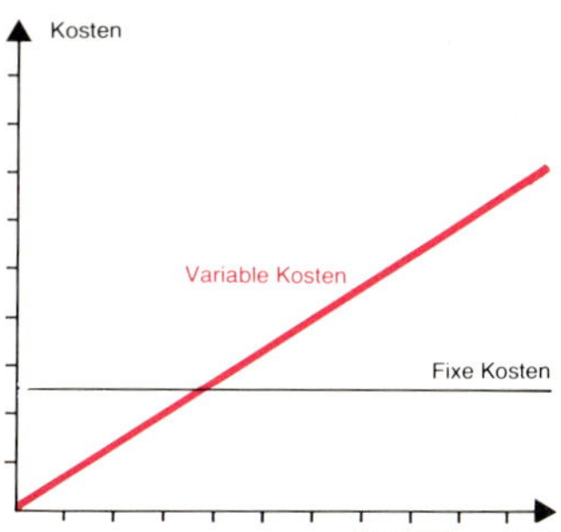

Aufgaben

Aufgabe 11.1 Erläutern Sie, warum die Kosten- und Erlösrechnung als internes Rechnungswesen bezeichnet wird!

Aufgabe 11.2 Begründen Sie, warum das ertragsorientierte Bankmanagement auch bei Sparkassen und Genossenschaftsbanken im Mittelpunkt des Controlling steht!

Aufgabe 11.3 Belegen Sie anhand von Beispielen die Notwendigkeit der Kosten- und Erlösrechnung in Kreditinstituten!

Aufgabe 11.4 Warum muß zwischen Kosten und Aufwendungen unterschieden werden?

Aufgabe 11.5 Welche Einteilung der Kosten und der Erlöse ergibt sich aus dem Dualismus der Bankleistung?

Aufgabe 11.6 Geben Sie Beispiele für Gemeinkosten in Kreditinstituten!

Aufgabe 11.7 Entscheiden Sie, ob es sich bei den folgenden Geschäftsfällen um Grundkosten, Zusatzkosten oder neutrale Aufwendungen handelt!

1. Ein Kreditinstitut zahlt am 1. Februar die Februarmiete für eine Zweigstelle 3 000,00 DM.
2. Eine Gehaltsnachzahlung für das vorhergehende Geschäftsjahr wird in Höhe von 2 800,00 DM geleistet.
3. Von der Bank im eigenen Bankgebäude genutzte Geschäftsräume verursachen einen geschätzten Ausfall an Mieteinnahmen von 60 000,00 DM p. a.
4. Für Termineinlagen der Kunden wurden im laufenden Geschäftsjahr 4 Mio. DM Zinsen gezahlt.
5. Im Dezember werden Sparkunden 6 Mio. DM Sparzinsen gutgeschrieben.
6. Ein bankeigener Pkw, der noch mit 15 000,00 DM zu Buche steht, wird für 12 000,00 DM verkauft.
7. Gewerbesteuer für das laufende Geschäftsjahr wird in Höhe von 110 000,00 DM überwiesen.
8. Für eine durchgeführte, aber noch nicht abgerechnete Wartung der Telefonanlage wird eine Rückstellung von 5 000,00 DM gebildet.

Aufgabe 11.8 Entscheiden Sie, ob es sich bei den folgenden Geschäftsfällen um Erlöse oder neutrale Erträge handelt!

1. Das Kreditinstitut erhält eine Gewerbesteuerrückvergütung von 60 000,00 DM für das vergangene Geschäftsjahr.
2. Am 31.12. werden Zinsen für Kontokorrentkredite belastet. Gesamtbetrag 22,8 Mio. DM.
3. Die Einnahmen aus Wechselinkassoprovisionen betragen 23 700,00 DM.
4. Dividendengutschrift für Aktien im Bestand der Bank. Bardividende 120 000,00 DM ./. 30 000,00 DM Kapitalertragsteuer = Nettodividende 90 000,00 DM. Anrechenbare Körperschaftsteuer 51 428,57 DM.

Führen Sie verschiedene Ergebnisberechnungen durch! — Aufgabe 11.9

		DM
Erträge		18,0 Mio.
davon	betrieblich außergewöhnlich	0,8 Mio.
	betriebsfremd	0,7 Mio.
Aufwendungen		15,0 Mio.
davon	betrieblich ordentlich	13,0 Mio.
	betrieblich periodenfremd	1,5 Mio.
	betriebsfremd	0,5 Mio.

a) Wie hoch ist der Gewinn?
b) Wie hoch ist das Betriebsergebnis (im Sinne der Kosten- und Erlösrechnung)?
c) Wie hoch ist das neutrale Ergebnis?

Vergleichen Sie bilanzmäßige und kalkulatorische Abschreibungen! — Aufgabe 11.10

Die Bank hat für 60 000,00 DM Einrichtungsgegenstände gekauft. Der steuerliche AfA-Satz beträgt 10 %. Die Bank rechnet betriebswirtschaftlich mit einer Nutzungsdauer von 8 Jahren.

Berechnen Sie die jährliche bilanzmäßige und kalkulatorische Abschreibung, und stellen Sie eine Tabelle nach dem Muster von Seite 357 auf!

Entscheiden Sie über Betriebskosten, Wertkosten, Betriebserlöse und Werterlöse! — Aufgabe 11.11

Eine Bank zahlt am 1. Oktober 19.. einen Hypothekar- und Grundschuldkredit in Höhe von 100 000,00 DM zu 98,5 % aus. Der Zinssatz beträgt 8,5 %. Die Tilgung beträgt 2 %. Die Annuität ist in vier Vierteljahresleistungen jeweils nachträglich fällig und wird von der Bank vom Kontokorrentkonto des Darlehensnehmers abgebucht. Für Kontoführungsgebühren werden vierteljährlich 30,00 DM berechnet.

a) Stellen Sie dar, worin im einzelnen die Betriebs- und Wertleistungen der Bank bestehen!

b) Zählen Sie alle im Beispiel vorkommenden Betriebskosten, Wertkosten, Betriebserlöse und Werterlöse auf!

Programmierte Aufgaben

Welche Aussagen über Kosten sind richtig? — Aufgabe 11.12

a) Kosten sind erstellte Güter und Dienstleistungen.
b) Kosten sind leistungsbedingter Wertezuwachs.
c) Kosten entstehen aus der Verwertung der bankbetrieblichen Leistung.
d) Kosten entstehen bei der betrieblichen Leistungserstellung.
e) Kosten sind der in Geld bewertete Verzehr an Gütern und Dienstleistungen in einer Periode.
f) Kosten stellen den bewerteten betrieblichen Güter- und Dienstleistungsverzehr dar.
g) Kosten sind leistungsbedingter Werteverzehr.
h) Kosten sind Entgelte für die erbrachten Bankleistungen.

Welche Aussagen über Erlöse sind richtig? — Aufgabe 11.13

a) Erlöse sind erstellte Güter und Dienstleistungen.
b) Erlöse sind leistungsbedingter Wertezuwachs.
c) Erlöse entstehen aus der Verwertung der bankbetrieblichen Leistung.
d) Erlöse entstehen bei der betrieblichen Leistungserstellung.
e) Erlöse sind der in Geld bewertete Verzehr an Gütern und Dienstleistungen in einer Periode.
f) Erlöse stellen den bewerteten betrieblichen Güter- und Dienstleistungsverzehr dar.
g) Erlöse sind leistungsbedingter Werteverzehr.
h) Erlöse sind Entgelte für die erbrachten Bankleistungen.

Aufgabe 11.14 **Ordnen Sie die folgenden Begriffe zu!**

① Betriebskosten
② Wertkosten
③ Betriebserlöse
④ Werterlöse

a) Zinsen aus Überziehungskrediten
b) Scheckeinlösungsgebühren
c) Zinsen für Kundeneinlagen
d) Löhne und Gehälter
e) Dividenden für Wertpapiere im eigenen Bestand der Bank
f) Kursgewinne aus Aktien

Aufgabe 11.15 **Prüfen Sie, welche Erfolgsbegriffe vorliegen!**

① Kosten
② neutrale Aufwendungen
③ Erlöse
④ neutrale Erträge

Ordnen Sie zu!

a) Belastung von Kunden mit Kontoführungsgebühr
b) Überweisung von Kfz-Steuer für Geldtransporter
c) Mieteinnahme für eine vermietete Büroetage
d) Gutschrift von Sparzinsen für Sparkunden
e) Überweisung einer Steuernachzahlung für das vorangegangene Geschäftsjahr
f) Mietzahlung für gemietete Räume einer Filiale
g) Gewerbesteuerrückvergütung für das Vorjahr
h) Kassenfehlbetrag
i) Zinsgutschrift für Termingeld, das bei einer anderen Bank unterhalten wird.

Aufgabe 11.16 **Entscheiden Sie über den Kostencharakter!**

Für den Fuhrpark eines Kreditinstituts fielen im vergangenen Jahr folgende Kosten an. Welche sind überwiegend

① fixe Kosten

② variable Kosten?

a) Abschreibungen auf Fuhrpark	90 000,00 DM
b) Reparaturen	18 000,00 DM
c) Gehälter für Fahrer	118 000,00 DM
d) Steuern und Kfz-Versicherung	16 400,00 DM
e) Benzin und Öl	44 900,00 DM
f) Kalkulatorische Garagenmiete	8 600,00 DM

11.4 Die Bankkalkulation

Wesen der Bankkalkulation

Als **Bankkalkulation** werden die Verfahren der Kosten- und Erlösrechnung bezeichnet, die

- der **Preisfindung für Bankprodukte** bzw.
- der **Ermittlung von Ergebnisbeiträgen** zum Erfolg des Kreditinstituts dienen.

Aufgabe der Bankkalkulation

Die Bankkalkulation steht im Dienst des operativen Bank-Controlling. Ziel ist es, die Bank ertragsorientiert zu steuern **(Rentabilitätsmanagement)**.

Die Bankkalkulation hat zu berücksichtigen, daß die Erstellung von Bankleistungen regelmäßig in beiden Leistungsbereichen stattfindet, im Wertbereich und im Betriebsbereich. Im **Wertbereich** müssen Zinskosten und Zinserlöse und im **Betriebsbereich** Betriebskosten (Stückkosten) und Betriebserlöse kalkuliert werden.

Kalkulation in den beiden Leistungsbereichen der Bank

Bankkalkulation

- Kalkulation im Wertbereich
- Kalkulation im Betriebsbereich

In beiden Bereichen gibt es traditionelle und moderne Verfahren. Der Unterschied wird im folgenden erläutert.

Kalkulation im Wertbereich

Aufgabe der **Kalkulation im Wertbereich** ist im ersten Schritt die **Ermittlung von Zinsmargen**, die üblicherweise auch als **Zinsspannen** bezeichnet werden.

11.4.1 Zinsmarge (Zinsspanne) und Zinsspannenrechnung

Marge

Im allgemeinen Sinne versteht man unter einer **Marge** einen Unterschiedsbetrag (in DM) oder einen Unterschiedssatz (in Prozentpunkten).

Beispiele:
Unterschiedsbetrag zwischen Zinserlösen (Sollzinsen) und Zinskosten (Habenzinsen) = Zinsmarge
Unterschiedssatz zwischen Geldkurs und Briefkurs = Kursmarge

Zinsmarge

In der Bankkalkulation ist die **Zinsmarge** der **Überschuß der Erträge (Erlöse) über die Aufwendungen (Kosten) im zinsabhängigen Geschäft, ausgedrückt in Prozent der Bilanzsumme bzw. des Geschäftsvolumens.** Die Zinsmarge, auch als **Zinsspanne** bezeichnet, ist die **wichtigste Erfolgsquelle** der Kreditinstitute.

Vereinfachtes Berechnungsbeispiel

Berechnung der Zinsspanne

Geschäftsvolumen	50 000 000,00 DM
Werterlöse	2 500 000,00 DM
Wertkosten	1 300 000,00 DM
Werterlöse	2 500 000,00 DM
⁒ Wertkosten	1 300 000,00 DM
Zinsüberschuß in DM	1 200 000,00 DM

$$\text{Zinsspanne in \% der Bilanzsumme} = \frac{\text{Zinsspanne in DM} \times 100}{\text{Bilanzsumme}} = \frac{1\,200\,000 \times 100}{50\,000\,000} = 2{,}4\,\%$$

Zinsspannenrechnung

Bei der Ermittlung von Zinsspannen **(Zinsspannenrechnung)** werden zwei Rechnungsarten unterschieden: die **Gesamtzinsspannenrechnung** und die **Teilzinsspannenrechnung**.

Zinsspannenrechnung

- **Gesamtzinsspannenrechnung**
  - Ermittlung der Gesamtzinsspanne der Bank
- **Teilzinsspannenrechnung**
  - Ermittlung von Teilzinsspannen einzelner Kunden- oder Eigengeschäfte

Gesamtzinsspanne

Die als prozentualer **Zinsüberschuß** (in % der Bilanzsumme oder des Geschäftsvolumens) ermittelte **Gesamtzinsspanne** benötigt die Bank für die **Gesamtbetriebskalkulation** (siehe Seite 394).

Teilzinsspannen

Teilzinsspannen benötigt die Bank für **Einzelgeschäftskalkulationen** und für darauf aufbauende weitere kalkulatorische Rechnungen. Zum Beispiel muß die Bank wissen, welche **Zinsmarge** durch ein Kundenkreditgeschäft über 300 000 DM bei einer bestimmten Geldmarkt- bzw. Kapitalmarktsituation erzielt werden kann (siehe Seite 376).

11.4.2 Die Ermittlung der Gesamtzinsspanne aus der Zinsertragsbilanz

Zinsertragsbilanz

Grundlage zur Ermittlung der Gesamtzinsspanne ist die **Zinsertragsbilanz.** Es ist eine unkompensierte Bilanz. Für bankinterne Zwecke wird keine Stichtagszinsertragsbilanz, sondern eine **Durchschnittszinsertragsbilanz** verwendet.

Inhalt der Zinsertragsbilanz

Maßgebender Gesichtspunkt für die Gliederung und Anordnung der Bilanzposten und für die Zusammenfassung von Bilanzposten zu Postengruppen sind auf der **Aktivseite Ertragskraft** und auf der **Passivseite Finanzierungskosten** (Geldbeschaffungskosten).

Den jahresdurchschnittlichen Beständen (∅ Volumen) werden die tatsächlich erzielten Zinserträge (effektive Zinsen) gegenübergestellt. Aus den jeweiligen beiden Zahlenwerten werden die Durchschnittszinssätze (∅ Zinssätze) errechnet.

Durchschnittszinsertragsbilanz

Die Weserbank hatte im vorletzten Geschäftsjahr folgende Aktiva und Passiva (∅ Volumen) mit folgenden Zinserträgen und Zinsaufwendungen:

Aktiva	∅ Volumen	∅ Zinssatz	Effektive Zinsen	Passiva	∅ Volumen	∅ Zinssatz	Effektive Zinsen
	TDM	%	TDM		TDM	%	TDM
Unverzinsliche Aktiva	150 000	–	–	Verbindlichkeiten gegenüber Kreditinstituten	920 000	5,10	46 920
Geldmarktpapiere	60 000	5,80	3 480	Verbindlichkeiten gegenüber Kunden			
Forderungen an Kreditinstitute	700 000	5,40	37 800	– Spareinlagen	340 000	3,70	12 580
Diskontkredite	50 000	7,10	3 550	– täglich fällig	260 000	0,40	1 040
– Forderungen an Kunden				– befristet	700 000	4,40	30 800
– kurz- und mittelfristig	920 000	9,35	86 020	Begebene Schuldverschreibungen	360 000	7,65	27 540
– langfristig	600 000	8,40	50 400	Indossamentsverbindlichkeiten	40 000	5,25	2 100
Festverzinsliche Wertpapiere	280 000	7,80	21 840	Unverzinsliche Passiva	180 000	–	–
Aktien und andere nicht festverzinsliche Wertpapiere	30 000	3,40	1 020				
Beteiligungen	10 000	3,50	350				
∅ Geschäftsvolumen	2 800 000	7,30	204 460	**∅ Geschäftsvolumen**	2 800 000	4,32	120 980

Durch Gegenüberstellung der **Gesamtzinserträge der Aktiva** und der **Gesamtzinsaufwendungen der Passiva** mit dem **durchschnittlichen Geschäftsvolumen** werden **Durchschnittszinssätze für Aktiva** und für **Passiva** errechnet. Daraus ergibt sich die **Gesamtzinsspanne**.

Berechnungsbeispiel

Errechnung der Gesamtzinsspanne aus der Zinsertragsbilanz

Durchschnittssatz für Aktiva $= \frac{\text{Gesamtzinsertrag der Aktiva} \times 100}{\text{Geschäftsvolumen}}$

$= \frac{204\,460 \times 100}{2\,800\,000} = \underline{\underline{7{,}30\,\%}}$

Durchschnittszinssatz für Passiva $= \frac{\text{Gesamtzinsaufwand der Passiva} \times 100}{\text{Geschäftsvolumen}}$

$= \frac{120\,980 \times 100}{2\,800\,000} = \underline{\underline{4{,}32\,\%}}$

	Durchschnittszinssatz für Aktiva	7,30 %
./.	Durchschnittszinssatz für Passiva	4,32 %
=	**Gesamtzinsspanne** (in % des durchschnittlichen Geschäftsvolumens)	2,98 %

Die Gesamtzinsspanne kann auch errechnet werden, indem der **Quotient aus Zinsüberschuß** (83 480 TDM) **und Geschäftsvolumen** gebildet wird.

11.4.3 Verfahren zur Ermittlung von Zinsspannen

Ermittlung von Teilzinsspannen

Verfahren zur Ermittlung von Teilzinsspannen sind

- die **Pool-Methode,**
- die **Schichtenbilanz-Methode** und
- die **Marktzinsmethode.**

Teilzinsspannenrechnungen

Pool-Methode und Schichtenbilanz-Methode sind Verfahren, die früher von der Mehrheit der Kreditinstitute angewendet wurden (traditionelle Verfahren). Sie werden als **Teilzinsspannenrechnungen** bezeichnet.

Auch die **Marktzinsmethode** rechnet mit Zinsspannen. Dieses Verfahren wird aber, um es von den traditionellen Verfahren abzugrenzen, nicht als Teilzinsspannenrechnung, sondern als **Margenkalkulation** bezeichnet. Die Marktzinsmethode wird heute in breitem Umfang in der Praxis akzeptiert.

Verfahren

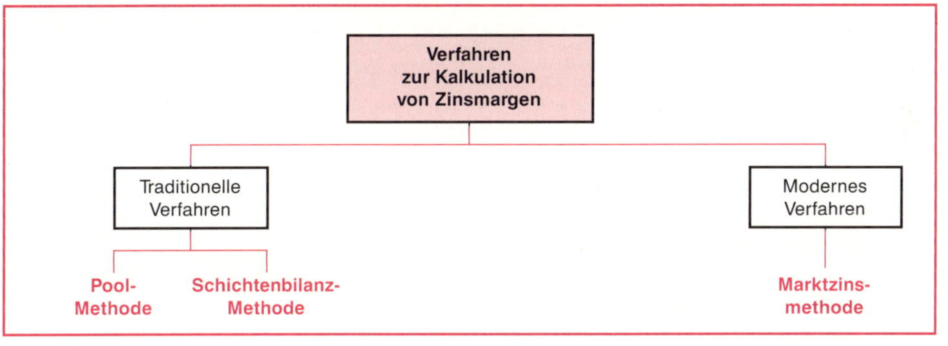

Traditionelle und moderne Verfahren haben sehr **unterschiedliche Ansätze.**

Fragestellung bei traditionellen Verfahren

Bei Anwendung der traditionellen Verfahren wurden die **Fragen** gestellt:

- Welche Passiva werden zur Finanzierung eines bestimmten Aktivgeschäfts herangezogen?
- In welchen Aktiva werden die aus bestimmten Passivgeschäften erhaltenen Finanzierungsmittel angelegt?

Zur Ermittlung des Zinsüberschusses wurden Aktiva und Passiva miteinander verglichen.

Fragestellung bei modernem Verfahren

Bei Anwendung der Marktzinsmethode werden die **Fragen** gestellt:

- Welches Aktivgeschäft kann ersatzweise am Geldmarkt oder am Kapitalmarkt abgeschlossen werden, wenn ein bestimmtes Kundengeschäft im Aktivbereich nicht zustande kommt?
- Welches Passivgeschäft kann ersatzweise am Geldmarkt oder am Kapitalmarkt abgeschlossen werden, wenn ein bestimmtes Kundengeschäft im Passivbereich nicht zustande kommt?

Zur Ermittlung des Zinsüberschusses werden also Kundengeschäfte und Geschäfte am Interbankenmarkt verglichen. Im Gegensatz zu den traditionellen Verfahren ist stets die gleiche Bilanzseite der Bewertungsmaßstab.

11.4.3.1 Die Pool-Methode

Konzeption der Pool-Methode

Bei Anwendung der Pool-Methode, die eine **Durchschnittszinsertragsbilanz** zur **Grundlage** hat, wird unterstellt, daß **alle Finanzierungsmittel der Bank (Passiva) in ein Sammelbecken (Pool)** fließen. Kein Passivum wird einer Geldanlage (Aktivum) direkt zugeordnet. Es wird also angenommen, daß z.B. sowohl ein gewährter Diskontkredit als auch ein gewährtes Darlehen oder eine Wertpapieranlage zum durchschnittlichen Zinssatz der Passivseite der Bilanz finanziert worden sind. Umgekehrt wird davon ausgegangen, daß z.B. sowohl eine Spareinlage als auch eine Termineinlage zum Durchschnittszinssatz der Aktivseite der Bilanz angelegt worden sind.

Beispiel
Vereinfachte Durchschnittszinsertragsbilanz (ohne Berücksichtigung von Eigenkapital)

Aktiva					Passiva
Ø Sollzinssatz		**Volumen**	**Volumen**		**Ø Habenzinssatz**
–	Barreserve	100	200	Sichteinlagen	0,5 %
10 %	Kurzfristige Kredite	400	300	Termineinlagen	6 %
7,75 %	Wertpapiere	200	300	Spareinlagen	5 %
8 %	Langfristige Kredite	300	200	Schuldverschreibungen	7,5 %
7,95 %		1 000	1000		4,9 %

1,525 % → 3,05 % (Zinsspanne) ← 1,525 %

Errechnung der Gesamtzinsspanne

Bei der **Teilzinsspannenrechnung nach der Pool-Methode** werden die Durchschnittskosten der Passivpositionen und die Durchschnittserlöse der Aktivpositionen errechnet (Multiplikation der Volumenanteile jedes Bilanzpostens mit dem entsprechenden Zinssatz und Addition).

Als Differenz der Durchschnittszinssätze der Aktiva und der Passiva ergibt sich die **Zinsspanne der Bank (Bruttozinsspanne)** (im Beispiel 3,05 %). **Jede Seite der Bilanz hat dazu zur Hälfte beigetragen** (1,525 %).

Ermittlung der Teilzinsspannen

Die **Teilzinsspannen für Aktiva** ergeben sich durch Gegenüberstellung der tatsächlichen Zinserlöse und der durchschnittlichen Zinskosten, die **Teilzinsspannen für Passiva** durch Gegenüberstellung der tatsächlichen Zinskosten und der durchschnittlichen Zinserlöse.

Beispiel

Ø Zinserlöse/Ø Zinskosten: 7,95 % + 4,9 % = 12,85 % : 2 = 6,425 %

					Teilzinsspannen
Barreserve	0 %	./.	6,425 %	=	./. 6,425 %
Kurzfristige Kredite	10 %	./.	6,425 %	=	3,575 %
Wertpapiere	7,75 %	./.	6,425 %	=	1,325 %
Langfristige Kredite	8 %	./.	6,425 %	=	1,575 %
Sichteinlagen	6,425 %	./.	0,5 %	=	5,925 %
Termineinlagen	6,425 %	./.	6 %	=	0,425 %
Spareinlagen	6,425 %	./.	5 %	=	1,425 %
Schuldverschreibungen	6,425 %	./.	7,5 %	=	./. 1,075 %

11.4.3.2 Die Schichtenbilanz-Methode

Konzeption der Schichtenbilanz-Methode

Bei Anwendung der Schichtenbilanz-Methode wird ebenfalls von einer **Durchschnittszinsertragsbilanz** (siehe Seite 364) ausgegangen.

Aus der Zinsertragsbilanz wird eine **Schichtenbilanz** errechnet, in der bestimmte Aktiv- und bestimmte Passivposten (oder Anteile davon) zu Schichten zusammengefaßt und einander zugeordnet werden.

Beispiel einer Schichtenbilanz

Aktiva	TDM	Zugeordnete Passiva		TDM
Barreserve	**100**	Sichteinlagen Termineinlagen Spareinlagen	70 15 15	**100**
Kurzfristige Kredite	**400**	Sichteinlagen Termineinlagen Spareinlagen	100 100 200	**400**
Wertpapiere	**200**	Sichteinlagen Termineinlagen Spareinlagen	30 130 40	**200**
Langfristige Kredite	**300**	Termineinlagen Spareinlagen Schuldverschreibungen	55 45 200	**300**
	1 000			**1 000**

1. Schicht – *2. Schicht* – *3. Schicht* – *4. Schicht*

Berechnung der Teilzinsspannen

Für jede Schicht wird eine Teilzinsspanne errechnet. Faßt man z. B. die Kredite zusammen und geht man davon aus, daß diese Kredite aus bestimmten Anteilen der Spar-, Sicht- und Termineinlagen finanziert worden sind, ergibt sich innerhalb der Schichtenbilanz die Zuordnung zu einer **Schicht**, für die eine Zinsspanne errechnet wird.

Beispiel Ermittlung der Teilzinsspanne für die 2. Schicht

Kurzfristige Kredite	Zinserträge	Zugeordnete Passiva	Zinskosten
Kredite 100 TDM zu 10 %	10 000 DM	Sichteinlagen 70 TDM zu 0,5 % Termineinlagen 15 TDM zu 6 % Spareinlagen 15 TDM zu 5 %	350 DM 900 DM 750 DM
100 TDM zu 10 %	**10 000 DM**	**100 TDM zu 2 %**	**2 000 DM**

Teilzinsspanne (Zinsspanne für die 2. Schicht)

Auf diese Weise kann der **Schichterfolg in DM** (= 8 000 DM) errechnet und daraus die Teilzinsspanne ermittelt werden.

Schichtungskriterien

Die Hauptschwierigkeit liegt in der **Aufstellung der Schichtenbilanz,** d. h. in der richtigen Verknüpfung und Schichtung von Aktiva und Passiva. Die Zusammenhänge von Aktivposten und Passivposten lassen sich meistens nicht eindeutig nachweisen. Wichtige Kriterien für die Schichtung sind Rentabilität und Fristigkeit. Wird nach **Rentabilität** geschichtet, so wird unterstellt, daß die zinsteuersten Passiva in die ertragsreichsten Aktiva und weniger zinsteure Passiva in weniger ertragreiche Aktiva geflossen sind. Wird nach **Fristigkeit** geschichtet, werden den Aktiva die fristenentsprechenden Passiva gegenübergestellt. Hierdurch soll die „goldene Bankregel" über Mittelbeschaffung (Passiva) und Mittelverwendung (Aktiva) sichtbar werden. Schichtungen nach der Rentabilität und nach der Fristigkeit ergeben ähnliche Gliederungen, da kurzfristige Anlagen bzw. kurzfristige Finanzierungen grundsätzlich geringere Zinsen als langfristige Anlagen bzw. Finanzierungen verursachen.

Anhaltspunkte für Schichtungen können auch **gesetzliche Bestimmungen** und **satzungsmäßige Anlage- und Finanzierungsvorschriften** sein, aus denen sich Beziehungen zwischen Aktiva und Passiva ergeben (Beispiele: Grundsätze II und III des Bundesaufsichtsamtes für das Kreditwesen, § 12 KWG, Mindestreservevorschriften der Deutschen Bundesbank).

Schichtenbilanzen werden **in Matrixform** dargestellt, wenn sichtbar gemacht werden soll, daß sich sowohl Passivaschichten als auch Aktivaschichten aus mehreren Zahlenpositionen zusammensetzen. Die Zinssätze für die einzelnen Schichten werden der Zinsertragsbilanz entnommen.

11.4.3.3 Einwendungen gegen die traditionellen Verfahren der Teilzinsspannenrechnung

Sowohl die Pool-Methode als auch die Schichtenbilanz-Methode sehen eine **willkürliche Aufteilung der Gesamtzinsspanne in Teilzinsspannen** vor.

Im Gegensatz zur Pool-Methode gibt die Schichtenbilanz-Methode zwar genauere Informationen über die Finanzierungs- bzw. Verwendungsbeziehungen zwischen Aktiva und Passiva; sie weist aber trotzdem bestimmte Mängel auf:

Argumente gegen die Schichtenbilanz-Methode

- Mit jeder Schichtenbildung wird ein bestimmter Zusammenhang zwischen Mittelbeschaffung und Mittelverwendung unterstellt. Nur in seltenen Fällen, so z. B. bei einer Hypothekenbank, die aus der Ausgabe von Pfandbriefen die Mittel zur Gewährung von Hypothekardarlehen erhält, läßt sich ein solcher Zusammenhang eindeutig belegen.
- Jede Entscheidung für eine bestimmte Schichtungsregelung (Rentabilität, Fristigkeit usw.) ist willkürlich und beeinflußt die Ergebnisse.
- Geschäfte mit unterschiedlichen Restlaufzeiten und unterschiedlichen Zinssätzen werden zu einem Durchschnittszinssatz zusammengefaßt. Die einzelnen Bestandteile des Zinsüberschusses eines Geschäftes können nicht erkannt werden.
- Aktuelle Veränderungen der Zinssätze werden nicht erfaßt. Es werden Zinssätze, die aus der Vergangenheit stammen, zugrunde gelegt.

11.4.3.4 Die Marktzinsmethode

▸ Überlegungen zur Marktzinsmethode

Konzept der Marktzinsmethode

Kreditinstitute, die ihr internes Rechnungswesen nach der Marktzinsmethode ausrichten, gehen von folgenden Überlegungen aus:

- **Jedes zinsabhängige Geschäft,** das die Bank mit Kunden (Kundengeschäft) oder mit anderen Kreditinstituten (Interbankengeschäft) abschließt, **bringt einen eigenen Beitrag zum Zinsüberschuß,** d. h. zur Bruttozinsspanne.
- Jedes zinsabhängige Geschäft auf der Aktivseite (Kreditgewährung, Kauf von Wertpapieren usw.) und jedes zinsabhängige Geschäft auf der Passivseite (Annahme von Einlagen, Verkauf von Schuldverschreibungen usw.) muß daher für sich betrachtet werden. Es ist zu fragen, zu welchem Zinssatz anstelle eines Kundengeschäftes ein fristengleiches Interbankengeschäft auf dem Geld- oder Kapitalmarkt möglich gewesen wäre. An dem aktuellen Marktzins des alternativ möglichen Interbankengeschäfts ist der Erfolg aus dem Kundengeschäft zu messen.
- Grundlage der Marktzinsmethode ist das **Opportunitätsprinzip:** Der Nutzen eines Kundengeschäfts besteht darin, einen höheren Erfolgsbeitrag zu erzielen als ein alternativ mögliches, fristengleiches Interbankengeschäft am Geld- oder Kapitalmarkt.
- Der Zinsüberschuß wird aufgespalten in einen Erfolgsbeitrag der Aktivseite und einen Erfolgsbeitrag der Passivseite. Die Differenz ist ein dritter Erfolgsbeitrag.

▸ *Grundmodell der Marktzinsmethode*

Zur Erklärung der Marktzinsmethode wird von einer Bankbilanz ausgegangen, die nur zwei Geschäfte ausweist.

Beispiel
Bankbilanz mit zwei Posten

Erfolgsaufspaltung im Wertbereich nach der Marktzinsmethode

Kundenkreditgeschäft:	Gewährung eines Hypothekendarlehens zu 8 % mit einer Laufzeit und Zinsbindung von fünf Jahren: 100 000 DM
Kundeneinlagengeschäft:	Aufnahme einer Dreimonats-Termineinlage zu 4 %: 100 000 DM

1. Bilanzmäßige Darstellung

Aktiva	**Bilanz**		Passiva
Kunden-Darlehen	100 000	Kunden-Termineinlage	100 000

2. Feststellung der Bruttozinsspanne

Aktiva		**Bilanzmäßiger Vergleich der**	**Zinssätze der Kundengeschäfte**		Passiva
8 %	Kunden-Darlehen	100 000	100 000	Kunden-Termineinlage	4 %

→ **Bruttozinsspanne: 4 %** ←

3. Ermittlung der Konditionsbeiträge

Die Bank vergleicht, welche alternativen Möglichkeiten für die Mittelbeschaffung und für die Mittelverwendung bestanden hätten. Sie vergleicht Kundengeschäfte mit fristengleichen Interbankengeschäften am Geld- oder Kapitalmarkt.

Anstelle der Kundentermineinlagen hätte das Kreditinstitut Bankentermingeld zu 5 % am Geldmarkt aufnehmen können. Anstelle der Mittelverwendung für ein Kundenkreditgeschäft hätte das Kreditinstitut festverzinsliche Wertpapiere mit einer Restlaufzeit von fünf Jahren zu 6,5 % Zinsen kaufen können. Die Bank hat aber nach dem Opportunitätsprinzip gehandelt und mit Abschluß der Kundengeschäfte für sie günstigere Bedingungen (Konditionen) erreicht. Die Differenzen sind die **Konditionsmargen** bzw. **Konditionsbeiträge**.

Die Zinssätze sind als Effektivzinssätze zu verstehen. Aus Vereinfachungsgründen wird außerdem auf die Berücksichtigung der Kosten verzichtet, die durch den Zwang zur Haltung von Mindestreserven für Kundeneinlagen entstehen.

Aktiva	**Bilanzmäßiger Vergleich der Zinssätze**	**von Kunden- und Interbankgeschäften**	Passiva
Kd.-Geschäft-Zinssatz	Kapitalmarkt-Zinssatz	Geldmarkt-Zinssatz	Kd.-Geschäft-Zinssatz
8 %	6,5 %	5 %	4 %

Konditionsbeitrag Aktiva
1,5 %

Konditionsbeitrag Passiva
1 %

Konditionsbeitrag
2,5 %

Die Konditionsbeiträge Aktiva und Passiva sind den jeweiligen Kundenbetreuern zuzurechnen, da durch ihr Bemühen die Kundengeschäfte zustande gekommen sind und diese Kundengeschäfte den Zinsmehrerlös bzw. die Zinskostenverringerung verursacht haben.

4. Ermittlung des Strukturbeitrags

Ein Vergleich der Bruttozinsspanne mit dem Konditionsbeitrag zeigt, daß für den Zinsüberschuß noch eine Restgröße von 1,5 % zu erklären ist.

Bruttozinsspanne	4 %
·/. Konditionsbeitrag	2,5 %
= Strukturbeitrag	**1,5 %**

Die Bank hat **Fristentransformation** betrieben: Sie hat kurzfristiges Geld langfristig ausgeliehen. Dadurch ist in der Bilanz eine bestimmte Zinsstruktur entstanden. Der Strukturbeitrag wird auch als **Transformationsbeitrag** bezeichnet. Er ist das Ergebnis einer Entscheidung auf der Ebene der Gesamtbank (Vorstand, Geschäftsleitung oder Abteilung Zentraldisposition), nämlich über die Zulässigkeit von Fristentransformation und damit über das Eingehen eines Zinsänderungsrisikos.

Der Strukturbeitrag hätte allein durch Abschluß von Interbankengeschäften am Geld- oder Kapitalmarkt, also auch ohne Durchführung von Kundengeschäften, erzielt werden können:

Kauf von Wertpapieren am Kapitalmarkt	6,5 %
·/. Aufnahme von Bankentermingeld am Geldmarkt	5 %
= Strukturbeitrag (Transformationsbeitrag)	**1,5 %**

Auch der Strukturbeitrag kann noch weiter aufgespalten werden.
Annahme: Tagesgeldsatz am Geldmarkt 3 %

Zinssatz für Bankentermingeld (3 Monate) am Geldmarkt	5 %	
Tagesgeldsatz	3 %	
= (negativer) Strukturbeitrag Passiva (Unterstellung: Finanzierung hätte auch durch revolvierende Aufnahme von Tagesgeld erfolgen können)		**·/. 2 %**
Zinssatz für Wertpapiere am Kapitalmarkt	6,5 %	
Tagesgeldsatz	3 %	
= (positiver) Strukturbeitrag Aktiva (Unterstellung: Anlage hätte auch als Tagesgeld erfolgen können)		**+ 3,5 %**
→ Strukturbeitrag (gesamt)		**+ 1,5 %**

5. Darstellung von Strukturbeitrag, Konditionsbeitrag und Bruttozinsspanne

Bilanzmäßiger Vergleich von Zinssätzen

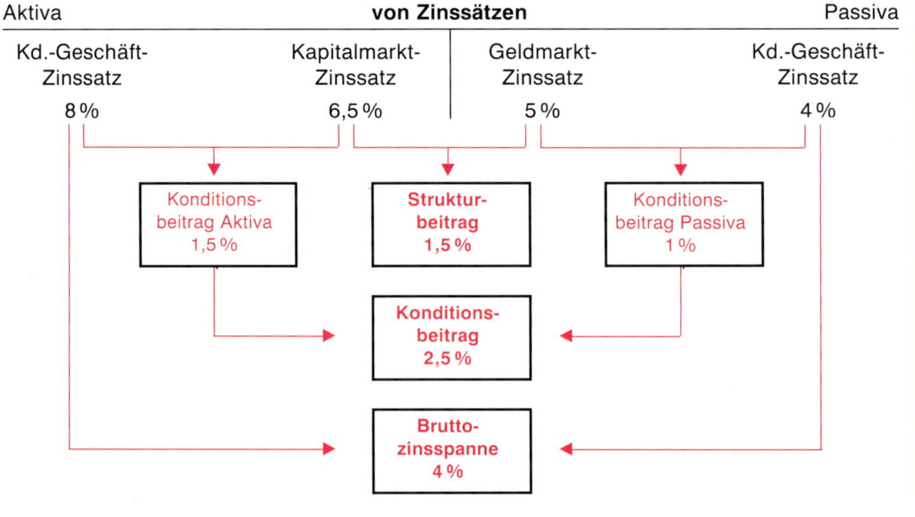

6. Erfolgsaufspaltung nach Beiträgen und Margen

Mit Anwendung der Marktzinsmethode wird erreicht, daß für jedes einzelne Bankgeschäft eine Erfolgsaufspaltung erfolgen kann, und zwar in absoluten Zahlen und in Margen (Teilzinsspannen):

Rechnung in absoluten Zahlen:

Konditionsbeitrag Aktiva	(1,5 % von 100 000)	= 1 500,00 DM
Konditionsbeitrag Passiva	(1 % von 100 000)	= 1 000,00 DM
Konditionsbeitrag	(2,5 % von 100 000)	= 2 500,00 DM
Strukturbeitrag	(1,5 % von 100 000)	= 1 500,00 DM
Zinsüberschuß	(4 % von 100 000)	= **4 000,00 DM**

Rechnung in Margen:

Konditionsmarge Aktiva	1,5 %
Konditionsmarge Passiva	1 %
Konditionsmarge	2,5 %
Transformationsmarge (Strukturmarge)	1,5 %
Bruttozinsspanne	**4 %**

Aufgaben

Aufgabe 11.17

Errechnen Sie mit Hilfe einer Zinsertragsbilanz Durchschnittszinssätze und Gesamtzinsspanne für die Kuhnheimer Volksbank eG!

Aktivposten	**Ø-Bestand** in 1000 DM	**Zinsertrag** in 1000 DM	**Ø-Zinssatz** in %
Forderungen an Kunden			
– Kontokorrent	10 216	1 037	?
– Ratenkredite	457	39	?
– Darlehen weniger als 4 Jahre Laufzeit	2 827	242	?
– Darlehen 4 Jahre oder länger	13 623	1 157	?
Diskontwechsel	400	28	?
Wertpapiere	1 450	91	?
Beteiligungen	299	11	?
Forderungen an Kreditinstitute	3 223	204	?
Ausgleichsforderungen	536	22	?
Summe der verzinslichen Aktivposten	?	?	?
Unverzinsliche Aktivposten			
– Barreserve	1 544	–	–
– Betriebsausstattung	600	–	–
– Grundstücke und Gebäude	1 134	–	–
– Andere Aktivposten	914	–	–
Summe der unverzinslichen Aktivposten	?	–	–
Bilanzsumme[1]/Gesamtzinserträge	?	?	?

[1] aus Vereinfachungsgründen anstelle des Geschäftsvolumens

Passivposten	∅-Bestand in 1000 DM	Zinsaufwand in 1000 DM	∅-Zinssatz in %
Verbindlichkeiten gegenüber Kunden			
– Spareinlagen	21 748	1 183	?
– Sichteinlagen	10 476	42	?
– Termineinlagen	103	7	?
Verbindlichkeiten gegenüber Kreditinstituten	1 112	65	?
Summe der verzinslichen Passivposten	?	?	?
Unverzinsliche Passivposten			
– Geschäftsguthaben	416	–	–
– Offene Rücklagen	1 596	–	–
– Pauschalwertberichtigungen	324	–	–
– Einzelwertberichtigungen	98	–	–
– Pensionsrückstellungen	187	–	–
Andere Passivposten	1 163	–	–
Summe der unverzinslichen Passivposten	?	–	–
Bilanzsumme[1]/Gesamtzinsaufwendungen	?	?	?

[1] aus Vereinfachungsgründen anstelle des Geschäftsvolumens

a) Ermitteln Sie die Durchschnittszinssätze für die Durchschnittsbestände der Aktiva und Passiva (auf zwei Stellen genau)!

b) Ermitteln Sie die Gesamtzinsspanne!

Aufgabe 11.18 Werten Sie eine Durchschnittszinsertragsbilanz aus!

Die Weserbank weist gegenüber dem vorletzten Geschäftsjahr (Zahlenwerte auf Seite 364) folgende durchschnitttlichen Bestände und Erfolge aus:

Aktiva	∅ Volumen	∅ Zinssatz	Effektive Zinsen	Passiva	∅ Volumen	∅ Zinssatz	Effektive Zinsen
	TDM	%	TDM		TDM	%	TDM
Unverzinsliche Aktiva	160 000	–	–	Verbindlichkeiten gegenüber Kreditinstituten	935 000	6,20	57 970
Geldmarktpapiere	100 000	6,80	6 800	Verbindlichkeiten gegenüber Kunden			
Forderungen an Kreditinstitute	710 000	6,35	45 085	– Spareinlagen	350 000	4,20	14 700
Diskontkredite	55 000	7,90	4 345	– täglich fällig	230 000	0,40	920
Forderungen an Kunden				– befristet	820 000	5,35	43 870
– kurz- und mittelfristig	950 000	10,25	97 375	Begebene Schuldverschreibungen	430 000	7,90	33 970
– langfristig	700 000	8,70	60 900	Indossamentsverbindlichkeiten	44 000	6,25	2 750
Festverzinsliche Wertpapiere	290 000	8,00	23 200	Unverzinsliche Passiva	191 000	–	–
Aktien und andere nicht festverzinsliche Wertpapiere	25 000	3,20	800				
Beteiligungen	10 000	3,50	350				
∅ Geschäftsvolumen	3 000 000	7,96	238 855	**∅ Geschäftsvolumen**	3 000 000	5,14	154 180

a) Stellen Sie fest, wie sich der Zinsüberschuß und die Gesamtzinsspanne verändert haben!

b) Untersuchen Sie, worauf die Veränderungen der Gesamtzinsspanne zurückzuführen sind!

Wenden Sie die Marktzinsmethode an! **Aufgabe 11.19**

Eine Bank verfügt über folgende Aktiva und Passiva:

Aktiva	Betrag	Zinssatz
Realkredite (fünf Jahre fest)	2 Mio. DM	8%

Passiva	Betrag	Zinssatz
Spareinlagen	1 Mio. DM	4 %
Sparbriefe (fünf Jahre Laufzeit)	1 Mio. DM	6,5%

Für die alternativen Möglichkeiten der Mittelbeschaffung bzw. Mittelverwendung legt die Bank folgende Marktzinssätze zugrunde:

- Geldmarktzinssatz für drei Monate: 6% (als mögliche Alternative zu Spareinlagen)
- Kapitalmarktzinssatz für fünf Jahre: 7% (als mögliche Alternative zu Sparbriefen und zum Realkredit)

a) *Ermitteln Sie die Konditionsbeiträge für die drei Bilanzpositionen sowie für die Bank insgesamt den Konditions- und Strukturbeitrag! Legen Sie die Schemata auf Seite 370 (Nr. 5) und Seite 371 (Nr. 6) zugrunde!*

b) *Wie hoch sind Zinsüberschuß und Bruttozinsspanne?*

c) *Ermitteln Sie, wie sich Konditions- und Strukturbeitrag verändern, wenn die Zinssätze am Geld- und Kapitalmarkt gestiegen sind!*
Geldmarktsatz (drei Monate) 7,5%
Kapitalmarktsatz (fünf Jahre) 8,5%
Die Bank hat ihren Zinssatz für Spareinlagen auf 5,5% erhöht.
Legen Sie die Schemata auf Seite 370 (Nr. 5) und Seite 371 (Nr. 6) zugrunde!

d) *Begründen Sie die Veränderungen!*

Führen Sie aufgrund der nachstehenden Durchschnittszinsertragsbilanz Berechnungen nach der Marktzinsmethode durch! **Aufgabe 11.20**

Aktiva — Durchschnittszinsertragsbilanz — Passiva

Aktiva	Volumen (Mio DM)	Kunden-zinssatz	Ø Zins-erlöse	Passiva	Volumen (Mio. DM)	Kunden-zinssatz	Ø Zins-kosten
Barreserve	50	–		Sichteinlagen von Kunden	100	0,5	
Festsatzkredite an Kunden	700	8		Termineinlagen von Kunden	300	4	
Wertpapiere	250	6,5		Spareinlagen	250	3	
				Schuldverschreibungen	350	6	
	1 000				1 000		

(aus Vereinfachungsgründen ohne Berücksichtigung von Eigenkapital)

a) *Berechnen Sie die für die Aktivseite und für die Passivseite benötigten Zahlenwerte!*

Muster:

Aktiva

Kundengeschäftszinssatz (Kundenzins)	Tatsächliche Zinserlöse	Fristengleiche Anlage auf dem Geld- oder Kapitalmarkt	Geld- oder Kapitalmarktzinssatz (Marktzins)	Zinserlöse auf dem Geld- oder Kapitalmarkt	Konditionsmarge	Konditionsbeitrag	Volumen	Bilanzposten
?	?	Tagesgeld	3 %	?	?	?	?	Barreserve
?	?	Wertpapiere	6,5 %	?	?	?	?	Kredite
?	?	Wertpapiere	6,5 %	?	?	?	?	Wertpapiere
?	?		?	?	?	?	?	Aktiva

Passiva

Bilanzposten	Volumen	Konditionsbeitrag	Konditionsmarge	Zinskosten auf dem Geld- oder Kapitalmarkt	Geld- oder Kapitalmarktzinssatz (Marktzins)	Fristengleiche Geldaufnahme auf dem Geld- oder Kapitalmarkt	Tatsächliche Zinskosten	Kundengeschäftszinssatz (Kundenzins)
Sichteinlagen	?	?	?	?	3 %	Tagesgeld	?	?
Termineinlagen	?	?	?	?	5 %	Bankentermingeld	?	?
Spareinlagen	?	?	?	?	6 %	Bankentermingeld	?	?
Sparbriefe	?	?	?	?	6,5 %	Schuldverschreibungen	?	?
Passiva	?	?	?	?	?		?	?

b) *Ermitteln Sie Zinsüberschuß und Bruttozinsspanne!*

c) *Berechnen Sie Konditions- und Strukturbeitrag!*

d) *Ermitteln Sie Konditions- und Strukturmarge!*

Aufgabe 11.21 Interpretieren Sie eine bei Anwendung der Marktzinsmethode ermittelte Restgröße!

Eine Bank erzielt einen Zinsüberschuß von 450 Mio. DM. Die Summe aller Konditionsbeiträge beträgt 390 Mio. DM, so daß eine Restgröße von 60 Mio. DM verbleibt.

Aufgabe 11.22 Wenden Sie die Marktzinsmethode an!

Die Weserbank hat mit der Sander GmbH ein KK-Kreditlimit über 250 000 DM und ein Diskontkreditlimit über 150 000 DM vereinbart.

Konditionen:	KK-Kredit	10,75 %
	Diskontkredit	8,25 %
	Habenzinsen	0,50 %

Für das abgelaufene Geschäftsjahr errechnet die Weserbank folgende Zinszahlen:

KK-Kredit	468 000
Diskontkredit	469 800
Sichteinlagen	3 960

a) *Ermitteln Sie den mit der Sander GmbH erzielten Zinsüberschuß durch Anwendung der Marktzinsmethode!*

Die Bank hat bei ihrer Kalkulation folgende (durchschnittliche) Geld- bzw. Kapitalmarkt-Zinssätze zugrunde gelegt:

für KK-Kredite	*7,25 %*
für Diskontkredite	*6,00 %*
für Sichteinlagen	*6,40 %*

b) *Begründen Sie, warum der Zinsüberschuß nicht identisch ist mit dem Überschuß im Wertbereich!*

Erläutern Sie, auf welche Entscheidungen der Bank der Zinsüberschuß zurückzuführen ist, wenn die Bank die Marktzinsmethode zur Grundlage ihres internen Rechnungswesens macht!

Aufgabe 11.23

Programmierte Aufgaben

Aufgabe 11.24

Was ist eine Zinsertragsbilanz?

a) eine Bilanz, in der die Zinserträge verschiedener Geschäftsjahre verglichen werden
b) eine Bilanz, in der die Zinserträge aus Krediten errechnet werden
c) eine Bilanz, in der der Überschuß der Werterlöse über die Wertkosten in Prozent der Bilanzsumme bzw. des Geschäftsvolumens errechnet wird
d) eine Bilanz, in der der Überschuß der Betriebserlöse über die Betriebskosten in Prozent der Bilanzsumme bzw. des Geschäftsvolumens errechnet wird
e) eine Bilanz, in der das Betriebsergebnis in Prozent der Bilanzsumme bzw. des Geschäftsvolumens errechnet wird.

Aufgabe 11.25

Was ist das Geschäftsvolumen eines Kreditinstituts?

a) Bilanzsumme
b) Bilanzsumme plus Verbindlichkeiten aus Bürgschafts- und Gewährleistungsverträgen
c) Bilanzsumme plus Verbindlichkeiten aus Bürgschafts- und Gewährleistungsverträgen plus Indossamentsverbindlichkeiten
d) Bilanzsumme plus Indossamentsverbindlichkeiten
e) haftendes Eigenkapital
f) Gesamtvermögen

11.4.4 Die Verfahren der Bankkalkulation im Überblick

Traditionelle Verfahren im Wert- und Betriebsbereich

Traditionelle Verfahren der Bankkalkulation fußen im **Wertbereich** auf der **Schichtenbilanz-Methode** und im **Betriebsbereich** auf der **Stückleistungskalkulation** (Kalkulationsverfahren zur Ermittlung der Kosten pro Betriebsleistung mittels Betriebsabrechnungsbogen [BAB]).

Mit Hilfe eines **Betriebsabrechnungsbogens** erfolgt im Rahmen einer **Kostenstellenrechnung**

1. **Die Verteilung (Zurechnung) der Kosten auf Kostenstellen,**
2. **die Umlage der Kostenstellen des innerbetrieblichen Leistungsbereichs auf die Kostenstellen des Marktleistungsbereichs.**

Die **Zurechnung der Kosten auf die Kostenstellen** erfolgt nach Verbrauch bzw. nach der Verursachung. Die Kosten, die sich **nicht direkt** einer Kostenstelle zurechnen lassen, müssen im Wege der **Umlage mittels eines geeigneten Schlüssels** zugerechnet werden. Der Schlüssel kann nach den besonderen Gegebenheiten der Kostenstruktur des Kreditinstituts gewählt werden. Nach der Umlage der Kostenstellen können die Stückkosten der Bankleistungen errechnet werden. Diese Stückkosten werden für die Kalkulation der Bankleistungen benötigt.

In der **Kostenträgerzeitrechnung** werden die durch den BAB ermittelten Stellenkosten den **Kostenträgern**, d. h. den Produkten **(Marktleistungen)** oder Produktgruppen **(Marktleistungsarten)** zugerechnet.

Das traditionelle Verfahren der Stückleistungskalkulation beruht auf dem Prinzip der **Vollkostenrechnung**, d. h. es werden sämtliche Kosten einer Betriebsleistung erfaßt und in der Kalkulation verrechnet.

Moderne Verfahren im Wert- und Betriebsbereich

Moderne Verfahren der Bankkalkulation fußen im **Wertbereich** auf der **Marktzinsmethode** und im **Betriebsbereich** auf der **Standard-Einzelkostenrechnung** (Kalkulationsverfahren zur Ermittlung der Betriebskosten). Die Standard-Einzelkostenrechnung ist ein Verfahren der **Teilkostenrechnung.** Es werden bei der Kalkulation einer Betriebsleistung nicht sämtliche Kosten erfaßt und verrechnet.

Einzelkosten

Als **Einzelkosten** gelten dabei diejenigen Kosten, die Stückleistungen oder bestimmten Betriebsbereichen (Abteilungen, Filialen) direkt zugerechnet werden können, so daß nicht, wie sonst bei Gemeinkosten, eine Aufschlüsselung über einen Betriebsabrechnungsbogen erfolgen muß. Als **Standard-Einzelkosten** werden Einzelkosten bezeichnet, die aufgrund von Untersuchungen der Arbeitsabläufe standardisiert, d. h. als Durchschnittswerte normiert sind.

Verfahren der Bankkalkulation

Bereich \ Verfahren	Traditionelle Verfahren	Moderne Verfahren
Wertbereich	**Schichtenbilanz-Methode**	**Marktzinsmethode**
Betriebsbereich	**Stückleistungskalkulation mittels BAB** (Vollkostenrechnung)	**Standard-Einzelkostenrechnung** (Teilkostenrechnung)

11.5 Die Margenkalkulation

Margenkalkulation als zentraler Baustein der Kosten- und Erlösrechnung

Im Mittelpunkt der Kosten- und Erlösrechnung stehen Überlegungen über die **Auswirkungen jedes einzelnen Geschäftsabschlusses:**

- Was verdient die Bank an einem Kredit?
- Was verdient die Bank an einer Einlage?
- Was verdient die Bank an einer Dienstleistung?

Zentraler Baustein der Kosten- und Erlösrechnung ist die **Margenkalkulation,** mit der die **Vorteilhaftigkeit von Einzelgeschäften** kalkuliert wird **(Einzelgeschäftskalkulation).**

Margen

Die Margenkalkulation hat den Zweck, **Margen im Wertbereich** und **Margen im Betriebsbereich** zu ermitteln.

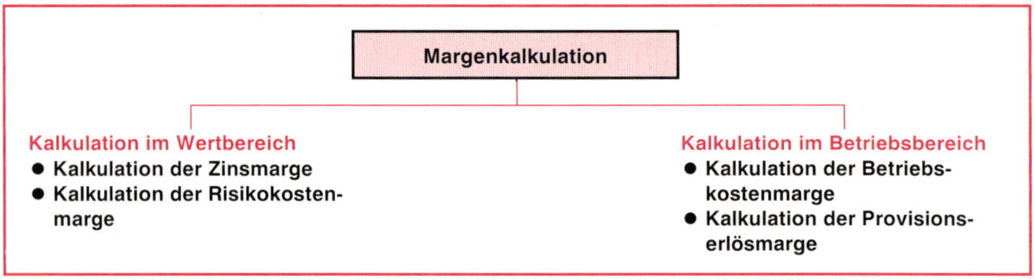

Margenkalkulation als Grundlage für weitere Rechnungen

Die Margenkalkulation ist **einzelgeschäftsbezogene Kalkulation.** Sie ist **Grundlage von wichtigen Auswertungs- und Deckungsbeitragsrechnungen**, wie **Produktkalkulation, Kundenkalkulation** und **Geschäftsstellenkalkulation.**

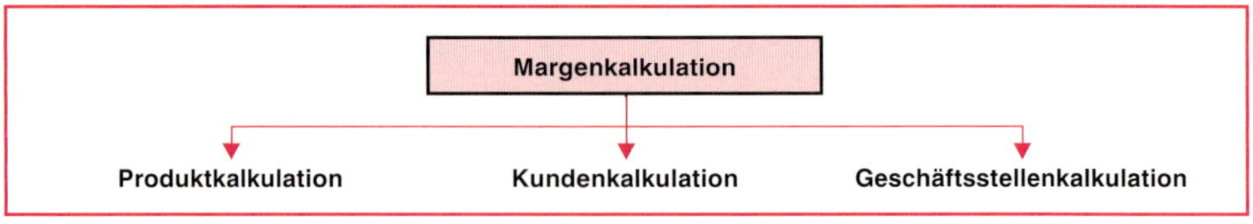

11.5.1 Die Kalkulation im Wertbereich

11.5.1.1 Die Kalkulation der Zinsmarge

Die **Errechnung der Zinsmarge** ist im Abschnitt 11.4.3. „Verfahren zur Ermittlung von Zinsspannen" dargestellt worden.

11.5.1.2 Die Kalkulation der Risikokostenmarge

Risiken, Risikovorsorge, Risikokosten

Kreditinstitute gehen im Aktivgeschäft **Risiken** ein. Mit jeder Kreditvergabe übernehmen sie ein Ausfallrisiko. Zum Zweck der **Risikovorsorge** bilden Kreditinstitute Wertberichtigungen durch Abschreibungen auf Forderungen. Diese **Abschreibungen** verursachen **Risikokosten.**

Verfahren zur Ermittlung der tatsächlich angefallenen Risikokosten

Zur **Ermittlung der tatsächlich angefallenen Risikokosten** gehen Kreditinstitute von dem **Bedarf an Einzelwertberichtigungen** aus. Einzelwertberichtigungen geben grundsätzlich den Umfang des bestehenden (erkennbaren und belegbaren) Ausfallrisikos im Kundenkreditgeschäft wieder. Pauschalwertberichtigungen berücksichtigen das latente (also nicht erkennbare und nicht belegbare) Ausfallrisiko (siehe Abschnitte 8.3.6.3 und 8.3.6.4). Aufwendungen aus der Bildung von Pauschalwertberichtigungen sind daher keine Risikokosten.

Zu den Risikokosten zählen außerdem die Kosten aus direkten Abschreibungen uneinbringlicher Forderungen (siehe Abschnitt 8.3.6.2).

Abzusetzen sind bei der Ermittlung der gesamten Risikokosten die Eingänge aus einzelwertberichtigten Forderungen (Auflösung von Einzelwertberichtigungen) und Eingänge aus direkt abgeschriebenen Forderungen.

Berechnungsschema

Ermittlung der tatsächlichen Risikokosten

Bedarf an Einzelwertberichtigungen
./. Auflösung von Einzelwertberichtigungen
\+ direkte Forderungsabschreibungen
./. Eingänge aus direkt abgeschriebenen Forderungen
= **tatsächliche Risikokosten**

Für die Kalkulation im Wertbereich werden für einen bestimmten Zeitraum die **tatsächlichen Ausfallquoten** bei den verschiedenen Kundengruppen und Produktgruppen ermittelt. Auf der Grundlage daraus errechneter durchschnittlicher Ausfallquoten werden **kalkulatorische Ausfallquoten** festgesetzt.

Beispiel
tatsächliche und kalkulatorische Ausfallquote

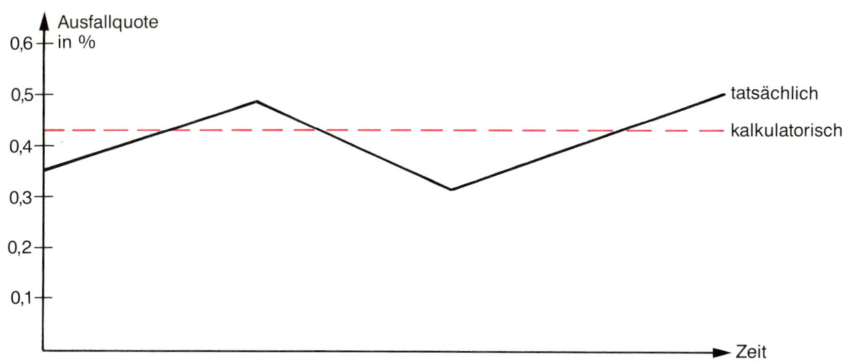

Risikokostenmarge

Die kalkulatorische Ausfallquote ist die **zu kalkulierende Risikokostenmarge.** Mit ihrer Hilfe werden für die Kalkulation die sogenannten **Standard-Risikokosten** ermittelt.

11.5.2 Die Kalkulation im Betriebsbereich

Inhalte der Kalkulation im Betriebsbereich

Die Kalkulation im Betriebsbereich umfaßt

- die Ermittlung und Verrechnung von **Stückkosten** (Kosten für Betriebsleistungen)

  und
- die Ermittlung und Verrechnung von **Provisionserlösen** (Erlöse aus Betriebsleistungen).

Kalkulationsverfahren

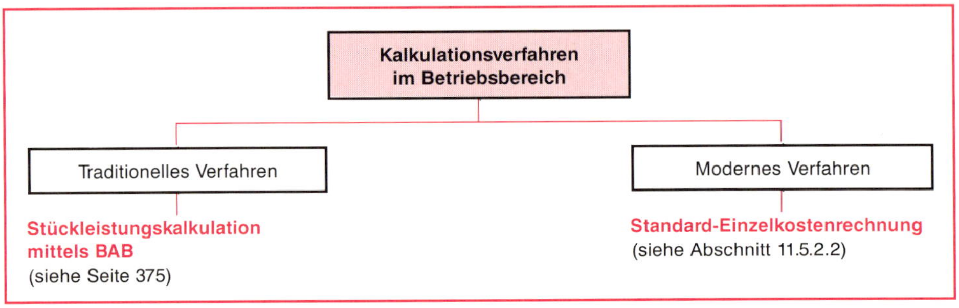

11.5.2.1 Einwendungen gegen die traditionelle Stückleistungskalkulation

Die traditionelle Stückleistungskalkulation ist eine Vollkostenrechnung, die grundsätzlich sämtliche entstandenen oder normalerweise im Betriebsbereich anfallenden Kosten erfaßt und in mehreren Rechnungsstufen auf Kostenstellen und Kostenträger verrechnet. Durch die indirekte Zurechnung der Gemeinkosten auf der Grundlage bestimmter Schlüssel auf Kostenstellen erfolgt eine sachlich fragwürdige Kostenverteilung. Eine ungenaue Kostenverrechnung in der Kostenstellenrechnung wird automatisch auf die Stückkalkulation übertragen.

In der Kostenträgerzeitrechnung werden mit der Umlage der Stellenkosten sowohl variable als auch fixe Kosten auf Marktleistungsarten verrechnet. Die fixen Kosten werden damit proportional verrechnet, obwohl ihre Höhe nicht von der Anzahl der erstellten Leistungen abhängig ist.

11.5.2.2 Die Standard-Einzelkostenrechnung

Teilkostenrechnung

Im Gegensatz zur traditionellen Stückleistungskalkulation mittels BAB ist die Standard-Einzelkostenrechnung eine **Teilkostenrechnung.** Ein Kreditinstitut, das die Einzelkostenrechnung anwendet, verzichtet zunächst darauf, bestimmte Kosten in die Kalkulation einzubeziehen. Damit verbleiben Betriebskosten, die im Verlauf der Kalkulation noch in anderer Weise zu berücksichtigen sind.

▸ ***Einzelkosten***

Verursachungsgemäße direkte Kostenzurechnung

Als **Einzelkosten** gelten diejenigen Kosten, die unter Verzicht auf willkürliche Schlüsselungen den Stückleistungen oder den Kostenstellen oder Abteilungen oder Filialen verursachungsgemäß direkt zugerechnet werden können. In der Praxis der Kreditinstitute zählen dazu

- die **variablen, stückbezogenen Kosten** und
- die **fixen, periodenbezogenen Kosten** einer Periode.

Beispiel: Die Werbekosten für Bankvorausdarlehen sind Gemeinkosten, bezogen auf den Bereich Baufinanzierung können sie aber als Einzelkosten gelten.

Die folgende Übersicht zeigt, wie Bezugsobjekte für Einzelkosten gebildet werden können. Ziel ist es, anstelle der zu verrechnenden Gemeinkosten nur die verursachungsgerecht zu ermittelnden Einzelkosten zu errechnen.

Beispiel

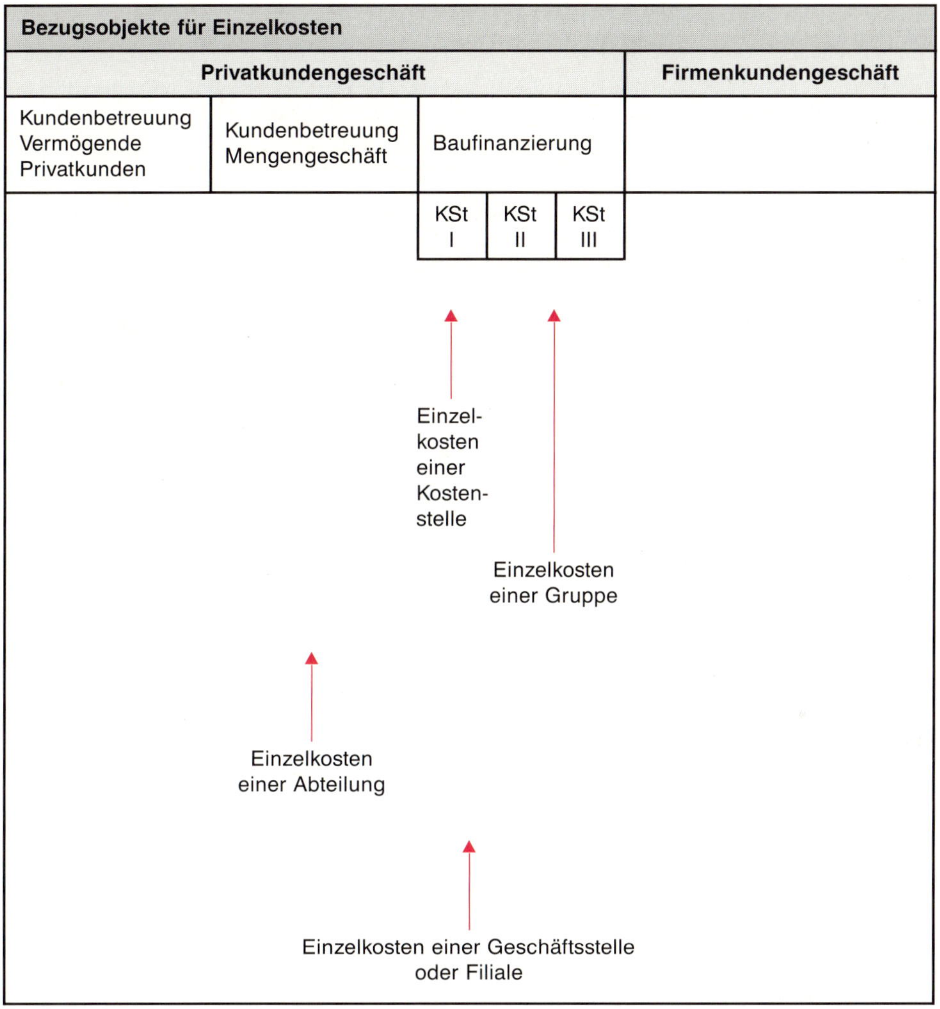

Overheadkosten

Die nach Abzug der direkt zurechenbaren Einzelkosten verbleibenden Kosten müssen aus dem Betriebsergebnis des Kreditinstituts gedeckt werden. Es handelt sich dabei um **Gemeinkosten**, die keinem Bezugsobjekt mehr zugeordnet werden können. Sie werden daher auch als **Overheadkosten** bezeichnet (Kosten für Stabsabteilungen, wie z. B. Revision, Controlling, Volkswirtschaft u. a.) und werden im Rahmen einer Deckungsbeitragsrechnung für das gesamte Kreditinstitut erfaßt.

▸ Vorgehensweise in der Standard-Einzelkostenrechnung

Die Standard-Einzelkostenrechnung ist durch **fünf Ablaufstufen** gekennzeichnet.

Stufenmäßiger Aufbau der Standard-Einzelkostenrechnung

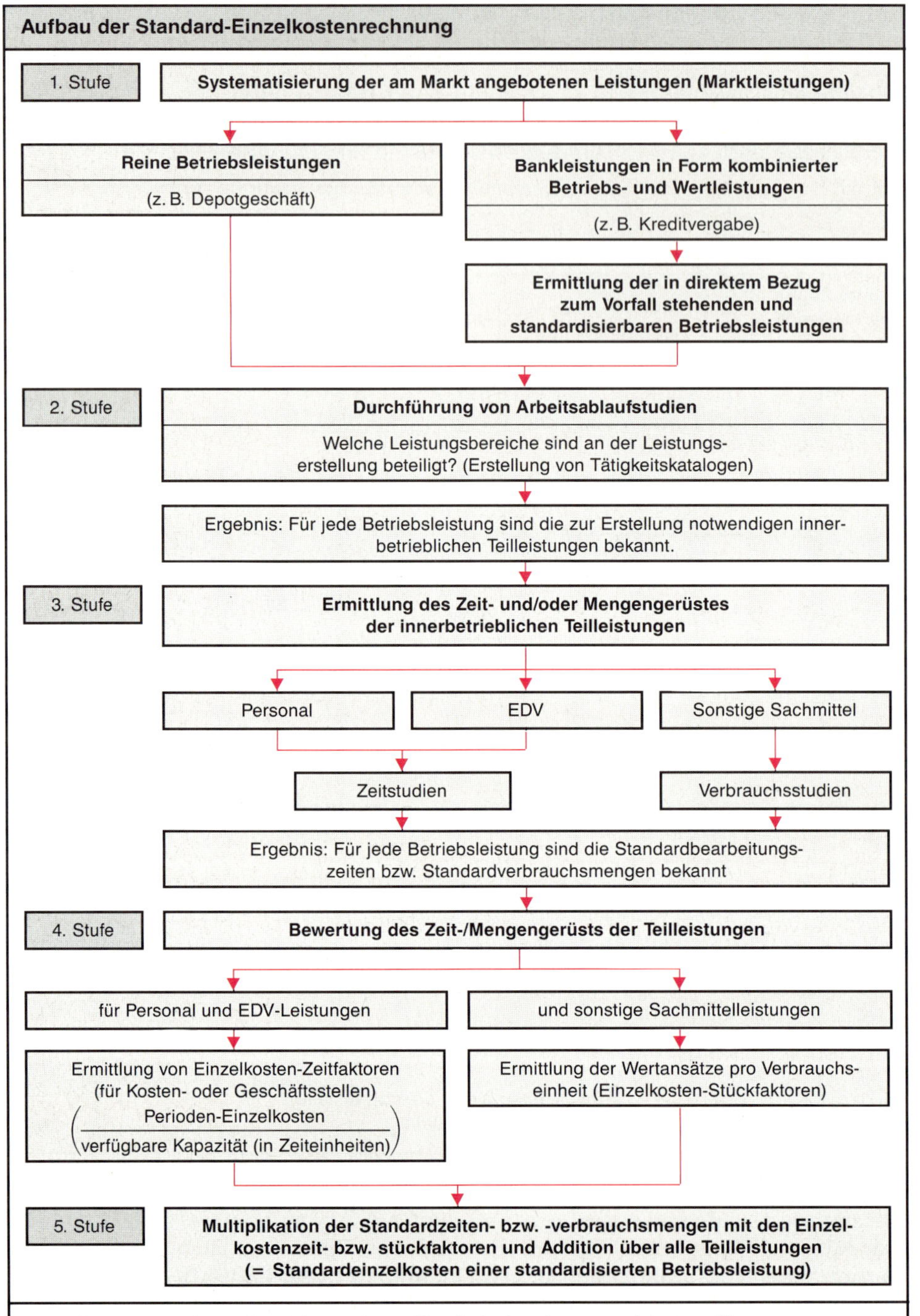

Bei der Errechnung von Standardbearbeitungszeiten und Standardverbrauchsmengen wird von zwei Voraussetzungen ausgegangen:

1. Normierter Zeit- und normierter Mengenverbrauch (aufgrund von Planvorgaben) bilden die Grundlage für die Ermittlung der Standardeinzelkosten.
2. Die in der Stückkalkulation zu verrechnenden Kostensätze bleiben unabhängig von der tatsächlichen Kapazitätsauslastung in den Kostenstellen konstant.

Quelle: Schierenbeck, Henner: Ertragsorientiertes Bankmanagement, 1991, Seite 263 (mit einigen Umformulierungen)

Kalkulation der Standard-Einzelkosten eines Konsumentenkredits

Beispiel
Kleinkredit

Personalleistungen

Tätigkeit	Einheiten / Kreditfall	Minuten / Einheit	Kosten (DM) / Minute	Standard-Einzelkosten (DM) / Einheit
	(1)	(2)	(3)	(4)=(1)•(2)•(3)
Vorgespräch	1	20	0,70	14,00
Bearbeitung des Antrages	1	30	0,60	18,00
Kontoeröffnung	1	10	0,60	6,00
Schufa-Meldung	1	5	0,60	3,00
Anlegen der Kreditakte	1	10	0,60	6,00
Kontoauswertung	8	8	0,70	44,80
Summe	-	-	-	91,80

EDV-Leistungen

Tätigkeit	Einheiten / Kreditfall	Sekunden / Einheit	Kosten (DM) / Sekunde	Standard-Einzelkosten (DM) / Einheit
	(1)	(2)	(3)	(4)=(1)•(2)•(3)
Kontoeröffnung bzw. -löschung	2	0,3	2,50	1,50
Kontoführung	24	0,3	2,50	18,00
Kontoabschluß	2	0,5	2,50	2,50
Summe	-	-	-	22,00

sonstige Sachmittel-Leistungen

Material	Einheiten / Kreditfall	Kosten (DM) / Einheit	Standard-Einzelkosten (DM) / Einheit
	(1)	(2)	(3)=(1)•(2)
Antragsformular	1	0,40	0,40
Formular zur Sicherheiten-bestellung	1	0,20	0,20
Schufa-Mitteilung	1	0,20	0,20
Kreditaktenordner	1	1,45	1,45
Kreditbestätigungs-formular	1	0,15	0,15
Porti u.a.	8	1,00	8,00
Summe	-	-	10,40

Standard-Einzelkosten eines Kleinkredites: (Laufzeit 2 Jahre)	**124,20**

Quelle: Schierenbeck, a.a.O., Seite 267

11.5.3 Die Ermittlung der Nettomarge

Von der Bruttomarge zur Nettomarge

Die nach der Marktzinsmethode errechnete **Konditionsmarge** wird als **Bruttomarge** bezeichnet. Zur Kalkulation eines Kundengeschäfts sind noch weitere Kosten zu berücksichtigen, die aus der erzielten Konditionsmarge zu decken sind. Dies sind im Wertbereich die **Risikokosten** (Kalkulation der Risikokostenmarge: siehe Abschnitt 11.5.1.2) und im Betriebsbereich die **Betriebskosten** (Ermittlung und Verrechnung von Stückkosten: siehe Abschnitt 11.5.2.2). Außerdem ist bei der Ermittlung der **Nettomarge** zu berücksichtigen, daß bei Kundengeschäften als Erlöse auch **Provisionen (Betriebserlöse)** anfallen können.

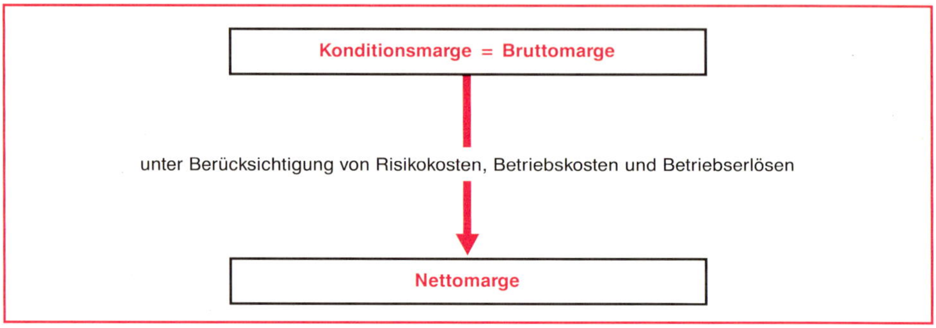

11.5.4 Das Kalkulationsschema in der Margenkalkulation

Kalkulationsschema für Kundengeschäfte im Aktivbereich

Bei Anwendung der Marktzinsmethode und der Standard-Einzelkostenrechnung ergibt sich das folgende **Schema zur Kalkulation eines Kundengeschäftes**.

Kalkulation eines Kundengeschäftes (Beispiel Kreditvergabe)	
(in DM)	(in %)
Konditionsbeitrag ./. **Risikokosten** ./. **Stückkosten für Bearbeitung** (Standard-Einzelkosten) + **Provisionserlöse** = **Nettokonditionsbeitrag eines Kundengeschäfts**	**Konditionsmarge (Bruttomarge)** ./. **Risikokostenmarge** ./. **Betriebs- oder Stückkostenmarge** + **Provisionserlösmarge** = **Nettomarge eines Kundengeschäfts**

Die Provisionserlöse werden als normierte (standardisierte) Erlöse in die Kalkulation einbezogen.

Zu beachten ist, daß mit der Erzielung des Nettokonditionsbeitrags bei einem Kundengeschäft noch kein Beitrag zur Deckung der nicht mehr zurechenbaren Gemeinkosten (indirekte Kosten oder **Overheadkosten**) und der **Eigenkapitalkosten** (siehe Seite 357) erwirtschaftet worden ist.

Preisunter- bzw. Preisobergrenze

Ein Kreditinstitut muß, langfristig betrachtet, bei einem Kundengeschäft im Aktivbereich eine **Preisuntergrenze** (bzw. im Passivbereich eine **Preisobergrenze**) beachten, mit der ein Beitrag zur Abdeckung der indirekten Kosten und des Gewinnbedarfs (für Ausschüttungen, Rücklagen und Ertragssteuern) erzielt wird.

Mindestmarge

Entsprechend muß, langfristig gesehen, die **Mindestmarge** höher sein als die Nettomarge. Kurzfristig kann sich ein Kreditinstitut mit einer kleineren Marge begnügen.

11.6 Produkt- und Kundenkalkulation als Deckungsbeitragsrechnungen

11.6.1 Überblick über Kalkulationsgegenstände und Kalkulationszwecke

Einzelgeschäftskalkulation

Gegenstand der Bankkalkulation kann **ein einzelnes Geschäft** sein, z.B. die Vergabe eines Kredites in Höhe von 100 000 DM oder die Hereinnahme einer Termineinlage in Höhe von 50 000 DM. Eine solche **Einzelgeschäftskalkulation** soll die Vorteilhaftigkeit eines einzelnen Kundengeschäfts aufzeigen.

Produktkalkulation

Kalkulationsgegenstände sind in der Praxis die **Produkte (Bankleistungen)**, wie z.B. die Vergabe von Bankvorausdarlehen im Rahmen der Baufinanzierung, der Verkauf von Sparbriefen im Rahmen des Refinanzierungsgeschäfts, die Ausführung von Überweisungen **(Produkt- oder Geschäftsartenkalkulation).** Die Kalkulationen können zur **Geschäftsspartenkalkulation** (z.B. Kalkulation des Kreditgeschäfts) zusammengefaßt werden (siehe Seite 387).

Kundenkalkulationen, Geschäftsstellenkalkulation

Die Kalkulation kann sich auf ein Konto eines Kunden **(Kontokalkulation)** oder auf **alle** Konten eines Kunden **(Kundenkalkulation)**, auf bestimmte Kundengruppen **(Kundengruppenkalkulation)** oder auf alle Kunden einer Geschäftsstelle bzw. Filiale **(Geschäftsstellenkalkulation)** beziehen.

Übersicht

Kalkulationsobjekte

Geschäftsabschlüsse
Einzelgeschäftskalkulation

Produkte
- Produktkalkulation
- Geschäftsspartenkalkulation

Kunden
- Kontokalkulation
- Kundenkalkulation
- Kundengruppenkalkulation

Bereiche der Bank
- Geschäftsstellenkalkulation
- Filialkalkulation

Produktkalkulationen, Kundengruppenkalkulationen sowie Geschäftsstellenkalkulationen lassen sich zum **Gesamtergebnis im Kundengeschäft** zusammenfassen.

Kalkulationszweck

Jede Kalkulation hat den **Zweck** aufzuzeigen, welchen Beitrag ein Produkt oder ein Kunde oder eine Geschäftsstelle zum Erfolg des Kreditinstituts leistet **(Ermittlung von Deckungsbeiträgen).** Die **Deckungsbeitragsrechnungen** geben Auskunft über die Vorteilhaftigkeit von Produkten oder Kundenbeziehungen oder Geschäftsstellen.

Profit-Center-Rechnung

Die organisatorischen Teilbereiche eines Kreditinstituts, denen ein eigener, von ihnen erwirtschafteter und verantworteter Erfolgsbeitrag zugerechnet werden kann, werden als **Profit-Center** bezeichnet, z.B. eine Kundenbetreuergruppe oder eine Geschäftsstelle. Als Profit-Center können auch z.B. Kundenkonten, Kundengruppen oder Geschäftssparten angesehen werden. Im Hinblick auf die Verantwortlichkeit für das Erwirtschaften bestimmter Erfolgsbeiträge wird daher auch von **Profit-Center-Rechnung** gesprochen.

Kalkulationen können Vorkalkulationen oder Nachkalkulationen sein. **Vorkalkulationen** sind Planrechnungen. Eine Vorkalkulation im Rahmen der Produktkalkulation dient auch der Bestimmung der Preisuntergrenze einer Bankleistung, z.B. einer Kreditvergabe, oder der Bestimmung der Preisobergrenze, z.B. der Hereinnahme einer Einlage. **Nachkalkulationen** sind Kontrollrechnungen im Hinblick auf erzielte oder nicht erzielte Erfolge bzw. Erfolgsbeiträge.

11.6.2 Wesen und Zweck der Deckungsbeitragsrechnung

Die Deckungsbeitragsrechnung ist eine Form der **Teilkostenrechnung**.

Allgemeine Definition: Deckungsbeitrag

Als **Deckungsbeitrag** wird in der Kostenrechnung **allgemein** (d. h. nicht speziell auf den Bankbetrieb bezogen) der **Überschuß der Betriebserlöse über die variablen Kosten** bezeichnet: Der Deckungsbeitrag ist der Beitrag, der **zur Deckung der fixen Kosten** verwendet werden kann.

Beispiel
Berechnung des Deckungsbetrags

Erlöse	120	→ **Betriebsergebnis**	**30**
Kosten	90		
– davon fix	20		
– davon variabel	70		
Erlöse	120		
./. variable Kosten	70		
= Deckungsbeitrag	**50**		
Deckungsbeitrag	50		
./. fixe Kosten	20		
= Betriebsergebnis	**30**		

Das Zahlenbeispiel verdeutlicht, daß die Summe der Deckungsbeiträge insgesamt größer sein soll als die Summe der fixen Kosten, weil nur dann ein positives Betriebsergebnis erreicht wird.

11.6.3 Die Ermittlung von Deckungsbeiträgen in Kreditinstituten

Bezugsobjekte für Deckungsbeiträge in Kreditinstituten

Deckungsbeiträge in Kreditinstituten können für verschieden **Bezugsobjekte** ermittelt und untersucht werden: für ein Produkt (Beispiel: Dispo-Kredit), für eine Produktgruppe (Beispiel: Konsumentenkredite), für eine Geschäftssparte (Beispiel: Kredite), für Kunden und Kundengruppen, für Geschäftsstellen bzw. Filialen sowie für den gesamten Bankbetrieb. Langfristig gilt auch hier, daß die Summe aller erzielten Deckungsbeiträge sämtliche Kosten, also variable und fixe Kosten, decken und darüber hinaus ein positives Betriebsergebnis ermöglichen soll.

Grundstruktur der Deckungsbeitragsrechnung

Eine **Deckungsbeitragsrechnung im Bankbetrieb** hat folgende **Grundstruktur:**

Deckungsbeitragsrechnung
Konditionsbeitrag (= Deckungsbeitrag I)
./. Standard-Risikokosten
= Überschuß im Wertbereich (= Deckungsbeitrag II)
./. Standard-Einzelkosten (Betriebskosten)
+ Dienstleistungsergebnis (Provisionsüberschuß)
= Ergebnis (Konto oder Kunde oder Kundengruppe oder Geschäftsart oder Geschäftsstelle) **(= Deckungsbeitrag III)**

Zweck der Deckungsbeitragsrechnung

Die Deckungsbeitragsrechnung hat im Bankbetrieb die Aufgabe, die Beiträge zu messen und zu beurteilen, die Produkte, Kunden, Geschäftsstellen usw. zum Betriebsergebnis beisteuern. Da bei Errechnung von Standardkosten (Standard-Risikokosten, Standard-Einzelkosten) grundsätzlich nur **Overhead** und **Eigenkapitalkosten** als **nicht direkt zurechenbare Kosten** verbleiben, erhält die Deckungsbeitragsrechnung eine **bankspezifische Ausrichtung**.

Beurteilungsmaßstäbe bei der **Bewertung erzielter Deckungsbeiträge** (auch als Ergebnisbeiträge bezeichnet) können z. B. Planwerte (Soll-Ist-Vergleiche) oder Vergangenheitswerte (Zeitvergleiche) sein.

Um die Ergebnisbeiträge von Produkten, Kunden, Geschäftsstellen usw. im einzelnen untersuchen zu können, werden **Deckungsbeitragsrechnungen in Stufen** durchgeführt und bei Kalkulationen mehrere einander nachgeordnete Deckungsbeiträge (Ergebnisbeiträge) ermittelt (Deckungsbeitrag I, Deckungsbeitrag II usw. oder Ergebnisbeitrag I, Ergebnisbeitrag II usw.).

In welchen Stufen ein Kreditinstitut Deckungsbeiträge errechnet, wird betriebsindividuell festgelegt.

Bei einer Produktkalkulation im Kreditgeschäft **(Kalkulation für ein Aktivprodukt)** kann die Ermittlung von Deckungsbeiträgen nach folgendem Muster durchgeführt werden (vgl. Beispiel im Abschnitt 11.6.4).

Muster für die Kalkulation eines Aktivprodukts

Deckungsbeitragsrechnung

Effektiv erzielbare (oder erzielte) Zinsen
./. Marktzinsen für eine alternative Anlage

= Konditionsbeitrag **(= Deckungsbeitrag I)**
./. Standard-Risikokosten

= Überschuß im Wertbereich **(= Deckungsbeitrag II)**
./. Standard-Einzelkosten
\+ Provisionserlöse

= Netto-Konditionsbeitrag **(= Deckungsbeitrag III)**

Dient die Deckungsbeitragsrechnung der **Leistungsmessung einzelner Profit-Center** (siehe Seite 383), wird regelmäßig eine andere Stufung vorgenommen.

Beispiel

Beispiel: Stufung der Deckungsbeitragsrechnung in einer Bank mit Geschäftsstellen

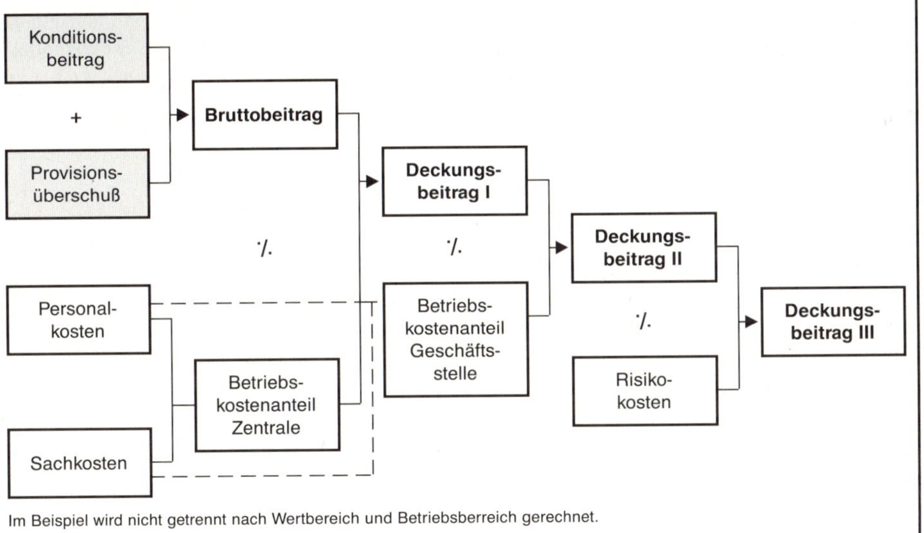

Im Beispiel wird nicht getrennt nach Wertbereich und Betriebsberreich gerechnet.

11.6.4 Produktkalkulation

Wesen

Eine Produktkalkulation ist die **Kalkulation einer bestimmten Bankleistung**, z. B. eines Dispo-Kredits.

Zweck der Produktkalkulation

Die Produktkalkulation kann den Zweck haben,

- als **Deckungsbeitragsrechnung** den Ergebnisbeitrag einer bestimmten Bankleistung zum Betriebsergebnis nachzuweisen

  oder

- die **Preisuntergrenze** für ein Aktivprodukt bzw. die **Preisobergrenze** für ein Passivprodukt zu ermitteln.

Die Ermittlung von Deckungsbeiträgen (DB) dient zur Beurteilung der Vorteilhaftigkeit eines Bankprodukts oder eines Geschäftsabschlusses.

Die Ermittlung einer Preisuntergrenze bzw. Preisobergrenze ist **Vorkalkulation**. Sie dient dazu, Konditionen oder Richtkonditionen festzusetzen, die den Kundenbetreuern vorgegeben werden.

Beispiel

Produktkalkulation (Aktivprodukt)

Die Hansabank prüft, welchen **Beitrag zum Betriebsergebnis** ein **Kontokorrentkredit** in Höhe von 50 000 DM (tatsächliche durchschnittliche Inanspruchnahme) leistet, wenn er zum Nettozinssatz von 12 % gegeben wird (Zinssatz, der zur Zeit am Platz übliche Normalkondition ist).

Der Kredit soll zunächst auf zwölf Monate befristet sein. Am **Geldmarkt** ist für eine zwölfmonatige **Termineinlage** eine Verzinsung von 5,5 % zu erzielen.

Die Hansabank kalkuliert mit einer **Risikokostenmarge** von 0,65 %. Die **Betriebskostenmarge** beträgt 0,85 %.

Die Bank berücksichtigt außerdem 2 % **Eigenkapitalkosten**. (Durch einen Kontokorrentkredit werden 8 % des haftenden Eigenkapitals gebunden [Grundsatz I des Bundesaufsichtsamtes für das Kreditwesen]. Unterstellt man, daß die Hansabank Kernkapital einsetzt und 25 % Verzinsung des Eigenkapitals für Ertragsteuern, Rücklagenbildung und Dividenden benötigt, dann muß sie mit 2 % (25 % von 8 %) Eigenkapitalkosten [kalkulatorische Zinsen für Eigenkapital] rechnen.)

Kalkulation:

Effektiv erzielbare Zinsen	12	% von 50 000 DM	=	6 000 DM
·/. Geldmarktzinsen	5,5	% von 50 000 DM	=	2 750 DM
= **Konditionsbeitrag (DB I)**	6,5	% von 50 000 DM	=	3 250 DM
·/. Risikokosten	0,65	% von 50 000 DM	=	325 DM
= **Überschuß im Wertbereich (DB II)**	5,85	% von 50 000 DM	=	2 925 DM
·/. Betriebskosten	0,85	% von 50 000 DM	=	425 DM
= **Netto-Konditionsbetrag (DB III)**	5	% von 50 000 DM	=	2 500 DM
·/. Eigenkapitalkosten	2	% von 50 000 DM	=	1 000 DM
= **Beitrag zum Betriebsergebnis (DB IV)**	3	% von 50 000 DM	=	1 500 DM

Aus dem Deckungsbeitrag IV sind außerdem noch die **Overheadkosten** als nicht zurechenbare Gemeinkosten abzudecken.

Der Deckungsbeitrag IV (u. U. nach Abzug anteilig zu verrechnender Overheadkosten) kann z. B. an einem Planwert gemessen werden **(Soll-Ist-Vergleich)**.

Mindestreservekosten bei Passivprodukten

Bei der Kalkulation von Passivprodukten, z. B. von Termineinlagen, sind **Mindestreservekosten** zu berücksichtigen (kalkulatorische Kosten – siehe Abschnitt 11.3.4). Dazu ist nicht der Zinssatz für die Einlage zu erhöhen, sondern der Geldmarktsatz zu verringern.

Beispiel
Berechnung der Mindestreservekosten

Kundentermineinlage in Höhe von 100 000 DM für drei Monate: 5 %, Mindestreservesatz: 2 %
Dreimonatsgeld am Geldmarkt: 7 %

Erhöhung des Kundenzinssatzes:

$$\frac{5}{1 - 0{,}02} = 5{,}10\,\%$$

Verminderung des Geldmarktzinssatzes:

$$7\,(1 - 0{,}02) = 6{,}86\,\%$$

Wenn 100 000 DM Kundeneinlagen vorhanden sind, stehen unter Berücksichtigung von 2 % Mindestreserve (2 000 DM) 98 000 DM für eine Anlage auf der Aktivseite zur Verfügung. Sie kosten 5 000 DM Zinsen. Die benötigten 98 000 DM könnten (ohne Mindestreservepflicht) zu 7 % auf dem Geldmarkt aufgenommen werden und würden 6 860 DM Zinskosten verursachen. Die Differenz beträgt 1 860 DM = 1,86 %.

Zur Errechnung der Konditionsmarge (Bruttomarge) müssen also nicht 7 % Marktzins und 5,10 % Kundenzins, sondern 6,86 % Marktzins und 5 % Kundenzins verglichen werden.

7 % – 5,10 % = 1,9 %
6,86 % – 5 % = 1,86 %

Produktkalkulationen können zur **Geschäftsspartenkalkulation** zusammengefaßt werden.

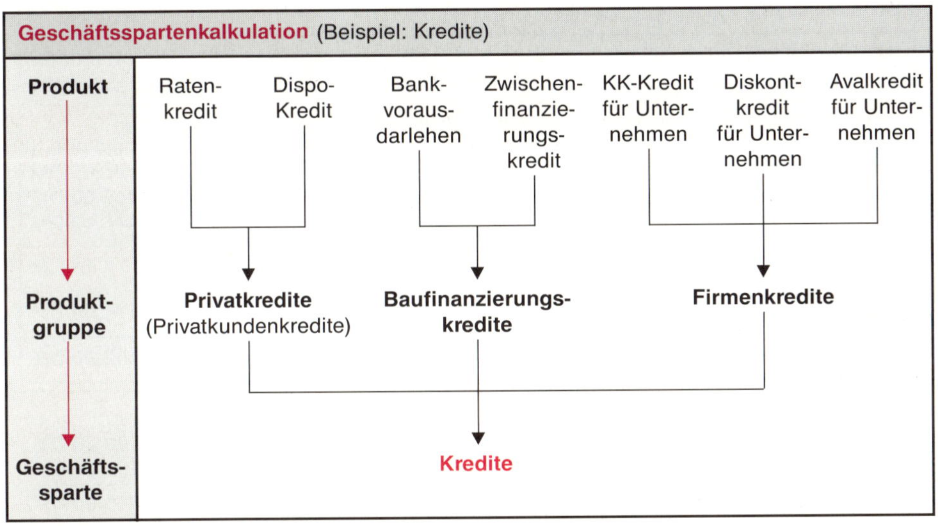

11.6.5 Kundenkalkulation

Wesen

Eine Kundenkalkulation ist die **Kalkulation einer Kundenverbindung** (Geschäftsverbindung mit einem Kunden, der unterschiedliche Bankleistungen auf mehreren Konten in Anspruch nimmt) oder die Kalkulation einer Kundenverbindung, die nur über ein Konto abgewickelt wird **(Kontokalkulation)**.

Zweck

Kundenkalkulationen werden als **Deckungsbeitragsrechnung** durchgeführt. Die Ermittlung von Deckungsbeiträgen dient zur **Beurteilung der Vorteilhaftigkeit einer Konto- oder Kundenverbindung** (Soll-Ist-Vergleich oder Zeitvergleich).

Beispiel
Konto-kalkulation

Kalkulation des Girokontos Walter Baum (für das Geschäftsjahr 19. .)

Wertbereich

ø Volumen	**ø Bruttomarge**	**ø Kosten**	**ø Netto-zinssatz**	**Konditions-beiträge** (nach Abzug von Kosten)
10 000 DM (Soll)	6 %	0,5 % (Risikokosten)	5,5 %	550,00 DM
2 000 DM (Haben)	3,5 % (bereits abzüglich Mindestreserve-kosten)	–	3,5 %	70,00 DM
Zinsüberschuß des Kontos				**620,00 DM**

Betriebsbereich

Leistungen	**Stückzahl**	**Standardkosten je Stückleistung**	**Standardkosten je Leistungseinheit**
Auszahlungen	60	1,00 DM	60,00 DM
Überweisungen	300	0,75 DM	225,00 DM
Euro-Schecks	20	1,20 DM	24,00 DM
Lastschriften	100	0,50 DM	50,00 DM
Kontoauszüge	290	0,40 DM	116,00 DM
Betriebskosten des Kontos			**475,00 DM**

Entgelte	**Stückzahl**	**Stückerlöse**	**Erlöse**
Grundpreis je Monat	12	5,00 DM	60,00 DM
Buchungspreis je Stück	480	0,35 DM	168,00 DM
Auszugspreis je Stück	290	0,50 DM	145,00 DM
Betriebserlöse des Kontos			**373,00 DM**
·/. Betriebskosten des Kontos			**475,00 DM**
= Unterdeckung der Betriebskosten			**102,00 DM**

Ergebnisberechnung	
Zinsüberschuß	**620,00 DM**
·/. (nicht gedeckte) Betriebskosten	**102,00 DM**
= Ergebnisbeitrag des Kontos (DB)	**518,00 DM**

Der Zinsüberschuß des Kontos kann auch als positiver Deckungsbeitrag im Wertbereich, die Unterdeckung der Betriebskosten als negativer Deckungsbeitrag im Betriebsbereich (negatives Dienstleistungsergebnis) bezeichnet werden. Der positive Deckungsbeitrag des Kontos ist ein Beitrag zur Deckung der Gemeinkosten und der Eigenkapitalkosten.

Das Beispiel zeigt, daß das **Grundschema der Kontokalkulation** dem auf Seite 384 dargestellten Muster der Deckungsbeitragsrechnung entspricht, wobei die Eigenart der Kontokalkulation die Reihenfolge der Rechenschritte bestimmt.

Auswertung der Kundenkalkulation

Die **Kundenkalkulation** soll dem Kundenbetreuer **Hinweise und Anregungen** geben. Kundenverbindungen mit positiven Ergebnisbeiträgen, also mit positiven Deckungsbeitrag in der Ergebnisfeststellung, müssen ausgebaut werden (Cross

Selling-Bemühungen, u. U. Entgegenkommen in der Gestaltung der Konditionen für zusätzliche Geschäfte). Bei negativem Deckungsbeitrag einer Konto- bzw. Kundenkalkulation muß eine Veränderung der Konditionen (Anhebung im Aktivbereich, Absenkung im Passivbereich) in Betracht gezogen werden. Auch eine Intensivierung der Kundenbeziehung im Sinne höherer durchschnittlicher Aktiv- und Passivvolumina könnte eine positive Veränderung bewirken.

Aufgaben

Aufgabe 11.26

Führen Sie eine Produktkalkulation für ein Darlehen durch!

Höhe des Darlehens	200 000,00 DM
Laufzeit	5 Jahre
Kapitalmarktsatz für fünfjährige Anlagen	6,5 %
Normalkondition der Bank	9 %
Risikokostenmarge	0,5 %
Stückkostenmarge	0,4 %
Provisionserlösmarge	0,1 %

a) *Ermitteln Sie die Nettomarge nach dem folgenden Muster!*

Normalkondition der Bank
./. Kapitalmarktsatz

Konditionsmarge (= Bruttomarge)
./. Risikokostenmarge
./. Stückkostenmarge
\+ Provisionserlösmarge

= **Nettomarge**

b) *Geben Sie Beispiele für Provisionserlöse, die im Zusammenhang mit der Darlehenseinräumung und -abwicklung über das Girokonto des Kunden anfallen können!*

c) *Führen Sie eine Deckungbeitragsrechnung nach dem Muster auf Seite 384 und dem Beispiel auf Seite 386 bis zur Feststellung des Netto-Konditionsbeitrags (DB III) durch!*

d) *Für welche Gemeinkosten soll der Netto-Konditionsbeitrag einen Deckungsbeitrag leisten?*

Aufgabe 11.27

Führen Sie eine Produktkalkulation für eine Termineinlage durch!

Höhe der Termineinlage	50 000,00 DM
Normalkondition der Bank	4,5 %
Mindestreservekosten	2 %
Laufzeit	6 Monate
Vergleichbarer Geldmarktsatz	6 %
Stückkostenmarge	0,2 %

a) *Ermitteln Sie die Marge im Wertbereich unter Berücksichtigung der Mindestreservekosten!*

b) *Führen Sie eine Deckungsbeitragsrechnung bis zur Feststellung des Netto-Konditionsbeitrags durch!*

Aufgabe 11.28

Beantworten Sie auf der Grundlage von kalkulatorischen Berechnungen Fragen zur Produktkalkulation!

Eine Bank diskontiert einen Wechsel über 100 000,00 DM und mit einer Laufzeit von drei Monaten zu 7,5 %. Der Geldmarktsatz für 3-Monatsgeld beträgt 5,7 %.

a) *Wie hoch ist der Konditionsbeitrag (d. h. der Zinsüberschuß, den die Bank mit dieser Wechseldiskontierung erwirtschaftet)?*

b) *Wie hoch ist der Ergebnisbeitrag dieser Wechseldiskontierung zum Betriebsergebnis der Bank, wenn die von der Bank ermittelten Betriebskosten (Stückkosten) für die Diskontierung eines Wechsels 135 DM betragen?*

c) *Wie hoch muß die Wechselsumme mindestens sein, damit die Diskontierung eines Wechsels mit einer Laufzeit von 90 Tagen einen positiven Beitrag zum Betriebsergebnis leistet?*

Aufgabe 11.29

Für eine Termineinlage sind kalkulatorische Rechnungen durchzuführen!

Eine Bank zahlt einem Kunden für ein 3-Monats-Termingeld über 200 000,00 DM 4,5 % Zinsen, Der Geldmarktsatz für 3-Monatsgeld beträgt 5,75 % (unter Berücksichtigung der Mindestreservekosten, die bei Aufnahme von Geldern bei anderen Banken nicht entstehen würden).

a) Wie hoch ist der Konditionsbeitrag?

b) Wie hoch ist der Ergebnisbeitrag der Hereinnahme dieses Termingeldes zum Betriebsergebnis der Bank, wenn die von der Bank ermittelten Betriebskosten (Stückkosten) für die Hereinnahme und Rückzahlung eines Termingeldes 25,00 DM betragen?

c) Wie hoch muß ein 3-Monats-Termingeld mindestens sein, um bei einer Konditionsmarge von 1,25 % einen positiven Beitrag zum Betriebsergebnis der Bank zu leisten?

Aufgabe 11.30 Führen Sie eine Kundenkalkulation im Wertbereich durch!

Die Weserbank hat der Reimers GmbH ein Kreditlimit über 300 000,00 DM für einen Kontokorrentkredit und ein Diskontkreditlimit über 200 000,00 DM eingeräumt sowie einen Investitionskredit als Festdarlehen über 500 000,00 DM gegeben.

Konditionen:	Kontokorrentkredit	13,5 %
	Diskontkredit	10,5 %
	Investitionskredit	9,5 % (fest für fünf Jahre)
	Habenzinsen	0,5 %

Für das abgelaufene Geschäftsjahr ermittelt die Weserbank folgende Zinszahlen:

Kontokorrentkredit	576 000
Diskontkredit	621 000
Sichteinlagen	8 100

Die Weserbank führt für die Reimers GmbH eine Kundenkalkulation durch.

Ermitteln Sie den Zinsüberschuß bei Anwendung der Marktzinsmethode und folgenden Marktzinsen (Geld- bzw. Kapitalmarktsätze):

Kontokorrentkredite	*9,50 %*
Diskontkredite	*8,00 %*
Investitionskredite	*8,25 %*
Sichteinlagen	*6,25 %*

Bei den Sichteinlagen sind noch 8 % Mindestreservekosten zu berücksichtigen.

Aufgabe 11.31 Ermitteln Sie den Ergebnisbeitrag eines Kontokorrentkontos!

Die Hansabank ermittelt den Ergebnisbeitrag des Kontokorrentkontos Jürgen Parey KG für das Geschäftsjahr 19. . :

Durchschnittsvolumen (Soll)	42 000,00 DM
Durchschnittsvolumen (Haben)	8 000,00 DM
Nettozinssatz (Soll)	6,5 %
Nettozinssatz (Haben)	3,5 %

Leistungen:

80 Bareinzahlungen je	2,50 DM
120 Barauszahlungen je	1,50 DM
630 Überweisungseingänge je	1,00 DM
720 Überweisungsausgänge je	1,20 DM
370 Scheckeinzüge je	0,80 DM
440 Scheckeinlösungen je	0,75 DM

Entgelte:

Grundpreis je Monat	10,00 DM
Buchungspreis je Posten	0,50 DM
48 Kontoauszüge je	1,00 DM

a) Ermitteln Sie die Deckungsbeiträge im Wertbereich und im Betriebsbereich!

b) Stellen Sie den Ergebnisbeitrag des Kontos fest!

Benutzen Sie das Kalkulationsschema auf Seite 388!

11.7 Die Gesamtbetriebskalkulation

Zweck

Die Gesamtbetriebskalkulation ist eine **Rechnung zur Ermittlung des Gesamterfolgs der Bank**. Dieser Gesamterfolg wird traditionell als **Betriebsergebnis** bezeichnet. Mit Hilfe von Zeit- und Betriebsvergleichsrechnungen können Veränderungen festgestellt und im Hinblick auf ihre Ursachen untersucht werden.

Wie bereits auf Seite 356 erläutert, kann die Berechnung des Betriebsergebnisses **unterschiedliche Grundlagen** haben.

Unterschiedliche Berechnungen des Betriebsergebnisses

Berechnung des Betriebsergebnisses

Ergebnisberechnung auf der Grundlage der Kosten- und Erlösrechnung	**Ergebnisberechnung auf der Grundlage der Gewinn- und Verlustrechnung**
Betriebsergebnis = Erlöse ·/. Kosten	**Betriebsergebnis** = Erträge im operativen Geschäft ·/. Aufwendungen im operativen Geschäft
(Kalkulatorische Betriebsergebnisrechnung)	**(GuV-orientierte Betriebsergebnisrechnung)**

11.7.1 Die kalkulatorische Betriebsergebnisrechnung

Die kalkulatorische Betriebsergebnisrechnung enthält, unter strikter Ausklammerung der neutralen Erfolge, auch (soweit sinnvoll) kalkulatorische Kosten.

Berechnungsschema

Berechnung des kalkulatorischen Betriebsergebnisses

	Zinserlöse (Werterlöse)
·/.	Zinskosten (Wertkosten)
=	**Zinsüberschuß**
+	Provisions- und Gebührenerlöse (Betriebserlöse)
·/.	Provisionskosten (Betriebskosten)
·/.	Personalkosten, Sachkosten, Sachabschreibungen, Kostensteuern (Verwaltungskosten = Betriebskosten)
·/.	Risikokosten
+	Kursgewinne
=	**Betriebsergebnis**

Das kalkulatorische Betriebsergebnis wird im **internen Rechnungswesen** ermittelt.

11.7.2 Die GuV-orientierte Ergebnisrechnung

Ermittlung des Betriebsergebnisses aus Zahlen des externen Rechnungswesens

Berechnungen des Betriebsergebnisses, die sich **auf Zahlenwerte der Gewinn- und Verlustrechnung**, also auf Daten des externen Rechnungswesens stützen, führen die Deutsche Bundesbank und die Kreditinstitute selbst durch.

Zugrunde gelegt werden Bruttozahlen, d. h. Zahlenwerte ohne die in den Formblättern für Gewinn- und Verlustrechnungen vorgesehenen Kompensationen.

Berechnungen und Veröffentlichungen der Bundesbank

Die **Bundesbank** stellt auf der Grundlage der Jahresabschlüsse der zur monatlichen Bilanzstatistik berichtenden Kreditinstitute wichtige Zahlen der Gewinn- und Verlustrechnung zusammen und ermöglicht im Zeit- und Betriebsvergleich Einblick in die Ergebnisstruktur der Kreditinstitute und der Bankengruppen. Die Bundesbank veröffentlicht jeweils im August ihre Ergebnisse in den Monatsberichten („Die Ertragslage der deutschen Kreditinstitute im Jahre . . . .").

Berechnungen und Veröffentlichungen der Kreditinstitute

Die im Bundesverband deutscher Banken zusammengeschlossenen **privaten Banken** benutzen seit 1993 ein **Berechnungsschema**, das der Gliederung der Formblätter der Gewinn- und Verlustrechnung entspricht. Die **Übersicht auf Seite 393** verdeutlicht den Zusammenhang.

Der **Öffentlichkeit** stehen damit **drei wichtige Zahlenwerte** zur Verfügung:

- das **Teilbetriebsergebnis**,
- das **Betriebsergebnis**
- der **Jahresüberschuß**.

Teilbetriebsergebnis

Das **Teilbetriebsergebnis** umfaßt das **Ergebnis des zinsabhängigen Geschäfts** und **das Dienstleistungsergebnis**, verringert um Personal- und Sachaufwand sowie um Normalabschreibungen auf Sachanlagen.

Berechnungsschema

	Zinsüberschuß (Zinsergebnis)
+	Provisionsüberschuß (Provisionsergebnis)
./.	Verwaltungsaufwand (Personal- und Sachaufwand)
./.	Abschreibungen auf Sachanlagen
=	Teilbetriebsergebnis

Operatives Ergebnis

Das um das **Ergebnis aus dem Eigenhandel erweiterte Teilbetriebsergebnis** ist das **Ergebnis des laufenden Geschäfts** (operatives Ergebnis).

Das Ergebnis aus dem Eigenhandel ist der in der GuV-Rechnung ausgewiesene **Nettoerfolg aus Finanzgeschäften**.

Eigenhandelsergebnis

Nettoertrag oder Nettoaufwand aus Finanzgeschäften

Der Nettoertrag oder -aufwand aus Finanzgeschäften ist das **Eigenhandelsergebnis**. Er stellt den Saldo folgender Erträge und Aufwendungen dar (§ 340c Abs. 1 HGB):

- Veräußerungsgewinne und -verluste aus Eigenhandelsgeschäften mit
  - Wertpapieren des Handelsbestandes,
  - Finanzinstrumenten (z. B. Optionen, Futures, Swaps),
  - Devisen,
  - Edelmetallen,
- Abschreibungen auf Handelsbestände und Zuführungen zu Rückstellungen für drohende Verluste,
- Erträge aus Zuschreibungen zu Handelsbeständen und aus der Auflösung von Rückstellungen für drohende Verluste.

Ein ebenfalls sehr wichtiger Zahlenwert bei der Ermittlung des Betriebsergebnisses aus dem Teilbetriebsergebnis ist der **Aufwand der Bank für die Risikovorsorge**.

Aufwand für Risikovorsorge

Saldo aus

- Abschreibungen und Wertberichtigungen auf
  - Forderungen und
  - Wertpapiere der Liquiditätsreserve (= Wertpapiere, die weder wie Anlagevermögen behandelt werden, noch Teil des Handelsbestandes sind)
- Zuführungen zu Rückstellungen im Kreditgeschäft (z. B. des außerbilanziellen Bereichs)
- Wertberichtigungen zur Erfassung allgemeiner Bankrisiken
- Erträge aus Zuschreibungen zu Forderungen und Wertpapieren der Liquiditätsreserve
- Veräußerungsgewinne und -verluste aus Wertpapieren der Liquiditätsreserve
- Erträge aus dem Eingang abgeschriebener Forderungen und der Auflösung von Rückstellungen im Kreditgeschäft
- Erträge aus der Auflösung von Wertberichtigungen zur Erfassung allgemeiner Bankrisiken.

Berechnung des Teilbetriebsergebnisses und des Betriebsergebnisses

- Zinserträge aus Kredit- und Geldmarktgeschäften, festverzinslichen Wertpapieren und Schuldbuchforderungen ....
- Laufende Erträge aus Aktien, anderen nicht festverzinslichen Wertpapieren, Beteiligungen und Anteilen an verbundenen Unternehmen[1] ....
- Zinsaufwendungen ....

Zinsüberschuß ....

- Provisionserträge ....
- Provisionsaufwendungen ....

Provisionsüberschuß ....

- Löhne und Gehälter ....
- Soziale Abgaben und Aufwendungen für Altersversorgung und Unterstützung ....
- Andere Verwaltungsaufwendungen[2] ....

Verwaltungsaufwendungen ....

= Teilbetriebsergebnis ....

- Nettoertrag oder Nettoaufwand aus Finanzgeschäften ....
- Saldo der sonstigen betrieblichen Erträge/Aufwendungen ....
- Risikovorsorge ....

= Betriebsergebnis ....

[1] einschließlich Erträge aus Gewinngemeinschaften, Gewinnabführungs- oder Teilgewinnabführungsverträgen
[2] einschließlich Normalabschreibungen auf Sachanlagen

Gewinn- und Verlustrechnung

1. Zinserträge aus
   a) Kredit- und Geldmarktgeschäften ....
   b) festverzinslichen Wertpapieren und Schuldbuchforderungen ....
2. Zinsaufwendungen ....
3. Laufende Erträge aus
   a) Aktien und anderen nicht festverzinslichen Wertpapieren ....
   b) Beteiligungen ....
   c) Anteilen an verbundenen Unternehmen ....
4. Erträge aus Gewinngemeinschaften, Gewinnabführungs- oder Teilgewinnabführungsverträgen ....
5. Provisionserträge ....
6. Provisionsaufwendungen ....
7. Nettoertrag oder Nettoaufwand aus Finanzgeschäften ....
8. Sonstige betriebliche Erträge ....
9. Erträge aus der Auflösung von Sonderposten mit Rücklageanteil ....
10. Allgemeine Verwaltungsaufwendungen
    a) Personalaufwand
       aa) Löhne und Gehälter ....
       ab) Soziale Abgaben und Aufwendungen für Altersversorgung und für Unterstützung ....
       darunter:
       für Altersversorgung .... DM
    b) andere Verwaltungsaufwendungen ....
11. Abschreibungen und Wertberichtigungen auf immaterielle Anlagewerte und Sachanlagen ....
12. Sonstige betriebliche Aufwendungen ....
13. Abschreibungen und Wertberichtigungen auf Forderungen und bestimmte Wertpapiere sowie Zuführungen zu Rückstellungen im Kreditgeschäft ....
14. Erträge aus Zuschreibungen zu Forderungen und bestimmten Wertpapieren sowie aus der Auflösung von Rückstellungen im Kreditgeschäft ....
15. Abschreibungen und Wertberichtigungen auf Beteiligungen, Anteile an verbundenen Unternehmen und wie Anlagevermögen behandelte Wertpapiere ....
16. Erträge aus Zuschreibungen zu Beteiligungen, Anteilen an verbundenen Unternehmen und wie Anlagevermögen behandelten Wertpapieren ....
17. Aufwendungen aus Verlustübernahme ....
18. Einstellungen in Sonderposten mit Rücklageanteil ....
19. Ergebnis der normalen Geschäftstätigkeit ....

Betriebsergebnis und Nettozinsspanne

Das **Betriebsergebnis** entspricht der **Nettozinsspanne**, die mit Hilfe der Gesamtzinsspannenrechnung ermittelt werden kann:

Berechnung der Nettozinsspanne (Gesamtzinsspannenrechnung)
Werterlöse in % des Geschäftsvolumens
– Wertkosten in % des Geschäftsvolumens
= Bruttozinsspanne
– Bedarfsspanne in % des Geschäftsvolumens
= Nettozinsspanne

Die **Bedarfsspanne in DM** errechnet sich aus **Provisionsüberschuß** abzüglich **Verwaltungsaufwand.**

Aufgaben

Aufgabe 11.32 Berechnen Sie das Teilbetriebsergebnis!

Zinsüberschuß	250 TDM
Provisionsüberschuß	10 TDM
Verwaltungsaufwand einschließlich Normalabschreibung auf Sachanlagen	50 TDM

Aufgabe 11.33 Berechnen Sie Gesamtzinsspannen!

Bruttozinsspanne	4 %
Geschäftsvolumen	100 Mio. DM
Provisionsüberschuß	900 TDM
Verwaltungsaufwand	400 TDM

a) Wie hoch ist die Bedarfsspanne?

b) Wie hoch ist die Nettozinsspanne?

Aufgabe 11.34 Führen Sie Berechnungen im Rahmen der Gesamtbetriebskalkulation durch!

Zinserträge	500 Mio. DM
Zinsaufwendungen	150 Mio. DM
Provisionserträge	120 Mio. DM
Provisionsaufwendungen	70 Mio. DM
Verwaltungsaufwendungen (einschließlich Abschreibung auf Sachanlagen)	200 Mio. DM
Nettoertrag aus dem Eigenhandel	150 Mio. DM

a) Berechnen Sie das Teilbetriebsergebnis!

b) Berechnen Sie das Betriebsergebnis!

c) Ermitteln Sie die Eigenkapital-Rentabilität des operativen Ergebnisses (haftendes Eigenkapital 2 Mrd. DM)

Aufgabe 11.35 Errechnen Sie Ergebnisse aus einer unkompensierten Gewinn- und Verlustrechnung!

Eine Bank hat intern die auf Seite 395 abgedruckte, unkompensierte Gewinn- und Verlustrechnung aufgestellt (in Mio. DM).

a) Vervollständigen Sie die Gewinn- und Verlustrechnung, und berechnen Sie das Ergebnis der normalen Geschäftstätigkeit!

b) Errechnen Sie
- *den Zinsüberschuß,*
- *den Provisionsüberschuß,*
- *die Verwaltungsaufwendungen und*
- *das Teilbetriebsergebnis!*

(Die Normalabschreibungen auf Sachanlagen betragen 20 Mio. DM.)

c) Errechnen Sie das Betriebsergebnis!

Gewinn- und Verlustrechnung			
1. Zinserträge aus			
a) Kredit- und Geldmarktgeschäften	400		
b) festverzinslichen Wertpapieren und Schuldbuchforderungen	200	?	
2. Zinsaufwendungen		150	?
3. Laufende Erträge aus			
a) Aktien und anderen nicht festverzinslichen Wertpapieren		50	
b) Beteiligungen		30	
c) Anteilen an verbundenen Unternehmen		70	?
4. Erträge aus Gewinngemeinschaften, Gewinnabführungs- oder Teilgewinnabführungsverträgen			–
5. Provisionserträge		150	
6. Provisionsaufwendungen		70	?
7. Nettoertrag aus Finanzgeschäften			200
8. Sonstige betriebliche Erträge			20
9. Erträge aus der Auflösung von Sonderposten mit Rücklageanteil			–
10. Allgemeine Verwaltungsaufwendungen			
a) Personalaufwand			
aa) Löhne und Gehälter	100		
ab) Soziale Abgaben und Aufwendungen für Altersversorgung und für Unterstützung	80	?	
darunter: für Altersversorgung .... DM			
b) andere Verwaltungsaufwendungen		70	?
11. Abschreibungen und Wertberichtigungen auf immaterielle Anlagewerte und Sachanlagen			35
12. Sonstige betriebliche Aufwendungen			5
13. Abschreibungen und Wertberichtigungen auf Forderungen und bestimmte Wertpapiere sowie Zuführungen zu Rückstellungen im Kreditgeschäft		40	
14. Erträge aus Zuschreibungen zu Forderungen und bestimmten Wertpapieren sowie aus der Auflösung von Rückstellungen im Kreditgeschäft		10	?
15. Abschreibungen und Wertberichtigungen auf Beteiligungen, Anteile an verbundenen Unternehmen und wie Anlagevermögen behandelte Wertpapieren		10	
16. Erträge aus Zuschreibungen zu Beteiligungen, Anteilen an verbundenen Unternehmen und wie Anlagevermögen behandelten Wertpapieren		–	?
17. Aufwendungen aus Verlustübernahme			–
18. Einstellungen in Sonderposten mit Rücklageanteil			–
19. Ergebnis der normalen Geschäftstätigkeit			?

Verwenden Sie für Ihre Lösung folgendes Schema:

Zinserträge aus Kredit- und Geldmarktgeschäften, festverzinslichen Wertpapieren und Schuldbuchforderungen	?
+ *Laufende Erträge aus Aktien, anderen nicht festverzinslichen Wertpapieren, Beteiligungen und Anteilen an verbundenen Unternehmen*	?
./. *Zinsaufwendungen*	?
Zinsüberschuß	?
Provisionserträge	?
./. *Provisionsaufwendungen*	?
Provisionsüberschuß	?
Löhne und Gehälter	?
./. *Soziale Abgaben und Aufwendungen für Altersversorgung und Unterstützung*	?
./. *Andere Verwaltungsaufwendungen*	?
Verwaltungsaufwendungen	?
Teilbetriebsergebnis	?
Nettoertrag oder Nettoaufwand aus Finanzgeschäften	?
Saldo der sonstigen betrieblichen Erträge/Aufwendungen	?
Risikovorsorge	?
Betriebsergebnis	?

Programmierte Aufgaben

Aufgabe 11.36 **Was versteht man unter der Gesamtbetriebskalkulation?**

a) die Zusammenfassung aller Kundenkontenkalkulationen
b) die Ermittlung des Jahresüberschusses vor Steuern
c) die Ermittlung des Betriebsergebnisses
d) die Ermittlung des Zinsüberschusses
e) die Ermittlung der Gesamtzinsspanne
f) die Ermittlung der Selbstkosten der Marktleistungen

Aufgabe 11.37 **Entscheiden Sie über die Zuordnung von Begriffen!**

① Bruttozinsspanne
② Nettozinsspanne
③ Bedarfsspanne
④ Ertragsspanne

(Die nachfolgenden Antworten verstehen sich jeweils in Prozent vom Geschäftsvolumen.)

a) Werterlöse minus Wertkosten
b) Provisionserträge minus Provisionsaufwendungen minus Personalaufwendungen minus Sachaufwand
c) Werterlöse minus Wertkosten plus Provisionserträge minus Provisionsaufwendungen plus Personalaufwendungen plus Sachaufwand
d) Nettozinsspanne plus Bedarfsspanne
e) Zinsüberschuß plus Provisionsüberschuß minus Verwaltungsaufwand
f) Provsionsüberschuß minus Verwaltungsaufwand

Aufgaben zur Gesamtwiederholung

Führen Sie Berechnungen im Wertbereich durch!

Aufgabe 11.38

Die Hansabank ermittelt auf folgenden Erfolgskonten die nachstehenden Salden (in Mio. DM):

Zinserträge aus Krediten	310
Zinserträge aus festverzinslichen Wertpapieren	45
Avalprovisionen	13
Wertpapier-Kursgewinne	20
Beteiligungserträge	10
Diskonterträge	28
Zinserträge aus Geldmarktanlagen	55
Dividendenerträge	16
Zinsaufwendungen für Einlagen	207
Diskontaufwendungen für rediskontierte Wechsel	20
Abschreibungen auf Wertpapiere	15
Zinsaufwendungen für Wertpapierpensionsgeschäfte	23
Zinsaufwendungen für begebene Schuldverschreibungen	76
Abschreibungen auf Forderungen	65
Zinsaufwendungen für Refinanzierungen auf dem Geldmarkt	48

a) *Ermitteln Sie den Zinsüberschuß!*

b) *Wie hoch ist die Gesamtzinsspanne bei einem durchschnittlichen Geschäftsvolumen von 4 Mrd. DM?*

c) *Wie verändert sich die Gesamtzinsspanne im folgenden Jahr bei einer Erhöhung des Zinsüberschusses um 8 % sowie einer Steigerung des Geschäftsvolumens um 12 %?*

Geben Sie eine Erläuterung zur Marktzinsmethode!

Aufgabe 11.39

Bei einer Bank war im abgelaufenen Geschäftsjahr die Summe aller Konditionsbeiträge höher als der Zinsüberschuß. Erläutern Sie, worauf dies zurückzuführen ist!

Rechnen Sie mit der Nettomarge!

Aufgabe 11.40

Die Bank hat ermittelt, daß jedes Hypothekendarlehen einmalige Bearbeitungskosten von durchschnittlich 675,00 DM verursacht. Wie hoch muß der Darlehensbetrag bei einer Zinsfestschreibung von fünf Jahren mindestens sein, wenn die Bank mit einer Nettomarge von 0,75 % kalkuliert?

Geben Sie Erklärungen zu Begriffen!

Aufgabe 11.41

Eine Bank stellt einem Kunden ein Hypothekendarlehen über 120 000,00 DM zur Verfügung, Nominalzins 6 %, Auszahlungskurs 95 %. Die Bank berechnet eine einmalige Schätzungsgebühr von 0,3 % des Darlehensbetrages sowie eine jährliche Kontoführungsgebühr von 80,00 DM. Erläutern Sie anhand dieses Beispiels Begriffe aus der Bankkostenrechnung:

a) *Betriebsleistung,*

b) *Wertleistung,*

c) *Betriebskosten,*

d) *Wertkosten,*

e) *Betriebserlöse,*

f) *Werterlöse!*

Treffen Sie Entscheidungen über Kosten!

Aufgabe 11.42

Eine Bank will die Kosten für ein Hypothekendarlehen ermitteln.

Entscheiden Sie, ob es sich bei folgenden Kosten um

a) *Einzelkosten,*

b) *Gemeinkosten,*

c) *fixe Kosten,*

d) *variable Kosten*

handelt:

① Gehalt des Kundenberaters

② EDV-Kosten

③ Formularkosten (für Kreditantrag, Beleihungswertermittlung, Grundschuldbestellung usw.)

④ Heizungskosten für die Räume der Abteilung „Baufinanzierung“

⑤ Portokosten (für Versand des Kreditzusageschreibens, des Treuhandauftrags an den Notar usw.)

⑥ Abschreibung auf das Bankgebäude

⑦ Kosten für eine Anzeige in einer Tageszeitung, in der für Wohnungsbaudarlehen geworben wird

⑧ Kosten für Altersversorgung ehemaliger Mitarbeiter der Bank.

Aufgabe 11.43 Führen Sie eine Kundenkalkulation durch!

Die Merkurbank hat der Sander GmbH einen Kontokorrentkredit über 250 000,00 DM und einen Diskontkredit über 150 000,00 DM eingeräumt. Zinskonditionen:

Kontokorrentkredit	12,50 %
Diskontkredit	8,50 %
Habenzinsen	0,50 %.

Für die vergangenen 12 Monaten ermittelt die Merkurbank folgende Zinszahlen:

Kontokorrentkredit	486 000
Diskontkredit	504 000
Sichteinlagen	10 800.

Für Kontokorrent-Forderungen setzt die Bank 0,40 % Risikokosten an.

a) *Ermitteln Sie den Überschuß im Wertbereich bei Anwendung folgender Marktzinssätze:*

Kontokorrentkredite	*8,50 %*
Diskontkredite	*6,50 %*
Sichteinlagen	*7,20 % (Mindestreserve-Kosten sind bereits berücksichtigt)*

b) *Erläutern Sie, was man im Zusammenhang mit der Marktzinsmethode unter dem „Strukturbeitrag“ versteht und wie er ermittelt werden kann!*

Abkürzungsverzeichnis

Abs.	Absatz
AfA	Absetzung für Abnutzung
AG	Aktiengesellschaft
AKA	Ausfuhrkreditgesellschaft m.b.H.
AktG	Aktiengesetz
AO	Abgabenordnung
ARA	Aktive Rechnungsabgrenzung
BAB	Betriebsabrechnungsbogen
BAK	Bundesaufsichtsamt für das Kreditwesen
BBk	Bundesbank
BGBl	Bundesgesetzblatt
CpD	Konto pro Diverse
EBK	Eröffnungsbilanzkonto
EDV	Elektronische Datenverarbeitung
eG	eingetragene Genossenschaft
EStDV	Einkommensteuer-Durchführungsverordnung
EStG	Einkommensteuergesetz
EStR	Einkommensteuerrichtlinien
E. v.	Eingang vorbehalten
e.V.	eingetragener Verein
GmbH	Gesellschaft mit beschränkter Haftung
GmbHG	GmbH-Gesetz
GenG	Genossenschaftsgesetz
GoB	Grundsätze ordnungsmäßiger Buchführung
GuV	Gewinn- und Verlustkonto
HGB	Handelsgesetzbuch
KESt	Kapitalertragsteuer
KG	Kommanditgesellschaft
KGaA	Kommanditgesellschaft auf Aktien
KK	Kontokorrent
KSt	Körperschaftsteuer
KWG	Kreditwesengesetz
LZB	Landeszentralbank
mbH	mit beschränkter Haftung
MWSt	Mehrwertsteuer
n. E.	nach Eingang
n. J.	nächsten Jahres
nom.	nominell
NV-Bescheinigung	Nicht-Veranlagungsbescheinigung
OHG	Offene Handelsgesellschaft
PRA	Passive Rechnungsabgrenzung
RechKredV	Rechnungslegungsverordnung
SBK	Schlußbilanzkonto
uff.	und ferner folgende
USt	Umsatzsteuer
UStG	Umsatzsteuergesetz
VL	Vermögenswirksame Leistungen
ZASt	Zinsabschlagsteuer

Sachwortverzeichnis

A

Abschlußbuchungen 55
Abschlußübersicht 57
Abschreibungen
- Abschreibungsrecht zur Legung stiller Reserven 243 ff.
- AfA 259 ff.
- auf Anlagevermögen nach HGB 256 ff.
- auf Betriebs- und Geschäftsausstattung 267
- auf Finanzanlagen 269
- auf Forderungen 157 ff.
- auf Grundstücke und Gebäude 264
- auf Wertpapiere 188 ff., 277
- außerplanmäßige Abschreibungen 258
- Bedeutung 257
- Begriff 91
- degressive Abschreibung 262 ff.
- geringwertige Wirtschaftsgüter 268
- kalkulatorische Abschreibungen 357
- lineare Abschreibung 261 ff.
- planmäßige Abschreibungen 258
- steuerrechtliche Abschreibungen 259
- Teilwertabschreibung 259

Akkreditivbuchungen 224 f.
Aktiva 23
Aktivkonten 31 ff.
Akzeptkredit 153
Allgemeine Bankrisiken 278
Anhang 230, 317 ff.
Anlagespiegel 318
Annuität 148
Antizipative Zinsen 290
Aufwandskonten
- Einführung 43
- Überblick 87 f.

Aufwendungen 87
Außerordentliche Aufwendungen 87
Außerordentliche Erträge 92
Außerordentliches Ergebnis 314
Avalkredit 151

B

Bankenkontokorrent
- Abschluß 85
- Inhalt 82
- Skontren zum Banken-KK 82 f.

Bankkalkulation 362 ff.
Bankleistungen
- Betriebsleistungen 358
- Wertleistungen 358

Barreserve 305
Barwert 140, 287
Bedarfsspanne 394
Belege
- Arten 336
- Aufbewahrungsart und -fristen 14
- Aufgabe 36
- Belegzwang 336

Belegloser Lastschrifteinzug 109
Belegloses Scheckinkasso 105
Bestandskonten
- Abschluß 55
- Begriff 31
- Eröffnung 55

Beteiligung 244, 306
Betriebsergebnis 391 ff.
Betriebsübersicht 57 f.
Bewertung
- Anlagevermögen 245
- Bewertungsstetigkeit 243
- Bewertungsvorschriften für Kreditinstitute 247 f.
- Bewertungsvorschriften nach HGB 242 ff.
- eigene Wertpapiere 190 ff., 276
- Forderungen 157 f., 246
- Fremdwährungsbestände (Devisen) 212
- Niederstwertprinzip 246
- Sorten 220
- steuerrechtlich 248
- Umlaufvermögen 246
- Verbindlichkeiten 247
- Wertaufholungsgebot 246 f.

Bilanz
- Aufbewahrungsart und -fristen 14
- Aufgaben 23 f.
- Begriff 22
- Bilanzformblatt 302 ff.
- Bilanzidentität 242
- Bilanzklarheit 242
- Bilanzkontinuität 242
- Bilanzwahrheit 241
- Eröffnungsbilanz 22
- Handelsbilanz 24
- Schichtenbilanz 368
- Schlußbilanz 37 f., 55
- Steuerbilanz 24
- Tagesbilanz 337

Bilanzformblatt 302 ff.
Bilanzgewinn 314, 324 ff.
Bilanzierung
- Akzeptkredite 155 f.
- Avalkredite 152
- Darlehen 146, 149
- Diskontkredite 141
- Dividendenscheine 205
- Effekten 189 ff.
- Einlagen von Banken 130
- Einlagen von Nichtbanken 130
- Grundsätze ordnungsmäßiger Bilanzierung 241
- Inkassowechsel 112
- Kassenbestand 100
- Kontokorrentforderungen 138
- Lombardkredite 169
- Postwertzeichen 100
- Rückschecks 107
- Schatzanweisungen 171
- Schatzwechsel 171
- Schecks 105
- Sorten 100
- Spareinlagen 125
- Sparschuldverschreibungen 128
- Wertpapiere 189 ff.
- Zinsscheine 203

BSE-Schecks 105
Buchführung
- als Teil des Rechnungswesens 9
- Anforderungen an die Bankbuchführung 317
- Aufbewahrung von Unterlagen 12 f.
- Aufgaben (allgemein) 9

– Formerfordernisse 13 f.
– Fremdwährungsbuchführung 209
– Führung der Handelsbücher 13 f.
– Grundsätze ordnungsmäßiger Buchführung 14 f.
– Korrektur von Buchungen 13
– Ordnungserfordernisse 13
– Rechtsgrundlagen 11 ff.
– Speicherbuchführung 13

Buchungen
– Abschlußbuchungen 55
– auf Konten 32 ff.
– Buchungssatz 35
– Eröffnungsbuchungen 55
– Umbuchungen 57
– Umsatzbuchungen 55
– Vorabschlußbuchungen 255
– vorbereitende Abschlußbuchungen 55, 255

Buchungssatz 35

C

Controlling 351

D

Darlehen
– Begriff 145
– Hypothekar- und Grundschuldkredit 148 f.
– Ratenkredit 145 ff.

Deckungsbeitrag 384 f.
Devisenbuchungen 209 ff.
Disagio
– Begriff 145
– bei Anleihen 243
– bei Hypothekar- und Grundschuldkrediten 148

Diskontkredit
– der Banken und Sparkassen 139 ff.
– der Bundesbank 142

Dividendenscheine 203 ff.
Dokumentenakkreditive 224
Dokumenteninkassi 223

E

Edelmetallbuchungen 69
Effektenbuchungen
– Botengeschäfte 183
– Eigengeschäfte 187 ff.
– Eigenhändlergeschäfte 183 f.
– Kundenkommissionsgeschäfte 178 ff.

Effektiver Jahreszins 145
Eigenkapital
– im Inventar 16 f.
– in der Betriebsübersicht 58
– in der Bilanz 22, 311

Eigenkapitalpositionen 321
Einlagen
– Sichteinlagen von Banken 129 f.
– Sichteinlagen von Nichtbanken 128 f.
– Termineinlagen von Banken 129 f.
– Termineinlagen von Nichtbanken 128 f.

Einzelwertberichtigungen 157 ff.
Erfolgskonten
– Abschluß 43 f.
– Arten 43
– Begriff 43

Ergebnisrücklagen 325 f.
Ergebnisverwendung 323 ff.
Erlöse
– Begriff 354
– Betriebserlöse 358
– Werterlöse 358

Eröffnungsbilanzkonto 55 f.
Eröffnungsbuchungen 55
Erträge 92
Ertragskonten 43, 92 f.
Eventualverbindlichkeiten 312
EZL-Lastschriften 109
EZÜ-Überweisungen 103

F

Fonds für allgemeine Bankrisiken 282
Formblätter 233, 302, 313
Freistellungsauftrag 201
Fremdwährungsbuchungen 209

G

Geldmarktpapiere 170
Gemischte Konten
– Abschluß 50 f.
– Begriff 49

Genußrechtskapital 310
Geringwertige Wirtschaftsgüter 257
Gesetzliche Rücklage 321
Gewinn
– Begriff 44, 324 ff.
– Ermittlung in der Betriebsübersicht 585

Gewinnrücklagen 322
Gewinnverteilung 323 ff.
Gewinn- und Verlustkonto
– Abschluß 45, 55
– Begriff 44

Gewinn- und Verlustrechnung 313 ff.
Großbetrag-Scheckeinzug 105
Grundbuch 36
Grundsätze ordnungsmäßiger Bilanzierung 241 f.
Grundsätze ordnungsmäßiger Buchführung
– Aufgaben 14
– Begriff 14

GSE-Schecks 105

H

Handelsbilanz
– Begriff 24
– Maßgeblichkeit für die Steuerbilanz 248

Handelsbücher
– Aufbewahrungsart und -fristen 11 ff.
– Begriff 12
– Grundbuch 36
– Hauptbuch 36

Hauptbuch 36
Hypothekar- und Grundschuldkredit 148 f.

I

Imparitätsprinzip 242
Inventar
– Aufbewahrungsart und -fristen 15
– Begriff 15, 249
– Gliederung 16 f., 22
– Inventarpflichtigkeit 254

Inventur
– Begriff 15, 252
– Grundsätze ordnungsmäßiger Inventur 14
– Verfahren 253 f.

J

Jahresabschluß
– Aufgabe 9, 230
– Aufstellung 232 ff.
– Begriff 9
– Bestandteile bei Kreditinstituten 230
– Feststellung 234
– Formblätter 233, 302, 313
– handelsrechtliche Bewertungsvorschriften 242 ff.
– HGB-Vorschriften 232

– Offenlegung 240
– Prüfung 234 ff.
– Rechtsgrundlagen 231 f.
– Rücklagen- und Ausschüttungspolitik 321
– von Aktienbanken 324 f.
– von Genossenschaftsbanken 325 f.
– von Sparkassen 327 f.,
Jahresüberschuß 314

K

Kalkulation
– Gesamtbetriebskalkulation 391 f.
– Deckungsbeitragsrechnung 384 f.
– Kontenkalkulation 388
– Kundenkalkulation 387 f.
– Margenkalkulation 382 f.
– Produktkalkulation 385 f.
Kalkulatorische Abschreibungen 357
Kalkulatorische Kosten 357
Kapitalertragsteuer 201 ff.
Kapitalrücklage 322
Kassenbuchungen 99 f.
Kassendifferenzen 99
Konditionsbeitrag 369
Konten
– Aktivkonten 31 ff.
– Aufwandskonten 43, 87 f.
– Bestandskonten 31
– Buchungsablauf auf Konten 55 f.
– Erfolgskonten 43
– Eröffnungsbilanzkonto 55
– Ertragskonten 43, 92 f.
– gemischte Konten 49
– Gewinn- und Verlustkonto 44
– Lorokonten 82
– Nostrokonten 82
– Passivkonten 31 ff.
– Privatkonto 61
– Schlußbilanzkonto 55
Kontenplan 336
Kontenrahmen
– Arten 335
– Begriff 334
Kontokorrentkredit
– Abschlußrechnung 137 f.
– Kreditsonderkonto 137
Körperschaftsteuergutschrift 204
Kosten
– Begriff 354
– Betriebskosten 358
– Einzelkosten 359, 376
– fixe Kosten 359
– Gemeinkosten 359
– Grundkosten 356
– Kalkulatorische Kosten 357
– Mindestreservekosten 386
– Overheadkosten 379
– Risikokosten 377
– Stückkosten 358
– variable Kosten 359
– Wertkosten 358
– Zusatzkosten 356
Kostensteuern 90
Kosten- und Erlösrechnung
– Aufgabe 9 f., 352 f.
– Kalkulation 362 ff.
– Zinsspannenrechnung 363 f.
Kreditbuchungen
– Akzeptkredit 153
– Avalkredit 151
– Darlehen 145 ff.
– Diskontkredit 139 ff.
– Kontokorrentkredit 137 f.
– Kreditsonderkonto 137
– Lombardkredit 169
Kundenkontokorrent
– Abschluß 78
– Skontren 76 f.
Kursgewinne/Kursverluste
– Devisen 213
– Sorten 220
– Wertpapiere 50, 189

L

Lagebericht 230, 320 f.
Lastschriftbuchungen 109
Latente Steuern 249
Leistungen
– Bankleistungen 353, 358
– Begriff 354
– Betriebsleistungen 358
– Wertleistungen 358
Lombardkredit 169
LZB-Abrechnung 117

M

Marge
– Kursmarge 363, 377
– Risikomarge 377
– Zinsmarge 363
Margenkalkulation 376 f.
– Kalkulationsschema 382
– Kundenkalkulation 387 f.
– Produktkalkulation 385 f.
Marktzinsmethode 365, 368 ff.

N

Nachrangige Verbindlichkeiten 310
Niederstwertprinzip
– Bewertung von Wertpapieren 190 f.
– gemildertes Niederstwertprinzip beim Anlagevermögen 246
– strenges Niederstwertprinzip beim Umlaufvermögen 246

O

Offene Vorsorgereserven 282
Offenlegung des Jahresabschlusses 240

P

Passiva 23
Passivkonten 31 ff.
Pauschalwertberichtigungen 162 ff., 278 ff.
Personalaufwand 89 f.
Planungsrechnung 9 f.
Pool-Methode 366
Primanotisierung 336
Privatkonto 61
Provisionsüberschuß *393*
Prüfung des Jahresabschlusses 234 ff.

R

Ratenkredit 145
Realisationsprinzip 242
Rechnungsabgrenzungsposten 286 ff., 310
Rechnungswesen
– Aufgaben 9 f.
– Teile 9 f., 351
Rediskontierung 142
Reinvermögen 16
Risikovorsorge
– Aufwendungen für Risikovorsorge 393
– Ausfallrisiken 157
– Stille Reserven 277 f.
– Überblick 283
– Vorsorgewertberichtigungen 278 f.
Rücklagen
– offene Rücklagen 321
– stille Rücklagen 277 ff., 321
Rückstellungen 297 ff., 310

S

Saldieren 37
Saldo 37

Schatzanweisungen 170 f.
Schatzwechsel 170 f.
Scheckbuchungen
– DM-Reiseschecks 107
– eurocheques 106
– Konto Scheckeinreicher 104
– Konto Scheckversand 105
– LZB-Schecks 107
– Rückschecks 106
– Schecks E. v. 104
– Schecks n. E. 104
Schichtenbilanz-Methode 366 f.
Schlußbilanz 38, 55
Schlußbilanzkonto 55 f.
Sicherheitsrücklage 311, 328
Sichteinlagen
– der Bankenkundschaft 128
– der Nichtbankenkundschaft 128
Skontren
– zum Bankenkontokorrent 82 f.
– zum Konto Sorten 220
– zum Konto Eigene Wertpapiere 190 ff.
– zum Kundenkontokorrent 77 f.
Sonderposten für allgemeine Bankrisiken 282
Sonstige betriebliche Aufwendungen 92
Sonstige betriebliche Erträge 93
Sonstige Vermögensgegenstände 307
Sortenbuchungen 219 f.
Sparverkehr
– Spareinlagen 123 ff.
– Sparschuldverschreibungen 175 ff.
Standard-Einzelkostenrechnung 378 ff.
Statistik 10
Steuerbilanz
– Begriff 24
– Maßgeblichkeit der Handelsbilanz 248
– Umgekehrte Maßgeblichkeit 248
Stille Reserven 277 ff.
Strukturbeitrag 370
Stückleistungskalkulation 375
Stückzinsen 188

T

Tagesbilanz 337
Tagesgeld 168
Teilbetriebsergebnis 392 f.
Termineinlagen
– der Bankenkundschaft 128
– der Nichtbankenkundschaft 128
Treuhandvermögen 307

U

Überkreuzkompensation 280 f.
Überweisungsbuchungen 101 ff.
Umsatzsteuer
– Begriff 65
– bei Anlagegegenständen 67
– bei Edelmetallgeschäften 69
– steuerfreie und steuerpflichtige Umsätze von Kreditinstituten 65 f.
– Steuerlast 65
– Steuerschuld 65
– Vorsteuer 67 f.
Uneinbringliche Forderungen 157 f.

V

Verbraucherkredit 145
Verbriefte Verbindlichkeiten 310
Verlust
– Begriff 44
– Ermittlung in der Betriebsübersicht 57 f.
Vermögen
– im Inventar 16, 22
– in der Bilanz 22 f.
Versteuerte Pauschalwertberichtigungen 278 ff.
Vorbereitende Abschlußbuchungen
– Begriff 55, 255
– Überblick 255
Vorsorgereserven 277 ff.

W

Wechselbuchungen
– Abschluß der Inkassokonten 112
– Diskontwechsel 139 ff.
– Domizilwechsel 113
– Inkassowechsel n. E. 110
– Rückwechsel 113
– Wechseleinreicher 110 ff.
– Wechselversand 110
Wertberichtigungen auf Forderungen
– Einzelwertberichtigungen 157 ff.
– Pauschalwertberichtigungen 162 ff.
– Versteuerte Pauschalwertberichtigungen 167, 279
Wertaufholung 246 f.
Wertpapiere
– Bewertung 276
– Bilanzierung 196, 274
– des Anlagevermögens 244, 275
– des Handelsbestands 187 ff., 275
– der Liquiditätsreserve 276
– im Jahresabschluß 273 ff.

Z

Zeitliche Abgrenzung
– antizipative Aktiva 290
– antizipative Passiva 292
– transitorische Aktiva 287
– transitorische Passiva 288
Zinsertragsbilanz 364
Zinsmarge 363
Zinsscheine 201
Zinsspanne
– Begriff 363
– Bruttozinsspanne 366, 369 ff.
– Gesamtzinsspanne 364
– Nettozinsspanne 394
– Teilzinsspanne 366
Zinsspannenrechnung
– Gesamtzinsspannenrechnung 364
– Teilzinsspannenrechnung 366 ff.
Zinsüberschuß 363
Zweifelhafte Forderungen 157